Einstweiliger Rechtsschutz bei *Torpedoklagen*

Internationalrechtliche Studien

Beiträge zum Internationalen Privatrecht, zum Einheitsrecht und zur Rechtsvergleichung

Herausgegeben von Ulrich Magnus und Peter Mankowski

Band 50

PETER LANG
Frankfurt am Main · Berlin · Bern · Bruxelles · New York · Oxford · Wien

Ingemar Carl

Einstweiliger Rechtsschutz bei *Torpedoklagen*

PETER LANG
Internationaler Verlag der Wissenschaften

Bibliografische Information der Deutschen Nationalbibliothek
Die Deutsche Nationalbibliothek verzeichnet diese Publikation in der Deutschen Nationalbibliografie; detaillierte bibliografische Daten sind im Internet über <http://www.d-nb.de> abrufbar.

Zugl.: Hamburg, Univ., Diss., 2007

D 18
ISSN 0947-0395
ISBN 978-3-631-56479-0

www.peterlang.de

Meinen Eltern

Vorwort

Die vorliegende Arbeit wurde vom Fachbereich Rechtswissenschaft im Wintersemester 2005/2006 als Dissertation angenommen. Das Kolloquium fand am 27. Juni 2007 statt.

Besonderer Dank gilt meinem Doktorvater, Herrn Prof. Dr. Ulrich Magnus, der das Thema angeregt und mich bei der Erstellung der Arbeit engagiert gefördert und betreut hat. Auch für die Aufnahme in die Schriftenreihe ‚Internationalrechtliche Studien' bedanke ich mich bei ihm. Danken möchte außerdem Herrn Prof. Dr. Bork für die zügige Erstellung des Zweitgutachtens.

Diese Arbeit entstand während meiner Tätigkeit als wissenschaftlicher Mitarbeiter am Max-Planck-Institut für ausländisches und internationales Privatrecht in Hamburg. Dem Institut und seinen Mitarbeitern möchte ich ausdrücklich meinen Dank aussprechen für ihre freundliche und hilfsbereite Unterstützung. Auf die Hilfe der Bibliothek konnte ich mich stets verlassen. Dadurch war es möglich, die Arbeit unter idealen Studienbedingungen zu erstellen.

Dank gilt auch Frau *Anna Bitter*, Frau *Christin Mielke* und Herrn *Stefan Elste*, die die Mühen der Korrekturlese auf sich genommen haben. Meinem Kollegen *Jonas Arndt* danke ich für die stets interessanten Gespräche, die mir viele Anregungen geliefert haben. Danken möchte ich zudem und ganz besonders Frau *Anke Magdalene Kartheuser* für vielfältigste Unterstützung während der Monate des Arbeitens am Thema.

Ein spezieller Dank geht an meine Eltern, die so liebevoll und geduldig in meine Ausbildung investiert und meine Vorhaben gefördert haben, und denen ich so vieles verdanke. Ihnen ist diese Arbeit gewidmet.

Hamburg, im Juni 2007 Ingemar Carl

Inhaltsübersicht

Inhaltsverzeichnis

Abkürzungen

a. A.	anderer Ansicht
aaO	am angegebenen Orte
ABl.EG	Amtsblatt der Europäischen Gemeinschaften
Abs.	Absatz
AcP	Archiv für die civilistische Praxis
a. E.	am Ende
a. F.	alte Fassung
AG	(deutsches) Amtsgericht
AK-ZPO	Kommentar zur Zivilprozessordnung, Reihe Alternativkommentare
All ER	All England Law Reports
AmJCompL	American Journal of Comparative Law
Anm.	Anmerkung
Alt.	Alternative
AP	Arbeitsrechtliche Praxis
ArbGG	Arbeitsgerichtsgesetz
Art.	Artikel
Aufl.	Auflage
AuR	Arbeit und Recht
AVAG	Anerkennungs- und Vollstreckungsausführungsgesetz
BAG	Bundesarbeitsgericht
BayObLG	Bayerisches Oberstes Landesgericht
BB	Betriebs-Berater
Bd.	Band
Begr.	begründet
Beschl.	Beschluss
BGB	Bürgerliches Gesetzbuch
BGBl.	Bundesgesetzblatt
BGE	Entscheidungen des Schweizerischen Bundesgerichts
BGH	(deutscher) Bundesgerichtshof
BGHZ	Entscheidungen des Bundesgerichtshofes in Zivilsachen
BRAK-Mitteilungen	Mitteilungen der Bundesrechtsanwaltskammer
BT-Drucks.	Bundestags-Drucksachen
BVerfG	(deutsches) Bundesverfassungsgericht
BVerfGE	Entscheidungen des Bundesverfassungsgerichts
BVerwG	(deutsches Bundesverwaltungsgericht)

C. A.	Court of Appeal
c.j.	(belgischer) Code judiciaire
CMR	Convention on the Contract for the International Carriage of Goods by Road (Genfer Übereinkommen über den Beförderungsvertrag im internationalen Straßengüterverkehr)
CPR	Civil Procedure Rules (England)
c. proc. civ.	(italienischer) Codice di procedura civile
DB	Der Betrieb
ders.	derselbe
dies.	dieselbe
dieslb.	dieselben
Dir. fam.	Il diritto di famiglia e delle persone
DIZPR	Deutsches Internationales Zivilprozessrecht
DJT	Deutscher Juristentag
DNotZ	Deutsche Notarzeitschrift
DRiZ	Deutsche Richterzeitung
DStR	Deutsches Steuerrecht
DTZ	Deutsch-Deutsche Rechts-Zeitschrift
DVBl.	Deutsches Verwaltungsblatt
DZWIR	Deutsche Zeitschrift für Wirtschafts- und Insolvenzrecht
EEC Convention	s. EuGVVO
EG	Europäische Gemeinschaft
EGBGB	Einführungsgesetz zum Bürgerlichen Gesetzbuche
EGInsO	Einführungsgesetz zur Insolvenzordnung
EGMR	Europäischer Gerichtshof für Menschenrechte
EGV	Vertrag zur Gründung der Europäischen Gemeinschaft
EG-VO	EG-Verordnung
EheGVO	Europäische Eheverordnung, Verordnung (EG) Nr. 2201/2003
EheRG	Eherechtsreformgesetz
Ehe-VO / EuEheVO	Europäische Eheverordnung, Verordnung (EG) Nr. 1347/2000
Einl.	Einleitung
Einf.	Einführung
EIPR	European Intellectual Property Review
EMRK	Europäische Menschenrechtskonvention
Entsch.	Entscheidung

EPRL	European Review of Private Law
EPÜ	Europäisches Patentübereinkommen vom 5. Oktober 1973
ERA	Europäische Rechtsakademie
EuBVO	Europäische Beweisaufnahmeverordnung
EuGH	Europäischer Gerichtshof
EuGrCh	Europäische Grundrechte-Charta
EuGRZ	Europäische Grundrechte-Zeitschrift
EuGVÜ	Europäisches Gerichtsstands- und Vollstreckungsübereinkommen
EuGVVO / EuGVO	Europäische Gerichtsstands- und Vollstreckungsverordnung, Verordnung (EG) Nr. 44/2001
EuInsVO / EurInsVO	Europäische Insolvenzverordnung
EuInsÜ	Europäisches Insolvenzübereinkommen
EuLF	European Legal Forum
EU	Europäische Union
EuR	Europarecht
EUV	Vertrag über die Europäische Union
EUZ	EU-Zivilprozessrecht
EuZP	Zeitschrift für Europäisches Privatrecht
EuZustellungsVO / EuZVO	Europäische Zustellungsverordnung
EuZW	Europäische Zeitschrift für Wirtschaftsrecht
EWG	Europäische Wirtschaftsgemeinschaft
EWS	Europäisches Wirtschafts- & Steuerrecht
EZVR	Europäisches Zivilverfahrensrecht
EZPR	Europäisches Zivilprozessrecht
f.	folgende
FamRZ	Zeitschrift für das gesamte Familienrecht
FF	Forum Familien- und Erbrecht
ff.	(fort) folgende
FG	Festgabe
FGG	Gesetz über die Angelegenheiten der freiwilligen Gerichtsbarkeit
Fn.	Fußnote
Freiburg i. Br.	Freiburg im Breisgau
FS	Festschrift
FSR	Fleet Street Reports
FPR	Familie, Partnerschaft, Recht (Online-Zeitschrift)
FuR	Familie und Recht

GemeinschaftsmarkenVO / GMVO / GMV	Verordnung (EG) Nr. 40/94 des Rates vom 20. Dezember 1993 über die Gemeinschaftsmarke
GeschmMG	Geschmacksmustergesetz
GesO	Gesamtvollstreckungsordnung
Großkomm.	Großkommentar
Grundz	Grundzahl
GRUR	Gewerblicher Rechtsschutz und Urheberrecht
GRUR Int.	Zeitschrift für Gewerblichen Rechtsschutz und Urheberrecht International
GPR	Zeitschrift für Gemeinschaftsprivatrecht
GS	Gedächtnisschrift
GüKG	Güterkraftverkehrsgesetz
Hdb.	Handbuch
HdBVR	Handbuch des vorläufigen Rechtsschutzes
HGB	Handelsgesetzbuch
HK	Heidelberger Kommentar (zum Handelsgesetzbuch)
Hk-EMRK	Handkommentar zur Europäischen Menschenrechtskonvention
h. M.	herrschende Meinung
Hrsg.	Herausgeber
hrsg.	Herausgegeben
Hs.	Halbsatz
HStR	Handbuch des Staatsrechts der Bundesrepublik Deutschland
i. d. F.	in der Fassung
i. E.	im Ergebnis
IER	Intellectuele Eigendom & Reclamerecht
IIC	International Review of Industrial Property and Copyright Law
ILA	International Law Association
ILPr	International Litigation Procedure
InsO	(deutsche) Insolvenzordnung
Insolvenzrechtshdb.	Insolvenzrechtshandbuch
InstGE	Entscheidungen der Instanzgerichte zum Recht des geistigen Eigentums
InsVV	Insolvenzrechtliche Vergütungsverordnung
Int.	International, internationale(r,s)
IntKomm EMRK	Internationaler Kommentar zur Europäischen Menschenrechtskonvention
IPR	Internationales Privatrecht

IPRax	Praxis des Internationalen Privat- und Verfahrensrechts
IPRspr	Die deutsche Rechtsprechung auf dem Gebiete des Internationalen Privatrechts
IZVR	Internationales Zivilverfahrensrecht
IZPR	Internationales Zivilprozessrecht
JBl	Juristische Blätter (Österreich)
JbJ.ZivRWiss.	Jahrbuch junger Zivilrechtswissenschaftler
JDI	Journal du Droit International
JMBlNRW	Justizministerialblatt Nordrhein-Westfalen
J. Trib. dr. eur.	Journal des tribunaux Droit européen
JuS	Juristische Schulung
JZ	Juristenzeitung
Kap.	Kapitel
KG	Kammergericht
KJHG	Kinder- und Jugendhilfegesetz
KO	Konkursordnung
krit.	kritisch
KSÜ	Haager Übereinkommen über die Zuständigkeit, das anwendbares Recht, die Anerkennung, Vollstreckung und Zusammenarbeit auf dem Gebiet der elterlichen Verantwortung und der Maßnahmen zum Schutz von Kindern (vom 19. Oktober 1996)
KTS	Konkurs, Treuhand, Sanierung: Zeitschrift für Insolvenzrecht
KVO	Kraftverkehrsordnung für den Güterfernverkehr mit Kraftfahrzeugen
LdR	Lexikon des Rechts
LG	(deutsches) Landgericht
lit.	Litera
Lloyd's Law Rep.	Lloyd's List Law Report
Lloyd's MCLQ	Lloyd's Maritime and Commercial Law Quarterly
Lloyd's Rep.	Lloyd's Law Reports
Loseblatt-Ausg.	Loseblatt-Ausgabe
Loseblatt-Slg.	Loseblatt-Sammlung
Ltd.	Limited
LugÜ / LGVÜ	Luganer Gerichtsstands- und Vollstreckungsübereinkommen

MarkenG	Markengesetz
MCLQ	Lloyd's Martime and Commercial Law Quarterly
MDR	Monatsschrift des deutschen Rechts
MittdtschPatAnw	Mitteilungen der deutschen Patentanwälte
MMR	Multimedia und Recht, Zeitschrift für Informations-, Telekommunikations- und Medienrecht
m. N.	mit Nachweisen
MPI	Max-Planck-Institut
MSA	Haager Minderjährigenschutzabkommen
MünchKomm	Münchener Kommentar zum Bürgerlichen Gesetzbuch
MünchKommHGB	Münchener Kommentar zum Handelsgesetzbuch
MünchKommInsO	Münchener Kommentar zur Insolvenzordnung
MünchKommZPO	Münchener Kommentar zur Zivilprozessordnung
m. w. N.	mit weiteren Nachweisen
Nachw.	Nachweis / Nachweise
NIPR	Nederlands internationaal privaatrecht
NJ	Neue Justiz
N.J.	Nederlandse Jurisprudentie
NJB	Nederlands juristenblad
NJW	Neue Juristische Wochenschrift
NJWE-FER	Neue Juristische Wochenschrift Entscheidungsdienst Familien- und Erbrecht
NJW-RR	Neue Juristische Wochenschrift, höchstrichterliche Rechtsprechung
Nr.	Nummer
NVwZ	Neue Zeitschrift für Verwaltungsrecht
NZA	Neue Zeitschrift für Gesellschaftsrecht
NZG	Neue Zeitschrift für Arbeitsrecht
NZI	Neue Zeitschrift für Insolvenzrecht
NZM	Neue Zeitschrift für Miet- und Wohnungsrecht
OGH	(österreichischer) Oberster Gerichtshof
öRiZ	Österreichische Richterzeitung
ÖJZ	Österreichische Juristen-Zeitung
OLG	Oberlandesgericht
OLG-NL	OLG-Rechtsprechung Neue Länder
PatentG / PatG	Patentgesetz vom 16. Dezember 1980
PIL	Cheshire and North's Private International Law
port.	portugiesisch

RabelsZ	Rabels Zeitschrift
RdA	Recht der Arbeit
RegE	Regierungsentwurf
Rev. trim. dr. fam.	Revue trimestrielle de droit familial
RG	Reichsgericht
RGZ	Entscheidungen des Reichsgerichts in Zivilsachen
RIW	Recht der Internationalen Wirtschaft
RMUE	Revue du Marché commun et de l'Union européenne
Rn.	Randnummer
Rpfleger	Der deutsche Rechtspfleger
S.	Seite / Seiten / Satz
s.	siehe
Sc.St.L.	Scandinavian Studies in Law
SchiedsVZ	Zeitschrift für Schiedsverfahren
Slg.	Sammlung der Rechtsprechung des Europäischen Gerichtshofes
SJZ	Süddeutsche Juristenzeitung (heute Juristenzeitung) / Schweizerische Juristenzeitung
sog.	so genannte(r/n)
Sp.	Spalte(n)
StAZ	Das Standesamt
Str.	(Spiegel-)Strich
StV	Strafverteidiger
SZIER	Schweizerische Zeitung für internationales und europäisches Recht
TGI	Tribunal de Grande Instance
TranspR	Transportrecht
TRIPs	Agreement on Trade-Related Aspects of Intellectual Property Rights (Übereinkommen über handelsbezogene Aspekte der Rechte des geistigen Eigentums) vom 15. April 1994
u.a.	unter anderem / und andere / und anderen
UrhG	Gesetz über Urheberrecht und verwandte Schutzrechte vom 9. September 1965
Urt.	Urteil
USA	Vereinigte Staaten von Amerika
u. s. w.	und so weiter
UWG	Gesetz gegen den unlauteren Wettbewerb

v.	von / vom / van / versus
VersR	Versicherungsrecht (Zeitschrift)
Vgl.	Vergleiche
VglO	Vergleichsordnung
VO	Verordnung
Vol.	Volume
Vorbem	Vorbemerkung
VwGO	Verwaltungsgerichtsordnung
VwProzR	Verwaltungsprozessrecht
WA	Warschauer Abkommen zur Vereinheitlichung von Regeln über die Beförderung im internationalen Luftverkehr vom 12.10.1929
wbl	Wirtschaftsrechtliche Blätter
WBRv.	(niederländisches) Wetboek van Burgerlijke Rechtsvordering
WiB	Wirtschaftsrechtliche Beratung, Zeitschrift für Wirtschaftsanwälte und Unternehmensjuristen
WM	Wertpapiermitteilungen
w. N.	weitere Nachweise
WPNR	Weekblad voor privaatrecht, notariaat en registratie
WRP	Wettbewerb in Recht und Praxis
WuB	Entscheidungssammlung zum Wirtschafts- und Bankrecht
z. B.	zum Beispiel
ZEuP	Zeitschrift für Europäisches Privatrecht
ZfJ	Zentralblatt für Jugendrecht
ZfRV	Zeitschrift für Rechtsvergleichung
ZGB	Zivilgesetzbuch
ZInsO	Zeitschrift für das gesamte Insolvenzrecht
ZIP	Zeitschrift für Wirtschaftsrecht
ZPO	Zivilprozessordnung
ZPR	Zivilprozessrecht
ZRHO	Rechtshilfeordnung in Zivilsachen
ZSR N.F.	Zeitschrift für Schweizerisches Recht
zust.	zustimmend
ZustRG	Zustellungsreformgesetz
ZVR	Zivilverfahrensrecht / Zwangsvollstreckungsrecht
ZZP	Zeitschrift für Zivilprozessrecht
ZZP Int.	Zeitschrift für Zivilprozessrecht International

ZZZ	Schweizerische Zeitschrift für Zivilprozess und Zwangsvollstreckungsrecht

‚Justice must not only be done, it must also be seen to be done.' [1]

§ 1. Einleitung

A. ‚Blockade' der Anspruchsdurchsetzung durch ‚prozessuale Torpedos'

Das ‚Gespenst des prozessualen Torpedos'[2] hat Rechtsprechung und Literatur in den vergangenen Jahren immer wieder beschäftigt:[3] Ein unwilliger Schuldner erhebt negative Feststellungsklage vor einem extrem langsamen Forum. Das angerufene Gericht mag noch nicht einmal international zuständig sein, aber selbst um die Klage als unzulässig abzuweisen, braucht es mehrere Jahre. Der Gläubiger, dem sein Schuldner mit der negativen Feststellungsklage – der ‚Torpedoklage' – zuvor gekommen ist, kann andernorts seinen Anspruch wegen entgegenstehender Rechtshängigkeit nicht durchsetzen. Das Prioritätsprinzip des Art. 21 des Übereinkommens von Brüssel (EuGVÜ[4]) und Lugano (LugÜ[5]) bzw. des seit 1.3.2002 geltenden Art. 27 der Verordnung über die Anerkennung und Vollstreckung von Entscheidungen in Zivil- und Handelssachen (EuGVVO[6]) führt dazu, dass seine Rechtsverfolgung europaweit auf unabsehbare Zeit ‚blockiert' ist. Das später angerufene Gericht (Zweitgericht) wird das Verfahren aussetzen, bis das Gericht der negativen Feststellungsklage über deren Zulässigkeit entschieden hat. Der Gläubiger wird sich in dieser Situation eher auf einen ungünstigen Vergleich einlassen, als die Entscheidung des ausländischen Gerichts abzuwarten.[7] Oder er wird gleich versuchen, einer ‚Torpedoklage' zuvorzukommen, indem er seinerseits präventiv Klage erhebt, ohne vorher seinem Schuldner zu viele Hinweise darauf zu geben.[8] Besonders italienische oder auch belgische Gerichte gelten wegen der dortigen – manchmal in der ersten Instanz über sechs

---

[1] EGMR, Yearbook of the European Convention on Human Rights 13 (1970), 1100 (1126), Rn. 31 – *Delcourt / Belgien.*

[2] Plastisch *Mankowski*, RIW 2004, 481 (496).

[3] Der Begriff des (italienischen) ‚Torpedos' wird auf den italienischen Rechtsanwalt *Mario Franzosi* zurückgeführt, vgl. *Franzosi*, EIPR 1997, 382 ff.; aufgegriffen wurde er z. B. von *Geimer*, IPRax 2004, 505; *Grothe*, IPRax 2004, 83 (83 ff.); *Simons*, EuLF 2003, 289 (289 ff.); *Pitz*, GRUR Int. 2001, 32 (32 ff.); *Mankowski*, RIW 2004, 481 (496) .

[4] Brüsseler EWG-Übereinkommen über die gerichtliche Zuständigkeit und die Vollstreckung gerichtlicher Entscheidungen in Zivil- und Handelssachen, vom 27.9.1968, i. d. F. des 4. Beitrittsübereinkommens vom 29.11.1996, BGBl. 1998 II, S. 1412.

[5] Luganer Übereinkommen über die gerichtliche Zuständigkeit und die Vollstreckung gerichtlicher Entscheidungen in Zivil- und Handelssachen vom 16.9.1988, BGBl. 1994 II, S. 2660.

[6] Verordnung (EG) Nr. 44/2001 des Rates über die gerichtliche Zuständigkeit und die Anerkennung und Vollstreckung von Entscheidungen in Zivil- und Handelssachen, ABl.EG 2001, Nr. L 12, S. 1.

[7] *Mankowski*, WiB 1997, 330 (331); *Briggs*, (1994) Lloyd's MCLQ 158, Fn. 2.

[8] *Rizor*, Anm. zu OLG Köln, Beschl. v. 13.12.1990, RIW 1991, 330 (331); *Simons*, EuLF 2003, 289 (290).

Jahre in Anspruch nehmenden[9] – Verfahrensdauer als prädestiniert für ‚Torpedoklagen'.[10]

Besonders die negative Feststellungsklage ist auf diese Weise innerhalb Europas ein ‚scharfes Schwert' geworden.[11] Sie offenbart ein Problem rechtstatsächlichen Ursprungs, das aus den noch vorhandenen Differenzen im Justizraum Europa erwächst: Die unterschiedlichen Prozessrechtssysteme und die daraus resultierenden ‚Rechtsklimate'[12] erlauben ein *Race to the Courthouse*,[13] das zudem auch über den Ausgang in der Sache entscheidet, etwa wenn der bloße Umstand einer langen Rechtshängigkeit ohne Entscheidung in der Hauptsache zu irreparablen Nachteilen für den Anspruchsinhaber führt.[14] Häufig betrifft dies Patentstreitigkeiten: Der Inhaber eines Patents kann den etwaigen Verstoß eines Konkurrenten nicht verhindern, wenn dieser im Ausland auf Feststellung geklagt hat, sein Verhalten stelle keine Patentrechtsverletzung dar. Bis sich das langsamere Gericht geäußert hat, ist das Produkt möglicherweise schon längst überholt oder die Restlaufzeit des Patents abgelaufen,[15] das Patent also faktisch wertlos.[16] Auf der anderen Seite kann man dem Konkurrenten die Rechtsschutzmöglichkeiten nicht in Abrede stellen: Die negative Feststellungsklage gibt ihm ein legitimes Instrument für die Durchsetzung seiner Interessen in die Hand. Noch mehr: Sie stellt ein Verteidigungsmittel dar, wenn er fürchten muss, mit einer unter Umständen fragwürdigen Klage überzogen zu werden.[17]

---

[9] So im Fall des OLG München, RIW 1998, 631, zu sechsjähriger Verfahrensdauer vor einem italienischen Gericht, wobei das Verfahren zudem zwei Jahre nicht mehr betrieben worden war.

[10] *Leitzen*, GRUR Int. 2004, 1010 (1011 f.), hält zudem künftige ‚Torpedoklagen' vor den Gerichten der neuen osteuropäischen EU-Mitgliedstaaten für möglich.

[11] *Mankowski*, WiB 1997, 330 (331).

[12] Zu den historisch gewachsenen Unterschieden exemplarisch *Stürner*, FS Schumann (2001), 490 ff.

[13] Den Begriff des ‚Wettlaufs zum Gericht' verwenden etwa *Herzog*, AmJCompL 43 (1969), 379 (381 ff.); *Hau*, Positive Kompetenzkonflikte (1996), 55; vgl. ferner *Hoyer*, ZfRV 10 (1969), 241 (251); s. aus jüngerer Zeit auch den Fall *Primacom*, vgl. *Tait*, Financial Times vom 9.12.2005, S. 8.

[14] Vgl. LG Hamburg, GRUR Int. 2002, 1027 (1027); *Grabinski*, GRUR Int. 2001, 199 (211); *Grothe*, IPRax 2004, 83 (89).

[15] Die Laufzeit eines Gemeinschaftspatents etwa beträgt zwanzig Jahre, vgl. *Sichel*, Das Gemeinschaftspatentübereinkommen und TRIPS (2003), 63.

[16] Vgl. LG Düsseldorf, GRUR Int. 1998, 803 (809) – *Kondensatorspeicherzellen*; *Kraßer*, Patentrecht (2004), 907; *Meier-Beck*, GRUR 2000, 355 (356).

[17] *Simons*, EuLF 2003, 289 (290); vgl. ferner Rechtbank van eerste aanleg te Brussel, GRUR Int. 2001, 170 (171) – *Röhm Enzyme*.

I. ,Torpedoklagen' als Indikator des Spannungsverhältnisses im europäischen Zivilverfahrensrecht

1. Einerseits: Vision der Freizügigkeit von Entscheidungen

,Torpedoklagen' legen den Blick auf ein Spannungsverhältnis frei. Auf der einen Seite steht die Vision einer völligen Freizügigkeit aller gerichtlichen Entscheidungen und sonstigen Vollstreckungstitel in der Europäischen Union.[18] Die Zugehörigkeit zur EU verpflichtet die Mitgliedstaaten, ihre Gerichtssysteme in dem höchst effizienten System des europäischen Zivilprozessrechts miteinander zu verbinden und sie kompatibel zu gestalten.[19] Die nationalen Verfahrensregeln dürfen nicht diskriminierend im Sinne des Gemeinschaftsrechts sein,[20] etwa was den Zugang zu den Gerichten oder die Gestaltung des Prozesses betrifft. Auf diese Anforderungen haben die Mitgliedstaaten reagiert und ihre Prozessordnungen an den europäischen Trend angepasst. So wurde etwa der alte § 917 Abs. 2 der deutschen ZPO geändert, der tendenziell (europäische) Ausländer diskriminierte:[21] Danach war bereits der Umstand, dass ein Urteil im Ausland vollstreckt werden musste, ein hinreichender Arrestgrund. Dagegen musste bei Inlandsvollstreckung hinzukommen, dass ohne Verhängung des Arrests die Vollstreckung zumindest wesentlich erschwert würde. Ein anderes Beispiel ist die Sicherheitsleistung: § 239 Abs. 1 BGB, der für den Bürgen einen allgemeinen Gerichtsstand im Inland verlangt, darf nicht mehr als abschließende Regelung betrachtet werden – vielmehr muss das Gericht im Rahmen seines Ermessens auch Bürgen mit Gerichtsstand innerhalb der EU zulassen.[22]

Eine neue Qualität gewinnt die Vereinheitlichung des europäischen Zivilprozessrechts dadurch, dass nicht nur diskriminierende Elemente aus den nationalen Rechtsordnungen verbannt, sondern praktische Hindernisse bei der grenzüberschreitenden Rechtsdurchsetzung eingeebnet werden.[23] Ein weitreichender Schritt dazu war die Schaffung des EuGVÜ vom 27. September 1968, das mittlerweile aus Anlass des Beitritts weiterer Staaten zum vierten Male überarbeitet und neugefasst worden ist.[24] Hintergrund war die Zunahme des grenzüberschreitenden Handels und die damit gewachsene Relevanz des Verfahrensrechts – immer häufiger hatten es die Gerichte mit Streitigkeiten zu tun, die einen Aus-

---

[18] *Geimer / Schütze-Geimer*, EZVR, Einl. A.1, Rn. 3; *Schlosser*, EuZP 1995, 250 (256).

[19] *Ehricke*, IPRax 1999, 311 (323); *Rengeling / Middeke / Gellermann*, Rechtsschutz, Rn. 1168; *Simons*, EuLF 2003, 289 (291).

[20] Vgl. Art. 12 Abs. 1 des EG-Vertrages in der Fassung von Amsterdam.

[21] Vgl. dazu EuGH EuZW 1994, 216 (216); *Schlosser*, Jura 1998, 65 (69).

[22] Vgl. OLG Düsseldorf ZIP 1995, 1667 (1667); *Musielak-Foerste*, ZPO, § 108, Rn. 16.

[23] *Schollmeyer*, IPRax 2002, 478 (478).

[24] *Stadler*, FG Bundesgerichtshof, S. 645 (645 f.); *Schlosser*, JZ 1998, 65 (66); *Prütting*, Entwicklungen (1992), S. 11; *Benecke*, Die teleologische Reduktion, S. 1, bezeichnet es als ,Kern eines europäischen Zivilprozessrechts.'

landsbezug aufwiesen.[25] Mit dem EuGVÜ wurde nun ein neues, einheitliches System der internationalen Zuständigkeit geschaffen, das dem nationalen Recht vorging. Das Übereinkommen regelte als *convention double*[26] nicht nur die Anerkennung und Vollstreckung von Entscheidungen, sondern die internationale Zuständigkeit selbst, und griff dadurch unmittelbar in das Erkenntnisverfahren ein.[27] Damit ging das EuGVÜ – und ihm folgend das Luganer Übereinkommen der EFTA-Staaten – über die Zielsetzung des Art. 220 des Vertrags zur Gründung der Europäischen Wirtschaftsgemeinschaft hinaus und erhöhte die Freizügigkeit gerichtlicher Entscheidungen erheblich.[28] Von diesem Zeitpunkt an konnte etwa das Gericht eines Staates seine Zuständigkeit nicht unter Umständen annehmen, die dem Gericht eines anderen Staates, in dem die Entscheidung anerkannt bzw. vollstreckt werden sollte, als Legitimationsgrundlage hierfür inakzeptabel erschienen.[29]

Noch mehr Fahrt nahm die Europäisierung des Zivilverfahrensrechts mit dem Amsterdamer Vertrag vom 02.10.1997[30] auf. Die ursprünglich in der ‚dritten Säule' des EU-Vertrages[31] vereinbarte justizielle Zusammenarbeit in Zivilsachen wurde in die ‚erste Säule' überführt. Dort eröffnen nunmehr Art. 61 lit. c mit Art. 65 EG-Vertrag eine Ermächtigungsgrundlage für die Gemeinschaft, Harmonisierungsmaßnahmen im Bereich des Internationalen Zivilverfahrensrechts einzuleiten.[32] Das völkervertraglich konzipierte Brüsseler System wurde damit in sekundäres Gemeinschaftsrecht überführt. Die Neuregelung war der Beginn einer intensiven Rechtsetzungstätigkeit auf diesem Gebiet, welche unter anderem mehrere wichtige Verordnungen hervorgebracht hat, z. B. die EuGVVO.[33] Weitere Gesetzgebungsmaßnahmen, die der Europäische Rat 1999 auf seiner Sondersitzung im finnischen Tampere als Ziel gesetzt hat,[34] sind derzeit geplant bzw. in der Umsetzung begriffen. Eine neue Etappe hat die Einführung eines „Europäischen Vollstreckungstitels" eingeläutet, der eine Vollstreckbarerklärung für in anderen Mitgliedstaaten erlassene Titel über unbestrittene Geldforderungen entbehrlich machen soll.[35] Auch ein einheitliches Europäisches Mahn-

---

[25] *Schack*, IZVR, Rn. 14; *Stadler*, FG Bundesgerichtshof, S. 645 (646).

[26] Zum Begriff vgl. *Kropholler*, IPR, § 58 I 3 b (S. 591); *Schack*, IZVR, Rn. 79; *Hess*, NJW 2000, 23 (24); *Koch*, JuS 2003, 105 (106).

[27] *Schack*, IZVR, Rn. 79.

[28] Geimer / Schütze-*Auer*, Int. Rechtsverkehr, Einleitung EuGVÜ, Rn. 4.

[29] *Schlosser*, EUZ, Einl., Rn. 4.

[30] BGBl. 1998 II, 387, in Kraft seit 01.05.1999, BGBl. 1999 II, 296.

[31] Vom 07.02.1992 (Maastrichter Vertrag), BGBl. 1992 II, 1253.

[32] Geimer / Schütze-*Geimer*, EZVR, Einl. EuGVVO, Rn. 18; Rauscher-*Staudinger*, Einl Brüssel I-VO, Rn. 1; krit. *Schack*, ZEuP, 805 (807 f.).

[33] *Wagner*, NJW 2003, 2344 (2345); *Kohler*, IPRax 2003, 401 (401); *Schack*, RabelsZ 65 (2001), 615 (633); Überblick bei Geimer / Schütze-*Geimer*, EZVR, Einl EuGVVO, Rn. 23.

[34] 15./16. Oktober 1999, zum Teil abgedruckt in NJW 2000, 1925.

[35] Vgl. dazu *Jayme / Kohler*, IPRax 2004, 481 (486, 493); *Stadler*, IPRax 2004, 2 ff.

verfahren befindet sich in der Vorbereitung.[36] Zukunftsmusik ist derzeit noch das Projekt „Brüssel III“, ein an das Brüssel I-Modell angelehntes Zuständigkeits- und Anerkennungsregimes für Güterstands- und Erbschaftsangelegenheiten.[37] Bei der Fülle der Vereinheitlichungsmaßnahmen in Europa ist unterdessen ein Paradigmenwechsel zu beobachten: Während etwa EuGVÜ und EuGVVO noch weitgehend auf dem Gedanken einer Zivilrechtspflege beruhen, die die einzelnen Staaten eigenverantwortlich betreiben und deshalb bei grenzüberschreitenden Justizakten wie Anerkennung und Vollstreckung eine Kontrolle ausüben, wird diese Kontrollfunktion mehr und mehr abgebaut. Der Europäische Vollstreckungstitel ist dafür ein besonders deutliches Beispiel.[38]

2. Andererseits: Überforderung der Rechtsunterworfenen

Auf der anderen Seite des Spannungsverhältnisses steht indes die Gefahr, dass durch Komplexität und Geschwindigkeit der Rechtsvereinheitlichung die Rechtsunterworfenen – also auch die Gerichte – überfordert werden.[39] Wo ein einheitlicher Justizraum angestrebt wird, die nationalen Prozessrechtssysteme aber faktisch noch nicht angeglichen sind, kommt es zu Reibungen und zu eventuellen Rechtsschutzlücken. Das Problem der ‚Torpedoklagen’ zeigt dies besonders klar, denn es berührt einen neuralgischen Punkt: die Schnittstelle zwischen Gemeinschaftsrecht und autonomer Rechtswirklichkeit.

Das Gemeinschaftsrecht geht von der Fiktion der Gleichwertigkeit der Effektivität der Gerichtssysteme aus.[40] Diese Gleichwertigkeit ist aber noch nicht immer erreicht. Zum einen muss man sich die rechtlichen Unterschiede der Rechtsordnungen vor Augen führen, die eine Angleichung behindern: Gerade das Zivilprozessrecht besitzt paradoxerweise angleichungsfeindliche Tendenzen. Schon das unterschiedliche Verständnis von Prozessinstituten verdeutlicht dies: So wird beispielsweise das Versäumnisverfahren in England als ein Verfahren zur Auslese der streitigen Punkte begriffen, um den nachfolgenden Prozess entsprechend zu gestalten. Nach kontinentalem Verständnis ist es hingegen oft nur Ausdruck prozessualer Abstinenz, wenn nicht gar Mittel zur Prozessverschleppung.[41] Auch Vorschriften werden unterschiedlich ausgelegt: Die Gerichte der europäischen Staaten stellen beispielsweise völlig unterschiedliche Anforderun-

---

[36] *Schollmeyer*, IPRax 2002, 478 ff.
[37] *Wagner*, NJW 2003, 2344 (2347); *Hau*, GPR 2003/2004, 94 (97).
[38] *Stadler*, IPRax 2004, 2 (5).
[39] *Hess*, JZ 2001, 573 (573, 582 f.).
[40] EuGH Slg. 1976, 1541, Rn. 3 – *LTU / Eurocontrol*; *Kohler*, Systemwechsel (2002), 147 (156); *Grothe*, IPRax 2004, 205 (212).
[41] *Keramus*, RabelsZ 66 (2002), 1 (8 f.) m. w. N.

gen an den Verlust der Haftungsbeschränkung des Frachtführers gemäß Art. 29 des Straßentransportrechtsübereinkommens CMR.[42]

Zum anderen wird die Gleichwertigkeit der Systeme durch eine unterschiedliche Effektivität der Justizorgane in Frage gestellt. Nicht nur die Länge der Gerichtsverfahren ist eine Schwachstelle. Auch beispielsweise die Dauer einer Zustellung durch die Post kann in den Mitgliedstaaten differieren: Das neue deutsche Zustellungsrecht trägt etwa dem Umstand Rechnung, dass die zweiwöchige Einspruchsfrist bei Versäumnisverfahren (§ 339 Abs. 1 ZPO), die nach § 175 Abs. 1 S. 3 ZPO a. F. bereits mit Aufgabe zur Post in Gang gesetzt wurde, vom Zustellungsempfänger nicht eingehalten werden konnte, weil die ausländischen Postlaufzeiten zu lang waren.[43] Nach dem neu gefassten § 184 Abs. 2 S. 2 ZPO kann das Gericht nun eine längere Frist bestimmen. Auch die Europäische Zustellungsverordnung (EuZVO)[44] reagiert auf die langen Zustellungszeiten, indem sie grenzüberschreitende Zustellungen durch zentrale Stellen, bei Zustimmung der Mitgliedstaaten auch im direkten Verkehr zwischen ersuchendem und ersuchtem Gericht, zulässt.[45]

Die Neuregelungen zeigen: Eine rechtlich und faktisch bestehende Ungleichheit, die das Gemeinschaftsrecht nicht berücksichtigt, kann nicht überspielt werden. Es bedarf vielmehr rechtlicher (Zwischen-) Lösungen, bis die nationalen Systeme so weit angeglichen sind, dass die Freizügigkeit der gerichtlichen Entscheidungen gewährleistet ist, ohne zu Nachteilen für die eine oder andere Seite zu führen. Diese Arbeit will einen Beitrag dazu leisten, solche Zwischenlösungen zu erarbeiten und darzustellen. Der Blick soll sich dabei auch auf Bereiche richten, die eine ähnliche Problematik wie die ‚Torpedoklagen' aufweisen.

II. Keine Entschärfung des ‚Torpedo-Problems' durch die Rechtsprechung

Die Diskussion um die Problematik der ‚Torpedoklagen' hat mit der *Gasser*-Entscheidung des EuGH im Jahr 2003 Auftrieb erhalten. Der EuGH hatte sich zum ersten Mal mit negativen Feststellungsklagen zu befassen, bei denen eine Prozessverzögerung drohte. Die Entscheidung wurde vielfach kritisch beurteilt: Insbesondere wurde bemängelt, dass der EuGH am Wortlaut des Art. 21 EuGVÜ festhalte und keine Ausnahmen vom Prioritätsprinzip bei entgegenstehender Rechtshängigkeit in einem anderen Vertragsstaat zulasse, selbst wenn die Ver-

---

[42] Vom 19. Mai 1956, BGBl. 1961 II, 1120; vgl. *Herber / Piper*, Art. 29 CMR, Rn. 4 ff.; *Heuer*, TranspR 2002, 221 (223, 225).

[43] *Stadler*, IPRax 2002, 471 (475).

[44] VO/EG 1348/2000 v. 29.05.2000 über die Zustellung gerichtlicher und außergerichtlicher Schriftstücke in Zivil- und Handelssachen in den Mitgliedstaaten, Abl. EG L 160.

[45] *Hess*, JZ 2001, 573 (577).

fahrenslänge den Justizgewährungsanspruch des Betroffenen zu vereiteln drohe.[46]

Der EuGH meinte dagegen, eine solche Ausnahmepraxis würde die Rechtssicherheit untergraben, die darin bestünde, dass die Parteien das zuständige Gericht mit ausreichender Sicherheit bestimmen könnten.[47] Mit der Entscheidung wurden Lösungsvorschläge, um dem Problem der ‚Torpedoklagen' Herr zu werden, wieder aktuell. Mehrere europäische Gerichte wollten dem Rechtsmissbrauch einen Riegel vorschieben und versagten etwa ihre Zuständigkeit für eine negative Feststellungsklage.[48] Oder sie zogen die Möglichkeit in Betracht, bei drohender überlanger Verfahrensdauer vor dem zuerst angerufenen Gericht (Erstgericht) von einer Aussetzung abzusehen. Auch die Möglichkeit einstweiligen Rechtsschutzes war Gegenstand der Diskussion: Der ‚Torpedierte' solle die Möglichkeit haben, wenn schon nicht ein Urteil des später angerufenen Gerichts, so doch zumindest eine einstweilige Verfügung, einen Arrestbefehl oder sonstige Eilmaßnahmen erwirken zu können, um einen drohenden Anspruchsverlust zu verhindern.[49]

III. Der einstweilige Rechtsschutz als Lösung des ‚Torpedo-Problems'?

Mit der Diskussion um einstweiligen Rechtsschutz ist die Tür zu einem weiten Problembereich aufgestoßen: Der nur fragmentarisch geregelte und nicht harmonisierte europäische einstweilige Rechtsschutz spielt den Ball in Art. 31 EuGVVO (Art. 24 EuGVÜ/LugÜ) den nationalen Rechtsordnungen zurück und beruft deren Gerichte zur Entscheidung.[50] Der Betroffene einer ‚Torpedoklage' sieht sich zahlreichen zum Teil umstrittenen Fragen gegenüber: Welche Gerichte sind in welcher Art von Streitigkeiten zuständig für die notwendigen einstweiligen Maßnahmen? Über welche Fragen dürfen sie überhaupt entscheiden, ohne die Hauptsache vorwegzunehmen? Führt ein Eilverfahren dazu, dass das Anspruchsbegehren letztendlich befriedigt wird, oder bleibt der einstweilige Rechtsschutz dahinter zurück? Und im Falle ihres Erlasses – welche territoriale Reichweite haben die Eilmaßnahmen? Werden sie im Ausland anerkannt oder

---

[46] *Hau*, GPR 2003/2004, 94 (98); *Mankowski*, RIW 2004, 481 (496); wohl auch *Grothe*, IPRax 2004, 205 (208 ff.).

[47] EuGH RIW 2004, 289 (292) – *Gasser / Misat.*

[48] Vgl. unten § 4 B IV 1, bei Fn. 191.

[49] *Kropholler*, EZPR, Art. 27 EuGVVO, Rn. 11; *Grabinski*, GRUR Int. 2001, 199 (211); *Grothe*, IPRax 2004, 83 (88); *Simons*, EuLF 2003, 289 (291); *McGuire*, Verfahrenskoordination (2004), 140 ff.; *Adolphsen*, Europäisches und internationales Zivilprozessrecht (2005), Rn. 1133.

[50] Zu Vereinheitlichungsvorschlägen, etwa den *Helsinki Principles*, vgl. *Nagel / Gottwald*, § 15, Rn. 5; *Kofmehl Ehrenzeller*, Der vorläufige Rechtsschutz (2005), 505 ff.

für vollstreckbar erklärt? Welche Verfahrenssicherungen gibt es für den Antragsgegner?[51]

Hinzu kommt die Schwierigkeit der Konkretisierung des ‚europäischen einstweiligen Rechtsschutzsystems' durch unbestimmte Rechtsbegriffe, die der EuGH in mehreren Entscheidungen eingeführt hat.[52] Damit sollte verhindert werden, dass die Zuständigkeitsordnung der EuGVVO bzw. des EuGVÜ/LugÜ durch einstweiligen Rechtsschutz nach nationalem Recht unterlaufen wird.[53] In der Praxis können sich dadurch schwierige Auslegungsprobleme ergeben.

Für den Betroffenen einer ‚Torpedoklage' stellt sich nach alledem in erster Linie die Frage, ob grenzüberschreitender einstweiliger Rechtsschutz die gewünschten Effekte bringt und damit eine ernstzunehmende Alternative darstellt. Im Rahmen dieser Arbeit soll versucht werden, die Möglichkeiten und Grenzen des einstweiligen Rechtsschutzes für die Fälle einer ‚Torpedoklage' aufzuzeigen. Es sollen Ansätze diskutiert werden, den Rechtsschutz durch einstweilige Maßnahmen zu optimieren.

B. Zum Gang der Darstellung

Obwohl das Phänomen der ‚Torpedoklagen' bereits häufig diskutiert wurde, fehlt im Schrifttum eine systematische und umfassende Darstellung der Problematik. Der erste Teil dieser Arbeit widmet sich deshalb ausführlich dem ‚Torpedo-Problem': Zu klären ist zunächst, welche Bestandteile der Begriff der ‚Torpedoklage' umfasst,[54] und ob dieser eine auf das Patentrecht beschränkte Dimension hat oder allgemein prozessual gebraucht werden kann. Von diesem Ausgangspunkt ist vor allem zu bestimmen, welche – tatsächlichen (§ 2) und rechtlichen (§ 3) – Ursachen bzw. Wegbereiter es für ‚Torpedos' gibt. Zu untersuchen ist, in welchen Konstellationen ‚Torpedoklagen' auftreten können, welche Motive den ‚Torpedokläger' antreiben und ob es den ‚Torpedoklagen' vergleichbare Problematiken gibt.[55] Schließlich ist auch darauf einzugehen, ob sich neben dem einstweiligen Rechtsschutz weitere Möglichkeiten finden, um dem Problem der ‚Torpedoklagen' Herr zu werden (§ 4).

Im zweiten und dritten Teil der Arbeit (§§ 5 - 11) wird dann die Möglichkeit für den Betroffenen einer ‚Torpedoklage' untersucht, sein durch die Erstklage

---

[51] Fragestellungen angesprochen etwa bei *Stadler*, JZ 1999, 1089 ff.; *Grothe*, IPRax 2004, 83 (88 f.); *Hess / Vollkommer*, IPRax 1999, 220 ff.; *Grosheide*, GRUR 2000, 310 (324, r. Sp.).

[52] Gemeint ist unter anderem das Erfordernis einer ‚realen Verknüpfung' zwischen dem zu sichernden Objekt und dem für die Eilmaßnahme angerufenen Gericht, vgl. EuGH Slg. 1998 I, 7091 (7135), Rn. 40 – *van Uden / Deco-Line*; krit. dazu *Stadler*, JZ 1999, 1089 (1093); *Hess*, IPRax 2000, 370 (374); *Wolf / Lange*, RIW 2003, 55 (60 ff.).

[53] Geimer / Schütze-*Geimer*, EZVR, Art. 31 EuGVVO, Rn. 10; Rauscher-*Leible*, Art. 31 EuGVVO, Rn. 11; *Wolf / Lange*, RIW 2003, 55 (57).

[54] Vgl. § 2 A I.

[55] Vgl. § 2 A III, B, C.

‚blockiertes' Begehren im Wege des einstweiligen Rechtsschutzes durchzusetzen. Dabei folgt die Darstellung einem bestimmten Muster: Jeder Bereich des einstweiligen Rechtsschutzes wird darauf geprüft, ob für den (vermeintlichen) Gläubiger Probleme bestehen, die dazu führen, dass seine Rechtsverfolgung und -durchsetzung hinter einem in normaler Zeit ablaufenden Hauptsacheverfahren zurückbleibt. Diese Bereiche reichen vom Inhalt der in Betracht kommenden Eilmaßnahmen, über die Probleme im Erkenntnisverfahren, die internationale Zuständigkeit der Gerichte bis zur Vollstreckung. Dabei wird das ‚Torpedo-Problem' für jede Art von Begehren – sei es auf Leistung, Unterlassung, Gestaltung oder Feststellung gerichtet – untersucht. Im Vordergrund stehen allerdings die Fallgestaltungen, die für ‚Torpedoklagen' bisher in der Rechtsprechung auftraten. Dies bedingt auch, dass vor allem die Probleme des *grenzüberschreitenden* einstweiligen Rechtsschutzes angesprochen werden, denn ‚Torpedo-Situationen' traten bisher eher bei mehrstaatlichen Sachverhalten auf.

Die Untersuchung beschränkt sich darauf, die Perspektive des Betroffenen einer ‚Torpedoklage' in Deutschland darzustellen, welcher vor deutschen Gerichten um einstweiligen Rechtsschutz nachsucht. Dies dient einer Begrenzung der Darstellung insbesondere aufgrund der Vielfalt der einstweiligen Maßnahmen in den verschiedenen Rechtsordnungen. Ausgangspunkt der Arbeit ist das europäische Zivilverfahrensrecht aufgrund seiner Relevanz für ‚Torpedos', und daneben das autonome deutsche Zivilprozessrecht im Hinblick darauf, inwieweit es ‚Torpedoklagen' ermöglicht bzw. durch einstweiligen Rechtsschutz Abhilfe schafft.

Teil I:
Problem und rechtliche Behandlung von ‚Torpedoklagen'

§ 2. Das Problem der ‚Torpedoklagen'

Prozessverzögerungen können viele Gründe haben. Sie können durch missbräuchliches Verhalten einer am Verfahren teilnehmenden Partei hervorgerufen werden, etwa durch Einlegen von Rechtsmitteln kurz vor Ablauf der Rechtsmittelfrist, die Ablehnung des Richters oder die Aufrechnung mit zweifelhaften Forderungen.[1] Sie können aber auch durch bloß faktische Gegebenheiten ausgelöst werden – dies gilt besonders im internationalen Bereich. So kann die Einschaltung ausländischer Rechtshilfeorgane, etwa das Ersuchen um Zustellung oder Beweisaufnahme, den Prozess in die Länge ziehen.[2] Prozessverzögerungen berühren das Interesse der Parteien an einer zügigen Entscheidung des Gerichts und können im Extremfall eine Einschränkung der Verfahrensrechte bedeuten.[3] Selbst der Anspruch auf Gewährung der Justiz kann tangiert sein, wenn eine Entscheidung nicht in angemessener Zeit zu erhalten ist.[4] ‚Torpedoklagen' stellen ein besonderes Problem im Hinblick auf Verfahrensverzögerungen dar: Nicht beide, sondern nur eine Partei wird von der Verschleppung eines Prozesses betroffen, sie kann ihren Anspruch auf längere Zeit nicht durchsetzen. Es bestehen Rechtsschutzdefizite, die Rechtsverfolgung ist gehemmt.

Im folgenden soll zunächst der Begriff des ‚Torpedos' untersucht werden.[5] Außerdem soll ein Blick auf das rechtstatsächliche Problem der ‚Torpedoklagen' und seine primäre Ursache – die Verfahrenslänge vor bestimmten Gerichten – geworfen werden.[6] Auch auf die Motive des ‚Torpedoklägers' soll eingegangen werden.[7] Im Anschluss werden mögliche Fallgestaltungen für ‚Torpedoklagen' erläutert, um deren Anwendungsbereich näher zu bestimmen.[8] Schließlich ist es wichtig zu klären, ob es auch einer ‚Torpedoklage' vergleichbare Situationen gibt: Denn auch in anderen Bereichen begründet ein striktes Prioritätsprinzip die Gefahr, dass eine Partei benachteiligt wird.[9]

---

[1] Vgl. *Zeiss / Schreiber*, Rn. 201; *Schilken*, ZPR, Rn. 152 mit Beispielen aus der Rechtsprechung.

[2] *Geimer*, IZPR, Rn. 1937; *Schack*, IZVR, Rn. 600; *Hess*, JZ 2001, 573 (577); *Gottwald*, FS Schütze (1999), 225 (226), zur Zustellungsdauer; *Treichel*, GRUR Int. 2001, 690 (692) weist auf die Schwierigkeiten der Beweisbeschaffung hinsichtlich einer Patentverletzung im Falle des Bestehens von Parallelpatenten in mehreren Ländern hin.

[3] BVerfG NJW 2001, 214 (215); NJW 2001, 2161 (2162); Baumbach / Lauterbach-*Hartmann*, Einl III, Rn. 16.

[4] *Schmidt-Jortzig*, NJW 1994, 2569 (2572 f.).

[5] Vgl. § 2 A I.

[6] Vgl. § 2 A II.

[7] Vgl. § 2 A III.

[8] Vgl. § 2 B.

[9] Vgl. § 2 C.

A. Grundlegendes zum Problem der ‚Torpedoklagen'

Will man bestimmen, ob in einer bestimmten prozessualen Situation eine ‚Torpedoklage' vorliegt, sieht man sich zahlreichen Abgrenzungsschwierigkeiten ausgesetzt. Problematisch ist insbesondere, was das Phänomen eines ‚prozessualen Torpedos' von anderen Klagen unterscheidet: Ist eine ‚Torpedoklage' zum Beispiel immer eine negative Feststellungsklage? Kommt eine solche nur bei Ansprüchen in Betracht, welche die Unterlassung einer Patentverletzung betreffen? Muss der Antragsgegner rechtsmissbräuchlich handeln, und muss man ihm diesen Rechtsmissbrauch auch nachweisen? Und welche Verfahrensdauer ist überhaupt als extrem lang zu bewerten? Diese Fragen sollen im folgenden Abschnitt behandelt werden.

I. Der Begriff der ‚Torpedoklage'

Der Begriff des ‚prozessualen Torpedos' bzw. der ‚Torpedoklage' wurde erst im Jahr 1997 eingeführt.[10] Vielfach wurde er in der Folgezeit für Patentstreitigkeiten benutzt.[11] Ein potenzieller Patentrechtsverletzer erhebt negative Feststellungsklage vor einem langsam prozessierenden Gericht dahingehend, sein Produkt verletze das Patent nicht. Der Prozess blockiert wegen der Einrede anderweitiger Rechtshängigkeit jedes weitere gerichtliche Verfahren in Europa (vgl. Art. 27 EuGVVO, Art. 21 EuGVÜ/LugÜ) und dauert so lange, dass das Schutzrecht des Patentrechtsinhabers faktisch entwertet wird.[12] Auch mehrere Ge-

---

[10] *Franzosi*, EIPR 1997, 382 ff.; zur ursprünglichen Begriffsbedeutung anschaulich *Grabinski*, FS Tilmann (2003), 461 (461); neue Wortschöpfungen finden sich bei *Giudicelli*, Cross Border Injunctions (2001), 88.

[11] High Court of Justice, GRUR Int. 1999, 784 (784); *Kropholler*, EZPR, Art. 27 EuGVVO, Rn. 11, Fn. 27; Geimer / Schütze-*Försterling*, Art. 27 EuGVVO, Rn. 39, Fn. 80; *Giudicelli*, Cross Border Injunctions (2001), 83 ff.; *Schneider*, Die Patentgerichtsbarkeit (2005), 197 ff.; *Bopp*, FS Helm (2002), 275 (275); *Stauder / Kur*, Geistiges Eigentum im Dienst der Innovation (2001), 151 (162); *Kucsko*, Geistiges Eigentum (2003), 18; *Franzosi*, MittdtschPatAnw. 1998, 300 (301); *ders.*, IIC 2002, 154 (154 ff.); *ders.*, IIC 2004, 416 ff., Fn. 9; *Jandoli*, IIC 2000, 783 (783 ff.); *Michaelis*, GRUR 1999, 690 (690); *ders.*, GRUR 2002, 686 (686); *Körner*, GRUR 2000, 724 (725); *Baumann*, GRUR 2000, 41 (41); *Stauder*, GRUR 2001, 491 (492); *ders.*, GRUR 2000, 997 (998); *ders.*, Anm. zu Schweizerisches Bundesgericht, Urt. v. 21.8.1996,GRUR Int. 1999, 190 (191); *Tilmann / v. Falck*, GRUR 2000, 579 (583 f.); *Dreiss / Keussen*, GRUR 2001, 891 (893); *Kur*, GRUR Int. 2001, 908 (912); *Bossung*, GRUR Int. 2002, 463 (473); *ders.*, IIC 2003, 1 (23); *Pagenberg*, IIC 2000, 481 (490); *Brinkhof*, IIC 2000, 706 (716); *Marshall*, IIC 2000, 646 (654); *zu Waldeck und Pyrmont*, GRUR Int. 2005, 32 (34); *Otte*, TranspR 2004, 347 (348); *Pitz*, GRUR Int. 2001, 32 (32 ff.); *Grothe*, IPRax 2004, 83 (83 f.); *Grabinski*, GRUR Int. 2001, 199 (211); *v. Meibom / Pitz*, GRUR Int. 1998, 765 (769); *Hellstadius / Meier-Ewert*, IIC 2005, 313 (317, 320); *Landfermann*, MittdtschPatAnw. 2003, 341 (343); *Geschke*, MittdtschPatAnw. 2003, 249 (251); *Véron*, IIC 2004, 638 (638 ff.); *Vormann / Schönbohm*, GRUR 2005, 491.

[12] *Meier-Beck*, GRUR 2000, 355 (356).

richtsentscheidungen befassen sich mit dieser Situation.[13] Eine ‚Torpedoklage' hat bei Patentstreitigkeiten besonders weitreichende Folgen, weil der bloße Zeitablauf zur Vereitelung des Unterlassungsanspruchs führen kann.[14]

Doch nicht nur im Bereich des Patentrechts taucht der Begriff des ‚Torpedos' auf: Vereinzelt wird auch in anderem Zusammenhang verwendet, etwa bei der Verletzung von gewerblichen Schutzrechten insgesamt, also auch Marken-, Gebrauchsmuster-, Sortenschutzrechte und so weiter.[15] Zum Teil wird überhaupt nicht mehr eingeschränkt und von einer ‚Torpedoklage' bereits gesprochen, wenn der Schuldner durch Erstklage vor einem langsamen Forum die Anspruchsdurchsetzung des Gläubigers verschleppt.[16] Immer häufiger ist davon die Rede, ‚Torpedoklagen' seien *insbesondere* ein Problem in Patentrechtsverfahren,[17] also nicht nur in diesen.

Auch in Patentrechtsfällen wird zunehmend differenziert: Nicht nur die ‚Blockade' durch negative Feststellungsklage, sondern auch andere Konstellationen finden nunmehr die Bezeichnung ‚Torpedo'.[18] So etwa die Situation, dass ein Patentrechtsverletzer ein Nichtigkeitsverfahren hinsichtlich des Patents anstrengt, um die ausschließliche Zuständigkeit des angerufenen Gerichts gemäß Art. 22 Nr. 4 EuGVVO (16 Nr. 4 EuGVÜ/LugÜ) zu begründen. Das durch den Patentinhaber später angerufene Gericht müsste dann sein Verfahren aussetzen,

---

[13] Siehe LG Düsseldorf GRUR 1998, 803 – *Kondensatorspeicherzellen*; GRUR 2000, 692 – *NMR-Kontrastmittel*; GRUR Int. 2002, 157 – *HIV-Immunoassay*; OLG Düsseldorf GRUR Int. 2000, 776 – *Impfstoff III*; LG Hamburg GRUR Int. 2002, 1025 – *Seifenverpackung*.

[14] *Kraßer*, Patentrecht (2004), 907; *Musmann / von der Osten*, MittdtschPatAnw 2001, 99 (100).
In diesen Fallkonstellationen wurde auch die Möglichkeit einstweiligen Rechtsschutzes zuerst diskutiert, vgl. LG Hamburg GRUR Int. 2002, 1025 (1025 ff.); noch ablehnend LG Düsseldorf GRUR 2000, 692 (697);*Grabinski*, GRUR Int. 2001, 199 (211 f.); krit. *Franzosi*, MittdtschPatAnw. 1998, 300 (301).

[15] *Ullmann*, GRUR 2001, 1027 (1030 ff.); zur Problematik im Bereich des (Internet-) Domain-Rechts *Bothe*, GRUR 2002, 596 (596).

[16] *V. Bar / Mankowski*, IPR I, § 5, Rn. 142, die davon sprechen, der ‚italienische' oder ‚belgische Torpedo' sei in ‚Streitigkeiten über Patentanmeldungen geboren' worden, der Ausdruck lasse sich aber auch allgemein gebrauchen; vgl. auch *Adolphsen*, Europäisches und internationales Zivilprozessrecht (2005), Rn. 844; *Jayme / Kohler*, IPRax 2002, 461 (467 f.); *Schilling*, IPRax 2004, 294 (294); *Mankowski*, RIW 2004, 481 (496 f.); *Geimer*, IPRax 2004, 505 (505); offenbar allgemein verstanden auch bei *Simons*, EuLF 2003, 289 (289 f.); *Siehr*, ZZZ 2004, 473 (473 f.); *Hess*, IPRax 2005, 23 (24); in Bezug auf die *Gasser*-Entscheidung des EuGH *Wittwer*, ZEuP 2005, 868 (890).

[17] *Schack*, IZVR, Rn. 762a; *Dasser*, ZSR N.F. 119/1 (2000), 253 (266), *Bukow*, Verletzungsklagen (2003), 283, und *Leitzen*, GRUR Int. 2004, 1010 (1011); *Thiele*, RIW 2004, 285 (287, Fn. 23); vgl. auch *Wurmnest*, Anm. zu Corte di Cassazione, Entsch. v. 19.12.2003, GRUR Int. 2005, der meint, das ‚Torpedo-Problem' sei nicht auf den Bereich des Immaterialgüterrechts beschränkt.

[18] *Tilmann / v. Falck*, GRUR 2000, 579 (583); *Pansch*, Die einstweilige Verfügung (2003), 60 ff.; *Bukow*, Verletzungsklagen (2003), 306 ff.

könnte unter Umständen auf lange Zeit nicht verhandeln.[19] Oder die Situation, dass der Patentrechtsinhaber eine Verwarnung an einen vermeintlichen Verletzer erlässt, und jener dann eine Erstklage auf Schadensersatz und Unterlassung derartiger Behauptungen – mit inzidenter Feststellung der Nichtverletzung des Patents – vor einem langsamen, aber zum Beispiel nach Art. 5 Nr. 3 EuGVVO (EuGVÜ/LugÜ) zuständigen Forum erhebt,[20] kann doch eine vor- oder außerprozessuale Schutzrechtsverwarnung, sofern sie unberechtigt ist, eine unerlaubte Handlung darstellen.[21]

Betrachtet man die bisherige Handhabung des Begriffs der ‚Torpedoklage', so wird zweierlei deutlich: Erstens scheint trotz Übereinstimmung in den Ansätzen ein völlig einheitliches Verständnis des Begriffs nicht gegeben zu sein: Dies mag daran liegen, dass ‚Torpedoklagen' zwar häufig beschrieben, begrifflich aber selten definiert werden.[22] Zweitens ist zu beobachten, dass der Begriff des ‚Torpedos' mehr und mehr allgemein (international-) zivilprozessual verstanden wird, und sich von einer Einordnung in patentrechtliche Zusammenhänge löst.

Im folgenden soll versucht werden, grundlegende Kennzeichen zu bestimmen, die einem ‚prozessualen Torpedo' bzw. einer ‚Torpedoklage' zu eigen sind. Im Vordergrund muss dabei das Bestreben stehen, sinnvolle Abgrenzungskriterien zu finden, die das Phänomen der ‚Torpedoklage' von anderen, ähnlich gelagerten Problemen unterscheiden.

1. Klage vor langsamem Gericht

Gemeinsames und eher unproblematisches Kennzeichen aller Charakterisierungen der ‚Torpedo-Problematik' ist es, dass es nach *Klageerhebung* des (potenziellen) Schuldners zu einer Prozessverzögerung kommt. Denn die in besonderer

---

[19] *Pansch*, Die einstweilige Verfügung (2003), 60; zu der Situation eines erst im Rahmen des Verletzungsverfahrens erhobenen Nichtigkeitseinwandes *Tilmann / v. Falck*, aaO, 583; *Leitzen*, GRUR Int. 2004, 1010 (1011); vgl. dazu auch unten § 3 A I 1 a bb (1) (b), bei Fn. 77.

[20] *Bukow*, Verletzungsklagen (2003), 311 ff.

[21] So die deutsche Rechtsprechung und Literatur, BGHZ 2, 387 (393); BGH GRUR 1976, 715 (716); GRUR 1979, 332 (333); jüngst BGH GRUR 2005, 882 (884), dazu *Teplitzky*, WRP 2005, 1433 ff.; Benkard-*Bruchhausen*, vor §§ 9-14 PatG, Rn. 16; *Mes*, § 139 PatG, Rn. 49; für ausländische Rechtsordnungen s. *Blaurock*, Die Schutzrechtsverwarnung (1970), 65 ff.

[22] Ansätze zu einer Definition (allerdings fast durchweg ohne Angabe einer Verfahrenslänge) gibt es etwa bei *Ullmann*, GRUR 2001, 1027 (1030, l.Sp.): Eine ‚Torpedoklage' ist danach die ‚in einem Land mit schlecht funktionierendem Rechtsschutz zuerst erhobene Klage, welche über Art. 21 EuGVÜ dazu führt, dass der Rechtsstreit über die später erhobene Verletzungsklage solange auszusetzen ist, bis über die erste Klage rechtskräftig entschieden ist'; vgl. außerdem in Bezug auf Patentrechtsverfahren, aber sehr weit *Stauder*, GRUR Int. 2000, Anm. zu Tribunale di Bologna, Beschl. v. 16.09.1998, GRUR Int. 2000, 1022 (1022); *Leitzen*, GRUR Int. 2004, 1010 (1011); *Véron*, IIC 2004, 638 (639); jüngst *Hölder*, Grenzüberschreitende Durchsetzung (2004), 184; *Ebner*, Markenschutz (2004), 215; dazu auch unten, § 2 A I 2 b, bei Fn. 60.

Weise zum ‚Torpedo-Problem' führende Litispendenzregelung des Art. 27 EuGVVO (Art. 21 EuGVÜ/LugÜ) bezieht sich auf ‚*Klagen* wegen desselben Anspruchs'. Dem Phänomen eines ‚prozessualen Torpedos' ist damit ein Element des *forum running*, also der möglichst frühen Herbeiführung einer Rechtshängigkeit, innewohnend.[23] Das Kennzeichen eines ‚prozessualen Torpedos', dass er durch Klageerhebung eintritt, unterscheidet ihn von anderen Taktiken des Schuldners, ein Verfahren in die Länge zu ziehen. Der ‚prozessuale Torpedo' kann mithin auch mit dem Terminus ‚Torpedoklage' gleichgesetzt werden, zwischen beiden besteht kein Unterschied.[24]

a. Begriff: Jede Art von (Erst-) Klage...

Dass unter ‚Torpedoklagen' häufig negative Feststellungsklagen verstanden werden, mag daran liegen, dass bei einer negativen Feststellungsklage eine Verschleppungstaktik des vermeintlichen Schuldners besonders offensichtlich scheint.[25] Im europäischen Zivilprozessrecht sperrt auch eine negative Feststellungsklage eine spätere Leistungsklage,[26] anders als im autonomen deutschen Zivilprozessrecht.[27] Allerdings fällt bei genauerem Hinsehen auf, dass eine ‚Torpedowirkung' nicht nur durch negative Feststellungsklage entstehen kann.[28] Eine solche lässt sich nämlich auch durch andere Klagearten herbeiführen. Beispiel sind die bereits genannten[29] Nichtigkeitsklagen hinsichtlich eines Patents. Außerdem gab es Verfahren, in denen der Schuldner keine negative Feststellungsklage erhob, die den Anspruch des Gläubigers schlicht verneinte, sondern vielmehr eine Klage, welche eine vorgelagerte Frage betraf. So wurde etwa (positive) Feststellungsklage auf Unwirksamkeit eines Vertrages wegen Formmangels[30] oder wegen Wegfalls durch Kündigung erhoben,[31] um Zahlungsansprüchen zuvorzukommen. Die prozessualen Folgen einer solchen Klage stimmen mit denen der negativen Feststellungsklage überein; die ‚Torpedoklage' ist lediglich auf einen anderen Entscheidungstenor gerichtet. Der Anspruch des Gläubigers wird dadurch verneint, dass ein vorgreifliches Rechtsverhältnis be-

---

[23] *Dasser*, ZSR N.F. 119/1 (2000), 253 (266); *Geimer*, IPRax 2004, 505 (505); *Mankowski*, RIW 2004, 481 (496); *v. Meibom / Pitz*, GRUR Int. 1998, 765 (770).

[24] Zu einer Klageerhebung vergleichbaren Situationen s. unten § 2 C III 1 a, bei Fn. 270.

[25] *Geimer*, NJW 1984, 527 (529).

[26] EuGH RIW 1988, 818 – *Gubisch Maschinenfabrik / Palumbo*, dem folgend z. B. BGHZ 134, 203 (210).

[27] BGH GRUR 1962, 360 (361); BGH NJW 1989, 2064 (2064); 1994, 3107 (3108); Zöller-*Greger*, § 256 ZPO, Rn. 16; Thomas / Putzo-*Thomas*, § 261 ZPO, Rn. 14.

[28] Anders aber deutlich *Ebner*, Markenschutz (2004), 215; wohl auch *Kühnen / Geschke*, Die Durchsetzung von Patenten in der Praxis (2005), Rn. 345.

[29] Vgl. soeben oben, § 2 A I, bei Fn. 19.

[30] BGH RIW 1995, 413; LG Frankfurt/Main IPRax 1992, 389.

[31] BGH RIW 2002, 393.

stritten wird.[32] Zu einem Rechtsschutzdefizit für den Gläubiger kann es genau wie bei einer negativen Feststellungsklage kommen, wenn sich der Prozess über die erste Klage verzögert.[33]

Es lässt sich somit festhalten, dass es sich bei einer ‚Torpedoklage' lediglich um eine (Erst-) Klage handeln muss, bei der als Konsequenz eine Prozessverzögerung auftritt. Durch dieses Kriterium unterscheidet sich die ‚Torpedoklage' etwa vom Antrag auf Eröffnung eines Hauptinsolvenzverfahrens, welches in der Folge auf europäischer Ebene andere Hauptinsolvenzverfahren ausschließt.[34] Der Erhebung einer ‚Torpedoklage' wohnt ein Überraschungsmoment inne:[35] Es besteht darin, dass (meist) unerwartet bereits vor Klageerhebung durch den Gläubiger eine Rechtshängigkeitswirkung erzielt wird.

Ob die Erstklage eine Leistungs-, Gestaltungs- oder Feststellungsklage darstellt, ist unerheblich.[36] Notwendig ist lediglich, dass diese Rechtshängigkeit gegenüber dem mit der späteren Klage verfolgten Anspruch entfalten kann. Auf die dafür im europäischen Zivilverfahrensrecht besonders bedeutsame ‚Kernpunkt'-Rechtsprechung des EuGH wird noch eingegangen.[37]

b. ...vor einem unabhängig vom Parteiverhalten langsamen Forum

Weiter charakterisiert eine ‚Torpedoklage', dass die Prozessverzögerung durch einen ‚externen' Umstand eintritt, nämlich das langsame Vorantreiben des Verfahrens durch das zuerst angerufene Gericht.[38] Diese Unterscheidung ist wichtig, hält man sich vor Augen, dass es viele andere, und noch nicht einmal illegitime Möglichkeiten gibt, einen Prozess unnötig in die Länge zu ziehen, welche die Parteien beeinflussen können. Würde man diesen ‚Torpedowirkungen' zuschreiben, ließe sich das Problem des ‚prozessualen Torpedos' jedoch nicht mehr sinnvoll eingrenzen. Denn auch Fälle, in denen der vermeintliche Schuldner zum Beispiel Erstklage vor einem Gericht mit nicht übermäßig langer Verhandlungsdauer erhoben hat, aber das dort ergehende Urteil dann mit Rechtsmitteln angreift und damit den Prozess verzögert,[39] wären sonst als ‚Torpedoklagen' ein-

---

[32] So auch LG Düsseldorf, GRUR Int. 1998, 804 (805) – *Impfstoff*.

[33] Auch diese Konstellationen werden häufig unter dem Gesichtspunkt der Prozessverschleppung diskutiert; vgl. *Schlosser*, EUZ, Art. 27 EuGVVO, Rn. 11, zu BGH RIW 2002, 393; Anm. d. Red. zu LG Frankfurt/Main IPRax 1992, 389 (389).

[34] Vgl. unten, § 2 C III a, bei Fn. 267.

[35] Daher wohl auch die Bezeichnung ‚Torpedo'; vgl. zur ursprünglichen Wortbedeutung *Grabinski*, FS Tilmann (2003), 461 (461 f.).

[36] Vgl. zu den unterschiedlichen Fallgestaltungen unten, § 2 B.

[37] Vgl. unten § 3 A I 1 a bb, bei Fn. 46 ff.

[38] Vereinzelt wird die Langsamkeit des Erstgerichts nur als ‚zusätzliches Übel' angesehen, und bereits die Gefahr eines langen Feststellungsverfahrens vor dem Erstgericht (etwa durch mehrere Instanzen) als Nachteil eingestuft; vgl. *Pansch*, Die einstweilige Verfügung (2003), 62.

[39] Vgl. der Fall bei OLG Köln RIW 1991, 328.

zustufen. Für derartige Verteidigungsstrategien ist der Begriff des ‚Torpedos' jedoch ersichtlich nicht gedacht gewesen. Bei den ‚Torpedoklagen' haben die Parteien die Ursache der Prozessverzögerung nicht in der Hand.

2. *‚Blockadewirkung'*

Weiteres Kennzeichen ist, dass durch die Erstklage vor dem langsamen Gericht eine ‚Blockadewirkung' entsteht.[40] Eine solche Wirkung ergibt sich in Europa insbesondere aus der Regelung zur anderweitigen Rechtshängigkeit in Art. 27 EuGVVO (Art. 21 EuGVÜ/LugÜ): Jedes später begonnene Verfahren über ‚denselben Anspruch'[41] ist danach auszusetzen, bis die Zuständigkeit des zuerst angerufenen Gerichts feststeht.[42] Damit sollen insbesondere widersprechende Urteile vermieden und die Prozessökonomie gewahrt werden.[43] Auch über Art. 28 EuGVVO (Art. 22 EuGVÜ/LugÜ) kann sich eine solche Wirkung ergeben, wenn die Klagen in einem Zusammenhang stehen.[44] Die ‚Blockadewirkung' muss nicht endgültig sein:[45] Selten wird es zu einer Situation kommen, in der das ausländische Verfahren überhaupt nicht mehr betrieben wird – jedenfalls wird dies für den Zweitkläger nicht leicht zu beweisen sein.[46] Häufiger wird es dagegen passieren, dass ein ausländisches Verfahren vorübergehend nicht betrieben wird, eine Sachentscheidung aber immer noch möglich erscheint.[47]

Welche Länge oder Auswirkungen die Prozessverzögerung jedoch besitzen muss, um eine ‚Blockadewirkung' darzustellen, ist weitgehend offen. Dass nicht jeder Prozess in Ländern wie Italien oder Belgien eine ‚Blockade' des Zweitprozesses darstellen kann, erscheint selbstverständlich: Ein solches Verständnis würde schon dem Grundsatz des gegenseitigen Vertrauens in die Justiz der Mitgliedstaaten widersprechen, der sich auf die Vermutung der Gleichwertigkeit der

---

[40] Mit solchen oder ähnlichen Bezeichnungen *Grabinski*, GRUR Int. 2001, 199 (209); *Geimer*, IZPR, Rn. 1932; *Simons*, EuLF 2003, 289 (290); *v. Falck*, MittdtschPatAnw. 2002, 429 (430); *Körner*, GRUR 2001, 725 (725); *Grothe*, IPRax 2004, 83 (83), ‚Sperrwirkung'; *Leitzen*, GRUR Int. 2004, 1010 (1011), ‚Sperreffekt'.

[41] Dazu näher unten § 3 A I 1 a bb, bei Fn. 46 ff.; zu den Regelungen im nationalen Recht vgl. unten § 3 B I 1 a, bei Fn. 304.

[42] Zum Kriterium der Aussetzung *Schlosser*, EUZ, Art. 27 EuGVVO, Rn. 9 ff.; Geimer / Schütze-*Geimer*, EZVR, Art. 27 EuGVVO, Rn. 53 ff.; zur Entwicklung im europäischen Gerichtsstands- und Vollstreckungsrecht *McGuire*, Verfahrenskoordination (2004), 67 ff.

[43] Vgl. dazu ausführlicher unten § 4 B VI 2 a, Fn. 221 ff.

[44] *Grabinski*, FS Tilmann (2003), 461 (462).

[45] Zu einer Situation, in der ein Weiterverhandeln und damit eine Beendigung des ausländischen Prozesses gänzlich abwegig war, vgl. BGH NJW 1961, 124.

[46] Vgl. den Fall des OLG München RIW 1998, 631, in dem die Klägerin ein zweites Mal klagte, weil sie meinte, das italienische Gericht habe das Verfahren ‚längst vergessen'. Das Münchener Gericht ließ eine solche Aussage nicht ausreichen und verweigerte am Zweitgericht die Eröffnung des Verfahrens.

[47] *Prütting*, GS Lüderitz (2000), 623 (624 f.).

europäischen Justizsysteme gründet.[48] Im folgenden soll versucht werden, eine genauere Definition der ‚Blockadewirkung' aufzustellen.

a. Begriff: Verfahrenssperre, die zur Vereitelung des Anspruchs bzw. Rechtsschutzbegehrens führen kann...

Eine Möglichkeit zur Beschreibung der ‚Prozessblockade' wäre, dass der Anspruch bzw. das Rechtsschutzbegehren des Gläubigers durch die ‚Blockade' vollständig bzw. endgültig vereitelt werden muss. In Patentrechtsfällen kann etwa der Anspruch auf Unterlassung der Benutzung eines entsprechenden oder dem Patent ähnlichen Produkts vereitelt werden, wenn eine negative Feststellungsklage erhoben wird und zum Zeitpunkt der dann ergehenden Entscheidung die Laufzeit des Patents bereits abgelaufen ist.[49]

Allerdings wären dann Fälle aus dem Begriff der ‚Torpedoklage' herauszunehmen, in denen die Anspruchsverwirklichung des Gläubigers nur hinausgeschoben, nicht aber vereitelt wird: Dies betrifft etwa Fälle, wo der Gläubiger einen Leistungsanspruch – beispielsweise auf Zahlung einer Geldsumme – durchsetzen möchte. In diesen Konstellationen spielt das Zeitmoment nicht die gleiche Rolle wie bei Patenten, es tritt lediglich eine Verschleppung der Anspruchsverwirklichung ein, weil der Anspruch – jedenfalls wenn nicht besondere Umstände im Einzelfall vorliegen – noch durchgesetzt werden kann. Konsequenz wäre, dass solche Fälle nicht als ‚Torpedoklagen' zu bezeichnen wären, jedenfalls nicht als ‚Torpedoklagen' im engeren Sinne.

Gleichwohl sind auch Fälle ohne Anspruchsvereitelung infolge Zeitablaufs als ‚Torpedo'-Fälle tituliert worden.[50] Auch in Patentrechtsfällen ist das Erfordernis einer Anspruchsvereitelung nicht explizit aufgestellt worden. Für eine weite Auslegung des ‚Torpedo'-Begriffs spricht darüber hinaus folgendes: Ob der Anspruch des Gläubigers *tatsächlich* nicht mehr zu realisieren ist, hängt von vielen Faktoren ab, die sich *ex ante* nur anhand einer unsicheren Prognose bestimmen lassen.[51] Aber auch, wenn man eine *ex post*-Perspektive für die Beurteilung einnimmt, ist es vielfach unklar, welcher Umstand letztendlich zur Anspruchsvereitelung geführt hat. Zum Beispiel spielen die Zeitdauer des ersten Prozesses, die Art und Weise, wie die Parteien den Erstprozess fördern, und an-

---

[48] Vgl. dazu allgemein *McGuire*, Verfahrenskoordination (2004), 18 ff.; zur Anerkennung von mitgliedstaatlichen Entscheidungen vgl. Erwägungsgrund 16 zur EuGVVO; EuGH RIW 2004, 289 (292) – *Gasser / Misat; Schack*, IZVR, Rn. 798.

[49] Vgl. LG Düsseldorf, GRUR Int. 2002, 1027 (1027) – *Kondensatorspeicherzellen*; *Grabinski*, GRUR Int. 2001, 199 (211 f.); *Simons*, EuLF 2003, 289 (290); *Grothe*, IPRax 2004, 205 (206).

[50] *V. Bar / Mankowski*, IPR I, Rn. 142; auch *Jayme / Kohler*, IPRax 2002, 461 (467 f.); *Schilling*, IPRax 2004, 294 (294).

[51] Vgl. *Tilmann / v. Falck*, GRUR 2000, 579 (584), die meinen, dass sich die Frage einer überlangen Verfahrensdauer regelmäßig nur aus einer ex-post-Perspektive beantworten lasse.

dere Einflüsse wie die Laufzeit des Patents oder die Inanspruchnahme von Rechtsmitteln eine Rolle, nicht zuletzt die mögliche Inanspruchnahme einstweiligen Rechtsschutzes.[52] Bereits die Beispiele zeigen, dass es unter anderem vom Verhalten der Parteien abhängen kann, ob das Begehren endgültig vereitelt wird. Auch der betroffene Gläubiger selbst kann dazu beitragen, dass sein ursprünglicher Anspruch nicht mehr zu verwirklichen ist, etwa indem er angesichts der drohenden mehrjährigen Verfahrensdauer vor dem Erstgericht einen Vergleich schließt oder sich anders mit der gegnerischen Partei einigt.[53] Leichter bzw. sicherer zu beurteilen ist dagegen bei einer *ex post*-Perspektive, ob der Anspruch bzw. das Begehren durch den externen Umstand der gerichtlichen Prozesshandhabung lediglich *verzögert* worden ist.[54]

Würde gefordert, dass die ‚Torpedoklage' den Anspruch bzw. das Begehren des Gläubigers zumindest *potenziell* oder *typischerweise* vereiteln muss, ergibt sich nichts anderes: Auch hier besteht erhebliche Unsicherheit hinsichtlich der Faktoren der Anspruchsvereitelung. Zudem scheint eine sinnvolle Eingrenzung über den Einzelfall hinaus kaum möglich. Es besteht vielmehr die Tendenz, dass man bei einem Erfordernis der Anspruchsvereitelung nur Extremfälle als ‚Torpedoklagen' titulieren könnte, weil zum Beispiel Patentlaufzeiten oft erst nach mehreren Jahren enden.[55]

Ob die Sperrwirkung der (Erst-) Klage den Anspruch bzw. das Rechtsschutzbegehren vollständig – also in allen Teilen – vereiteln muss, ist ebenfalls unsicher. Das vom Europäischen Patentamt erteilte europäische Patent etwa beinhaltet ein Bündel inhaltsgleicher, aber territorial verschiedener Schutzrechte,[56] so dass die für die Sperrwirkung der Erstklage vorausgesetzte Anspruchsidentität (vgl. Art. 27 EuGVVO, Art. 21 EuGVÜ/LugÜ) nur im Umfang territorialer Identität angenommen werden kann.[57] Es ist also möglich, dass der Anspruch des Gläubigers hinsichtlich der Unterlassung der patentrechtlich relevanten Handlungen der anderen Partei nur in Teilen – hier begrenzt auf bestimmte Staaten – vereitelt wird, je nachdem, wie weit die Sperrwirkung der Erstklage reicht. Allerdings ist zu beachten, dass der potenzielle Patentverletzer seine Erstklage –

---

[52] Vgl. OLG München RIW 1998, 631 (632); IntKomm EMRK-*Miehsler / Vogler*, Art. 6 EMRK, Rn. 322, zur Verpflichtung der interessierten Partei, den zügigen Fortgang des Verfahrens zu fördern.

[53] *Mankowski*, RIW 2004, 481 (496).

[54] Deshalb besteht auch kein Widerspruch zu dem Kriterium, dass es sich um eine Klage *vor einem unabhängig vom Parteiverhalten langsamen Forum* handeln muss, vgl. dazu oben § 2 A II 1 b, Fn. 38 ff. Aus einer *ex ante*-Perspektive ist freilich auch dieses Kriterium nur unsicher zu bejahen.

[55] Vgl. unten § 2 A I 3 d, bei Fn. 98.

[56] Vgl. Art. 2 Abs. 2, 64 Abs. 1 des Europäischen Patentübereinkommens v. 5.10.1973 (EPÜ), BGBl. II, S. 826; s. auch OLG Düsseldorf, GRUR Int. 2000, 776 (778); *Otte*, IPRax 1999, 440 (441 f.); *v. Meibom / Pitz*, GRUR Int. 1998, 765 (770 f.).

[57] *Grabinski*, GRUR Int. 2001, 199 (209 f.); *Kropholler*, EZPR, Art. 27 EuGVVO, Rn. 11.

unter Umständen missbräuchlich – auf alle Teile des Europäischen Patents beziehen und damit eine Sperrwirkung erreichen kann.[58]

Gegen das Erfordernis einer Anspruchsvereitelung durch Zeitablauf spricht nicht zuletzt das Sprachempfinden: Denn der Zeitpunkt, ab dem Anspruchsvereitelung eintritt, kann erheblich differieren: In einem Verfahren ist der Anspruch vielleicht bereits nach wenigen Wochen vereitelt, in anderen dauert es mehrere Jahre. Im ersten Fall fiele es schwerer, von einer ‚Torpedowirkung' zu sprechen, als im zweiten, wo man selbst dann von einer ‚Torpedoklage' ausgehen könnte, wenn der Anspruch nicht per Zeitablauf vereitelt würde.

Insgesamt erscheint es wegen der Fülle von unterschiedlichen Faktoren bei der Frage der Durchsetzbarkeit eines Anspruchs bzw. Begehrens ungeeignet, davon auszugehen, dass mit dem Begriff ‚Torpedoklage' gemeint ist, es müsse unbedingt eine vollständige und endgültige Anspruchsvereitelung durch Zeitablauf eingetreten sein.[59] Man würde den ‚Torpedo'-Begriff (selbst bei einer *ex post*-Perspektive) mit einer zusätzlichen Unsicherheit belasten und Abgrenzungsschwierigkeiten erzeugen.

b. ...oder die Verwirklichung des Anspruchs bzw. Rechtsschutzbegehrens in angemessener Zeit verhindert

Lässt man eine Vereitelung des Anspruchs bzw. des Rechtsschutzbegehrens als Kriterium außer acht, ist allerdings nicht die Frage beantwortet, ab wann ein ‚Torpedo-Effekt' eintritt. Es ist auffallend, dass die für eine ‚Torpedoklage' erforderliche Länge des Erstprozesses im Schrifttum kaum näher bestimmt wird.[60] Es wird lediglich zur Voraussetzung gemacht, dass der Schuldner eine Verzögerung der Sachentscheidung durch Klage vor dem langsamen Forum erreiche. Dabei wird jedoch deutlich, dass diese Verzögerung gerade deshalb eintritt, weil das ausländische Erstgericht *langsamer* ist als das vom Gläubiger gewählte oder noch zu wählende Zweitgericht.[61] Nicht gemeint ist also, dass schon jede (Erst-) Klage, die den Anspruch des Gläubigers verneint, eine ‚Torpedoklage' wäre – das folgt schon aus dem bereits angesprochenen Vertrauen in die Justiz der Mitgliedstaaten sowie daraus, dass das Phänomen der ‚Torpedoklagen' die nötige

[58] *Tilmann / v. Falck*, GRUR 2000, 579(583 f.); *Leitzen*, GRUR Int. 2004, 1010 (1012).

[59] Dem entspricht es, dass auch bezüglich von Patentverletzungsverfahren dieses Erfordernis nicht aufgestellt wird, sondern auf die bloße Verzögerung der Anspruchsverwirklichung abgestellt wird; vgl. etwa *Kraßer*, 907, wonach sich die Wahrnehmung des Rechts aus dem Patent lediglich „erheblich verzögern" müsse, um von einer ‚Torpedoklage' sprechen zu können.

[60] Zuweilen ist lediglich davon die Rede, die Prozessdauer vor dem Erstgericht müsse ‚unabsehbar' oder ‚lange' sein; vgl. *v. Meibom / Pitz*, GRUR Int. 1998, 765 (770); *Simons*, EuLF 2003, 289 (290); *Stauder*, Anm. zu Tribunale di Bologna, Urt. v. 16.9.1998, GRUR Int. 2000, 1022 (1022, ‚längere Zeit'); *Kur*, GRUR Int. 2001, 908 (911, ‚sehr langsam'); *Grabinski*, GRUR Int. 2001, 199 (209, ‚verhältnismäßig lange'); s. auch *Justice Laddie* in *High Court of Justice*, GRUR Int. 1999, 784 (785, ‚vernünftiger Zeitrahmen').

[61] Deutlich etwa *v. Meibom / Pitz*, GRUR Int. 1998, 765 (769); *Kraßer*, 907.

Trennschärfe verlieren würde. Vielmehr muss die Erstklage eine Verzögerung von bestimmter Qualität aufweisen: Sie muss die Anspruchsverwirklichung unzumutbar verzögern und damit gefährden.

Zur näheren Bestimmung einer solchen Unzumutbarkeit bietet es sich an, auf die Kriterien zurückzugreifen, die hinsichtlich einer Verletzung des Art. 6 EMRK wegen überlanger Verfahrensdauer entwickelt wurden,[62] und das Vorliegen einer ‚Torpedoklage' dann zu verneinen, wenn das Erstgericht in Anbetracht der Umstände des Einzelfalls in *angemessener Zeit* eine Entscheidung zu treffen imstande ist.[63] Die Verfahrensdauer muss unter Berücksichtigung der Komplexität des verhandelten Gegenstandes, des Verhaltens der Parteien und der üblichen Verfahrensspannen im Inland nicht mehr als gerechtfertigt anzusehen sein.[64] Eine den ‚Torpedoklagen' innewohnende unangemessene Gläubigerbenachteiligung ist nämlich dann nicht anzunehmen, wenn vor dem früher angerufenen Gericht eine feststellende Sachentscheidung ergeht: In Leistungsfällen wäre ein später vom Gläubiger angerufenes Gericht an den Tenor der früheren Entscheidung gebunden.[65] Eine Prozessverschleppung drohte nicht. Nur dann, wenn eine solche Sachentscheidung nicht in einer angemessenen Zeitspanne zu erhalten ist, ist der Gläubiger benachteiligt. Diese Zeitspanne beginnt mit Klageerhebung[66] und endet mit dem letztinstanzlichen Urteil.[67] Beim Rückgriff auf die Bewertung einer ‚Torpedoklage' anhand von Art. 6 EMRK muss in Kauf genommen werden, dass der Begriff der Angemessenheit vage ist und Prognosen schwierig sind.[68] Denn eine Bewertung der Verfahrensdauer als angemessen lässt sich nur im Einzelfall – und nicht generell – treffen. Dabei muss man sich auch nicht auf Extremfälle beschränken – eine angemessene Frist kann bei Anlegung inländischer Maßstäbe schon dann überschritten sein, wenn das ausländische Gericht deutlich mehr Zeit zur Sachentscheidung benötigt als ein inländisches.

Allerdings würden bei der Beschränkung auf die Fälle einer unangemessen langen Prozessdauer am Erstgericht die Verfahren nicht erfasst, in denen der Erstprozess zwar nicht übertrieben lange dauert, der Anspruch aber faktisch ver-

---

[62] Vgl. Frowein / Peukert-*Peukert*, Art. 6 EMRK, Rn. 143 ff.; IntKomm EMRK-*Miehsler / Vogler*, Art. 6 EMRK, Rn. 317 ff.; *Peters*, Einführung EMRK (2003), 124; anders *Grothe*, IPRax 2004, 205 (212), der auf eine pauschale Zeitspanne von regelmäßig anderthalb Jahren zurückgreifen will.

[63] So wohl *Dreiss / Keussen*, GRUR 2001, 891 (893).

[64] Diese Kriterien hat der EGMR etwa im Fall *König / Deutschland*, NJW 1977, 477, ausgesprochen.

[65] *Zeiss / Schreiber*, Rn. 566; *Schilken*, ZPR, Rn. 1030.

[66] Vgl. EGMRE 102, 72, Ziff. 198.

[67] Vgl. EGMRE 117, 61, Ziff. 65.

[68] *McGuire*, Verfahrenskoordination (2004), 135 f., krit. zur Frage der Durchbrechung anderweitiger Rechtshängigkeit.

eitelt wird.[69] Gerade in Patentverletzungsverfahren spielt dieser Gesichtspunkt jedoch eine große Rolle. Zudem fällt es schwer, eine ‚Torpedowirkung' zu bejahen, wenn der Prozess verschleppt wird, sie hingegen zu verneinen, wenn ein zweiter, späterer Prozess infolge Anspruchsvereitelung überhaupt unnütz wird. Insofern sollte die ‚Blockadewirkung' neben der unangemessenen Verzögerung auch die Vereitelung des Anspruchs bzw. Rechtsschutzbegehrens (trotz möglicherweise kürzerem Prozess) umfassen.[70]

c. Ergebnis zur Bestimmung der ‚Blockadewirkung'

Die ‚Blockadewirkung' besteht somit zusammengefasst darin, dass durch die Erstklage am langsamen Forum die Anspruchsverwirklichung entweder unzumutbar verzögert und damit gefährdet oder aber diese ganz vereitelt, wobei im letzteren Fall noch keine unangemessene Prozessdauer bestehen muss.

3. Randunschärfen bei der Begriffsbestimmung

Die oben genannten Kennzeichen der Klage vor langsamem Erstgericht sowie der ‚Blockadewirkung' sind zwingender Bestandteil der Definition einer ‚Torpedoklage'. Daneben gibt es aber auch Randunschärfen, die die Erforderlichkeit eines Rechtsmissbrauchs oder einer bestimmten Parteirollenverteilung betreffen.

a. Erforderlichkeit eines Rechtsmissbrauchs

Problematisch ist, ob der Begriff des ‚prozessualen Torpedos' ein rechtsmissbräuchliches Verhalten des Klägers voraussetzt, wie es nach dem Sprachempfinden nahe liegt. Im Schrifttum wird zum Teil bei Vorliegen einer ‚Torpedoklage' der Gesichtspunkt des Rechtsmissbrauchs genannt, ohne dass man dem entnehmen könnte, es solle sich um ein zwingendes Erfordernis handeln.[71] Die Rechtsprechung hat ein doloses Verhalten des Erstklägers in Fällen einer Erstklage vor einem langsamen Forum nur selten angesprochen.[72] Vereinzelt wurde

---

[69] Die Anspruchsvereitelung führt etwa das LG Hamburg an, GRUR Int. 2002, 1025; wohl auch *v. Meibom / Pitz*, GRUR Int. 1998, 765 (770).

[70] So wohl auch *Franzosi*, IIC 2002, 154 (155).

[71] Exemplarisch *Geimer*, NJW 1984, 527 (529): ‚Jeder Praktiker weiß, dass mancher Prozess nur deshalb vor ein ausländisches Gericht kommt, um den Gegner im Inland zeitweilig zu blockieren und so vergleichsbereit zu machen."; *ders.*, IPRax 2004, 505 (505); auf Rechtsmissbrauch wohl ebenfalls abstellend *Grabinski*, GRUR Int. 2001, 199 (209); *Mankowski*, RIW 2004, 481 (496); *Hölder*, Grenzüberschreitende Durchsetzung (2004), 193.

[72] Dies gilt jedenfalls für die deutsche Rechtsprechung; etwa im englischen ‚Sepracor'-Verfahren, High Court of Justice, GRUR Int. 1999, 784 (785), ist dagegen ein rechtsmissbräuchliches Verhalten der Kläger in den Raum gestellt worden; dazu *Justice Laddie*: ‚Aufgrund der mir vorliegenden Informationen liegt es auf der Hand, dass das belgische Verfahren nur deswegen angestrengt wurde, um ein Verfahren in Deutschland zu blockieren'; vgl. auch Rechtbank van eerste aanleg te Brussel, GRUR Int. 2001, 170 (171) – *Röhm Enzyme*; Tribu-

der Gesichtspunkt des Rechtsmissbrauchs zumindest angedacht, dann aber verneint.[73] Die Zurückhaltung wurde zum Teil damit begründet, dass das zweitangerufene Gericht das Verfahren von Amts wegen auszusetzen habe, während die Prüfung eines etwaigen missbräuchlichen Verhaltens des Erstklägers dem zuerst angerufenen Gericht zukomme.[74] Auch sei für die Prüfung kein Raum, wenn sich die Erstklage als Ausdruck der Chancengleichheit der Parteien darstelle, denen es vorbehalten sei, einer absehbaren Klage des Gegners zuvorzukommen und dadurch ein ihnen durch Nähe oder Vertrautheit des Verfahrensrechts besonders günstiges Forum anzurufen.[75]

In manchen Fällen mag ein rechtsmissbräuchliches Verhalten des ‚Torpedoklägers' tatsächlich nahe liegen; etwa wenn der Kläger vor einem langsamen Gericht klagt, obwohl die Parteien eine Gerichtsstandsvereinbarung zugunsten eines anderen Gerichts getroffen haben.[76] Trotzdem ist das Erfordernis des Rechtsmissbrauchs zweifelhaft: Denn eine ‚Torpedoklage' kann ihre Wirkung unabhängig davon entfalten, ob ein rechtsmissbräuchliches Verhalten des ‚Torpedoklägers' vorliegt. Bei der ‚Torpedo'-Problematik steht – vielmehr als ein doloses Verhalten des Klägers – die drohende Beeinträchtigung der Rechtsschutzinteressen der Gegenpartei, etwa die Verletzung deren Justizgewährungsanspruchs,[77] im Vordergrund.[78] Die vielfältigen Möglichkeiten, mit einem ‚prozessualen Torpedo' den Prozess zu verzögern, unterstreichen dies.[79]

Zudem ist zu beachten, dass die Möglichkeit, dass ein potenzieller Schuldner mit einer Erstklage zuvorkommt, mit den Regelungen des EuGVÜ/LugÜ bzw. jetzt der EuGVVO gerade in Kauf genommen wurde:[80] Insofern ist es nicht unproblematisch, das Ausnutzen einer gegebenen Zuständigkeit als rechtsmissbräuchlich zu stigmatisieren.[81] In der Praxis kommen Beweisschwierigkeiten hinzu, weil sich bereits die Einstufung eines Verfahrens als überlang nur im nachhinein beurteilen lässt.[82] Begriffliche Abgrenzungsschwierigkeiten wären

---

nal de grande instance de Paris, GRUR Int. 2001, 173 (175); dazu *Tilmann*, GRUR 2001, 1079 (1079).

[73] OLG Düsseldorf, GRUR Int. 2000, 776 (779 f.) – *Impfstoff III.*

[74] Exemplarisch LG Düsseldorf, GRUR Int. 2002, 157 (162 f.) – *HIV-Immunoassay.*

[75] Zu diesen Gesichtspunkten ausführlich *Park / Cromie* (1990), 432 ff.; vgl. auch *Tilmann / v. Falck*, GRUR 2000, 579 (584).

[76] OLG München RIW 1998, 631 ff.

[77] Dazu *Geimer*, IZPR, Rn. 1932.

[78] Auf die Schutzinteressen des Gläubigers abstellend *Pansch*, Die einstweilige Verfügung (2003), 62 f.; vgl. mit dahin gehenden Formulierungen auch *Leitzen*, GRUR Int. 2004, 1010 (1012); *Pitz*, IIC 2002, 907 (907).

[79] Zu diesen Möglichkeiten zählen etwa die Erstklagen bezüglich eines vorgreiflichen Rechtsverhältnisses; vgl. dazu etwa BGH RIW 2002, 393 (394).

[80] So auch OLG Stuttgart IPRspr. 2003, Nr. 174 (S. 569 f.).

[81] *V. Falck*, MittdtschPatAnw. 2002, 429 (434); *Treichel*, Anm. zu Tribunal de grande instance de Paris, Urt. v. 28.4.2000, GRUR Int. 2001, 175 (177 r. Sp.).

[82] *Tilmann / v. Falck*, GRUR 2000, 579 (584).

die Folge, ähnlich wie bei der Frage der Vereitelung des Anspruchs bzw. Rechtsschutzbegehrens im Rahmen der ,Blockadewirkung'.[83] Der Gesichtspunkt des Rechtsmissbrauchs mag daher bei der Prüfung der Durchbrechung einer ausländischen Rechtshängigkeit eine Rolle spielen, sollte jedoch nicht zwingende Voraussetzung eines ,Torpedos' sein. Man kann deshalb bei ,Torpedos' nicht stets von ,rechtsmissbräuchlichem *forum shopping*' sprechen.[84]

b. Fälle mit einer identischen Parteirollenverteilung

,Torpedoklagen' werden gemeinhin als Klagen der gegnerischen Partei verstanden. Fraglich ist, ob sich der *Gläubiger* auch selbst ,torpedieren' kann, indem ein von ihm angerufenes Gericht (wider Erwarten) langsam verhandelt, so dass eine weitere Klage bis auf weiteres blockiert ist. Die Rechtsprechung hatte wiederholt über solche Fälle zu entscheiden, etwa in Scheidungsverfahren[85] oder bei Klagen auf Leistung.[86] In einem prägnanten Fall wurden Spaziergänger in Südtirol von einem Reitpferd verletzt und klagten dann auf Schadensersatz vor dem Landgericht Bozen. Weil dort zwei Jahre lang keine Entscheidung zustande kam, erhoben sie eine zweite Klage vor dem Landgericht Frankfurt. Dieses wies die Klage ab.[87] Darauf legten die Kläger Berufung ein, über die das OLG Frankfurt im Juni 1989 entschied und die Vorinstanz bestätigte.[88] Die Kläger konnten ihren Anspruch in Italien zu diesem Zeitpunkt bereits seit fünf Jahren nicht durchsetzen.

Fälle mit einer solchen ,identischen Parteirollenverteilung' sind insbesondere hinsichtlich der Frage einer Durchbrechung der durch die Erstklage begründeten Rechtshängigkeit diskutiert worden.[89] Zwar kann der Kläger bei langsam verhandelndem Erstgericht über seine Erstklage disponieren und diese gegebenenfalls zurücknehmen.[90] Allerdings ist dazu in der deutschen Rechtsordnung die Zustimmung des Beklagten erforderlich (§ 269 Abs. 2 S. 1 ZPO), während manche ausländische Rechtsordnungen eine Rücknahme gar nicht vorsehen:[91] Es kann also wiederum möglicherweise eine ,Blockadewirkung' eintreten. Auch hier droht der Anspruch auf Justizgewährung entzogen zu werden.

[83] Vgl. dazu schon soeben § 2 A I 2 a, bei Fn. 51.
[84] So aber *McGuire*, ZfRV 2005, 83 (87).
[85] BGH NJW 1961, 124.
[86] BGH NJW 1986, 2195; IPRax 1986, 293; OLG Frankfurt/Main IPRspr. 1989, Nr. 210b; BGH RIW 1995, 413.
[87] LG Frankfurt/Main IPRax 1990, 234.
[88] OLG Frankfurt/Main IPRspr. 1989, Nr. 210b.
[89] S. etwa *Isenburg-Epple*, Die Berücksichtigung (1992), 93 f.; *Buschmann*, Rechtshängigkeit (1995), 205 f.; *McGuire*, Verfahrenskoordination (2004), 133 ff.
[90] So auch BGH IPRax 1986, 293 (293 f.); ähnlich OLG Frankfurt/Main IPRax 1988, 24 (25).
[91] *McGuire*, Verfahrenskoordination (2003), 133.

Für eine Durchbrechung der Rechtshängigkeit mögen die Fälle mit identischer Parteirollenverteilung somit relevant sein: Für den Begriff der ‚Torpedoklage' bietet sich eine Ausweitung auf diese Konstellationen jedoch nicht an. Denn zum einen liegt eine für ‚Torpedoklagen' typische Situation durch das Zuvorkommen mit einer Klage bzw. ein daraus resultierendes ‚Wettrennen' zu den Gerichten nicht vor. ‚Torpedoklagen' werden vielmehr gemeinhin als prozesstaktisches Instrument des Gegners verstanden.[92]

Zum anderen ist eine ‚Blockadewirkung' bei identischer Parteirollenverteilung schlecht greifbar. Sie tritt nicht etwa immer ein, sondern ist von den nationalen Rechten abhängig. Im deutschen Recht muss etwa der Beklagte einer Klagerücknahme nur zustimmen, wenn er bereits zur Hauptsache verhandelt hat.[93] Durch unterschiedliche mitgliedstaatliche Regelungen würde das ‚Torpedo'-Phänomen bei identischer Parteirollenverteilung sehr uneinheitlich. Man käme wiederum in Abgrenzungsschwierigkeiten, müsste man all jene Faktoren berücksichtigen, die bei Parallelprozessen zur Annahme einer ‚Blockadewirkung' beitragen bzw. diese verhindern können. Mehrfachprozesse mit identischer Parteirollenverteilung sind deshalb keine ‚Torpedofälle'.

c. Keine Eingrenzung auf das europäische Zivilprozessrecht

Bisher war von ‚Torpedoklagen' vor allem im europäischen Kontext die Rede. Es ist jedoch zu fragen, ob es auch außerhalb des Anwendungsbereichs von EuGVVO bzw. EuGVÜ ‚Torpedos' geben kann. Würde man unter ‚Torpedoklagen' nur negative Feststellungsklagen verstehen, so ließe sich dies jedenfalls für das deutsche Prozessrecht verneinen, weil diese keine Sperrwirkung gegenüber einer späteren Leistungsklage entfalten.[94] Geht man jedoch davon aus, dass eine ‚Torpedoklage' auch andere Klagearten umfassen kann und somit lediglich als ‚(Erst-) Klage' zu definieren ist, kann es auch im nationalen Zivilprozessrecht zu ‚Torpedos' kommen. Darauf soll später genauer eingegangen werden.[95] ‚Torpedoklagen' sind also nicht auf das europäische Zivilprozessrecht begrenzt.

---

[92] *Pitz*, GRUR Int. 2001, 32 (32).

[93] Thomas / Putzo-*Reichold*, § 269 ZPO, Rn. 9; Musielak-*Foerste*, § 269 ZPO, Rn. 8; Zöller-*Greger*, § 269 ZPO, Rn. 13.

[94] BGH NJW 1973, 1500 (1500); NJW 1994, 3107 (3108); OLG Köln VersR 1973, 1065 (1066); Musielak-*Foerste*, § 256 ZPO, Rn. 37; Baumbach / Lauterbach-*Hartmann*, § 256 ZPO, Rn. 77; Zöller-*Greger*, § 256 ZPO, Rn. 16; *Rosenberg / Schwab / Gottwald*, 522 f.; *Schack*, IZVR, Rn. 753; vgl. unten § 3 B I 1 a aa, bei Fn. 308 ff.

[95] Vgl. unten § 3 B I 1 b, bei Fn. 327 ff.

d. Keine Eingrenzung auf das Patentrecht

Fraglich ist, ob ‚Torpedoklagen' auch außerhalb des Patentrechts vorliegen können, wenngleich der ‚Torpedo'-Begriff zunächst für diesen Bereich gebraucht wurde. Dafür spricht, dass ‚Torpedowirkungen' nicht nur in einem bestimmten Rechtsgebiet denkbar sind. Denn eine *Verzögerung* der Anspruchsdurchsetzung kann beispielsweise auch in dem Fall auftreten, dass jemand eine Geldschuld zu begleichen hat, aber zur Verzögerung des Anspruchs seines Gläubigers eine Klage vor langsamem Forum erhebt.[96]

Selbst dann, wenn man für das Vorliegen eines ‚Torpedos' ausdrücklich eine endgültige Anspruchs*vereitelung* fordern würde,[97] wäre eine Eingrenzung auf das Patentrecht nicht sinnvoll: Zwar ist der Schutz eines Patents auf zwanzig Jahre begrenzt,[98] wohingegen zum Beispiel markenrechtlicher Schutz verlängert werden kann.[99] Dass jedoch eine ‚Torpedoklage' dazu führt, dass ein zuerst eingeleitetes Verfahren sich über zwanzig Jahre hinzieht, dürfte nur im Extremfall anzunehmen sein.[100] Zudem gibt es auch bei anderen gewerblichen Schutzrechten Fristen, die ablaufen können.[101] Die Möglichkeit einer ‚Torpedoklage' scheitert bei anderen Schutzrechten auch nicht daran, dass etwa eine negative Feststellungsklage nur vor Gerichten im Staat des Schutzrechtsinhabers – welche nicht unbedingt für überlange Prozesse bekannt sind – erhoben werden dürfte.[102] Anspruchsvereitelung durch Fristablauf ist deshalb kein überzeugendes Abgrenzungskriterium für den ‚Torpedo'-Begriff.

Wenn es also bei anderen Schutzrechten ebenfalls Klagen gibt, die den Effekt einer ‚Torpedoklage' haben können, ist es nicht sinnvoll, überhaupt eine Einschränkung der ‚Torpedos' auf das Patentrecht vorzunehmen. Eine solche ließe

---

[96] Vgl. zu solchen Fallgestaltungen schon oben § 2 A I, bei Fn. 31; außerdem näher unten § 3 B I 1 b.

[97] Eine solche soll nach dem oben gefundenen Ergebnis nicht Voraussetzung sein, vgl. § 2 A I 2 a, bei Fn. 49 ff.

[98] Vgl. Art. 63 EPÜ; § 16 PatentG.

[99] Art. 47 GemeinschaftsmarkenVO; § 47 MarkenG.

[100] Ein solcher Extremfall war das Verfahren *Zappa v. Italien* mit einer Prozesslänge von 23 Jahren, in dem es um einen einfachen vertraglichen Schadensersatzanspruch ging, vgl. *Peters*, Einführung EMRK (2003), 124.

[101] Eine Frist von 25 Jahren sieht § 27 Abs. 2 GeschmMG vor, wobei sich aus § 28 Ab. 1 GeschmMG ergibt, dass eine Verlängerung über diese Frist hinaus nicht möglich ist, vgl. Hasselblatt-*v. Gerlach*, § 45, Rn. 76; *Hubmann / Götting*, Gewerblicher Rechtsschutz (2002), § 35, Rn. 1; eine Frist von siebzig Jahren sieht § 64 UrhG vor.

[102] So ist es zwar bei der Gemeinschaftsmarke, sofern der Markeninhaber seinen Sitz innerhalb der Gemeinschaft hat (Art. 93 Abs. 1 und 5 GMVO), vgl. *Knaak*, GRUR 2001, 21 (25); HK-Markenrecht-*von Kapff*, Art. 93 GMV, Rn. 58; anders ist es jedoch bei Sitz bzw. Niederlassung des Markeninhabers außerhalb der Gemeinschaft, wenn der Verletzer seinen Sitz im Gebiet eines Mitgliedstaats mit langsamer Justiz hat: Dann kann dieser dort eine ‚Torpedoklage' einleiten (Art. 93 Abs. 2 GMVO), vgl. *Ebner*, Markenschutz (2004), 252; zu kurz deshalb *Hye-Knudsen*, Marken-, Patent- und Urheberrechtsverletzungen (2005), 170.

sich nur damit rechtfertigen, dass der Begriff des ‚Torpedos' insgesamt ein patentrechtlicher ist. Eine solche Eingrenzung wird jedoch zu Recht verstärkt in jüngerer Zeit nicht mehr vorgenommen.[103] Sie wäre auch problematisch, weil bei parallelen Fällen kaum zu erklären ist, warum diese nicht als ‚Torpedos' bezeichnet werden können.

Gewissermaßen als ‚Minus' könnte man eine weitere Eingrenzung der ‚Torpedoklagen' immerhin damit erreichen, dass man ‚Torpedos' nur bei Unterlassungsansprüchen für möglich hält, weil nur hier eine irreparable Schädigung (durch die verbotene Handlung) auftrete. Auch diese Eingrenzung erscheint jedoch zu eng: Denn es ist nicht gesagt, dass ein Nichtunterlassen irreparable Folgen haben muss – es besteht immerhin die Möglichkeit einer Schadensersatzleistung, etwa bei der Verletzung eines Schutzrechts.[104] Ebenso wenig muss die Nichtvornahme einer Leistung – etwa einer Geldzahlung – stets reparabel sein: So könnte bereits die Verschleppung eines Geldzahlungsanspruchs so starke wirtschaftliche Folgen für den Gläubiger haben, dass dieser insolvent wird. Auch wenn man darauf abstellt, dass die Unterlassung im Gegensatz zur Leistung nicht mehr nachgeholt werden kann und daher zwingend während der Dauer des (Erst-) Prozesses eine Anspruchsvereitelung eintritt,[105] ist dies keine sinnvolle Abgrenzung: Denn dies wäre auch bei kürzerer Prozessdauer stets der Fall. In der Folge wären alle Klagen, die sich gegen einen Unterlassungsanspruch richten, ‚Torpedoklagen'.

Die Problematik der ‚Torpedoklagen' ist somit nicht auf patentrechtliche Sachverhalte zu beschränken, ebenso wie sie nicht auf Unterlassungsansprüche beschränkt werden kann.

4. Ergebnis

Nach alledem lassen sich – geleitet von dem Ziel, eine möglichst geringe Anzahl veränderlicher Faktoren zugrunde legen zu müssen – Kriterien für das Problem der ‚prozessuale Torpedos' bzw. der ‚Torpedoklagen' bestimmen. ‚Prozessuale Torpedos' lassen sich danach definieren als

1. (Erst-) Klagen der gegnerischen Partei vor einem langsamen Forum,
2. durch welche über die Rechtshängigkeitsregeln ein weiteres Verfahren während der Dauer des (Erst-) Prozesses verhindert wird,

---

[103] Vgl. zu dieser Tendenz bereits oben § 2 A I 3 d, bei Fn. 97 ff.; freilich finden sich kaum Stimmen, die eine Eingrenzung auf das Patentrecht explizit in Frage stellen.

[104] Diese Problematik ist nicht mit der Frage zu verwechseln, ob eine einstweilige Verfügung auf Unterlassen stets zur Befriedigung führt, vgl. dazu unten § 5 A I 1, bei Fn. 20; denn hier geht es nicht um eine Befriedigung, sondern um die Frage, welche – möglicherweise mittelbaren – Auswirkungen ein Unterlassen bzw. eine Handlung hat.

[105] Vgl. unten § 5 A I 1 , bei Fn. 20.

3. und zwar so lange, dass der Gläubiger seinen Anspruch bzw. sein Rechtsschutzbegehren nicht mehr in angemessener Zeit durchsetzen kann, oder aber dieser bzw. dieses vereitelt wird (‚Blockadewirkung').

Der Begriff der ‚Torpedoklage' ist insofern als (international-) zivilprozessualer zu verstehen und nicht auf ein bestimmtes Rechtsgebiet beschränkt.

II. Die Verfahrensverzögerung als rechtstatsächlicher Auslöser der ‚Torpedoklagen'

Nachdem der Begriff der ‚Torpedoklage' geklärt wurde, soll im folgenden ein Blick auf den eigentlichen Auslöser der ‚Torpedoklagen' geworfen werden, nämlich die lange Verfahrensdauer vor Gerichten einiger Staaten. Dabei ist zu untersuchen, wie in Rechtsprechung und Gesetzgebung mit Verfahrensverzögerungen umgegangen wurde.[106] Auch ein Vergleich zwischen der Prozessdauer in Deutschland und Italien wird angestellt.[107]

1. Das Phänomen einer Verfahrensverzögerung in der Rechtsprechung

Das Phänomen eines Verfahrensstillstands vor einem zuerst angerufenen Gericht ist in der deutschen Judikatur nicht neu. Bereits in den ersten Jahren nach dem Zweiten Weltkrieg kam es wegen der Gebietsverluste auf deutscher Seite dazu, dass ein Gericht aufgelöst wurde und infolgedessen den Prozess nicht mehr weiter betreiben konnte.[108] Die Fälle eines solchen völligen Verfahrensstillstandes waren jedoch selten[109] – häufiger kam es vor, dass ein ausländisches Gericht nicht zügig verhandelte und sich der Prozess dadurch in die Länge zog.[110] In diesen Konstellationen urteilten die deutschen Gerichte in der Regel ablehnend hinsichtlich einer Durchbrechung der ausländischen Rechtshängigkeit.[111] Erst neuere Entscheidungen griffen die Rechtsprechung einzelner ausländischer Gerichte

---

[106] Vgl. § 2 A II 1 und 2.

[107] Vgl. § 2 A II 3.

[108] LG Hamburg SJZ 1947, Sp. 271; BGH NJW 1952, 705 zu der Frage, ob die Einrede der Rechtshängigkeit bei Stillstand der Rechtspflege aufgrund nachkriegsbedingter Einstellung eines auf polnisch verwaltetem Boden befindlichen Gerichts einem Zweitverfahren entgegenstehen kann.

[109] Zu der Begründung durch die deutsche Rechtsprechung vgl. unten § 3 B I 2 a, bei Fn. 350 ff.

[110] Selbst von EuGH und Europäischem Gericht Erster Instanz werden Verfahrensverzögerungen aufgrund Überlastung berichtet, vgl. *Lipp*, NJW 2001, 2657 (2657).

[111] Vgl. unten § 3 B I 2 b, bei Fn. 363 ff.

auf und versagten die Aussetzung des späteren Verfahrens aus dem Gesichtspunkt des Rechtsmissbrauchs.[112]

Auf europäischer Ebene gewinnt die Problematik einer Verfahrensverzögerung indes dadurch eine neue Dimension, dass ein Schuldner die faktischen und rechtlichen Gegebenheiten *gezielt* dazu einsetzen kann, ein Verfahren im Ausland zu verschleppen. Die Gefahr eines Rechtsmissbrauchs verleiht dem Phänomen der ‚Torpedoklagen' Brisanz und hat dementsprechend zu Diskussionen im Schrifttum geführt.[113] Während dabei zunächst vielfach die Frage im Vordergrund stand, ob und unter welchen Voraussetzungen eine ausländische Rechtshängigkeit durchbrochen werden könne,[114] wurden später auch Ansätze in den Raum gestellt, wie ein von einer ‚Torpedoklage' betroffener Gläubiger seinen Anspruch anders durchsetzen könnte.[115] Die Diskussion ging auch deshalb in diese Richtung, weil Präzendenzfälle auftauchten, in denen einer negativen Feststellungsklage des Schuldners zum Beispiel mit einstweiligem Rechtsschutz begegnet wurde.[116] Zudem hatte sich der EuGH in der Entscheidung *Gasser / Misat* zum ersten Mal mit einer Prozessverschleppung am Zweitgericht befasst und eine Durchbrechung der anderweitigen Rechtshängigkeit weitgehend ausgeschlossen[117] – Spekulationen in Richtung einer solchen Durchbrechung, wie sie

---

[112] LG Düsseldorf InstGE 3, 8 (14), Rn. 26 – *Cholesterin-Test*; ähnlich OLG Stuttgart IPRspr. 2003, Nr. 174 (S. 569 f.), wobei das Gericht im Ergebnis jedoch ein kollusives Zusammenwirken mehrerer Parteien verneinte.

[113] Kritische Stellungnahmen finden sich z. B. bei *Geimer*, IPRax 2004, 505 (505); *Pitz*, GRUR Int. 2001, 32 (37); *Simons*, EuLF 2003, 289 (291); *Mankowski*, RIW 2004, 481 (496 f.); insbesondere nach der *Gasser / Misat*-Entscheidung, EuGH RIW 2004, 289, wurde das Problem vielfach besprochen, vgl. Geimer / Schütze-*Geimer*, EZVR, Art. 27 EuGVVO, Rn. 59; *Grothe*, IPRax 2004, 205; *Mankowski*, RIW 2004, 481 (496); *Thiele*, RIW 2004, 285; *Schilling*, IPRax 2004, 294; *Geimer*, FS Sonnenberger (2004), 363 f.; *Hau*, GPR 2003 / 2004, 94 (98); *McGuire*, Verfahrenskoordination (2004), 130 ff.; *de Lind van Wijngaarden-Maack*, IPRax 2003, 153 (157 f.); *v. Falck*, MittdtschPatAnw 2002, 429 (434), spricht sich gegen die Berücksichtigung von Rechtsmissbrauchsgesichtspunkten aus; ebenso *Treichel*, Anm. zu TGI, Urt. v. 28.4.2000, GRUR Int. 2001, 175 (175) – *General Hospital / Bracco.*

[114] *Geimer*, NJW 1984, 527 (529); *Schütze*, ZZP 104 (1991), 136 (149); *Luther*, IPRax 1984, 141 (143); *Schumann*, FS Kralik (1986), 301 (310); *Mankowski*, Anm. zu BGH, Beschl. v. 11.12.1996, WiB 1997, 329.

[115] *Kropholler*, EZPR, Art. 27 EuGVVO, Rn. 11; *Grothe*, IPRax 2004, 205 (211); *Simons*, EuLF 2003, 289 (291); *Kraßer*, Patentrecht (2004), 907; *McGuire*, Verfahrenskoordination (2004), 141 f.

[116] Vgl. LG Hamburg GRUR Int. 2002, 1025.

[117] EuGH RIW 2004, 289 (292); der EuGH urteilte, Art. 17 gehe Art. 21 EuGVÜ nicht vor, und zwar aus Gründen der Rechtssicherheit sowie der Systematik des Übereinkommens; schon EuGH IPRax 1993, 34 (36) – *Overseas Union Insurance / New Hampshire Insurance*, führt aus, dass das später angerufene Gericht auf keinen Fall besser als das Erstgericht in der Lage sei, über dessen Zuständigkeit zu befinden. Ein Vorbehalt schien der EuGH nur für eine ausschließliche Zuständigkeit des Erstgerichts nach Art. 16 EuGVÜ zu machen; vgl. dazu unten § 4 B I 1, bei Fn. 105.

nach einer BGH-Entscheidung aus dem Jahr 1983[118] zu beobachten waren,[119] entstanden so gar nicht erst.

Auch schon vor der EuGH-Entscheidung sahen die deutschen Gerichte überlange Verfahrensdauer in Europa nicht als Anlass, eine Ausnahme von der Rechtshängigkeitssperre zuzulassen. Grund ist vor allem die vermutete Gleichwertigkeit aller Gerichte in der Europäischen Gemeinschaft, die es verbietet, dass dem später angerufene Gericht eine Prüfungskompetenz hinsichtlich der Effektivität des Erstverfahrens zukommt.[120] Zudem scheint den Gerichten die Gefahr zu groß, widersprüchliche Entscheidungen zu produzieren und damit die Autorität des ausländischen Urteils in Frage zu stellen.[121] Nur in krassen Ausnahmefällen, in denen die Aussetzung des Verfahrens einer Rechtsverweigerung gleichkäme, hielt die Rechtsprechung Durchbrechungen der ausländischen für zulässig.[122] Bloße Zumutbarkeitsgesichtspunkte reichten dafür nicht aus.[123]

2. Das Phänomen einer Verfahrensverzögerung als Gegenstand von Rechtsetzungsmaßnahmen

Auch für Rechtssetzungsschritte wurde die Behandlung einer Verfahrensverzögerung diskutiert, und zwar mit Blick auf eine Durchbrechung ausländischer Litispendenz: So sah Art. 21 Abs. 3 des Entwurfs für ein Haager Anerkennungs- und Vollstreckungsübereinkommen vom Juni 2001 eine Ausnahme von der Beachtung eines im Ausland zuerst eingeleiteten Verfahrens vor, wenn der Kläger vor dem Erstgericht nicht die erforderlichen Schritte unternahm, um eine Entscheidung in der Hauptsache zu erwirken, oder wenn das Erstgericht eine solche

[118] BGH NJW 1983, 1296.

[119] *Geimer*, NJW 1983, 527; *Schütze*, ZZP 104 (1991), 136 (149); *Luther*, IPRax 1984, 141 (143); *Schumann*, FS Kralik (1986),.301 (310).

[120] So etwa OLG München, RIW 1998, 631 (631): „Ebenso wenig lässt der geschilderte Zweck von Art. 21 EuGVÜ zu, die Dauer der Aussetzung an die Bewertung des später angerufenen Gerichts zu knüpfen, ob das ausländische Gericht das Verfahren ,zügig vorantreibt' oder im Gegenteil ohne triftigen Grund verschleppt'. Vielmehr ist (...) darauf abzustellen, dass das EuGVÜ sämtliche Gerichte der Vertragsstaaten und deren Verfahren als gleichwertig anerkennt, ungeachtet etwaiger Unterschiede in der praktischen Ausgestaltung und des Ablaufs des Verfahrens im konkreten Einzelfall." Vgl. auch BGH NJW 2002, 2795 (2796); *Grothe*, IPRax 2004, 205 (205 f.); *Simons*, EuLF 2003, 289 (289).

[121] In der Tat zeigen Reaktionen im Staat des Erstgerichts, zu welchen internationalen Spannungen die Übergehung eines ausländischen Verfahrens fähig ist: *Tortorici*, Anm. zu BGH, Urt. v. 26.1.1983, Dir. fam. 1983, 527 ff., bemerkt etwa, eine so ,radikale und zweifellos contra legem' gefundene Lösung wie sie der BGH ,zu unserer großen Verwunderung' – in NJW 1983, 1269 einem der wenigen Fälle, wo das Gericht ausländische Rechtshängigkeit unbeachtet ließ – gefunden habe, hätte man in Italien nicht erwartet.

[122] Mit dieser Argumentation etwa BGH NJW 1986, 2195 (2196); OLG Frankfurt/Main IPRspr. 1989, Nr. 210b; OLG Frankfurt/Main IPRax 1988, 24 (25).

[123] BGH IPRax 1986, 293 (293) in einem Fall mit identischer Parteirollenverteilung.

Entscheidung nicht innerhalb einer angemessenen Frist traf.[124] Und das Schweizerische IPRG, das im Dezember 1987 in Kraft trat, enthält in Art. 9 Abs. 1 IPRG die Einschränkung, dass das schweizerische Gericht bei anderweitiger ausländischer Rechtshängigkeit nur dann aussetze, wenn ‚zu erwarten ist, dass das ausländische Gericht in angemessener Frist eine Entscheidung fällt, die in der Schweiz anerkennbar ist'.[125]

In anderen Ländern wie zum Beispiel Deutschland hat selbst die Behandlung ausländischer Rechtshängigkeit kaum positive Regelungen erfahren,[126] so dass freilich auch der Fall, wie mit einer überlangen ausländischen Verfahrensdauer umzugehen ist, gesetzlich nicht geregelt ist. Auch in Deutschland hat es jedoch Vorschläge zu einer Kodifikation gegeben, wobei sich auch das Erfordernis einer angemessenen Verfahrensdauer im ausländischen Prozess fand.[127] Dennoch sind Rechtsetzungsmaßnahmen, was die Regelung einer Durchbrechung ausländischer Rechtshängigkeit angeht, in den nationalen Rechtsordnungen insgesamt die Ausnahme geblieben,[128] und auch der Verordnungsgeber hat sich bei Erlass der EuGVVO nicht zu einer Ausnahmeklausel hinreißen lassen. Entscheidend für die Behandlung überlanger Verfahrensdauer bleibt mithin die Rechtsfortbildung der innerstaatlichen und europäischen Gerichte.

3. Verfahrensdauer bei Gerichten in Europa im Vergleich

Das Phänomen der ‚Torpedoklagen' ist davon abhängig, dass bestimmte Gerichte die bei ihnen als erstes eingeleiteten Prozesse nur unter großen Verzögerungen vorantreiben. Es stellt sich daher die Frage, in welchen Staaten dies – zumindest häufig – der Fall ist. Gemeinhin werden für ‚Torpedoklagen' italienische[129] und belgische[130] Gerichte wegen der dortigen Verfahrenslänge als besonders geeignet angesehen. Besonders über italienische Verfahren finden sich im-

[124] Burgstaller / Neumayr-*Burgstaller / Neumayr*, Art. 27 EuGVVO, Rn. 17; *McGuire*, Verfahrenskoordination (2004), 131; *Wagner*, IPRax 2001, 533 (544); im Zusammenhang mit der ‚Torpedo-Problematik', vgl. *Kur*, GRUR Int. 2001, 908 (911 f.).

[125] Dazu kritisch *Vogel*, SJZ 86 (1990), 77 (82); *Wittibschlager*, Rechtshängigkeit (1994), 131, die meint, das Erfordernis der Angemessenheit sei nur deklarativ.

[126] *Schütze*, DNotZ 1992, 66 (82); für Familiensachen *Wagner*, FPR 2004, 286 (290); solche Länder sind etwa auch die Beneluxstaaten, Frankreich oder Dänemark, vgl. *Bäumer*, Die ausländische Rechtshängigkeit (1999), 36, 38 f., 49.

[127] Vgl. den Entwurf zu einer IPR-Reform von *Neuhaus / Kropholler*, RabelsZ 44 (1980), 326 (340), die für die Anfügung eines neuen § 148 ZPO plädierten.

[128] Rechtsvergleichender Überblick bei *Bäumer*, Die ausländische Rechtshängigkeit (1999), 35 ff.; zu Reformmaßnahmen vgl. auch unten § 4 B VI 2 b, Fn. 241.

[129] *Grothe*, IPRax 2004, 83 (84); *Simons*, EuLF 2003, 289 (290); *Jayme / Kohler*, IPRax 2002, 461 (467 f.); *McGuire*, Verfahrenskoordination (2004), 130.

[130] *Dasser*, ZSR N.F. 119/1 (2000), 253 (266); *Pitz*, GRUR Int. 2001, 32 (32); *Grabinski*, GRUR Int. 2001, 199 (209); *Mankowski*, RIW 2004, 481 (496).

mer wieder Berichte, dass die dortige Verfahrensdauer eine übermäßige Länge annehme.[131]

Abgesehen von solchen Berichten findet sich jedoch nur wenig verlässliches Material über die Prozesslänge in den europäischen Staaten: Statistische Daten der einzelnen Staaten – jedenfalls zur Prozess*länge*[132] – sind selten oder lückenhaft,[133] und eine internationale Dokumentation gibt es (soweit ersichtlich) bisher nicht. Ein detaillierter vergleichender Überblick über die Schnelligkeit der Gerichte kann so nicht gelingen. Eine Art ‚Rangliste' der einzelnen Mitgliedstaaten, die einen weiteren Erkenntnisgewinn bringen könnte, lässt sich nicht erstellen. Im folgenden soll daher zumindest die Verfahrensweise der Gerichte in Italien und Deutschland – gewissermaßen als Extrembeispiel in die eine und die andere Richtung – miteinander verglichen und gezeigt werden, inwieweit sich Italien als ‚Torpedostaat' ausweist. Einen Indikator bildet dabei die Länge eines erstinstanzlichen Verfahrens in den beiden Staaten.

a. Italien

Italien ist der für seine lange Prozessdauer und wegen Verstoßes gegen Art. 6 Abs. 1 EMRK vom EGMR am häufigsten verurteilte Staat Europas.[134] Es wird zum Teil von insgesamt etwa 10.000 Verfahren seit 1987 gesprochen.[135] Nicht selten wurden über 10 Verurteilungen an einem Tag wegen Prozessverschleppung ausgesprochen. Eine neuere Statistik des EGMR weist eine geringere Anzahl an Verurteilungen Italiens aus, dennoch kommen Verletzungen des Art. 6 EMRK immer noch vor.[136] Für einen Verstoß gegen das Verfahrensrecht aus Art. 6 EMRK wegen überlanger Prozessdauer in erster Instanz gibt es keine feste Frist: auch ein Verfahren von sieben Jahren war im Einzelfall zulässig.[137]

Die häufigen Verurteilungen resultieren aus der auffälligen Verfahrensdauer an italienischen Gerichten. Mitte 2002 waren in Italien etwa 3,5 Millionen Zivilverfahren anhängig. In jenem Jahr dauerten die Gerichtsverfahren in erster Instanz durchschnittlich 749 Tage, also mehr als zwei Jahre, in zweiter Instanz 845

[131] *Grigolli*, BRAK-Mitt. 2003, 8 (8 f.); *Valori*, EuLF 2000/01, 175 f.

[132] Häufig sind dagegen Statistiken, die sich mit der Anzahl der anhängigen bzw. erledigten Prozesse befassen.

[133] Zum Beispiel findet sich in der Schweiz eine Angabe zur Prozessdauer vor dem Schweizerischen Bundesgericht, vgl. Geschäftsbericht 2004, Amtstätigkeit des Bundesgerichts und des Eidgenössischen Versicherungsgerichts, publiziert im Internet unter www.admin.ch: Dagegen findet sich keine Beschreibung der Entwicklung der Prozesslänge über mehrere Jahre.

[134] *Valori*, EuLF 2000/01, 175 (175).

[135] *Peters*, Einführung EMRK (2003), 123; *Valori*, EuLF 2000/01, 175 (175), spricht von 3.652 Verfahren im Jahr 1999.

[136] Vgl. Yearbook of the European Convention on Human Rights 2004, Verfahren Nr. 613-622 (S. 133 f.).

[137] *Meyer-Ladewig*, Hk-EMRK, Art. 6 EMRK, Rn. 77; *Peters*, Einführung EMRK (2003), 124.

Tage.[138] Auffällig ist indes das starke Nord-Süd-Gefälle. Im Zeitraum von 2000 bis 2001 dauerte ein erstinstanzliches Verfahren in Rovereto (Südtirol) durchschnittlich nur 204 Tage; in Rom brauchten die Richter im Durchschnitt 631 Tage, in Neapel bereits 767 Tage.[139]

Auch neuere Gesetzgebungsmaßnahmen wie das so genannte ‚Pinto-Gesetz' von 2001,[140] das eine Entschädigung für denjenigen vorsieht, der durch eine aufgrund einer Verletzung der EMRK einen Vermögens- oder Nichtvermögensschaden erlitten hat, brachten keine Abhilfe.[141] Grund ist in erster Linie die Überlastung der Gerichte, es fehlt an Richtern und an Gerichtspersonal. Optimistische Prognosen[142] gehen davon aus, dass sich die Situation für Betroffene in Patentrechtsstreitigkeiten verbessern wird, nachdem am 1. Juli 2003 bei einer Vielzahl von Gerichten spezialisierte Kammern für gewerblichen Rechtsschutz gebildet wurden.

Angesichts der langen Prozessdauer nimmt es nicht wunder, dass die italienischen Gerichte zum Teil neue Wege beschreiten und sich hinsichtlich einer negativen Feststellungsklage für unzuständig erklären.[143]

b. Deutschland

Auch in Deutschland sind lange Verfahren nichts völlig Unbekanntes. Insbesondere wegen der langsamen Bearbeitung von Verfassungsbeschwerden durch das Bundesverfassungsgericht wurde die Bundesrepublik vom EGMR mehrfach verurteilt.[144] Auch Zivilverfahren dauern unter Umständen lange: Im Fall *Mianowitz / Deutschland* verletzte die Dauer eines Kündigungsschutzverfahrens von 12 Jahren und einem Monat – einschließlich einer erfolglosen Verfassungsbeschwerde – Art. 6 Abs. 1 EMRK.[145]

Allerdings sind die Unterschiede zur italienischen Justiz beträchtlich. In Deutschland dauerten die erstinstanzlichen Zivilverfahren vor den Amtsgerichten im Jahr 2003 bei rund 1,5 Millionen Neuzugängen durchschnittlich nur 4,4 Monate, vor den Landgerichten als Eingangsinstanz 7,1 Monate. In zweiter Instanz brauchten die Landgerichte im Schnitt 5,3 Monate, die Oberlandesgerichte 8,4 Monate.[146] Bei den Amtsgerichten betrug der Anteil der Verfahren, die mehr

[138] Vgl. die Statistik von www.istat.it, ‚Italy in figures'; vgl. *Bastian / Knaak*, GRUR Int. 1993, 515 (524), mit einem Überblick der Verfahrensdauer in Markenverletzungsprozessen.
[139] *Grigolli*, BRAK-Mitt. 2003, 8 (8).
[140] Gesetz Nr. 89 v. 24.03.2001.
[141] *Grigolli*, BRAK-Mitt. 2003, 8 (9), mwN.
[142] *Franzosi*, MittdtschPatAnw. 1998, 300 (301); *Leitzen*, GRUR Int. 2004, 1010 (1012).
[143] Vgl. dazu näher unten § 3 A II 1 b aa, bei Fn. 192, § 4 B IV 1, Fn. 191.
[144] Vgl. z. B. *Becker / Deutschland* (2002), EuGRZ 2003, 26 f.; *Roxin*, Anm. zu EGMR, Urt. v. 31.5.2001, StV 21 (2001), 490 ff.
[145] EGMR EuGRZ 2001, 585 ff.
[146] Statistisches Bundesamt, Fachserie 10, Reihe 1, Hefte 2002/2003.

als 12 Monate dauerten, im Jahr 2003 lediglich 5,0 Prozent. Über 24 Monate dauerten nur 1,0 Prozent.[147] Außerdem dauerten 50,9 der Verfahren hier nur bis einschließlich 3 Monate.[148] Auch aktuellere Zahlen lassen kein anderes Bild erkennen.[149]

Deutsche Gerichte kommen also im Normalfall nicht einmal entfernt an die Grenze eines Verstoßes gegen Art. 6 Abs. 1 EMRK.[150] Italienische Prozesse dauern im Durchschnitt etwa achtmal so lang wie deutsche. Dieser Vergleich erklärt die große Relevanz, die ‚Torpedos' in Italien spielen, während sich deutsche Gerichte für einen ‚Torpedokläger' zur Prozessverschleppung kaum als tauglich erweisen.

III. Die Interessen des ‚Torpedoklägers'

1. Allgemeine Interessen bei einer Erstklage

Die Motive des ‚Torpedoklägers', eine ‚Torpedoklage' vor langsamem Forum zu erheben, lassen sich regelmäßig nur vermuten.[151] Dass eine ‚Torpedoklage' nicht immer von einer bloßen Verschleppungsabsicht getragen sein muss, leuchtet jedoch ein. Selbst eine negative Feststellungsklage ist ein zulässiges prozessuales Mittel des angeblichen Schuldners, um sich zu verteidigen. Auch eine Gerichtsstandsvereinbarung zwischen den Parteien kann der Grund für die Klage vor einem bestimmten Forum sein.[152]

Für die früher klagende Partei bestehen zudem mehrere Vorteile: Sie kann die Besetzung der Richterbank für sich ausnutzen, die Unterschiede des Beweisrechts,[153] die anfallenden Gerichts- und Anwaltskosten sowie deren Erstattungsfähigkeit oder die Vorteile des Zwangsvollstreckungsrechts.[154] Das Bestimmen

---

[147] Statistisches Bundesamt, Fachserie 10, Reihe 2.1, 2003.

[148] Statistisches Bundesamt aaO.

[149] Vgl. die Pressemitteilung des BMJ, zitiert im DVBl-Report vom 1. Oktober 2005, A 371 (in DVBl. 10/2005); es wird allerdings auch deutlich, dass die Unterschiede in den einzelnen Verfahren zuweilen beträchtlich sein können, z. T. abhängig vom Bundesland. Zum anderen dauern Verfahren bei den Verwaltungs- und Finanzgerichten deutlich länger.

[150] Lobend *Mackenroth*, NJ 2005, 481 (481).

[151] Auch dies ist ein Grund, warum Rechtsmissbrauch nicht als Erfordernis für das Vorliegen einer ‚Torpedoklage' gelten sollte, vgl. dazu schon oben § 2 A I 3 a, bei Fn. 71 ff.

[152] So im Fall BGH RIW 2002, 393; vgl. OLG München IPRspr. 2002, Nr. 175a (S. 449, 450); vgl. ferner Reithmann / Martiny-*Hausmann*, Rn. 3067 ff., zu den Auswirkungen; *v. Hoffmann / Thorn*, IPR, § 3, Rn. 72; *Kropholler*, IPR § 58 IV; ähnlich liegt es bei der Verwirkungsproblematik: Hier ist eine bloße Verzögerung ebenfalls noch nicht ausreichend, vgl. dazu *Baumgärtel*, ZZP 67 (1954), 423 (426).

[153] *Schütze*, ZZP 104 (1991), 136 (145).

[154] *Park / Cromie*, International Commercial Litigation (1990), 125 f.; *Hillebrand*, Forum shopping des Gläubigers (2001), 24 f.; *Wolf*, Wege zu einem europäischen Zivilprozessrecht, 35 (51 f.); *Kropholler*, FS Firsching (1985), 165 (165); *Schütze*, ZZP 104 (1991), 136 (146);

des Forums kann für den Kläger auch praktische Vorteile haben: Er kann erreichen, dass unter einem ihm vertrauten Prozessrecht verhandelt wird, oder er kann die Nähe des Gerichts und die Kenntnis der Gerichtssprache zu seinen Gunsten ausnutzen.[155] Weitere Umstände sind etwa die Sach- oder Beweisnähe eines Forums[156] oder die Möglichkeit, im Gerichtsstaat vollstrecken zu können.[157]

Selbst das anzuwendende Sachrecht kann der ‚Torpedokläger' mit seiner Erstklage bestimmen.[158] Denn dieses wird von den Kollisionsregeln des Forumsstaates berufen[159] und kann durchaus Vorteile bieten. So gewährt etwa das Zivilrecht in den USA – anders als das deutsche – so genannte *punitive damages*, also Strafschadensersatz, und zwar in zum Teil beträchtlicher Höhe.[160] Auch die Möglichkeit, unter einem bestimmten Recht die Voraussetzungen der Scheidung zu beeinflussen, ist ein Beispiel.

Besonders wenn es um die Verletzung gewerblicher Schutzrechte geht, hat die Wahl des Gerichts Bedeutung: Der Kläger wird hier tendenziell versuchen, ein Gericht zur Entscheidung zu berufen, welches für das Schutzrecht einen begrenzten Schutzumfang gewährt, um das Schutzrecht möglichst weitgehend (weiter-) benutzen zu können.[161] Auch ein Zeitgewinn kann erstrebt sein, um möglichst lange eine bestimmte schutzrechtlich relevante Handlung vornehmen zu können.

2. Rechtsmissbräuchliche Motive

Obwohl der ‚Torpedokläger' grundsätzlich das gesamte Zuständigkeitssystem ausnutzen und sich mögliche Vorteile verschaffen kann, gibt es Prozesslagen, die eine ‚Torpedoklage' als missbräuchlich erscheinen lassen. Eine solche Annahme liegt dann nahe, wenn der Kläger etwa ein offensichtlich unzuständiges, aber langsames Gericht wählt. Denn durch ein solches Verhalten droht nicht nur die Beeinträchtigung der Interessen der anderen Partei, sondern es werden auch

---

Cuonzo / Trevisan, GRUR Int. 1995, 7 (8); allgemein *Mauch*, Die Sicherungsvollstreckung (2003), 1.

[155] *Schack*, IZVR, Rn. 225; *McGuire*, Verfahrenskoordination (2004), 21; einzelne relevante Punkte hinsichtlich eines *forum shopping* bei *v. Lynden*, Forum shopping (1998), XXXV.

[156] Vgl. *Schack*, RabelsZ 58 (1994), 40 (47); *Geimer*, FS Sonnenberger (2004), 363 (363 f.).

[157] Auch bei Parallelprozessen besteht ein solcher Vorteil. Dementsprechend finden sich ‚Anleitungen' zur Herbeiführung von Mehrfach-Rechtshängigkeiten, vgl. *Park / Cromie*, International Commercial Litigation (1990), 431 ff.; *Jegher*, Abwehrmassnahmen (2002), 120 ff.

[158] *Geimer*, IZPR, Rn. 1097; *Schack*, IZVR, Rn. 224; *ders.*, MMR 2000, 136 (136).

[159] *V. Hoffmann / Thorn*, IPR, § 1, Rn. 48 f.; diese Problematik ist die treibende Kraft hinter dem Bestreben, das Kollisionsrecht zu vereinheitlichen, vgl. *McGuire*, ZfRV 2005, 83 (87).

[160] *Geimer*, IZPR, Rn. 2974; *Hay*, US-Amerikanisches Recht (2002), Rn. 152; *Weller*, Ordre-public-Kontrolle (2005), 340; *Winkler / v. d. Recke*, NZG 2005, 241 (241); *Rosengarten*, NJW 1996, 1935 (1935 ff.); *Molitoris*, NJW 2004, 3662 (3662 f.).

[161] Vgl. zu den gegenläufigen Interessen *Tilmann / v. Falck*, GRUR 2000, 579 (584 f.).

die Gerichte unnötig belastet und das Gerichtssystem unterminiert.[162] Vergleichbar ist dies mit einer Zuständigkeitserschleichung, wo der Kläger den Eintritt der Zuständigkeitsvoraussetzungen arglistig herbeiführt.[163]

Rechtsmissbräuchliche Motive lassen sich – allgemein gesprochen – immer dann annehmen, wenn das Verhalten der zuerst klagenden Partei gegen das Gebot von Treu und Glauben verstößt.[164] Dieses verpflichtet die Parteien (unter anderem), nicht arglistig bestimmte prozessuale Rechtslage zu schaffen oder auszunutzen.[165] Die Durchsetzung subjektiver Rechte, die der Zivilprozess im Grundsatz bezweckt,[166] findet hier ihre Schranke. Ähnlich ist es beim Phänomen des *forum shopping*, welches das Ausnutzen der gegebenen gerichtlichen Zuständigkeiten darstellt. Dieses ist in der Regel als legitim zu bezeichnen, weil das Zivilprozessrecht ein solches Verhalten gerade zulässt[167] und so die ‚Waffengleichheit' zwischen den Parteien gewährleistet.[168] Benutzen die Parteien jedoch dieses System in einer Weise, die gegen Treu und Glauben verstößt, kann auch das *forum shopping* nicht mehr als zulässig angesehen werden.[169] Für die

---

162 Rechtbank van eerste aanleg te Brussel, GRUR Int. 2001, 170 (171) – *Röhm Enzyme*.

163 *Schack*, IZVR, Rn. 489; zum deutschen Recht vgl. Zöller-*Vollkommer*, § 12 ZPO, Rn. 20; Musielak-*Wittschier*, § 23 GVG, Rn. 5.

164 Rechtsmissbräuchliche Motive des ‚Torpedoklägers' werden jedoch zum Teil ganz verneint, vgl. *v. Falck*, MittdtschPatAnw. 2002, 429 (434); *Treichel*, Anm. zu TGI, Urt. v. 28.4.2000 *(General Hospital / Bracco)*, GRUR Int. 2001, 175 (177).
Andere halten ein *forum shopping* des ‚Torpedoklägers' nur grundsätzlich für legitim, wollen also einem Missbrauch den Riegel vorschieben, vgl. *Schack*, IZVR, Rn. 228; *Ebner*, Markenschutz (2004), 228 (‘in extremen Fällen böswilliger Blockade'). Besonders ausländische Gerichte haben in der jüngeren Vergangenheit einen Rechtsmissbrauch aufgrund einer ‚Torpedoklage' bejaht, vgl. dazu im einzelnen unten § 4 B II 1, bei Fn. 134.

165 BGHZ 20, 198 (206); Baumbach / Lauterbach-*Hartmann*, Einl III ZPO, Rn. 53 ff.; Zöller-*Vollkommer*, Einleitung ZPO, Rn. 56; *Rosenberg / Schwab / Gottwald*, § 65 VII (S. 362).

166 OLG Zweibrücken MDR 1992, 998; Musielak-*Musielak*, Einl. ZPO, Rn. 5; Baumbach / Lauterbach-*Hartmann*, Einl III ZPO, Rn. 9; *Rosenberg / Schwab / Gottwald*, § 1 III 1 (S. 2 f.); *Lüke*, ZPR, Rn. 1; *Krüger*, NJW 1990, 1208 (1208).

167 Rauscher-*Mankowski*, Vorbem Art. 2 Brüssel I-VO, Rn. 3; Geimer / Schütze-*Geimer*, EZVR, A. 1 Einl., Rn. 66; *Kropholler*, FS Firsching (1985), 165 (172); *Huber*, JZ 1995, 603 (606); ferner *Juenger / Samtleben*, RabelsZ 46 (1982), 708 ff.; *Siehr*, ZfRV 25 (1984), 124 ff.; *McGuire*, ZfRV 2005, 83 (87), die aber bei ‚Torpedos' von ‚rechtsmissbräuchlichem *forum shopping*' spricht, was sich nicht damit vereinbaren lässt, dass ‚Torpedos' auch im Rahmen eines zulässigen *forum shopping* auftreten können.

168 Zum Grundsatz der ‚Waffengleichheit' im deutschen Recht vgl. Zöller-*Vollkommer*, Einleitung, Rn. 102; *Jauernig*, ZPR, § 18 VI 2 (S. 61); *Rosenberg / Schwab / Gottwald*, § 1 VII (S. 6 f.); *Bötticher*, Gleichbehandlung und Waffengleichheit (1979), 11 f.; für das europäische Zivilprozessrecht vgl. Frowein / Peukert-*Peukert*, Art. 6 EMRK, Rn. 91 ff.; *Meyer-Ladewig*, Art. 6 EMRK, Rn. 44; *Pache*, NVwZ 2001, 1342 (1345).

169 Vgl. etwa *Schack*, IZVR, Rn. 228; auch für das deutsche Recht ist anerkannt, dass die Erschleichung eines formal gegebenen Gerichtsstands im Prozess die Arglisteinrede begründet,

,Torpedoklagen' ergibt die Rechtsmissbräuchlichkeit der klägerischen Motive indes keinen Unterschied: Auch ,legitime Torpedoklagen' stellen ein Problem des Prozessrechts dar, auch wenn man eine Durchbrechung der Rechtshängigkeit im Falle eines Rechtsmissbrauchs eher bejahen kann.[170]

B. Fallgestaltungen für ,Torpedoklagen'

,Torpedoklagen' sind in sehr verschiedenen Fallgestaltungen aufgetreten. Im folgenden sollen diese Fallgruppen dargestellt und die möglichen Konstellationen für ,Torpedos gezeigt werden. Dabei bietet sich eine Einteilung im Hinblick auf das vom *Betroffenen* einer ,Torpedoklage' verfolgte Begehren bzw. Prozessziel an. Denn es gibt zwar einige typische Fallgruppen für ,Torpedoklagen' wie etwa insbesondere negative Feststellungsklagen[171] – andererseits zeigt der oben definierte weite ,Torpedobegriff',[172] dass durchaus verschiedene Klagearten in Betracht kommen und eine Anspruchsvereitelung gerade nicht erforderlich ist. Die Präzisierung des Begriffs verdeutlicht auch, dass ,Torpedos' nicht nur in Patentverletzungsverfahren möglich sind, sondern ein allgemeines prozessuales Problem darstellen. Sie sind insofern in den unterschiedlichsten Fallgestaltungen möglich. Es wird hier deshalb die denkbar weiteste Einteilung der ,Torpedoklagen' im prozessualen Sinne gewählt, die vom Blickpunkt des Gläubigers ausgeht: Je nachdem, ob dieser Unterlassung, Leistung, Gestaltung oder Feststellung will, lassen sich Konstellationen für ,Torpedoklagen' denken.

I. ,Torpedoklagen' bei Unterlassungs- bzw. Leistungsansprüchen

1. ,Torpedoklagen' bei Unterlassungsansprüchen

,Torpedoklagen' treffen häufig denjenigen, der einen Unterlassungsanspruch durchsetzen möchte. Besonders in Patentrechtsstreitigkeiten treten ,prozessuale Torpedos' auf.[173] Die Situation ist dabei fast immer dieselbe: Es wird ein Patent für ein Produkt erteilt – etwa für Kontrastmittel zur Darstellung des Leber-Gallen-Systems,[174] die Aufklärung der Immunschwäche-Erkrankung AIDS[175] oder einen Keuchhusten-Schutzimpfstoff.[176] Der Patentinhaber nutzt das Patent, muss aber feststellen, dass ein ähnliches oder gleiches Produkt von einem anderen Unternehmen ebenfalls vertrieben wird. Er klagt daher auf Unterlassung des Ver-

---

vgl. OLG Hamm NJW 1987, 138; Zöller-*Vollkommer*, § 12 ZPO, Rn. 19; Baumbach / Lauterbach-*Hartmann*, § 2 ZPO, Rn. 7.

[170] Vgl. unten § 4 B II 2, bei Fn. 148 ff.

[171] Vgl. oben § 2 A I 1 a, Fn. 25.

[172] Vgl. oben § 2 A I 4.

[173] *Franzosi*, MittdtschPatAnw. 1998, 300 (300).

[174] LG Düsseldorf GRUR 2000, 692 – *NMR-Kontrastmittel.*

[175] LG Düsseldorf GRUR Int. 2002, 157 – *HIV-Immunoassay.*

[176] OLG Düsseldorf GRUR Int. 2000, 776 – *Impfstoff III.*

triebs, gegebenenfalls zusätzlich auf Schadensersatz etc. Das verletzende Unternehmen überrascht den Gläubiger jedoch mit einer ,Torpedoklage'. Das Erstgericht kommt nicht zur Entscheidung, das Verfahren verzögert sich, die Laufzeit des Patents verstreicht. Der Patentinhaber sieht sein Patent entwertet. Auch die Verletzung anderer Schutzrechte kommt für Unterlassungsansprüche in Betracht.[177] Diese Fallgruppen sollen im folgenden als Beispiel dienen, wobei aber zu erinnern ist, dass eine ,Torpedoklage' bei jeder Art von (Unterlassungs-) Anspruch denkbar ist.

In den bisher von der Rechtsprechung behandelten Fällen dienten verschiedene Klagen als ,Torpedoklagen'. So legte der potenzielle Schutzrechtsverletzer etwa eine negative Feststellungsklage ein, um den Anspruch des Gläubigers zu ,torpedieren'.[178] Eine solche Klage ist auch als ,Feststellungstorpedo' bezeichnet worden.[179] Daneben gab es Konstellationen, in denen Gestaltungsklagen als ,Torpedoklagen' erhoben wurden – so klagte zum Beispiel der potenzielle Schutzrechtsinhaber auf Nichtigerklärung eines Patents.[180]

Auf die Arten von ,Torpedoklagen' wird erst im Zusammenhang mit den Regelungen zur ausländischen Rechtshängigkeit genauer eingegangen.[181]

2. ,Torpedoklagen' bei Leistungsansprüchen

Die zweite Gruppe sind ,Torpedoklagen', die Leistungsklagen des Gläubigers zuvorkommen. In der deutschen Rechtsprechung gab es mehrere Fälle, die sich unter den ,Torpedo'-Begriff einordnen lassen. Auch hier kamen verschiedene Erstklagen als ,Torpedoklagen' vor. Zum einen gab es Fälle, in denen wiederum negative Feststellungsklage im Ausland erhoben wurde, dass die Leistung nicht geschuldet werde. Eine solche Konstellation lag einem Fall des OLG München aus dem Jahr 1998[182] zugrunde: Ein deutsches und ein italienisches Unternehmen hatten einen Vertrag über die Lieferung von Bekleidung geschlossen. Bei der Vertragsabwicklung traten Schwierigkeiten auf, so dass die deutsche Vertragspartei eine nicht ordnungsgemäße Erfüllung des Liefervertrages gerichtlich geltend machte und Ansprüche auf Schadensersatz bzw. wegen ungerechtfertigter Bereicherung erhob. Die Parteien hatten vertraglich eine Gerichtsstands-

---

[177] Vgl. bereits oben zum Begriff der ,Torpedoklage' § 2 A I 3 d, bei Fn. 97 ff.

[178] Vgl. etwa LG Düsseldorf GRUR 2000, 692 – *NMR-Kontrastmittel*; GRUR Int. 2002, 157 – *HIV-Immunoassay*.

[179] *Wurmnest*, Anm. zu Corte di Cassazione, Entsch. v. 19.12.2003, GRUR Int. 2005, 265 (266); ähnlich *Tilmann / v. Falck*, GRUR 2000, 579 (584).

[180] So im Fall OLG Düsseldorf GRUR Int. 2000, 776 (777), wo gleich mehrere Gesellschaften in Brüssel auf Nichtigkeit eines europäischen Patents auf den Impfstoff ,Infanrix' klagten; zur Gestaltungswirkung des Nichtigkeitsurteils *Walter*, GRUR 2001, 1032 (1035); *Pansch*, Die einstweilige Verfügung (2003), 60, nennt dieses Vorgehen ,Nichtigkeits-Torpedo'.

[181] Vgl. unten § 3 A I 1 a bb (1).

[182] OLG München RIW 1994, 511; RIW 1998, 631.

vereinbarung zugunsten des Landgerichts München getroffen. Hier klagte die deutsche Lieferantin zu Beginn des Jahres 1993. Allerdings hatte die italienische Abnehmerin ihrerseits bereits zuvor eine negative Feststellungsklage vor dem *Tribunale di Bergamo* in Italien dahingehend erhoben, festzustellen, dass sie gegenüber der anderen Vertragspartei nichts schuldete. Die Parteien stritten dann vor dem italienischen Gericht darüber, ob dieses zuständig sei. Darüber verhandelte das *Tribunale* von 1993 bis 1995 ohne Entscheidung, in den zwei darauf folgenden Jahren kam es zu einem Richterwechsel, so dass Termine in dieser Angelegenheit gar nicht erst angesetzt wurden. Das LG München hatte indes das Verfahren von Amts wegen ausgesetzt, um die Entscheidung des italienischen Gerichts abzuwarten. Ein Antrag der Lieferantin auf Fortsetzung des später begonnenen Verfahrens beim LG blieb erfolglos – es stehe die Rechtshängigkeit entgegen, so das Gericht. Schließlich erhob die deutsche Partei beim OLG München Beschwerde – ebenfalls ohne Erfolg. Das OLG ging aufgrund der vermuteten Gleichwertigkeit der europäischen Gerichte davon aus, das Verfahren müsse ‚auf jeden Fall' ausgesetzt bleiben, bis die Zuständigkeit des *Tribunale* feststehe.[183]

Zum anderen gab es Fälle, in denen die Erstklage ein vorgreifliches Rechtsverhältnis betraf und damit die eine weitere Klage sperrte. In einem Fall des OLG Köln aus dem Jahr 1990[184] hatten dreizehn Versicherungsgesellschaften in England geklagt und waren einer Schadensersatzklage von drei Baufirmen vor dem OLG zuvorgekommen, in welcher jene die Deckung von beim Bau eines Flughafens in Basrah/Irak entstandener Schäden begehrten. Die Erstklägerinnen wollten bereits die Aufhebung der Versicherungspolice gerichtlich klären lassen. Sie begründeten damit die Rechtshängigkeitssperre.[185]

Die genannten Konstellationen weisen mehrere Parallelen zu den Unterlassungsfällen auf.[186] Auch hier kommt es zu einer Prozessverzögerung durch Erstklage vor einem langsamen Gericht. Der Anspruch des Gläubigers wird nicht notwendigerweise vereitelt, jedoch kann die später klagende Partei ihren Anspruch über längere Zeit nicht durchsetzen. Es muss sich nicht um negative

[183] Das OLG München ließ auch keine Rechtsmissbrauchserwägungen oder Zumutbarkeitsgesichtspunkte gelten, vgl. OLG RIW 1998, 631 (631).

[184] OLG Köln RIW 1991, 328 ff.

[185] Streng genommen handelte es sich in diesem Fall jedoch um keine ‚Torpedoklage', obwohl sich die Baufirmen darauf beriefen, ein Zuwarten sei ihnen wegen des vermeintlich rechtsmissbräuchlichen Verhaltens der Erstklägerinnen nicht zumutbar – jene hatten Berufung zum Court of Appeal gegen die Entscheidung des erstinstanzlichen Gerichts eingelegt, mit der sich dieses hinsichtlich einer Beklagten des Erstprozesses bereits für international unzuständig erklärt hatte – und damit eine ‚Blockade' vor dem englischen Gericht andeuteten: Es fehlt an der Verfahrenseröffnung vor einem übermäßig langsam verhandelnden Gericht. Der Prozess in England war nur etwa zwei Jahre rechtshängig.

[186] Dies mag zu einer Ausweitung des ‚Torpedo'-Begriffs in der Literatur geführt haben, vgl. z. B. *v. Bar / Mankowski*, IPR I, § 5, Rn. 142.

Feststellungsklagen handeln, sondern der Anspruch der anderen Prozesspartei kann auch indirekt verneint werden – diese Konstellation gibt es auch in Schutzrechtsstreitigkeiten, wenn etwa bereits die Erteilung des Schutzrechts selbst angegriffen wird.[187]

II. ‚Torpedoklagen' bei Gestaltungsbegehren

Fälle von ‚Torpedoklagen' sind – bei Zugrundelegung der oben genannten Definition[188] – nicht auf Leistungs- oder Unterlassungsansprüche des Gläubigers beschränkt. Auch ein auf Gestaltung gerichtetes Begehren[189] eines Gläubigers kann ‚torpediert' werden. Obwohl die in der Rechtsprechung bisher behandelten ‚Torpedo-Situationen' dabei familienrechtliche Streitigkeiten betrafen, sind auch andere Situationen denkbar, in denen ein anderes Gestaltungsbegehren ‚torpediert' wird.

1. Nicht-familienrechtliche Fallgestaltungen

Für ‚Torpedoklagen', die ein Gestaltungsbegehren bei nicht-familienrechtlichen Fallgestaltungen betreffen, gibt es in Rechtsprechung und Literatur bisher wenig Anschauungsmaterial. Auch hier kann jedoch ein ‚Torpedo' auftreten. Dieser müsste dazu einer Klage der anderen Partei zuvorkommen, mit der diese eine Gestaltung durch das Gericht erwirken wollte.[190] Gegenstand einer solchen Gestaltungsklage kann eine Rechtsänderung für die Zukunft oder für die Vergangenheit sein.[191]

Außerhalb des Familienrechts gibt es Gestaltungsklagen insbesondere im Handelsrecht:[192] Der Betroffene einer ‚Torpedoklage' könnte etwa die Auflösung einer Gesellschaft erstreben, die Entziehung der Geschäftsführungsbefugnis oder der Vertretungsmacht oder die Ausschließung eines Gesellschafters (vgl. §§ 117, 127, 131 Nr. 4, 133, 140, 161 Abs. 2 HGB). Der ‚Torpedokläger'

---

[187] OLG Düsseldorf, GRUR Int. 2000, 776 (777); *Pansch*, Die einstweilige Verfügung (2003), 60 ff.

[188] S. dazu oben § 2 A I 4.

[189] Zwar ist auch hinsichtlich von Rechtsgestaltungen gelegentlich von ‚Gestaltungs-' bzw. ‚Feststellungsansprüchen' die Rede, vgl. etwa *König*, Einstweilige Verfügung (2000), Rn. 2/25, 2/27; diese sind jedoch streng genommen nicht gegen eine andere Person gerichtet, sondern gegen den Staat, der unmittelbar gestaltend tätig wird: Zur besseren Abgrenzung soll deshalb im folgenden von ‚Gestaltungs-' bzw. ‚Feststellungsbegehren' gesprochen werden.

[190] Zur Abgrenzung der Klagearten vgl. *Schmidt*, JuS 1986, 35 (36).

[191] Baumbach / Lauterbach-*Hartmann*, Grundz § 253 ZPO, Rn. 11; ‚Thomas / Putzo-*Reichold*, Vorbem § 253 ZPO, Rn. 6; Zöller-*Greger*, vor § 253 ZPO, Rn. 8; *Rosenberg / Schwab / Gottwald*, § 94 II (S. 527 f.); *Lüke*, ZPR, Rn. 135; *Paulus*, ZPR, Rn. 87; s. auch *Lüke*, JuS 2000, 1042 (1042); zu den Wirkungen *Staab*, Gestaltungsklage und Gestaltungsklagerecht im Zivilprozess (1967), 10 ff.

[192] *Lüke*, ZPR, Rn. 136 mit Beispielen; *Schlosser*, Gestaltungsklagen (1966), 51 ff.; *Timm*, NJW 1994, 119 (119).

kommt ihm allerdings zuvor und klagt zum Beispiel auf Feststellung, dass die Gesellschaft wirksam gegründet sei.[193] Eine solche Situation lässt sich auch bei einer Gestaltungsklage auf Aufhebung eines Kaufvertrags (§ 465 a. F. BGB) vor Zahlung des Käufers denken.[194]

Für ‚Torpedo-Situationen' weniger bedeutsam dürften die prozessualen Gestaltungsklagen sein, etwa die Vollstreckungsgegenklage (§ 767 ZPO), die Drittwiderspruchsklage (§ 771 ZPO) und die Klage auf Abänderung eines Urteils (§ 323 ZPO).[195] Die Situation, dass ein ‚Torpedokläger' einer solchen Klage zuvor kommt und etwa eine negative Feststellungsklage erhebt, ist gleichwohl möglich,[196] weil nach dem weiten europäischen Streitgegenstandsbegriff – anders als nach dem deutschen[197] – die nachfolgende Gestaltungsklage nicht eine frühere negative Feststellungsklage unzulässig werden lässt.

2. *Familienrechtliche Fallgestaltungen*

Mehr Relevanz für die Problematik der ‚Torpedoklagen' haben die familienrechtlichen Fallgestaltungen. Die Rechtsprechung hatte sich damit zuweilen zu befassen.[198] Beispielsweise in Ehescheidungsverfahren kam es bereits zu der Situation, dass ein Ehepartner auf Scheidung klagen wollte, während ihm der andere bereits vor einem langsam arbeitenden Gericht zuvor gekommen war. Eine Prozessverzögerung wurde in diesen Fällen statt durch negative Feststellungsklage regelmäßig durch eine gleich lautende Klage der anderen Partei hervorgerufen. Die Langsamkeit des zuerst angerufenen Gerichts verhinderte auch hier, dass es in einer überschaubaren Zeitspanne zu einer Entscheidung in der Sache kam.

Ein viel besprochener Fall einer ‚Torpedoklage' in einer Scheidungssache stammt aus dem Jahr 1982: Der BGH hatte es mit einer Situation zu tun, in der der Ehemann in der BRD auf Scheidung klagte, seine Frau dies jedoch bereits zuvor vor einem Gericht in Genua im Klagewege getan hatte.[199] Das Scheidungsverfahren war bereits seit über vier Jahren im ersten Rechtszug in Italien anhängig. In diesem Einzelfall bejahte der BGH eine Durchbrechung der ausländischen Rechtshängigkeit. Das Gericht begründete dies damit, dass die Verzögerung außerhalb der Sphäre des Ehemanns liege und eine Einbuße gegenüber

---

[193] Zu den möglichen Arten der ‚Torpedoklage' unten § 3 A I 1 a bb (1) und § 3 B I 1.

[194] *Rosenberg / Schwab / Gottwald*, § 94 II (S. 527).

[195] *Lüke*, ZPR, Rn. 136; *Paulus*, ZPR, Rn. 87; *Grunewald*, ZZP 101 (1988), 152 (160); zu § 771 ZPO etwa *Bötticher*, FS Dölle I (1963), 41 (60 f.).

[196] Zöller-*Herget*, § 771 ZPO, Rn. 5; Musielak-*Lackmann*, § 771 ZPO, Rn. 6; MünchKommZPO-*Schmidt*, § 771 ZPO, Rn. 14.

[197] *Wieczorek / Schütze*, § 771 ZPO, Rn. B II b 4; MünchKommZPO-*Schmidt*, § 771 ZPO, Rn. 14.

[198] Vgl. etwa BGH NJW 1983, 1269; NJW 1986, 2195; OLG Düsseldorf, IPRax 1986, 29.

[199] BGH NJW 1983, 1269.

den Rechtsschutzmöglichkeiten bewirkt habe, die in Deutschland zur Verfügung gestanden hätten.[200] In der Folgezeit äußerten sich die Gerichte jedoch wieder restriktiver hinsichtlich einer Durchbrechung ausländischer Rechtshängigkeit.[201]

Die Konstellation des BGH-Falles unterscheidet sich in mehrfacher Hinsicht von den sonstigen ,Torpedo-Situationen'. Zwar führt auch hier der Umstand einer nicht vorhersehbaren Prozessverzögerung am Erstgericht zu einer Einschränkung der Rechtsschutzmöglichkeiten für den Zweitkläger. Auch wird dem Zweitkläger das ausländische Verfahren von der anderen Partei aufgedrängt. Aber die Motive der Parteien sind auf das gleiche Ziel gerichtet, nämlich auf die Scheidung der Ehe durch das Gericht. Das wird daran deutlich, dass die Parteien die Tatsache der Verzögerung übereinstimmend vorgetragen hatten.[202] Dieser Umstand lässt weiter vermuten, dass die Klageerhebung in Italien nicht etwa missbräuchlich geschah. Vielmehr sollte der Prozess wohl nicht absichtlich verschleppt werden. Indiz dafür ist auch die Klage der Parteien in ihrem jeweiligen Heimatland.

Es erscheint somit auf den ersten Blick nicht ganz unproblematisch, auch bei Gestaltungsbegehren von ,Torpedoklagen' zu sprechen. Andererseits ist zu bedenken, dass ein missbräuchliches Verhalten für das Vorliegen eines ,Torpedos' gerade nicht Voraussetzung ist, da die zuerst klagende Partei oft nur die gegebenen Zuständigkeiten der Gerichte ausnutzt. Auch der Umstand, dass die Klagen in der oben genannten Entscheidung das gleiche Ziel verfolgten, spricht nicht gegen die Annahme einer ,Torpedoklage': Zudem verhindert der Umstand, dass die verzögernde Erstklage auf das gleiche Ziel gerichtet ist wie die Zweitklage, nicht, dass für den Zweitkläger Rechtsschutzdefizite entstehen. Dieser Effekt ist jedoch der für ,Torpedoklagen' entscheidende.[203] Somit kann auch bei Gestaltungsbegehren des Gläubigers von ,Torpedoklagen' gesprochen werden. Betroffen sind insbesondere Scheidungsverfahren, aber auch Verfahren über die elterliche Verantwortung.[204]

III. ,Torpedoklagen' bei Feststellungsbegehren

Eine in der Literatur noch nicht behandelte Fallgruppe sind ,Torpedoklagen', mit denen ein Begehren des Gläubigers, das auf Feststellung gerichtet ist, verschleppt oder vereitelt wird. Auch hier lassen sich mehrere Fallgestaltungen denken. So könnte der Gläubiger etwa durch ein Gericht feststellen lassen wol-

---

[200] BGH aaO, NJW 1983, 1269 (1270); auch das OLG Düsseldorf befasste sich in einem Fall, IPRax 1986, 29 (29 f.), mit dieser Frage, obwohl dort das Verfahren erst einige Monate rechtshängig war und sich das Problem einer Verfahrensverschleppung im Grund nicht stellte; vgl. dazu *Schumann*, IPRax 1986, 14 (15).

[201] Vgl. dazu näher unten § 3 B I 2 b, bei Fn. 367.

[202] BGH aaO, NJW 1983, 1269 (1270).

[203] Vgl. schon oben, § 2 A I 3 a, Fn. 71 ff.

[204] Vgl. zur Rechtshängigkeitssperre unten § 3 A I 3 a, Fn. 158 ff.

len, dass sein Schuldner ihm zur Leistung bestimmter Dienste verpflichtet ist. Der angebliche Schuldner könnte dem nun zuvorkommen, indem er seinerseits negative Feststellungsklage erhebt, dass das Begehren nicht durchgreift. Die Möglichkeit der Herbeiführung einer Rechtshängigkeitssperre ergibt sich im europäischen Zivilprozessrecht unter Zugrundelegung der Rechtsprechung des EuGH[205] auch durch das Einlegen einer vorgängigen Feststellungsklage, da diese denselben Streitgegenstand betrifft wie eine spätere Leistungs- oder Feststellungsklage.[206] Der Schuldner könnte auch wiederum ein vorgreifliches Rechtsverhältnis – etwa einen Vertrag – mit seiner Klage angreifen. Eine frühere – positive oder negative – Feststellungsklage würde eine spätere Feststellungsklage blockieren.

Auch eine Leistungsklage kann Sperrwirkung hinsichtlich einer späteren Feststellungsklage haben. Eine solche Konstellation lag zum Beispiel der Entscheidung *Gubisch Maschinenfabrik / Palumbo*[207] zugrunde: Hier klagte die Firma Gubisch zuerst auf Bezahlung einer im Rahmen eines Kaufvertrages gelieferten Maschine. Das Verfahren über die spätere Feststellungsklage des Giulio Palumbo war wegen entgegenstehender Rechtshängigkeit auszusetzen.[208]

‚Torpedoklagen' sind bei Feststellungsbegehren des Gläubigers also im gleichen Umfang möglich wie in Leistungs- oder Unterlassungsfällen.

C. Fallgestaltungen, die mit dem ‚Torpedo' vergleichbar sind

Das Phänomen der ‚Torpedoklagen' besteht zwar in der Erhebung einer Klage vor einem langsamen Erstgericht. Aber auch in anderen Bereichen kann es zu einer den ‚Torpedos' vergleichbaren Wirkung, also zu einer Gefährdung der Parteiinteressen durch Prozessverzögerung und möglicherweise zu einer Einschränkung des Justizgewährungsanspruchs, kommen. Im folgenden sollen diese Bereiche untersucht werden. Es soll gezeigt werden, wo eine ‚Torpedowirkung' möglich ist, und wo nicht.

I. Ähnliche Situation im Patentrecht: Nichtigkeitseinrede im Prozess

In Patentverletzungsverfahren könnte durch eine besondere prozessuale Taktik eine mit einer ‚Torpedoklage' vergleichbare Situation auftreten: Nämlich die, dass der Schutzrechtsinhaber bereits Verletzungsklage erhoben hat, und der präsumtive Verletzer nun im Prozess die Einrede der Nichtigkeit des Schutzrechts

---

205 Vgl. unten § 3 A I 1 a bb, bei Fn. 46 ff.

206 BGH IPRspr. 1996, Nr. 171 (S. 408 f.); Rauscher-*Leible*, Art. 27 Brüssel I-VO, Rn. 9; *Kropholler*, EZPR, Art. 27 EuGVVO, Rn. 10; Geimer / Schütze-*Geimer*, EZVR, Art. 27 EuGVVO, Rn. 33.

207 EuGH Slg. 1987, 4861.

208 Ausführlich zum Sachverhalt und zur Entscheidung etwa *Bäumer*, Die ausländische Rechtshängigkeit (1999), 122 ff.).

geltend macht bzw. Widerklage erhebt.[209] Der Unterschied zu der ‚Torpedo-Situation' besteht darin, dass hier nicht der ‚Torpedokläger' zuerst agiert.

Einen Zeitgewinn würde diese Taktik bringen, wenn sich das Gericht, das für das Schutzrechtsverletzungsverfahren zuständig ist, für unzuständig erklären bzw. das Verfahren immerhin aussetzen müsste, und das ausschließlich zuständige Gericht unangemessen langsam verhandelt. Insbesondere die englische Rechtsprechung hat in Patentverletzungsverfahren vertreten, dass sich im Falle einer Nichtigkeitseinrede bzw. -widerklage des vermeintlichen Verletzers das mit dem Patentverletzungsverfahren befasste Gericht gemäß Art. 25 EuGVVO (Art. 19 EuGVÜ) zugunsten des gemäß Art. 22 Nr. 4 EuGVVO (Art. 16 Nr. 4 EuGVÜ/LugÜ) ausschließlich zuständigen Gerichts für unzuständig erklären müsse.[210] Andere haben für eine Aussetzung des Verfahrens plädiert.[211] Dies hätte in Bezug auf eine Prozessverschleppung den gleichen Effekt. Anders wäre es nur, wenn man die Frage der Gültigkeit als eine Vorfrage behandelt und zulässt, dass das Gericht des Verletzungsverfahrens auch darüber entscheidet.[212] Wieder andere wollen die nationalen Rechte über die Frage einer möglichen Aussetzung entscheiden lassen.[213] Das OLG Düsseldorf hat die Frage dem EuGH vorgelegt.[214]

Gegen die Notwendigkeit einer Aussetzung spricht es, dass in Patentverletzungsverfahren nicht selten auch der Nichtigkeitseinwand geltend gemacht wird. Der Verletzer könnte damit das im Grunde bestehende Zuständigkeitssystem von EuGVVO bzw. EuGVÜ/LugÜ mit Behauptungen der Nichtigkeit umgehen.[215] Viele Verletzungsverfahren würden unter Art. 22 Nr. 4 EuGVVO (Art. 16 Nr. 4 EuGVÜ/LugÜ) fallen, was aber bereits nicht der Intention der Verfasser des EuGVÜ entspricht, die nur Streitigkeiten über die Gültigkeit bzw. die Eintragung von Patenten, also die *erga omnes* wirkenden Einspruchsverfahren und Nichtigkeitsverfahren, erfassen wollten.[216] Auch prozessökonomische

---

[209] Zu dieser prozessualen Situation im allgemeinen ausführlich *Bukow*, Verletzungsklagen (2003), 209 ff.; *Hölder*, Grenzüberschreitende Durchsetzung (2004), 166 ff.; in Bezug auf ‚Torpedoklagen' *Pansch*, Die einstweilige Verfügung (2003), 60 f.

[210] Chancery Division, (1997) 3 All ER 45 - *Coin Controls Ltd / Suzo International (UK) Ltd*; Court of Appeal, (1998) ILPr 732 (741 f.) – *Fort Dodge Animal Health Ltd / Akzo Nobel NV.*

[211] Pres. Rechtbank 's Gravenhage, NIPR 1998, Nr. 236, S. 279 (283); *Stauder*, IPRax 1998, 317 (321); wohl auch *Bukow*, Verletzungsklagen (2003), 247 f.

[212] *Kropholler*, EZPR, Art. 22 EuGVVO, Rn. 50; *v. Rospatt*, GRUR Int. 1997, 861 (862); *Hölder*, Grenzüberschreitende Durchsetzung (2004), 170 ff.

[213] Rauscher-*Leible*, Art. 22 Brüssel I-VO, Rn. 47; Geimer / Schütze-*Geimer*, EZVR, Art. 22 EuGVVO, Rn. 236.

[214] OLG Düsseldorf GRUR Int. 2003, 1030.

[215] *Zigann*, Anm. zu Court of Appeal, Urt. v. 21.1.1999, GRUR Int. 1999, 791 (793); *Grabinski*, GRUR Int. 2001, 199 (209); *Kieninger*, GRUR Int. 1998, 280 (288).

[216] *Jenard*-Bericht, ABl.EG 1979 Nr. C 59/1 (36); *Bukow*, Verletzungsklagen (2003), 246; *Grabinski* aaO, GRUR Int. 2001, 199 (209).

Gründe sprechen gegen einen weiten Anwendungsbereich des Art. 22 Nr. 4 EuGVVO (Art. 16 Nr. 4 EuGVÜ/LugÜ): Denn der Verletzte müsste die Verletzung jedes der Patente vor den Gerichten des jeweiligen Erteilungsstaates einklagen.[217]

Insofern erscheint eine Aussetzung oder Unzuständigkeitserklärung durch das mit dem Verletzungsverfahren betraute Gericht nicht sinnvoll. Eine mit den ‚Torpedoklagen' vergleichbare Situation ist mithin ebenfalls nicht zu erwarten, weil das Gericht des Patentverletzungsverfahrens das Verfahren fortführen kann.

II. Internationales Transportrecht: ‚Torpedoklagen' im Bereich der CMR

Eine ‚Torpedo-Situation' kann auch im internationalen Transportrecht auftreten. Hier ist das in Europa überaus erfolgreiche[218] Genfer Übereinkommen über den Beförderungsvertrag im internationalen Straßengüterverkehr (CMR)[219] von Bedeutung. Die CMR regelt für alle internationalen Sachverhalte als materielles Einheitsprivatrecht die Beförderungsbedingungen hinsichtlich des Güterfernverkehrs auf der Straße.[220] Es gilt sachlich, wenn ein Beförderungsvertrag über die entgeltliche Beförderung von Gütern durch Straßenfahrzeuge abgeschlossen wird (vgl. Art. 1 Abs. 1 CMR).[221] Auch wenn das mit dem Gut beladene Fahrzeug im Rahmen eines einheitlichen Transportvertrages ohne Umladen auf einem Teil der Strecke mit der Eisenbahn, auf Binnenwasserstraßen oder auf dem See- oder Luftweg befördert wird, bleibt das Übereinkommen für den gesamten Transport anwendbar (Art. 2 Abs. 1 S. 1 CMR).[222] In persönlicher Hinsicht müssen der Ort der Übernahme des Gutes und der für die Ablieferung vorgesehene Ort in zwei Staaten liegen, von denen mindestens einer Vertragsstaat ist.

1. Sperrwirkung der negativen Feststellungsklage im Bereich der CMR

Auch bei der CMR kann sich eine Situation ergeben, die als ‚Torpedoklage' eingestuft werden könnte. Die CMR trifft in Art. 31 eine Regelung hinsichtlich der internationalen Zuständigkeit der Gerichte,[223] die den nationalen Regeln des

---

[217] *Hölder*, Grenzüberschreitende Durchsetzung (2004), 171 f.; *Grabinski* aaO, GRUR Int. 2001, 199 (209).

[218] *Fischer*, TranspR 1994, 365 (375).

[219] Vom 19. Mai 1956, BGBl. 1961 II, 1120.

[220] Reithmann / Martiny-*Mankowski*, Internationales Vertragsrecht, Rn. 1410; *Vischer / Huber / Oser*, Internationales Vertragsrecht, Rn. 466; *Koch / Magnus / Winkler v. Mohrenfels*, IPR und Rechtsvergleichung, 141.

[221] *Herber / Piper*, Art. 1 CMR, Rn. 4, 5, 15; *Alff*, Fracht-, Lager- und Speditionsrecht (1991), Anh. 4 nach § 425, Rn. 1.

[222] Reithmann / Martiny-*Mankowski*, Internationales Vertragsrecht, Rn. 1404; *Glöckner*, Leitfaden zur CMR, Art. 2 CMR, Rn. 1; *Helm* in Großkomm. HGB, Art. 2 CMR, Rn. 2: ‚Huckepackverkehr'.

[223] BGHZ 79, 332 (334); OLG Wien TranspR 1984, 152 (152).

internationalen Verfahrensrechts vorgeht[224] und die auch das Europäische Gerichtsstands- und Vollstreckungsrecht als vorrangig anerkennt, vgl. Art. 71 Abs. 1 EuGVVO (Art. 57 Abs. 1 EuGVÜ/LugÜ).[225] Praktische Bedeutung hat die Vorschrift deshalb, weil der Kläger den Frachtführer wegen einer Streitigkeit aus einer dem Abkommen unterliegenden Beförderung gemäß Art. 31 Abs. 1 b CMR auch dann im Inland verklagen kann, wenn dieser seinen Sitz im Ausland hat, sofern der Transport hier seinen Ausgang genommen hat.[226]

31 Abs. 2 CMR führt ein Prioritätsprinzip ein, wenn bereits ein Verfahren wegen einer Streitigkeit aus dem Übereinkommen vor dem Gericht eines anderen Vertragsstaates über dieselbe Sache anhängig ist.[227] Ist dies der Fall, so ist eine Zweitklage abzuweisen. Könnte der Frachtführer nun im Ausland eine negative Feststellungsklage erheben und damit missbräuchlich eine Prozessblokkade herbeiführen, wäre das Wahlrecht des Klägers vereitelt und sein Schutz beeinträchtigt, weil die Verfahren vor den Gerichten der in Betracht kommenden europäischen CMR-Staaten erheblich länger dauern als in Deutschland.[228] Es läge dann die Situation einer ‚Torpedoklage' vor. Ein Grund für ein derartiges *forum shopping* des Haftpflichtigen mag sein, dass die deutschen Gerichte im Gegensatz zu Gerichten der anderen europäischen Staaten die Anforderungen an ein die Regelhaftung der CMR durchbrechendes qualifiziertes Verschulden des Frachtführers äußerst niedrig ansetzen, und der Kläger dies für sich ausnutzen möchte.[229]

Die Gefahr einer ‚Torpedoklage' wird lediglich dadurch vermindert, dass die CMR – anders als beim EuGVÜ und LugÜ, wo es auf die Rechtshängigkeit ankommt, die in Deutschland später eintreten kann als in anderen europäischen Staaten[230] – bereits die Anhängigkeit des Verfahrens genügen lässt, deren Zeit-

---

[224] *Herber / Piper*, Art. 31 CMR, Rn. 1; *Helm* in Großkomm. HGB, Art. 31 CMR, Rn. 2; *Haubold*, IPRax 2000, 91 (95).

[225] Thume-*Demuth*, Art. 31 CMR, Rn. 35; Rauscher-*Mankowski*, Art. 71 Brüssel I-VO, Rn. 16; *Kropholler*, EZPR, Art. 71 EuGVVO, Rn. 4; *Fremuth*, TranspR 1983, 35 (37).

[226] *Herber*, TranspR 2003, 19 (19).

[227] Rauscher-*Mankowski*, Art. 71 Brüssel I-VO, Rn. 16.

[228] *Heuer*, TranspR 2002, 221 (223); *Otte*, TranspR 2004, 347 (348) weist allerdings darauf hin, dass der Gesichtspunkt der materiell-rechtlichen Abwehr des Anspruchsbegehrens in Transportrechtsstreitigkeiten näher liege als die bloße Ausnutzung der Verzögerungswirkung.

[229] *Heuer*, Transp 2002, 221 (223); *Otte*, TranspR 2004, 347 (348); die von deutschen Gerichten zu § 435 HGB, Art. 29 CMR und Art. 25 Warschauer Abkommen entwickelte und vom BGH, BGHReport 2004, 375 (375 f.), bestätigte besondere Einlassungsobliegenheit des beklagten Frachtführers führte zu einer Gefährdungshaftung des beklagten Frachtführers; danach ist der Schluss auf ein qualifiziertes Verschulden bereits dann zulässig, wenn der Schadenshergang ungeklärt ist und sich der Frachtführer auch nur ansatzweise weigert, zu den einzelnen Schadensfällen vorzutragen.

[230] Dieses Problem ist durch den einheitlichen Begriff der Rechtshängigkeit in Art. 30 EuGVVO weitgehend gelöst, vgl. dazu unten § 3 A I 1 b bb, bei Fn. 89 ff.

punkt nach der lex fori des zuerst angerufenen Gerichts festzustellen ist.[231] Das Risiko, dass die vor einem deutschen Gericht klagende Partei einen ,Zustellungswettlauf' verliert, besteht damit nicht.[232]

a. Meinungsstand

Ganz gebannt wäre die Gefahr einer ,Torpedo-Situation' im Bereich der CMR indes erst, wenn eine ausländische negative Feststellungsklage nicht die Einrede der Rechtshängigkeit zu begründen vermochte, und der Frachtführer deshalb keine ,Blockadewirkung' wegen einer Streitigkeit aus dem Transport herbeiführen könnte. Es dürfte dazu keine Streitgegenstandsidentität zwischen einer negativen Feststellungsklage und einer Leistungsklage bestehen. Dies möchte eine Ansicht deshalb annehmen, weil Art. 31 Abs. 1 CMR eine materiell-rechtliche Wertung enthalte, wonach der Leistungskläger als Anspruchsprätendent zu verstehen wäre und dementsprechend auch das Forum bestimmen dürfe.[233]

Dem ist entgegengehalten worden, für eine solche Auslegung biete weder Wortlaut noch Sinngehalt des Art. 31 Abs. 1 CMR einen Anhaltspunkt: Vielmehr sei der Chancengleichheit wie bei Art. 27 EuGVVO (Art. 21 EuGVÜ/LugÜ) Genüge zu tun und ein strenges Prioritätsprinzip einzuhalten.[234] Der Schuldner müsse die gleiche Chance haben wie der Gläubiger, sich das streitentscheidende Gericht auszusuchen. Zudem wurde argumentiert, die Einrede der Rechtshängigkeit wolle von vornherein Situationen vermeiden, in denen es zu widersprechenden Entscheidungen kommen könne.[235]

b. Diskussion und Stellungnahme

Für eine Entscheidung des Streits ist zu fragen, ob eine Streitgegenstandsidentität vorliegt. Dafür lässt sich grundsätzlich die Rechtsprechung des EuGH heranziehen, die für Art. 27 EuGVVO (Art. 21 EuGVÜ/LugÜ) gilt.[236] Denn die CMR legt zwar in Art. 31 Abs. 2 die Wirkungen der Rechtshängigkeit fest, definiert diesen Begriff jedoch nicht. Daher ist die Frage, wann Rechtshängigkeit eintritt,

---

231 MünchKommHGB-*Basedow*, Art. 31 CMR, Rn. 32; *Herber / Piper*, Art. 31 CMR, Rn. 24; zweifelnd *Helm* in Großkomm. HGB, Art. 31 CMR, Rn. 46.

232 Thume-*Demuth*, Art. 31 CMR, Rn. 53; MünchKommHGB-*Basedow*, Art. 31 CMR, Rn. 32.

233 Dafür OLG Hamburg, TranspR 2003, 25 (26); Rauscher-*Mankowski*, Art. 71 Brüssel I-VO, Rn. 16; *Herber / Piper*, Art. 31 CMR, Rn. 26; *Herber*, TranspR 1996, 196 (197); *Heuer*, TranspR 2002, 221 (225);

234 OLG Düsseldorf TranspR 2002, 237 (237); *Otte*, TranspR 2004, 347 (349 f.).

235 MünchKommHGB-*Basedow*, Art. 31 CMR, Rn. 30; im Ergebnis ebenso, aber ohne Begründung *Helm* in GroßKomm. HGB, Art. 31 CMR, Rn. 49.

236 Vgl. dazu unten § 3 A I 1 a bb, bei Fn. 46 ff.

nach dem ergänzend anwendbaren Recht zu beurteilen.[237] Es bietet sich deshalb grundsätzlich an, die vereinheitlichte Auslegung des EuGH auch für die CMR anzuwenden.[238] Die CMR geht zwar gemäß Art. 71 Abs. 1 EuGVVO (Art. 57 Abs. 1 EuGVÜ/LugÜ) als Übereinkommen vor, allerdings dann nicht, wenn sie Lücken enthält.[239] Dann sind hinsichtlich eines solchen Teilbereichs die Vorschriften – und die zugehörige Auslegung – der EuGVVO bzw. des EuGVÜ/LugÜ maßgeblich.

Für das Verhältnis der negativen Feststellungsklage zu einer späteren Leistungsklage ist eine Übernahme der Rechtsprechung des EuGH zu Art. 27 EuGVVO (Art. 21 EuGVÜ/LugÜ) allerdings nicht zu befürworten. Zwar scheitert die Einrede der Rechtshängigkeit nicht daran, dass die Streitigkeit nicht ‚zwischen denselben Parteien' geführt wird, denn der Wechsel der Parteirollen ist durchaus möglich.[240] Sie scheitert auch nicht daran, dass der Begriff des ‚Klägers' im Sinne von Art. 31 Abs. 1 CMR mit dem materiell *wirklich* Berechtigten gleichzusetzen wäre.[241] Denn dies würde zu einer Verquickung von materiellem Recht und Prozessrecht führen, die die materiell-rechtliche Prüfung in die Zulässigkeitsprüfung einer Klage verlegen und die Vorteile einer an objektiven Kriterien ausgerichteten Zuständigkeitsordnung vernichten würde.[242] Die Einrede der Rechtshängigkeit scheitert schließlich nicht daran, dass die negative Feststellungsklage etwa keinen vollstreckungsfähigen Inhalt hat, denn das Feststellungsurteil ist jedenfalls hinsichtlich der Kosten vollstreckbar.[243] Aber die eigene, vorrangige Wertung der CMR spricht gegen eine Rechtshängigkeitssperre von negativer Feststellungsklage gegenüber Leistungsklage: Art. 31 Abs. 1 CMR räumt dem Kläger ein unabdingbares (Art. 41 CMR) Wahlrecht zwischen mehreren Gerichtsständen ein, nämlich zwischen den Gerichten des Staates, in dem der Beklagte ansässig ist und denen des Staates, in dessen Gebiet der Ort der Übernahme des Gutes oder der für die Ablieferung vorgesehene Ort liegt. Dieses Wahlrecht besteht zum Schutz desjenigen, der Rechte aus einem

[237] Thume-*Demuth*, Art. 31 CMR, Rn. 53; *Loewe*, TranspR 1988, 309 (311); *Herber*, TranspR 1996, 196 (197).

[238] MünchKommHGB-*Basedow*, Art. 31 CMR, Rn. 9 ff. (13); dem folgend OLG Düsseldorf TranspR 2002, 237; *Herber*, TranspR 1996, 196 (197); offen gelassen bei OLG Karlsruhe IPRspr. 2002, Nr. 181 (S. 472); a. A. *Heuer*, TranspR 2002, 221 (225), der für die Anwendung deutschen Verfahrensrechts plädiert.

[239] EuGH Slg. 1994 I, 5439 (5471), Rn. 25 – *Tatry / Maciej Rataj*; *Kropholler*, EZPR, Art. 71 EuGVVO, Rn. 7.

[240] MünchKomm-*Basedow*, Art. 31 CMR, Rn. 31; Thume-*Demuth*, Art. 31 CMR; Rn. 53; *Koller*, Art. 31 CMR, Rn. 8.

[241] OLG Düsseldorf TranspR 2002, 237 (237); obiter OLG Nürnberg TranspR 2002, 402 (402); jüngst BGH TranspR 2004, 77 (79); anders noch die Vorinstanz, OLG Hamburg, TranspR 2003, 25 (26); auch *Heuer*, TranspR 2002, 221 (225).

[242] So auch *Otte*, TranspR 2004, 347 (349); ähnlich BGH IPRspr. 2003, Nr. 167b (S. 544 f.).

[243] BGH TranspR 2004, 77 (78).

Beförderungsvertrag geltend macht, etwa – wie regelmäßig – der Absender oder Empfänger wegen eines Ladungsschadens.[244] Nur er sollte als Anspruchssteller den Ort der Verhandlung bestimmen können.[245] Dieser Schutzgedanke zeigt sich insbesondere in Art. 31 Abs. 1 lit. b CMR, nach dem die Gerichte am Ort der Übernahme international zuständig sind: Diese Regelung soll dem Absender oder Empfänger des Gutes die Möglichkeit geben, den Frachtführer dort auf Schadensersatz in Anspruch zu nehmen, wo er mit ihm zu tun hatte. Eine vergleichbare Vorschrift, die dem Anspruchsteller zur erleichterten Durchsetzung seines Anspruchs verhelfen soll, findet sich in Art. 28 Abs. 1 des Warschauer Abkommens zum Lufttransportrecht.[246] Man kann den ‚Kläger'-Begriff also insofern materiell-rechtlich verstehen, als dass nur derjenige, der (formal gesehen) einen Anspruch tatsächlich positiv geltend macht, ‚Kläger' im Sinne des Art. 31 Abs. 1 CMR ist, unabhängig davon, ob ihm der Anspruch *wirklich* zusteht.

Schließlich spricht auch der Charakter der CMR für den Vorrang einer Leistungsklage: Die CMR stellt, anders als die EuGVVO oder die anderen Gerichtsstands- und Vollstreckungsübereinkommen, nicht allgemeines Prozessrecht dar, sondern ist auf die materiellen Vorschriften über den Beförderungsvertrag zugeschnitten. Art. 31 CMR verfolgt den Zweck, die materiell-rechtliche Rechtsvereinheitlichung durch prozessuale Regeln zu unterstützen.[247] Die EuGVVO bzw. das EuGVÜ/LugÜ heranzuziehen und deren Regelungszwecke – nämlich parteiliche Zuständigkeitsinteressen und Beweisnähe des Forums – auch für die Zuständigkeitsanordnungen der CMR zugrunde zu legen,[248] kann nur sekundäre Auslegungsmethode sein. Materielles Einheitsrecht ist grundsätzlich autonom, also aus sich heraus, auszulegen.[249] Zwar ist auch eine konventionsübergreifende Auslegung möglich, vor allem wenn Übereinkommen parallel oder aufeinander abgestimmt erlassen werden.[250] Allerdings ist gerade eine systematische Auslegung anhand anderer Konventionen mit Vorsicht zu handhaben: Denn ein konventionsübergreifender systematischer Zusammenhang ist von den Begründern des Übereinkommens nur selten gewollt und sollte im Hinblick auf die Rechtssicherheit für den Rechtsanwender auch nicht ohne weiteres hergestellt werden.[251]

---

[244] BGH TranspR 2004, 77 (79); OLG Köln TranspR 2002, 239 (241); *Herber*, TranspR 2003, 19 (20 f.).

[245] OLG Köln, TranspR 2002, 239 (241); *Herber / Piper*, Art. 31 CMR, Rn. 26.

[246] Dazu Giemulla / Schmid-*Mölls / Ehlers*, Art. 28 WA, Rn. 1; *Liesecke*, MDR 1968, 93 (98).

[247] Vgl. die Denkschrift der Bundesregierung zur CMR, BT-Drucks. 3/1144, S. 44; auch BGH TranspR 2004, 74 (76).

[248] So *Otte*, TranspR 2004, 347 (349).

[249] *Koch / Magnus / Winkler v. Mohrenfels*, 141 f.; *Rauscher*, IPR, 23; *Kropholler*, IPR, 67 ff., *Siehr*, IPR, 386.

[250] *Magnus*, FS 75 Jahre MPI (2001), 571 (582).

[251] *Magnus*, FS 75 Jahre MPI (2001), 571 (580 f.); *Kropholler*, Internationales Einheitsrecht (1975), 273.

Gleiches gilt für eine teleologische Auslegung: Jede Konvention ist zunächst im Hinblick auf ihren eigenen Regelungszweck auszulegen. Der Grundsatz primär vertragsautonomer Auslegung gilt auch für prozessuale Regelungen im Einheitsrecht. Diese dienen dem materiellen Einheitsrecht dazu, dessen volle Effektivität zu erreichen.[252] Insofern bietet sich eine konventionsübergreifende Auslegung erst an, wenn die vertragsautonome Auslegung unergiebig bleibt. Die CMR trifft jedoch bereits eine eigene Wertung, bezweckt nämlich den Schutz desjenigen, der einen Anspruch aus einem Beförderungsvertrag geltend macht: Deshalb ist ein Rückgriff auf andere Rechtsquellen zur Auslegung entbehrlich. Derjenige sollte das Wahlrecht im Sinne von Art. 31 CMR haben, der Rechte aus dem Beförderungsvertrag mit einer Leistungsklage verfolgt.

Daraus folgt, dass eine negative Feststellungsklage – mit der gerade nicht Ansprüche aus einem Beförderungsvertrag verfolgt werden – nicht die Rechtshängigkeitseinrede begründen kann. Die Situation einer ‚Torpedoklage' und die damit verbundene Prozessverzögerung ist somit im Bereich der CMR nicht möglich.

2. Sperrwirkung anderer Erstklagen im Bereich der CMR

Verneint man eine Begründung der Rechtshängigkeit durch eine negative Feststellungsklage, so bleibt gleichwohl fraglich, ob es auch andere Klagen des Prozessgegners geben kann, welche eine Sperrwirkung hinsichtlich einer späteren Leistungsklage begründen können. Bei den ‚prozessualen Torpedos' ist dies ebenfalls möglich.[253] Aus dem oben[254] gefundenen Ergebnis, dass nur derjenige, der der einen Anspruch positiv geltend macht, eine Rechtshängigkeitssperre nach Art. 31 Abs. 2 CMR herbeiführen kann, lässt sich nicht etwa der Schluss ziehen, dass dies nur der Absender oder Empfänger eines Gutes sein könnte: Auch der Frachtführer kann zum Beispiel Schadensersatzansprüche haben, etwa wegen mangelhafter Verpackung gemäß Art. 10 CMR.[255] Dann besteht auch für ihn das Wahlrecht des Art. 31 Abs. 1 CMR.

Verfolgt der Erstkläger positiv einen Anspruch, so muss er damit auch Rechtshängigkeit herbeiführen können. Ansonsten würde man de facto nur dem Absender oder Empfänger das Wahlrecht des Art. 31 Abs. 1 CMR einräumen. Dafür gibt es im Wortlaut der Vorschrift aber keinen Anhaltspunkt.[256] Insofern wäre auch eine ‚torpedo-ähnliche' Situation möglich. Für die Bestimmung, ob Identität der Streitgegenstände besteht, lässt sich die ‚Kernpunktrechtsprechung'

---

[252] *Kropholler*, Internationales Einheitsrecht (1975), 6.
[253] Vgl. oben § 2 A I 1 a, bei Fn. 33; auch unten § 3 A I 1 a bb (1).
[254] Vgl. soeben oben § 2 C II 1 b, bei Fn. 236 ff.
[255] *Herber*, TranspR 1996, 196 (197).
[256] Art. 31 Abs. 1 CMR spricht allgemein von ‚allen Streitigkeiten aus einer diesem Übereinkommen unterliegenden Beförderung'.

des EuGH zu Art. 27 EuGVVO (Art. 21 EuGVÜ/LugÜ) heranziehen.[257] Was die denkbaren Fallgestaltungen betrifft, kann daher (mit Ausnahme der negativen Feststellungsklage als ‚Torpedoklage') auf die Ausführungen zur EuGVVO bzw. zum EuGVÜ/LugÜ verwiesen werden.[258]

Somit kann zwar eine negative Feststellungsklage keine ‚Torpedowirkung' herbeiführen, wohl aber gegebenenfalls eine andere (Erst-) Klage.

III. Europäisches Insolvenzrecht

1. ‚Torpedowirkung' durch Eröffnung eines Insolvenzverfahrens vor einem langsamen Gericht

Auch in Insolvenzverfahren kann es zu Situationen kommen, die einer ‚Torpedowirkung' ähnlich sind. Das Europäische Insolvenzrecht hat durch die EuInsVO,[259] die am 31. Mai 2002 in Kraft trat, eine neue Grundlage bekommen.[260] Die Verordnung gilt für Gesamtverfahren, die die Insolvenz des Schuldners erfordern und den vollständigen oder teilweisen Vermögensbeschlag gegen den Schuldner sowie die Bestellung eines Verwalters zur Folge haben (vgl. Art. 1 Abs. 1 EuInsVO). Die Verordnung findet Anwendung, wenn der Mittelpunkt der hauptsächlichen Interessen des Schuldners im geografischen Anwendungsbereich der Verordnung liegt (vgl. Art. 3 EuInsVO, Erwägungsgrund 14), also in jedem Mitgliedstaat der Gemeinschaft mit Ausnahme Dänemarks, und wenn das Vermögen des Schuldners nicht nur in einem Mitgliedstaat belegen ist.[261] Eine Art ‚Torpedowirkung' kann entstehen, weil es im europäischen Insolvenzrecht eine der EuGVVO bzw. dem EuGVÜ/LugÜ vergleichbare ‚Rechtshängigkeitsregelung' gibt.

a. Ausgangslage

Für die EuInsVO gilt wie allgemein im internationalen Insolvenzrecht,[262] dass nur *ein* Insolvenzverfahren universale Wirkung haben kann.[263] Das in einem Mitgliedstaat eröffnete so genannte Hauptinsolvenzverfahren erfasst das gesamte Vermögen, das der Schuldner innerhalb der EG hat, und bezieht es in die In-

---

[257] Vgl. dazu schon soeben § 2 C II 1 b, bei Fn. 238.
[258] Vgl. dazu näher unten § 3 A I 1 a bb (1).
[259] Verordnung (EG) Nr. 1346/2000 des Rates über Insolvenzverfahren, vom 29. Mai 2000, Abl. EG Nr. L 160, S. 1.
[260] Zur Entwicklung des europäischen Insolvenzrechts *Geimer*, IZPR, Rn. 3350 ff.; *Schack*, IZVR, Rn. 1051.
[261] *Ehricke / Ries*, JuS 2003, 313 (313).
[262] Braun-*Liersch*, vor §§ 335-358 InsO, Rn. 4; *Trunk*, Internationales Insolvenzrecht (1998), 94.
[263] *Virgos / Schmit*, in Stoll, Vorschläge (1997), Nr. 15, 73, 75; *Duursma / Duursma-Kepplinger*, DZWIR 2003, 447 (449); *Fritz / Bähr*, DZWIR 2001, 221 (224).

solvenzabwicklung mit ein.[264] Die EuInsVO enthält anders als etwa die EuGVVO keine Bestimmung darüber, welches Gericht im Falle eines positiven Kompetenzkonfliktes zuständig sein soll. Vorgeschlagen wird auch hier ein Prioritätsprinzip analog Art. 27 EuGVVO (Art. 21 EuGVÜ/LugÜ):[265] Danach wäre für ein Hauptinsolvenzverfahren nur das *zuerst* angerufene Gericht zuständig, andere mitgliedstaatliche Gerichte dürften den Eröffnungsbeschluss nicht überprüfen. Ein bei einem deutschen Insolvenzgericht gestellter Antrag auf Eröffnung eines weiteren Hauptinsolvenzverfahrens wäre gemäß Art. 102 § 3 Abs. 1 S. 1 EGInsO unzulässig, ein bereits begonnenes zweites Hauptinsolvenzverfahren nach Art. 102 § 4 Abs. 1 EGInsO einzustellen.[266] Die Sperrwirkung tritt mit Antragstellung ein.[267]

Zulässig bleiben lediglich territorial und auf das Inlandsvermögen des Schuldners begrenzte Sekundärinsolvenzverfahren (vgl. Art. 3 Abs. 2, 3 S. 1 EuInsVO), wenn der Schuldner hier eine Niederlassung im Sinne von Art. 2 lit. h EuInsVO unterhält.[268] Diese Möglichkeit, die bereits im Entwurf des früheren Europäischen Insolvenzübereinkommens (EuInsÜ) vorgesehen war, ist damit zu erklären, dass angenommen wurde, aufgrund der großen Unterschiede im materiellen Recht der Mitgliedstaaten sei ein einziges Insolvenzverfahren mit universaler Geltung für die gesamte Gemeinschaft nicht realisierbar.[269]

---

[264] Reithmann / Martiny-*Hausmann*, Rn. 2535; *Koch / Magnus / Winkler v. Mohrenfels*, 296; *Huber*, ZZP 114 (2001), 133 (143).

[265] *Geimer*, IZPR, Rn. 3411a; Reithmann / Martiny-*Hausmann*, Rn. 2596; *Lüke*, ZZP 111 (1998), 275 (289 f.); *Leible / Staudinger*, KTS 2000, 533 (545); *Paulus*, NZI 2001, 505 (507); *Kemper*, ZIP 2001, 1609 (1613); *Becker*, ZEuP 2002, 287 (304); zweifelnd *Schmid*, Art. 3 EurInsVO, Rn. 17, 19; zum Europäischen Insolvenzübereinkommen *Balz*, ZIP 1996, 948 (949).

[266] Reithmann / Martiny-*Hausmann*, Rn. 2597; *Lüke*, ZZP 111 (1998), 275 (290), ‚schwebend unwirksam'.

Der Prioritätsgrundsatz der EuInsVO gilt dagegen nicht bei der Konkurrenz eines deutschen mit drittstaatlichen Verfahren: Jedes Verfahren erfasst hier das in seinem Eröffnungsstaat belegene Vermögen des Schuldners und entfaltet keine Wirkungen im Staat des späteren Verfahrens, vgl. *Gottwald* in Insolvenzrechtshdb., § 130, Rn. 69; *Prütting*, ZIP 1996, 1277 (1282).

Bei mehreren ausländischen Hauptinsolvenzverfahren gilt, dass dasjenige Verfahren Priorität genießt, das am Mittelpunkt der selbstständigen wirtschaftlichen Interessen des Schuldners eröffnet worden ist, vgl. Reithmann / Martiny-*Hausmann*, Rn. 2601; *Trunk*, Internationales Insolvenzrecht (1998), 346. Sofern sich ein Mittelpunkt nicht bestimmen lässt, gilt wiederum das Prioritätsprinzip, vgl. *Gottwald* in Insolvenzrechtshdb., § 130, Rn. 18; *Leipold*, FS Henckel (1995), 533 (537).

[267] AG Celle, NZI 2005, 410 (411); *Mankowski*, RIW 2005, 561 (578); zu Problemen aufgrund von unterschiedlicher Bestimmung des Zeitpunkts auch *Huber*, FS Heldrich (2005), 679 (687).

[268] *Paulus*, ZIP 2002, 729 (730); *Huber*, ZZP 114 (2001), 133 (142).

[269] Abl. EG 2000, L 160/2, 11. Erwägungsgrund.

Die Situation ähnelt also der Litispendenzproblematik im Bereich der EuGVVO bzw. des EuGVÜ/LugÜ, unterscheidet sich aber dadurch, dass nicht geklagt, sondern ein Insolvenzverfahren eingeleitet wird. Auch für den Bereich des europäischen Insolvenzrechts wird indes befürchtet, dass durch ein striktes Prioritätsprinzip die Auswahl eines besonders günstigen Forums und ein daraus folgendes *forum running* provoziert würden:[270] Der Schuldner werde eigene Insolvenzanträge bei einem Gericht stellen, das das Verfahren schnell eröffne, aber das Verfahren langsam abwickle.[271] Dies gelte besonders bei weiter Auslegung des Art. 3 Abs. 1 EuInsVO: Der Schuldner könne sich in ein besonders vorteilhaftes Insolvenzrecht ‚flüchten', indem er Vermögenswerte in jenen Staat transferiere oder dort eine Organperson bestelle.[272] Eine Art ‚insolvenzrechtlicher Torpedo' wäre die Folge.

Die Interessen des Gläubigers können dadurch beeinträchtigt werden. Zwar dient das Prioritätsprinzip der EuInsVO dem Interesse des Gläubigers, dass das Insolvenzverfahren kostengünstig durchgeführt wird und möglichst geringe Masseverbindlichkeiten (§ 54 InsO) entstehen:[273] Größere Ausgaben des Insolvenzgerichts, etwa für Sachverständige aus dem Ausland, können bewirken, dass das Gericht bereits den Eröffnungsantrag wegen Masseunzulänglichkeit abweist (§ 26 InsO) bzw. das Verfahren mangels Kostendeckung wieder einstellt (§ 207 InsO). Nachrangige Gläubiger würden dann mit ihren Forderungen ausfallen. Eine Verfahrenskoordination und -konzentration, die die EuInsVO bewirken will,[274] kann hier Kosten einsparen und zugleich dafür sorgen, dass sich die verfügbare Haftungsmasse vergrößert.[275] Auch der Schuldner wird in der Regel die Entscheidung eines Insolvenzgerichts, das nahe an seinem Tätigkeitsbereich gelegen ist, eher akzeptieren,[276] zumal dieses für ihn vorhersehbarer ist.[277]

Wird das Verfahren jedoch nicht zügig durchgeführt, so läuft der Gläubiger Gefahr, seine Ansprüche nicht oder nicht in vollem Umfange realisieren zu können, weil ein längeres Insolvenzverfahren höhere Kosten verursacht und so die

---

[270] *Smid*, DZWIR 2003, 397 (401); angedeutet bei *Huber*, ZZP 114 (2001), 133 (143 f.).

[271] *Mankowski*, RIW 2004, 587 (597).

[272] Eine weite Auslegung nahm etwa der High Court of Justice in Leeds, ZIP 2003, 1362, vor – in diesem Fall waren kaum Aktivitäten der Schuldnergesellschaften im Staat des das Insolvenzverfahren eröffnenden Gerichts erkennbar; dazu *Paulus*, Art. 3 EuInsVO, EWiR 2003, 709 (709).

[273] *Carstens*, Die internationale Zuständigkeit (2005), 18 f.

[274] *Paulus*, DStR 2005, 334 (336); *Ehricke*, FS 75 Jahre MPI, 337 (342); *Staak*, NZI 2004, 480 (481).

[275] Auch darin liegt ein Gläubigerinteresse, vgl. *Eidenmüller*, NJW 2004, 3455 (3456).

[276] MünchKommInsO-*Ganter*, § 3 InsO, Rn. 2.

[277] Vgl. *Fletcher*, FS Hanisch, 89 (102); *Carstens*, Die internationale Zuständigkeit (2005), 19.

Insolvenzmasse schmälert.[278] Eine ‚Torpedowirkung' kann also nachteilige Effekte für den Gläubiger haben.

b. Gründe für die ‚Torpedowirkung'

Ein weitgehend ungehindertes *forum shopping*, das die EuInsVO im Grunde verhindern will,[279] ermöglicht insbesondere eine weite Auslegung des Begriffs des ‚Mittelpunkts der hauptsächlichen Interessen' in Art. 3 Abs. 1 S. 1 EuIns-VO: Eine weite Auslegung nahmen zum Teil die englischen Gerichte vor und bejahten sehr schnell ihre internationale Zuständigkeit.[280] Bei Unternehmensinsolvenzen stellten sie etwa auf den Ort der strategischen Lenkungsentscheidungen des Unternehmens ab,[281] nicht dagegen auf die für den Geschäftsverkehr erkennbare wirtschaftliche Tätigkeit des Insolvenzschuldners, wie dies Erwägungsgrund 13 zur EuInsVO nahe legt, wenn er auf die Erkennbarkeit für Dritte verweist.[282]

Bei einer solchen Handhabung kann es sein, dass ein Insolvenzverfahren an einem Ort und unter dessen *lex fori concursus* stattfindet, wo weder Vermögen noch Gläubiger noch Aktivitäten des Insolvenzschuldners existieren.[283] Der Insolvenzschuldner kann bereits mit wenigen Maßnahmen die Zuständigkeit des Gerichts eines anderen Mitgliedstaates herbeiführen, etwa indem er dort Organe bestellt oder eine Leitungsstruktur vorgibt.[284] Das Hauptinsolvenzverfahren vor dem langsameren Gericht sperrt andere Hauptinsolvenzverfahren in den Mitgliedstaaten. Zumindest das Interesse des Gläubigers an zügiger Verfahrensdurchführung ist auf diese Weise betroffen.

Wenig wahrscheinlich ist eine Nichtanerkennung des Verfahrens nach Art. 26 EuInsVO durch ein später angerufenes Gericht: Zum einen ist der *ordre public*-Vorbehalt eng auszulegen. Die fälschliche Inanspruchnahme des Erstgerichts darf nur im Ausnahmefall nachgeprüft werden, etwa wegen Verletzung des

---

278 Vgl. *Eidenmüller*, NJW 2004, 3455 (3456).

279 S. Erwägungsgrund 4 zur EuInsVO.

280 Vgl. dazu *Pannen / Riedemann*, NZI 2004, 646 (646); *Sabel*, NZI 2004, 126 (126); *Vallender*, Veranstaltung ‚Grenzüberschreitende Insolvenzen in der Insolvenzpraxis', mitgeteilt von *Rein*, NZI 2004, 310 (310).

281 High Court of Justice Leeds, (2003) All ER 312; vgl. *Taylor*, Veranstaltung zu grenzüberschreitenden Insolvenzpraxis in Köln, mitgeteilt von *Leithaus*, NZI 2004, 194 (195).

282 Dafür *Virgos / Schmit*, in Stoll, Vorschläge (1997), Nr. 75; *Pannen / Kühnle / Riedemann*, NZI 2003, 72 (74).

283 *Sabel*, NZI 2004, 126 (127); *Pannen / Riedemann*, NZI 2004, 646 (647); *Mankowski*, RIW 2004, 587 (597).

284 *Pannen / Riedemann*, NZI 2004, 646 (647); plastisch *Willcock*, INSOL World – 3rd Quarter 2003, 8 (8): ‚*This is a the real draw for Forum Shoppers. Simply pick your favoured jurisdiction, transfer your company's papers and bank accounts there and you're in business.*'

rechtlichen Gehörs.[285] Dies folgt schon aus dem Grundsatz des gegenseitigen Vertrauens in die Gerichte der Mitgliedstaaten. Zum anderen würde die Nichtanerkennung zwei parallele Hauptverfahren produzieren, weil die Zuständigkeit des Erstgerichts erhalten bleibt.[286]

c. Möglicher Lösungsansatz: Nachprüfungsbefugnis des Zweitgerichts

Zur Lösung des Problems wird vorgeschlagen, dem Zweitgericht eine Nachprüfungsbefugnis im Rahmen der Anerkennungsprüfung gemäß Art. 16 Abs. 1 EuInsVO hinsichtlich der internationalen Zuständigkeit des angerufenen Gerichts einzuräumen und damit eine Sperre durch das erste Verfahren gegebenenfalls zu überwinden.[287] Für eine solche Nachprüfungsbefugnis spreche, dass eine Art. 35 Abs. 1 EuGVVO (Art. 28 Abs. 1 EuGVÜ/LugÜ), Art. 24 S. 1 EheGVO[288] (vorher Art. 17 S. 1 EuEheVO[289]) vergleichbare Regelung, wonach eine Nachprüfung der internationalen Zuständigkeit grundsätzlich ausgeschlossen ist, in der EuInsVO fehle. Zudem sei der Wortlaut des Art. 16 Abs. 1 Unterabs. 1 EuInsVO nicht zwingend, und eine bloße Behauptung der Zuständigkeit im Sinne von Art. 3 Abs. 1 EuInsVO sei keine ausreichende Legitimationsgrundlage für eine Anerkennung.[290]

Gegen eine Nachprüfungsbefugnis des Zweitgerichts spricht jedoch einiges. Zum einen ist da der Grundgedanke der EuInsVO: Die Verordnung geht von gegenseitigem Vertrauen in die Funktionsfähigkeit der Justiz in den anderen Mitgliedstaaten aus,[291] was mit einer Nachprüfung der Eröffnungszuständigkeit schlecht zu vereinbaren wäre. Dieser Gedanke findet seinen Ausdruck in Erwägungsgrund 22 S. 3 zur EuInsVO. Auch wenn die Erwägungsgründe kein verbindliches Recht darstellen, können sie doch zumindest einen – wenn auch nur

---

[285] AG Düsseldorf, NZI 2004, 269 (270); MünchKommInso-*Reinhart*, Art. 26 EuInsVO, Rn. 2; *Albrecht*, ZInsO 2004, 436 (439 f.); selbst krasse Fälle fälschlicher Inanspruchnahme einer internationalen Zuständigkeit reichen nicht aus, vgl. *Sabel*, NZI 2004, 126 (127); *Duursma / Duursma-Kepplinger*, DZWIR 2003, 447 (450); *Eidenmüller*, NJW 2004, 3455 (3457).

[286] *Laukemann*, RIW 2005, 104 (106).

[287] *Mankowski*, RIW 2004, 587 (598 f.); *ders.*, Art. 3 EuInsVO, EWiR, 2003, 767 (768).

[288] Verordnung (EG) Nr. 2201/2003 des Rates vom 27. November 2003 über die Zuständigkeit und die Anerkennung und Vollstreckung von Entscheidungen in Ehesachen und in Verfahren betreffend die elterliche Verantwortung und zur Aufhebung der Verordnung (EG) Nr. 1347/2000 (‚Brüssel IIa-Verordnung'); ABl.EG 2003, Nr. L 338/1.

[289] Verordnung (EG) Nr. 1347/2000 des Rates über die Zuständigkeit und die Anerkennung und Vollstreckung von Entscheidungen in Ehesachen und in Verfahren betreffend die elterliche Verantwortung für die gemeinsamen Kinder der Ehegatten, ABl.EG 2000, Nr. L 160/19.

[290] *Mankowski*, RIW 2004, 587 (598 f.); *ders.*, RIW 2005, 561 (574 f.).

[291] *Schmid*, Art. 3 EurInsVO, Rn. 19; *Carstens*, Die internationale Zuständigkeit (2005), 89 f.; *Virgos / Schmit*, in Stoll, Vorschläge (1997), Nr. 202; vgl. auch *Duursma / Duursma-Kepplinger*, DZWIR 2003, 447 (449); *Schmid*, DZWIR 2003, 397 (401); *Leible / Staudinger*, KTS 2000, 533 (545).

andere Auslegungsmethoden ergänzenden[292] – Fingerzeig bei der Auslegung geben.[293]

Nun mag der bloße Hinweis auf gegenseitiges Vertrauen vage sein; indes konkretisiert ihn Erwägungsgrund 22 selbst in seinen Sätzen 5 und 6 dahingehend, dass Entscheidungen des zuerst angerufenen Gerichts nicht überprüft, sondern automatisch anerkannt werden sollen. Der Hinweis auf das gegenseitige Vertrauen erinnert an die Begründungen[294] der Beachtung ausländischer Rechtshängigkeit im Bereich der EuGVVO bzw. des EuGVÜ/LugÜ und ist an der Zielsetzung der Europäischen Gemeinschaft orientiert: Es soll ein klares Zuständigkeitssystem geschaffen werden, um Rechtssicherheit und effektive Rechtsverfolgung durch die Herstellung eines einheitlichen Rechtsraums zu gewährleisten.[295] Ohne eine gegenseitige Anerkennung der Eröffnungspriorität könnte es zu einem ‚Anerkennungskonflikt' kommen:[296] Mehrere Insolvenzverwalter würden tätig, es entstünden Unwägbarkeiten sowohl für die Schuldner des Gemeinschuldners als auch für die Gläubiger.[297] Daran schlössen sich weitere Fragen an, etwa in Bezug auf die internationale Zuständigkeit für Anfechtungsprozesse oder die Reichweite der Verwalterbefugnisse und Beschlagswirkungen.

Wegen der mit diesen Folgen verbundenen Rechtsunsicherheit fällt es weniger schwer, einen Prozess vor einem unzuständigen Gericht hinzunehmen als

[292] vgl. *Oppermann*, EuR, Rn. 687; *Schütz / Bruha / König*, Casebook Europarecht, 449 f.; *Neisser / Verschraegen*, Die Europäische Union (2001), Rn. 14.056 – Erklärungen der Gemeinschaftsorgane können an einen „Auslegungsmaßstab heranreichen".

[293] EuGH Slg. 1995 I, 3799 (3809), Rn. 16 – *Atlanta Fruchthandelsgesellschaft mbH u.a. / Bundesamt für Ernährung und Forstwirtschaft* zur Auslegung im Hinblick auf den Zweck der Maßnahme; EuGH Slg. 1998 I, 1719 (1770), Rn. 63 – *Kommission / Sytraval und Brink's France*; EuGH Slg. 2002 I, 11991 (12043), Rn. 68 – *Belgien / Kommission* – die Gründe der Maßnahme müssen für die Beteiligten erkennbar sein.

[294] EuGH RIW 2004, 289 (292) – *Gasser / Misat.*

[295] vgl. EuGH RIW 1994, 680 (681) – *Handte / TMCS*; Geimer / Schütze-*Auer*, Int. Rechtsverkehr, Einleitung EuGVÜ, Rn. 3; Geimer / Schütze-*Geimer*, EZVR, Einl. EuGVVO, Rn. 15.

[296] Aus konfligierenden parallelen Insolvenzverfahren kann ein Justizkonflikt resultieren, wie es das Insolvenzverfahren um die ISA-Gruppe gezeigt hat: Der High Court of Justice (Companies Court) in Leeds hatte das Insolvenzverfahren über alle, auch die deutschen und französischen Gesellschaften der Gruppe, deren Muttergesellschaft (als Holdinggesellschaft der US-amerikanischen US-Muttergesellschaft *Daisytek*, die zuvor insolvent geworden war) ihren Sitz in England hatte, eröffnet, vgl. ZIP 2003, 1362 (1362); das AG Düsseldorf hatte gleichwohl ein zweites Insolvenzverfahren eröffnet, ZIP 2003, 1363 (1363), sich jedoch später anders entschieden und die ausländische Eröffnungsentscheidung anerkannt, NZI 2004, 269 (270 f.). Über einen ähnlichen Zuständigkeitskonflikt zwischen einem italienischen und einem irischen Gericht im Fall *Parmalat* berichten *Herweg / Tschauner*, Art. 3 EuInsVO, EWiR 2004, 599 f.

[297] *Duursma / Duursma-Kepplinger*, DZWIR 2003, 447 (449); *Mankowski*, RIW 2004, 587 (597).

mehrere konfligierende Hauptinsolvenzverfahren zuzulassen.[298] Nicht nur das Erstgericht, auch das später eröffnende Gericht kann schließlich über die Zuständigkeit des Erstgerichts irren.[299] Denn die Bestimmung, wo der Schuldner den Mittelpunkt seiner hauptsächlichen Interessen hat, ist nicht immer einfach.[300] Bei Konzerngesellschaften kann etwa der Sitz und das Zentrum der Geschäftstätigkeit in einem Mitgliedstaat liegen, während das unternehmerische Entscheidungszentrum oft bei der Konzernmutter in einem anderen Mitgliedstaat angesiedelt ist.[301] Eine Befugnis der Gerichte im Anerkennungsstaat, die Eröffnungszuständigkeit des eröffnenden Gerichts nachzuprüfen und davon die Anerkennung abhängig zu machen, würde im Ergebnis die effiziente Durchführung eines gemeinschaftsweiten Insolvenzverfahrens vereiteln.[302] Diese Wertung lässt sich auch auf die EuGVVO übertragen – Durchbrechungen sind auch dort auf Ausnahmefälle zu beschränken.[303]

Auch die Systematik der EuInsVO unterstützt diese Argumentation. Die EuInsVO geht davon aus, dass *nach* Eröffnung eines Hauptverfahrens nur noch Sekundärinsolvenzverfahren eröffnet werden können (vgl. Art. 3 Abs. 2 EuInsVO).[304] Nur aufgrund von Art. 26 EuInsVO kann sich ein Mitgliedstaat unter Berufung auf seinen *ordre public* weigern, ein in einem anderen Mitgliedstaat eröffnetes Insolvenzverfahren anzuerkennen oder eine in diesem Verfahren ergangene Entscheidung zu vollstrecken. Diese Einschränkung kann jedoch nur Sinn haben, wenn zuvor ein Beschluss zur Eröffnung eines Hauptverfahrens nach Art. 3 Abs. 1 EuInsVO ergangen ist, die auch akzeptiert wurde.[305] Art. 26 EuInsVO soll eine Ausweichklausel im Verhältnis zu Art. 16 Abs. 1 EuInsVO darstellen, der seinem Wortlaut nach von der automatischen Anerkennung in ausländischen Insolvenzverfahren ergangener Entscheidungen ausgeht:[306] Eine Anerkennung ist nur aus den in Art. 26 EuInsVO aufgeführten Gründen zu versagen. Dafür spricht auch Art. 17 Abs. 1 EuInsVO, der eine Wirkungserstre-

---

[298] So auch *Eidenmüller*, NJW 2004, 3455 (3457).

[299] Auslöser dafür ist die wenig präzise Formulierung des Art. 3 Abs. 1 EuInsVO und die Tendenz mancher Gerichte, den Mittelpunkt der Interessen in ihrem Land zu sehen, vgl. dazu *Paulus*, Art. 3 EuInsVO, EWiR 2003, 709 (709 f.); *Mankowski*, Art. 3 EuInsVO, 03/2003, 767 (767).

[300] Dies verdeutlicht etwa die Frage, die der BGH dem EuGH vorlegte, ob nämlich die Sitzverlegung des Schuldners dazu führe, dass ein anderes Gericht im Sinne von Art. 3 Abs. 1 EuInsVO zuständig würde, BGH NZI 2004, 139; *Liersch*, NZI 2004, 271 (272) nennt die Bestimmung des Mittelpunkts das ‚wirkliche Problem'.

[301] *Herweg / Tschauner*, Art. 3 EuInsVO, EWiR 2004, 495 (496).

[302] So deutlich *Herchen*, ZInsO 2004, 61 (64).

[303] Vgl. dazu unten § 4 B I 1, bei Fn. 99.

[304] *Ehricke / Ries*, JuS 2003, 313 (314).

[305] *Smid*, DZWIR 2003, 397 (402).

[306] *Virgos / Schmid*, in Stoll, Vorschläge (1997), Nr. 215; FK-*Wimmer*, Anhang I, Rn. 78; *Duursma / Duursma-Kepplinger*, DZWIR 2003, 447 (449).

ckung des Hauptinsolvenzverfahrens *ipso iure* vorsieht, also ohne dass es eines förmlichen Verfahrens dazu bedürfte.[307] Nicht übersehen werden darf, dass Art. 102 § 3 Abs. 1 EGInsO das Prioritätsprinzip noch einmal verbindlich für die deutschen Gerichte kodifiziert.[308] Auch in historischer Hinsicht ist eine Sperre durch das Prioritätsprinzip zu vermuten: Nach dem erläuternden Bericht von *Virgos / Schmit* zum Europäischen Insolvenzübereinkommen ist zur Auflösung eines positiven Kompetenzkonflikts auf die Vorschriften des EuGVÜ zurückzugreifen.[309] Eine Nachprüfung findet also nicht statt.

Es bleibt nach alledem an einem Prioritätsprinzip im Bereich der EuInsVO festzuhalten und eine Nachprüfungsbefugnis des Zweitgerichts abzulehnen. Unterlaufen dem eröffnenden Gericht Fehler bei der Bestimmung seiner internationalen Zuständigkeit, können gegen die Eröffnungsentscheidung die im Entscheidungsstaat hierfür vorgesehenen Rechtsmittel eingelegt werden.[310]

d. Abschwächung der ,torpedo-ähnlichen' Wirkungen durch ein Sekundärinsolvenzverfahren

Zu bedenken ist jedoch, ob diese Auswirkungen durch ein Sekundärinsolvenzverfahren im Staat des belegenen Vermögens abgeschwächt werden können. Eine Einschränkung folgt jedoch bereits aus der Voraussetzung des Art. 3 Abs. 2 S. 1 EuInsVO: Für ein Sekundärinsolvenzverfahren ist eine Niederlassung des Insolvenzschuldners in dem betreffenden Mitgliedstaat nötig, ein Ort, an dem der Schuldner einer wirtschaftlichen Aktivität von nicht bloß vorübergehender Art nachgeht, die den Einsatz von Personal und Vermögenswerten voraussetzt (vgl. Art. 2 lit. h EuInsVO).[311] Dies wird bei natürlichen Personen als Insolvenzschuldnern in der Regel nicht der Fall sein, weil sie nur einen Mittelpunkt ihrer hauptsächlichen Interessen besitzen.[312] Anders kann es bei missbräuchlicher Insolvenzantragstellung sein, weil der Insolvenzschuldner hier seinen Sitz nicht in den Eröffnungsstaat des Hauptinsolvenzverfahrens verlagert haben dürfte.

---

[307] Vgl. dazu *Virgos / Schmit*, in Stoll, Vorschläge (1997), Nr. 152 f.; *Sabel*, NZI 2004, 126 (127); *Schmid*, DZWIR 2003, 397 (401 f.); allgemein *Deipenbrock*, EWS 2001, 113 (117).

[308] Darauf weist *Sabel*, NZI 2004, 126 (127), hin; vor In-Kraft-Treten der EuInsVO galt das Prioritätsprinzip nach h.M. bereits im deutschen autonomen Internationalen Insolvenzrecht und wurde mit der analogen Anwendung des § 71 Abs. 2 KO begründet, vgl. *Kilger / K. Schmidt*, Insolvenzgesetze, § 71 KO, Anm. 7; *Lau*, BB 1986, 1450 (1452).

[309] *Virgos / Schmit*, in Stoll, Vorschläge (1997), 32 ff., Nr. 79; dazu *Carstens*, Die internationale Zuständigkeit (2005), 89.

[310] *Duursma / Duursma-Kepplinger*, DZWIR 2003, 447 (450).

[311] Zum Begriff *Hanisch*, in Stoll, Vorschläge (1997), 202 (207); *Lüke*, ZZP 111 (1998), 299; *Wimmer*, ZIP 1998, 982 (985 f.).

[312] BGH NZI 2004, 139 (141); vgl. auch *Mankowski*, RIW 2005, 561 (577 f.); dies gilt umso mehr, als Art. 2 lit. h EuInsVO keinen bloßen Vermögensgerichtsstand darstellt, vgl. *Schmid*, Art. 2 EurInsVO, Rn. 22.

Weitere Einschränkungen ergeben sich aus der grundsätzlichen Unterordnung des Sekundär- unter das Hauptinsolvenzverfahren.[313] Der Gläubiger kann im Sekundärinsolvenzverfahren nur auf die Vermögenswerte zurückgreifen, die im Zeitpunkt der Verfahrenseröffnung im Gebiet des Sekundäreröffnungsstaates belegen sind (Art. 3 Abs. 2 S. 2, 27 letzter Satz EuInsVO) bzw. sich dort befinden sollten (Art. 18 Abs. 2 EuInsVO, wonach der Verwalter des Sekundärinsolvenzverfahrens auch auf Gegenstände in anderen Mitgliedstaaten zugreifen darf, die verbracht wurden).[314] Gerade bei Insolvenz eines grenzüberschreitend tätigen Konzerns, der in verschiedenen Staaten Vermögenswerte hat, kann der Umstand, dass die EuInsVO nicht auf Konzerninsolvenzen zugeschnitten ist,[315] eine effektive Rechtsverfolgung des Gläubigers behindern. Dem Gläubiger steht bis zur Weiterbetreibung des Hauptinsolvenzverfahrens nur der Griff auf die territorialen Vermögenswerte zu.

Hinzu kommt, dass das Sekundärinsolvenzverfahren auf Liquidation gerichtet ist, während das Hauptinsolvenzverfahren auch ein Sanierungsverfahren darstellen kann. Dies ist insofern problematisch, als sich Mechanismen zum Schutz der Insolvenzmasse vielfach nur in Sanierungsverfahren finden, nicht in Liquidationsverfahren.[316] Eine weitere Einschränkung ergibt sich daraus, dass der Verwalter des Hauptinsolvenzverfahrens weitgehende Befugnisse hinsichtlich des Sekundärinsolvenzverfahrens hat, also Einfluss nehmen und gegebenenfalls die Aussetzung beantragen kann (Art. 33 EuInsVO), falls das Hauptinsolvenzverfahren noch nicht weit gediehen ist.[317] Dies kann die Möglichkeit einer Befriedigung des Gläubigers im Belegenheitsstaat vereiteln.

Diese Einschränkungen im Sekundärinsolvenzverfahren können dazu führen, dass die dem Gläubiger zur Verfügung stehende Insolvenzmasse im Sekundäreröffnungsstaat geringer ausfällt, so dass das Hauptverfahren von entscheidender Bedeutung sein kann. Zudem kann das Sekundärverfahren vom Betrieb des Hauptverfahrens beeinflusst werden.

e. Ergebnis

‚Torpedowirkungen' besitzt die Eröffnung eines Hauptinsolvenzverfahrens vor einem langsamen Gericht insofern, als dass die Befriedigung des Gläubigers zeitlich verzögert werden kann. Ein Sekundärverfahren kann gegebenenfalls nur in gewissem Maße die Verzögerung abschwächen.

---

[313] Vgl. Erwägungsgrund 20 S. 3 zur EuInsVO; *Staack*, NZI 2004, 480 (481, 483); *Lüke*, ZZP 111 (1998), 275 (304); *Wimmer*, ZInsO 2001, 97 (102).

[314] *Ehricke / Ries*, JuS 2003, 313 (314); *Duursma / Duursma-Kepplinger*, DZWIR 2003, 447 (451).

[315] *Ehricke*, EWS 2002, 101 (103); *Pannen / Riedemann*, NZI 2004, 646 (647).

[316] Krit. MünchKommInso-*Reinhart*, Art. 27 EuInsVO, Rn. 2.

[317] *Duursma / Duursma-Kepplinger*, DZWIR 2003, 447 (451).

2. ‚Torpedowirkung' durch Sitzverlegung im Insolvenzantragsverfahren

Fraglich ist, ob auch eine weitere missbräuchliche Taktik bereits im Insolvenzantragsverfahren mit ‚prozessualen Torpedos' vergleichbar ist: Nämlich die, dass der Schuldner selbst einen Antrag auf Eröffnung eines Insolvenzverfahrens stellt und danach, aber *vor* Verfahrenseröffnung, Vermögensgegenstände ins EU-Ausland schafft.[318] Der Zeitpunkt dieser Verlagerung ist oft nur schwer und mit Verzögerung festzustellen, so dass die Entscheidung des international zuständigen Gerichts zu spät käme.[319] Vorläufige Maßnahmen der Gläubiger würden dann ebenfalls ins Leere gehen. Sicherungsmaßnahmen (Art. 38 EuInsVO) des Gerichts im ‚Wegzugstaat' würden ihre Wirkung verlieren, da dieses nunmehr unzuständig wäre: Art. 25 Abs. 1 Unterabs. 3 EuInsVO geht davon aus, dass nur Sicherungsmaßnahmen desjenigen Gerichts im Ausland anerkannt werden, das auch für die Eröffnung der Hauptsache zuständig ist.[320] Bei Verlegung der Vermögenswerte des Schuldners ins Ausland würde aber die Eröffnungszuständigkeit des Gerichts im ‚Wegzugstaat' des Schuldners entfallen. Dessen Sicherungsmaßnahmen würden automatisch ihre Wirkung verlieren. Der Schuldner könnte bei dieser Variante das Verfahren planmäßig verzögern, indem die Maßnahmen des zuerst angerufenen Gerichts ins Leere liefen, während im Ausland ein neues Insolvenzverfahren erst beantragt werden und das neu zuständige Gericht sich zeitaufwändig in die oft umfangreichen Fälle einarbeiten müsste. Durch einen weiteren Umzug könnte der Schuldner die Verfahrenseröffnung auch im Zuzugsstaat verhindern.[321]

Diese Konstellation erinnert insofern an die Situation eines ‚prozessualen Torpedos', als der Schuldner auch hier die rechtlichen und tatsächlichen Gegebenheiten ‚ausnutzt', um das Verfahren zu verschleppen und den Gläubiger dadurch zu benachteiligen. Zudem spielt auch hier – wenn auch nur in zweiter Linie – das rechtstatsächliche Manko der Langsamkeit der Rechtspflege eine Rolle: nämlich dass die Gerichte langsamer sind als der seinen Sitz verlagernde Schuldner.

Allerdings ist zu bedenken, dass eine für ‚Torpedo-Situationen' typische ‚Blockadewirkung' bei dieser Konstellation nur möglich ist, wenn man das Prioritätsprinzip der EuInsVO nicht mit der Beschlagwirkung der Verfahrenseröff-

---

[318] Diese Konstellation lag BGH NZI 2004, 139 ff. zugrunde, die zu einem Vorlagebeschluss an den EuGH führte; zur Problematik auch *Mankowski*, RIW 2005, 561 (578).

[319] *Liersch*, Anm. zu BGH, Beschl. v. 27.11.2003, NZI 2004, 141 (142); *Laukemann*, RIW 2005, 104 (105).

[320] Die Anordnung einer vorläufigen Insolvenzverwaltung im Inland würde sonst dazu führen, dass zwar ein vorläufiger Insolvenzverwalter bestellt werden könnte, dieser jedoch bei fehlender Niederlassung das Insolvenzverfahren über das Schuldnervermögen nicht eröffnen könnte; vgl. Braun-*Liersch*, § 343 InsO, Rn. 15, § 344, Rn. 17 ff.; *Fritz / Bähr*, DZWIR 2001, 221 (226).

[321] *Oberhammer*, ZInsO 2004, 761 (763).

nung, sondern mit einer Art ‚Rechtshängigkeit'[322] verknüpfte, und eine solche ‚Rechtshängigkeit' des ersten Insolvenzverfahrens – wie in § 3 Abs. 2 InsO – bereits mit der Antragstellung eintreten ließe.[323] Dann wäre ein Zuständigkeitswechsel zum Gericht des Zuzugsstaats nicht mehr möglich.[324] Es ist dabei jedoch wiederum zu beachten, dass es im Falle einer solchen ‚Blockadewirkung' bereits des *Antrags* auf Eröffnung eines Insolvenzverfahrens an einer Benachteiligung des Gläubigers fehlen würde. Denn im Zuzugsstaat könnte, wenn der Schuldner dort eine Niederlassung im Sinne von Art. 2 lit h EuInsVO begründet hat, ohne zeitliche Verzögerung ein Sekundärinsolvenzverfahren durchgeführt werden, so dass einer Vermögensverlagerung des Schuldners der Raum genommen würde.[325]

Verneint man hingegen eine solche ‚Rechtshängigkeit' und akzeptiert nur die Sperrwirkung eines bereits *eröffneten* Hauptinsolvenzverfahrens,[326] so kommt es wiederum zu keiner ‚Blockadewirkung' durch den bloßen Antrag des Schuldners im Wegzugstaat; ein Hauptinsolvenzverfahren kann auch im Zuzugsstaat beantragt werden. Der Schuldner vermag die Interessen des Gläubigers also durch die Herbeiführung einer ‚Blockadewirkung' nicht nachhaltig zu beeinträchtigen. Es fehlt insofern an einer den ‚Torpedoklagen' vergleichbaren Situation.

D. Ergebnis

Der bislang noch wenig definierte Begriff der ‚Torpedoklage' bzw. des ‚prozessualen Torpedos' ist dahin zu konkretisieren, dass unter ‚Torpedoklagen' Erstklagen der gegnerischen Partei vor einem langsamen Forum zu verstehen sind, durch welche über die Rechtshängigkeitsregeln ein weiteres Verfahren während der Dauer des Erstprozesses verhindert wird, und zwar für eine so lange Dauer,

---

[322] Um eine Rechtshängigkeit im eigentlichen Sinne handelt es sich nicht, weil diese nach deutschem Zivilverfahrensrecht (§ 261 ZPO) die Zustellung der Klage an den Beteiligten voraussetzt. Diese Prämisse erfüllt das Insolvenzverfahren nicht, dennoch stellt das Eröffnungsverfahren ein quasi-streitiges Parteiverfahren dar.

[323] Vgl. aus jüngerer Zeit den Konflikt eines italienischen mit einem irischen Gericht: Das Tribunale di Parma hatte zuerst ein Insolvenzverfahren über das Vermögen der Schuldnerin eröffnet, vgl. ZIP 2004, 1220; Der High Court Dublin eröffnete dennoch ein weiteres Hauptverfahren, wobei es eine Regelung des irischen Rechts anführte, nach der bereits mit Antragstellung ein Insolvenzverfahren eröffnet worden sei, vgl. ZIP 2004, 1223; dazu krit. *Herweg / Tschauner*, Art. 3 EuInsVO, EWiR 2004, 599 f.

[324] Dafür *Laukemann*, RIW 2005, 104 (110, 112); *Oberhammer*, ZInsO 2004, 761 (763).

[325] AG Köln ZIP 2004, 471 (472); AG Düsseldorf NZI 2004, 269 (271); *Virgos / Schmit*, in Stoll, Vorschläge (1997), Nr. 220; i. E. auch *Sabel*, NZI 2004, 126 (127).

[326] So MünchKommInsO-*Reinhart*, Art. 3 EuInsVO, Rn. 3; *Eidenmüller*, NJW 2004, 3355 (3357); allgemein *Stummel*, Konkurs und Integration (1991), 70 f.; *Huber*, ZZP 114 (2001) 133 (144); *Duursma-Kepplinger*, NZI 2003, 87 (88).

dass der Gläubiger seinen Anspruch nicht mehr in angemessener Zeit durchsetzen kann oder dieser vereitelt wird (‚Blockadewirkung').

‚Torpedoklagen' setzen dagegen kein rechtsmissbräuchliches Verhalten der anderen Partei voraus und betreffen nicht Verfahren, in denen die gleiche Partei mehrfach geklagt hat. Besonders italienische, aber auch belgische Gerichte eignen sich für die Erhebung einer ‚Torpedoklage'. Häufig stellt eine ‚Torpedoklage' legitimes *forum shopping* des Erstklägers dar. Anders ist es aber, wenn die Klagerhebung gegen das Gebot von Treu und Glauben verstößt.

Versteht man den Begriff der ‚Torpedoklage' allgemeinen prozessual, so kann es in allen möglichen Fallgestaltungen ‚Torpedoklagen' geben: Sowohl bei Unterlassungs- und Leistungsansprüchen als auch bei Begehren, die auf Gestaltung oder Feststellung gerichtet sind. In der Rechtsprechung haben ‚Torpedoklagen' insbesondere in den Konstellationen eine Rolle gespielt, in denen der Erstkläger sich gegen ein auf Unterlassung gerichtetes Begehren wendet.

Der ‚Torpedoklage' vergleichbare Situationen gibt es im Bereich der EuInsVO, wenn ein Hauptinsolvenzverfahren vor einem langsamen Forum eröffnet worden ist. Dagegen sind im Bereich der CMR ‚Torpedos' nur eingeschränkt möglich, weil die negative Feststellungsklage richtigerweise nicht die spätere Leistungsklage sperrt. Bei anderen Erstklagen lassen sich dagegen auch hier ‚Torpedowirkungen' erreichen.

§ 3. Die rechtliche Behandlung von ,Torpedoklagen'

Einer der Wegbereiter der ,Torpedoklagen' ist wie gesehen die Langsamkeit der Gerichte einiger Staaten.[1] Neben das rechtstatsächliche Moment tritt das verfahrensrechtliche: ,Torpedoklagen' sind zum einen nur möglich aufgrund der Rechtshängigkeitsregelungen – das vom ,Torpedokläger' eingeleitete Verfahren am langsamen Gericht sperrt während seiner Dauer jeden weiteren Prozess im Ausland. Sie sind zum anderen nur möglich aufgrund von gerichtlichen Zuständigkeiten, die einem Erstkläger die Möglichkeit geben, seine verzögernde Klage rechtshängig zu machen.[2]

Im folgenden soll untersucht werden, welche Wegbereiter für ,Torpedoklagen' sich im europäischen und im autonomen deutschen Prozessrecht finden, insbesondere ob sich unter der neueren EuGVVO eine veränderte Rechtslage bietet. Außerdem soll dabei ein Blick auf die Auslegung der Litispendenzregeln durch die europäische und deutsche Rechtsprechung geworfen und aufgezeigt werden, welche Konsequenzen diese Judikatur im Hinblick auf ,prozessuale Torpedos' hat. Im Anschluss werden die verschiedenen Gerichtsstände für ,Torpedoklagen' dargestellt.

A. Die Wegbereiter für ,Torpedoklagen' im europäischen Zivilverfahrensrecht

I. Die Rechtshängigkeitsregelungen im Gerichtsstands- und Vollstreckungsrecht

Für die Möglichkeit und die rechtlichen Wirkungen einer ,Torpedoklage' müssen mehrere rechtliche Gegebenheiten erfüllt sein – denn wie jede Klage verdankt die ,Torpedoklage' ihre Wirksamkeit einer bzw. einer Anzahl von gesetzlichen Vorschriften.[3] Eine entscheidende Rolle spielen die Rechtshängigkeitsregeln des Europäischen Gerichtsstands- und Vollstreckungsrechts. Diese sind namentlich in Art. 27 und 28 EuGVVO (Art. 21 und 22 EuGVÜ/LugÜ) kodifiziert. Art. 28 EuGVVO (Art. 22 EuGVÜ/LugÜ) greift gegenüber Art. 27 EuGVVO (Art. 21 EuGVÜ/LugÜ) nur ein, wenn es sich um Klagen handelt, die im Zusammenhang stehen.[4]

[1] S. dazu oben § 2 A II 3, bei Fn. 129 ff.

[2] Vgl. *Ullmann*, GRUR 2001, 1027 (1031); *Lundstedt*, GRUR Int. 2001, 103 (105 ff.).

[3] *Grabinski*, FS Tilmann (2003), 461 (461).

[4] Zum Verhältnis der beiden Vorschriften ausführlicher *Bäumer*, Die ausländische Rechtshängigkeit (1999), 154 ff.

1. Art. 27 EuGVVO (Art. 21 EuGVÜ/LugÜ) als Wegbereiter

Das europäische Zivilverfahrensrecht erklärt in Art. 27 EuGVVO (Art. 21 EuGVÜ/LugÜ) anderweitige Rechtshängigkeit für beachtlich.[5] Das später angerufene Gericht (Zweitgericht) hat nach Art. 27 Abs. 1 EuGVVO (Art. 21 Abs. 1 EuGVÜ/LugÜ) das Verfahren auszusetzen, wenn bereits eine Klage in einem Mitgliedstaat wegen ‚desselben Anspruchs' vor einem anderen Gericht anhängig gemacht wurde.

Die Vorschrift des Art. 27 EuGVVO, die die mehrfach geänderte Fassung des EuGVÜ übernimmt, und die durch Art. 30 EuGVVO ergänzt wird,[6] bringt Rechtsvereinheitlichung und schreibt eine in der völkerrechtlichen Praxis nicht immer anerkannte Handhabung ausländischer Litispendenz fest. Denn die Beachtung ausländischer Rechtshängigkeit ist, was die nationalen Prozessrechte betrifft, nicht selbstverständlich. Zum einen fehlen zuweilen Regelungen: Beispielsweise betrifft § 261 Abs. 3 Nr. 1 der deutschen ZPO nur die Beachtung inländischer Rechtshängigkeit.[7] Zum anderen besagt die herkömmliche Auffassung, dass die Hoheitsgewalt eines Staates – und damit auch seine Gerichtsgewalt – nur bis zu den Grenzen seines Territoriums reicht.[8] Auf das Gebiet eines anderen Staates darf ein Staat nur dann übergreifen, wenn ihm dies eine staatsvertraglich ausgehandelte oder gewohnheitsrechtlich anerkannte Regel ausdrücklich gestattet.[9] Andernfalls würde er sich völkerrechtswidrig verhalten.[10] Ausländischen Hoheitsakten kann ein Staat zwar durch Anerkennung Geltung für das eigene Gebiet verleihen – verpflichtet ist er dazu wegen des Grundsatzes der Gebietshoheit aber nicht.[11]

Dem entspricht es, dass mittlerweile zwar zahlreiche Staaten eine ausländische Rechtshängigkeit anerkennen, aber bei weitem nicht alle.[12] So handhaben etwa die *common law*-Staaten die Regel der *lis (alibi) pendens* nur mit Einschränkungen.[13] Andere Länder wenden sie grundsätzlich gar nicht an, oder nur,

---

[5] Eine entsprechende Regelung sieht das Europäische Patentübereinkommen (EPÜ) vom 5.10.1973, BGBl. II 1976, 649, vor; vgl. dazu *Adolphsen*, Europäisches und internationales Zivilprozessrecht (2005), Rn. 864.

[6] Zur Entwicklung s. etwa *McGuire*, Verfahrenskoordination (2004), 67 ff.

[7] *Kropholler*, IPR, § 60 I 2 a (S. 612); *Geimer*, IZPR, Rn. 2688.

[8] *Kropholler*, IPR, § 22 II (S. 149); *Schack*, IZVR, Rn. 133 f.; *Geimer*, IZPR, Rn. 371; *North / Fawcett*, PIL, 121 f.

[9] *Geimer*, IZPR, Rn. 372a; *Looschelders*, IPR, Übersicht, Rn. 10.

[10] *Ipsen*, Völkerrecht, § 23, Rn. 69.

[11] Auch aus dem Völkergewohnheitsrecht lässt sich eine solche Pflicht nicht ableiten; *Geimer*, IZPR, Rn. 2757; *Wittibschlager*, Rechtshängigkeit, 21.

[12] Einen Länderüberblick gibt *Schütze*, ZZP 104 (1991), 136 ff.; *ders.*, RabelsZ 31 (1967), 233 ff.; vgl. auch *Kerameus*, FS Schwab, 257 (258 ff.); *Szászy*, FS Guldener (1973), 309 ff.

[13] So wird etwa in den USA die ausländische Rechtshängigkeit nur in Ausnahmefällen beachtet, etwa wenn eine Doppelprozessführung rechtsmissbräuchlich wäre, vgl. *Otto*, Der prozes-

wenn sie sich durch Staatsverträge dazu verpflichtet haben.[14] Auch europäische Länder verschlossen sich ihr lange vollständig, zum Beispiel Italien bis zum Inkrafttreten eines IPR-Reformgesetzes im Jahre 1995.[15] Und selbst im europäischen Kernstaat Frankreich hat man früher die internationale Litispendenzeinwendung abgelehnt.[16]

Das europäische Zivilverfahrensrecht geht mit Art. 27 EuGVVO (Art. 21 EuGVÜ/LugÜ) auf die gleichwohl bestehende Tendenz in der zwischenstaatlichen Praxis ein, grenzüberschreitend prozessual zu kooperieren und die Urteilsfreizügigkeit zu fördern[17] – eine Entwicklung, die sich beispielsweise an der Beachtung der Rechtskraft ausländischer Urteile[18] oder der Anerkennung von Entscheidungen[19] zeigt, und nicht zuletzt an der Berücksichtigung ausländischer Rechtshängigkeit. Dabei basiert das europäische Recht auf dem Grundsatz des gegenseitigen Vertrauens in die Gleichwertigkeit der Rechtspflege in den Staaten der Gemeinschaft.[20] Es wird den Gerichten europäischer Staaten zugetraut,

---

suale Durchgriff (1993), 118; *Schütze*, ZZP 104 (1991), 136 (142); *Fritze*, FS Vieregge (1995), 241 (251 f.); ferner *Dorsel*, Forum non conveniens (1996), 86.

[14] Die skandinavischen Länder haben sich oft durch Staatsverträge zur Beachtung ausländischer Rechtshängigkeit verpflichtet, vgl. *Bäumer*, Die ausländische Rechtshängigkeit, 57.; als Überblick s. auch *Heiderhoff*, Die Berücksichtigung ausländischer Rechtshängigkeit (1998), 83 ff.

[15] Abgedruckt bei *Walter*, ZZP 109 (1996), 5.

[16] *Schütze*, ZZP 104 (1991), 136 (138); *Isenburg-Epple*, Die Berücksichtigung ausländischer Rechtshängigkeit (1992), 53 ff.

[17] *Buschmann*, Rechtshängigkeit (1995), 10 ff.; *Schwander*, FS Vogel (1991), 395 (417), sieht die prozessuale Kooperation nur in zwei Bereichen verwirklicht: passiv bei der Beachtung ausländischer Rechtshängigkeit und aktiv bei der Gewährung von Rechtshilfe.

[18] Einer späteren, anders lautenden Entscheidung steht die *res iudicata*-Einrede entgegen, und die ausländische Entscheidung entfaltet Präjudizialität hinsichtlich bestimmter Vorfragen, vgl. MünchKommZPO-*Gottwald*, § 322 ZPO, Rn. 203; Stein / Jonas-*Leipold*, § 322 ZPO, Rn. 203; *Linke*, IZPR, Rn. 360. Im Bereich der EuGVVO bzw. des EuGVÜ/LugÜ wird aus der Rechtskrafterstreckung einer gerichtlichen Entscheidung gefolgert, dass eine erneute Klage als unzulässig abzuweisen ist, weil der Kläger auch eine Entscheidung vollstrecken lassen könne, vgl. EuGH Slg. 1976, 1759 (1767) – *de Wolf / Cox*; KG RIW 1998, 630 (630) für das LugÜ; *Martiny*, Hdb. IZVR III/2, Rn. 200; *Schack*, IZVR, Rn. 889. Einen rechtsvergleichenden Überblick bietet *Koch*, Unvereinbare Entscheidungen (1993), 89 ff.

[19] Vgl. *Schack*, IZVR, Rn. 786; Urteile werden nur selten einer Gesetzmäßigkeitsprüfung *(révision au fond)* unterworfen; neben dem vor allem wirtschaftlichen Motiv, den internationalen Rechtsverkehr zu erleichtern und damit den grenzüberschreitenden Handel zu fördern, lässt sich die Anerkennungspraxis mit der Sicherstellung eines äußeren internationalen Entscheidungseinklanges begründen, vgl. *Basedow*, Hdb. IZVR I, Rn. 5 ff.; MünchKommZPO-*Gottwald*, Art. 1 EuGVÜ, Rn. 1 zur Bedeutung für Europa; *Geimer*, NJW 1975, 1079 (1080); einen geschichtlichen Überblick gibt *Martiny*, Hdb. IZVR III/1, Rn. 18 ff.

[20] EuGH RIW 2004, 289 (292, Rn. 72) – *Gasser / Misat*; IPRax 2004, 425 (426 f., Rn. 24 ff.) – *Turner / Grovit*; *Schilling*, IPRax 2004, 294 (295); *Grothe*, IPRax 2004, 205 (211 f.); *Thie-*

dass sie ein Verfahren in einer Zeit erledigen können, die nicht unvertretbar lang erscheint:[21] Dementsprechend darf ein inländisches Gericht die Frage der Prozesslänge grundsätzlich[22] nicht zum Gegenstand der Prüfung machen, ob es das später begonnene Verfahren auszusetzen hat. Dies ist ihm schon deshalb verwehrt, um dem Zweck des Art. 27 EuGVVO (Art. 21 EuGVÜ/LugÜ) zu genügen, nämlich widersprechende Entscheidungen zu vermeiden, um eine geordnete Rechtspflege in der Gemeinschaft zu gewährleisten,[23] und die Interessen der Parteien zu wahren, deren Mühen im Rahmen des Erstprozesses mit einer weiteren, anders lautenden Entscheidung zunichte gemacht werden könnten.[24]

Voraussetzung für die Anwendbarkeit des Art. 27 EuGVVO (Art. 21 EuGVÜ/LugÜ) ist neben der Eröffnung des sachlichen Anwendungsbereichs der Verordnung bzw. der Übereinkommen[25] zunächst, dass es sich um Klagen vor Gerichten verschiedener Mitglied- bzw. Vertragsstaaten handelt.[26] Weiterhin müssen sich diese Klagen auf denselben Anspruch richten und von identischen Parteien ‚rechtshängig'[27] gemacht werden. Das später angerufene Gericht hat nach dem Prioritätsprinzip zu verfahren, muss also in diesem Fall zuerst das Verfahren aussetzen (Abs. 1) und sich im Falle der Zuständigkeit des Erstgerichts für unzuständig erklären (Abs. 2). Damit soll der Situation vorgebeugt werden, die nach der ursprünglichen Fassung des EuGVÜ möglich war, wonach sich das zuerst angerufene Gericht für unzuständig zu erklären hatte: Der Anspruch des Klägers konnte verjährt sein, wenn sich das Erstgericht für unzuständig erklärte und der Gläubiger nun seine Klage beim Zweitgericht einreichte.[28]

---

le, RIW 2004, 285 (288); krit. in Bezug auf die Anerkennung ausländischer Entscheidungen *Kohler*, Systemwechsel (2002), 156 f.

[21] EuGH RIW 2004, 289 (292, Rn. 70).

[22] Zu möglichen Ausnahmen vgl. § 4 B I 2, bei Fn. 108 ff.

[23] EuGH Slg. 1987, 4861 (4861), Rn. 8 – *Gubisch Maschinenfabrik / Palumbo*; Rauscher-*Leible*, Art. 27 Brüssel I-VO, Rn. 1; Slg. 1991 I, 3317 (3348), Rn. 16 – *Overseas Union Insurance / New Hampshire Insurance*; Czernich / Tiefenthaler / Kodek-*Tiefenthaler*, Art. 27 EuGVVO, Rn. 1; Dauses-*Kreuzer / Wagner*, Q 297; ferner *Rüßmann*, ZZP 111 (1998), 399 (409).

[24] Geimer / Schütze-*Försterling*, Int. Rechtsverkehr, Art. 27 EuGVVO, Rn. 1; *Leipold*, GS Arens (1993), 227 (236 f.); *Walker*, ZZP 111 (1998), 429 (442).

[25] Rauscher-*Leible*, Art. 27 Brüssel I-VO, Rn. 3; Burgstaller / Neumayr-*Burgstaller / Neumayr*, Art. 27 EuGVVO, Rn. 2.

[26] Nicht notwendig ist allerdings, dass die Gerichte aufgrund einer Zuständigkeitsnorm der EuGVVO (bzw. des EuGVÜ/LugÜ) tätig werden, vgl. *Kropholler*, vor Art. 27 EuGVVO, Rn. 2.

[27] Der Begriff ‚anhängig' im Text des Art. 27 EuGVVO (Art. 21 EuGVÜ/LugÜ) meint Rechtshängigkeit, vgl. EuGH RIW 1984, 737 (738) – *Zelger / Salinitri*; *Schlosser*, EUZ, Art. 27 EuGVVO, Rn. 1.

[28] *Jenard*-Bericht, ABl.EG 1979 Nr. C 59/1 (78); Geimer / Schütze-*Geimer*, Art. 27 EuGVVO, Rn. 53; *Dohm*, Die Einrede ausländischer Rechtshängigkeit (1996), 196 ff.

Einzelne Anwendungsvoraussetzungen des Art. 27 EuGVVO (Art. 21 EuGVÜ/LugÜ) sind im Hinblick auf ‚Torpedoklagen' problematisch, und zwar insbesondere die der Parteiidentität und der Anspruchsidentität. Klärungsbedürftig ist, welche Konstellationen von ‚Torpedoklagen' durch die Rechtshängigkeitsregeln ermöglicht werden.

a. Einzelne Anwendungsvoraussetzungen des Art. 27 EuGVVO (Art. 21 EuGVÜ/LugÜ)

aa. Parteiidentität

Art. 27 EuGVVO (Art. 21 EuGVÜ/LugÜ) setzt Klagen von identischen Parteien voraus. Dies ist bei autonomer Auslegung des Begriffs der Parteiidentität[29] unproblematisch der Fall, wenn an beiden Verfahren dieselben Personen beteiligt sind.[30] Wer Partei ist, wird sich dann bereits an der Klageschrift ablesen lassen.[31] Unerheblich ist, ob die Parteirollen getauscht werden, ob also die eine Partei in einem Verfahren Klägerin und im anderen Beklagte ist und umgekehrt.[32] Damit erfasst Art. 27 EuGVVO (Art. 21 EuGVÜ/LugÜ) die für ‚Torpedoklagen' typischen Situationen, nämlich Fälle mit umgekehrten Parteirollen in Erst- und (gegebenenfalls) Zweitklage. Die Frage nach Fällen mit identischer Parteirollenverteilung, in denen eine Partei zweimal hintereinander klagt, stellt sich nicht, da diese bereits aus der Definition des ‚prozessualen Torpedos' herausfallen.[33]

Ferner ist unerheblich, ob die Parteien ihren Sitz in demselben Mitglied- bzw. Vertragsstaat oder in verschiedenen Staaten haben.[34] Sie können auch in Drittstaaten oder im gleichen Staat ansässig sein, so lange der ‚Torpedokläger' seine Erstklage vor einem ausländischen Gericht eines Mitglied- bzw. Vertragsstaates

---

[29] Eine autonome Auslegung des Begriffs nimmt die h. M. vor, vgl. EuGH Slg. 1987, 4861 (4874), Rn. 11 – *Gubisch Maschinenfabrik / Palumbo*; EuGH Slg. 1994 I, 5439 (5473), Rn. 30 – *Tatry / Maciej Rataj;* EuGH Slg. 1998 I, 3075 (3097), Rn. 16 – *Drout / CMI;* Czernich / Tiefenthaler / Kodek-*Tiefenthaler*, Art. 27 EuGVVO, Rn. 7; *Dicey / Morris* I, Rn. 12-045; Rauscher-*Leible*, Art. 27 EuGVVO, Rn. 6; *Kropholler*, EZPR, Art. 27 EuGVVO, Rn. 4; *Bäumer*, Die ausländische Rechtshängigkeit (1999), 161; a. A. *Wittibschlager*, Rechtshängigkeit (1994); 94 f.; *Dohm*, Die Einrede ausländischer Rechtshängigkeit (1996), 146.

[30] Geimer / Schütze-*Försterling*, Int. Rechtsverkehr, Art. 27 EuGVVO, Rn. 20; Rauscher-*Leible*, Art. 27 EuGVVO, Rn. 6; *Bäumer*, Die ausländische Rechtshängigkeit (1999), 161.

[31] *Isenburg-Epple*, Die Berücksichtigung (1992), 76; *Bäumer*, Die ausländische Rechtshängigkeit (1999), 161; *McGuire*, Verfahrenskoordination (2004), 105.

[32] EuGH RIW 1988, 818 (820) – *Gubisch Maschinenfabrik / Palumbo; Kropholler*, EZPR, Art. 27 EuGVVO, Rn. 4; Rauscher-*Leible*, Art. 27 Brüssel I-VO, Rn. 6; *Bukow*, Verletzungsklagen (2003), 287.

[33] Vgl. dazu oben § 2 A I 3 b, bei Fn. 85 ff.

[34] EuGH Slg. 1991 I, 3317 (3348), Rn. 13 – *Overseas Union Insurance / New Hampshire Insurance*; *Kropholler*, EZPR, vor Art. 27 EuGVVO, Rn. 2; Czernich / Tiefenthaler / Kodek-*Tiefenthaler*, Art. 27 EuGVVO, Rn. 3; Rauscher-*Leible*, Art. 27 Brüssel I-VO, Rn. 3; MünchKommZPO-*Gottwald*, Art. 21 EuGVÜ, Rn. 2.

rechtshängig macht, die Klagen also in verschiedenen Mitgliedstaaten erhoben werden.[35]

(1) Parteiidentität bei formal verschiedenen Personen

Problematischer ist, ob der vermeintliche Schuldner die Wirkung einer ,Torpedoklage' erzielen kann, wenn er in der Klageschrift eine andere Person bezeichnet als diejenige, die eine spätere Klage erhebt. Es kam etwa in einem Patentverletzungsverfahren des Landgerichts Düsseldorf zu folgender Situation:[36] Der angebliche Patentverletzer erhob eine Erstklage gegen den Patentinhaber, dieser hatte jedoch seine Ansprüche bereits an eine einfache Lizenznehmerin abgetreten. Der Erstkläger richtete die Klage erst später gegen die Zessionarin, welche allerdings ihrerseits vor diesem Zeitpunkt Verletzungsklage in Prozessstandschaft gegen den Erstkläger erhoben hatte. Es stellt sich die Frage, ob die Rechtshängigkeitssperre der Erstklage auch gegenüber der Lizenznehmerin gilt. Dies wäre nur dann der Fall, wenn es sich bei einfacher Lizenznehmerin und Patentinhaberin um dieselben Parteien im Sinne von Art. 27 EuGVVO (Art. 21 EuGVÜ/LugÜ) handelte, und zwar bezogen auf den Zeitpunkt der Erstklageerhebung. Der EuGH hat in einem obiter dictum den Begriff der Parteiidentität weit ausgelegt und auf die materielle Rechtsstellung abgestellt: Art. 27 EuGVVO (Art. 21 EuGVÜ/LugÜ) ist danach auch dann anzuwenden, wenn die Parteien zwar nicht identisch sind, aber ihre Interessen hinsichtlich des Gegenstands zweier Rechtsstreitigkeiten soweit übereinstimmen, dass ein Urteil, das gegen den einen ergeht, auch Rechtskraft gegenüber dem anderen entfalten würde.[37]

Diese Rechtsprechung wurde im Schrifttum häufig kritisch beurteilt, weil die Prüfung der Rechtshängigkeit mit Unsicherheiten belastet werde.[38] Die subjektiven Grenzen der Rechtskraft seien oft nicht leicht zu überprüfen, weil die Rechte des Entscheidungsstaates und des Anerkennungsstaates sowie, wenn die Rechtskrafterstreckung von materiell-rechtlichen Vorfragen abhingen, die *lex causae* zu berücksichtigen seien.[39] Ein geeignetes Instrument stelle daher eher Art. 28 EuGVVO (Art. 22 EuGVÜ/LugÜ) dar: Das Zweitverfahren kann danach

---

[35] Rauscher-*Leible*, Art. 27 Brüssel I-VO, Rn. 3; *Taschner*, EWS 2004, 494 (498).

[36] LG Düsseldorf GRUR Int. 1998, 804 f. – *Impfstoff*; sowie in nächster Instanz OLG Düsseldorf, GRUR Int. 2000, 776 – *Impfstoff III* – hier in leicht vereinfachter Form wiedergegeben.

[37] EuGH Slg. 1998 I, 3075 (3097), Rn. 19 – *Drout / CMI*; so auch MünchKommZPO-*Gottwald*, Art. 21 EuGVÜ, Rn. 6.

[38] Zöller-*Geimer*, Art. 27 EuGVVO, Rn. 8a, 9; Rauscher-*Leible*, Art. 27 Brüssel I-VO, Rn. 6; *Jayme / Kohler*, IPRax 1998, 417 (421); *Dietze / Schnichels*, EuZW 1999, 549 (551).

[39] *Jayme / Kohler*, IPRax 1998, 417 (421 f.); ähnlich Geimer / Schütze-*Geimer*, EZVR, Art. 27 EuGVVO, Rn. 13.

ausgesetzt werden, auch wenn es sich nicht um die Parteien des Erstprozesses handelt, solange nur zwischen den Klagen ein Zusammenhang besteht.[40]

Ob der Weg über Art. 27 oder 28 EuGVVO (Art. 21 oder 22 EuGVÜ/LugÜ) gegangen wird – für den Betroffenen einer ‚Torpedoklage' ändert sich wenig. Ein Unterschied ist nur, dass das Zweitgericht bei Art. 28 EuGVVO (Art. 22 EuGVÜ/LugÜ) im Gegensatz zu Art. 27 EuGVVO (Art. 21 EuGVÜ/LugÜ) Ermessen besitzt. Das LG Düsseldorf bejahte in dem genannten Fall die Parteiidentität – die Patentinhaberin hätte das gegen die Prozessstandschafterin erwirkte Urteil auch gegen sich gelten lassen müssen. Deshalb traf umgekehrt auch die Prozessstandschafterin die Aussetzungsentscheidung des Zweitgerichts nach Art. 27 EuGVVO (Art. 21 EuGVÜ/LugÜ).[41]

(2) Parteiidentität bei teilweise identischen Parteien

Fraglich ist weiter, ob bei Teilidentität der Parteien das Zweitverfahren auch hinsichtlich der Beteiligten ausgesetzt werden muss, die nicht an dem Erstverfahren beteiligt waren. Diese Frage taucht wiederum in Patentverletzungsverfahren häufig auf, wenn mehrere Parteien beteiligt sind.[42]

Nach der Rechtsprechung des EuGH treten die Rechtsfolgen des Art. 27 EuGVVO (Art. 21 EuGVÜ/LugÜ) nur insoweit ein, als die Parteien des bei dem Zweitgericht anhängigen Rechtsstreits identisch mit den Beteiligten des Erstverfahrens sind.[43] Für die anderen Parteien wird das Verfahren am später angerufenen Gericht fortgeführt. Eine Aussetzungsmöglichkeit und damit ein Weg, eine Aufspaltung des Prozesses zu verhindern, kann sich allerdings wiederum nach Art. 28 EuGVVO (Art. 22 EuGVÜ/LugÜ) ergeben, wenn die Klagen in einem Zusammenhang stehen.[44]

(3) Ergebnis

Durch die Auslegung des Kriteriums der ‚Parteiidentität' werden die Möglichkeiten für ‚Torpedoklagen' ausgeweitet: Die Rechtshängigkeitssperre wird bereits bei materiell einheitlichen Interessen bzw. bei teilweiser Parteiidentität ausgelöst. Der Betroffene hat damit weniger Möglichkeiten, die ‚Blockadewir-

---

[40] So auch *Bukow*, Verletzungsklagen (2003), 288; *McGuire*, Verfahrenskoordination (2004), 105 f.

[41] LG Düsseldorf GRUR Int. 1998, 804 (805) – *Impfstoff*, mit Hinweis auf den sonst möglichen Rechtsmissbrauch durch Vorschieben eines Prozessstandschafters.

[42] So rügte die Zweitklägerin im Fall des Tribunal de grande instance de Paris, GRUR Int. 2001, 173 (174), die Parteien seien nicht identisch: an der Erstklage waren zwei verschiedene Unternehmen beteiligt gewesen. Später räumte sie jedoch die vollständige Parteiidentität ein.

[43] EuGH Slg. 1994 I, 5439 (5474), Rn. 29 – *Tatry / Maciej Rataj.*

[44] EuGH Slg. 1994 I, 5439 (5474), Rn. 35 – *Tatry / Maciej Rataj*; vgl. auch Czernich / Tiefenthaler / Kodek-*Tiefenthaler*, Art. 27 EuGVVO, Rn. 7; *McGuire*, Verfahrenskoordination (2004), 105 f.; *Volken*, Anm. zu EuGH, Urt. v. 6.12.1994, SZIER 1995, 322 (334).

kung' zu überwinden, wenn er sich einer Mehrzahl von vermeintlichen Schuldnern gegenübersieht. Selbst wenn er seinen Anspruch abgetreten hat oder ihm mehrere Parteien gegenüberstehen, kommt eine Sperrwirkung wegen entgegenstehender Rechtshängigkeit in Betracht.

bb. Anspruchsidentität

Art. 27 EuGVVO (Art. 21 EuGVÜ/LugÜ) setzt weiter voraus, dass Erst- und Zweitklage ‚denselben Anspruch' betreffen. Der EuGH hat sich für eine autonome Auslegung entschieden und insbesondere in den Entscheidungen *Gubisch Maschinenfabrik / Palumbo* und *The Tatry / The Maciej Rataj* einen weiten Verfahrensgegenstandsbegriff geprägt.[45]

Dabei differenziert das Gericht quasi zweigliedrig zwischen ‚Gegenstand' und ‚Grundlage' des Verfahrens: ‚Gegenstand' ist danach nicht das Klagebegehren, sondern der Zweck der Klage.[46] ‚Grundlage' ist der Sachverhalt und die Rechtsvorschrift, auf die die Klage gestützt wird.[47] Mit ‚Rechtsvorschrift' ist dabei nicht eine bestimmte Vorschrift gemeint, weil die Kollisionsnormen häufig auf unterschiedliche Sachrechte verweisen.[48] Vielmehr soll ausgedrückt werden, dass es sich um dieselbe dem Sachverhalt *zugrunde liegende* ‚Rechtsfrage' handeln muss.[49] Im *Gubisch*-Fall, in dem der Zweitkläger auf Feststellung der Unwirksamkeit eines Kaufangebots klagte, während der Erstkläger auf Erfüllung des Vertrags geklagt hatte, war laut EuGH die Wirksamkeit des zwischen den Parteien bestehenden Vertragsverhältnisses ‚Grundlage' des Anspruchs,[50] also nicht eine bestimmte Rechtsnorm.

Der Streitgegenstandsbegriff des EuGH ist also ein zweigliedriger.[51] Identität des Anspruchs liegt vor, wenn die Klagen auf denselben (rechtlichen) Sachverhalt gestützt sind und mit ihnen derselbe Zweck verfolgt wird. Im Unterschied zur überwiegenden Ansicht im deutschen Schrifttum, die den Streitgegenstand nach dem Antrag des Klägers und dem zu seiner Begründung vorgetragenen Lebenssachverhalt bestimmt,[52] kommt es nicht auf die formale Identität der Klage-

---

[45] EuGH Slg. 1987, 4861 (4876), Rn. 16, 17 – *Gubisch Maschinenfabrik / Palumbo;* Slg. 1994 I, 5439 – *Tatry / Maciej Rataj*; eingehend dazu *Rüßmann*, ZZP 111 (1998), 399 ff.; *Walker*, ZZP 111 (1998), 429 ff.; *Schack*, IPRax 1996, 80 (82).

[46] EuGH Slg. 1994 I, 5439 (5475), Rn. 41 – *Tatry / Maciej Rataj.*

[47] EuGH Slg. 1987, 4861 (4875), Rn. 15 – *Gubisch Maschinenfabrik / Palumbo*; Slg. 1994 I, 5439 (5475), Rn. 39 – *Tatry / Maciej Rataj.*

[48] *Gaedke*, ÖJZ 1997, 286 (288 f.); *Lenenbach*, EWS 1995, 361 (364).

[49] Ähnlich *McGuire*, Verfahrenskoordination (2004), 85; ungenau Czernich / Tiefenthaler / Kodek-*Tiefenthaler*, Art. 27 EuGVVO, Rn. 9, dasselbe ‚Vertragsverhältnis'.

[50] EuGH Slg. 1987, 4861 (4875 f.), Rn. 15 f. – *Gubisch Maschinenfabrik / Palumbo.*

[51] Czernich / Tiefenthaler / Kodek-*Tiefenthaler*, Art. 27 EuGVVO, Rn. 9.

[52] BGH NJW 1999, 3126 (3127); NJW-RR 1996, 1276 (1276); Thomas / Putzo-*Thomas*, Einl II, Rn. 25; MünchKommZPO-*Lüke*, vor § 253, Rn. 31; Baumbach / Lauterbach-*Hartmann*, §

anträge an, sondern auf den ‚*Kernpunkt*' des Streits – bestehend aus ‚Grundlage' und ‚Gegenstand' des Anspruchs – in den verschiedenen Verfahren.[53] Damit sollen eine stärkere Konzentration des Verfahrens beim Erstgericht erreicht und Doppelprozesse vermieden werden.[54]

Es fragt sich, welche Konstellationen für ‚Torpedoklagen' bei Zugrundelegung der ‚Kernpunktrechtsprechung' in Betracht kommen. Nachdem oben[55] bereits nach dem Begehren des Betroffenen eines ‚prozessualen Torpedos' gegliedert wurde, bietet sich eine Einteilung danach an, welcher Art die Erst- bzw. Zweitklage sind.

(1) Mögliche Konstellationen für ‚Torpedoklagen' nach der ‚Kernpunktrechtsprechung'

(a) Feststellungsklagen als ‚Torpedoklagen'

Besonders misslich ist für den Betroffenen einer ‚Torpedoklage', dass nach der Rechtsprechung des EuGH auch eine (negative) Feststellungsklage eine Rechtshängigkeitssperre gegenüber einer späteren Leistungsklage begründet[56] – anders als es die herrschende Meinung für das deutsche Prozessrecht beurteilt, wonach die Leistungsklage ein weitergehendes Rechtsschutzziel als die negative Feststellungsklage verfolgt und somit keine Sperrwirkung entsteht.[57] Nach der ‚Kernpunktrechtsprechung' ist schon eine Rechtshängigkeitssperre gegeben, wenn die Feststellungsklage in ihrem zentralen Streitpunkt mit der Leistungsklage übereinstimmt. Zum Beispiel kann dazu ‚Gegenstand' der Zweck sein, eine im Raum stehende Haftung des angeblichen Schuldners zu verneinen oder zu bejahen, ‚Grundlage' die Frage des Bestehens dieser Haftung auf Grundlage des Sachverhalts.

Die negative Feststellungsklage als Erstklage ist die am häufigsten und zuerst diskutierte Konstellation für ‚Torpedoklagen'.[58] Hier wurde auch die Möglichkeit des einstweiligen Rechtsschutzes für den Betroffenen einer ‚Torpedoklage' zuerst angesprochen.[59] Wegen der Blockademöglichkeit ist die Rechtsprechung

---

2, Rn. 5; *Zimmermann*, Einleitung, Rn. 15; *Lüke*, ZPR, Rn. 162; *Jauernig*, ZPR, § 37 VIII (S. 152).

[53] EuGH Slg. 1987, 4861 (4876), Rn. 16 – *Gubisch Maschinenfabrik / Palumbo*; dem folgend BGH NJW 1995, 1758 (1758 f.); RIW 2002, 393 (394).

[54] Zöller-*Vollkommer*, Einl., Rn. 62a; *Walker*, ZZP 111 (1998), 429 (437 ff., 442 ff.); *Gottwald*, in: Dogmatische Grundfragen (2000), 92 ff.

[55] Vgl. § 2 B, ab Fn. 171.

[56] EuGH Slg. 1994 I, 5460 (5476), Rn. 45 – *Tatry / Maciej Rataj*.

[57] Vgl. unten § 3 B I 1 a, Fn. 304.

[58] *Franzosi*, EIPR 1997, 382 ff.; verallgemeinernd *Ebner*, Markenschutz (2004), 215; *Kühnen / Geschke*, Die Durchsetzung von Patenten in der Praxis (2005), Rn. 345.

[59] Verneinend LG Düsseldorf GRUR 2000, 692 (697); LG Düsseldorf GRUR Int. 2002, 157 (162); bejahend LG Hamburg GRUR Int. 2002, 1025 (1028) – *Seifenverpackung*.

des EuGH häufig kritisiert worden.[60] Die Kritik setzt bei der vom EuGH vorgenommenen autonomen Auslegung des Begriffs der Anspruchsidentität an und richtet sich gegen die Divergenz zwischen der autonomen Bestimmung der Rechtshängigkeit und der nach nationalem Prozessrecht zu beurteilenden Rechtskraft:[61] Da die Rechtskraftwirkung einer Entscheidung von nationalen Unterschieden abhänge, sei eine einheitliche Auslegung der Rechtshängigkeit problematisch. Bemängelt wird zudem hauptsächlich die Weite des Streitgegenstandsbegriffs,[62] durch die der Rechtsschutz des Zweitklägers eingeschränkt[63] und eine Prozessverschleppung ermöglicht werde.[64] Außerdem könne eine Diskrepanz zu den nationalen Rechtsordnungen entstehen, wenn diese etwa der Erhebung einer negativen Feststellungsklage bestimmte Rechtswirkungen wie die Hemmung der Verjährung versagten.[65]

Der EuGH ist trotz der Kritik bis heute nicht vom weiten europäischen Streitgegenstandsbegriff abgerückt. Eine Sperrwirkung kommt der negativen Feststellungsklage damit auf europäischer Ebene unabhängig davon zu, ob die Zweitklage Leistungsklage, Feststellungsklage oder Gestaltungsklage ist, sofern derselbe Kernpunkt der Verfahren betroffen ist. In der Rechtsprechung der nationalen Gerichte sind für Feststellungsklagen als Erstklagen bisher zwei verschiedene Konstellationen aufgetreten: Zum einen verneinte der ‚Torpedokläger' den Anspruch des potenziellen Gläubigers direkt, zum anderen bestritt er ein vorgreifliches Rechtsverhältnis, auf dessen Grundlage der Anspruch geltend gemacht wurde.

---

[60] *Otte / Prütting / Dedek*, EPRL 2000, 257 (272 ff.); *Otte*, Umfassende Streitentscheidung (1998), 466 ff.; *ders.*, FS Schütze (1999), 619 (638 ff.).; *Kerameus / Prütting*, ZZP Int. 3 (1998), 265 ff.; *Prütting*, GS Lüderitz (2000), 623 (631); zum Stand der Kritik *Stafyla*, Die Rechtshängigkeit (1998), 45 ff.; zu Vorschlägen der Handhabung *Geimer*, FS Sonnenberger (2004), 357 (364), Fn. 25.

[61] *Pfeiffer*, JbJ.ZivRWiss. 1991, 71 (84 f.); *Leipold*, GS Arens (1993), 227 (233 ff., 235); *Wolf*, FS Schwab (1990), 561 (570 f.).

[62] Geimer / Schütze-*Geimer*, EZVR, Art. 27 EuGVVO, Rn. 32; MünchKommZPO-*Gottwald*, Art. 21 EuGVÜ, Rn. 4; *Linke*, Anm. zu EuGH, Urt. v. 8.12.1987 und Urt. v. 4.2.1988, RIW 1988, 822 (823); *Isenburg-Epple*, Die Berücksichtigung (1993), 212 ff.; *Huet*, Clunet 1988, 537 (539 f.); *Schack*, IPRax 1989, 139 (140); in Bezug auf die *Tatry / Maciej Rataj*-Entscheidung *Otte*, EWiR 1995, 463 (464); *Wolf*, EuZW 1995, 365 ff.; *Briggs*, (1994) Lloyd's MCLQ, 159 (161); *Hau*, IPRax 1996, 177 (178); *Rüssmann*, ZZP 111 (1998), 399 ff.; *Dohm*, Die Einrede ausländischer Rechtshängigkeit (1996), 89; *Lenenbach*, EWS 1995, 361 (365); ausführlich zum Streitstand *Otte*, FS Schütze (1999) 619 (621); *McGuire*, Verfahrenskoordination (2004), 87 ff.; *Bäumer*, Die ausländische Rechtshängigkeit (1999), 128 ff.; vereinzelte Zustimmung bei *Huber*, JZ 1995, 603 (605); *Schack*, ZZP 107 (1994), 279 (295 f.); *Rüßmann*, IPRax 1995, 76 (79); *Zeuner*, FS Lüke (1997), 1003 (1009).

[63] Vgl. etwa Geimer / Schütze, EZVR, Art. 27 EuGVVO, Rn. 31 f.; *Prütting*, GS Lüderitz (2000), 623 (629).

[64] *Prütting* aaO, GS Lüderitz (2000), 623 (628 f.).

[65] *Wolf*, EuZW 1995, 365 (366); *Rüßmann*, ZZP 111 (1998), 399 (411).

(aa) Negation des geltend gemachten Anspruchs

Klagen, mit denen ein ‚Torpedokläger' den Anspruch des Prozessgegners direkt negierte, sind als die ‚klassischen Torpedofälle'[66] bzw. als ‚Feststellungstorpedos'[67] bezeichnet worden. Eine solche Konstellation lag dem bereits oben geschilderten Fall des OLG München[68] zugrunde, in dem das Verfahren vor dem Erstgericht bereits über fünf Jahre andauerte.

In einem neueren Fall befasste sich der BGH mit der Klage einer Handelsvertreterin auf Schadensersatz wegen entgangener Provisionen.[69] Die Beklagte hatte bereits zuvor beim *Tribunale di Ancona* in Italien beantragt, festzustellen, dass für die Kündigung des Vertrages ein hinreichender Grund bestanden habe und infolgedessen keine Ausgleichszahlungen zu leisten seien. Eine Dauer des italienischen Prozesses von fast vier Jahren reichte dem BGH nicht, um eine überlange Prozessdauer anzunehmen.[70] Er ließ eine Durchbrechung des Prioritätsprinzips in Art. 21 EuGVÜ nicht zu.

Das Motiv der Erstklägerin scheint dabei nicht missbilligenswert:[71] Zum einen hatte das Unternehmen, für welches die später klagende Handelsvertreterin tätig wurde, ein Interesse daran, einer Klage zuvorzukommen und damit über ein gegenüber der Zweitklage vorgelagertes Rechtsverhältnis Klarheit zu gewinnen. Zum anderen klagte sie in ihrem Heimatstaat und damit vor einem besonders leicht zu erreichenden Gericht.

(bb) Negation eines vorgreiflichen Rechtsverhältnisses

Die Rechtsprechung des EuGH und in der Folge die der nationalen Gerichte[72] kann in Bezug auf den weiten Streitgegenstandsbegriff weiter die Konsequenz haben, dass Klagen über vorgreifliche Rechtsverhältnisse wie etwa die Wirksamkeit eines Vertrags im Rahmen der Rechtshängigkeitsprüfung beachtlich sind. Ein bereits geschilderter[73] Fall des OLG Köln aus dem Jahr 1990 ist dafür ein Beispiel.[74] In diesem ging es bei der Zweitklage um einen vertraglichen Rückgriffsanspruch gegen Versicherungen, während mit der ‚Torpedoklage' bereits das Bestehen einer wirksamen Deckung bestritten wurde.

---

[66] Vgl. *Bukow*, Verletzungsklagen (2003), 291 ff.

[67] *Wurmnest*, Anm. zu Corte di Cassazione, Entsch. v. 19.12.2003, GRUR Int. 2005, 265 (266); ähnlich *Tilmann / v. Falck*, GRUR 2000, 579 (584).

[68] OLG München RIW 1994, 511; vgl. oben § 2 B I 2, Fn. 182.

[69] BGH RIW 2002, 393.

[70] BGH RIW 2002, 393 (395); ähnlich ist auch der Fall des OLG Frankfurt/Main, IPRax 1992, 389.

[71] Zu den Motiven der klagenden Parteien vgl. bereits oben § 2 A II 3, bei Fn. 151 ff.

[72] S. aus neuerer Zeit OLG Köln, RIW 2004, 627 (627).

[73] Vgl. oben § 2 B I 2, Fn. 184.

[74] OLG Köln RIW 1991, 328 ff.

Auch ein Fall des BGH aus dem Jahr 1995 weist eine ähnliche Konstellation auf:[75] Dabei ging es dem Zweitkläger um die Vertragserfüllung, der Erstkläger hatte jedoch bereits vorher auf Feststellung der Unwirksamkeit des Vertrags sowie auf Rückzahlung einer geleisteten Anzahlung geklagt.[76] Auch hier ließ der BGH die Rechtshängigkeitssperre gemäß Art. 27 EuGVVO (Art. 21 EuGVÜ/LugÜ) eingreifen. Die Beispiele zeigen, dass die Negation eines vorgreiflichen Rechtsverhältnisses denselben Effekt hat wie eine bloße Negation des geltend gemachten Anspruchs per negativer Feststellungsklage.

(b) Gestaltungsklagen als ‚Torpedoklagen'

Auch Gestaltungsklagen können ‚Torpedoklagen' sein. Eine solche ‚Torpedoklage' betrifft dann in der Regel ein vorgreifliches Rechtsverhältnis, welches für den Erfolg der Klage des Gläubigers notwendige Voraussetzung ist. Beispiel ist eine Klage auf Nichtigerklärung eines gewerblichen Schutzrechts – insbesondere eines Patents.[77] Eine solche Nichtigkeitsklage führt nach der weiten Streitgegenstandslehre des EuGH zur Rechtshängigkeit des Streitgegenstandes, weil der vorgetragene Sachverhalt und der Zweck der Klage die wirksame Erteilung des Patents betrifft, die wiederum Voraussetzung für den Erfolg der Verletzungsklage des Gläubigers ist. Ein ‚Nichtigkeitstorpedo'[78], das auf einen gestaltenden Tenor gerichtet ist, hat also dieselben Auswirkungen wie eine negative Feststellungsklage.

(c) Leistungs- oder Unterlassungsklagen als ‚Torpedoklagen'

Möglich ist auch eine Leistungs- oder Unterlassungsklage, um die Rechtshängigkeitssperre herbeizuführen. Dafür ist das Beispiel diskutiert worden, dass ein Schutzrechtsinhaber wegen einer potenziellen Schutzrechtsverletzung eine Abmahnung bzw. Verwarnung an den Verletzer richtet.[79] Der vermeintliche Verletzer kann dann eine Schadensersatzklage als Erstklage erheben und sich darauf stützen, dass in dieser Verwarnung eine unerlaubte Handlung liege; inzident

---

[75] BGH NJW 1996, 1758.

[76] Insofern lässt sich dieser Fall auch unter die Gruppe der Leistungsklagen als ‚Torpedoklagen' einordnen.

[77] So im Fall OLG Düsseldorf GRUR Int. 2000, 776 (777), wo gleich mehrere Gesellschaften in Brüssel auf Nichtigkeit eines europäischen Patents auf den Impfstoff ‚Infanrix' klagten; zur Gestaltungswirkung des Nichtigkeitsurteils *Walter*, GRUR 2001, 1032 (1035).

[78] Vgl. die Begriffsbildung bei *Tilmann / v. Falck*, GRUR 2000, 579 (585); *Pansch*, Die einstweilige Verfügung (2003), 60 f.

[79] *Bukow*, Verletzungsklagen (2003), 311 ff.

kann er dabei die Nichtigkeit des Schutzrechts feststellen lassen.[80] Ebenso ist eine Klage auf Unterlassung der Abmahnung möglich.

Es geht also auch in diesen Fällen um ein vorgreifliches Rechtsverhältnis, bei dessen Nichtbestehen die Klage des Schutzrechtsinhabers unbegründet ist. Einziger Unterschied ist in den geschilderten Beispielen, dass das vorgreifliche Rechtsverhältnis nur inzident vom Gericht überprüft werden soll, während es bei einer Gestaltungsklage Hauptfrage ist. Der Effekt ist indes derselbe, das Zweitgericht muss im Hinblick auf die anderweitige Rechtshängigkeit das Verfahren zunächst aussetzen.

Die Möglichkeiten eines ‚Torpedoklägers' sind kaum begrenzt. So könnte man auch als Beispiel anführen, dass der Gläubiger einen vertraglichen Erfüllungsanspruch verfolgt und dabei seinen Schuldner mahnt. Der ‚Torpedokläger' könnte dann etwa auf Unterlassung der Mahnungen klagen, weil der Vertrag nicht bestehe, oder auf Ersatz von vergeblichen Aufwendungen. ‚Kernpunkt' des Streits wäre dann jeweils die Wirksamkeit des Vertrages.

(2) Ergebnis

Insgesamt ist die ‚Kernpunktrechtsprechung' der Angelpunkt der ‚Torpedoklagen'. Der weite Begriff der Anspruchsidentität im Rahmen von Art. 27 EuGVVO (Art. 21 EuGVÜ) führt dazu, dass eine ‚Torpedoklage' – auch wenn diese eine negative Feststellungsklage ist – eine sehr weitgehende Sperrwirkung gegenüber jedweder Art von Zweitklage bewirken kann. Der Anspruch des Zweitklägers kann zum Beispiel sowohl direkt durch die Erstklage verneint werden als auch zum Gegenstand einer ‚Torpedoklage' werden, die ein vorgreifliches Rechtsverhältnis betrifft.

b. Rechtshängigkeitsbegründung

Neben Partei- und Anspruchsidentität verlangt Art. 27 EuGVVO (Art. 21 EuGVÜ/LugÜ), dass die Klagen anhängig – das heißt rechtshängig – gemacht werden. Es stellt sich die Frage, wann die Rechtshängigkeit beginnt. Unter dem EuGVÜ/LugÜ bestand ein erheblicher Unterschied zur jetzigen Lage unter der EuGVVO.

aa. Beginn der Rechtshängigkeit unter dem EuGVÜ/LugÜ

Anders als bei den Tatbestandsvoraussetzungen der Anspruchs- und Parteiidentität im Rahmen des Art. 27 EuGVVO (Art. 21 EuGVÜ/LugÜ) bestimmte (bzw. bestimmt) sich der Zeitpunkt des Eintritts der Rechtshängigkeit unter dem EuGVÜ bzw. LugÜ nicht nach einer autonomen Auslegung, sondern nach den

[80] Vgl. zur Schutzrechtsverwarnung als unerlaubter Handlung Benkard-*Bruchhausen*, vor §§ 9-14 PatG, Rn. 16; *Mes*, § 139 PatG, Rn. 49; *Blaurock*, Die Schutzrechtsverwarnung (1970), 65 ff.; vgl. schon oben § 2 A I, bei Fn. 21 m. N. aus der Rechtsprechung.

nationalrechtlichen Vorschriften über den Rechtshängigkeitsbeginn.[81] Der EuGH legte sich in der Entscheidung *Zelger / Salinitri* auf diese Handhabung fest,[82] nachdem die Verfasser des Übereinkommens eine Regelung nicht für erforderlich gehalten hatten.[83]

Kritisch wird diese Rechtsprechung insbesondere deshalb gesehen, weil die nationalen Rechte unterschiedliche Anforderungen an den Eintritt der Rechtshängigkeit stellen und es damit zu einem ungleichen Wettlauf zu den Gerichten und zu Rechtsschutzdefiziten für eine Partei kommen kann.[84] So ist in manchen europäischen Staaten bereits die Einreichung der Klageschrift bei Gericht oder die Zustellung per Telefax ausreichend, um Rechtshängigkeit zu begründen, während etwa in Deutschland gemäß § 261 Abs. 1 in Verbindung mit 253 Abs. 1 ZPO die Zustellung an den Beklagten notwendig ist.[85] Bei ‚Torpedoklagen' unter dem EuGVÜ/LugÜ ist der Rückgriff auf die *lex fori* zur Bestimmung des Eintritts der Rechtshängigkeit danach unter Umständen entscheidend.[86] Das starke Abweichen der Rechtshängigkeitsregelungen in den Vertragsstaaten gelangte dem ‚Torpedokläger' zum Vorteil, weil er einer Leistungsklage der gegnerischen Partei wegen des möglichen früheren Eintritts der Rechtshängigkeit im Staat des Erstgerichts zuvor kommen konnte, und zwar unter Umständen noch dann, wenn dieser seine Klage bereits bei Gericht eingereicht hatte, die Zustellung jedoch – wie häufig bei Auslandszustellungen[87] – länger dauerte und somit etwa nach deutschem Verständnis Rechtshängigkeit noch nicht eingetreten war.[88]

---

[81] *Schlosser*, EUZ, Art. 27 EuGVVO, Rn. 6; *Kropholler*, EZPR, Art. 27 EuGVVO, Rn. 15.

[82] EuGH Slg. 1984, 2397 (2408), Rn. 16 – *Zelger / Salinitri.*

[83] *Jenard*-Bericht, ABl.EG 1979, Nr. C 59, 1 (41); *Hau*, Positive Kompetenzkonflikte (1996), 144 ff.

[84] Geimer / Schütze-*Geimer*, EZVR, Art. 27 EuGVVO, Rn. 41; *Schlosser*, EUZ, Art. 27 EuGVVO, Rn. 6; *Bäumer*, Die ausländische Rechtshängigkeit (1999), 111 ff.; *Isenburg-Epple*, Die Berücksichtigung (1992), 120 ff.; *Dohm*, Die Einrede ausländischer Rechtshängigkeit (1996), 129 ff.; *Schack*, RabelsZ 58 (1994), 40 (54); eher zustimmend dagegen *Koch*, Unvereinbare Entscheidungen (1993), 61 ff.

[85] Vgl. rechtsvergleichend etwa *Dohm*, Die Einrede ausländischer Rechtshängigkeit (1996), 116 ff.; *Safferling*, Rechtshängigkeit in deutsch-französischen Scheidungsverfahren (1996), 44 f.

[86] *Grothe*, IPRax 2004, 83 (84); *Geimer*, IPRax 2004, 505 (505); *Grabinski*, GRUR Int. 2001, 199 (210).

[87] Zur Situation unter der EuZVO *Siehr*, ZZZ 2004, 479 f.

[88] Vgl. *Hölder*, Grenzüberschreitende Durchsetzung (2004), 187 f.; *Musmann / v. d. Osten*, MittdtschPatAnw. 2001, 99 (100); ferner Czernich / Tiefenthaler / Kodek-*Tiefenthaler*, Art. 30 EuGVVO, Rn. 4.

bb. Beginn der Rechtshängigkeit unter der EuGVVO

Der Gemeinschaftsgesetzgeber hat insofern auf die Kritik der Literatur reagiert, als dass er mit Art. 30 EuGVVO eine einheitliche Regelung des Rechtshängigkeitsbeginns geschaffen hat.[89] Danach ist je nach anwendbarem Prozessrecht immer die Übergabe an das erste zu beteiligende Rechtspflegeorgan ausschlaggebend für den Eintritt der Rechtshängigkeit:[90] Ist dies das Gericht, so tritt Rechtshängigkeit mit Einreichung der Klageschrift bei Gericht ein; ist nach nationalem Prozessrecht zuvor Zustellung an den Prozessgegner verlangt, so wird die Klage in dem Zeitpunkt rechtshängig, in dem das Zustellungsorgan die Klageschrift erhalten hat. Voraussetzung ist jeweils, dass der Kläger in angemessener Zeit noch die ihm obliegenden Schritte bewirkt hat, um den nach nationalem Recht einschlägigen Tatbestand der Verfahrenseröffnung zu vollenden. Falls Rechtshängigkeit nicht durch gewöhnliche Klage, sondern anders – etwa durch Streitverkündung nach italienischem Recht – bewirkt werden kann, wird ebenfalls der Zeitpunkt für ausschlaggebend gehalten, in dem das erste zu beteiligende Rechtspflegeorgan das verfahrenseinleitende Schriftstück erhält.[91]

Die autonome Regelung des Eintritts der Rechtshängigkeit in Art. 30 EuGVVO wird zum Teil begrüßt, weil sie einen Wettlauf zu den Gerichten um die Rechtshängigkeit verhindere.[92] Andererseits ist zu bedenken, dass ein *forum running* durch die Neuregelung nicht per se beseitigt wird.[93] Der ‚Torpedokläger' kann lediglich die nationalen Unterschiede bei den Rechtshängigkeitsregelungen nicht mehr für sich ausnutzen. Dies hindert ihn indes nicht, einer Klage seines Kontrahenten zuvorzukommen, wenn er entsprechend vorgewarnt ist.[94] Allerdings wird man sagen müssen, dass das Missbrauchsrisiko durch die Verordnung jedenfalls eingeschränkt ist.

Ob auch Hilfsanträge eine Rechtshängigkeitssperre mit Einreichung bei Gericht begründen sollten, ist zweifelhaft.[95] Hier bietet sich eine Lösung an, nach der die Sperrwirkung erst mit der Entscheidung über den Hauptantrag eintritt, weil auch erst zu diesem Zeitpunkt feststeht, ob der Hilfsantrag dem Gericht überhaupt zur Entscheidung anfällt.[96]

---

[89] Zur Parallelproblematik unter dem Europäischen Patentübereinkommen (EPÜ) vgl. *Heath*, GRUR Int. 2004, 736 ff.

[90] *Kropholler*, EZPR, Art. 30 EuGVVO, Rn. 2; *McGuire*, Verfahrenskoordination, 107.

[91] Rauscher-*Leible*, Art. 30 Brüssel I-VO, Rn. 5.

[92] *Schlosser*, EUZ, Art. 30 EuGVVO; *Hölder*, Grenzüberschreitende Durchsetzung (2004), 188; *Bukow*, Verletzungsklagen (2003), 286 f.

[93] *V. Bar / Mankowski*, IPR I, § 5, Rn. 142; *Siehr*, ZZZ 2004, 473 (483).

[94] Zur Vorwarnung durch eine Abmahnung in Patentrechtsstreitigkeiten vgl. *Simons*, EuLF 2003, 289 (290); *Tilmann / v. Falck*, GRUR 2000, 579 ff. (584).

[95] Dagegen *Ebner*, Markenschutz (2004), 223 f.

[96] So favorisiert von OLG Düsseldorf GRUR Int. 2000, 776 (778) – *Impfstoff III.*

c. Grenzen des Prüfungsumfangs des Zweitgerichts

Liegen Parteiidentität und Anspruchsidentität vor, und ist Rechtshängigkeit begründet, könnte eine ‚Torpedoklage' gleichwohl wirkungslos bleiben, wenn dem Zweitgericht ein Ermessen bzw. ein Entscheidungsspielraum zukäme, die Aussetzung des Verfahrens etwa wegen der Beschaffenheit, etwa der Überlänge, des Erstprozesses abzulehnen.[97] Eine Anerkennungsprognose des Zweitgerichts hinsichtlich des Erstprozesses oder eine Kompetenz zur Überprüfung der Zuständigkeit des Erstgerichts könnten den ‚Torpedoeffekt' vereiteln.

aa. Keine Anerkennungsprognose

Die Prüfungskompetenz des Zweitgerichts ist jedoch eingeschränkt: Die Aussetzung nach Art. 27 Abs. 1 EuGVVO (Art. 21 Abs. 1 EuGVÜ/LugÜ) ist insbesondere nicht von einer positiven Anerkennungsprognose abhängig.[98] Denn das europäische Zivilverfahrensrecht geht von einer *ipso iure*-Anerkennung aus (Art. 33 Abs. 1 EuGVVO), um den Urteilsverkehr zu erleichtern.[99] Eine solche Prognose, die vereinzelt dennoch wegen eines Gleichlaufs mit Art. 34 Nr. 3 EuGVVO (Art. 27 Nr. 3 EuGVÜ/LugÜ) gefordert wird,[100] macht aus systematischen bzw. prozessökonomischen Erwägungen wenig Sinn, denn es drohen wegen der Unsicherheit einer Anerkennungsprognose widersprechende Entscheidungen, und der Zweitprozess wird mit einer oft aufwändigen Prüfung belastet.[101] Damit scheidet also eine Prüfungskompetenz des Zweitgerichts hinsichtlich etwaiger Folgen einer Prozessverschleppung am Erstgericht aus. Das später angerufene Gericht darf etwa nicht prüfen, ob sich die Verfahrensverschleppung voraussichtlich als ein Verstoß gegen den *ordre public* darstellt. An einer solchen Prüfungskompetenz des Zweitgerichts kann eine ‚Torpedoklage' mithin nicht scheitern.

bb. Keine Prüfung der Zuständigkeit des Erstgerichts

Einer Erstklage vor einem langsamen Gericht wäre auch dann ihre ‚Torpedowirkung' genommen, wenn das Zweitgericht das Verfahren unter Hinweis auf die mangelnde Zuständigkeit des zuerst angerufenen Gerichts fortführen könnte.

---

[97] Zum Gesichtspunkt der Verfahrensdauer vor dem Erstgericht näher unten § 4 B I 1, bei Fn. 98 ff.

[98] BGH RIW 1995, 413 (414); OLG Köln RIW 1991, 328 (329 f.); Geimer / Schütze-*Safferling*, Int. Rechtsverkehr, Art. 21 EuGVÜ, Rn. 13; Geimer / Schütze-*Försterling*, Int. Rechtsverkehr, Art. 27 EuGVVO, Rn. 31; *Dohm*, Die Einrede ausländischer Rechtshängigkeit (1996), 159 ff.; *Isenburg-Epple*, IPRax 1992, 69 (70).

[99] *Kropholler*, EZPR, Art. 27 EuGVVO, Rn. 18; Rauscher-*Leible*, Art. 27 Brüssel I-VO, Rn. 15.

[100] *Trunk*, Die Erweiterung (1991), 54; *Kaye*, Civil Jurisdiction (1987), 1232 (für Art. 28 EuGVÜ); *Wolf*, FS Schwab (1990), 561 (572); *Schütze*, RIW 1975, 78 (79 f.).

[101] Dazu ausführlich *McGuire*, Verfahrenskoordination (2004), 116 ff.

Der EuGH hat jedoch in seiner Entscheidung *Overseas Union Insurance / New Hampshire Insurance* darauf hingewiesen, dass das Zweitgericht in keinem Fall besser in der Lage ist als das Erstgericht, dessen Zuständigkeit zu beurteilen.[102] Eine Prüfungskompetenz hinsichtlich der Zuständigkeit des Erstgerichts kommt dem später angerufenen Gericht also nicht zu. Dieses Ergebnis folgt aus der prinzipiellen Gleichwertigkeit der Gerichte in der Gemeinschaft, denen gleiche Sach- und Rechtskenntnis zugetraut wird.[103]

Bereits der Wortlaut des Art. 27 Abs. 2 EuGVVO (Art. 21 Abs. 2 EuGVÜ/LugÜ) spricht gegen eine Zuständigkeitsüberprüfung:[104] Danach muss das Zweitgericht erst abwarten, bis das Erstgericht über seine Zuständigkeit entschieden hat. Auch die Gefahr widersprechender Entscheidungen bestünde, würde man dem Zweitgericht eine grundsätzliche Prüfungskompetenz hinsichtlich der Zuständigkeit des Erstgerichts zugestehen.[105] Der Grundsatz der *ipso iure*-Anerkennung von Entscheidungen des Gerichts eines Vertrags- bzw. Mitgliedstaates lässt zudem darauf schließen, dass eine Zuständigkeitsüberprüfung durch das Zweitgericht nicht erst im Rahmen der Anerkennung von Entscheidungen, sondern bereits bei der vorgelagerten Rechtshängigkeitsstufe unterbleiben soll.[106]

Fraglich ist jedoch, ob das Zweitgericht jedenfalls dann zur Überprüfung der Zuständigkeit des Erstgerichts befugt ist, wenn es ausschließlich zuständig ist, etwa weil die Parteien das Zweitgericht prorogiert haben. Darauf wird unten ausführlicher eingegangen.[107]

2. Art. 28 EuGVVO (Art. 22 EuGVÜ/LugÜ) als Wegbereiter

Eine weitere Litispendenzregelung findet sich in Art. 28 EuGVVO (Art. 22 EuGVÜ/LugÜ), der eingreifen kann, wenn die Voraussetzungen des Art. 27 EuGVVO (Art. 21 EuGVÜ/LugÜ) nicht vorliegen, insbesondere wenn keine vollkommene Identität der Parteien oder des Streitgegenstandes vorliegt.[108] Diese Vorschrift setzt voraus, dass in Zusammenhang stehende Klagen bei Gerichten verschiedener Mitgliedstaaten anhängig sind.[109] Im Zusammenhang stehen

---

[102] EuGH IPRax 1993, 34 (36), Rn. 23.

[103] Rauscher-*Leible*, Art. 27 Brüssel I-VO, Rn. 16; *Kropholler*, EZPR, Art. 27 EuGVVO, Rn. 19; *Dohm*, Die Einrede ausländischer Rechtshängigkeit (1996), 165.

[104] So auch *Bäumer*, Die ausländische Rechtshängigkeit (1999), 168.

[105] *Dohm*, Die Einrede ausländischer Rechtshängigkeit (1996), 165 f.).

[106] OLG Köln RIW 1991, 328 (330); *Hess*, JZ 1998, 1021 (1027).

[107] Vgl. unten § 4 B III, bei Fn. 159 ff.

[108] Musielak-*Weth*, Art. 28 EuGVVO, Rn. 1; Thomas / Putzo-*Hüßtege*, Art. 27 EuGVVO, Rn. 2; *Lenenbach*, EWS 1995, 361 (366); *Reischl*, IPRax 2003, 426 (429).

[109] Im Unterschied zu Art. 22 EuGVÜ/LugÜ setzt Art. 28 EuGVVO nicht voraus, dass die Klagen im ersten Rechtszug anhängig sind; vgl. Musielak-*Weth*, Art. 28 EuGVVO, Rn. 5; *Geimer*, IPRax 2004, 505 (506), Fn. 12; krit. *Schack*, IPRax 1989, 139 (140).

die Klagen gemäß dem autonom auszulegenden[110] Art. 28 Abs. 3 EuGVVO (Art. 22 Abs. 3 EuGVÜ/LugÜ), wenn zwischen ihnen eine so enge Beziehung gegeben ist, dass eine gemeinsame Verhandlung und Entscheidung geboten erscheint. Das später angegangene Gericht kann in einem solchen Fall nach pflichtgemäßem Ermessen das Verfahren aussetzen oder wegen Unzuständigkeit ein Prozessurteil erlassen (vgl. Art. 28 Abs. 2 EuGVVO bzw. Art. 22 Abs. 2 EuGVÜ/LugÜ).[111] Bisher haben die mitgliedstaatlichen Gerichte bei der Handhabung des Art. 28 EuGVVO (Art. 22 EuGVÜ/LugÜ) Zurückhaltung walten lassen.[112]

Auch für ‚Torpedoklagen' kann Art. 28 EuGVVO (Art. 22 EuGVÜ/LugÜ) eine Rolle spielen. Fördern kann ‚prozessuale Torpedos' dabei eine weite Auslegung des Begriffs des Zusammenhangs zwischen den Klagen im Rahmen von Art. 28 EuGVVO (Art. 22 EuGVÜ/LugÜ). Ein ‚Torpedokläger' würde außerdem begünstigt, wenn die Gerichte bei ihrer Ermessensentscheidung, ob sie das Zweitverfahren aussetzen, auch längere Prozessdauer am früher angerufenen Gericht nicht für eine Weiterführung des späteren Verfahrens ausreichen lassen. Diese zwei Fragestellungen sollen im folgenden untersucht werden.

a. Voraussetzung: Zusammenhang zwischen den Klagen

Der EuGH befürwortet einen weiten Begriff des Zusammenhangs zwischen mehreren Klagen. Im Interesse einer geordneten Rechtspflege, der die Vorschrift des Art. 28 EuGVVO (Art. 22 EuGVÜ/LugÜ) dient, sollen alle Fälle erfasst werden, in denen die Gefahr einander widersprechender Entscheidungen droht, selbst wenn die Entscheidungen getrennt vollstreckt werden können, und sich ihre Rechtsfolgen nicht gegenseitig ausschließen.[113] Entscheidend für die Konnexität der Verfahren ist infolge dessen lediglich, dass die tatsächliche Grundlage der Klagen dieselbe ist, bzw. dass die Klageziele identisch sind oder die Entscheidung beider Verfahren von derselben Frage abhängt.[114]

Die weite Auslegung ermöglicht zusätzliche Konstellationen von ‚Torpedoklagen'. Zum Beispiel könnte ein potenzieller Patentverletzer in verschiedenen Staaten negative Feststellungsklage hinsichtlich der Verletzung der jeweiligen

---

[110] EuGH Slg. 1994 I, 5439 (5475), Rn. 39 – *Tatry / Maciej Rataj*; Rauscher-*Leible*, Art. 28 Brüssel I-VO, Rn. 3; *Kropholler*, EZPR, Art. 28 EuGVVO, Rn. 3; Thomas / Putzo-*Hüßtege*, Art. 28 EuGVVO, Rn. 3; krit. *Wolf*, EuZW 1995, 365 (367).

[111] *Kropholler*, EZPR, Art. 28 EuGVVO, Rn. 10; *Schütze*, RIW 1975, 543 (545); *Lenenbach*, EWS 1995, 36 (367).

[112] Geimer / Schütze-*Geimer*, EZVR, Art. 28 EuGVVO, Rn. 3; *Koch*, Unvereinbare Entscheidungen (1993), 88.

[113] EuGH Slg. 1994 I, 5439 (5478), Rn. 53 – *Tatry / Maciej Rataj.*

[114] OLG Frankfurt/Main RIW 2001, 65 (66); Geimer / Schütze-*Geimer*, EZVR, Art. 28 EuGVVO, Rn. 11; Burgstaller / Neumayr-*Burgstaller / Neumayr*, Art. 28 EuGVVO, Rn. 12; *Lüpfert*, Konnexität (1997), 56.

nationalen Teile eines Europäischen Patents erheben.[115] Er könnte damit, obwohl es sich um unterschiedliche Ansprüche und folglich verschiedene Streitgegenstände im Sinne von Art. 27 EuGVVO (Art. 21 EuGVÜ/LugÜ) handelte, eine Rechtshängigkeitssperre gegenüber einer späteren Klage erzeugen, mit der die Verletzung anderer nationale Teile des Patents geltend gemacht würde. Eine entsprechende Konstellation hatte das Landgericht Düsseldorf im Jahr 1998 zu beurteilen.[116] Dabei klagte eine Patentinhaberin gegen die vermeintliche Patentverletzerin auf Unterlassung der Vermarktung von Gegenständen in Deutschland, die das Patent verletzten. Die Verletzerin hatte bereits in Italien negative Feststellungsklage auf Nichtverletzung mehrerer nationaler Teile des Patents gegen die Patentinhaberin und deren deutsche Tochtergesellschaft erhoben, und später eine negative Feststellungsklage gegen die italienische Tochtergesellschaft der Patentinhaberin angestrengt. Die erste negative Feststellungsklage hatte sie hinsichtlich des deutschen Teil des Patents wieder zurückgenommen.[117]

Gleichzeitig mit ihrer Klage begehrte die Patentinhaberin den Erlass einer einstweiligen Verfügung auf Unterlassen der Patentverletzung. Ein Verfügungsgrund dergestalt, dass wegen entgegenstehender Rechtshängigkeit nach Art. 27 EuGVVO (Art. 21 EuGVÜ/LugÜ) der Unterlassungsanspruch im Hauptsacheverfahren nicht mehr durchzusetzen war, bestand aber nicht, denn das später durch die Verletzerin eingeleitete Verfahren in Italien schwebte zwischen der italienischen Tochtergesellschaft der Patentinhaberin und der Patentverletzerin – es bestand also keine Parteiidentität.[118] Im früheren durch die Verletzerin eingeleiteten Verfahren war die Patentinhaberin zwar selbst Partei, diese negative Feststellungsklage war aber wieder in Bezug auf den deutschen Patentteil zurückgenommen worden. Hinsichtlich anderer, in den negativen Feststellungsklagen bezeichneter, nationaler Teile des Patents fehlte es an der Identität des Streitgegenstands, weil die Patentinhaberin nur auf Unterlassung der Verletzung des deutschen Patentteils geklagt hatte.

Eine Aussetzung des Verfahrens gemäß Art. 28 EuGVVO (Art. 22 EuGVÜ/LugÜ) und damit das Vorliegen eines Verfügungsgrundes hielt das Düsseldorfer Gericht im allgemeinen für möglich, auch wenn über die Verletzung eines anderen nationalen Teils desselben europäischen Patents gestritten wurde.[119] Es

[115] Vgl. *Grabinski*, FS Tilmann (2003), 461 (470); *ders.*, GRUR Int. 2001, 199 (211).

[116] LG Düsseldorf, GRUR Int. 1998, 803 – *Kondensatorspeicherzellen.*

[117] Der Sachverhalt wird hier leicht vereinfacht wiedergegeben: Im Fall des LG Düsseldorf hatte zunächst nur die Herstellerin die negativen Feststellungsklagen erhoben, während ein ihr zugehöriges Unternehmen, welches die patentverletzenden Produkte dann in Deutschland vertrieb, zunächst dem zweiten Verfahren per Interventionsklage beigetreten war, diese jedoch später wieder zurückgenommen hatte.

[118] LG Düsseldorf aaO, GRUR Int. 1998, 803 (804) – *Kondensatorspeicherzellen.*

[119] Im Streitfall betraf die Erstklage neben dem deutschen auch den britischen und französischen Teil des Patents, während sich die Zweitklägerin auf den deutschen Teil des Patents bezogen hatte.

legte also einen sehr weiten Konnexitätsbegriff zugrunde und bejahte den Zusammenhang schon aufgrund der tatsächlichen Grundlage der Klagen, nämlich des zugrunde liegenden europäischen Patents. Allerdings war im konkreten Fall eine Aussetzung nach Ansicht des Gerichts nicht statthaft, weil das italienische Verfahren zu lange gedauert hätte und somit der geltend gemachte Unterlassungsanspruch nicht mehr rechtzeitig hätte durchgesetzt werden können.[120]

Das Beispiel macht deutlich, dass über Art. 28 EuGVVO (Art. 22 EuGVÜ/LugÜ) der Anwendungsbereich für ‚Torpedos' ausgeweitet wird: Art. 28 EuGVVO (Art. 21 EuGVÜ/LugÜ) stellt das Erfordernis der Parteiidentität nicht auf und erfasst damit über Art. 27 EuGVVO (Art. 21 EuGVÜ/LugÜ) hinausgehende Fälle. Es genügt bereits, dass zwischen den Klagen ein Zusammenhang besteht und dass eine Entscheidung in beiden Verfahren von derselben Frage abhängt, etwa von der Verletzung eines europäischen Patents. Unbeachtlich ist, in welcher Beziehung die Parteien zueinander stehen.[121]

‚Torpedoklagen' können sich deshalb in sehr unterschiedlichen Situationen ergeben: Zum Beispiel in der, dass eine Forderung abgetreten wird, und nun der Zessionar den vermeintlichen Schuldner zuerst verklagt. Klagt der Schuldner später gegen den Zessionar, steht dem Verfahren bereits Art. 27 EuGVVO (Art. 21 EuGVÜ/LugÜ) entgegen. Aber auch gegenüber dem Zedenten kann der Schuldner mit einer später erhobenen Zweitklage blockiert sein, weil die tatsächliche Grundlage und das Ziel der Klagen übereinstimmen. Verfolgt etwa der Zessionar einen Anspruch wegen der Vornahme von Börsentermingeschäften gegen den Schuldner, und greift ihm gegenüber Art. 27 EuGVVO (Art. 21 EuGVÜ/LugÜ) ein, so kann der Schuldner nach Art. 28 EuGVVO (Art. 22 EuGVÜ/LugÜ) gegenüber dem Zedenten gesperrt sein, sofern es sich um einen übereinstimmenden Lebenssachverhalt handelte.[122] Sind bei einem einheitlichen, in Streit stehenden Lebenssachverhalt mehrere Gläubiger beteiligt, ist eine ‚Torpedoklage' mit weitreichenden Wirkungen aufgrund des weiten Konnexitätsbegriffs also zumindest denkbar.[123]

---

[120] LG Düsseldorf IPRspr. 1998, Nr. 174 (S. 343) – *Kondensatorspeicherzellen.*

[121] OLG Stuttgart RIW 2000, 954 (955); Rauscher-*Leible*, Art. 28 Brüssel I-VO, Rn. 3; *Kropholler*, EZPR, Art. 28 EuGVVO, Rn. 5; *Wolf*, EuZW 1995, 365 (366).

[122] Vgl. die Konstellation bei OLG Frankfurt/Main IPRax 2001, 227 (227 f.), wo die Zweitklägerin den Zedenten mit Börsentermingeschäften an der Londoner Börse beauftragt hatte. Die Zedentin trat ihre Forderungen an die Zessionarin ab, die daraufhin Erstklage auf Zahlung erhob. Die Zweitklage der Klägerin stellte eine negative Feststellungsklage dar, dass sie nichts schulde; gegenüber der Zessionarin griff Art. 27 EuGVVO (Art. 21 EuGVÜ/LugÜ) ein, gegenüber der Zedentin Art. 28 EuGVVO (Art. 22 EuGVÜ/LugÜ), der jedoch wegen mangelnder Anerkennungsfähigkeit im konkreten Fall nicht durchgriff; dazu *Geimer*, IPRax 2001, 191 (192).

[123] Vgl. zu Patentverletzungsverfahren, in denen z. B. gegen einzelne Tochtergesellschaften geklagt wurde, *Tilmann / v. Falck*, GRUR 2000, 579 (580 f.); auch der Fall *Tatry / Maciej Rataj*, EuGH Slg. 1994 I, 5439 (5477 ff.), betraf eine Situation, in der mehrere Gläubiger auf-

Auch wenn es sich nur um zwei Parteien handelt, kann die Sperre des Art. 28 EuGVVO (Art. 22 EuGVÜ/LugÜ) eingreifen. Dies ist zum Beispiel dann der Fall, wenn die Zweitklägerin im Rahmen eines Kaufvertrages auf Kaufpreiszahlung wegen diverser Lieferungen klagt, die Erstklägerin jedoch bereits zuvor Klage wegen Sachmängeln erhoben hat, auch wenn die Klagen nur zum Teil dieselben Lieferungen betreffen.[124] Tatsächliche Grundlage der Klagen ist nämlich jeweils die Gesamtheit der Lieferungen, und Vorfrage der Klagen ist jeweils deren Mangelhaftigkeit. Art. 28 EuGVVO (Art. 22 EuGVÜ/LugÜ) kann also auch dann eingreifen, wenn Art. 27 EuGVVO (Art. 21 EuGVÜ/LugÜ) – in diesem Fall, weil es sich um unterschiedliche Lieferungen handelt, hinsichtlich derer zum einen Rückerstattung des Kaufpreises, zum anderen Kaufpreiszahlung gefordert wird – nicht zur Anwendung kommt.

Eine Erstklage kann also auch im Rahmen des Art. 28 EuGVVO (Art. 22 EuGVÜ/LugÜ) nach dem weiten Begriff des Zusammenhangs eine Leistungsklage blockieren, sofern die Klagen auf einer einheitlichen tatsächlichen Grundlage beruhen, zum Beispiel auf Grundlage eines einheitlichen Vertragsverhältnisses verschiedene Ansprüche eingeklagt werden.[125] ‚Torpedoklagen' werden von der Rechtshängigkeitsregel des Art. 28 EuGVVO (Art. 22 EuGVÜ/LugÜ) begünstigt.

Allerdings ist zu beachten, dass die Unterschiede zwischen Art. 27 und Art. 28 EuGVVO (Art. 21 und 22 EuGVÜ/LugÜ) insbesondere aufgrund des weiten Streitgegenstandsbegriffs des EuGH bei Art. 27 EuGVVO (Art. 21 EuGVÜ/LugÜ) nur gering sind.[126] Art. 28 EuGVVO (Art. 22 EuGVÜ/LugÜ) greift gegenüber Art. 27 EuGVVO (Art. 21 EuGVÜ/LugÜ) nur dann ein, wenn im späteren Verfahren ein Rechtsschutzinteresse verfolgt wird, das nicht mit dem des ersten Verfahrens identisch ist, worüber aber im Interesse der Entscheidungs- und Prozessökonomie nicht unabhängig entschieden werden sollte.[127] Art. 28 EuGVVO (Art. 22 EuGVÜ/LugÜ) ist also in seinem Anwendungsbereich beschränkt, ermöglicht jedoch bestimmte Konstellationen von ‚Torpedoklagen', in denen Anspruchs- oder Parteiidentität nicht vorliegt.

b. Ermessen des später angerufenen Gerichts bezüglich der Aussetzung des Verfahrens

Entscheidender Punkt in Bezug auf ‚Torpedoklagen' ist die Frage, wie das später angerufene Gericht im Rahmen des Art. 28 EuGVVO (Art. 22 EuG-

---

grund eines einheitlichen Sachverhalts klagten, nämlich wegen der Verunreinigung verschiedener Teile einer Schiffsladung Sojaöls; vgl. auch OLG Stuttgart RIW 2000, 954 (954 f.).

[124] Vgl. den Fall des Court d'Appel Versailles, EWS 1996, 366 (366 f.).

[125] LG Frankfurt, IPRspr. 1991, Nr. 197 (S. 408); *Kropholler*, EZPR, Art. 28 EuGVVO, Rn. 5.

[126] *Hau*, IPRax 1996, 177 (178); krit. *Schlosser*, EUZ, Art. 28 EuGVVO, Rn. 2.

[127] *Lüpfert*, Konnexität (1997), 124.

VÜ/LugÜ) sein Ermessen hinsichtlich der Verfahrensaussetzung auszuüben hat. Eine positive Anerkennungsprognose ist zwar nach überwiegender Auffassung wie bei Art. 27 EuGVVO (Art. 21 EuGVÜ/LugÜ) nicht erforderlich.[128] Allerdings setzt die Ermessensentscheidung des Gerichts eine umfassende Abwägung voraus, in die auch die voraussichtliche Anerkennungsfähigkeit der im anderen Verfahren ergehenden Entscheidung einzubeziehen ist.[129] Außerdem sind etwa die Interessen der Parteien im konkreten Fall, die bessere Eignung eines der Gerichte zur Entscheidung in der Sache oder die Nähe der Verfahren zueinander zu berücksichtigen.[130]

aa. Meinungsstand zur überlangen Verfahrensdauer als Faktor bei der Abwägung

Zu fragen ist, ob auch die überlange Verfahrensdauer vor dem zuerst angerufenen Gericht ein Faktor sein kann, der zugunsten einer Weiterführung des Verfahrens durch das Zweitgericht spricht. In der Rechtsprechung wurde dies zum Teil verneint: Das europäische Gerichtsstands- und Vollstreckungsrecht gehe von der Gleichwertigkeit des Rechtsschutzes in den Vertragsstaaten aus, und zur Verwirklichung dieses Gedankens sei das Verfahren auszusetzen. Eine lange Verfahrensdauer allein könne deshalb nicht eine Weiterführung des späteren Verfahrens rechtfertigen.[131] Zum Teil wurde dagegen von der Entscheidung zur Aussetzung abgesehen: Im eben geschilderten[132] Fall verneinte das Landgericht Düsseldorf eine Aussetzung, weil die beiderseitigen Interessen abzuwägen seien, und bei einer voraussichtlich langen Verfahrensdauer vor dem zuerst angerufenen Gericht die Interessen einer Partei vereitelt werden könnten.[133] Auch in der Literatur wird die voraussichtliche Dauer des Erstprozesses als ein die Abwägung beeinflussender Faktor angesehen.[134]

---

[128] OLG Frankfurt/Main RIW 2001, 65 (66); Geimer / Schütze-*Geimer*, EZVR, Art. 28 EuGVVO, Rn. 16; Rauscher-*Leible*, Art. 28 Brüssel I-VO, Rn. 5; *Kropholler*, Art. 28 EuGVVO, Rn. 7; Geimer / Schütze-*Försterling*, Int. Rechtsverkehr, Art. 27 EuGVVO, Rn. 31; *Schack*, IZVR, Rn. 766.

[129] *Schlosser*, EUZ, Art. 28 EuGVVO, Rn. 7; *Schack*, IZVR, Rn. 766; aA *Schütze*, RIW 1975, 543 (544 f.); *Schütze / Kratzsch*, RIW 2000, 939 (942).

[130] Rauscher-*Leible*, Art. 28 Brüssel I-VO, Rn. 7; Geimer / Schütze-*Geimer*, EZVR, Art. 28 EuGVVO, Rn. 20 ff.; *Schütze / Kratzsch*, RIW 2000, 939 (941 f.).

[131] LG Frankfurt, IPRspr. 1991, Nr. 197 (S. 409): eine der wenigen Entscheidungen zu ‚Torpedoklagen', in denen auch Art. 22 EuGVÜ angesprochen wird.

[132] S. oben § 3 A I 2 a, Fn. 116.

[133] LG Düsseldorf GRUR Int. 1998, 803 (804) – *Kondensatorspeicherzellen*; zustimmend *Grabinski*, FS Tilmann (2003), 461 (470); ähnlich OLG Düsseldorf IPRspr. 2000, Nr. 128 (S. 275).

[134] *Kropholler*, EZPR, Art. 28 EuGVVO, Rn. 10; Rauscher-*Leible*, Art. 28 Brüssel I-VO, Rn. 7; Geimer / Schütze-*Geimer*, EZVR, Art. 28 EuGVVO, Rn. 21; *ders.*, IPRax 2001, 191 (192); Geimer / Schütze-*Safferling*, Int. Rechtsverkehr, Art. 22 EuGVÜ, Rn. 4 (‚Gebot effektiven

bb. Diskussion und Stellungnahme

Bei der Entscheidung über die Aussetzung liegt es für ein deutsches Gericht nahe, die Grundsätze heranzuziehen, die zu § 148 ZPO entwickelt worden sind.[135] Auch hier sind die Interessen der Parteien, die Prozessökonomie und die Gefahr einer Verfahrensverschleppung gegeneinander abzuwägen.[136] Das Erfordernis einer Abwägung ergibt sich daraus, dass der Justizgewährungsanspruch durch Art. 28 EuGVVO (Art. 22 EuGVÜ/LugÜ) noch stärker als durch den engeren Art. 27 EuGVVO (Art. 21 EuGVÜ/LugÜ) eingeschränkt wird.[137]

Der Zweitkläger hat in ‚Torpedo'-Fällen ein starkes Interesse an der schnellen Durchführung eines Verfahrens, um seinen Anspruch realisieren zu können. Auch der ‚Torpedokläger' verfolgt bestimmte Interessen, die nicht illegitim sein müssen. Er ist zum Beispiel aufgrund der Vertrautheit seines Heimatrechts an einer Klage vor Gerichten seines Heimatstaats interessiert.[138] In der Situation einer ‚Torpedoklage' werden allerdings die Interessen des Zweitklägers weitaus stärker belastet, weil bei einer Sperrwirkung des Erstprozesses eine Vereitelung oder zumindest eine unangemessene Verzögerung der Durchsetzung seines Anspruchs droht. Eine solch erhebliche Benachteiligung wird bei der Abwägung in der Regel den Ausschlag geben, so dass das Zweitverfahren fortzuführen ist. Denn wenn bereits der unterschiedliche Stand der Verhandlungen in konnexen Verfahren und der damit verbundene Arbeitsaufwand einer Partei eine Weiterführung des späteren Verfahrens rechtfertigen kann,[139] muss eine Weiterführung um so mehr in Betracht kommen, wenn infolge einer Aussetzung der Gläubiger seinen Anspruch gar nicht mehr durchsetzen könnte. Im übrigen kann auch die Wertung der ‚Torpedoklage' als rechtsmissbräuchlich die Abwägung beeinflussen und zugunsten einer Weiterführung des Zweitprozesses ins Gewicht fallen.[140] Dagegen wird eine voraussichtlich mangelnde Anerkennungsfähigkeit der vor dem Erstgericht ergehenden Entscheidung wegen *ordre public*-Verstoßes nach Art. 34 Nr. 1 EuGVVO (Art. 27 Nr. 1 EuGVÜ/LugÜ) wohl kaum den Aus-

Rechtsschutzes'); Thomas / Putzo-*Hüßtege*, Art. 28 EuGVVO, Rn. 8; *Lüpfert*, Konnexität (1997), 212; *Donzallaz*, La Convention de Lugano, § 1564, mit Blick auf das Voranschreiten des Verfahrens.

[135] LG Düsseldorf GRUR Int. 1998, 803 (804); Zöller-*Geimer*, Art. 27 EuGVVO, Rn. 7; *Schlosser*, EUZ, Art. 28 EuGVVO, Rn. 5; Thomas / Putzo-*Hüßtege*, Art. 28 EuGVVO, Rn. 8.

[136] OLG Frankfurt/Main IPRax 2002, 523 (525); OLG München WM 1989, 1282 (1283); Musielak-*Stadler*, § 148 ZPO, Rn. 8; MünchKommZPO-*Peters*, § 148 ZPO, Rn. 14; Baumbach / Lauterbach-*Hartmann*, § 148 ZPO, Rn. 34.

[137] Vgl. Geimer / Schütze-*Geimer*, EZVR, Art. 28 EuGVVO, Rn. 3; *Koch*, Unvereinbare Entscheidungen (1993), 87.

[138] Vgl. dazu oben § 2 A III 1, bei Fn. 152.

[139] OLG Düsseldorf IPRspr. 2000, Nr. 128 (S. 275).

[140] OLG Hamm IPRax 1986, 233 (234); Geimer / Schütze-*Geimer*, EZVR, Art. 28 EuGVVO, Rn. 24; *Lüpfert*, Konnexität (1997), 213.

schlag geben, weil der verfahrensrechtliche *ordre public* nur in krassen Ausnahmefällen eingreift.[141]

Der Grundsatz der Gleichwertigkeit der Gerichte der Mitgliedstaaten wird durch eine Weiterführung des Zweitverfahrens nicht in Frage gestellt. Denn eine Aussetzung des Verfahrens steht bei Art. 28 EuGVVO (Art. 22 EuGVÜ/LugÜ) im Ermessen des Gerichts, während Art. 27 EuGVVO (Art. 21 EuGVÜ/LugÜ) eine Aussetzungspflicht des Zweitgerichts vorsieht. Daran wird deutlich, dass bei Art. 28 EuGVVO (Art. 22 EuGVÜ/LugÜ) die Parteiinteressen gerade eine Rolle spielen sollen, während dies bei Art. 27 EuGVVO (Art. 21 EuGVÜ/LugÜ) grundsätzlich[142] nicht der Fall ist.[143] Auch die Dauer des früher begonnenen Verfahrens kann die Parteiinteressen beeinträchtigen und ist damit bei der Abwägung zu berücksichtigen.

Die Weiterführung des späteren Verfahrens ist jedoch nur dann zu erwarten, wenn eine Anspruchsvereitelung bzw. -verzögerung durch die Langsamkeit des Erstgerichts dargetan ist. Zweifelhaft ist demgegenüber, ob die Gerichte den Einwand des Zweitklägers akzeptieren werden, die Gerichte des Staates des Erstgerichts arbeiteten *in der Regel* so langsam, dass sein Rechtsschutzanspruch unzumutbar beeinträchtigt werde. Die deutschen Gerichte waren hier sehr zurückhaltend und setzten das Verfahren regelmäßig aus – wie das Landgericht Frankfurt in einem Fall aus dem Jahre 1991, in dem es einen Zusammenhang im Sinne des Art. 28 EuGVVO (Art. 22 EuGVÜ/LugÜ) bereits bejahte, weil die Frage der jeweiligen Zuständigkeit des Erst- und Zweitgerichts für Streitigkeiten aus demselben Vertrag von der Wirksamkeit einer Gerichtsstandsvereinbarung abhing.[144] Die bloß *möglicherweise* lange ausländische Verfahrensdauer rechtfertige eine Aussetzung nicht.

Gegen eine Verfahrensaussetzung aufgrund *generell* langer Prozessdauer spricht, dass der Grundsatz der Gleichwertigkeit der mitgliedstaatlichen Gerichte ausgehöhlt werden könnte. Danach wird auch die Einräumung von Ermessen nicht dazu führen, dass ‚Torpedos' durch Art. 28 EuGVVO (Art. 22 EuGVÜ/LugÜ) vermindert werden. Anders kann man allerdings dann urteilen, wenn eine lange Verfahrensdauer im konkreten Fall bereits eingetreten ist. Dazu soll unten Stellung genommen werden.[145]

---

[141] Vgl. dazu unten § 3 B I 3 b, bei Fn. 389.
[142] Vgl. zu möglichen Ausnahmen unten § 4 B I 2 b, bei Fn. 118.
[143] Geimer / Schütze-*Geimer*, EZVR, Art. 28 EuGVVO, Rn. 25; *ders.*, IPRax 1986, 208 (216) mit dem Hinweis, öffentliche Interessen seien im Rahmen des Art. 22 EuGVÜ nicht zu beachten.
[144] LG Frankfurt/Main, IPRspr. 1991, Nr. 197.
[145] Vgl. unten § 4 B I 2 b, bei Fn. 129.

3. Art. 19 EheGVO als Wegbereiter

Ein Wegbereiter für ‚Torpedoklagen', zum Beispiel in Gestaltungsfällen, könnte Art. 19 der europäischen Ehe-Verordnung sein. Die EheGVO[146] ist am 1. März 2005 in Kraft getreten und löst die Verordnung (EG) 1347/2000[147] (hier im folgenden als EuEheVO bezeichnet) ab, die seit 1. März 2001 galt.[148] Die EheGVO regelt für Ehesachen und Verfahren zur elterlichen Verantwortung namentlich die Zuständigkeit sowie die Anerkennung und die Vollstreckung von Entscheidungen.[149] Ihr Ziel ist es insbesondere, den freien Verkehr von Eheentscheidungen im Binnenmarkt zu ermöglichen, also zügige Exequaturverfahren und Rechtssicherheit im Bereich der Gerichtsbarkeit zu gewährleisten.[150]

Die Verordnung gilt ausweislich ihres Art. 1 Abs. 1 lit. a unter anderem für Ehescheidungsverfahren – im Verhältnis zur EuEheVO ändert sich hier nichts.[151] Nach überwiegender Meinung sollen auch Klagen auf Feststellung der Wirksamkeit oder Nichtigkeit der Ehe von der Verordnung erfasst werden.[152] Die zunehmend zumindest für positive Feststellungsklagen vertretene Gegenansicht[153] scheint indes überzeugend, da zum einen Art. 1 Abs. 1 lit. a EheGVO ersichtlich nicht auf positive Feststellung des Bestehens einer Ehe zugeschnitten ist, zum anderen eine Anerkennung von negativen Feststellungsentscheidungen

---

[146] Verordnung (EG) Nr. 2201/2003 des Rates vom 27. November 2003 über die Zuständigkeit und die Anerkennung und Vollstreckung von Entscheidungen in Ehesachen und in Verfahren betreffend die elterliche Verantwortung und zur Aufhebung der Verordnung (EG) Nr. 1347/2000 (‚Brüssel IIa-Verordnung'), ABl.EG 2003, Nr. L 338/1.

[147] ABl.EG 2000, Nr. L 160/19.

[148] Zur geschichtlichen Entwicklung s. Staudinger-*Spellenberg*, Vorbem zu Art. 1 EheGVO, Rn. 1 ff.; *Dilger*, Die Regelungen zur internationalen Zuständigkeit (2004), Rn. 5 ff.; *Kohler*, FamRZ 2002, 709 ff.

[149] *Kropholler*, EZPR, Einl., Rn. 80; Burgstaller / Neumayr-*Neumayr*, vor Art. 1 EheGVVO (a. F.), Rn. 7.

[150] Burgstaller / Neumayr-*Neumayr*, vor Art. 1 EheGVVO (a. F.), Rn. 7; *Koch*, JuS 2003, 105 (107).

[151] Allerdings erstreckt die EheGVO den sachlichen Anwendungsbereich auf Umgangs- und Sorgerechtsstreitigkeiten, die nicht im Zusammenhang mit der Ehesache stehen, sowie auf solche für nichteheliche Kinder, vgl. *Meyer-Götz / Noltemeier*, FPR 2004, 282 (283); *Wagner*, NJW 2004, 1835 (1835); Staudinger-*Spellenberg*, Art. 1 EheGVO, Rn. 3.

[152] Thomas / Putzo-*Hüßtege*, Art. 1 EheGVO a. F., Rn. 2; Musielak-*Borth*, § 606a ZPO, Rn. 28; *Schlosser*, EUZ, Art. 1 EuEheVO, Rn. 2, für analoge Anwendbarkeit; *Koch / Magus / Winkler v. Mohrenfels*, IPR und Rechtsvergleichung, 43; *Kropholler*, IPR, § 56 III 2 b (S. 576); *v. Hoffmann / Thorn*, IPR, § 8, Rn. 61; *Niklas*, Die europäische Zuständigkeitsordnung (2003), 30 f.; *Fuchs / Tölg*, ZfRV 2002, 95.

[153] *Schlosser*, EUZ, Art. 1 EuEheVO, Rn. 2; MünchKommZPO-*Gottwald*, Art. 1 EheGVO a. F., Rn. 2; Geimer / Schütze-*Dilger*, Int. Rechtsverkehr, Art. 1 VO Nr. 2201/2003, Rn. 13 ff., mit umfassenden Hinweisen zum Streitstand; *Simotta*, FS Jelinek (2002), 291 (301); *Gördes*, Internationale Zuständigkeit (2004), 52; *Helms*, FamRZ 2001, 257 (259).

zweifelhaft erscheint.[154] Räumlich-persönlich erfordert die EheGVO, dass die Voraussetzungen der Art. 3-6 der Verordnung für die internationale Zuständigkeit gegeben sind.[155] Diese setzen eine Nähebeziehung der Parteien zu den Mitgliedstaaten der Gemeinschaft voraus.[156] Zentraler Anknüpfungspunkt ist der gewöhnliche Aufenthalt der Ehepartner (vgl. Art. 3 EheGVO).[157]

a. Blockadewirkung der Rechtshängigkeitsregelung

Die Rechtshängigkeitsregelung des Art. 19 EheGVO könnte für ‚Torpedoklagen' dann relevant werden, wenn beide Ehepartner, die eine Nähebeziehung zu den Mitgliedstaaten der Gemeinschaft aufweisen, nacheinander die Scheidung bei verschiedenen Gerichten begehren oder etwa ein Verfahren über die elterliche Verantwortung anstrengen. Art. 19 EheGVO übernimmt weitgehend[158] Art. 11 EuEheVO und trifft eine Art. 27 EuGVVO (Art. 21 EuGVÜ) verwandte Regelung: Danach hat bei Anträgen identischer Parteien vor Gerichten verschiedener Mitgliedstaaten das später angerufene Gericht das Verfahren auszusetzen, bis die Zuständigkeit des Erstgerichts geklärt ist.

Parteiidentität liegt vor, wenn an beiden Verfahren dieselben Personen beteiligt sind, wenn auch in unterschiedlichen Parteirollen. Bei den selteneren[159] Mehrparteienverfahren ist, soweit möglich, im Verhältnis von jeweils zwei Parteien zu prüfen, ob Parteiidentität vorliegt.[160] Den Beginn der Rechtshängigkeit regelt nun Art. 16 EheGVO der Vorschrift des Art. 30 EuGVVO entsprechend und bringt damit eine wichtige Vereinheitlichung im Bereich der Familiensachen.[161]

aa. Identität des Streitgegenstandes bei Ehesachen (Art. 19 Abs. 1 EheGVO)

Art. 19 EheGVO setzt wie Art. 27 EuGVVO (Art. 21 EuGVÜ) Streitgegenstandsidentität voraus. Für die vorher geltende EuEheVO war streitig, wann eine solche Identität der Streitgegenstände gegeben war.[162] Zum einen wurde die ‚Kernpunkttheorie' herangezogen, die der EuGH zu Art. 27 EuGVVO (Art. 21

---

[154] Geimer / Schütze-*Dilger*, Int. Rechtsverkehr, Art. 1 VO Nr. 2201/2003, Rn. 16.

[155] Staudinger-*Spellenberg*, Art. 1 EuGVO, Rn. 33 f.; *v. Hoffmann / Thorn*, IPR, § 8, Rn. 61a; eine Definition des räumlich-persönlichen Anwendungsbereichs ist in der Verordnung mithin nicht enthalten.

[156] Wegen des Anknüpfungspunktes des gewöhnlichen Aufenthaltes gilt die Verordnung auch für Drittstaatsangehörige, vgl. *Breuer*, FPR 2005, 74 (78).

[157] Burgstaller / Neumayr-*Neumayr*, Art. 2 EheGVVO (a. F.), Rn. 8; Thomas / Putzo-*Hüßtege*, Art. 2 EheVO, Rn. 2; Rauscher-*Rauscher*, Art. 3 Brüssel II-VO, Rn. 2.

[158] Art. 4 des Art. 11 EuEheVO ist nun in Art. 16 EheGVO eigenständig geregelt.

[159] Staudinger-*Spellenberg*, Art. 19 EheGVO, Rn. 10.

[160] Vgl. Baumbach / Lauterbach-*Albers*, Art. 11 EheGVVO a. F., Rn. 5.

[161] Zu den Hintergründen vgl. Staudinger-*Spellenberg*, Art. 16 EheGVO, Rn. 2.

[162] Vgl. Thomas / Putzo-*Hüßtege*, Art. 11 EheVO, Rn. 6; *Wagner*, FPR 2004, 286 (289).

EuGVÜ/LugÜ) entwickelt hatte.[163] Andere kritisierten diesen Vorschlag und meinten, es könne nicht für alle denkbaren Ehesachen ein einziger Streitgegenstand bestimmt werden, vielmehr müssten bestimmte Kategorien gebildet werden.[164] Allerdings kann die Entscheidung zwischen den unterschiedlichen Auffassungen weitgehend offen bleiben:[165] Art. 11 Abs. 1 EuEheVO bestimmte nämlich, dass das Verfahren auszusetzen war, wenn es sich um ,denselben Anspruch' handelte. Dagegen zählte Abs. 2 der Regelung verschiedene Arten von Anträgen in Ehesachen auf, die Rechtshängigkeit begründeten, auch wenn nicht derselbe Anspruch betroffen war. Wenn man nun unter Art. 11 Abs. 1 EuEheVO alle Anträge in Ehesachen, die vom sachlichen Anwendungsbereich der Verordnung umfasst waren, einordnete, so gelangte man zu dem Ergebnis, dass genau die Anträge betroffen waren, die Art. 11 Abs. 2 EuEheVO auflistete: Anträge auf Ehescheidung, Trennung ohne Auflösung des Ehebands oder Ungültigerklärung einer Ehe. In der Folge bedeutete dies, dass die Prioritätsregel des Art. 11 EuEheVO für diese Anträge auf Statusänderung immer galt, unabhängig davon, ob sie denselben Anspruch betrafen oder nicht. Die neue EheGVO bestätigt diese Auslegung, indem sie die Absätze 1 und 2 des Art. 11 EuEheVO in ihrem Art. 19 Abs. 1 zusammenfasst, ohne diese inhaltlich ändern zu wollen.[166] Bei Anträgen auf Statusänderung ist also die Rechtshängigkeitssperre für spätere Anträge begründet, die unter den sachlichen Anwendungsbereich der Verordnung fallen, unabhängig von deren jeweiligen ,Kernpunkt'.

Wie im autonomen deutschen Recht ist somit auch im Rahmen der EheGVO unerheblich, auf welche Scheidungsgründe die Scheidungsanträge gestützt werden.[167] Rechtshängigkeit ist also etwa begründet bei zwei auf das gleiche Ziel gerichteten Scheidungsanträgen, aber auch zum Beispiel bei einem früheren Scheidungsantrag und einem nachfolgenden Antrag auf Ungültigerklärung der Ehe.[168] Ferner ist eine Anerkennungsprognose wie bei Art. 27 EuGVVO (Art. 21 EuGVÜ/LugÜ) nicht erforderlich.

---

[163] Thomas / Putzo-*Hüßtege*, Art. 11 EheVO, Rn. 6; Baumbach / Lauterbach-*Albers*, Art. 11 EheGVVO a. F., Rn. 5; *Hajnczyk*, Die Zuständigkeit für Entscheidungen (2003), 128, 135; *Kohler*, NJW 2001, 10 (12); *ders.*, in: Mansel, Vergemeinschaftung (2001), 41 (43); *Hau*, FamRZ 2000, 1333 (1339); auch der *Borrás*-Bericht, ABl.EG 1998 Nr. C 221/27, Rn. 52 verweist auf die Norm des Art. 21 EuGVÜ.

[164] *Schlosser*, EUZ, Art. 11 EuEheVO, Rn. 2; MünchKommZPO-*Gottwald*, Art. 11 EheVO (a. F.), Rn. 3.

[165] So auch Staudinger-*Spellenberg*, Art. 19 EheGVO, Rn. 9; *Schlosser*, EUZ, Art. 11 EheVO, Rn. 2; *Wagner*, FPR 2004, 286 (289); *Gruber*, FamRZ 2000, 1129 (1131 f.); für eine Festlegung auf die ,Kernpunkttheorie' weiterhin Musielak-*Borth*, § 606a ZPO, Rn. 37.

[166] *Wagner*, FPR 2004, 286 (289).

[167] *Schlosser*, EUZ, Art. 11 EheVO, Rn. 2; *Gaudemet-Tallon*, JDI 2001, 381 (400), Nr. 48.

[168] *Schlosser*, EUZ, Art. 11 EheVO, Rn. 6; *Kohler*, NJW 2001, 10 (12); *Hau*, FamRZ 2000, 1333 (1339).

bb. Identität des Streitgegenstandes bei Verfahren über die elterliche Verantwortung (Art. 19 Abs. 2 EheGVO)

Geht es bei der Erstklage um ein Verfahren über die elterliche Verantwortung, so greift Art. 19 Abs. 2 EheGVO ein. Da Art. 19 Abs. 2 EheGVO nicht wie Art. 19 Abs. 1 die Verfahrensgegenstände beschreibt, die Sperrwirkung entfalten, bietet sich hier wegen der Nähe zum EuGVÜ bzw. zur EuGVVO[169] eine Anwendung der ‚Kernpunktrechtsprechung'[170] des EuGH zu Art. 27 EuGVVO (Art. 21 EuGVÜ/LugÜ) an.[171] Ein engerer Streitgegenstandsbegriff ist nicht zu empfehlen, wenn man sich vergegenwärtigt, dass auch Art. 19 Abs. 1 EheGVO ein ähnlich weites Verständnis der Streitgegenstandsidentität zeigt. Denkbares Beispiel ist, dass im Ausland im Zusammenhang mit einem Scheidungsverfahren ein Antrag auf Zuweisung des Sorgerechts gestellt wird, und dann im Inland isoliert die Übertragung des Umgangsrechts begehrt wird. Da das Umgangsrecht von der Regelung des Sorgerechts abhängig ist, wird man eine Streitgegenstandsidentität bejahen müssen, sofern es sich um dasselbe Kind derselben Eltern handelt.[172]

Weggefallen ist unter der EheGVO die Problematik der Rechtshängigkeitssperre einer Ehesache für ein Verfahren über die elterliche Verantwortung.[173] Unter der EuEheVO konnte es dazu kommen, dass ein isoliertes Sorgerechtsverfahren im Inland angestrengt wurde, und darauf ein Trennungsverfahren im Ausland. Wurde dann später ein inländisches Scheidungsverfahren eingeleitet, konnte dies dazu führen, dass das zuerst begonnene Sorgerechtsverfahren nicht mehr als ‚selbstständiges' Verfahren angesehen wurde, sondern gleichsam als Teil des inländischen Scheidungsverfahrens.[174] Es wurde deshalb – ebenso wie das inländische Scheidungsverfahren – von der Sperrwirkung des ausländischen Trennungsverfahrens erfasst. Da die EheGVO die Konnexität zwischen Eheverfahren und Verfahren über die elterliche Verantwortung aufhebt, begründet nunmehr das zuerst eingeleitete Sorgerechtsverfahren eigenständig eine Rechtshängigkeitssperre für spätere Sorgerechtsverfahren und wird nicht von der Rechtshängigkeit einer Ehesache gesperrt.[175]

---

[169] Vgl. *Borrás*-Bericht, ABl.EG 1998, Nr. C 221/27 ff., Rn. 12.

[170] Vgl. dazu oben § 3 A I 1 a bb, bei Fn. 46 ff.

[171] Hk-ZPO/*Dörner*, Art. 19 EheGVVO, Rn. 4; Staudinger-*Spellenberg*, Art. 19 EheGVO, Rn. 9, 33; Geimer / Schütze-*Dilger*, Int. Rechtsverkehr, VO Nr. 2201/2003, Rn. 19; ähnlich Rauscher-*Rauscher*, Art. 11 Brüssel II-VO, Rn. 17.

[172] Staudinger-*Spellenberg*, Art. 19 EheGVO, Rn. 33; *Schlosser*, EUZ, Art. 11 EuEheVO, Rn. 3.

[173] Vgl. *Dilger*, Die Regelungen zur internationalen Zuständigkeit (2004), Rn. 336; *Gruber*, IPRax 2004, 507 (509 f.).

[174] So die Lösung des OLG Karlsruhe, IPRspr. 2003, Nr. 210; zust. *Hohloch*, Bericht zur Entscheidung, JuS 2004, 1104 (1106).

[175] *Gruber*, IPRax 2004, 507 (509 f.).

Verfahren über die elterliche Verantwortung eignen sich nach alledem für eine ‚Torpedoklage', denn auch hier kann der Erstkläger eine Rechtshängigkeitssperre herbeiführen.

b. Fortbestehen der Blockadewirkung durch eine perpetuatio fori

Fraglich ist, ob der Begründung einer Rechtshängigkeitssperre entgegensteht, dass die EheGVO keine *perpetuatio fori*, also kein Fortbestehen der internationalen Zuständigkeit bei Veränderung der zuständigkeitsbegründenden Umstände, kennt. Dies ist zumindest bei Ehesachen nicht so, hier lässt sich eine *perpetuatio fori* annehmen. Die EheGVO sieht eine solche in Art. 12 Abs. 2 lit. c vor: Wenn in Verfahren über die elterliche Verantwortung eine der Voraussetzungen der in Art. 12 Abs. 1 EheGVO geregelten Annexzuständigkeit, nämlich die Anhängigkeit einer Ehesache, wegfällt, kann weiter über die elterliche Verantwortung entschieden werden. Dieser spezielle Fall einer *perpetuatio fori* wird nach überweigender Meinung für Ehesachen verallgemeinert: Bei anhängiger Ehesache kann danach bis zur Entscheidung kein Verlust der Zuständigkeit eintreten.[176]

Auch für Verfahren über die elterliche Verantwortung könnte man den Grundsatz der *perpetuatio fori* herleiten. Dafür spricht Art. 10 EheGVO, der bei widerrechtlicher Verbringung des Kindes in einen anderen Staat die Zuständigkeit nur unter bestimmten Umständen entfallen lässt,[177] oder Art. 8 EheGVO, der für die Zuständigkeitsbegründung allein auf die Antragstellung abstellt.[178] Außerdem bleiben auch im Falle einer *perpetuatio fori* am Orte des gewöhnlichen Aufenthalts des Kindes einstweilige Maßnahmen nach Art. 20 EheGVO möglich. Auch der allgemeine Grundsatz, dass durch die *perpetuatio fori* die Arbeit des Gerichts erhalten bleiben soll, mag ein Argument sein.[179]

Allerdings ist dagegen zu halten, dass möglicherweise nach Antragstellung ein Gericht zu entscheiden hätte, das sich nicht am gewöhnlichen Aufenthalt des Kindes befinden würde und damit weniger sachnah wäre.[180] Deshalb sollte auch die Zuständigkeit der Gerichte flexibel sein. Dafür lässt sich auch ins Feld füh-

---

[176] Thomas / Putzo-*Hüßtege*, Art. 2 EheVO, Rn. 1; Staudinger-*Spellenberg*, Art. 3 EheGVO, Rn. 125; Geimer / Schütze-*Geimer*, EZVR, Art. 2 VO (EG) Nr. 1347/2000, Rn. 26; *Schlosser*, EUZ, Art. 2 EheGVO a. F., Rn. 5; *Breuer*, FPR 2005, 74 (79); *Hau*, FamRZ 2000, 1333 (1340); *Henrich*, Anm. zu BGH, Beschl. v. 5.6.2002, FamRZ 2002, 1184 (1185).

[177] *Busch*, IPRax 2003, 218 (221); *Helms*, FamRZ 2002, 1593 (1601); damit besteht ein Unterschied zum KSÜ bzw. zum MSA, dazu *Bauer*, IPRax 2003, 135 (137).

[178] Staudinger-*Spellenberg*, Art. 8 EheGVO, Rn. 1.

[179] *Rosenberg / Schwab / Gottwald*, § 100 III 2; *Lüke*, ZPR, Rn. 168; *Schack*, IZVR, Rn. 392.

[180] Staudinger-*Spellenberg*, Art. 12 EheGVO, Rn. 69; *Bauer*, IPRax 2003, 135 (139); zum Anliegen der Sachnähe *Coester-Waltjen*, FS Geimer (2002), 139 (151).

ren, dass die EheGVO dem KSÜ[181] nahe steht, bei dem ebenfalls keine *perpetuatio fori* vorgesehen ist.[182]

Aber selbst, wenn man eine *perpetuatio fori* verneint, würde die Rechtshängigkeitssperre nicht entfallen: Zwar ist das Erstgericht dann de facto nicht mehr zuständig, aber das Zweitgericht darf dies – wie bei EuGVVO bzw. EuGVÜ/LugÜ – nicht überprüfen.[183] Stellt das Erstgericht das Verfahren mangels internationaler Zuständigkeit ein – wobei eine ‚Torpedowirkung' bereits wegen der Zeitdauer, die eine solche Entscheidung in Anspruch nimmt, denkbar ist – , so wäre zudem das ‚Torpedo-Problem' freilich nur in den Fällen gelöst, in denen auch wirklich die zuständigkeitsbegründenden Tatsachen nachträglich wegfallen.

c. Ergebnis

Wegen der auch für Art. 19 EheGVO geltenden weiten Streitgegenstandsidentität sind auch in Scheidungsverfahren ‚Torpedoklagen' möglich – sie entfalten eine Sperrwirkung hinsichtlich später gestellten Anträgen vor europäischen Gerichten. Dem später angerufenen Gericht bleibt danach nur die Aussetzung des Verfahrens.

Auch Angelegenheiten der elterlichen Verantwortung sind bei den ‚Torpedoklagen' gegen Gestaltungsansprüche zu erwähnen: Verneint man eine *perpetuatio fori* nach der EheGVO, so entfällt die ‚Torpedowirkung' nur dann, wenn sich die zuständigkeitsbegründenden Tatsachen nach Erhebung der Erstklage ändern *und* das Erstgericht deshalb in angemessener Zeit das Verfahren einstellt.

II. Die Gerichtsstände im Gerichtsstands- und Vollstreckungsrecht

‚Torpedoklagen' erfordern es nicht notwendigerweise, dass die verfahrensverzögernde Erstklage vor einem zuständigen Gericht erhoben wird. Denn bereits die Entscheidung über die Zuständigkeit des Gerichts und damit die Zulässigkeit der Klage kann so viel Zeit in Anspruch nehmen, dass die Anspruchsverwirklichung unzumutbar gehemmt oder sogar vereitelt wird.[184] Eine Zuständigkeitsüberprüfung darf das Zweitgerichts wie gesehen nicht durchführen.[185] Ob sich im Europäischen Gerichtsstands- und Vollstreckungsrecht Gerichtsstände für

---

[181] Haager Übereinkommen über die Zuständigkeit, das anzuwendende Recht, die Anerkennung, Vollstreckung und Zusammenarbeit auf dem Gebiet der elterlichen Verantwortung und der Maßnahmen zum Schutz von Kindern vom 19. Oktober 1996.

[182] Staudinger-*Spellenberg*, Art. 12 EheGVO, Rn. 68; *Bauer*, IPRax 2003, 135 (139).

[183] Rauscher-*Rauscher*, Art. 11 Brüssel II-VO, Rn. 19; Staudinger-*Spellenberg*, Art. 19 EheGVO, Rn. 17.

[184] *Mankowski*, RIW 2004, 487 (496); *Simons*, EuLF 2003, 289 (290); *Tilmann / Falck*, GRUR 2000, 579 (584); *Musmann / v. d. Osten*, MittdtschPatAnw. 2001, 99 (100); *Hölder*, Grenzüberschreitende Durchsetzung (2004), 188.

[185] Vgl. oben § 3 A I c bb, bei Fn. 102.

‚Torpedoklagen' finden, ist somit streng genommen keine zwingende Voraussetzung für ‚prozessuale Torpedos'.

Andererseits muss eine ‚Torpedoklage' nicht immer vor einem unzuständigen Gericht erhoben werden. Deshalb soll im folgenden ein Blick auf die prozessualen Möglichkeiten für einen ‚Torpedokläger' geworfen werden, seine Klage rechtshängig zu machen. Das Europäische Gerichtsstands- und Vollstreckungsrecht bereitet auch in dieser Hinsicht den Boden für ‚Torpedoklagen'. Ausgangspunkt für die Zuständigkeiten ist im folgenden insbesondere die Situation eines ‚Torpedos' in Patentstreitigkeiten.

1. Die Zuständigkeiten bei Unterlassungsansprüchen

a. Art. 2 Abs. 1 EuGVVO (EuGVÜ/LugÜ)

Eine Zuständigkeit für einen vermeintlichen Schuldner, der bei einem Unterlassungsanspruch des vermeintlichen Gläubigers eine ‚Torpedoklage' erheben will, könnte zunächst der allgemeine Gerichtsstand gemäß Art. 2 Abs. 1 EuGVVO (EuGVÜ/LugÜ) begründen. Danach kann zum Beispiel der potenzielle Schutzrechtsverletzer den Schutzrechtsinhaber in dessen Wohnsitzstaat verklagen.[186] Dies betrifft etwa die Situationen, in denen negative Feststellungsklage bezüglich einer Nichtverletzung des Schutzrechts erhoben wird, sowie auch die, in denen der Verletzer Klage auf Nichtigkeit des Schutzrechts oder auf Unterlassung bzw. Schadensersatz wegen einer Abmahnung erhebt.[187]

Problematisch ist, ob der ‚Torpedokläger', etwa der Schutzrechtsverletzer, auch in seinem eigenen Wohnsitzstaat klagen kann. Dies ließe sich damit begründen, dass der Schutzrechtsverletzer möglicherweise einer Verletzungsklage in seinem Heimatstaat ausgesetzt und damit in einer schützenswerten Position ist. Da ohnehin Unterlassungsklage erhoben werde, müsse auch der ‚Torpedokläger' vor dem eigenen Gerichtsstand klagen können.[188]

Einer solchen Zuständigkeit des zuerst angerufenen Gerichts ist jedoch zu Recht entgegengehalten worden, dass die EuGVVO bzw. das EuGVÜ/LugÜ nicht auf die materiellrechtliche Gläubiger- oder Schuldnerstellung abstellen, sondern sich an formalen Kriterien der Parteirollen als Kläger oder Beklagter orientieren, und daher auch nicht den Schuldnerschutz, sondern lediglich den Beklagtenschutz in den Blick nehmen.[189] An solchen formalen Kriterien hat sich auch der Gerichtsstand des Art. 2 Abs. 1 EuGVVO (EuGVÜ/LugÜ) auszurichten.

---

[186] *Bukow*, Verletzungsklagen (2003), 292; *Hölder*, Grenzüberschreitende Durchsetzung (2004), 188.

[187] Vgl. dazu bereits oben § 3 A I 1 a bb (1) (b), bei Fn. 77.

[188] *Franzosi*, IIC 2002, 154 (158 f.).

[189] *Hölder*, Grenzüberschreitende Durchsetzung (2004), 189; auch *Kropholler*, EZPR, Art. 2 EuGVVO, Rn. 1; *Huber*, JZ 1995, 603 (606).

Als Zuständigkeit für ‚Torpedoklagen' bietet sich Art. 2 Abs. 1 EuGVVO (EuGVÜ/LugÜ) damit nur an, wenn der Wohnsitz der anderen Partei in einem für ‚Torpedoklagen' prädestinierten Staat befindet.

b. Art. 5 Nr. 3 EuGVVO (EuGVÜ/LugÜ)

Eine weitere internationale Zuständigkeit für den ‚Torpedokläger' könnte sich auf Art. 5 Nr. 3 EuGVVO (EuGVÜ/LugÜ), dem Gerichtsstand der unerlaubten Handlung, stützen. Dies gilt namentlich bei Verletzungen gewerblicher Schutzrechte. Die Vorschrift wird vom EuGH autonom ausgelegt und folgt der Ubiquitätstheorie, wonach die Klage wahlweise sowohl am Ort der schadensverursachenden Handlung als auch am Ort des Schadenseintritts erhoben werden kann.[190]

Problematisch sind aber mehrere Fragen: Nämlich zum einen, ob die Vorschrift des Art. 5 Nr. 3 EuGVVO (EuGVÜ/LugÜ) auch auf negative Feststellungsklagen bzw. vorbeugende Unterlassungsklagen anwendbar ist, die als ‚Torpedoklagen' vorkommen können.[191] Zum anderen, ob ein Gericht bei der für ‚Torpedoklagen' besonders prädestinierten Fallgruppe der Immaterialgüterrechtsverletzungen gemäß Art. 5 Nr. 3 EuGVVO (EuGVÜ/LugÜ) auch zuständig ist, über ausländische Verletzungshandlungen zu entscheiden.

aa. Anwendbarkeit auf negative Feststellungsklagen

Problematisch ist die Anwendbarkeit des Art. 5 Nr. 3 EuGVVO (EuGVÜ/LugÜ) auf negative Feststellungsklagen. Zum Teil haben die Gerichte die Anwendbarkeit der Vorschrift verneint, weil keine rechtswidrige, zum Schadensersatz verpflichtende Handlung geltend gemacht, sondern vielmehr eine rechtmäßige Handlung behauptet werde.[192] Gegen ein solches Verständnis ist vorgebracht worden, dass sich aus dem Wortlaut des Art. 5 Nr. 3 EuGVVO (EuGVÜ/LugÜ) keine Einschränkung auf Unterlassungsklagen herleiten lasse.[193] Auch sei die

---

[190] EuGH Slg. 1976, 1735 (1746 f.), Rn. 15/17, 24 f. – *Bier / Mines de Potasse d'Alsace*; Czernich / Tiefenthaler / Kodek-*Czernich*, Art. 5 EuGVVO, Rn. 81; *Kropholler*, EZPR, Art. 5 EuGVVO, Rn. 72; Rauscher-*Leible*, Art. 5 Brüssel I-VO, Rn. 85.

[191] Vgl. dazu oben § 3 A I 1 a bb (1) (a) und (c).

[192] Hof 's Gravenhage, N.J. 1999, Nr. 163; Tribunale di Bologna GRUR Int. 2000, 1021 (1022); Rechtbank van eerste aanleg te Brussel, GRUR Int. 2001, 170 (172 f.) – *Röhm Enzyme*; OLG München OLGR 2002, 147, Rn. 136; Högsta Domstolen, GRUR Int. 2001, 178 (179)– *Flootek;* jüngst Corte di Cassazione, GRUR Int. 2005, 264 (265); zustimmend Thomas / Putzo-*Hüßtege*, Art. 5 EuGVVO, Rn. 17; auch *Schlosser*, EUZ, Art. 5 EuGVVO, Rn. 15; Burgstaller / Neumayr-*Burgstaller / Neumayr*, Art. 5 EuGVVO, Rn. 48, die auf Art. 93 Nr. 5 der Gemeinschaftsmarkenverordnung (Abl. EG 1994 L 11) verweisen, der negative Feststellungsklagen von der besonderen Zuständigkeit der Gerichte des Handlungsortes ausnimmt; ebenso *Kohler*, in Revision des EuGVÜ (2000), 1 (28).

[193] *Bukow*, Verletzungsklagen (2003), 127.

Rechtsprechung des EuGH zu Art. 27 EuGVVO (Art. 21 EuGVÜ/LugÜ), wonach auch eine negative Feststellungsklage denselben Gegenstand betreffen könne wie eine Leistungsklage[194] – also etwa das Bestehen einer Schadensersatzpflicht – auf Art. 5 Nr. 3 EuGVVO (EuGVÜ/LugÜ) übertragbar.[195]

Aufschlussreicher dürfte jedoch ein Blick auf den Normzweck des Art. 5 Nr. 3 EuGVVO (EuGVÜ/LugÜ) sein: Die Vorschrift will einen gerechten Ausgleich zwischen den Interessen des Klägers und des Beklagten schaffen, indem sie dem Betroffenen einer unerlaubten Handlung nicht zumutet, am Sitz des Schädigers klagen zu müssen, der regelmäßig nicht voraussehbar ist.[196] Solchen Gerechtigkeitserwägungen entspräche es andererseits, dass auch derjenige, der die schädigende Handlung negiert, dies am Ort der schädigenden Handlung bzw. des Schadenserfolges geltend zu machen befugt sein muss.[197] Dies gilt insbesondere für patentrechtliche Streitigkeiten: Denn der Umstand, dass nationale Gerichte den Schutzumfang von Patenten unterschiedlich auslegen, lässt die Wahl des Gerichts um so bedeutender entscheiden.[198]

Die Zuständigkeit am Ort der Schädigung ist für den Beklagten einer negativen Feststellungsklage nicht völlig überraschend und benachteiligt ihn deshalb nicht in besonderer Weise.[199] Eine Schlechterstellung des Zweitklägers ist zudem nicht zu erwarten: Auch er müsste etwa den potenziellen Patentverletzer in dessen Wohnsitzstaat verklagen bzw. dort, wo das Patent verletzt worden ist.[200] Der EuGH hat es ebenfalls vermieden, eine ausschließliche Schutzfunktion zugunsten der verletzten Partei aus Art. 5 Nr. 3 EuGVVO (EuGVÜ/LugÜ) abzuleiten.[201]

Noch ein weiterer Zweck der Regelung des Deliktsgerichtsstandes spricht für eine Ausdehnung auf negative Feststellungsklagen, nämlich der, möglichst sach- und beweisnahe Gerichte zur Entscheidung zu berufen:[202] Die Sach- und Beweisnähe gilt selbstverständlich nicht nur im Fall einer Unterlassungs- oder Lei-

---

194 EuGH Slg. 1994 I, 5439 (5476), Rn. 44 – *Tatry / Maciej Rataj.*

195 *Bukow*, Verletzungsklagen (2003), 129; *Wurmnest*, Anm. zu Corte di Cassazione, Entsch. v. 19.12.2003, GRUR Int. 2005, 265 (267).

196 Geimer / Schütze-*Geimer*, EZVR, Art. 5 EuGVVO, Rn. 202; Rauscher-*Leible*, Art. 5 EuGVVO, Rn. 74; Musielak-*Weth*, Art. 5 EuGVVO, Rn. 14.

197 *Schack*, IZVR, Rn. 295; *Kropholler*, EZPR, Art. 5 EuGVVO, Rn. 82, mit dem Argument, für die Anwendung des Art. 5 Nr. 3 EuGVVO (EuGVÜ/LugÜ) sei die Person des Klägers bzw. des Beklagten unerheblich; *Hölder*, Grenzüberschreitende Durchsetzung (2004), 190.

198 *Tilmann / v. Falck*, GRUR 2000, 579 (584); *Grabinski*, GRUR 1998, 857 (862 ff.); *Wurmnest*, Anm. zu Corte di Cassazione, Entsch. v. 19.12.2003, GRUR Int. 2005, 265 (268).

199 *Lundstedt*, GRUR Int. 2001, 103 (107); *Bukow*, Verletzungsklagen (2003), 130.

200 *Leipold*, GS Arens (1993), 227 (243).

201 Vgl. *Lundstedt*, GRUR Int. 2001, 103 (107).

202 EuGH Slg. 1976, 1735 (1746), Rn. 8/12 – *Bier / Mines de Potasse d'Alsace*; MünchKommZPO-*Gottwald*, Art. 5 EuGVVO, Rn. 24; Rauscher-*Leible*, Art. 5 Brüssel I-VO, Rn. 74; *Bukow*, Verletzungsklagen (2003), 129.

stungsklage, sondern auch bei einer negativen Feststellungsklage: Auch hier ist das Gericht am Deliktsort zumeist am besten in der Lage, die maßgeblichen Beweise zu erheben. Eine vom EuGH unerwünschte Vermehrung von Gerichtsständen droht nicht, da nur die auch dem Schutzrechtsinhaber eingeräumten Gerichtsstände ausgenutzt werden.[203]

Der Gerichtsstand des Art. 5 Nr. 3 EuGVVO (EuGVÜ/LugÜ) ist mithin bei negativen Feststellungsklagen eröffnet. In diese Richtung geht auch ein Urteil des EuGH, in dem er den Deliktsgerichtsstand für eine arbeitsrechtliche Klage auf Feststellung der Rechtswidrigkeit kollektiver Kampfmaßnahmen als gegeben ansieht.[204]

bb. Anwendbarkeit auf vorbeugende Unterlassungsklagen

Weniger Probleme als die negativen Feststellungsklagen macht im Bereich des Art. 5 Nr. 3 EuGVVO (EuGVÜ/LugÜ) die Frage, ob auch vorbeugende Unterlassungsklagen erfasst werden. In Bezug auf ‚prozessuale Torpedos' kann diese Situation dann auftauchen, wenn etwa der Schutzrechtsinhaber den vermeintlichen Verletzer verwarnt und dieser daraufhin auf Unterlassung einer solchen Behauptung klagt, wobei inzident festzustellen ist, dass er das Schutzrecht nicht verletzt.[205] Die Frage der Einbeziehung von vorbeugenden Unterlassungsklagen war lange streitig.[206] Durch die Ergänzung des Normtextes des Art. 5 Nr. 3 EuGVVO (EuGVÜ/LugÜ) um die Worte *„...oder einzutreten droht"* hat der Gemeinschaftsgesetzgeber nunmehr ausdrücklich auch vorbeugende Klagen in den Anwendungsbereich der Deliktszuständigkeit einbezogen.[207]

cc. Kognitionsbefugnis des angerufenen Gerichts

(1) Problem: Ausländischer Handlungsort bei Patentverletzung

Bei einem patentrechtlichen ‚Torpedo' ist fraglich, ob der ‚Torpedokläger' im Gerichtsstand der unerlaubten Handlung auch die Verletzung eines ausländischen Patents oder des ausländischen Teils eines europäischen Patents bestreiten kann. Diese Frage ist bisher für die umgekehrte Konstellation diskutiert worden, nämlich dass der Schutzrechtsinhaber die Verletzung eines ausländischen Pa-

---

[203] EuGH Slg. 1990 I, 49 (80), Rn. 18 – *Dumez France / Hessische Landesbank*; Slg. 1995 I, 2719 (2741), Rn. 19 – *Marinari / Lloyds Bank*; NJW 2004, 2441, Rn. 15 – *Kronhofer / Maier.*

[204] EuGH, RIW 2004, 543, Rn. 22-28 – *Danmarks Rederiforening / LO Landsorganisationen i Sverige*; dazu *Mankowski*, RIW 2004, 481 (495 f.).

[205] *Bukow*, Verletzungsklagen (2003), 311 ff.; vgl. schon oben § 3 A I a bb (1) (c), bei Fn. 80.

[206] Dagegen LG Bremen RIW 1991, 416 (416); dafür *Behr*, GRUR Int. 1992, 604 (607); *Müller-Feldhammer*, EWS 1998, 162 (167).

[207] Vgl. die Begründung des Verordnungsentwurfs der Kommission, abgedruckt in BR-Drucks. 534/99, 14; *Kropholler*, EZPR, Art. 5 EuGVVO, Rn. 68; Rauscher-*Leible*, Art. 5 Brüssel I-VO, Rn. 81; Geimer / Schütze-*Geimer*, EZVR, Art. 5 EuGVVO, Rn. 228.

tents geltend macht.[208] Grundsätzlich gilt der Territorialitätsgrundsatz, nach dem Patente nur in dem jeweiligen Schutzstaat belegen sind.[209] Auch beim europäischen Patent ist es nicht anders, denn es handelt sich dabei nicht um ein einheitliches Schutzrecht, sondern um ein Bündel jeweils territorial begrenzter Patentrechte, die jedoch durch einen Erteilungsakt entstehen.[210]

Die Zuständigkeit des Gerichts der unerlaubten Handlung für ausländische Schutzrechte wäre nur dann gegeben, wenn man einen ausländischen Handlungsort akzeptieren würde, etwa wenn das Produkt des Patentverletzers aus dem Ausland versandt wird. Der EuGH hat zwar in der Entscheidung *Bier / Mines de Potasse d'Alsace* den Verletzungsort im Sinne von Art. 5 Nr. 3 EuGVVO (EuGVÜ/LugÜ) genauer definiert: Danach ist der Ort, an dem das schädigende Ereignis eingetreten ist, sowohl der Ort des ursächlichen Geschehens als auch der Ort der Verwirklichung des Schadenseintritts.[211] Wo ein Handlungsort bei Verletzung von Immaterialgüterrechten liegen kann, ist damit gleichwohl nicht gesagt. Diese Frage wird unterschiedlich beurteilt. Die überwiegende Ansicht will Handlungs- und Erfolgsort auf den Schutzstaat beschränken,[212] eine andere Auffassung lehnt dies ab und meint, es könne auch Handlungsorte in einem Nichtschutzland geben.[213]

(2) Hintergrund der verschiedenen Lösungsansätze

Zur Begründung der beiden konträren Meinungen sind unterschiedliche Ansätze vertreten worden. Die herrschende Ansicht, die eine Zuständigkeit bei ausländi-

---

[208] Übersicht zum Streitstand etwa bei *Nagel / Gottwald*, § 3, Rn. 66.

[209] *Bukow*, Verletzungsklagen (2003), 45; *Samwer*, GRUR Int. 1969, 1 (2); *Sack*, WRP 2000, 269 (270); *Böckstiegel / Krämer / Polley*, GRUR 1999, 1 (1).

[210] Geimer / Schütze-*Geimer*, EZVR, Art. 5 EuGVVO, Rn. 262; Czernich / Tiefenthaler / Kodek-*Czernich*, Art. 5 EuGVVO, Rn. 82; *Peinze*, Internationales Urheberrecht (2002), 90; *Brinkhof*, GRUR 1993, 177 (177, 181); *Preu*, GRUR Int. 1981, 63 (63); *Schade*, GRUR 2000, 101 (101); zur Nichtigerklärung *Pitz*, GRUR 1995, 231 (240).

[211] EuGH NJW 1977, 493 (494).

[212] LG Düsseldorf, GRUR Int. 1999, 455 – *Schussfadengreifer*; OLG Düsseldorf IPRax 2001, 336 (337); KG GRUR Int. 2002, 327 (328); Czernich / Tiefenthaler / Kodek-*Czernich*, Art. 5, Rn. 82; *Mäder*, Die Anwendung des Lugano-Übereinkommens (1999), 117; *Bukow*, Verletzungsklagen (2003), 73 f.; *Hölder*, Grenzüberschreitende Durchsetzung (2004), 39; *Bornkamm*, in: Schwarze, Rechtsschutz (2000), 127 (130), Fn. 10; *Stauder*, GRUR Int. 1976, 465 (474); *Bettinger / Thum*, GRUR Int. 1999, 659 (664); *Kieninger*, GRUR Int. 1998, 280 (282); *Brinkhof*, GRUR Int. 1997, 489 (491); *v. Meibom / Pitz*, MittdtschPatAnw. 1996, 181 (182); *Kur*, WRP 2000, 936 zu Verletzungen im Internet; einschränkend *Grabinski*, GRUR Int. 2001, 199 (204); auch *Neuhaus*, MittdtschPatAnw. 1996, 257 (264). *Kühnen / Geschke*, Die Durchsetzung von Patenten in der Praxis (2005), Rn. 200; *Nieder*, Die Patentverletzung (2004), Rn. 225.

[213] *Kubis*, Internationale Zuständigkeit (1999), 227; *Nagel / Gottwald*, § 3, Rn. 66; *Otte*, IPRax 2001, 315 (317); *Schack*, MMR 2000, 135 (137); *Pansch*, EuLF 2000/2001, 353 (354, 356); vorsichtig *Giudicelli*, Cross Border Injunctions (2001), 28.

schen Handlungsorten ablehnt und damit das Ubiquitätsprinzip einschränkt, begründet dies insbesondere durch Rückgriff auf das Territorialitätsprinzip: Da das Schutzrecht nur im Gebiet des Schutzstaates verletzt werden könne, könnten auch nur hier Verletzungshandlungen vorgenommen werden.[214] Der Erfolgsort falle deshalb stets mit dem Handlungsort zusammen. Dagegen sei der Sitz des Patentinhabers nicht der Ort des ersten Schadenseintritts, auch wenn hier weitere Folgeschäden eintreten können.[215] Dies ergebe sich daraus, dass Folgeschäden, die an anderen Orten einträten, für den Deliktsgerichtsstand ohne Bedeutung seien, weil sonst wegen der Vermögensschädigung in letzter Konsequenz immer ein Klägergerichtsstand begründet wäre.[216]

Die Gegenmeinung hält Verletzungs*handlungen* auch außerhalb des Schutzstaates für möglich, zum Beispiel indem das schutzrechtsverletzende Produkt im Ausland hergestellt und im Inland vertrieben werde.[217] Die Begründungen sehen unterschiedlich aus: Zum Beispiel wurde argumentiert, etwaige Herstellungsorte im Ausland könnten nicht vernachlässigt werden, weil dort die Ursache für die Schutzrechtsverletzung liege.[218] Besonders im Bereich von Internetdelikten sei wegen der weltweiten Abrufbarkeit ein wirksamer Immaterialgüterrechtsschutz nur zu erreichen, wenn es auch eine weltweite Deliktszuständigkeit gebe.[219] Andere schlagen eine Begrenzung vor, je nachdem wie stark die Auswirkungen der Verletzungen auf den jeweiligen Staat sind, oder ob der schutzrechtsverletzende Inhalt auf den Gerichtsstaat ausgerichtet ist.[220]

---

[214] OLG Düsseldorf IPRax 2001, 336 (337 f.); *Mäder*, Die Anwendung des Lugano-Übereinkommens (1999), 117 f.; *Hölder*, Grenzüberschreitende Durchsetzung (2004), 39; *Kubis*, Internationale Zuständigkeit (1999), 227; *Grabinski*, GRUR Int. 2001, 199 (204); weitere Nachweise bei *Hye-Knudsen*, Marken-, Patent- und Urheberrechtsverletzungen (2005), 70, Fn. 220; *Otte*, IPRax 2001, 315 (317), Fn. 24.

[215] Czernich / Tiefenthaler / Kodek-*Czernich*, Art. 5 EuGVVO, Rn. 82.

[216] EuGH Slg. 1995 I, 2719 (2739), Rn. 14 – *Marinari / Lloyd's Bank*; Rauscher-*Leible*, Art. 5 EuGVVO, Rn. 86; Burgstaller / Neumayr-*Burgstaller / Neumayr*, Art. 5 EuGVVO, Rn. 55; *Kropholler*, EZPR, Art. 5 EuGVVO, Rn. 77.

[217] *Hye-Knudsen*, Marken-, Patent- und Urheberrechtsverletzungen (2005), 72 f.; *Pansch*, EuLF 2000/01, 353 (355); *Otte*, IPRax 2001, 315 (319).

[218] *Hye-Knudsen*, Marken-, Patent- und Urheberrechtsverletzungen (2005), 72 f.; *Pansch*, EuLF 2000/01, 353 (356); ähnlich *Otte*, IPRax 2001, 315 (319), der einen weiteren Ort des Erstschadenseintritts im Staat der ‚Marktsättigung' durch Import patentverletzender Gegenstände annehmen will.

[219] *Ingerl / Rohnke*, Markengesetz (2003), Einleitung, Rn. 48; *Schack*, MMR 2000, 135 (138 f.); *Pellens / Peitsch*, Anm. zu LG Hamburg, Urt. v. 3.8.2001, GRUR Int. 2002, 165.

[220] *Ebert*, Markenschutz (2004), 196; *Hye-Knudsen*, Marken-, Patent- und Urheberrechtsverletzungen (2005), 106.

Vereinzelt wurde auch die Rechtsprechung des BGH[221] zu § 32 ZPO herangezogen, mit der er sich zu Transitfällen äußerte:[222] Danach kann ein Deliktsgerichtsstand auch außerhalb des Erteilungsstaates des Schutzrechts gegeben sein, weil bereits ein Warentransit im Inland – als Teil der unerlaubten Handlung – eine ausländische Schutzrechtsverletzung bedeuten kann.[223] Andere lehnten dies ab, weil der EuGH in der Entscheidung *Bier / Mines de Potasse d'Alsace* die Unterscheidung zwischen Handlungs- und Erfolgsort namentlich deshalb vorgenommen habe, um die besondere Sach- und Beweisnähe des Gerichts zum jeweiligen Ort der Verletzung zu erhalten. Weil sich die Rechtsfolgen der Schutzrechtsverletzung jedoch nach dem Recht des Erteilungsstaates beurteilten, könne eine besondere Beweisnähe der Transitstaaten nicht gegeben sein.[224]

Bei den Kritikern einer auf den Schutzstaat begrenzten Deliktszuständigkeit herrscht insgesamt die Tendenz vor, das Territorialitätsprinzip als Anknüpfungspunkt für die internationale Zuständigkeit zurückzudrängen. Vorgeschlagen wird etwa, das Recht des Schutzlandes *(lex loci protectionis)* für extraterritoriale Sachverhalte zu öffnen.[225] Auch die *Shevill*-Rechtsprechung des EuGH soll übertragbar sein: Der EuGH prägte darin eine Handhabung im Bereich der Pressedelikte, die sich ebenfalls nicht lokal eingrenzen lassen. Danach besteht eine primäre gerichtliche Zuständigkeit am Handlungsort des Sitzes des beklagten Presseunternehmens für die Geltendmachung des Gesamtschadens.[226] Am Erfolgsort, also dem jeweiligen Verbreitungsort, können hingegen nur die jeweils dort eingetretenen Teilschäden geltend gemacht werden.[227] Ein Schadensort ist danach also auch dort lokalisierbar, wo nicht die Verletzungshandlung stattgefunden hat.[228]

---

[221] In drei Entscheidungen äußerte sich der BGH zu den Transitfällen, nämlich BGH GRUR 1957, 231 ff. – *Taeschner / Pertussin I*; GRUR 1957, 352 ff. – *Taeschner / Pertussin II*; GRUR 1958, 189 ff. – *Zeiß*.

[222] Vgl. *Kubis*, Internationale Zuständigkeit (1999), 231.

[223] BGH GRUR 1957, 352 (353) – *Taeschner / Pertussin II.*

[224] *Bukow*, Verletzungsklagen (2003), 63; *Weigel*, Gerichtsbarkeit (1973), 170; *Ebner*, Markenschutz (2004), 188; *Grabinski*, GRUR Int. 2001, 199 (204); *Neuhaus*, MittdtschPatAnw. 1996, 257 (264).

[225] *Ebner*, Markenschutz (2003), 192 ff., der allerdings im Rahmen der Zuständigkeitsprüfung ausländische Handlungsorte wieder ausschließen und als zuständigkeitsbegründende Verletzungsorte nur diejenigen ansehen will, bei denen sich die Verletzungen des Schutzrechts ausgewirkt haben; zustimmend *Haedicke*, ZZP 118 (2005), 499 (502).

[226] EuGH Slg. 1995 I, 415 (462), Rn. 33 – *Fiona Shevill / Presse Alliance SA.*

[227] Vgl. dazu Rauscher-*Leible*, Art. 5 Brüssel I-VO, Rn. 92; *Stafyla*, Die Rechtshängigkeit (1997), 29 ff; *Berger*, GRUR Int. 2005, 465 (469 f.), insbesondere zu Verletzungshandlungen im Internet.

[228] *Otte*, IPRax 2001, 315 (318).

(3) Diskussion und Stellungnahme

Die Lösung des Problems, eines zuständigkeitsbegründenden ausländischen Verletzungsortes im Immaterialgüterrecht ist von mehreren Fragen abhängig. Fraglich ist zunächst, ob es bei Immaterialgüterrechtsverletzungen prinzipiell einen im Ausland liegenden Handlungsort geben kann. Dies wäre dann zu verneinen, wenn man für die Frage, ob überhaupt eine unerlaubte Handlung vorliegt, auf die *lex causae*, also das im Einzelfall anzuwendende Sachrecht, zurückgriffe.[229] Da auch das Territorialitätsprinzip eine sachrechtliche Regel darstellt, wäre die internationale Zuständigkeit eines Gerichts nur dann gegeben, wenn sich der Tatbestand einer unerlaubten Handlung im Gerichtsstaat vollzöge.[230] Auch die *Shevill*-Rechtsprechung[231] des EuGH könnte einen solchen Rückgriff auf die *lex causae* legitimieren, weil danach wegen der durch einen Presseartikel verursachten Ehrverletzung das nationale materielle Recht darüber zu entscheiden hat, ob das betreffende Ereignis schädigend war und welche Beweise dafür vorzulegen sind.[232]

Der Rückgriff auf die *lex causae* ist jedoch vor dem Hintergrund problematisch, dass der EuGH für das europäische Zivilprozessrecht eine autonome Auslegung des Begriffs der unerlaubten Handlung geprägt hat,[233] um der Rechtssicherheit zu genügen.[234] Auch in der *Shevill*-Entscheidung weicht der Gerichtshof nicht von dieser Auslegung ab.[235] Gewährleistet werden soll eine einheitliche Anwendung des Art. 5 Nr. 3 EuGVVO (EuGVÜ/LugÜ) in der Gemeinschaft.[236] Insofern ist bei der Zuständigkeitsprüfung nicht zwingend auf das anwendbare Recht zurückzugreifen, vielmehr dürfen die nationalen Rechte nur Auslegungshilfe sein.[237] Weil der EuGH eine grundsätzliche Verschiedenheit

---

229 So die Rechtsprechung des BGH zu § 32 ZPO, vgl. BGHZ 98, 263 (274).

230 *Bukow*, Verletzungsklagen (2003), 45.

231 EuGH Slg. 1995 I, 415 (466), 2. Leitsatz – *Fiona Shevill / Presse Alliance S.A.*

232 *Kubis*, Internationale Zuständigkeit (1999), 126 ff.; *Huber*, ZEuP 1996, 295 (312).

233 EuGH Slg. 1988, 5565 (5585), Rn. 16 – *Kalfelis / Schröder*; so auch die h. M. im Schrifttum, vgl. *Kropholler*, EZPR, Art. 5 EuGVVO, Rn. 72; Rauscher-*Leible*, Art. 5 Brüssel I-VO, Rn. 78; Geimer / Schütze-*Geimer*, EZVR, Art. 5 EuGVVO, Rn. 204; mit leichter Kritik *Schlosser*, EUZ, Art. 5 EuGVVO, Rn. 16; Burgstaller / Neumayr-*Burgstaller / Neumayr*, Art. 5 EuGVVO, Rn. 45; Hk-ZPO/*Dörner*, Art. 5 EuGVVO, Rn. 38; Czernich / Tiefenthaler / Kodek-*Czernich*, Art. 5 EuGVVO, Rn. 74; *Nagel / Gottwald*, § 3, Rn. 63; *Schack*, IZVR, Rn. 290; *Brenn*, Europäischer Zivilprozess (2005), Rn. 75.

234 EuGH Slg. 1997 I, 3767 (3797), Rn. 27 – *Francesco Benincasa / Dentalkit.*

235 EuGH Slg. 1995 I, 415 (458, 462), Rn. 17, 33 – *Fiona Shevill / Presse Alliance S.A*; so auch die Generalanwälte *Darmon* und *Léger*, Slg. 1995 I, 415 (418, 440); dazu *Bukow*, Verletzungsklagen (2003), 51 f.; *Rauscher*, Anm. zu EuGH Urt. v. 7.3.1995 – *Fiona Shevill / Presse Alliance S.A.*, ZZP Int. 1 (1996), 145 (164).

236 Geimer / Schütze-*Geimer*, EZVR, Art. 5 EuGVVO, Rn. 204; *Grabinski*, GRUR Int. 2001, 199 (203).

237 Deutlich *Linke*, IZPR, Rn. 134; *Kropholler*, Hdb. IZVR I, Kap. III, Rn. 105 ff.; ferner *Schröder*, Internationale Zuständigkeit, 504 ff.; *Heldrich*, Internationale Zuständigkeit, 167 ff.

von Erfolgs- und Handlungsort anerkennt,[238] sollte man auch bei Immaterialgüterrechten davon ausgehen, dass ausländische Handlungsorte im Grundsatz möglich sind.

Die zweite Frage ist, welche Gesichtspunkte bei der Bestimmung des Deliktsgerichtsstandes ausschlaggebend sind. Der EuGH stellt im Fall *Bier / Mines de Potasse d'Alsace* insbesondere auf das Kriterium der Sach- und Beweisnähe des Gerichts zum jeweiligen Verletzungsort ab.[239] Dieses Kriterium entspricht zugleich einem für die internationale Zuständigkeit im allgemeinen maßgeblichen Interesse, das insbesondere der Prozessökonomie dient.[240] Der Beweisnähe dient es etwa, wenn der Richter sein eigenes Recht anwendet.[241] Ein zweiter Gesichtspunkt ist die Wahrung des Rechtsfriedens und der dafür notwendigen Rechtssicherheit.[242]

Beide Gesichtspunkte sind angemessen zu berücksichtigen. Sie sprechen für eine Begrenzung der Zuständigkeiten nach Art. 5 Nr. 3 EuGVVO (EuGVÜ/LugÜ). Als sach- und beweisnah sind in erster Linie die Gerichte im Schutzstaat zu bewerten, weil sich hier der letzte Akt der Verletzungshandlung abgespielt hat.[243] Zwar gibt es auch Orte im Ausland, an denen Verletzungshandlungen vorgenommen werden können, so dass auch hier eine Beweisnähe bestehen könnte. Hier gebietet allerdings der Gesichtspunkt der Rechtssicherheit eine Begrenzung der Zuständigkeiten.[244] Denn die Vorhersehbarkeit von solchen ausländischen Handlungsortzuständigkeiten – zumal bei Internetdelikten, wo die Verletzungshandlung überall auf der Welt geschehen kann – ist problematisch.[245] Durch verschiedene Handlungsortgerichte würde man die Zahl der zuständigen Gerichte im Bereich des Immaterialgüterrechts schnell vervielfachen.[246]

---

238 EuGH NJW 1977, 493 (494) – *Bier / Mines de Potasse d'Alsace.*

239 EuGH Slg. 1976, 1735 (1747), Rn. 26 – *Bier / Mines de Potasse d'Alsace.*

240 Durch die Sach- und Beweisnähe eines Gerichts wird den Partei- und Gerichtsinteressen entsprochen, vgl. *Schack*, IZVR, Rn. 200-205; *Geimer*, IZPR, Rn. 1129; vgl. außerdem Erwägungsgrund 12 zur EuGVVO.

241 *Schack*, IZVR, Rn. 205; *Linke*, IZPR, Rn. 134; dies gilt, gleichwohl ein Gleichlaufgrundsatz im deutschen Recht nicht verankert ist, vgl. Stein / Jonas-*Schumann*, Einl ZPO, Rn. 770; *Nagel / Gottwald*, § 3, Rn. 217; *Schack*, MMR 2000, 135 (138).

242 *Geimer*, IZPR, Rn. 1132, zur Vorhersehbarkeit des Forums; *Schack*, IZVR, Rn. 203, 206.

243 *Grabinski*, GRUR Int. 2001, 199 (204).

244 Zur Rechtslage in den USA *Bettinger*, GRUR Int. 1998, 660 (661).

245 *Grabinski*, GRUR Int. 2001, 199 (204), bei Fn. 64, der von einem ‚zufälligen Bezug' zu anderen Handlungsorten spricht; a. A. etwa *Hye-Knudsen*, Marken-, Patent- und Urheberrechtsverletzungen (2005), 73; auch *Schack*, MMR 2000, 135 (138); vgl. ferner *Thum*, GRUR Int. 2001, 9 (26), die einen Klägergerichtsstand fordert.

246 *Neuhaus*, MittdtschPatAnw. 1996, 257 (264); im Ergebnis auch *Ebner*, Markenschutz (2004), 193 f.

Der für die Beweisnähe sinnvolle[247] Gleichlauf zwischen Zuständigkeit und anwendbarem Recht ist zudem nur dann zu erreichen, wenn lediglich die Gerichte des Schutzstaates zuständig sind. Denn gewerbliche Schutzrechte sind territorial gebunden, auf die in Frage stehende Verletzung findet das Recht des Schutzstaates Anwendung. In Deutschland wird trotz mancherlei Kritik[248] an diesem Standpunkt festgehalten.[249] Auch Art. 8 des Entwurf einer für das außervertragliche Kollisionsrecht geltenden Rom-II-Verordnung aus dem Jahr 2003 sieht ein kollisionsrechtliches Territorialitätsprinzip für Immaterialgüterrechtsverletzungen vor, wonach das Recht des Staates zur Anwendung kommt, in dem die Rechtsverletzung begangen wurde.[250] Zudem hat auch der BGH in seiner neueren Entscheidung *Hotel Maritime* angedeutet, dass ein Gerichtsstand im Sinne von Art. 5 Nr. 3 EuGVVO (EuGVÜ/LugÜ) nur dort gegeben ist, wo sich die Verletzung ausgewirkt hat.[251]

Insofern besteht lediglich eine internationale Zuständigkeit des Gerichts für die negative Feststellungsklage, die sich auf ein inländisches Schutzrecht bezieht. Eine Zuständigkeit außerhalb des Schutzstaates kann sich deshalb nur aufgrund des allgemeinen Gerichtsstands gemäß Art. 2 Abs. 1 EuGVVO (EuGVÜ/LugÜ) ergeben, und zwar am Sitz des Patentinhabers.[252]

---

[247] So auch *Thum*, GRUR Int. 2001, 9 (26); gegen ein starres Gleichlaufprinzip *Schack*, MMR 2000, 135 (138).

[248] Zum Streitstand vgl. *Thum*, GRUR Int. 2001, 9 (15).

[249] Für die Anwendbarkeit des § 32 ZPO ist es danach notwendig, dass der Schutzrechtsverletzer sich auf eine Handlung bezieht, die im Bezirk des angerufenen Gerichts begangen worden sein soll, vgl. LG Düsseldorf GRUR Int. 1999, 455 ff. – *Schussfadengreifer*; dagegen wird die internationale Zuständigkeit dann verneint, wenn die Verletzung im Ausland stattgefunden hat; vgl. OLG München NJW 1990, 3097 (3098) – *Foxy Lady*; *Hootz*, Durchsetzung (2004), 103.
Eine Beweisaufnahme findet nicht statt, weil von der Frage, ob eine Verletzungshandlung begangen worden ist, auch die Begründetheit der Klage abhängt (so genannte doppelrelevante Tatsache); vgl. *Kühnen / Geschke*, Die Durchsetzung von Patenten in der Praxis (2005), Rn. 191; *Hootz*, Durchsetzung (2004), 101.

[250] Vgl. den Vorschlag für eine Verordnung des Europäischen Parlaments und des Rates über das auf außervertragliche Schuldverhältnisse anzuwendende Recht (‚Rom II'), vom 22.7.2003, KOM (2003) 427, abrufbar unter http://europa.eu.int/eur-lex/lex/LexUriServ/site/de/com/2003/com2003_0427de01.pdf; s. zudem Tätigkeitsbericht der EU zur Rom II-Verordnung, abrufbar unter http://europa.eu.int/scadplus/leg/de/lvb/l33211.htm; dazu *Haedicke*, ZZP 118 (2005), 499 (501).

[251] BGH JZ 2005, 736 (737): tatsächlicher Eintritt der Interessenkollision; für Internet-Delikte vgl. auch *Ubber*, Markenrecht im Internet (2002), 210 f.

[252] So auch schon EuGH Slg. 1995 I, 415 (461), Rn. 26 – *Fiona Shevill / Presse Alliance S.A.*, zu Pressedelikten; vgl. auch *v. Meibom / Pitz*, MittdtschPatAnw. 1996, 181 (182).

c. Art. 22 Nr. 4 EuGVVO (Art. 16 Nr. 4 EuGVÜ/LugÜ)

Eine ausschließliche Zuständigkeit für ‚Torpedoklagen' ergibt sich ferner aus Art. 22 Nr. 4 EuGVVO (Art. 16 Nr. 4 EuGVÜ/LugÜ), wenn es – wie häufig – um die ‚Torpedierung' der Geltendmachung eines gewerblichen Schutzrechts geht. Für Klagen, welche die Eintragung oder die Gültigkeit gewerblicher Schutzrechte zum Gegenstand haben, sind nach dieser Vorschrift die Gerichte des Vertragsstaats zuständig, in dessen Hoheitsgebiet die Hinterlegung oder Registrierung beantragt oder vorgenommen worden ist. Der Begriff der ‚Eintragung' bzw. ‚Gültigkeit' ist autonom auszulegen.[253] Nicht erfasst sind Klagen, bei denen streitig ist, wem das gewerbliche Schutzrecht zusteht – aber auch Verletzungsklagen aus gewerblichen Schutzrechten werden nicht erfasst, also insbesondere Schadensersatz- und Unterlassungsklagen sowie negative Feststellungsklagen.[254]

Daraus folgt, dass für die ‚Torpedofälle', in denen negative Feststellungsklage auf Nichtverletzung des Schutzrechts oder Klage auf Unterlassung einer Verwarnung durch den Schutzrechtsinhaber erhoben wurde, die ausschließliche Zuständigkeit gemäß Art. 22 Nr. 4 EuGVVO (Art. 16 Nr. 4 EuGVÜ/LugÜ) bereits nicht einschlägig ist. Eine Zuständigkeit nach dieser Vorschrift ergibt sich vielmehr nur für Klagen, mit denen der ‚Torpedokläger' die Nichtigkeit des Schutzrechts behauptet und damit eine spätere Klage – gerichtet auf Unterlassung der Verletzung des Schutzrechts – sperrt.[255]

Der ‚Torpedokläger' muss seine Klage dann dort einreichen, wo das Schutzrecht registriert bzw. hinterlegt worden ist. Im Falle eines Europäischen Patents hat er in dem Staat zu klagen, in dem die Patentanmeldung bekämpft werden soll, selbst wenn die Hinterlegung oder Registrierung dort nicht vorgenommen wurde (vgl. Art.22 Nr. 4 Unterabs. 2 bzw. Art. 16 Nr. 4 Unterabs. 2 EuGVÜ/LugÜ).[256] Es kommt für die ‚Effektivität' einer ‚Torpedoklage' vor dem auschließlichen Gerichtsstand nach Art. 22 Nr. 4 EuGVVO (Art. 16 Nr. 4 EuGVÜ/LugÜ) also darauf an, ob das Schutzrecht in einem Staat mit langsam arbeitender Justiz registriert worden ist. Allerdings ist zu beachten, dass möglicherweise auch schon die Entscheidung darüber, ob das angerufene Erstgericht ausschließlich zuständig ist, einen Verzögerungseffekt haben kann, der den Schutzanspruch des Rechtsinhabers faktisch entwertet.

---

[253] EuGH Slg. 1983, 3663 (3676), Rn. 19 – *Duijnstee / Goderbauer*; Czernich / Tiefenthaler / Kodek-*Tiefenthaler*, Art. 22 EuGVVO, Rn. 44; Rauscher-*Mankowski*, Art. 22 EuGVVO, Rn. 40; *Kropholler*, EZPR, Art. 22 EuGVVO, Rn. 44.

[254] Burgstaller / Neumayr-*Burgstaller / Neumayr*, Art. 22 EuGVO, Rn. 42; *Kropholler*, EZPR, Art. 22 EuGVVO, Rn. 50; *Stauder*, GRUR Int. 1976, 510 (513 ff.).

[255] Vgl. zu dieser Konstellation bereits oben § 3 A I 1 a bb (1) (b), bei Fn. 77.

[256] Czernich / Tiefenthaler / Kodek-*Tiefenthaler*, Art. 22 EuGVVO, Rn. 45; *Schlosser*, EUZ, Art. 22 EuGVVO, Rn. 22; Geimer / Schütze-*Geimer*, EZVR, Art. 22 EuGVVO, Rn. 246.

d. Art. 6 Nr. 1 EuGVVO (EuGVÜ/LugÜ)

Auch Art. 6 Nr. 1 EuGVVO (EuGVÜ/LugÜ) kann ein Gerichtsstand sein, der sich für ,Torpedoklagen' eignet. Beispiel soll hier wiederum die Verletzung von gewerblichen Schutzrechten sein. Art. 6 Nr. 1 EuGVVO (EuGVÜ/LugÜ) bietet sich an, wenn dem vermeintlichen Schutzrechtsverletzer mehrere Gläubiger in verschiedenen Staaten gegenüber stehen und dieser eine ,Torpedoklage' rechtshängig machen will. Der Gerichtsstand der Streitgenossenschaft erlaubt eine Klage vor dem Gericht des Ortes, an dem *einer* der Beklagten seinen Wohnsitz hat.[257] Eine ähnliche Regelung sieht das autonome deutsche Zivilprozessrecht nur in wenigen Ausnahmefällen vor.[258] Art. 6 Nr. 1 EuGVVO (EuGVÜ/LugÜ) ist allerdings dann nicht einschlägig, wenn mehrere Kläger auftreten, sondern nur, wenn mehrere Personen verklagt werden.[259]

aa. Erforderlichkeit von Konnexität zwischen den Klagen

Während Art. 6 Nr. 1 EuGVVO ausdrücklich erfordert, dass zwischen den Klagen eine so enge Beziehung besteht, dass eine gemeinsame Verhandlung und Entscheidung geboten erscheint, enthält Art. 6 Nr. 1 EuGVÜ/LugÜ eine solche Klausel nicht. Allerdings hatte der EuGH die Vorschrift bereits in diesem Sinne ausgelegt und Konnexität der Klagen gefordert.[260] Damit sollen insbesondere widersprechende Entscheidungen vermieden werden.[261] Es soll aber auch einem Verfahrensmissbrauch vorgebeugt werden, der droht, wenn sich ein Kläger eine ihm vorteilhafte Zuständigkeit dadurch erschleicht, dass er einen unbeteiligten Dritten mitverklagt.[262] Namentlich die niederländischen Gerichte neigten in der Vergangenheit zu einer besonders großzügigen Bejahung ihrer internationalen

---

[257] Erforderlich ist allerdings ein Auslandsbezug, d. h. der in das Verfahren einbezogene Beklagte seinen Wohnsitz in einem anderen Mitgliedstaat als dem Gerichtsstaat hat; bei Sitz in einem Drittstaat lässt sich die EuGVVO (das EuGVÜ/LugÜ) analog anwenden; vgl. Burgstaller / Neumayr-*Burgstaller / Neumayr*, Art. 6 EuGVVO, Rn. 8; MünchKommZPO-*Gottwald*, Art. 6 EuGVVO, Rn. 3.

[258] *Schlosser*, EUZ, Art. 6 EuGVVO, Rn. 1, 2; *Geimer*, IZPR, Rn. 1292, 1162; *Hootz*, Durchsetzung (2004), 188.

[259] Rauscher-*Leible*, Art. 6 Brüssel I-VO, Rn. 4; Geimer / Schütze-*Geimer*, EZVR, Art. 6 EuGVVO, Rn. 11; *Hölder*, Grenzüberschreitende Durchsetzung (2004), 191.

[260] EuGH Slg. 1988, 5565 (5584), Rn. 13 – *Kalfelis / Schröder*; dazu Czernich / Tiefenthaler / Kodek-*Czernich*, Art. 6 EuGVVO, Rn. 28; Rauscher-*Leible*, Art. 6 Brüssel I-VO, Rn. 8; *Geimer*, WM 1979, 350 (359); *Jayme / Kohler*, IPRax 1999, 401 (408).

[261] Burgstaller / Neumayr-*Burgstaller / Neumayr*, Art. 6 EuGVO, Rn. 6; *Schlosser*, EUZ, Art. 6 EuGVVO, Rn. 4; Czernich / Tiefenthaler / Kodek-*Czernich*, Art. 6 EuGVVO, Rn. 10; ferner *Schramm*, Der Patentverletzungsprozess (2005), 15. Kap., Rn. 82.

[262] *Jenard*-Bericht, Abl.EG 1979 Nr. C 59/1 (26); Rauscher-*Leible*, Art. 6 Brüssel I-VO, Rn. 8; *Schack*, IZVR, Rn. 359; *Hootz*, Durchsetzung (2004), 188 f.

Zuständigkeit.[263] Sie ließen es für einen Sachzusammenhang zwischen den Klagen ausreichen, wenn neben einem niederländischen Beklagten auch Beklagte aus anderen Mitgliedstaaten – wegen Verletzung identischer Schutzrechte bei einheitlicher Verletzungsform – beteiligt waren.[264] Der *Gerechtshof* Den Haag hat demgegenüber im Jahre 1998 eine Kehrtwendung in der niederländischen Rechtsprechung eingeläutet und die Zuständigkeit für Klagen in Streitgenossenschaft restriktiver interpretiert.[265] Dies entsprach der weitgehenden Praxis der Gerichte anderer Mitgliedstaaten.[266] Die niederländische Rechtsprechung bejaht zudem eine Zuständigkeit nur noch für den Staat, in dem die Konzernspitze der verantwortlichen Unternehmensgruppe, welche im Zusammenwirken die Schutzrechtsverletzungen begangen hat, ihren Sitz hat – gewissermaßen eine Zuständigkeit am Sitz der ‚Spinne im Netz'.[267]

Eine Unsicherheit, wann Konnexität zwischen den Klagen gegeben ist, bleibt jedoch. Der EuGH hat sich dazu noch nicht näher geäußert.[268] Wegen der autonomen Bestimmung des Zusammenhangs zwischen den Klagen dürfen die mitgliedstaatlichen Gerichte nicht einfach auf die Regeln zurückgreifen, die sie zu ihrem nationalen Zuständigkeitsrecht entwickelt haben.[269] Dennoch wird häufig vorgeschlagen, dass eine Bestimmung entsprechend § 60 ZPO zu erfolgen habe, welcher die einfache Streitgenossenschaft regelt.[270] Auch die Kriterien, die für

---

[263] Dazu *Tilmann / v. Falck*, GRUR 2000, 579 (581 f.); *v. Meibom / Pitz*, GRUR Int. 1998, 765 (765 ff.); *Brinkhof*, GRUR Int. 1997, 489 (491 f.); *Grabinski*, GRUR Int. 2001, 199 (206); *de Wit*, MittdtschPatAnw. 1996, 225 (227).

[264] Es wurde etwa argumentiert, der Schutzumfang europäischer Patente sei einheitlich zu bestimmen; vgl. *Hye-Knudsen*, Marken-, Patent- und Urheberrechtsverletzungen (2005), 122 f.; *de Wit*, MittdtschPatAnw. 1996, 225 (226 f.).

[265] Gerechtshof Den Haag, (1999) FSR 352 (359 f.) – *Expandable Grafts / Boston Scientific*.

[266] Vgl. dazu *Grabinski*, GRUR Int. 2001, 199 (206 f.).

[267] Anders ist es nur, wenn die Konzernspitze außerhalb des Anwendungsbereichs der EuGVVO bzw. des EuGVÜ/LugÜ liegt oder nicht ermittelbar ist: dann reicht die Ansiedlung eines der Konzernunternehmen ohne Führungsaufgaben im Gerichtsstaat; dazu *v. Meibom / Pitz*, GRUR Int. 1998, 765 (767); *Hootz*, Durchsetzung (2004), 192 f.; *Bornkamm*, in Schwarze, Rechtsschutz (2000), 127 (136 f.); krit. *Hye-Knudsen*, Marken-, Patent- und Urheberrechtsverletzungen (2005), 129 f., die meint, die ‚Spinne im Netz'-Voraussetzung sei dem Wortlaut des Art. 6 Nr. 1 EuGVVO (EuGVÜ/LugÜ) nicht zu entnehmen; krit. auch *Ebner*, Markenschutz (2004), 205.

[268] Krit. Geimer / Schütze-*Geimer*, EZVR, Art. 6 EuGVVO, Rn. 19; *Schack*, IZVR, Rn. 359; *Hootz*, Durchsetzung (2004), 189.

[269] *Kropholler*, EZPR, Art. 6 EuGVVO, Rn. 10; Geimer / Schütze-*Geimer*, EZVR, Art. 6 EuGVVO, Rn. 17; Burgstaller / Neumayr-*Burgstaller / Neumayr*, Art. 6 EuGVVO, Rn. 6.

[270] Rauscher-*Leible*, Art. 6 Brüssel I-VO, Rn. 8; *Kropholler*, EZPR, Ar. 6 EuGVVO, Rn. 10; Musielak-*Weth*, Art. 6 VO (EG) Nr. 44/2001, Rn. 2; Hk-ZPO/*Dörner*, Art. 6 EuGVVO, Rn. 4; *Gottwald*, IPRax 1989, 272 (272).

den wortgleichen Art. 28 Abs. 3 EuGVVO (Art. 22 Abs. 3 EuGVÜ/LugÜ) gelten, können Anhaltspunkt sein.[271]

In Schutzrechtsverletzungsverfahren wird hinsichtlich der Schutzrechts*verletzung* neben der Identität des verletzten Schutzrechts und der Verletzungshandlung durch Nutzung eines Produktes gefordert, dass die Klagen im wesentlichen rechtlich und tatsächlich gleichartig sind, wobei Identität des Tatsachenstoffes nicht erforderlich ist.[272] Andere setzen voraus, dass die Entscheidung über die verschiedenen Ansprüche von der gleichen Vorfrage abhängen.[273] Darüber hinaus wird zuweilen ein Zusammenwirken der Verletzer gefordert.[274] Geht es hingegen um eine ‚Torpedoklage', mit der mehrere Patent*inhaber* im Mehrparteiengerichtsstand verklagt werden sollen, kommt ein Zusammenhang zwischen den Klagen nur in Betracht, wenn es sich um dasselbe Patent handelt, dessen Inhaber verklagt werden – denn in diesem Fall könnten widersprechende Entscheidungen zum Beispiel hinsichtlich der Frage der Patentverletzung ergehen.

Geht es um verschiedene Teile eines europäischen Patents, sollte eine Klage des Verletzers, sein Produkt verletze die einzelnen nationalen Teile des Patents nicht, im Gerichtsstand der Beklagtenmehrheit nicht in Betracht kommen.[275] Denn die Patentteile unterliegen den jeweiligen nationalen Rechten, woraus sich entscheidungserhebliche Unterschiede in der rechtlichen Beurteilung ergeben.[276] Ebenso ist es bei einer Unterlassungsklage des ‚Torpedoklägers' im Falle einer vorherigen Abmahnung.

Der Gerichtsstand des Art. 6 Nr. 1 EuGVVO (EuGVÜ/LugÜ) ist für den ‚Torpedokläger' insgesamt also durchaus relevant und effektiv, wenn er eine ‚Torpedoklage' gegen mehrere Beteiligte erheben will. In Streitigkeiten über gewerbliche Schutzrechte bestehen indes einige Einschränkungen, damit eine allzu weite Zuständigkeitserstreckung vermieden wird.

bb. Konnexität bei rechtsmissbräuchlicher ‚Torpedoklage'

Eine Klage vor dem Gericht der Streitgenossenschaft könnte jedoch dann scheitern, wenn sich der Kläger auf die Zuständigkeit gemäß Art. 6 Nr. 1 EuGVVO

---

271 Hk-ZPO/*Dörner*, Art. 6 EuGVVO, Rn. 4; Geimer / Schütze-*Geimer*, EZVR, Art. 6 EuGVVO, Rn. 18; *Kropholler*, EZPR, Art. 6 EuGVVO, Rn. 9.

272 Geimer / Schütze-*Geimer*, EZVR, Art. 6 EuGVVO, Rn. 20; *Kropholler*, EZPR, Art. 6 EuGVVO, Rn. 11; Rauscher-*Leible*, Art. 6 Brüssel I-VO, Rn. 8; Geimer / Schütze-*Auer* Int. Rechtsverkehr, Art. 6 EuGVÜ, Rn. 19; MünchKommZPO-*Gottwald*, Art. 6 EuGVÜ, Rn. 5; Dauses-*Kreuzer / Wagner*, Q 191.

273 Czernich / Tiefenthaler / Kodek-*Czernich*, Art. 6 EuGVVO, Rn. 11; *Schack*, IZVR, Rn. 359.

274 *Zigann*, Entscheidungen inländischer Gerichte (2001), 134 f.

275 So auch die Rechtbank van eerste aanleg te Brussel, GRUR Int. 2001, 170 (172) – *Röhm Enzyme*; a. A. *Hölder*, Grenzüberschreitende Durchsetzung (2004), 191 f.; *Kubis*, Internationale Zuständigkeit (1999), 238 f.

276 *Grabinski*, GRUR Int. 2001, 199 (207).

(EuGVÜ/LugÜ) stützt und mehrere Beklagte bezeichnet, die erhobene Klage aber ersichtlich in Missbrauchsabsicht erhoben wird – also etwa, um das Verfahren durch eine Rechtshängigkeitssperre zu verzögern oder den Beklagten dem für ihn zuständigen Gericht zu entziehen. Während manche eine eigenständige Missbrauchsprüfung anstellen wollen,[277] sehen andere ein Missbrauchsverbot bereits im Erfordernis der Konnexität verankert.[278]

Die unterschiedlichen Ansichten fallen jedoch nicht ins Gewicht. Hat die Erstklage nämlich ausschließlich den Zweck, den Prozess zu verzögern, ist sie trotz Konnexität unzulässig.[279] Es kann sich nichts anderes ergeben als bei einer gegen einen einzelnen Schutzrechtsinhaber gerichteten Klage: Ist Prozessverzögerung offenbar das einzige Ziel des ‚Torpedoklägers', ist richtigerweise auch im Gerichtsstand der Streitgenossenschaft eine Klage vom Erstgericht abzuweisen.[280] Dies ergibt sich schon daraus, dass Art. 6 Nr. 1 EuGVVO (EuGVÜ/LugÜ) bei Fehlen der internationalen oder örtlichen Zuständigkeit keine Kompetenz des Erstgerichts begründen kann.[281] Problematisch ist daneben nur, ob auch dann, wenn die Erstklage aus anderen Gründen unzulässig ist, eine Kompetenz aus Art. 6 Nr. 1 EuGVVO (EuGVÜ/LugÜ) versagt bleibt. Der österreichische OGH hat die Frage nun dem EuGH vorgelegt.[282]

2. Die Zuständigkeiten bei Leistungsansprüchen

In der Kategorie der ‚Torpedoklagen', mit denen die Durchsetzung eines Leistungsanspruchs verzögert wird, kann der ‚Torpedokläger' zum Beispiel eine negative Feststellungsklage erheben, dass er nichts schulde, oder eine Klage, um ein vorgreifliches Rechtsverhältnis klären zu lassen.[283] Auch andere Erstklagen sind möglich.[284] Hier stehen dem Kläger grundsätzlich die allgemeinen Zuständigkeiten der EuGVVO bzw. des EuGVÜ/LugÜ zur Verfügung. Sie ergaben sich in ‚Torpedofällen', mit denen sich die Rechtsprechung auseinanderzusetzen hatte, etwa aus einer Gerichtsstandsvereinbarung,[285] aus dem allgemeinen Ge-

---

[277] Burgstaller / Neumayr-*Burgstaller / Neumayr*, Art. 6 EuGVVO, Rn. 7; *Kropholler*, EZPR, Art. 6 EuGVVO, Rn. 15; MünchKommZPO-*Gottwald*, Art. 6 EuGVÜ, Rn. 7.

[278] Rauscher-*Leible*, Art. 6 Brüssel I-VO, Rn. 9; Geimer / Schütze-*Geimer*, EZVR, Art. 6 EuGVVO, Rn. 23.

[279] Zu unzulässiger Beweiserhebung im Gerichtsstand des Art. 6 Nr. 1 EuGVVO (EuGVÜ/LugÜ) vgl. *Hye-Knudsen*, Marken-, Patent- und Urheberrechtsverletzungen (2005), 130.

[280] Vgl. zu dieser Möglichkeit unten § 4 B IV 2, bei Fn. 196 ff.

[281] *Kropholler*, EZPR, Art. 6 EuGVVO, Rn. 16; Geimer / Schütze-*Geimer*, EZVR, Art. 6 EuGVVO, Rn. 25 f.

[282] OGH EuLF 2005, (II)-108 (109), der sich für eine Unzulässigkeit der Hauptklage mit dem beachtenswerten Argument ausspricht, bei unzulässiger Hauptklage könne die Zielsetzung des Art. 6 Nr. 1 EuGVVO, nämlich der Prozessökonomie, nicht erreicht werden.

[283] Vgl. dazu oben § 3 A I 1 a bb (1) (a), bei Fn. 72 ff.

[284] Vgl. oben § 3 A I 1 a bb (1), ab Fn. 56.

[285] OLG Stuttgart IPRspr. 2002, Nr. 175a (S. 449, 450), Vorinstanz zu BGH RIW 2002, 393.

richtsstand des Art. 2 Abs. 1 EuGVVO (EuGVÜ/LugÜ)[286] oder aus dem Gerichtsstand des Erfüllungsortes nach Art. 5 Nr. 1 EuGVVO (EuGVÜ/LugÜ).[287] Zu beachten ist dabei, dass sich bei negativen Feststellungsklagen, die deliktische Ansprüche betreffen, eine Zuständigkeit auch aus Art. 5 Nr. 3 EuGVVO (EuGVÜ/LugÜ) ableiten lässt.[288] Insofern ist auf die Fallgruppe der ‚Torpedoklagen' bei Unterlassungsansprüche zu verweisen.[289]

3. *Die Zuständigkeiten bei Gestaltungs- und Feststellungsbegehren*

Bei Gestaltungsbegehren dienen als Beispiel für ‚Torpedofälle' insbesondere Scheidungsverfahren.[290] Es ist jedoch zu beachten, dass diese Fallgruppe keinesfalls auf familienrechtliche Sachverhalte beschränkt ist. Auch bei Materien, die die EuGVVO bzw. die Übereinkommen erfassen (vgl. Art. 1 EuGVVO bzw. EuGVÜ/LugÜ), sind Gestaltungsklagen des vermeintlichen Gläubigers möglich, zum Beispiel Klagen auf Auflösung einer Gesellschaft (vgl. Art. 22 Nr. 2 EuGVVO bzw. Art. 16 Nr. 2 EuGVÜ/LugÜ).[291]

In diesen Fällen gelten die Zuständigkeiten der EuGVVO bzw. des EuGVÜ/LugÜ, die ein ‚Torpedokläger' für sich ausnutzen kann. Eine solche Situation kann sich etwa ergeben, wenn der ‚Torpedokläger' eine Feststellung begehrt, dass eine Gesellschaft wirksam gegründet sei, und der Zweitkläger dann eine Gestaltungsklage dahingehend erhebt, die Gesellschaft für nichtig zu erklären (vgl. etwa § 75 Abs. 1 GmbHG). Weil sich der jeweilige Zweck der Klagen widerspricht bzw. beide Fragen von der gleichen Kernfrage abhängen, wäre ein identischer Streitgegenstand anzunehmen und die Rechtshängigkeitssperre käme zum Zuge.

In familienrechtlichen Angelegenheiten sind für den ‚Torpedokläger' aufgrund der Litispendenzregelung des Art. 19 EheGVO insbesondere Scheidungsklagen oder Verfahren über die elterliche Verantwortung von Bedeutung. In diesen Fällen bestimmt sich die internationale Zuständigkeit vorrangig nach der EheGVO. Art. 3 Abs. 1 EheGVO regelt die internationale Zuständigkeit der Gerichte für Entscheidungen über Ehescheidungen.[292] Die EheGVO sieht gleich sieben Zuständigkeiten vor, die eine Nähebeziehung zum betreffenden Staat

[286] LG Frankfurt/Main IPRspr. 1991, Nr. 197 (S. 407, 408), jedenfalls für den Fall, dass eine im Raume stehende Gerichtsstandsvereinbarung nicht wirksam sei.

[287] So offenbar im Fall des OLG München, RIW 1994, 511.

[288] Vgl. zum Streitstand oben § 3 A II 1 b aa, bei Fn. 192 ff.

[289] Vgl. dazu oben § 3 A II 1.

[290] Vgl. dazu oben § 2 B II 2, bei Fn. 198 ff.

[291] Dabei darf die Auflösung allerdings nicht damit begründet werden, dass die Gesellschaft zahlungsunfähig ist, da sonst Art. 1 Abs. 2 lit. b EuGVVO (Art. 1 Abs. 2 Nr. 2 EuGVÜ/LugÜ) eingreift; vgl. Geimer / Schütze-*Geimer*, EZVR, Art. 1 EuGVVO, Rn. 134 f.; zum Charakter als Gestaltungsklage Thomas / Putzo-*Reichold*, Einl II, Rn. 23.

[292] Die Vorschrift des Art. 3 EheGVO übernimmt Art. 2 Abs. 1 der Vorgängerverordnung mit identischem Wortlaut.

voraussetzen.[293] Ohne dass eine Rangfolge zwischen den Zuständigkeiten besteht, ist diese Nähebeziehung etwa durch den gewöhnlichen Aufenthalt (Art. 3 Abs. 1 lit. a EheGVO) oder die Staatsangehörigkeit beider Ehegatten (Art. 3 Abs. 1 lit. b EheGVO) indiziert.[294] Die Staatsangehörigkeit nur einer Partei reicht dagegen nicht mehr aus, weil Klägergerichtsstände dezimiert werden sollen.[295] Greift Art. 3 EheGVO ein, kann sich die internationale Zuständigkeit nicht mehr auf § 606a ZPO stützen. Am häufigsten wird § 606a ZPO noch einschlägig sein, wenn beide Ehegatten ihren gewöhnlichen Aufenthalt außerhalb der Mitgliedstaaten der EheGVO haben.[296] Aber auch für Verfahren, die vor dem 1. März 2001, dem Inkrafttreten der EuEheVO, eingeleitet wurden, bleibt der Anwendungsbereich des § 606a ZPO erhalten.

Art. 3 EheGVO gilt ausweislich von Art. 1 Abs. 1 lit. b EheGVO auch für isolierte Verfahren über die elterliche Verantwortung, während die Brüssel II-Verordnung (EuEheVO) nur Sorgerechtsregelungen erfasste, wenn sie ‚aus Anlass' eines Eheauflösungsverfahrens erfolgten.[297] Verfahren über die elterliche Verantwortung sind nach Art. 2 Nr. 7-10 EheGVO insbesondere solche, die das Sorge- und Umgangsrecht betreffen. In Sorgerechtsverfahren verdrängt die EheGVO wiederum § 640a Abs. 2 ZPO, sofern es nicht um Fragen des Art. 1 Abs. 3 lit a-g EheGVO geht. Zusätzliche Voraussetzung ist gemäß Art. 8 EheGVO, dass das Kind zum Zeitpunkt der Antragstellung seinen gewöhnlichen Aufenthalt in einem Mitgliedstaat hat.

Bei ‚Torpedoklagen', die zur Vereitelung bzw. Verzögerung von Feststellungsbegehren erhoben werden, ergeben sich keine Besonderheiten: Hier ist bei der internationalen Zuständigkeit wiederum allgemein auf EuGVVO bzw. EuGVÜ/LugÜ zu verweisen.

B. Die Wegbereiter für ‚Torpedoklagen' im autonomen Zivilprozessrecht

Auch das autonome Zivilprozessrecht bietet sich möglicherweise als Wegbereiter für ‚Torpedoklagen' an. Die ‚prozessualen Torpedos' sind zwar bisher in der Literatur nur ein Thema im innereuropäischen Raum gewesen. Dies mag daran liegen, dass ‚Torpedoklagen' häufig entweder nur auf Patentverletzungsstreitig-

---

[293] Krit. *Schack*, IZVR, Rn. 375, der eine ehefeindliche Tendenz sieht; *Koch*, JuS 2003, 105 (107).

[294] Staudinger-*Spellenberg*, Art. 3 EheGVO, Rn. 5, 9 ff.; MünchKommZPO-*Gottwald*, Art. 2 EheGVO a. F., Rn. 2; *Hau*, FPR 2002, 616 (617).

[295] Staudinger-*Spellenberg*, Art. 3 EheGVO, Rn. 2; zur Diskussion der Klägergerichtsstände unter der EuEheVO etwa *Jayme*, IPRax 2000, 165 (167 f.); *Wagner*, IPRax 2000, 512 (519); *Pirrung*, ZEuP 1999, 834 (844); s. auch *Hau*, FPR 2002, 616 (617) m. w. N.

[296] Staudinger-*Spellenberg*, Vorbem zu §§ 606a, 328 ZPO, Rn. 12; *Meyer-Götz / Noltemeier*, FPR 2004, 282 (285) mit Beispielen.

[297] Zur Neuerung Musielak-*Borth*, § 606 a ZPO, Rn. 33; Staudinger-*Spellenberg*, Art. 1 EheGVO, Rn. 23.

keiten oder nur auf negative Feststellungsklagen bezogen wurden. Dehnt man den Anwendungsbereich der ‚Torpedoklagen' jedoch auf Unterlassungs-, Leistungs- und Gestaltungsklagen aus, so kommt eine Aussetzung des Verfahrens durch das Zweitgericht nach autonomem Recht möglicherweise doch in Betracht. Im folgenden soll daher untersucht werden, welche Möglichkeiten das autonome Zivilprozessrecht für einen Kläger bietet, eine ‚Torpedoklage' rechtshängig zu machen.

I. Die Rechtshängigkeitsregeln im autonomen Zivilprozessrecht

Der Grundsatz, dass entgegenstehende Rechtshängigkeit (auch) eines ausländischen Verfahrens für das später angerufene Gericht ein Prozesshindernis darstellt, ist seit jeher in der deutschen Prozessrechtswissenschaft anerkannt.[298] Der BGH sprach bereits im Jahr 1957 in diesem Zusammenhang von einem für das internationale Recht gültigen Rechtsgrundsatz.[299] Eine positiv-rechtliche Regelung im autonomen deutschen Zivilprozessrecht gibt es – abgesehen von der seerechtlichen Regelung des § 738 a Abs. 1 HGB – allerdings nicht: § 261 Abs. 3 Nr. 1 ZPO stellt nur die allgemeine, nicht speziell auf Auslandsfälle zugeschnittene Norm dar.[300] Die ganz herrschende Meinung in Deutschland geht aber davon aus, dass eine ausländische Gerichtsentscheidung von Amts wegen – also nicht erst auf Einrede – zu beachten ist, wenn das ausländische Urteil nach einer Prognose des Richters anerkennungsfähig wäre.[301]

Hinsichtlich der Voraussetzungen einer Rechtshängigkeitssperre bringt das autonome Recht wenig Neues: Notwendig ist wie im europäischen Zivilprozessrecht Parteiidentität und Identität des Streitgegenstands in zwei nacheinander rechtshängig gemachten Prozessen (vgl. § 261 Abs. 3 Nr. 1 ZPO). Fraglich ist allerdings, ob ‚Torpedoklagen' im autonomem Zivilprozessrecht bei Zugrundelegung dieser Voraussetzungen in gleichem Umfange möglich sind wie im europäischen Prozessrecht.[302]

---

[298] Vgl. schon die Entscheidungen des Reichsgerichts, RGZ 49, 341 (344 f.); 158, 145 (147); RG Seuffert's Archiv 47, 465 (465 f.); *Habscheid*, RabelsZ 31 (1967), 254 (254).

[299] BGH NJW 1958, 103 (104).

[300] *Kropholler*, IPR, § 60 I 2 a (S. 612).

[301] So etwa BGH NJW 1987, 3083 (3083); NJW-RR 1992, 642 (642); FamRZ 1994, 434 (434); Zöller-*Greger*, § 261 ZPO, Rn. 3; Thomas / Putzo-*Reichold*, § 261 ZPO, Rn. 2; *Nagel / Gottwald*, § 5, Rn. 215; Baumbach / Lauterbach-*Hartmann*, § 261 ZPO, Rn. 7; *Rosenberg / Schwab / Gottwald*, § 100 II 1 a (S. 567); *Zeiss / Schreiber*, Rn. 337; Geimer / Schütze-*Geimer*, Urteilsanerkennung I.2, 1651; *Habscheid*, FS Zweigert (1981), 109 (113 ff.).

[302] Zu den Konstellationen für ‚Torpedoklagen' im europäischen Zivilverfahrensrecht schon oben § 3 A I 1 a bb (1), bei Fn. 56 ff.

1. Mögliche Konstellationen für ‚Torpedoklagen'

Unterschiede zum europäischen Zivilverfahrensrecht können sich insbesondere deshalb ergeben, weil die Rechtsprechung des EuGH zum Begriff der Anspruchsidentität[303] im Rahmen des Art. 27 EuGVVO (Art. 21 EuGVÜ/LugÜ) eine besonders weite Sperrwirkung der Erstklage begründet, während das deutsche Prozessrecht von einem engeren Streitgegenstandsbegriff ausgeht. Im folgenden sollen mögliche Konstellationen für ‚Torpedoklagen' dargestellt werden.

a. Mangelnde Rechtshängigkeitssperre

Nach herrschender Meinung in Deutschland bestimmt sich der Streitgegenstand nach dem auf rechtskräftige Feststellung einer Rechtsfolge gerichteten Begehren, das durch den gestellten Antrag und den zu seiner Begründung vorgetragenen Lebenssachverhalt gekennzeichnet wird.[304] Dies ergebe sich aus § 253 Abs. 2 Nr. 2, wonach die Klage einen bestimmten Antrag nebst Angabe des Antragsgrundes enthalten muss.[305] Zur Streitgegenstandsidentität genügt es, wenn der Lebenssachverhalt im Wesentlichen derselbe ist; die Klageanträge müssen nicht in allen Einzelheiten übereinstimmen.[306]

Eine Rechtshängigkeitssperre tritt bei gegnerischen Parteien also nur dann ein, wenn beide Seiten die gleiche Rechtsfolge in ihren Anträgen bezeichnen und dazu in etwa denselben Sachverhalt vortragen. Daraus folgt, dass eine Klage, welche auf eine bestimmte Rechtsfolge gerichtet ist, eine spätere Klage, welche genau diese Rechtsfolge leugnet, sperrt.[307] Trotz dieses engeren Verständnisses vom Streitgegenstand sind bestimmte Konstellationen denkbar, in denen auch bei umgekehrter Parteirollenverteilung ‚Torpedoklagen' möglich sind. Auf den ersten Blick könnten zumindest negative Feststellungsklagen die Anspruchsdurchsetzung verzögern, weil sie genau die Rechtsfolge verneinen, die die gegnerische Partei verfolgt.

[303] Vgl. oben § 3 A I 1 a bb, bei Fn. 46 ff.

[304] BGH NJW 1999, 3126 (3127); NJW-RR 1996, 1276 (1276); Thomas / Putzo-*Thomas*, Einl II, Rn. 25; Thomas / Putzo-*Reichold*, § 261 ZPO, Rn. 12; MünchKommZPO-*Lüke*, vor § 253, Rn. 31; Baumbach / Lauterbach-*Hartmann*, § 2, Rn. 5; Hk-ZPO/*Saenger*, § 261 ZPO, Rn. 18; *Zimmermann*, Einleitung, Rn. 15; *Lüke*, ZPR, Rn. 162; *Jauernig*, ZPR, § 37 VIII (S. 152); *Rosenberg / Schwab / Gottwald*, § 95 III 2; *Habscheid*, FS Schwab (1990), 183; *G. Lüke*, JZ 1960, 204.

[305] *Rosenberg / Schwab / Gottwald*, aaO, § 95 III 2.

[306] BGH NJW 2001, 3713 (3714).

[307] Beispiel ist etwa die Leistungsklage oder positive Feststellungsklage, die eine spätere leugnende Feststellungsklage sperrt, vgl. Baumbach / Lauterbach-*Hartmann*, § 261 ZPO, Rn. 19; Thomas / Putzo-*Reichold*, § 261 ZPO, Rn. 13; Musieklak-*Foerste*, § 261 ZPO, Rn. 11: ‚Kontradiktorisches Gegenteil'.

aa. Mangelnde Sperrwirkung der negativen Feststellungsklage im Verhältnis zur Leistungsklage

Allerdings besteht in Bezug auf ‚Torpedoklagen' ein grundlegender Unterschied zum europäischen Zivilverfahrensrecht. Dieser ergibt sich aus dem Verhältnis der negativen Feststellungsklage zur Leistungsklage. Nach überwiegender Ansicht in Rechtsprechung und Literatur setzt sich im autonomen Zivilverfahrensrecht eine später erhobene inländische Leistungsklage gegenüber einer negativen[308] oder positiven[309] Feststellungsklage durch, sobald die Leistungsklage nicht mehr einseitig zurückgenommen werden kann.[310] Auch eine spätere Unterlassungsklage hat diese Folge.[311] Der Feststellungskläger muss dann seine Klage für erledigt erklären, eine Aussetzung des Zweitverfahrens gemäß § 148 ZPO findet nicht statt.[312]

Dies wird damit begründet, dass das Feststellungsinteresse aufgrund des weitergehenden – also nicht identischen – Streitgegenstandes der späteren Leistungs- oder Unterlassungsklage entfalle.[313] Der Kläger erhalte auch durch ein späteres Leistungsurteil eine implizit feststellende Entscheidung, so dass über die negative Feststellungsklage nicht mehr entschieden werden müsse.[314] Die herrschende Meinung argumentiert weiter, dass allein die Leistungsklage nach nationalem Recht die Verjährung unterbreche, und zudem das Rechtsschutzziel der Leistungsklage – die Erlangung eines vollstreckungsfähigen Titels – im Feststellungsverfahren nicht erreicht werden könne.[315] Eine Ausnahme bestehe nur dann, wenn die Feststellungsklage entscheidungsreif sei, die Leistungsklage dagegen noch nicht,[316] oder wenn sich abzeichne, dass über die Leistungsklage keine sachliche Entscheidung möglich sei.[317] Damit sollen die Er-

---

[308] BGH NJW 1973, 1500 (1500); NJW 1994, 3107 (3108); OLG Köln VersR 1973, 1065 (1066); Zöller-*Greger*, § 256 ZPO, Rn. 16; Thomas / Putzo-*Reichold*, § 256 ZPO, Rn. 19; Baumbach / Lauterbach-*Hartmann*, § 256 ZPO, Rn. 77; Musielak-*Foerste*, § 256 ZPO, Rn. 37; *Rosenberg / Schwab / Gottwald*, 522 f.; *Schack*, IZVR, Rn. 753; *Otte*, TranspR 2004, 347 (347); zum ganzen *Wernecke*, Die Einheitlichkeit (2003), 83 ff.

[309] Stein / Jonas-*Schumann*, § 261 ZPO, Rn. 60.

[310] BGH NJW 1999, 2516 (2517); Thomas / Putzo-*Reichold*, § 256 ZPO, Rn. 19; *Lüke*, ZPR, 129; eine andere Ansicht will dagegen eine Sperrwirkung der negativen Feststellungsklage zulassen, dem Gläubiger aber die Möglichkeit einer Leistungswiderklage einräumen, vgl. MünchKommZPO-*Lüke*, § 261 ZPO, Rn. 66, mit ausführlichen Nachweisen.

[311] OLG Karlsruhe MDR 1997, 292 (293); Baumbach / Lauterbach-*Hartmann*, § 261 ZPO, Rn. 19; *Rosenberg / Schwab / Gottwald*, § 100 III 1 c (S. 569).

[312] Zöller-*Greger*, § 256 ZPO, Rn. 7d.

[313] BGH NJW 1994, 3107 (3108); Zöller-*Greger*, § 256 ZPO, Rn. 16; *Paulus*, ZPR, Rn. 106; *Zeuner*, FS Lüke (1997), 1003 (1010).

[314] Musielak-*Foerste*, § 256 ZPO, Rn. 37.

[315] BGH RIW 1997, 421 (423).

[316] BGH NJW 1987, 2680 (2681); *Rosenberg / Schwab / Gottwald*, 523.

[317] Thomas / Putzo-*Reichold*, § 256 ZPO, Rn. 19.

gebnisse einer möglicherweise umfangreichen Beweisaufnahme bewahrt werden.

Vor dem Hintergrund eines abweichenden ‚europäischen Streitgegenstandsbegriffs' wird indes zuweilen vertreten, dass auch die Rechtshängigkeit einer negativen Feststellungsklage einer späteren Leistungsklage vor einem anderen Gericht entgegenstehe.[318] Dabei soll dem Beklagten im Verfahren über die negative Feststellungsklage die Möglichkeit einer Leistungswiderklage eröffnet[319] bzw. der Feststellungsklage eine verjährungsunterbrechende Wirkung zugewiesen werden,[320] weil der Beklagte weder einen Leistungstitel noch die Verjährung seiner Forderung erlangen könne.[321] Dem ist immerhin zugute zu halten, dass der Lösungsweg der herrschenden Meinung die Gefahr einander widersprechender Entscheidungen und doppelter Prozessführung birgt: Denn wenn der Feststellungskläger bei späterer Leistungsklage lediglich die Erledigung des Verfahrens erklären kann, muss sich das Gericht der Feststellungsklage mit dem Streitstoff in jedem Fall befassen.[322]

Insgesamt sind die kritischen Stimmen jedoch in der Minderzahl geblieben. Die Rechtsprechung zeigt bisher keine Tendenz, von ihrer Meinung abzurücken. Damit ergibt sich – sofern man der überwiegenden Ansicht folgt –, dass jedenfalls die ‚klassischen Torpedofälle',[323] also diejenigen, in denen eine negative Feststellungsklage zeitlich vor einer Leistungsklage des Gläubigers erhoben wurde, im autonomem Prozessrecht nicht auftreten können. In der Regel würde das Gericht der späteren Leistungsklage das Verfahren fortführen anstatt es wegen anderweitiger Rechtshängigkeit auszusetzen.

bb. Mangelnde Sperrwirkung einer Feststellungs- oder Gestaltungsklage betreffend ein vorgreifliches Rechtsverhältnis im Verhältnis zur späteren Leistungsklage

Scheiden die Fälle der ‚Torpedoklagen', bei denen zuerst negative Feststellungsklage erhoben wird, nach autonomem Zivilprozessrecht aus, ist weiter zu

---

[318] OLG Stuttgart EWiR 1994, 407 mit zust. Anm. *Ulrich*; MünchKommZPO-*Lüke*, § 261 ZPO, Rn. 66; *Haas*, FS Ishikawa (2001), 165 (183 f.); *Wernecke*, Die Einheitlichkeit (2003), 86, 92; *Leipold*, Wege zur Konzentration (1999), 22; *Zeuner*, FS Lüke (1997), 1013; *Hess / Vollkommer*, Anm. zu BGH, Urt. v. 11.12.1996, WuB VII B, Art. 21 EuGVÜ 1.97, 710; *Baltzer*, Die negative Feststellungsklage (1980), 149 ff.; vgl. bereits *Bettermann*, Rechtshängigkeit und Rechtsschutzreform (1949), 26; differenzierend *Dichtl*, Der Prozess der negativen Feststellungsklage (2004), 68 ff.

[319] *Haas*, FS Ishikara (2001), 165 (184); *Rüßmann*, ZZP 111 (1998), 399 (411); *Zeuner*, FS Lüke (1997), 1003 ff.

[320] *Wolf*, EuZW 1995, 365 (366).

[321] Vgl. zu diesem Problem BGH NJW 1978, 1975 (1976); *Rosenberg / Schwab / Gottwald*, § 100 III 1 (S. 569) m. w. N.

[322] *Ulrich*, Anm. zu OLG Stuttgart, Urt. v. 14.3.1994, EWiR 1994, 407 (408).

[323] So die Bezeichnung bei *Bukow*, Verletzungsklagen (2003), 291 ff.

untersuchen, wie die Fälle einer Feststellungsklage über ein vorgreifliches Rechtsverhältnis als Erstklage im Verhältnis zur späteren Leistungsklage zu behandeln sind. In dieser Konstellation richtet der ‚Torpedokläger' seine Klage nicht auf bloße Verneinung des Anspruchs, sondern sein Feststellungsantrag bezieht sich auf ein Rechtsverhältnis, aus dem mehrere Rechtsfolgen erwachsen können, von denen der Feststellungsbeklagte mit einer (möglichen) späteren Leistungsklage aber nur einzelne gerichtlich geltend macht (oder machen will). Der Feststellungskläger kann so zum Beispiel bereits das Bestehen eines dem Anspruch zugrunde liegenden Vertrags verneinen.[324] Hier lassen sich auch die Fälle einordnen, in denen die Erstklage eine Gestaltungsklage ist, also etwa ein potenzieller Patentverletzer die Nichtigkeit des Patents im Wege einer Erstklage geltend macht. Ähnlich sind die Konstellationen, in denen der Schutzrechtsinhaber eine Abmahnung an den präsumtiven Verletzer richtet und dieser dann auf Unterlassung bzw. Schadensersatz klagt und die Nichtverletzung damit inzident feststellen lassen will: Hier wird zwar nicht über ein vorgreifliches Rechtsverhältnis gestritten, es ist aber eine Inzidentfeststellung über ein Rechtsverhältnis erforderlich.

Legt man Streitgegenstandsbegriff der herrschenden Meinung zugrunde, so ergibt sich keine Sperrwirkung der früheren Feststellungsklage. Denn eine Identität des Streitgegenstands ist nicht gegeben, wenn es um bloß übereinstimmende Vorfragen geht: Es muss auch die konkrete, geltend gemachte Rechtsfolge identisch sein.[325] Dies ergibt sich auch daraus, dass es bei der Rechtshängigkeit – anders als bei materieller Rechtskraft – nicht um Präjudizialität, sondern nur um Identität der Streitpunkte geht.[326] Wird also beispielsweise mit der ersten Klage auf Nichtigkeit des Patents geklagt, handelt es sich nur um eine vorgelagerte Frage, und eine Streitgegenstandsidentität zur späteren Klage auf Unterlassung der Patentverletzung besteht nicht. Genauso ist es bei einer Erstklage auf Unterlassung der Abmahnung durch den Schutzrechtsinhaber und einer späteren Unterlassungsklage: Auch hier werden verschiedene Rechtsfolgen geltend gemacht, so dass die Gegenstände nicht identisch sind.

Damit entfallen weitere Möglichkeiten für ‚Torpedoklagen' nach deutschem Zivilprozessrecht. Es zeigen sich insofern besonders deutlich die Unterschiede zur Handhabung der Rechtshängigkeitsregeln der EuGVVO bzw. des EuGVÜ/LugÜ, bei denen eine wesentlich weitere Sperrwirkung möglich ist.

---

[324] So etwa im Fall BGH NJW 1995, 1758; ähnlich OLG Köln RIW 1991, 328 (jeweils zu Art. 21 EuGVÜ).

[325] Stein / Jonas-*Schumann*, § 261 ZPO, Rn. 56 f.; Zöller-*Greger*, § 261 ZPO, Rn. 10; MünchKommZPO-*Lüke*, § 261 ZPO, Rn. 72, mit Beispielsfällen.

[326] MünchKommZPO-*Lüke*, § 261 ZPO, Rn. 56; Musielak-*Foerste*, § 261 ZPO, Rn. 12.

b. Bestehen einer Rechtshängigkeitssperre

Die mangelnde Rechtshängigkeitssperre in bestimmten Konstellationen bedeutet nicht, dass überhaupt keine ‚Torpedoklagen' nach deutschem Prozessrecht mehr möglich wären, obwohl mit den ‚Feststellungstorpedos' eine besonders wichtige Gruppe ausscheidet. Sperrwirkung kann in anderen Konstellationen vorliegen, etwa bei identischen Klagen.

aa. Sperrwirkung im Verhältnis zwischen zwei Feststellungsklagen bzw. einer Leistungsklage im Verhältnis zur späteren Feststellungsklage

Geht es um das Verhältnis einer früheren zu einer späteren Feststellungsklage, so begründet die frühere Klage im Grundsatz Rechtshängigkeit.[327] Dies gilt in jedem Fall für das Verhältnis zwischen zwei positiven oder zwei negativen Feststellungsklagen sowie – relevant für ‚Torpedos' – zwischen einer früheren positiven zur späteren negativen Feststellungsklage,[328] weil diese einen identischen Streitgegenstand haben und nicht – wie die Leistungsklage im Verhältnis zur negativen Feststellungsklage[329] – weitergehende Rechtsfolgen anordnen.

Problematisch ist, ob eine die begehrte Rechtsfolge leugnende negative Feststellungsklage eine spätere positive Feststellungsklage sperrt. Dies wird zum Teil verneint, weil die positive Feststellungsklage im Gegensatz zur negativen die Verjährung unterbricht,[330] insofern also über die negative Feststellungsklage hinausgeht. Die Konsequenz wäre dann die gleiche wie bei späterer Leistungsklage.[331] Andere sprechen einer negativen Feststellungsklage auch eine Sperrwirkung hinsichtlich einer positiven Feststellungsklage ab.[332] Für die erste Ansicht spricht, dass die positive Feststellungsklage ein weitergehendes Rechtsschutzziel als die negative Feststellungsklage hat. Sofern ein Feststellungsinteresse besteht, sollte die positive Feststellungsklage zulässig sein und ihr nicht die Rechtshängigkeitssperre entgegenstehen.

---

[327] Stein / Jonas-*Schumann*, § 261 ZPO, Rn. 61; Baumbach / Lauterbach-*Hartmann*, § 261 ZPO, Rn. 19; *Wieczorek / Schütze*, § 256 ZPO, Rn. C IV.

[328] Die positive Feststellungsklage umfasst den Streitgegenstand der negativen, vgl. Musielak-*Foerste*, § 261 ZPO, Rn. 11.

[329] Vgl. dazu oben § 3 B I 1 a aa, Fn. 310.

[330] KG NJW 1961, 33 (33); *Wieczorek / Schütze*, § 256 ZPO, Rn. C IV; Musielak-*Foerste*, § 256 ZPO, Rn. 37 (Fn. 298); *Macke*, NJW 1990, 1651; sofern noch keine Leistungswiderklage mehr erhoben werden kann, weil Feststellungsinteresse entfällt: Stein / Jonas-*Schumann*, § 256 ZPO, Fn. 358; Zöller-*Greger*, § 256 ZPO, Rn. 17.

[331] *Macke*, NJW 1990, 1651.

[332] Baumbach / Lauterbach-*Hartmann*, § 261 ZPO, Rn. 19; MünchKommZPO-*Lüke*, § 256 ZPO, Rn. 67.

Eindeutig wird eine spätere konträre Feststellungsklage zudem durch eine frühere Leistungs- bzw. Unterlassungsklage gesperrt.[333]
Insofern können sich Konstellationen ergeben, in denen auch im autonomen Zivilverfahrensrecht eine Rechtshängigkeitssperre durch eine ‚Torpedoklage' eintritt: Erhebt der Betroffene einer ‚Torpedoklage' als Zweitkläger eine negative Feststellungsklage, so wird das Verfahren wegen einer vorherigen Leistungs- bzw. Feststellungsklage ausgesetzt. Erhebt er positive Feststellungsklage, so kann er die Rechtshängigkeitssperre überwinden, wenn die frühere Klage eine negative Feststellungsklage war. Im Ergebnis begründet eine vorherige Leistungsklage des ‚Torpedoklägers' nach nationalem Recht bei Identität des Streitgegenstands immer eine Rechtshängigkeitssperre. Legt man also einen weiten Begriff der ‚Torpedoklagen' zugrunde, der nicht nur negative Feststellungsklagen als Erstklagen erfasst, so können auch im deutschen Recht ‚Torpedos' auftreten. Allerdings wird die Situation, dass der ‚Torpedokläger' eine negative Feststellungsklage erhebt, häufiger sein.

bb. Sperrwirkung im Verhältnis zwischen zwei Gestaltungsklagen

Zu untersuchen ist weiter die Behandlung entgegenstehender ausländischer Rechtshängigkeit in den Fällen, in denen die ‚Torpedoklage' eine Gestaltungsklage ist. Allgemein entfaltet eine Gestaltungsklage nach dem deutschen Streitgegenstandsbegriff Rechtshängigkeit gegenüber einer späteren Gestaltungsklage, wenn diese auf dieselbe Rechtsfolge abzielt und sich auf denselben Sachverhalt bezieht. Bei familienrechtlichen Sachverhalten kommt ebenfalls § 261 Abs. 3 Nr. 1 ZPO zum Zuge. Die Regelung gilt immer dann, wenn auf europäischer Ebene die EheGVO räumlich-persönlich nicht eingreift, das heißt keine Zuständigkeit nach der Verordnung eröffnet ist.[334] Dies ist der Fall, wenn es sich nicht um Verfahren handelt, die in zwei Mitgliedstaaten der EU anhängig sind.[335] Die Situation kann also etwa diejenige sein, dass beide Ehepartner in zwei Staaten die Scheidung oder die Übertragung des Sorgerechts für das gemeinsame Kind beantragen. Problematisch ist die Streitgegenstandsidentität insbesondere bei Scheidungsfällen.

---

[333] OLG Karlsruhe MDR 1997, 292 (292 f.); Baumbach / Lauterbach-*Hartmann*, § 261 ZPO, Rn. 19; Thomas / Putzo-*Reichold*, § 261 ZPO, Rn. 13; Musielak-*Foerste*, § 256 ZPO, Rn. 37.

[334] Am häufigsten wird das nationale Recht einschlägig sein, wenn beide Ehegatten ihren gewöhnlichen Aufenthalt außerhalb der Mitgliedstaaten der EheGVO haben und einer von ihnen Deutscher ist oder bei der Eheschließung war, vgl. Staudinger-*Spellenberg*, Vorbem zu §§ 606a, 328 ZPO, Rn. 12; aber auch, wenn Feststellungsklage über die Nichtigkeit der Ehe erhoben wird, gilt § 263 Abs. 3 Nr. 1 ZPO.

[335] Staudinger-*Spellenberg*, Art. 19 EheGVO, Rn. 2.

(1) Scheidungsverfahren: Streitgegenstandsidentität bei Inlandsfällen

Um eine Rechtshängigkeitssperre nach § 261 Abs. 3 Nr. 1 ZPO zu entfalten, müssten – neben den Parteien – wiederum die Klageanträge und die zugrunde liegenden Sachverhalte identisch sein. Dazu ist zu untersuchen, ob das Begehren der Eheleute übereinstimmt, sie also dieselbe Rechtsfolge erreichen wollen. Zu beachten ist, dass in manchen ausländischen Rechtsordnungen durchaus verschiedene Streitgegenstände vorliegen können, auch wenn die Scheidung derselben Ehe begehrt wird: Das liegt daran, dass diese Rechtsordnungen an verschiedene Scheidungsgründe unterschiedliche Rechtsfolgen knüpfen, wie etwa die iranische Rechtsordnung an die verschiedenen Arten der *talaq*, etwa *mubarat* und *khul*.[336] Im deutschen Recht bildet seit dem 1. EheRG[337] das Scheitern der Ehe den alleinigen Scheidungsgrund, so dass eine unterschiedliche Begründung der Scheidungsanträge unerheblich ist.[338]

Der BGH nimmt in *Inlandsfällen* bei auf übereinstimmend auf Scheidung gerichteten Anträgen der Ehepartner einen identischen Streitgegenstand an.[339] Auch andere Gerichte meinen, die Vertauschung der Parteirollen sei unbeachtlich.[340] Die Rechtsprechung geht dabei von der Annahme aus, dass es ein subjektives Recht auf Scheidung gebe, im Schrifttum ist dies jedoch umstritten.[341] Dieser Streit wirkt sich allerdings im Ergebnis nicht aus, denn bei der Geltendmachung des prozessualen Gestaltungsrechts auf Auflösung der Ehe handelt es sich zudem um ein gegenüber dem Gericht geltend gemachten, also einen öffentlich-rechtlichen Anspruch:[342] Es bleibt daher ohne Einfluss, ob daneben noch ein subjektives Recht auf Scheidung besteht.[343]

---

[336] Vgl. das iranische Gesetz zur Änderung der Scheidungsbestimmungen vom 26.11.1992, übersetzt abgedruckt in IPRax 1994, 326; *Bergmann / Ferid*, Iran, 58 ff.; auch in anderen Rechtsordnungen wird differenziert, etwa in Spanien, vgl. *Langner*, Eheschließung und Ehescheidung nach spanischem Recht, 101, 163 f.

[337] Vom 14.6.1976.

[338] Rolland-*Roth*, § 611 ZPO, Rn. 3; MünchKommZPO-*Walter*, § 611 ZPO, Rn. 4; Schwab-*Schwab*, Hdb. des Scheidungsrechts, Teil II, Rn. 5.

[339] BGH FamRZ 1983, 38 (40); FamRZ 1987, 580 (581).

[340] OLG München IPRax 1992, 174 (174); OLG Celle IPRax 1994, 209 (209).

[341] Für die Rechtsprechung BGH FamRZ 1986, 655 (656); für die herrschende Meinung in der Literatur, die ein subjektives Recht auf Scheidung bejaht Johannsen / Henrich-*Jaeger*, § 1564 BGB, Rn. 41 ff.; Staudinger-*Rauscher*, § 1564 BGB, Rn. 32; *Gernhuber / Coester-Waltjen*, § 25, 1 (S. 285); zweifelnd MünchKomm-*Wolf*, § 1564 BGB, Rn. 22, 34 f.; eine Mindermeinung verneint ein subjektives Recht, vgl. Stein / Jonas-*Schlosser*, § 611 ZPO, Rn. 2; *Diederichsen*, ZZP 91 (1978), 397 (439 ff.).

[342] Stein / Jonas-*Schumann*, vor § 253 ZPO, Rn. 43 f.; *Jauernig*, Das fehlerhafte Zivilurteil (1958), 176; *Schlosser*, Gestaltungsklagen (1966), 367 ff.; *Grunsky*, Grundlagen des Verfahrensrechts (1974), § 5 III 2 (S. 38).

[343] *Schlosser*, Gestaltungsklagen (1966), 357.

(2) Scheidungsverfahren: Streitgegenstandsidentität bei Auslandsfällen

Bei Zugrundelegung der Annahme, dass die Vertauschung der Parteirollen in Scheidungsfällen wegen des (auch) öffentlich-rechtlichen Charakters des Anspruchs unbeachtlich sei, ließe sich in *Auslandsfällen* gegen die Identität des Streitgegenstandes einwenden, dass sich der ausländische Scheidungsantrag an das Gericht eines *anderen* Staates als der inländische Scheidungsantrag richte und deshalb an sich unterschiedliche Ansprüche gegeben seien. Eine solche Argumentation ist jedoch nicht sinnvoll, will man die ausländische Rechtshängigkeit im Grundsatz der inländischen gleichstellen: Es kann dann keinen Unterschied machen, ob ausländische Gerichte angerufen worden sind, weil dies denklogisch Voraussetzung der ausländischen Rechtshängigkeit ist.[344]

Man könnte aber weiter argumentieren, dass keine Anspruchsidentität vorliege, wenn das ausländische Recht – wie eben angesprochen – gerade nach Scheidungsgründen differenziere: Nach deutscher Streitgegenstandslehre wären verschiedene Streitgegenstände anzunehmen, wenn die Scheidungsanträge auf verschiedene Tatsachen gestützt und damit unterschiedliche Rechtsfolgen verfolgt werden, zum Beispiel die Zahlung von Unterhalt bei verschuldeter Scheidung.[345] Auch funktionale Unterschiede zwischen den Scheidungsverfahren könnten eine Rolle spielen: So ist etwa in Israel die Klage nur auf die ‚Zustimmung' des Gerichts zum späteren privaten Scheidungsakt gerichtet, während in Deutschland der gestaltende Akt der Eheauflösung durch das Gericht begehrt wird.[346]

Allerdings verneint die herrschende Meinung im Rahmen der Berücksichtigung ausländischer Rechtshängigkeit die Annahme zweier Streitgegenstände aufgrund der bloßen Anwendung verschiedenen materiellen Rechts und daraus folgender unterschiedlicher Rechtsfolgen durch die Gerichte.[347] Gleiches gilt erst recht für die Anwendung unterschiedlichen Prozessrechts. Trotz unterschiedlicher Gründe, auf denen eine Ehescheidung beruht, ist daher nicht von unterschiedlichen Streitgegenständen auszugehen. Dies ist auch richtig, wenn man sich vor Augen führt, dass der deutsche Streitgegenstandsbegriff im internationalen Vergleich ein sehr enger und ersichtlich auf den Inlandsfall zugeschnitten ist. Zudem würden widersprechende Entscheidungen drohen, wenn man von zwei unterschiedlichen Streitgegenständen ausgehen und zwei Verfahren zulassen würde, nur weil das ausländische Recht von anderen Prämissen

[344] *Heiderhoff*, Die Berücksichtigung ausländischer Rechtshängigkeit (1998), 57, die meint, es komme generell nicht auf prozessuale Details, sondern auf das Ziel des ausländischen Verfahrens an.

[345] Das portugiesische Recht sieht etwa vor, dass der Ehegatte, der die Scheidung verursacht hat, keinen Unterhalt verlangen kann, vgl. Art. 1787, 1790 ff. port. ZGB, übersetzt bei *Bergmann / Ferid*, Portugal, 60 ff.

[346] Dazu *Perles*, FamRZ 1980, 978 (978 f.).

[347] BGH FamRZ 1983, 366 (367); OLG München IPRax 1994, 42 (43); AG Landstuhl IPRax 1995, 108 (109).

ausgeht.[348] Eine Ausnahme besteht freilich dann, wenn die ausländische Scheidung im Inland nicht anerkannt würde.

Der identische Streitgegenstand, der zum Beispiel bei Scheidungsanträgen beider Ehepartner vorliegt, führt also zum Eingreifen der Rechtshängigkeitssperre. Das später angerufene Gericht hat nach § 148 ZPO das Verfahren zunächst auszusetzen. ‚Torpedoklagen' sind also denkbar, wenn auch ein rechtsmissbräuchliches Verhalten bei Scheidungsfällen kaum anzunehmen sein dürfte, weil es den Parteien um dasselbe Prozessziel geht.

c. Ergebnis

‚Torpedoklagen' sind im autonomen Zivilverfahrensrecht nicht in gleichem Umfang möglich wie im europäischen. Zum einen begründet eine negative Feststellungsklage keine Rechtshängigkeitssperre gegenüber einer späteren Leistungsklage oder einer positiven Feststellungsklage. Auch Klagen über ein vorgreifliches Rechtsverhältnis begründen nicht in gleicher Weise eine Rechtshängigkeitssperre wie im europäischen Zivilverfahrensrecht. Allerdings sind ‚Torpedo-Situationen' möglich, etwa wenn Erst- und Zweitklage übereinstimmen, oder die Erstklage einen weitergehenden Streitgegenstand hat als die Zweitklage wie etwa eine Leistungsklage gegenüber einer negativen Feststellungsklage.

2. Die Handhabung der Rechtshängigkeitsregelung durch die deutsche Rechtsprechung

Für die verbleibenden Situationen einer ‚Torpedoklage' unter autonomem deutschen Zivilprozessrecht stellt sich die Frage, ob – anders als nach der Handhabung des EuGH[349] – im autonomen Zivilprozessrecht eine Durchbrechung der ausländischen Rechtshängigkeit in Betracht kommt. Dabei lässt sich differenzieren, ob Verfahrensstillstand des ausländischen Verfahrens eingetreten ist oder nur eine Verzögerung.

a. Restriktive Handhabung bei Verfahrensstillstand

Die deutsche Rechtsprechung hat eine Durchbrechung der Rechtshängigkeitssperre im Bereich des autonomen Zivilprozessrechts nur sehr zurückhaltend zugelassen. In den bereits angesprochenen[350] Fällen eines nachkriegsbedingten völligen Verfahrensstillstands vor ausländischem Forum ließen die Gerichte eine Weiterführung des später begonnenen Verfahrens zu, weil es sich um einen allgemeinen, nicht nur vorübergehenden Stillstand der Rechtspflege handelte, und eine Entscheidung mit ausreichender Sicherheit nicht mehr zu erwarten war.[351]

---

[348] *Heiderhoff*, Die Berücksichtigung ausländischer Rechtshängigkeit (1998), 225.
[349] Vgl. dazu bereits oben § 3 A I 1 c bb Fn. 102 ff. sowie unten § 4 B I 1, bei Fn. 105.
[350] Vgl. oben § 2 A II 1, bei Fn. 108.
[351] BGH NJW 1952, 705 (706).

War dies nicht der Fall, so kam eine Aussetzung nicht in Betracht. Man berief sich auf die Gefahr einer Mehrfachprozessführung und einander widersprechender Urteile[352] oder sprach dem Zweitkläger das Rechtsschutzbedürfnis für seinen Prozess ab.[353] Auch der Schutz des Gegners, der nicht mit mehreren Prozessen belastet werden sollte, spielte eine Rolle.[354]

Später ließ die Rechtsprechung einen Ausschluss der Rechtshängigkeitseinrede wegen Verfahrensstillstands kaum noch zu: Es müsse dazu, so der BGH, eine Situation eingetreten sein, in der nicht mehr zu erwarten sei, dass in einem anderen, geordneten und funktionierenden Verfahren eine Entscheidung zur Sache ergehen werde.[355] Dazu genügte es etwa nicht, wenn das Verfahren nur wegen Nichtbetreibens durch die Parteien ruhte (§ 251a ZPO)[356] und das Gericht aus prozessualen Gründen die Akten weggelegt hatte.[357] Auch Aussetzung des Verfahrens nach § 614 ZPO bei jahrelangem Stillstand war nicht ausreichend.[358] Ebenso wenig langten außergerichtliche Handlungen wie Erfüllung. Die Literatur folgte dem weitgehend und ließ auch andere Umstände wie Vorbehaltsurteil (§§ 302, 599 ZPO), Verweisung (§§ 281, 506 ZPO), außergerichtlichen Vergleich, Verzicht (§ 306 ZPO), einen Vertrag über eine Prozesserledigung (§ 91 a ZPO) oder Anerkenntnis ohne Urteil nicht für eine Rechtshängigkeitsdurchbrechung ausreichen.[359]

Hinter der engen Handhabung steht die Überlegung, dass die Rechtshängigkeit nur mit Beendigung des Prozesses aufhören soll.[360] Die Rechtshängigkeit schützt davor, dass äußere prozessuale Einflüsse, die keinen inneren Zusammenhang mit dem materiellen Rechtsschutzbegehren haben – etwa die in den §§ 239 ff. ZPO geregelten Umstände – , den Prozess über dasselbe beenden können. Ein ähnlicher Gedanke findet sich bei der *perpetuatio fori* des § 261 Abs. 3 Nr. 2 ZPO: Es soll verhindert werden, dass eine einmal zulässige Klage aufgrund nachträglicher Veränderung der zuständigkeitsbegründenden Tatsachen unzulässig wird.[361] Der Grundgedanke der Rechtshängigkeitswirkungen wird

---

[352] BGH NJW 1952, 705 (706).
[353] LG Hamburg, SJZ 1947, Sp. 271 (271).
[354] *Jagusch*, SJZ 1947, Sp. 295 (299).
[355] BGH JuS 1967, 525 (525).
[356] OLG Saarbrücken FamRZ 1978, 522 (522).
[357] BGH NJW-RR 1995, 513 (513); BGH NJW-RR 1993, 898 (898); AG Mölln FamRZ 2001, 291 (292).
[358] BGH JuS 1967, 525 (525).
[359] Baumbach / Lauterbach-*Hartmann*, § 261 ZPO, Rn. 16; Zöller-*Greger*, § 261 ZPO, Rn. 7; Stein / Jonas-*Schumann*, § 261 ZPO, Rn. 99; *Wieczorek / Schütze*, § 263 ZPO, B IV a; *Zeiss / Schreiber*, Rn. 341.
[360] BGH NJW 1980, 222; *Schellhammer*, Zivilprozess, Rn. 109.
[361] *Herrmann*, Die Grundstruktur (1988), 131 f., 137.

nur von wenigen Ausnahmen durchbrochen, etwa wenn vor einem anderen Gericht rechtskräftig über den Streitgegenstand entschieden wird.[362]

Insgesamt ist die Rechtsprechung also bei einem völligen Verfahrensstillstand im Ausland bereit, das spätere Verfahren fortzuführen, eine Situation, die in den vergangenen Jahrzehnten aber selten auftauchte.

b. Restriktive Handhabung bei bloßer Prozessverzögerung vor dem ausländischen Gericht

Bei einer bloßen Prozessverzögerung durch langsame Verhandlung vor dem Erstgericht zeigt die Rechtsprechung ebenfalls eine restriktive Tendenz. In einem bereits geschilderten[363] Scheidungsverfahren aus dem Jahr 1983 nahm der BGH eine Durchbrechung der Rechtshängigkeit an, weil das Erstverfahren bereits seit über vier Jahren in erster Instanz andauerte.[364] Das Gericht stellte ausdrücklich auf Gesichtspunkte der Zumutbarkeit für die Parteien ab und führte aus, die Zumutbarkeitsgrenze sei in diesem Fall wegen des langen Verfahrens überschritten. Die Entscheidung wurde in der Folgezeit kontrovers diskutiert: Während die einen durch die Nichtbeachtung des ausländischen Prozesses Staatsinteressen gefährdet sahen,[365] begrüßten die anderen das Urteil als Schritt zur angemessenen Wahrung der Interessen der benachteiligten Partei im Einzelfall.[366]

Die deutsche Rechtsprechung hat das Urteil im Nachhinein jedoch relativiert.[367] Die Gerichte hielten es nur noch in extrem gelagerten Ausnahmefällen im Bereich des EuGVÜ – bei umgekehrter Parteirollenverteilung, also bei einer Erstklage des Prozessgegners[368] – für angemessen, das Zweitverfahren weiterzuführen.[369] Zum Teil wurde eine Missachtung der ausländischen Rechtshängigkeit gänzlich abgelehnt: Eine solche komme nur bei völligem Verfahrensstillstand im Ausland in Betracht,[370] beziehungsweise wenn im Einzelfall eine völlig unzumutbare Beeinträchtigung des Justizgewährungsanspruchs des Gläubigers drohe.[371] Zum Teil wurde dem BGH auch widersprochen, bloße Zumutbarkeits-

---

[362] *Herrmann*, Die Grundstruktur (1988), 138.

[363] Vgl. oben § 2 B II 2, bei Fn. 200.

[364] BGH NJW 1983, 1269.

[365] *Luther*, IPRax 1984, 141 (143); krit. auch *Schumann*, FS Kralik (1986), 301 (310); *Buschmann*, Rechtshängigkeit (1995), 204.

[366] *Geimer*, NJW 1984, 527 (529); *Schütze*, ZZP 104 (1991), 136 (149).

[367] Vgl. zur Entwicklung *Buschmann*, Rechtshängigkeit (1995), 203 ff.

[368] Verneint bei identischer Parteirollenverteilung: BGH NJW 1986, 2195; RIW 1995, 413; OLG Frankfurt/Main IPRax 1988, 24; IPRspr. 1989, Nr. 210 b.

[369] OLG Düsseldorf IPRax 1986, 29 (29 f.); OLG München RIW 1994, 511 (511); mit positivem Ergebnis hingegen AG Leverkusen IPRspr. 2002, Nr. 75 (S. 165).

[370] OLG München IPRspr. 1998, Nr. 177 (S. 351).

[371] OLG Frankfurt/Main IPRax 1988, 24 (25); BGH NJW 1986, 2195 (2196) – beide mit identischer Parteirollenverteilung.

gesichtspunkte dürften bei der Aussetzungsentscheidung des Zweitgerichts keine Rolle spielen.[372]

Manche Gerichte jedoch griffen die Entscheidung des BGH aus dem Jahr 1983 auf und ließen insbesondere in Scheidungsverfahren eine Durchbrechung der Rechtshängigkeit zu.[373] Vereinzelt erkannten sie – im Unterschied zur Rechtsprechung des EuGH in der *Gasser*-Entscheidung[374] – an, dass auch schon eine zu erwartende, also noch nicht eingetretene, überlange Verfahrensdauer die Rechtshängigkeitssperre entfallen lassen könne.[375] Fälle, in denen eine Durchbrechung der Rechtshängigkeit zugelassen wurde, blieben gleichwohl die Ausnahme.[376]

c. Restriktive Handhabung bei Umständen innerhalb der Einflusssphäre der Parteien

Liegen die Umstände, die für die Prozessverzögerung verantwortlich sind, innerhalb der Einflusssphäre der Parteien, können diese also die Verfahrensverzögerung beeinflussen, gelten hinsichtlich einer Durchbrechung der Rechtshängigkeit generell strenge Maßstäbe. Denn es ist nicht ausgeschlossen, dass doch noch zur Sache entschieden werden könnte. Die Kontrahenten hätten dann die bisher aufgewandten Mühen für den Prozess vor dem Erstgericht umsonst gemacht, wenn die Rechtshängigkeit nicht beachtet würde.

Allerdings ist zu beachten, dass der BGH wegen außergewöhnlicher Umstände im Einzelfall auch eine Durchbrechung ausländischer Rechtshängigkeit zugelassen hat, wenn eine Weiterführung des Erstprozesses in der Hand einer Partei lag. So war es in einem Scheidungsverfahren aus dem Jahre 1960, in dem die Ehefrau in England die Scheidung beantragt hatte.[377] Der BGH ließ eine spätere, erneute Beantragung durch die Ehefrau vor einem deutschen Gericht zu, obwohl das englische Verfahren weiter anhängig war: Es war ein faktischer Prozessstillstand eingetreten, weil sich die Ehefrau weigerte, einer bereits seit vier Jahren ausgesprochenen Ladung des Gerichts nachzukommen, und das Verfahren in Abwesenheit der Ehefrau nicht weiter betrieben werden konnte. Die Entschei-

---

[372] OLG München IPRspr. 1998, Nr. 177 (S. 350).

[373] S. etwa KG, IPRspr. 1994, Nr. 157 (S. 356 f.)

[374] EuGH RIW 2004, 289, 291; zu diesem Kriterium *Thiele*, RIW 2004, 285 (287); vgl. dazu auch unten § 4 B I 1, bei Fn. 105.

[375] BGH NJW 1983, 1269 (1270); OLG Frankfurt/Main IPRax 1988, 24 (25): ‚Der Rechtsweg vor das deutsche Gericht ist vielmehr auch dann eröffnet, wenn eine unzumutbare Dauer des ausländischen Verfahrens vorauszusehen ist.'

[376] Ein solcher Ausnahmefall lag der Entscheidung des KG, FamRZ 1995, 1074, zugrunde: Ein Scheidungsverfahren war vor einem belgischen Erstgericht bereits über drei Jahre anhängig, eine Entscheidung war nicht zu erwarten, und der Erstantragsteller konnte das belgische Verfahren auch nicht beschleunigen. Das KG ließ die Durchbrechung der Rechtshängigkeit zu.

[377] BGH NJW 1961, 124 (124).

dung beruhte auf dem Grundsatz von Treu und Glauben: Die Ehefrau fürchtete eine Verurteilung wegen eines *contempt of Court*, hohe Prozesskosten und eine Sorgerechtsentscheidung zugunsten ihres Ehemannes, der sie fortwährend geschlechtlich missbraucht und das gemeinsame Kind misshandelt habe.[378] Der BGH meinte, in solch einem Fall fehle es an dem ‚inneren Grund' für die Einrede der Rechtshängigkeit, obwohl die Ehefrau Klägerin sowohl im ersten als auch im zweiten Verfahren war.[379]

Ein Fall wie der geschilderte ist jedoch die absolute Ausnahme geblieben. Die Zulassung einer Durchbrechung der ausländischen Rechtshängigkeit durch die Rechtsprechung ist insgesamt als äußerst zurückhaltend einzustufen, wenn es um Umstände im Einflussbereich der Parteien geht.

d. Ergebnis

Im Ergebnis ist die Handhabung des Rechtshängigkeitseinwands durch die deutsche Rechtsprechung grundsätzlich ein Wegbereiter für ‚Torpedoklagen' – eine Weiterführung des später begonnenen Verfahrens ist auf krasse Ausnahmefälle beschränkt. Auch mehrjährige Verfahrensdauer reichte dafür nicht aus. Nur in wenigen Entscheidungen äußerten sich die Gerichte positiv hinsichtlich einer möglichen Durchbrechung der Rechtshängigkeit oder gewährten eine solche gar. Fälle eines völligen Verfahrensstillstandes dürften so selten sein, dass diese nicht als wegweisend angesehen werden können.

3. Rechtshängigkeitssperre bei mangelnder Anerkennungsfähigkeit

Nach herrschender und nur vereinzelt kritisierter[380] Meinung in Deutschland ist für die Entscheidung des Gerichts zur Aussetzung des Verfahrens wegen ausländischer Rechtshängigkeit eine positive Anerkennungsprognose notwendig. Damit soll verhindert werden, dass ein inländisches Verfahren analog § 148 ZPO ausgesetzt wird, obwohl das ausländische Urteil über denselben Streitgegenstand nicht anerkennungsfähig wäre.[381] Der inländische Kläger müsste dann erneut Klage erheben und hätte einen Zeitverlust hinzunehmen.[382]

In der Anerkennungsprognose besteht ein Unterschied zur *ipso iure* eintretenden Anerkennung nach europäischem Zivilverfahrensrecht (vgl. Art. 33 Abs. 1

---

378 *Buschmann*, Rechtshängigkeit (1996), 206.

379 BGH NJW 1961, 124 (124).

380 *Hellwig*, System des deutschen Zivilprozessrechts (1912), 360; zuletzt *Schütze*, ZZP 104 (1991), 136 (147), der mit seiner Kritik heute weitgehend allein steht.

381 So etwa BGH FamRZ 1982, 917 (917); NJW 1987, 3083 (3083); NJW-RR 1992, 642 (642); Zöller-*Greger*, § 261 ZPO, Rn. 3; Thomas / Putzo-*Reichold*, § 261 ZPO, Rn. 2; Baumbach / Lauterbach-*Hartmann*, § 261 ZPO, Rn. 7; Stein / Jonas-*Schumann*, § 261 ZPO, Rn. 11; *Rosenberg / Schwab / Gottwald*, § 100 II 1 a (S. 567); *Zeiss / Schreiber*, Rn. 337; Geimer / Schütze-*Geimer*, Urteilsanerkennung I.2, 1651; *Hausmann*, IPRax 1982, 51 (52).

382 *Buschmann*, Rechtshängigkeit (1996), 177; *Schumann*, IPRax 1986, 14 (14).

EuGVVO, Art. 26 Abs. 1 EuGVÜ/LugÜ). Fraglich ist insofern, ob eine negative Anerkennungsprognose gegebenenfalls bewirken kann, dass das Verfahren vor dem Erstgericht nicht gemäß § 261 Abs. 3 Nr. 1 ZPO auszusetzen wäre, so dass die ‚Torpedowirkung' nicht einträte. Insbesondere könnte der Anerkennung der ausländischen Entscheidung der deutsche *ordre public* entgegenstehen, wenn das Verfahren überlang dauerte.

a. Verstoß gegen den verfahrensrechtlichen ordre public

Gemäß § 328 Abs. 1 Nr. 4 ZPO ist die Anerkennung eines ausländischen Urteils zu versagen, wenn diese zu einem Ergebnis führt, die mit wesentlichen Grundsätzen des deutschen Rechts offensichtlich unvereinbar ist.[383] Der anerkennungsrechtliche *ordre public* ist dabei noch großzügiger als der kollisionsrechtliche.[384] Für das Eingreifen des *ordre public* muss zudem ein hinreichender Inlandsbezug bestehen, der sich nicht bereits daraus ergibt, dass die Anerkennung in Deutschland begehrt wird.[385] Je schwächer der Inlandsbezug, desto schwerere Verstöße gegen grundlegende deutsche Rechtsvorstellungen sind hinnehmbar.[386]

Nahe liegt es, den Umstand eines überlangen ausländischen Verfahrens als einen Verstoß gegen wesentliche deutsche Rechtsgrundsätze anzusehen. Eine überlange Verfahrensdauer könnte insbesondere gegen die aus Art. 19 Abs. 4 GG fließende Prozessmaxime des effektiven Rechtsschutzes bzw. des Beschleunigungsgebots verstoßen.[387] Ein hinreichender Inlandsbezug könnte sich daraus ergeben, dass der der Betroffene der ‚Torpedoklage' in Deutschland ansässig wäre oder zumindest eine Schädigung in Deutschland einträte.

b. Hohe Anforderungen an einen ordre public-*Verstoß*

Eine erste Hürde für die Annahme einer *ordre public*-Verletzung ergibt sich jedoch daraus, dass ein bloßer Verstoß gegen zwingendes deutsches Recht nicht ausreicht. Vielmehr ist beim verfahrensrechtlichen *ordre public* erforderlich, dass das ausländische Urteil in einem Verfahren ergangen ist, das von den

---

[383] Die ausländische Entscheidung darf allerdings grundsätzlich nicht in der Sache nachgeprüft werden, sog. Verbot der *révision au fond*, vgl. Musielak-*Foerste*, § 328 ZPO, Rn. 23; Thomas / Putzo-*Hüßtege*, § 328 ZPO, Rn. 15; Zöller-*Geimer*, § 328 ZPO, Rn. 151; *Geimer*, IPRax 1998, 175 (176); der Gesichtspunkt des *ordre public* stellt insofern eine Ausnahme dar.

[384] BGH IPRspr. 1998, Nr. 185 (S. 368); *Geimer*, IZPR, Rn. 27 f.

[385] BGHZ 118, 312 (322); Zöller-*Geimer*, § 328 ZPO, Rn. 167; *Martiny*, Hdb. IZVR III/1, Rn. 1024, 1027; *v. Bar / Mankowski*, IPR I, § 7, Rn. 263; *Andrae / Heidrich*, FPR 2004, 292 (296).

[386] *V. Bar / Mankowski*, IPR I, § 7, Rn. 264.

[387] MD-*Schmidt-Aßmann*, Art. 19 GG, Rn. 262; v. Münch / Kunig-*Krebs*, Art. 19 GG, Rn. 64; HStR-*Papier*, Bd. VI, § 154, Rn. 77; *Rosenberg / Schwab / Gottwald*, § 84 (S. 451); Überblick bei *Lüke*, ZPR, § 3, Rn. 37.

Grundprinzipien des deutschen Verfahrensrechts in solchem Maße abweicht, dass nach deutschen Rechtsvorstellungen nicht von einem ordentlichen, rechtsstaatlichen Verfahren gesprochen werden kann.[388] Der *ordre public*-Vorbehalt greift also nur in krassen Fällen ein.[389]

Zweifelhaft ist, ob ein deutsches Gericht nur wegen der langen Verfahrensdauer von der fehlenden Rechtsstaatlichkeit des Auslandsprozesses ausgehen würde. In Europa erschiene eine solche Praxis nicht nur im Hinblick auf die vermutete Gleichwertigkeit der europäischen Gerichte äußerst fragwürdig. Herbeigeführt würde – zumindest auf Dauer – vermutlich auch eine Belastung der zwischenstaatlichen Beziehungen. Zudem ist problematisch, ab welcher zeitlichen Grenze ein *ordre public*-Verstoß anzunehmen wäre.

Trotz dieser Schwierigkeiten wird vereinzelt dafür plädiert, bei Kumulation verschiedener Umstände – etwa dem Hinzutreten eines großen Kostenaufwands – einen *ordre public*-Verstoß wegen Verletzung des Justizgewährungsanspruchs zu bejahen.[390] Daran wird bereits deutlich, dass das Zeitmoment allein kaum einen Verstoß gegen den *ordre public* begründen kann.[391] An einen *ordre public*-Verstoß wäre etwa zu denken, wenn die Prozessführung der anderen Partei als unlauter zu bewerten ist und der Mangel im Ursprungsstaat nicht mehr zu beheben war[392] – ein Beispiel ist der Prozessbetrug.[393] Die bloße Klage vor einem unzuständigen Gericht sollte nicht ausreichen, da einer Anerkennung der später ergehenden Entscheidung bereits § 328 Abs. 1 Nr. 1 ZPO entgegenstünde.

Ähnlich schwierig zu bewältigen ist aber die zweite Hürde, die darin besteht, dass es sich um eine Prognose des Zweitgerichts handelt. Das Gericht müsste prognostisch davon ausgehen können, dass das ausländische Verfahren sich über mehrere Jahre hinziehen würde. Es ist nicht anzunehmen, dass sich die Gerichte so leicht tun werden, einen *ordre public*-Verstoß zu bejahen, wie etwa das

---

[388] BGH IPRax 1992, 33 (35); Musielak-*Foerste*, § 328 ZPO, Rn. 25; *Schack*, IZVR, Rn. 864; *Linke*, IZPR, Rn. 421; *v. Bar / Mankowski*, IPR I, § 7, Rn. 258; *v. Hoffmann / Thorn*, IPR, § 3, Rn. 166.

[389] OLG Saarbrücken IPRax 1989, 36 (38); Zöller-*Geimer*, § 328 ZPO, Rn. 152a; Baumbach / Lauterbach-*Hartmann*, § 328 ZPO, Rn. 31.

[390] *Weller*, Ordre-public-Kontrolle (2005), 327 f.

[391] Aus ähnlichen Gründen bleibt nach der hier vertretenen Meinung im übrigen auch eine Durchbrechung der ausländischen Rechtshängigkeit bei nur prognostisch langer Verfahrensdauer im Ausland ausgeschlossen, vgl. dazu unten § 4 B I 2 b, bei Fn. 128.

[392] Geimer / Schütze-*Geimer*, EZVR, Art. 34 EuGVVO, Rn. 60; *Schlosser*, EUZ, Art. 34 EuGVVO, Rn. 5 b; vgl. auch Geimer / Schütze II-*Tschauner*, Int. Rechtsverkehr, Art. 34 EuGVVO, Rn. 14.

[393] BGH IPRax 1987, 236 (237), zu einer Täuschung der italienischen Gläubigerin, die in Italien Klage erhob und das Urteil in Deutschland vollstrecken ließ, obwohl sie dem Schuldner zuvor erklärt hatte, er schulde ihr nichts, und die Klage werde nicht vollstreckt werden; sie habe sie nur erhoben, um gegenüber ihrer Gläubigerbank die der Gewährung von Krediten zugrunde liegenden Preisangaben glaubwürdiger erscheinen zu lassen. Der BGH bejahte einen *ordre public*-Verstoß gemäß Art. 27 Nr. 1 EuGVÜ.

Landgericht Hamburg im *Seifenverpackungs*-Fall eine künftige lange Verfahrensdauer (und damit einen Verfügungsgrund für den Erlass einer einstweiligen Verfügung) angenommen hat.[394]

Eine Ablehnung der Anerkennung des ausländischen Urteils unter dem Gesichtspunkt des deutschen *ordre public* ist deshalb im Regelfall unzulässig und kommt nur in extrem gelagerten Ausnahmefällen bei Hinzutreten besonderer Umstände in Betracht, etwa bei hohen Kosten oder bei betrügerischem Verhalten der anderen Partei. Allerdings kann solchen ‚Torpedoklagen', die vor einem unzuständigen ausländischen Gericht erhoben worden sind, wegen der (prognostisch) mangelnden Anerkennungsfähigkeit nach § 328 Abs. 1 Nr. 1 ZPO keine Sperrwirkung zukommen.

II. Die Gerichtsstände im autonomen Zivilprozessrecht

Fraglich ist, ob die Gerichtsstände des autonomen deutschen Zivilprozessrechts ein Wegbereiter für ‚Torpedoklagen' sein können. Zwar könnte auch ein ‚Torpedokläger' die allgemeinen Zuständigkeiten ausnutzen und dort eine Erstklage erheben. In Betracht käme etwa § 606 a ZPO, der mangels sachlichen Eingreifens der EheGVO eine internationale Zuständigkeit für Herstellungsklage und Feststellungsklagen begründet.[395] Allerdings ist zu beachten, dass sich Deutschland bisher nicht als typischerweise für ‚Torpedos' prädestiniertes Land erwiesen hat.[396] Insofern kann eine internationale Zuständigkeit deutscher Gerichte auch kein tauglicher Wegbereiter sein.

C. Ergebnis

Im europäischen Zivilverfahrensrecht gibt es mehrere Wegbereiter für ‚Torpedoklagen'. Insbesondere ist die Rechtshängigkeitsregelung des Art. 27 EuGVVO (Art. 21 EuGVÜ/LugÜ) zu nennen: Durch eine weite Auslegung des Begriffs der Parteiidentität, aber vor allem der Anspruchsidentität zwischen zwei Klagen – wonach bereits genügt, dass die Klagen derselben ‚Kernpunkt' besitzen – werden eine Reihe unterschiedlicher ‚Torpedoklagen' ermöglicht. Nicht nur die negative Feststellungsklage, die den Anspruch des Gläubigers direkt oder indirekt negiert, kann ‚Torpedo' sein, auch Gestaltungs-, Leistungs- und Unterlassungsklagen kommen dafür in Betracht. Ein später angerufenes Gericht ist grundsätzlich nicht befugt, die künftige Anerkennung der Entscheidung des langsamen Erstgerichts bzw. dessen Zuständigkeit zu überprüfen. Diese Proble-

---

[394] So das LG Hamburg, GRUR Int. 2002, 1025 (1028) – *Seifenverpackung*, unter Berufung auf eine gerichtsbekannte, lange Verfahrensdauer; für die Annahme eines Verfügungsgrundes ist die Zugriffsschwelle auch geringer als für die Annahme eines Verstoßes gegen Art. 6 EMRK, vgl. *Grothe*, IPRax 2004, 83 (89), bei Fn. 71.

[395] Staudinger-*Spellenberg*, Vorbem zu §§ 606a, 328 ZPO, Rn. 6.

[396] Vgl. dazu oben § 2 A II 3 b, bei Fn. 144 ff.

matik wird durch Art. 30 EuGVVO nur leicht abgemildert, da ein ‚Torpedokläger' nicht mehr die nationalen Unterschiede hinsichtlich des Beginns der Rechtshängigkeit für sich ausnutzen kann.

Ein weiterer Wegbereiter ist Art. 28 EuGVVO (Art. 22 EuGVÜ/LugÜ), wonach Rechtshängigkeit auch dann eintreten kann, wenn zwar keine Anspruchsidentität im Sinne von Art. 27 EuGVVO (Art. 21 EuGVÜ/LugÜ) vorliegt, jedoch die Klagen im Zusammenhang stehen. Eine weite Auslegung des Begriffs des Zusammenhangs gibt ‚Torpedoklagen' Raum. Zwar sind bei der Ermessensentscheidung des Zweitgerichts hinsichtlich einer Aussetzung des Verfahrens die beiderseitigen Interessen abzuwägen: Eine bloß generell lange Verfahrensdauer vor dem ausländischen Erstgericht ist jedoch richtigerweise aufgrund der Vermutung der Gleichwertigkeit aller europäischen Gerichte nicht geeignet, den Ausschlag bei dieser Abwägung zu geben.

Bei ‚Torpedoklagen' im Familienrecht wird insbesondere Art. 19 EheGVO als Wegbereiter relevant, etwa wenn die gegnerischen Parteien jeweils Scheidungsklage erheben oder das Sorgerecht für sich beanspruchen. Auch hier besteht ein weiter Begriff der Anspruchsidentität. Auch wenn man sich gegen eine *perpetuatio fori* in diesem Rechtsbereich ausspricht, wird die Rechtshängigkeitssperre nicht durchbrochen, weil während des Schwebens des Verfahrens vor dem Erstgericht dessen Zuständigkeit nicht überprüft werden darf.

Dem Erstkläger stehen wegen des weiten Begriffs der ‚Topedoklage' grundsätzlich alle in Betracht kommenden Gerichtsstände der EuGVVO bzw. des EuGVÜ/LugÜ zur Verfügung. Insbesondere kann er Art. 5 Nr. 3 EuGVVO (EuGVÜ/LugÜ) entgegen der Ansicht einiger Gerichte für eine negative Feststellungsklage in Anspruch nehmen.

Im autonomen deutschen Zivilprozessrecht sind ‚Torpedoklagen' geringerem Ausmaß möglich: Zwar handhabt die deutsche Rechtsprechung eine Durchbrechung ausländischer Rechtshängigkeit bei Verfahrensverzögerungen äußerst restriktiv. Aber die für ‚Torpedoklagen' praktisch wichtigen Fälle einer negativen Feststellungserstklage scheiden aus, weil eine spätere Leistungs- oder Unterlassungsklage den Streitgegenstand der Feststellungsklage umfasst. Relevant bleiben aber die Fälle, in denen die Parteien beide entgegengesetzt Feststellungs- oder Gestaltungsklagen erheben. Die Gerichtsstände im autonomen Prozessrecht sind für ‚Torpedoklagen' dagegen zu vernachlässigen, weil Deutschland sich nicht als ‚Torpedostaat' ausgewiesen hat.

§ 4. Wege zur Abwehr einer ‚Torpedoklage'

In dieser Arbeit soll es im Schwerpunkt um die Frage gehen, wie im Wege des einstweiligen Rechtsschutzes das maßgebliche Begehren trotz der Wirkungen von ‚Torpedoklagen' durchgesetzt werden kann, so dass das Rechtsschutzziel des Betroffenen noch verwirklicht wird. Neben dem einstweiligen Rechtsschutz könnte es jedoch auch andere Möglichkeiten geben, eine ‚Torpedoklage' zu neutralisieren bzw. immerhin eine Kompensation für eingetretene Schäden zu erhalten.

Zwei unterschiedliche Wege sollen hier beleuchtet werden, bevor im zweiten und dritten Teil der Arbeit der einstweilige Rechtsschutz behandelt wird: Erstens sollen die Möglichkeiten dargestellt werden, die es für den *Betroffenen* einer ‚Torpedoklage' gibt, eine solche zu verhindern oder auf sie zu reagieren. Zweitens sollen Ansätze in den Raum gestellt werden, nach denen die befassten *Gerichte* eine ‚Torpedoklage' so behandeln können, dass diese ihrer Wirksamkeit beraubt wird.

A. Mögliche Reaktionen der betroffenen Partei auf eine ‚Torpedoklage'

Für den Gläubiger gibt es unterschiedliche Möglichkeiten, auf die Situation einer ‚Torpedoklage' zu reagieren. Ist die ‚Torpedoklage' noch nicht erhoben, bieten sich für ihn bestimmte prozesstaktische Maßnahmen an, um einer Erstklage der anderen Partei zuvorzukommen.[1] Dagegen kann der Gläubiger nur noch reagieren statt agieren, wenn bereits eine ‚Torpedoklage' anhängig ist.[2]

I. Reaktionen bei drohender ‚Torpedoklage'

1. Frühzeitige Klageerhebung

Sieht der Gläubiger eine mögliche ‚Torpedoklage' voraus, kann er versuchen, dieser mit einer frühzeitigen Klage zuvorzukommen und somit die in Streit befindliche Sache als erster rechtshängig zu machen.[3] Der Gläubiger muss dann zunächst versuchen, seinem Schuldner möglichst wenig Anhaltspunkte für eine Klage seinerseits, etwa eine Patentverletzungsklage, zu geben. Er sollte insbesondere (Ab-)Mahnungen vermeiden, um einen Überraschungseffekt zu bewahren.[4] Zwar ist es für ihn nachteilhaft, dass er dabei gegebenenfalls vor einem deutschen Forum gemäß § 93 ZPO die Kosten zu tragen hat, andererseits ist die gegnerische Partei nicht vorgewarnt und ein schnelleres ‚Zuschlagen' ihrerseits

---

[1] Vgl. § 4 A I.
[2] Vgl. § 4 A II.
[3] Vgl. *Tilmann / v. Falck*, GRUR 2000, 579 (584); krit. *Mankowski*, RIW 2004, 487 (496).
[4] *Grabinski*, FS Tilmann (2003), 461 (472 f.); *Simons*, EuLF 2003, 289 (290); zu den möglichen Konsequenzen vgl. *Ullmann*, GRUR 2001, 1027 (1030 ff.).

wird unwahrscheinlicher.[5] Zudem kann der Gläubiger dadurch die Situation vermeiden, dass ein angeblicher Verletzer seines Schutzrechts (auch) eine Schadensersatz- bzw. eine Klage auf Unterlassung der Abmahnung erhebt und damit Rechtshängigkeit herbeiführt.[6]

In Streitigkeiten, die das europäische Patent betreffen, wird eine Verletzungsklage schon dann als möglich angesehen, wenn die Erteilung des Patents veröffentlicht ist.[7] Der Patentinhaber kann dann zugleich die Ansprüche aus Art. 64 EPÜ in Verbindung mit §§ 139 Abs. 2, 140b PatG und den Rechnungslegungsanspruch aus §§ 242, 259 BGB geltend machen. Eine Unterlassungsklage ist möglich, wenn eine Verletzungshandlung begangen worden ist und deshalb Wiederholungsgefahr besteht oder Erstbegehungsgefahr vorliegt.[8]

Einen Beispielsfall für eine frühzeitige Klage bildet das ,*Sepracor*'-Verfahren in England, in dem zahlreiche *Hoechst*-Töchter in mehreren EU-Mitgliedstaaten in England wegen der Verletzung ausländischer Patente verklagt wurden.[9] Damit versuchte die Klägerin, einem ,Torpedo' hinsichtlich der nationalen Teile eines europäischen Patents zuvorzukommen, das ein Antihistaminikum schützte. Die Einbeziehung der ausländischen Teile des Patents konnte nach Ansicht des Gerichts nur den Sinn haben, negativen Feststellungsklagen der *Hoechst*-Gruppe in Ländern, denen eine gewisse Verletzerfreundlichkeit unterstellt wird, vorzubeugen.[10] Zwei Tochtergesellschaften hatten jedoch bereits zuvor negative Feststellungsklagen auf Nichtverletzung des Patents in Bezug auf einzelne nationale Teile erhoben, insofern kam die Klage hier zu spät.

2. Klage vor der falschen Gerichtsbarkeit

a. Mögliche Ausgangssituation

Eine in neuerer Zeit diskutierte Variante für denjenigen, der eine ,Torpedoklage' fürchtet, ist es, vor der falschen Gerichtsbarkeit – etwa dem Verwaltungsgericht – zu klagen.[11] Eine solche Konstellation lag dem Bundesverwaltungsgericht in jüngerer Zeit vor:[12] Eine Partei klagte vor dem Verwaltungsgericht gegen eine in

---

[5] *Kühnen / Geschke*, Die Durchsetzung von Patenten in der Praxis (2005), Rn. 168, 180.

[6] Vgl. dazu schon oben § 3 A I 1 a bb (1) (c), bei Fn. 79.

[7] OLG Düsseldorf MittdtschPatAnw. 2000, 419 (423); *Grabinski*, FS Tilmann (2003), 461, (472).

[8] Krit. *Grabinski*, FS Tilmann (2003), 461 (473): Rechtspolitisch sei diese Vorgehensweise nicht gutzuheißen, weil die Gerichte beschäftigt würden, bevor man eine außergerichtliche Einigung versucht habe.

[9] High Court of Justice, GRUR Int. 1999, 784 – *Sepracor Inc. / Hoechst Marion Roussel Ltd. u.a.*

[10] High Court of Justice, GRUR Int. 1999, 784 (785) – *Sepracor Inc. / Hoechst Marion Roussel Ltd. u.a.*

[11] *Grothe*, IPRax 2004, 83 ff.; *Musmann / v. d. Osten*, MittdtschPatAnw. 2001, 99 ff.

[12] BVerwG IPRax 2004, 112.

Italien ansässige angebliche Patentverletzerin. Das Verwaltungsgericht verwies die Klage an das Landgericht (§ 17 a Abs. 2 GVG). Die Beklagte legte hiergegen Beschwerde ein, mit der Begründung, das Gericht hätte die Klage wegen missbräuchlicher Anrufung als unzulässig abweisen müssen. Die Klägerin indes versuchte mit diesem Vorgehen zu vermeiden, dass die Klage der gegnerischen Partei früher anhängig wurde als ihre, und trug damit einer bisher problematischen Eigenschaft des EuGVÜ Rechnung: Nach der Rechtsprechung des EuGH zu Art. 21 EuGVÜ war die zeitliche Komponente der ‚Anhängigkeit', die abkommensautonom verstanden wurde als endgültige Klageerhebung, verbunden mit den nationalen Verfahrensregeln[13] über den Eintritt der Rechtshängigkeit.[14] Diese nationalen Verfahrensregeln können allerdings sehr unterschiedlich sein:[15] Im deutschem Zivilverfahrensrecht kommt es auf die Zustellung der Klageschrift an (§§ 253, 261 ZPO), was bei Sitz der Partei im Ausland ein langwieriges Unterfangen darstellen kann. Eine Rückwirkung der Zustellung auf den Zeitpunkt des Eingangs der Klage bei Gericht scheidet aus: Eine analoge Anwendung des deutschen § 167 ZPO (§§ 207, 270 Abs. 3, 693 Abs. 2 a. F. ZPO), der eine solche Regelung vorsieht und sich auf die Fristwahrung und Verjährungsunterbrechung bezieht und nicht auf den Eintritt der Rechtshängigkeit,[16] scheitert an einer planwidrigen Regelungslücke, zumal es sich um eine bewusst ins neue Zustellungsrecht übernommene Ausnahmevorschrift handelt.[17]

Andere EU-Mitgliedstaaten lassen geringere Voraussetzungen genügen:[18] In Italien ist etwa nur nötig, dass das verfahrenseinleitende Schriftstück bei Gericht eingegangen ist und dem Beklagten die Klageschrift per Fax übermittelt wird.[19] Ein potenzieller Patentverletzer konnte sich diese Unterschiede zunutze machen. Wenn er eine bevorstehende Klage befürchtete, konnte er in Italien oder einem anderen ‚Torpedoland' Klage vor einem langsamen Gericht einreichen, die aus

---

[13] Maßgeblich ist die *lex fori*, vgl. Rauscher, IPRax 1994, 188 (188 f.); *Bürgle*, IPRax 1983, 281 (284); *Schumann*, FS Kralik, 301 (308).

[14] EuGH RIW 1984, 737 (738 f.) – *Zelger / Salinitri*; RIW 1988, 818 (819) – *Gubisch Maschinenfabrik / Palumbo*; dem folgend BGH NJW 1986, 662 (663); OLG Frankfurt/Main IPRax 2002, 515 (519 f.); streitig bei Hilfsanträgen, vgl. OLG Düsseldorf GRUR Int. 2000, 776 (778); LG Düsseldorf GRUR Int. 1998, 803 (805); LG München I EuLF 2003, 46 (47); *Pitz*, GRUR Int. 2001, 32 (33).

[15] Vgl. schon oben § 3 A I 1 b aa, bei Fn. 84.

[16] OLG München VersR 1975, 1157 (1158); LG Köln IPRspr. 1999, Nr. 144, S. 340 (341); Begr. RegE ZustRG, BT-Drucks. 14/4554, S. 16; MünchKommZPO-*Wenzel* Aktualisierungsband, § 167 ZPO, Rn. 3.

[17] Begr. RegE ZustRG, BT-Drucks. 14/4554, S. 16.

[18] Übersicht über die EU-Staaten bei *Krusche*, MDR 2000, 677 (680); Geimer / Schütze-*Safferling*, Int. Rechtsverkehr, Art. 21 EuGVÜ, Rn. 4.

[19] *Grothe*, IPRax 2004, 83 (84); *Musmann / v. d. Osten*, MittdtschPatAnw. 2001, 99 (100 f.).

zeitlichen Gründen leicht eine Rechtshängigkeit vor der deutschen Klage begründete.[20]

Die Klage vor dem Verwaltungsgericht stellte insofern einen Ausweg dar. Denn im deutschen Verwaltungsprozess tritt die Rechtshängigkeit schon früher, nämlich mit Anhängigkeit der Klage, ein.[21] Die Klägerin versuchte der ,Torpedoklage' also über §§ 81 Abs. 1, 90 VwGO und §§ 17 a Abs. 2 S. 1 , 17 b Abs. 1 S. 2 GVG zu entgehen. Sie wählte die unzulässige Gerichtsbarkeit, um sich zunutze zu machen, dass das Verwaltungsgericht an das zuständige Gericht zu verweisen hat (§ 17 a Abs. 2 S. 1 GVG), und zwar unter Aufrechterhaltung einer einmal eingetretenen Rechtshängigkeit (§ 17 b Abs. 1 S. 2 GVG).

Einer solchen Taktik – obgleich vom Gegner als rechtsmissbräuchlich gerügt – verschloss sich auch das Bundesverwaltungsgericht nicht.[22] Das mit der Sache betraute Gericht, nicht das verweisende Gericht, habe es in der Hand, über ein Vorgehen der ,Torpedoklage' zu befinden, weil das Beschleunigungsziel des § 17 a Abs. 2 GVG mit derlei Fragen vereitelt würde.[23] Eine Abweisung der Klage kam somit nicht in Betracht. Der Gläubiger hätte übrigens nicht vor dem Verwaltungsgericht klagen müssen. Auch eine Klage vor dem Gericht eines anderen deutschen Gerichtszweiges, bei dem die Rechtshängigkeit ebenfalls mit Klageerhebung eintritt, hätte denselben Effekt gehabt.[24] Solche Regelungen enthalten alle im Vergleich zur ZPO jüngeren deutschen Prozessrechtsordnungen, vgl. § 81 Abs. 1 VwGO, § 94 Abs. 1 SGG, § 66 Abs. 1 FGO.

Das Problem der Klage vor der falschen Gerichtsbarkeit ist auch im autonomen deutschen Recht aufgetreten: Zum Beispiel wurde für die Vererblichkeit des Schmerzensgeldanspruchs nach § 847 a. F. BGB die Rechtshängigkeit der Schmerzensgeldklage vor dem Tod des Verletzten vorausgesetzt. Um zu vermeiden, dass sich die bereits erhobene Schmerzensgeldklage durch Versterben des Verletzten vor Klagezustellung erledigte, wurde vorsorglich beim Verwaltungsgericht geklagt.[25] Auch im Familienrecht spielt die Klage vor der falschen Gerichtsbarkeit eine Rolle, etwa um zu verhindern, dass der im Rahmen des § 1384 BGB im Falle der Scheidung zu gewährende Zugewinnausgleich, für dessen Höhe der Zeitpunkt der Rechtshängigkeit des Scheidungsantrags bzw. bei §

---

[20] Die Problematik ist weitgehend von der EuGVVO entschärft worden, vgl. dazu oben § 3 A I 1 b bb, bei Fn. 89 ff.

[21] *Kopp / Schenke*, § 90 VwGO, Rn. 1; Eyermann-*Rennert*, § 90 VwGO, Rn. 5; *Hufen*, VwProzR, § 36, Rn. 2.

[22] Allerdings sprach das BVerwG gleichsam als *obiter dictum* aus, dass das zuständige Zivilgericht durch zeitliche Verlagerung der Rechtshängigkeitswirkung, beispielsweise das Abstellen auf die Zustellung der Klageschrift, einer zwischenzeitlich erhobenen Klage im Ausland den Vorrang lasse; krit. *McGuire*, ZfRV 2005, 83 (89).

[23] BVerwG IPRax 2004, 112 (112 f.).

[24] *Musmann / von der Osten*, MittdtschPatAnw. 2001, 99 (101).

[25] OLG München VersR 1975, 1157 (1158); Zöller-*Greger*, § 261 ZPO, Rn. 3a; MünchKommZPO-*Lüke*, § 261 ZPO, Rn. 20, 47; *Jauernig*, NJW 1986, 34 (34 f.).

1387 BGB der Klage auf vorzeitigen Ausgleich ausschlaggebend ist, durch Vermögensverschiebungen nach der Trennung verändert werden kann.[26]

b. Mögliche Bedenken gegen eine Klage vor der falschen Gerichtsbarkeit

Gegen eine Klage vor der falschen Gerichtsbarkeit könnten sich Bedenken ergeben. Zum einen könnte man der Auffassung sein, das Gericht des unzulässigen Rechtswegs habe die Klage als unzulässig abzuweisen. Das Bundesverwaltungsgericht verneint dies im oben genannten Fall.[27] Das Gericht des unzulässigen Rechtswegs habe nicht die Befugnis, über die weitere Zulässigkeit der Klage zu entscheiden, sondern nur über die Rechtswegfrage.[28] Das Bundesverwaltungsgericht beruft sich dabei unter anderem auf Art. 101 Abs. 1 S. 2 GG und das darin niedergelegte Recht auf den gesetzlichen Richter: Nur der *gesetzliche* Richter habe darüber zu befinden, ob die Klage zulässig und begründet sei, nicht der Richter im falschen Rechtsweg. Dies ist allerdings deshalb problematisch, weil Art. 101 Abs. 1 S. 2 GG nur den Rechtsweg schlechthin gewährleisten will, insofern also nicht den sachnächsten, sondern nur den gesetzlich im voraus bestimmten Richter garantiert. Dass ein rechtsfehlerhaft verwiesener Richter eine Sachentscheidung trifft und einen *error in procedendo* begeht, würde also keinen Verfassungsverstoß darstellen.[29] Auch eine auf Rechtsmissbrauch gestützte Abweisung würde deshalb keine Verletzung des Rechts auf den gesetzlichen Richter begründen. Eine willkürliche Abweisung der Klage wegen Unzulässigkeit würde per se ebenfalls nicht das Willkürverbot[30] des Art. 101 Abs. 1 S. 2 GG berühren, sondern lediglich einen einfachgesetzlichen Verstoß gegen § 17 a Abs. 2 GVG darstellen. Art. 101 Abs. 1 S. 2 GG gibt somit keine Antwort auf die Frage, ob das unzuständige Gericht eine Verwerfungskompetenz wegen Unzulässigkeit der Klage über die Rechtswegfrage hinaus besitzt.

Auch das vom BVerwG zitierte Beschleunigungsgebot des § 17 a Abs. 2 GVG ist als Begründung problematisch: Denn erstens würde man das Gericht des unzulässigen Rechtsweges dazu zwingen, auch bei missbräuchlicher Inanspruchnahme zu verweisen, also ein nicht schützenswertes Verhalten des Klägers gleichsam zu belohnen; und zweitens wäre gerade die Frage des unzulässigen Rechtswegs für das verwiesene Gericht nicht überprüfbar, weil die Verweisung für dieses bindend ist.[31] Andererseits muss man jedoch bedenken, dass § 17

[26] MünchKomm-*Koch*, § 1384 BGB, Rn. 1, § 1387 BGB, Rn. 1; Staudinger-*Thiele*, § 1384 BGB, Rn. 1, § 1387 BGB, Rn. 1.
[27] BVerwG IPRax 2004, 112; vgl. soeben unter § 4 A I 1 2 a, Fn. 12.
[28] BVerwG IPRax 2004, 112 (112); schon BVerwG AP ArbGG 1979 § 2a Nr. 14.
[29] So auch BVerfGE 15, 245 (248); BVerfG NJW 1996, 512 (513); v. Münch / Kunig-*Kunig*, Art. 101 GG, Rn. 33.
[30] BVerfGE 15, 245 (246); BVerfG NJW 1996, 512 (513); BVerfG NJW 1999, 1020 (1021).
[31] Musielak-*Wittschier*, § 17a GVG, Rn. 8; Zöller-*Gummer*, § 17a GVG, Rn. 2; *Grothe*, IPRax 2004, 85 (86).

a Abs. 2 S. 1 GVG den Rechtsstreit möglichst schnell dem gesetzlichen Richter zuführen soll.[32] Diese Beschleunigungswirkung würde verfehlt, wenn erst eine aufwändige Prüfung über die Zulässigkeit der Klage durch das Gericht des unzulässigen Rechtswegs ergehen müsste.[33] In solchen Fällen zumindest ist also der Meinung des BVerwG im besprochenen Fall zu folgen, dass das Gericht des unzulässigen Rechtswegs keine Verwerfungskompetenz besitzt.

Weitere Skepsis ruft die Frage hervor, ob, wie vom Beklagten geltend gemacht, das Gericht des unzulässigen Rechtswegs – wenn es grundsätzlich eine Kompetenz zur Klagabweisung haben sollte – die Klage wegen Rechtsmissbrauchs abweisen müsste. Diese Frage könnte jedoch dahinstehen, wenn in der gegebenen Fallgestaltung überhaupt kein Rechtsmissbrauch festzustellen wäre. Zum einen könnte man dagegen anführen, dass unter dem EuGVÜ wegen der später eintretenden Rechtshängigkeit nach deutschem Recht der Kläger benachteiligt wäre, und er diese Benachteiligung so gleichsam ‚wettmachen' würde.[34] Gewicht gewinnt diese Aussage indes erst dann, wenn man sich klarmacht, dass durch die drohende ‚Torpedoklage' eine unter Umständen mehrere Jahre andauernde Rechtshängigkeitssperre ausgelöst würde. Unter diesen Umständen kann man es unter Berufung auf das Gebot von Treu und Glauben (§ 242 BGB) nur schwer als rechtsmissbräuchlich qualifizieren, wenn der Kläger vor dem falschen Gericht klagt.[35] Auch das Prinzip des Vertrauens in die Gleichwertigkeit der mitgliedstaatlichen Gerichte ändert daran nichts, weil § 17 a GVG davon unbeeinflusst bleibt.

Im Ergebnis ist eine Klage vor dem falschen Rechtsweg somit als zulässig einzustufen. Das zuerst angerufene Gericht hat innerhalb Deutschlands gemäß § 17 a Abs. 2 GVG zu verweisen.

c. Grenzüberschreitende Verweisung bei Klage vor der falschen Gerichtsbarkeit

Noch vorteilhafter könnte eine Klage vor einem unzuständigen Gericht für den Gläubiger, der eine ‚Torpedoklage' fürchtet, dann sein, wenn man eine europaweite, grenzüberschreitende Verweisung zulassen würde. Der angebliche Gläubiger, könnte dann in einer Situation, in der ihm eine ‚Torpedoklage' droht, stets präventiv Klage (im Inland) erheben, und dem ‚Torpedokläger' so zuvor kommen. Zwar könnte er dies auch ohne eine grenzüberschreitende Verweisung, würde jedoch häufig das Risiko eingehen, dass seine Klage wegen mangelnder internationaler Zuständigkeit abgewiesen wird.

---

[32] BVerwG IPRax 2004, 112 (112).

[33] *Grothe*, IPRax 2004, 83 (86).

[34] So *Musmann / v. d. Osten*, MittdtschPatAnw. 2001, 99 (101).

[35] So auch *Grothe*, IPRax 2004, 84 (87 f.).

aa. Meinungsstand in Rechtsprechung und Literatur

Die Möglichkeit einer solchen internationalen Verweisung ist in der Literatur zuweilen diskutiert und zumindest für den europäischen Rahmen für möglich gehalten worden.[36] Ein Argument war, dass viele Rechtsordnungen eine Verweisung vorsehen und deshalb auch für das europäische Zivilverfahrensrecht eine Lösung gesucht werden müsse, die nicht zur Abweisung der Klage als unzulässig führe.[37] Später wurde auch wegen der Möglichkeit, dass der Prätendent mit einer negativen Feststellungsklage behindert würde, eine Verweisung bejaht.[38]

Andere haben die Möglichkeit einer solchen grenzüberschreitenden Verweisung abgelehnt.[39] Dies wird damit begründet, dass es einen Souveränitätsverstoß begründen würde, wenn ein Gericht die Gerichte eines anderen Staates per Verweisungsbeschluss binden könnten.[40] Auch Art. 25 EuGVVO (Art. 19 EuGVÜ/LugÜ) sehe eine solche Möglichkeit nicht vor.

bb. Diskussion und Stellungnahme

Dass die Verweisung eines Rechtsstreits nicht nur im nationalen, sondern auch im europäischen Kontext nützlich sein kann, ist nicht von der Hand zu weisen: Der Kläger kann sich den Aufwand einer erneuten Klageerhebung sparen und missliche Konsequenzen wie das Entfallen der Verjährungsunterbrechung oder den neuerlichen Anfall von Gerichtskosten vermeiden.[41] Auch die Frage eines Souveränitätseingriffs durch bindende Verweisung lässt sich anders beurteilen, wenn man sich vor Augen führt, dass das europäische Recht eine den nationalen Rechtsordnungen zumindest ansatzweise vergleichbare Zuständigkeitsordnung geschaffen hat, und die nationalen Rechtsordnungen selbst häufig eine innerstaatliche Verweisung vorsehen.[42] Alternativ kann man die Bindungswirkung einer grenzüberschreitenden Verweisung verneinen.[43]

---

[36] *Kropholler*, EZPR, Art. 25 EuGVVO, Rn. 2; *Schack*, IZVR, Rn. 395; *Grunsky*, JZ 1973, 641 (645); *Lüke*, GS Arens (1993), 273 (287); *Schlosser*, FS Lorenz (2001), 409 (416 f.); *Burgstaller / Neumayr*, öRiZ 2003, 242 (245).

[37] *Grunsky*, FS Fenge (1996), 63 (72); dem folgend *Kropholler*, EZPR, Art. 25 EuGVVO, Rn. 2.

[38] *Burgstaller / Neumayr*, öRiZ 2003, 242 (244).

[39] OLG Köln NJW 1988, 2182 (2183); Rauscher-*Mankowski*, Art. 25 Brüssel I-VO, Rn. 6; Geimer / Schütze-*Geimer*, EZVR, Art. 25 EuGVVO, Rn. 11; Czernich / Kodek / Tiefenthaler-*Czernich*, Art. 25 EuGVVO, Rn. 4; *McGuire*, ZfRV 2005, 83 (86); *Rüßmann*, IPRax 1996, 402 (402); *Kindler / Haneke*, IPRax 1999, 435 (437); *Fähndrich / Ibbeken*, GRUR Int. 2003, 616 (622), bei Fn. 39.

[40] Rauscher-*Mankowski*, Art. 25 Brüssel I-VO, Rn. 6; *Grunsky*, FS Fenge (1996), 63 (65).

[41] *Burgstaller / Neumayr*, öRiZ 2003, 242 (244); zum deutschen Gebührenrecht etwa Zöller-*Greger*, § 281 ZPO, Rn. 22.

[42] So etwa Deutschland, England, Frankreich und Griechenland, vgl. *McGuire*, ZfRV 2005, 83 (84); *Burgstaller / Neumayr*, öRiZ 2003, 242 (242 f.).

[43] *Burgstaller / Neumayr*, öRiZ 2003, 242 (245).

Allerdings ist eine internationale Verweisung in den einzelnen Rechtsordnungen nicht geregelt: § 281 Abs. 1 ZPO regelt nur eine Verweisung bei fehlender örtlicher oder sachlicher Zuständigkeit.[44] Und auch die EuGVVO bzw. das EuGVÜ und das LugÜ haben die grenzüberschreitende Verweisung ausgespart. *De lege lata* wird eine Verweisung somit nicht als zulässig anzusehen sein.

Und auch hinsichtlich einer Verweisungslösung *de lege ferenda* können sich Zweifel einstellen. Zwar würde man die Wahrscheinlichkeit, dass ein negativer Kompetenzkonflikt auftritt, indem sich Gerichte verschiedener Staaten für unzuständig erklären,[45] verringern. Auch eine Verjährungsunterbrechung ließe sich durch Verweisung herbeiführen, wenn man davon ausgeht, dass die Klage vor einem international unzuständigen Erstgericht die Verjährung unterbricht.[46] Allerdings treten wegen der Unterschiede der nationalen Prozessrechte Schwierigkeiten auf, die den Nutzen einer Verweisung wieder zunichte machen können: Ob etwa eine Klage überhaupt zulässig ist, kann in den einzelnen Rechtsordnungen unterschiedlich bewertet werden. Auch stellt sich die Frage, ob der ausländische Richter durch Beschlüsse und Verfügungen des Erstgerichts gebunden werden kann, wenn das Verfahren schon vorangeschritten ist: Dass zum Beispiel ein Prozesskostenhilfebeschluss im Ausland nicht wirksam wird, erscheint eindeutig.

Hinsichtlich der ‚Torpedoklagen' ist ein wirklicher Vorteil für den Gläubiger durch eine internationale Verweisung ebenfalls nicht zu erkennen: Auch der ‚Torpedokläger' könnte sich eine solche Möglichkeit zunutze machen und möglichst früh vor seinen Heimatgerichten klagen.[47] Dies würde den Anreiz zum ‚Torpedo' eher noch verstärken. Auch eine präventive Klageerhebung vor dem unzuständigen Gericht durch den Gläubiger selbst dürfte nicht im Interesse der Mitgliedstaaten liegen.

Insgesamt sprechen also die besseren Argumente gegen eine grenzüberschreitende Verweisung. Insbesondere das ‚Torpedo-Problem' wird dadurch nicht gelöst. Die Möglichkeit einer solchen Verweisung sollte dem Gläubiger somit richtigerweise ebenfalls nicht zur Verfügung stehen.

d. Gesunkene Bedeutung der Verweisungslösung im innerstaatlichen Bereich

Unter dem Geltungsbereich der EuGVVO hat die Möglichkeit einer Klage vor der falschen Gerichtsbarkeit für den Gläubiger insgesamt an Bedeutung verloren, da nun Art. 30 EuGVVO einen einheitlichen Begriff des Beginns der

---

[44] Zu den Hintergründen *Burgstaller / Neumayr*, öRiZ 2003, 242 (242).

[45] Dazu *Schack*, IZVR, Rn. 395.

[46] Die Frage richtet sich nach der *lex causae* und ist in den einzelnen Rechtsordnungen unterschiedlich geregelt, vgl. *McGuire*, ZfRV 2005, 83 (91).

[47] Vgl. ebenso *McGuire*, ZfRV 2005, 83 (90), die meint, die Verweisung sei als Abhilfe gegen *forum shopping* ungeeignet.

Rechtshängigkeit normiert, statt auf die *lex fori* zu rekurrieren.[48] Es ist nunmehr also jeweils die erste zur Klageerhebung notwendige Handlung maßgeblich, in Deutschland also die Klageeinreichung bei Gericht. Insofern bringt die Klageerhebung vor der falschen Gerichtsbarkeit also keinen Vorteil mehr, dies gilt auch für den innerstaatlichen Bereich. Dass der ‚Torpedokläger' freilich mit einer früheren Klage zuvorkommt, lässt sich auch durch Art. 30 EuGVVO nicht vermeiden.[49]

II. Reaktionen auf eine bereits rechtshängige ‚Torpedoklage'

Ein Gläubiger hat nach dem Gesagten keine sichere Gewähr, dass er nicht von einer ‚Torpedoklage' betroffen wird. Noch problematischer stellt sich seine Lage jedoch dar, wenn die ‚Torpedoklage' bereits rechtshängig ist. Dem Gläubiger stehen dann nur noch wenige strategische Möglichkeiten zur Verfügung. Häufig haben die Betroffenen in dieser Lage versucht, im Beschwerdewege gegen die Aussetzung des Verfahrens vorzugehen, die das Gericht wegen der früheren Klage veranlasst hatte,[50] oder sie legten Berufung gegen ein Prozessurteil des Zweitgerichts ein.[51] Wenigstens einstweiligen Rechtsschutz suchten sie auf diesem Wege durchzusetzen, allerdings nur selten mit Erfolg.[52]

Weitere denkbare Reaktion ist es, mit der gegnerischen Partei einen Vergleich zu schließen, damit das eigene Recht durch den Zeitablauf am Erstgericht nicht vollends vereitelt wird.[53] Auch bei dieser Variante hat der Gläubiger zumeist das Nachsehen, kann also nicht seinen Anspruch voll verwirklichen.

1. Schadensersatzklage wegen ungerechtfertigter Verfahrenseinleitung

Angedacht wurde auch die Möglichkeit, einen Schadensersatzanspruch gegen den ‚Torpedokläger' wegen ungerechtfertigter Verfahrenseinleitung am Erstgericht geltend zu machen.[54] Dafür kommen vertragliche und deliktische Schadensersatzansprüche in Betracht, etwa wenn der ‚Torpedokläger' trotz Bestehens einer Gerichtsstandsvereinbarung im Ausland klagt.

---

[48] Anders ist es noch im Verhältnis zu Dänemark, weil das EuGVÜ weiter gilt, sowie zu den Vertragsstaaten des LugÜ.

[49] Vgl. schon oben § 3 A I 1 b bb, bei Fn. 94.

[50] Vgl. z. B. OLG Düsseldorf IPRax 1986, 29; OLG München RIW 1994, 511; RIW 1998, 631.

[51] Vgl. OLG Frankfurt/Main IPRspr. 1989, Nr. 210b.

[52] Keinen einstweiligen Rechtsschutz gewährten etwa LG Düsseldorf GRUR 2000, 692 – *NMR-Kontrastmittel*; GRUR Int. 2002, 157 – *HIV-Immunoassay*; einstweiligen Rechtsschutz gewährte LG Hamburg GRUR Int. 2002, 1025; vgl. dazu näher unten § 5 A II 2 a aa (2), bei Fn. 64.

[53] *Mankowski*, RIW 2004, 481 (496); vgl. *Briggs*, (1994) MCLQ 158, Fn. 2.

[54] *Grothe*, IPRax 2004, 205 (211); *Rizor*, Anm. zu OLG Köln, Beschl. v. 13.12.1990, RIW 1991, 330 (331).

a. Deliktische Schadensersatzansprüche

Es könnten zunächst deliktische Schadensersatzansprüche einschlägig sein. Die deutsche internationale Zuständigkeit ist gegeben, wenn sich der Tatbestand der schädigenden Handlung auch in Deutschland verwirklicht.[55] Eine unberechtigte Klageerhebung im Ausland kann sich beispielsweise als Eingriff in den eingerichteten und ausgeübten Gewerbebetrieb darstellen,[56] wenn die Prozessblockade einen unmittelbaren betriebsbezogenen Eingriff auslöst.[57] Dies ist der Fall, wenn sich etwa die Vereitelung eines Patents durch überlange Prozessdauer im Ausland auf die Grundlagen eines Betriebes auswirkt.

Problematisch bei einem Schadensersatzanspruch ist jedoch in jedem Fall die Rechtswidrigkeit des Eingriffs. Die Einleitung eines von der Rechtsordnung – insbesondere durch den Zuständigkeitskatalog des europäischen Zivilverfahrensrechts – vorgesehenen Verfahrens ist grundsätzlich nicht rechtswidrig,[58] ein Ausnutzen der vorhandenen Gerichtsstände kann dem Kläger regelmäßig nicht zum Vorwurf gemacht werden.[59]

Anders könnte es im Rahmen des § 826 BGB sein, wenn vorsätzlich sittenwidriges Verhalten vorliegt,[60] bzw. die Klageerhebung im Ausland ausschließlich zu dem Zweck erfolgte, dort eine Prozessverzögerung zu erreichen.[61] § 826 BGB verdrängt dann etwa den Eingriff in das Rahmenrecht des eingerichteten und ausgeübten Gewerbebetriebs aufgrund dessen Subsidiarität.[62] Für das Inland erkennt die deutsche Rechtsprechung an, dass § 826 BGB durch ein schikanöses Prozessverhalten verletzt wird.[63] Ein solches Verhalten wird beispielsweise für Fälle diskutiert, in denen der Kläger Druck durch mehrere Verfahren auf den Beklagten auszuüben versucht, um diesen zum Abschluss eines ungünstigen Vergleichs zu bewegen.[64] Unter diesem Blickwinkel erscheint es nicht abwegig, ein schikanöses Verhalten darin zu sehen, dass der Erstkläger durch Prozessverschleppung versucht, den Anspruch des Gläubigers zu vereiteln.

---

[55] *Geimer*, IZPR, Rn. 1122 f.; *Kurth*, Inländischer Rechtsschutz (1989), 140.

[56] *Hopt*, Schadensersatz aus unberechtigter Verfahrenseinleitung (1968), 222 ff, 299.

[57] So das Erfordernis der Rechtsprechung, BGHZ 29, 65 (74); 41, 123 (127); 86, 152 (156).

[58] Für Inlandsfälle BGHZ 74, 9 (15); 95, 10 (17); 36, 18 (20 f.); a. A. *Hopt*, Schadensersatz aus unberechtigter Verfahrenseinleitung (1968), 236 ff.; *Kötz / Wagner*, Deliktsrecht, Rn. 700 f.; *Kurth*, Inländischer Rechtsschutz (1989), 85 ff.

[59] *Kropholler*, Hdb. IZVR I, Kap. III § 1, Rn. 169; *de Lousanoff*, ZZP 105 (1992), 111 (115); *McLachlan*, ILA, Report of the 69. Conference (2000), S. 137 (140).

[60] *Hau*, Positive Kompetenzkonflikte (1996), 205 f.; *Kropholler*, Hdb. IZVR I, Kap. III § 1, Rn. 170; *Schack*, IZVR, Rn. 772; *Spickhoff*, FS Deutsch (1999), 339 f.

[61] So entschieden das TGI, GRUR Int. 2001, 173 (175) – *General Hospital / Bracco*, und die Rechtbank van eerste aanleg te Brussel, GRUR Int. 2001, 170 (173) – *Röhm Enzyme*.

[62] BGHZ 45, 296 (307); 43, 359 (361).

[63] Überblick bei RGRK-*Steffen*, § 826, Rn. 75 ff., 103.

[64] *Hau*, Positive Kompetenzkonflikte (1996), 209 f.; *Spickhoff*, FS Deutsch (1999), 327 (344).

Aber auch bei § 826 BGB gilt: Die Grenzen zwischen einem rechtmäßigen, listigen *forum shopping* und einem sittenwidrigen Verhalten sind fließend. Ausländische Urteile, denen im Inland die Anerkennungs- und Vollstreckung nicht versagt würde, können nach deutschem Recht keinen deliktischen Anspruch auslösen.[65] Es müssen also weitere Umstände hinzukommen, die im Einzelfall zur Anerkennungsverweigerung führen, etwa ein Verstoß gegen den *ordre public*.[66] Ein solcher Verstoß lässt sich möglicherweise aus einer *ex post*-Perspektive leichter feststellen,[67] weil bereits eine überlange Verfahrensdauer eingetreten ist.[68] Die bloß überlange Verfahrensdauer sollte jedoch richtigerweise nicht für einen *ordre public*-Verstoß ausreichen, vielmehr müssen weitere Umstände hinzutreten, die die Entscheidung des ausländischen Gerichts als mit wesentlichen Grundsätzen des deutschen Rechts offensichtlich unvereinbar erscheinen lässt.[69] Eine Anerkennungsverweigerung könnte sich allerdings daraus ergeben, dass die ‚Torpedoklage' vor einem offensichtlich unzuständigen Gericht erhoben wurde: Einen Anerkennungsversagungsgrund sehen sowohl Art. 35 Abs. 1 EuGVVO (Art. 28 Abs. 1 EuGVÜ/LugÜ) als auch auch § 328 Abs. 1 Nr. 1 ZPO vor.

Ein deliktischer Schadensersatzanspruch sollte deshalb möglich sein, wenn sich später herausstellt, dass das Erstgericht nicht zuständig ist, sondern tatsächlich nur deshalb gewählt wurde, um den Prozess zu verschleppen, und die Entscheidung deshalb nicht anerkennungsfähig ist.

b. Vertragliche Schadensersatzansprüche

Problematisch ist auch, ob im Falle einer Gerichtsstandsvereinbarung ein vertraglicher Schadensersatzanspruch wegen Prozessführung am derogierten Forum gegeben ist. Häufig wird ein solcher Anspruch für parallele bzw. vorbeugende Unterlassungsklagen, gerichtet auf Unterlassung der Prozessführung vor einem derogierten Gericht, diskutiert. Eine in der Literatur verbreitete Ansicht hält dabei vertragliche Anspruchsgrundlagen nicht für einschlägig, weil Gerichtsstandsvereinbarungen in der Regel keine einklagbare Verpflichtung begründe-

---

[65] Vgl. OLG Köln IPRspr. 1935-44, Nr. 90 a (S. 179); *Schröder*, FS Kegel, 523 (540); *de Lousanoff*, ZZP 105 (1992), 111 (115 f.).

[66] *Pfeiffer*, Internationale Zuständigkeit (1995), 775; *Spickhoff*, FS Deutsch (1999), 327 (343).

[67] Zur Frage eines *ordre public*-Verstoßes im Rahmen der Anerkennungsprognose nach deutschem Recht vgl. bereits oben § 3 B I 3, bei Fn. 383 ff.

[68] Vgl. *Tilmann / v. Falck*, GRUR 2000, 579 (584), die meinen, die Frage, ob die ausländische Klage ein schikanöses Verhalten darstelle, sei regelmäßig nur aus einer *ex post*-Perspektive zu klären.

[69] Vgl. bereits oben § 3 B I 3 b, bei Fn. 393.

ten, nicht am derogierten Gerichtsstand zu klagen, diese also nur prozessuale Wirkungen hätten.[70]

Für Unterlassungsklagen überzeugt diese Ansicht: Die deutsche Partei, die einen ausschließlichen Gerichtsstand im Ausland vereinbart hat, darf bei unwirksamer Prorogation nicht gehindert sein, ein zuständiges deutsches Gericht anzurufen und die Unwirksamkeit der Prorogation geltend zu machen.[71] Sie wäre in ihren Rechten beschnitten, müsste sie die Unwirksamkeit der Gerichtsstandsvereinbarung vor dem prorogierten Gericht monieren. Zudem können Divergenzen entstehen, und zwar dadurch, dass der Beklagte im Ausland zur Unterlassung der Prozessführung in Deutschland verurteilt würde, während das gleichwohl von ihm angerufene deutsche Gericht die Zuständigkeitsvereinbarung für unwirksam hält.[72] Diese Gefahr besteht insbesondere deshalb, weil jedes Gericht die Wirkungen einer Gerichtsstandsvereinbarung nach seiner *lex fori* beurteilt und sich dementsprechend auch für zuständig erklären kann.[73] Dem entspricht es, dass deutsche Gerichte zumindest über ihre Zuständigkeit entscheiden und ausländische Prozessführungsverbote nicht beachten.[74] Ergeht eine ausländische Entscheidung durch ein abredewidrig vom Kläger in Anspruch genommenes Gericht, besteht für inländische Gerichte die Möglichkeit, das ausländische Urteil nicht anzuerkennen.[75]

Anders als bei parallelen und vorbeugenden Unterlassungsklagen ist es aber bei Klagen auf Schadensersatz nicht überzeugend, Gerichtsstandsvereinbarungen eine verpflichtende Wirkung abzuerkennen. Denn Justizkonflikte drohen nicht, wenn sich im Nachhinein herausstellt, dass eine Gerichtsstandsvereinbarung durch abredewidrige Anrufung eines Gerichts zu einem Schaden geführt hat. Das abredewidrig angerufene Gericht kann über die Wirksamkeit einer Gerichtsstandsvereinbarung befinden. Auch wenn der Erstkläger für die Dauer des Erstprozesses nicht an der Prozessführung vor dem abredewidrig angerufenen Gericht gehindert werden kann, sollte doch die Möglichkeit eines Schadensersatzanspruchs bestehen.[76]

---

[70] *Kropholler*, Hdb. IZVR, Kap. III § 1, Rn. 168; Wieczorek / Schütze-*Hausmann*, vor § 12 ZPO, Rn. 80; *Schack*, IZVR, Rn. 771; *Nagel / Gottwald*, IZPR, § 5, Rn. 305; *Spickhoff*, FS Deutsch, 327 (335); *Pfeiffer*, Internationale Zuständigkeit (1995), 771; a. A. etwa *Baum*, Herausforderungen (1994), 185 (195).

[71] *Schack*, IZVR, Rn. 771; *ders.*, RabelsZ 58 (1994), 55 f.; Wieczorek / Schütze-*Hausmann*, vor § 12 ZPO, Rn. 80; *Kropholler*, Hdb. IZVR, Kap. III § 1, Rn. 168.

[72] Dies räumt auch *Koch*, Herausforderungen (1994), 98, ein.

[73] OLG Düsseldorf IPRspr. 1972, Nr. 30 (S. 62); *Schack*, IZVR, Rn. 772.

[74] OLG Düsseldorf IPRax 1997, 260 (261); *Martiny*, Hdb. IZVR III/1, Rn. 477; *Maack*, Englische antisuit injunctions (1999), 156 ff.

[75] *Nagel / Gottwald*, IZPR, § 5, Rn. 306; *Schack*, IZVR, Rn. 773.

[76] Differenzierend auch *Geimer*, IZPR, Rn. 1717 f.; ähnlich *Gottwald*, FS Henckel, 295 (308), der darauf verweist, bei Abweisung einer Klage vor dem prorogationswidrigen Forum be-

c. Ergebnis

Eine Schadensersatzklage ist eine mögliche Reaktion auf eine ‚Torpedoklage', wobei sich der Kläger gegebenenfalls sowohl auf deliktische als auch auf vertragliche Anspruchsgrundlagen stützen kann. Freilich muss der Gläubiger dann im Prozess das Vorliegen eines Schadens auch beweisen, was nicht immer leicht fallen dürfte.[77]

2. Parallele oder vorbeugende Unterlassungsklage bzw. Eilmaßnahme

In Betracht käme die Möglichkeit, eine parallele Klage auf Unterlassung der Prozessführung am Erstgericht einzuleiten.[78] Damit könnte der Gläubiger den ‚Torpedokläger' zwingen, den Prozess im Ausland nicht weiter zu betreiben. Dem Gläubiger müsste dazu ein dementsprechender Unterlassungsanspruch zustehen, etwa aus einem außergerichtlichen Vergleich.[79]

Gegen eine solches Prozessführungsverbot spricht aber, dass das System der Rechtshängigkeitsregeln des – im Hinblick auf ‚Torpedoklagen' besonders interessierenden – europäischen Zivilprozessrechts unterlaufen und dem Kläger die Wahl eines international zuständigen Gerichts versagt würde.[80] Denn Grundgedanke der EuGVVO bzw. des EuGVÜ/LugÜ ist es, dass jedes Gericht seine Zuständigkeit selbst zu prüfen und zu überprüfen hat. Das Vertrauen in diese Entscheidung zeigt sich darin, dass die Einhaltung der Zuständigkeitsnormen – von Ausnahmen abgesehen – bei der Urteilsanerkennung nicht überprüft werden darf.[81] Dies hat der EuGH in der Entscheidung *Turner / Grovit* klarstellend im Hinblick auf englische *antisuit injunctions* ausgesprochen.[82] Es würde also unzulässig in die Tätigkeit des ausländischen Gerichts eingegriffen.[83]

Insofern scheidet eine parallele Unterlassungsklage schon unter diesem Gesichtspunkt aus. Gleiches gilt dementsprechend für einstweilige Maßnahmen: Der Gläubiger kann seinem Schuldner also nicht etwa durch einstweilige Verfü-

---

stünden oft Kostenerstattungspflichten – fehlten diese, sollte eine solche Klage unter dem Gesichtspunkt einer Vertragsverletzung schadensersatzpflichtig sein.

77 Gerade im Immaterialgüterrecht ist der hypothetische Geschehensablauf – wie er sich ohne Eingriff des Verletzers dargestellt hätte – häufig kaum darzulegen; vgl. dazu *Alder*, Der einstweilige Rechtsschutz im Immaterialgüterrecht (1993), 3.

78 So angedacht *Schwerin*, berichtet bei *Körner*, GRUR 2001, 724 (725).

79 *Schack*, IZVR, Rn. 771; eine Gerichtsstandsvereinbarung kann keine dahingehende materiell-rechtliche Verpflichtung enthalten, wie gerade in Bezug auf parallele Unterlassungsklagen anerkannt, vgl. oben § 4 A II 1 b, bei Fn. 70.

80 *Kropholler*, EZPR, Art. 27 EuGVVO, Rn. 20, der das Rechtsschutzbedürfnis verneint; *Hau*, IPRax 1996, 44 (47 f.); *Mansel*, EuZW 1996, 335 (337); *Schack*, IZVR, Rn. 773; *Atik*, EuZW 2004, 686 (687); einschränkend *Ingenhoven*, Grenzüberschreitender Rechtsschutz durch englische Gerichte (2001), 322.

81 *Mansel*, EuZW 1996, 335 (337); ferner *Maack*, Englische antisuit injunctions (1999), 171.

82 EuGH IPRax 2004, 425 (426) – *Turner / Grovit*.

83 *Nagel / Gottwald*, § 5, Rn. 305.

gung aufgeben, eine Klage in einem anderen europäischen Staat zu unterlassen.[84] Damit stellt im übrigen der einstweilige Rechtsschutz nur eine Möglichkeit dar, ,Torpedowirkungen' zu ,überwinden', nicht aber solche von vornherein zu vermeiden, indem eine ,Torpedoklage' verboten wird.

Auch eine vorbeugende Unterlassungsklage oder Eilmaßnahme ist aus diesen Gründen unzulässig.

3. Widerklage (Art. 6 Nr. 3 EuGVVO, EuGVÜ/LugÜ)

Der von einer ,Torpedoklage' betroffene Gläubiger könnte versuchen, eine Widerklage am Erstgericht zu erheben.[85] Art. 6 Nr. 3 EuGVVO (EuGVÜ/LugÜ) erfasst bei autonomer Auslegung Widerklagen des Beklagten, die in den Anwendungsbereich der EuGVVO (bzw. des EuGVÜ/LugÜ) fallen.[86] Ob die Vorschrift voraussetzt, dass der Widerbeklagte seinen Sitz bzw. Wohnsitz in einem Mitglied- oder Vertragsstaat hat, ist umstritten,[87] aber praktisch unbedeutend, da alle Mitglied- bzw. Vertragsstaaten einen dem Art. 6 Nr. 3 entsprechenden Gerichtsstand vorsehen.[88]

Der ebenfalls autonom auszulegende[89] Begriff der Konnexität der Klagen setzt voraus, dass Haupt- und Widerklage auf ,denselben Vertrag oder Sachverhalt' gestützt werden: Dies wird bei ,Torpedoklagen' regelmäßig der Fall sein, weil die Erstklage denselben Verfahrensgegenstand betrifft wie die spätere Klage. Es ist allerdings zu beachten, dass der Konnexitätsbegriff in Art. 6 Nr. 3 EuGVVO (EuGVÜ/LugÜ) enger ist als derjenige in Art. 6 Nr. 1 EuGVVO (EuGVÜ/LugÜ)[90] bzw. in Art. 28 Abs. 3 EuGVVO (Art. 22 Abs. 3 EuGVÜ/LugÜ).[91] So ist Konnexität dann zu verneinen, wenn sich die Klagen auf unterschiedliche Verträge stützen, es sei denn, ihnen läge ein einheitlicher Sachverhalt zugrunde. Ein bloßer Zusammenhang zwischen den Verträgen genügt

---

[84] So angedacht bei *Schröder*, FS Kegel (1987), 523 ff.; *Kurth*, Inländischer Rechtsschutz (1989), 60 ff.

[85] *Leitzen*, GRUR Int. 2004, 1010 (1015); abl. *Grothe*, IPRax 2004, 205 (211).

[86] *Schlosser*, EUZ, Art. 6 EuGVVO, Rn. 9; Burgstaller / Neumayr-*Burgstaller / Neumayr*, Art. 6 EuGVVO, Rn. 17; Musielak-*Weth*, Art. 6 EuGVVO, Rn. 7, 9; Rauscher-*Leible*, Art. 6 Brüssel I-VO, Rn. 23 f.

[87] Dafür etwa MünchKommZPO-*Gottwald*, Art. 6 EuGVÜ, Rn. 15; *Kropholler*, EZPR, Art. 6 EuGVVO, Rn. 37; Zöller-*Geimer*, Art. 6 EuGVVO, Rn. 1; *ders.*, NJW 1986, 2991 (2993)

[88] Geimer / Schütze-*Auer*, Int. Rechtsverkehr, Art. 6 EuGVVO, Rn. 60; Rauscher-*Leible*, Art. 6 Brüssel I-VO, Rn. 25.

[89] So die h. M., vgl. z. B. *Kropholler*, EZPR, Art. 6 EuGVVO, Rn. 38; Geimer / Schütze-*Geimer*, EZVR, Art. 6 EuGVVO, Rn. 63; *Schlosser*, EUZ, Art. 6 EuGVVO, Rn. 10.

[90] Wieczorek / Schütze-*Hausmann*, Art. 6 EuGVÜ, Rn. 33; Dauses-*Kreuzer / Wagner*, Q 196; Rauscher-*Leible*, Art. 6 Brüssel I-VO, Rn. 26.

[91] *Kropholler*, EZPR, Art. 6 EuGVVO, Rn. 38; Burgstaller / Neumayr-*Burgstaller / Neumayr*, Art. 6 EuGVVO, Rn. 17.

nicht.[92] Ist im Grenzfall Konnexität zu verneinen, kann vor dem Gericht der Erstklage jedoch dann geklagt werden, wenn es nach einer anderen Vorschrift der EuGVVO bzw. des EuGVÜ/LugÜ zuständig ist oder sich der Widerbeklagte auf das Verfahren einlässt.[93]

Notwendig zur Anwendung des Art. 6 Nr. 3 EuGVVO (EuGVÜ/LugÜ) ist außerdem, dass keine ausschließliche Zuständigkeit besteht und die Parteien nicht ein anderes Gericht vereinbart haben.[94] Zudem ist die Zuständigkeit des Gerichts in der Hauptsache Voraussetzung – die Zuständigkeit des Erstgerichts entfällt also, wenn es sich in der Hauptsache für unzuständig erklärt hat.[95]

Für den Betroffenen einer ‚Torpedoklage' steht danach also der Gerichtsstand der Widerklage in der Regel offen. Allerdings wird der praktische Nutzen für ihn gering sein: Es steht nicht zu erwarten, dass das Erstgericht über die Widerklage schneller verhandeln wird als über die ‚Torpedoklage' des vermeintlichen Schuldners. Auch kann der Gläubiger den Erstprozess durch eine Widerklage nicht beschleunigen. Für den einstweiligen Rechtsschutz ist die vorherige Einlegung einer Widerklage nicht erforderlich. Somit erweist sich eine Widerklage als wenig förderlich für den Gläubiger.

B. Mögliche Reaktionen der angerufenen Gerichte auf eine ‚Torpedoklage'

Neben den Möglichkeiten für den Betroffenen einer ‚Torpedoklage' könnte es auch Wege für die angerufenen Gerichte – also das Erst- oder das Zweitgericht – geben, die Auswirkungen eines ‚Torpedos' einzudämmen, indem es das Verfahren nicht aussetzt. Besonders solche Möglichkeiten sind Gegenstand aktueller Diskussionen,[96] was auch mit der *Gasser*-Entscheidung des EuGH[97] aus dem Jahr 2003 zusammenhängen mag. Darauf soll im folgenden eingegangen werden.

I. Fortführung des Verfahrens aufgrund langer Prozessdauer vor dem Erstgericht

In Betracht kommt eine Kompetenz des später angerufenen Gerichts, eine Prüfung der Verfahrenslänge des Prozesses vor dem Erstgericht vorzunehmen und

---

[92] Rauscher-*Leible*, Art. 6 Brüssel I-VO, Rn. 27; *Kropholler*, EZPR, Art. 6 EuGVVO, Rn. 38.
[93] Geimer / Schütze-*Geimer*, EZVR, Art. 6 EuGVVO, Rn. 58, 59; *Kropholler*, EZPR, Art. 6 EuGVVO, Rn. 39; Rauscher-*Leible*, Art. 6 Brüssel I-VO, Rn. 27.
[94] *Kropholler*, EZPR, Art. 6 EuGVVO, Rn. 41; Geimer / Schütze-*Geimer*, Art. 6 EuGVVO, Rn. 62, 66 f.; Thomas / Putzo-*Hüßtege*, Art. 6 EuGVVO, Rn. 6; MünchKommZPO-*Gottwald*, Art. 6 EuGVÜ, Rn. 18.
[95] Rauscher-*Leible*, Art. 6 Brüssel I-VO, Rn. 29; *Rauscher*, IPR, 368; *Leitzen*, GRUR Int. 2004, 1010 (1015).
[96] Vgl. insbesondere *Ebner*, Markenschutz (2004), 224 ff.; *Hye-Knudsen*, Marken-, Patent- und Urheberrechtsverletzungen (2005), 176 ff.
[97] EuGH RIW 2004, 289 – *Gasser / Misat.*

gegebenenfalls das Verfahren trotz anderweitiger Rechtshängigkeit fortzuführen. Diese Kompetenz könnte dann anzunehmen sein, wenn sich das Verfahren vor dem Erstgericht über Gebühr verzögert.

1. Meinungsstand in Rechtsprechung und Literatur

Die Konstellation, dass es zu einer Verzögerung des Prozesses vor dem Erstgericht kommt, ist der eigentliche Anwendungsfall der ‚Torpedoklagen', denn ein völliger Verfahrensstillstand vor dem Erstgericht wird nicht häufig auftreten bzw. zumindest nicht leicht zu beweisen sein.[98] Die Möglichkeit einer Weiterführung des Prozesses durch das Zweitgericht in einem solchen Fall ist häufig diskutiert worden: Im deutschen Schrifttum wird eine Durchbrechung der anderweitigen Rechtshängigkeit bei Klageerhebung durch verschiedene Parteien (umgekehrte Parteirollenverteilung) überwiegend befürwortet, allerdings nur in eng umgrenzten Ausnahmefällen.[99] Auch die deutsche Rechtsprechung hat diese Meinung wiederholt geäußert.[100] Zumeist wird Art. 6 EMRK herangezogen und eine Durchbrechung der Rechtshängigkeit dann bejaht, wenn die Dauer des Verfahrens vor dem Erstgericht derart lange dauere, dass der Justizgewährungsanspruch des Gläubigers gefährdet bzw. vereitelt werde.[101] Dagegen lehnen andere eine Weiterführung des Verfahrens durch das Zweitgericht insgesamt ab.[102] Sie

---

[98] Vgl. oben § 3 B I 2 a, bei Fn. 350 ff.

[99] Geimer / Schütze-*Försterling*, Int. Rechtsverkehr, Art. 27 EuGVVO, Rn. 40; Geimer / Schütze-*Safferling*, Int. Rechtsverkehr, Art. 21 EuGVÜ, Rn. 16; Rauscher-*Leible*, Art. 27 Brüssel I-VO, Rn. 18; *Schlosser*, EUZ, Art. 27 EuGVVO, Rn. 10; Hk-ZPO/*Dörner*, Art. 27 EuGVVO, Rn. 10; Baumbach / Lauterbach-*Hartmann*, Art. 21 EuGVÜ, Rn. 3; Geimer / Schütze-*Geimer*, EZVR, Art. 27 EuGVVO, Rn. 58; *ders.*, IZPR, Rn. 1932; *ders.*, NJW 1984, 527 (529); *Schack*, IZVR, Rn. 758; *Koch / Magnus / Winkler v. Mohrenfels*, 58; *Buschmann*, Rechtshängigkeit (1995), 205 f.; *Bäumer*, Die ausländische Rechtshängigkeit (1999), 169; *Wittibschlager*, Rechtshängigkeit (1994), 131, 132; *Isenburg-Epple*, Die Berücksichtigung (1992), 100; *Dohm*, Die Einrede ausländischer Rechtshängigkeit (1996), 226; *Hau*, Positive Kompetenzkonflikte (1996), 162; für die EheGVO *Dilger*, Die Regelungen zur internationalen Zuständigkeit (2004), Rn. 356; *Schumann*, IPRax 1988, 13 (15); *Mankowski*, RIW 2004, 487 (496); *Schilling*, IPRax 2004, 294 (296 f.); *Grabinski*, GRUR Int. 2001, 199 (211); *Lind v. Wijngaarden-Maack*, IPRax 2003, 153 (158); *Tiefenthaler*, ZfRV 1997, 67 (68); differenzierend *Grothe*, IPRax 2004, 205 (211, 212).

[100] BGH NJW 1983, 1269 (1270); NJW 1986, 2195 (2196); RIW 2002, 393 (395); OLG Frankfurt/Main, IPRspr. 1989, Nr. 210 b (S. 476 f.); OLG München RIW 1994, 511 (511); OLG Düsseldorf GRUR Int. 2000, 776 (779) – *Impfstoff III*.

[101] Etwa Hk-ZPO/*Dörner*, Art. 27 EuGVVO, Rn. 10; *Dohm*, Die Einrede ausländischer Rechtshängigkeit (1996), 226; *Isenburg-Epple*, Die Berücksichtigung (1992), 100; *Bäumer*, Die ausländische Rechtshängigkeit (1999), 169; *Tiefenthaler*, ZfRV 1997, 67 (68 f.); *Geimer*, NJW 1984, 527 (529).

[102] *Kropholler*, EZPR, Art. 27 EuGVVO, Rn. 21; *Walter*, IZPR der Schweiz, 476; *ders.*, FS Schumann (2001), 559 (563); *McGuire*, Verfahrenskoordination (2004), 140; *Thiele*, RIW 2004, 285 (289); wohl auch *Bukow*, Verletzungsklagen (2003), 296 ff. (298).

machen erstens geltend, dass sich eine bestimmte Zeitgrenze, ab der der Justizgewährungsanspruch beeinträchtigt sei, kaum bestimmen lasse.[103] Zweitens könne der Gläubiger erst Rechtsschutz durch Weiterführung des späteren Verfahrens erhalten, wenn eine Prozessverzögerung konkret dargetan sei – also erst zu einem Zeitpunkt, in dem in der Regel das ‚Kind schon in den Brunnen gefallen' sei.[104]

Der EuGH befasste sich in der Entscheidung *Gasser / Misat* zum ersten Mal mit der Thematik.[105] Im *Gasser*-Fall ging es um eine Verfahrensverschleppung in einem Rechtsstreit zwischen der österreichischen *Erich Gasser GmbH* und der italienischen *MISAT Srl.* Die *Gasser GmbH* hatte an *MISAT* im Rahmen einer langjährigen Geschäftsbeziehung Kinderbekleidung verkauft. Im Dezember 2000 nahm *Gasser* die *MISAT* vor einem prorogierten Gericht in Österreich auf Zahlung in Anspruch. Die Beklagte hatte allerdings schon im April 2000 negative Feststellungsklage in Italien erhoben, dass zwischen den Parteien kein Kaufvertrag bestehe. Im österreichischen Verfahren rügte *MISAT* die Zuständigkeit des Gerichts und bestritt das Bestehen einer Gerichtsstandsvereinbarung. Das österreichische Gericht setzte Ende Dezember 2001 das Verfahren gemäß Art. 27 EuGVVO (Art. 21 EuGVÜ/LugÜ) aus, bejahte aber seine Zuständigkeit und ließ die Frage einer Gerichtsstandsvereinbarung offen. Gegen die Aussetzung legte *Gasser* Rekurs zum OLG Innsbruck ein, welches unter anderem die Frage einer Durchbrechung der Rechtshängigkeit wegen überlanger Verfahrensdauer dem EuGH vorlegte.

Der EuGH erteilte einer solchen Durchbrechung eine Absage: Eine Ausnahme von der Grundregel des Art. 21 EuGVÜ (nunmehr Art. 27 EuGVVO) stehe im Widerspruch zu Systematik und Zweck der Verordnung bzw. des Übereinkommens, so das Gericht.[106] Erstens gebe es keine Vorschrift, die eine solche Durchbrechung der Rechtshängigkeit regele. Und zweitens beruhe das Übereinkommen auf dem gegenseitigen Vertrauen in die Justiz der Mitgliedstaaten, was eine Überprüfung des Erstprozesses nicht zulasse. Das Übereinkommen wolle schließlich auch Rechtssicherheit gewährleisten, indem die Parteien das zuständige Gericht mit ausreichender Sicherheit bestimmen könnten.[107] Die Aussagen des EuGH bezogen sich dabei auf eine *generell* lange Prozessdauer vor Gerichten bestimmter Mitgliedstaaten, ohne dass eine lange Prozessdauer *im konkreten Einzelfall* dargelegt worden war.[108]

---

[103] *McGuire*, Verfahrenskoordination (2004), 135 ff.; *Bukow*, Verletzungsklagen (2003), 297.
[104] *Tilmann / v. Falck*, GRUR 2000, 579 (584).
[105] EuGH RIW 2004, 289 – *Gasser / Misat.*
[106] EuGH RIW 2004, 289 (292), Rn. 70 – *Gasser / Misat.*
[107] EuGH aaO, RIW 2004, 289 (292), Rn. 71 f. – *Gasser / Misat.*
[108] Vgl. EuGH aaO, RIW 2004, 289 (292), Rn. 57; dazu *Thiele*, RIW 2004, 285 (287).

2. *Diskussion und Stellungnahme*

a. *Dilemma zwischen den subjektiven und objektiven Interessen*

Bei der Entscheidung, ob im Einzelfall eine Durchbrechung der ausländischen Rechtshängigkeit zulässig ist, hat man es mit einem Dilemma zu tun. Auf der einen Seite droht eine erhebliche Belastung derjenigen Partei, die sich einer ‚Torpedoklage' ausgesetzt sieht. Ein striktes Festhalten am Prioritätsprinzip und an der Rechtshängigkeitssperre auch bei überlangem Erstprozess hat zur Folge, dass der Gläubiger seinen Anspruch gar nicht oder möglicherweise erst nach Jahren durchsetzen kann.[109] Dann bleibt nur, den Gläubiger darauf zu verweisen, das Verfahren vor dem Erstgericht im Rahmen seiner Möglichkeiten zu fördern bzw. zu beschleunigen[110] oder eine Individualbeschwerde beim EGMR einzulegen.[111] Später bleibt diesem nur die Möglichkeit, einen Schadensersatzanspruch wegen unzulässiger Prozessführung geltend zu machen,[112] der jedoch wie gezeigt[113] nur dann möglich sein wird, wenn der angebliche Schuldner seine ‚Torpedoklage' vor einem unzuständigen Gericht erhoben oder eine Gerichtsstandsvereinbarung missachtet hat, und bei dem eine vollständige Schadlosstellung ohnehin oftmals fraglich sein wird.[114] Nicht zu vergessen ist, dass ein starres Prioritätsprinzip letztlich ein *forum shopping* fördert und damit dem erklärten Ziel von EuGVVO bzw. EuGVÜ/LugÜ zuwiderläuft.[115]

Auf der anderen Seite steht der Grundsatz des Gemeinschaftsrechts, nach dem die Gleichwertigkeit der Rechtspflege in den Mitgliedstaaten anzuerkennen ist. Dieser Grundsatz würde unterlaufen wenn nicht gar wertlos, wenn man das Verfahren am Zweitgericht fortführen würde, weil die Gerichte eines anderen Staates regelmäßig überlange Verfahren benötigen, um eine Entscheidung zu fällen.[116] Der EuGH hat in der *Gasser*-Entscheidung sehr deutlich gemacht, dass Art. 27 EuGVVO (Art. 21 EuGVÜ/LugÜ) nicht aufgrund privater Interessen relativiert werden darf und damit ein weiteres Beispiel für die überragende Be-

---

[109] Insofern kritisch Geimer / Schütze-*Geimer*, EZVR, Art. 27 EuGVVO, Rn. 32; *Mankowski*, RIW 2004, 481 (496).

[110] OLG München IPRspr. 1998, Nr. 177 (S. 351); krit. *Mankowski*, Anm. zu OLG München, Beschl. v. 2.6.1998, Art. 21 EuGVÜ, EWiR 2/1998, 977 (978); *Prütting*, GS Lüderitz (2000), 623 (628 ff.).

[111] *Maack*, Englische antisuit injunctions (1999), 181; *Thiele*, RIW 2004, 285 (288).

[112] *Grothe*, IPRax 2004, 205 (211); *Rizor*, Anm. zu OLG Köln, Beschl. v. 13.12.1990, RIW 1991, 330 (331).

[113] Vgl. oben § 4 A II 1 a, bei Fn. 69.

[114] *Leitzen*, GRUR Int. 2004, 1010 (1015); *Mankowski*, RIW 2004, 487 (496); *Baatz*, (2004) Lloyd's MCLQ 25, 28; auch der EGMR, NJW 2001, 1991 (1994 f.), hält eine Verweisung auf die Rechtsbehelfe des Verletzerstaates für unzumutbar und mit dem Zweck des Menschenrechtsschutzes unvereinbar; vgl. dazu *Meyer-Ladewig*, Hk-EMRK, Art. 41, Rn. 4.

[115] Vgl. Erwägungsgrund 11 der EuGVVO.

[116] So schon vor der *Gasser*-Entscheidung etwa LG Frankfurt/Main, IPRspr. 1991, Nr. 197 (S. 409); IPRspr. 1989, Nr. 210a (S. 475).

deutung des Vorrangs des Gemeinschaftsrechts in seiner Rechtsprechung geliefert.[117] Würde man anders urteilen, wäre das Gleichwertigkeitsprinzip schnell *ad absurdum* geführt, und würden Erstprozesse vor Gerichten bestimmter Mitgliedstaaten regelmäßig nicht beachtet werden. Und nicht nur das: Auch völkerrechtliche Implikationen wären die Folge einer solchen Handhabung.[118] Dazu kommt die Unsicherheit, die bei einer Prognose darüber besteht, ob das Erstgericht tatsächlich überlange verhandeln wird.

b. Differenzierte Lösung

Die Lösung des Problems kann aufgrund des angesprochenen Dilemmas nur differenziert ausfallen. Eine völlige Nichtbeachtung der Verfahrensdauer vor dem Erstgericht würde zwar dem Gleichwertigkeitsprinzip am besten gerecht; sie würde andererseits jedoch das Verfahrensgrundrecht des Art. 6 Abs. 1 EMRK außer acht lassen, das eine praktische und effektive Durchsetzung von Rechten garantieren will. Nach Art. 6 Abs. 1 EMRK ist eine Aussetzung des Zweitprozesses nur so lange zulässig, wie sie nicht zu einer überlangen und unangemessenen Verfahrensdauer führt. Verletzt wäre zudem der unter anderem aus Art. 6 und 13 EMRK bzw. Art. 47 Abs. 2 der Europäischen Grundrechte-Charta hergeleitete[119] Justizgewährungsanspruch,[120] zumal das Zeitmoment ein wesentliches Element dieses Anspruchs ist.[121] Auch wenn sich das Zweitgericht bereits für unzuständig erklärt hätte, wäre es mit dem allgemeinen Rechtsgrundsatz des Zugangs zu Gericht nicht zu vereinbaren, wollte man eine Durchbrechung der Rechtshängigkeit in jedem Fall ausschließen.[122]

Der Weg, den vermeintlichen Gläubiger stets auf den Europäischen Gerichtshof für Menschenrechte zu verweisen, ist nicht gangbar. Der EGMR hat immer wieder betont, dass in erster Linie die nationalen Gerichte dazu berufen sind, die EMRK anzuwenden und somit schon aus Kapazitätsgründen die Anrufung des EGMR nur subsidiär sein kann.[123] Zudem ist Art. 6 Abs. 1 EMRK ein Teil der ungeschriebenen Grundrechte im Primärrecht und erlangt über Art. 6 Abs. 2

---

[117] *Leitzen*, GRUR Int. 2004, 1010 (1015).
[118] Vgl. dazu schon oben § 2 A II 1, bei Fn. 121.
[119] EuGH Slg. 1986, 1651 (1682), Rn. 18 – *Johnston / Chief constable of the Royal Ulster Constabulary*; Slg. 1998 I, 8417 (8496), Rn. 21 – *Baustahlgewerbe / Kommission*; *Geimer*, IZVR, Rn. 1910, 1930; *Schwander*, FS Vogel (1991), 395 (416); *Buschmann*, Rechtshängigkeit (1995), 17.
[120] Rauscher-*Leible*, Art. 27 Brüssel I-VO, Rn. 18; *Geimer*, NJW 1984, 527 (529); *v. Meibom / Pitz*, GRUR Int. 1998, 765 (770).
[121] *Pfeiffer*, Internationales Zuständigkeit (1995), 361; *Thümmel*, NJW 1996, 1930 (1930), Fn. 1.
[122] EuGH Slg. 2002 I, 6677 (6692), Rn. 39 – *Unión de Pequenos Agricultores / Rat*; auch dieser Grundsatz ist nunmehr in Art. 47 der EuGrCh kodifiziert.
[123] S. z. B. EGMR, NJW 2001, 2694 (2699 f.) – *Kudła / Polen.*

EUV[124] Geltung, darf also von den nationalen Gerichten nicht außer acht gelassen werden.[125] Insofern überzeugt es nicht, wenn die Kommission der EG im *Gasser*-Verfahren vorträgt, über die Frage einer überlangen Verfahrensdauer könnten die nationalen Gerichte nicht entscheiden, sondern nur der EGMR.[126]

Ist also eine Ausnahme vom Aussetzungszwang nicht völlig ausgeschlossen, fragt es sich, in welchen Fällen das Zweitgericht sein Verfahren weiterführen darf. Dabei sind Gleichwertigkeitsgrundsatz und der Anspruch auf Rechtsschutzgewährung für den Betroffenen einer ‚Torpedoklage' in Ausgleich zu bringen. Richtig ist die Aussage des EuGH,[127] dass eine Weiterführung des Zweitprozesses unter Hinweis auf eine bloß *allgemein* – das heißt üblicherweise – lange Verfahrensdauer beim Erstgericht den Gleichwertigkeitsgrundsatz aushöhlen würde.[128] Denn dann wären bestimmte europäische Gerichtsverfahren grundsätzlich unbeachtlich, ohne Rücksicht darauf, ob sie im Einzelfall *tatsächlich* überlange dauern. Dies gilt selbst, wenn das Erstgericht aufgrund einer ausschließlichen Zuständigkeit oder einer Gerichtsstandsvereinbarung nicht zuständig ist. Behandelt man das Erstgericht nämlich als gleichwertig, muss man ihm in der Konsequenz auch zutrauen, dass es über die Frage seiner Zuständigkeit urteilen kann.[129]

Anders ist bei einer überlangen, nicht mehr angemessenen Verfahrensdauer *im konkreten Fall:* Dann darf das Zweitgericht Art. 6 Abs. 1 EMRK bzw. Art. 47 Abs. 2 der Europäischen Grundrechte-Charta nicht ignorieren und muss das Zweitverfahren wieder aufnehmen, will man den Justizgewährungsanspruch des Gläubigers bzw. sein Recht auf ein effektives Verfahren nicht verletzen. Dies gilt trotz des zu Recht erhobenen Einwandes, dass die Bestimmung, ab wann die Verfahrensdauer unangemessen ist, weitgehend unbestimmt ist.[130] Denn die Ausfüllung des in Art. 6 Abs. 1 EMRK genannten Begriffs der ‚Angemessenheit' ist – wie notwendig bei unbestimmten Rechtsbegriffen – zunächst nicht eindeutig und bedarf der Konkretisierung durch die Rechtsprechung.[131] Auch

---

[124] Vertrag über die Europäische Union, Fassung vom 2.10.1997, BGBl. 1998 II, S 454.

[125] *Grothe*, IPRax 2004, 205 (209 f.); *Mankowski*, RIW 2004, 481 (496).

[126] Stellungnahme der Kommission, Rechtssache *Gasser / Misat*, Rn. 69.

[127] EuGH RIW 2004, 289 (292), Rn. 70 – *Gasser / Misat*, wonach keine Weiterführung in Betracht kommt, wenn die Verfahren im Staat des Erstgerichts ‚im allgemeinen' unvertretbar lange dauern.

[128] So auch *Thiele*, RIW 2004, 285 (287 f.); *Grothe*, IPRax 2004, 205 (211 f.).

[129] So auch EuGH IPRax 2004, 243 (247), Rn. 48 f. – *Gasser / Misat.*

[130] *McGuire*, Verfahrenskoordination (2004), 135, mit dem Beispiel, dass in einem Fall eine Verfahrensdauer von drei Jahren vor dem Schweizerischen Bundesgericht als überlang bewertet wurde, während Frankreich einer Verurteilung durch den EGMR bei einer Prozesslänge von sieben Jahren knapp entging.

[131] *Schwab*, Einführung (2002), Rn. 105; *Schmidt / Brüggemeier*, S. 46, bei Fn. 98; für das öffentliche Recht Obermayer-*Liebetanz*, § 40 VwVfG, Rn. 61 f.; *Ipsen*, Allgemeines Verwaltungsrecht, Rn. 465.

der Einwand, dass wegen des Vertrauens in die Gleichwertigkeit der Gerichte in den Mitgliedstaaten das Zweitgericht grundsätzlich nicht besser in der Lage ist, die Zuständigkeit des Erstgerichts zu beurteilen als das Erstgericht selbst, überzeugt in dieser Konstellation nicht.[132] Etwas anderes muss nämlich dann gelten, wenn bereits die Entscheidung des Erstgerichts über seine *Zuständigkeit* derart lange dauert, dass der Gläubiger in seinen Verfahrensrechten beschnitten wird. Denn dann *ist* das Zweitgericht gerade besser in der Lage, die Zuständigkeit des Erstgerichts zu überprüfen.[133]

Eine Ausnahme von der Aussetzungspflicht des später angerufenen Gerichts ist mithin zu befürworten, wenn im konkreten Fall eine unangemessene Verfahrensdauer erreicht ist – weiterer Umstände bedarf es nicht.[134] Diese Möglichkeit wird für den Gläubiger allerdings zumeist nur von eingeschränktem Wert sein. Denn die Aussetzungsentscheidung ist erst dann möglich, wenn die überlange Verfahrensdauer nachgewiesen ist, der ‚Torpedo' also faktisch ‚getroffen' hat, und das Verfahren des Gläubigers verzögert ist. Insofern ist die dann nach der hier vertretenen Ansicht bestehende Möglichkeit der Weiterführung des Zweitprozesses nur ein schwacher Trost.

II. Fortführung des Verfahrens aufgrund missbräuchlicher Verfahrenseinleitung vor langsamem Erstgericht

1. Meinungsstand in Literatur und Rechtsprechung

Es stellt sich die Frage, ob dieses Ergebnis anders ausfällt und das später angerufene Gericht im Fall einer ‚Torpedoklage' wenigstens dann eine Ausnahme von der Regel des Art. 27 EuGVVO (Art. 21 EuGVÜ/LugÜ) machen kann – und zwar ohne dass zunächst die tatsächliche Dauer des Prozesses vor dem Erstgericht abzuwarten ist –, wenn sich aus der Klageerhebung vor dem langsamen Erstgericht auf ein rechtsmissbräuchliches Verhalten des angeblichen Schuldners schließen lässt.

---

[132] Rauscher-*Leible*, Art. 27 Brüssel I-VO, Rn. 20; Geimer / Schütze-*Geimer*, EZVR, Art. 27 EuGVVO, Rn. 53 ff.; dieser Einwand wird auch bezüglich einer Rechtsmissbrauchsprüfung erhoben, die hier unten bei § 4 B II behandelt wird, vgl. etwa OLG München, IPRspr. 1999, Nr. 147 (S. 352) – *Impfstoff III*; LG Düsseldorf GRUR Int. 2002, 157 (163), das allerdings meint, der Missbrauchsaspekt sei lediglich *grundsätzlich* unbeachtlich; *Thiele*, RIW 2004, 285 (288); *Grabinski*, GRUR Int. 2001, 199 (211).

[133] In diesem Sinne wohl auch die Rechtbank van eerste aanleg te Brussel, GRUR Int. 2001, 170 (171) – *Röhm Enzyme*, das die Zuständigkeitsfrage von der materiell-rechtlichen Frage trennen möchte.

[134] A. A. etwa *Dilger*, Die Regelungen zur internationalen Zuständigkeit (2004), Rn. 356.

In jüngerer Zeit haben einige Gerichte verstärkt eine Durchbrechung der Rechtshängigkeit aufgrund von Rechtsmissbrauch zugelassen.[135] Nach einer Entscheidung des Landgerichts Düsseldorf etwa ist das Zweitverfahren fortzuführen, wenn der Beklagte negative Feststellungsklage vor einem ersichtlich unzuständigen Gericht erhoben hat und dort das Verfahren derart langsam führt, dass das Recht des Klägers auf ordnungsgemäße Verfahrensdurchführung (Art. 6 Abs. 1 EMRK) bei Aussetzung des Verfahrens praktisch vereitelt würde.[136] Ähnlich hat die *Rechtbank* in Den Haag im Jahr 1999 geurteilt: Danach ist der Einwand anderweitiger Rechtshängigkeit unbeachtlich, wenn sich eine Partei nur deshalb auf Art. 27 EuGVVO (Art. 21 EuGVÜ/LugÜ) beruft, um dem Prozessgegner zu schaden.[137] Eine Erstklage vor einem zuständigen Gericht sehen die Gerichte dagegen grundsätzlich nicht als rechtsmissbräuchlich an, sondern nur dann, wenn besondere Umstände vorliegen, die auf eine Verletzung des Gebotes von Treu und Glauben hindeuten.[138] In der Literatur wird dieser Linie mit ähnlichen Argumenten teilweise zugestimmt.[139]

Andere Gerichte wie das Schweizerische Bundesgericht[140] und der englische *High Court*[141] haben eine Missbrauchsprüfung dagegen abgelehnt und keine Durchbrechung der ausländischen Litispendenz zugelassen. Auch die deutschen Gerichte urteilten in der Frage des Rechtsmissbrauchs eher restriktiv:[142] Eine

---

[135] Vgl. etwa *Tribunal de Grande Instance de Paris*, GRUR Int. 2001, 173 (174 f.); IIC 2002, 225 (227) – *Schaerer Schweiter / Fadis;* krit. *v. Falck*, MittdtschPatAnw. 2002, 429 (434); überblicksartig *Pitz*, GRUR Int. 2001, 32 (32 ff.); *Leitzen*, GRUR Int. 2004, 1010 (1012 f.).

[136] LG Düsseldorf, InstGE 3, 8 (14), Rn. 26 – *Cholesterin-Test.*

[137] Rechtbank 's-Gravenhage, IER 2000, Nr. 8, S. 39 (40), Rn. 14 – *DSM / NOVO-Nordisk.*

[138] Vgl. etwa den Fall der Rechtbank van eerste aanleg te Brussel, GRUR Int. 2001, 170 ff. *(Röhm Enzyme)*, in der trotz Zuständigkeit ein Rechtsmissbrauch angenommen wurde; kategorisch ablehnend *v. Falck*, MittdtschPatAnw. 2002, 429; *Simons*, EuLF 2003, 289 (290).

[139] *Dohm*, Die Einrede ausländischer Rechtshängigkeit (1996), 300 f.; *Grothe*, IPRax 2004, 205 (210, 212), *Musger*, öRiZ 1993, 192 (201); im Falle einer ausschließlichen Zuständigkeit des Erstgerichts *und* missbräuchlicher Klageerhebung; *Franzosi*, IIC 2002, 154 (160 ff.); *Treichel*, Anm. zu TGI, Urt. v. 28.4.2000, GRUR Int. 2001, 175 (176 ff., 178); *Ullmann*, GRUR 2001, 1027 (1031); wohl auch *Grabinski*, FS Tilmann (2003), 461 (468); *Czernich*, wbl 2001, 516 (518 f.).

[140] BGE 129 III, 295 (299 f.).

[141] High Court of Justice, GRUR 1999, 784 (786).

[142] vgl. OLG Düsseldorf, GRUR Int. 2000, 776 (779) – *Impfstoff III*, das Konstellationen für möglich hält, in denen das Erstverfahren missbräuchlich derartig langsam vorangetrieben wird, dass das Zweitverfahren fortgeführt werden dürfe; diese Voraussetzungen waren jedoch im Einzelfall nicht gegeben; LG Düsseldorf GRUR Int. 2002, 157 (162 f.), das Missbrauchserwägungen *grundsätzlich* für unbeachtlich hält.

bloß schnelle Klageerhebung könne nicht als Rechtsmissbrauch gelten.[143] Auch hier folgt ein Teil des Schrifttums.[144]

Der EuGH hat sich in der Entscheidung *Gasser / Misat* ansatzweise auch zur Rechtsmissbrauchsproblematik geäußert. Er führt aus, dass ‚*Schwierigkeiten, (...) die sich daraus ergeben, dass Parteien in dem Wunsch, die Sachentscheidung zu verzögern, Klage vor einem Gericht erheben, dessen Unzuständigkeit ihnen wegen des Vorliegens einer Gerichtsstandsvereinbarung bekannt ist,*' die Auslegung des Art. 27 EuGVVO (Art. 21 EuGVÜ/LugÜ) nicht in Frage stellen könnten.[145] Diese Rechtsprechung korrespondiert mit der neueren Entscheidung im Fall *Turner / Grovit*, in der der EuGH – allerdings im Hinblick auf die Zulässigkeit einer *antisuit injunction* – feststellte, dass auch im Falle eines rechtsmissbräuchlichen Verhaltens einer der Prozessparteien das angerufene Gericht auf dem Hintergrund des EuGVÜ nicht befugt sei, in die Zuständigkeit eines anderen Gerichts einzugreifen.[146] Eine treuwidrige Prozessführung im Ausland rechtfertigt nach Ansicht des Gerichts also nicht Eingriffe in das Zuständigkeitssystem des Übereinkommens.

An der Entscheidung wird deutlich, dass die Parteiinteressen *allein* die Rechtshängigkeitsregeln nicht verdrängen können, sondern dass die objektiven Interessen Vorrang genießen.[147] Die Rechtsprechung des EuGH in punkto Rechtsmissbrauch erstaunt gleichwohl deshalb, weil der EuGH an anderer Stelle ein rechtsmissbräuchliches Verhalten ausdrücklich als nicht schutzwürdig dargestellt hat.[148]

2. Diskussion und Stellungnahme

Dass missbräuchliches Verhalten einer Partei im Prozess nicht schutzwürdig ist, ist nicht nur ein Grundsatz im deutschen Zivilprozess:[149] Auch Art. 6 EMRK

---

[143] OLG Stuttgart, IPRspr. 2003, Nr. 174 (S. 569 f.).

[144] *McGuire*, Verfahrenskoordination (2004), 101 ff.; ferner *Hess / Vollkommer*, IPRax 1999, 220 (224), Fn. 58; *v. Falck*, MittdtschPatAnw. 2002, 429 (434), Missbrauchserwägungen seien ‚in aller Regel fehl am Platze'.

[145] EuGH RIW 2004, 289 (291), Rn. 53 – *Gasser / Misat.*

[146] EuGH IPRax 2004, 425 (426 f.), Rn. 27 – *Turner / Grovit.*

[147] *Leitzen*, GRUR Int. 2004, 1010 (1015); *Thiele*, RIW 2004, 285 (288); krit. *Grothe*, IPRax 2004, 205 (212).

[148] EuGH Slg. 1999 I, 1459 (1492), Rn. 25 – *Centros*; Slg. 1998 I, 2843 (2869), Rn. 20 – *Kefalas;* Slg. 1987, 5565 (5583), Rn. 8 f. – *Kalfelis / Schröder.*

[149] Die herrschende Meinung leitet dies aus einer analogen Anwendung des § 242 BGB auf das Verfahrensrecht ab; vgl. MünchKommZPO-*Lüke*, Einleitung, Rn. 32 f.; Stein / Jonas-*Roth*, § 1 ZPO, Rn. 12; *Rosenberg / Schwab / Gottwald*, § 65, Rn. 49 ff.; *Baumgärtel*, ZZP 69 (1956), 89 (115 ff.); *ders.*, ZZP 67 (1954(, 423 (426); ferner *Treichel*, Anm. zu TGI, Urt. v. 28.4.2000 – *General Hospital / Bracco*, GRUR Int. 2001, 175 (177).

enthält das Gebot der Verfahrensfairness.[150] Eine treuwidrig bzw. missbräuchlich handelnde Partei soll sich nicht durch ihr Verhalten Vorteile verschaffen und beispielsweise einen Gerichtsstand erschleichen können.[151] Konsequenz ist, dass eine auf diese Weise in Anspruch genommene Zuständigkeit versagt bleibt.[152] Über die EMRK spielt diese Wertung auch bei der Auslegung der EuGVVO bzw. des EuGVÜ/LugÜ eine Rolle.[153] Daran ändert auch nichts, dass Art. 27 EuGVVO (Art. 21 EuGVÜ/LugÜ) eine objektiv-rechtliche Verfahrensvorschrift ist, die eine geordnete Rechtspflege in der Gemeinschaft sicherstellen soll.[154] Denn auch reine Verfahrensvorschriften dürfen nicht so angewendet werden, dass sich eine der Parteien missbräuchlich Vorteile verschaffen kann. Klagt ein arglistiger Schuldner vor einem unzuständigen Gericht in der Absicht, den Prozess der gegnerischen Partei zu verzögern, so erscheint es legitim, wenn wegen der darin liegenden unzulässigen Rechtsausübung gegengesteuert wird und diese Zuständigkeitsbegründung auch im Rahmen des europäischen Zivilprozessrechts ausscheidet.

Eine Prüfung des Zweitgerichts jedenfalls unter dem Gesichtspunkt des Rechtsmissbrauchs hat unabhängig davon zu erfolgen, wie langsam das vom Schuldner zuerst angerufene Gericht tatsächlich verhandelt.[155] Der Umstand einer Prozessverzögerung ist, wenngleich Indiz für Rechtsmissbrauch, kein zwingender Faktor: Denn auch wenn eine Zuständigkeitserschleichung ohne Prozessverschleppung vorläge, wäre ein Missbrauch des Prozessrechts anzunehmen, der das Zweitgericht zur Weiterführung des Verfahrens berechtigen würde. Der Einwand, dass die Frage einer Prozessverschleppung eine unsichere Prog-

---

[150] EGMR, NJW 2001, 2387 (2390) – *Krombach / Frankreich*; Frowein / Peukert-*Peukert*, Art. 6 EMRK, Rn. 71; *Ranieri*, Anm. zu EuGH, Entsch. v. 12.5.1998, ZEuP 2001, 169 (172 ff.).

[151] OLG Hamm NJW 1987, 138 (139); BGHZ 132, 105 (114); Stein / Jonas-*Roth*, § 1, Rn. 12; MünchKommZPO-*Lüke*, Einleitung, Rn. 32; *Rosenberg / Schwab / Gottwald*, § 65, Rn. 50; *Baumgärtel*, ZZP 86 (1973), 353, 362 f.

[152] BGHZ 132, 195 (197); OLG Hamm NJW 1987, 138; *Heeder*, Fraus legis (1997), 306.

[153] *Kropholler*, EZPR, Art. 6 EuGVVO, Rn. 15, spricht bezüglich Art. 6 Nr. 2 EuGVVO von einem ‚allgemein geltenden Missbrauchsverbot'; vgl. auch *Treichel*, Anm. zu TGI, Urt. v. 28.4.2000, GRUR Int. 2001, 177 – *General Hospital / Bracco*; es bedarf daher nicht einer Entscheidung der Frage, ob allgemeine Prozessgrundsätze der nationalen Rechtsordnungen außerhalb des Anwendungsbereichs des Art. 6 Nr. 2 EuGVVO (EuGVÜ/LugÜ) zur Geltung kommen; vgl. dazu *Heeder*, Fraus legis (1997), 320; *Pfeiffer*, Internationale Zuständigkeit (1995), 779; a. A. dazu *Huber*, forum-non-conveniens-Doktrin (1995), 184 f.

[154] So aber *Leitzen*, GRUR Int. 2004, 1010, 1014; allgemein zum Charakter von Art. 27 EuGVVO (Art. 21 EuGVÜ/LugÜ) Geimer / Schütze-*Geimer*, EZVR, Art. 27 EuGVVO, Rn. 27, 60 ff.; *Kropholler*, EZPR, vor Art. 27 EuGVVO, Rn. 1.

[155] *Grothe*, IPRax 2004, 205 (210); *Treichel*, Anm. zu TGI, Urt. v. 28.4.2000, GRUR Int. 2001, 178 – *General Hospital / Bracco*; wohl auch *Grabinski*, FS Tilmann (2003), 468, der allerdings auch die Verfahrensdauer am Erstgericht als einen zu berücksichtigenden Faktor ansieht.

nose voraussetze, ist also in dieser Konstellation – anders als bei bloß voraussichtlich überlanger Verhandlung[156] – unbeachtlich. Dafür spricht auch, dass in den meisten Fällen schon eine Erstklage der gegnerischen Partei eine Zeitverzögerung bedeutet, gleich ob das Erstgericht langsamer oder weniger langsam verhandelt.[157] Insofern ist es wenig überzeugend, wenn das OLG Düsseldorf für eine Ausnahme von Aussetzungszwang des Zweitgerichts fordert, der Einwand des Rechtsmissbrauchs sei *nur* in den Ausnahmefällen beachtlich, in denen das Verfahren vor dem Erstgericht *‚nicht oder ohne Grund derart langsam vorangetrieben wird, dass das Recht des Klägers auf ordnungsgemäße Durchführung seines Verfahrens praktisch vereitelt wird.'*[158] In Kauf zu nehmen ist damit allerdings die Gefahr völkerrechtlicher Konflikte wegen Nichtbeachtung des ausländischen Prozesses: Wollte man diese Gefahr als ausschlaggebend ansehen, so wäre eine Durchbrechung der Rechtshängigkeit auch bei offensichtlichstem Rechtsmissbrauch schlechterdings niemals zulässig.

Ist eine Weiterführung des Zweitverfahrens bei rechtsmissbräuchlicher Erstklage somit im Grundsatz und bereits bei lediglich drohender Prozessverschleppung statthaft, fragt es sich weiter, welche Kriterien das später angerufene Gericht zugrunde legen soll. Orientiert man sich dabei an dem angesprochenen Grundsatz des Vertrauens in die Gleichwertigkeit der mitgliedstaatlichen Gerichte, so muss gelten, dass für das Zweitgericht ein Rechtsmissbrauch offensichtlich sein muss.[159] Denn sonst bestünde eine zu große Unsicherheit, ob das Zweitgericht unzulässig in die Prüfungskompetenz des Erstgerichts eingriffe. Eine Ausnahme von der Aussetzungspflicht kommt etwa dann in Betracht, wenn es eine hinreichend klare, schriftliche Gerichtsstandsvereinbarung hinsichtlich eines vom Erstgericht abweichenden Forums getroffen wurde, oder ein solches Gericht ausschließlich zuständig ist, und wenn der Schluss auf Rechtsmissbrauch nahe liegt.

Bei Zugrundelegung der Rechtsprechung des EuGH zum Gesichtspunkt des Rechtsmissbrauchs, die er im *Gasser*-Fall ausgeführt hat, wird es für den Betroffenen einer ‚Torpedoklage' dagegen kaum möglich sein, sich auf Rechtsmissbrauch zu berufen und eine Fortführung ‚seines' Verfahrens zu erreichen. Für ihn bleiben andere Möglichkeiten des Rechtsschutzes also interessant.

---

[156] Dazu bereits oben § 4 B I 2 b, bei Fn. 129.

[157] Zu der Situation in Patentrechtsfällen, dass ein Patentgericht über eine Vielzahl verschiedener Patentverletzungen unterschiedlicher Verletzer auf der Grundlage des nationalen Patentrechts entscheiden muss, etwa bei Klageerhebung wegen (Nicht-) Verletzung mehrerer Teile eines europäischen Patents, vgl. *Pitz*, GRUR Int. 2001, 32 (35).

[158] OLG Düsseldorf, IPRspr. 1999, Nr. 147 (S. 352) – *Impfstoff III.*

[159] So auch *Grothe*, IPRax 2004, 205 (210).

III. Überprüfung der Zuständigkeit des Erstgerichts in besonderen Fällen

Eine Kompetenz zur Überprüfung der Zuständigkeit des zuerst angerufenen Gerichts kommt dem Zweitgericht normalerweise nicht zu.[160] Eine solche Handhabung stünde im Widerspruch zur Rechtsprechung des EuGH[161] und würde auch die Gleichwertigkeit der Gerichte im europäischen Rechtsraum in Frage stellen. Als zu weitgehend ist deshalb auch eine Praxis zu bewerten, mit der das Zweitgericht zum Beispiel prüfen dürfte, ob das Erstgericht ordnungsgemäß angerufen wurde.[162]

Allerdings ist fraglich, ob der Grundsatz der fehlenden Prüfungskompetenz des Zweitgerichts wenigstens dann eine Ausnahme finden sollte, wenn es ausschließlich zuständig ist oder die Parteien eine Gerichtsstandsvereinbarung getroffen haben. Dies soll im folgenden dargestellt werden.

1. Prüfungskompetenz bei ausschließlicher Zuständigkeit des Zweitgerichts

a. Meinungsstand in Rechtsprechung und Literatur

Eine Prüfungskompetenz des Zweitgerichts hinsichtlich der Zuständigkeit des langsam verhandelnden Erstgerichts könnte zumindest dann bestehen, wenn eine ausschließliche Zuständigkeit zugunsten des Zweitgerichts oder eines anderen Gerichts gegeben ist. Dies wird überwiegend mit dem Hinweis bejaht, dass eine unter Verstoß gegen eine ausschließliche Zuständigkeit des später angerufenen Gerichts ergangene Entscheidung nicht anerkennungsfähig wäre, und widersprechende Urteile mithin nicht drohten.[163] Auch ein Umkehrschluss aus Art. 29 EuGVVO (Art. 23 EuGVÜ/LugÜ), wonach sich bei mehreren ausschließlich zuständigen Gerichten das zuletzt angerufene Gericht für unzuständig zu erklären habe, spreche für eine solche Handhabung, weil diese Regelung zumindest die Prüfung des Zweitgerichts einschließe, ob ein weiteres Gericht ausschließ-

---

[160] Vgl. bereits oben § 3 A I 1 c bb, bei Fn. 102 ff.

[161] Vgl. etwa EuGH IPRax 1993, 34 (36), Rn. 23 – *Overseas Union Insurance / New Hampshire Insurance.*

[162] Vgl. die Entscheidung des Londoner *Supreme Court of Judicature* (Case No. 2000/0107/A3, unveröffentlicht, zitiert nach *Pitz*, GRUR Int. 2001, 32, 37), mit der das Gericht die frühere Anrufung eines italienischen Gerichts verneinte, weil die Klage dort per Fax zugestellt worden sei.

[163] *Koch*, Unvereinbare Entscheidungen (1993), 83; *Dohm*, Die Einrede ausländischer Rechtshängigkeit (1996), 168 ff.; *Adolphsen*, Europäisches und internationales Zivilprozessrecht (2005), Rn. 839; *Lüke*, GS Arens (1993), 273 (281); *Schack*, IPRax 1991, 270 (272); *Rauscher / Gutknecht*, IPRax 1993, 21 (24); *Bernheim*, SJZ 90 (1994) 133 (140); *Trunk*, Die Erweiterung (1991), 53 f.; *O'Malley / Layton*, European Civil Practice (1989), Rn. 23.08; allgemeiner *Schütze*, RIW 1975, 78 (79); die für die Parteien missliche Folge einer Aussetzung des Verfahrens trotz mangelnder Anerkennungsfähigkeit der erstgerichtlichen Entscheidung ist, dass sie ein Urteil abwarten müssen, bevor sie neu klagen können, vgl. näher *Isenburg-Epple*, Die Berücksichtigung (1992), 87 ff.

lich zuständig sei.[164] Auch in dem Falle, dass das Zweitgericht seine ausschließliche Zuständigkeit bejaht, während das Erstgericht für sich eine nichtausschließliche Zuständigkeit annimmt, müsse dies gelten.[165]

Die überwiegende Ansicht rekurrierte auf einen Vorbehalt, den der EuGH in der Entscheidung *Overseas Union Insurance / New Hampshire Insurance* obiter zugunsten eines nach Art. 22 EuGVVO (Art. 16 EuGVÜ/LugÜ) ausschließlich zuständigen Zweitgerichts gemacht hatte.[166] Der EuGH hat diesen Vorbehalt nun relativiert und in der Entscheidung *Gasser / Misat* noch einmal[167] unterstrichen, dass er diese Frage in der *Overseas*-Entscheidung ausdrücklich offen lassen wollte.[168] Vielmehr stellte er in den Vordergrund, dass Art. 27 EuGVVO (Art. 21 EuGVÜ/LugÜ) keine Differenzierung vorsehe, sondern vielmehr das Erstgericht genauso kompetent sei wie das Zweitgericht, über seine Zuständigkeit zu befinden.[169]

b. Diskussion und Stellungnahme

Eine Kompetenz des ausschließlich zuständigen Zweitgerichts zur Überprüfung der Zuständigkeit des Erstgerichts und damit eine Differenzierung zwischen den Gerichtsständen der EuGVVO bzw. EuGVÜ/LugÜ ist mit Blick auf die Ratio des Art. 27 EuGVVO (Art. 21 EuGVÜ/LugÜ) fraglich. Die Rechtshängigkeitsregelungen sollen verhindern, dass die Gerichte unterschiedlicher Staaten Tatsachenmaterial und Rechtsfragen uneinheitlich würdigen.[170] Außerdem soll vermieden werden, dass es infolge rügeloser Einlassung vor einem anderen als dem ausschließlich zuständigen Forum zu Doppelprozessen kommt.[171] Die Gefahr von Parallelverfahren als Folge voneinander abweichender Beurteilung von Tat-

[164] Czernich / Tiefenthaler / Kodek-*Tiefenthaler*, Art. 27 EuGVVO, Rn. 14; *Schumann*, FS Kralik (1986), 312.

[165] Czernich / Tiefenthaler / Kodek-*Tiefenthaler*, Art. 27 EuGVVO, Rn. 14; *Lüke*, GS Arens (1993), 273 (282).

[166] Der EuGH hatte ausgesagt, das später angerufene Gericht dürfe im Rahmen des Art. 21 EuGVÜ lediglich das Verfahren aussetzen, vorbehaltlich einer ausschließlichen Zuständigkeit nach Art. 16 EuGVÜ, vgl. EuGH IPRax 1993, 34 (36), Rn. 26; dazu *Thiele*, RIW 2004, 285 (286), Fn. 9.

[167] Das Gericht hatte dies im Grunde bereits in der *Overseas*-Entscheidung, IPRax 1993, 34 (36), Rn. 20, getan.

[168] EuGH RIW 2004, 289 (291), Rn. 45 – *Gasser / Misat.*

[169] EuGH aaO, RIW 2004, 289 (291), Rn. 43, 48; so auch Geimer / Schütze-*Geimer*, Urteilsanerkennung 1.1, 291, die meinen, aus Art. 29 EuGVVO (Art. 23 EuGVÜ/LugÜ) lasse sich ein Schluss auf eine Prüfungskompetenz des Zweitgerichts nicht ziehen.

[170] EuGH Slg. 1987, 4861 – *Gubisch Maschinenfabrik / Palumbo*; Czernich / Tiefenthaler / Kodek-*Tiefenthaler*, Art. 27 EuGVVO, Rn. 1; *Schlosser*, EUZ, Art. 27 EuGVVO, Rn. 1.

[171] Geimer / Schütze-*Geimer*, Art. 27 EuGVVO, Rn. 1; Rauscher-*Leible*, Art. 27 Brüssel I-VO, Rn. 1; MünchKommZPO-*Gottwald*, Art. 21 EuGVÜ, Rn. 1; *Rauscher*, IPRax 1999, 80 (81).

oder Rechtsfragen bleibt indes von den unterschiedlichen Anerkennungsregeln unberührt: Das Risiko, dass Erst- und Zweitgericht nebeneinander prozessieren, besteht auch, wenn das Zweitgericht später die Entscheidung wegen Art. 34 Nr. 3 EuGVVO (Art. 27 Nr. 3 EuGVÜ/LugÜ) nicht anerkennen sollte. Es spielt dafür auch keine Rolle, dass Art. 35 Abs. 1 EuGVVO (Art. 28 Abs. 1 EuGVÜ/LugÜ) unter anderem auf Art. 22 EuGVVO (Art. 16 EuGVÜ/LugÜ) verweist, nicht aber auf Art. 23 EuGVVO (Art. 17 EuGVÜ), und damit eine Differenzierung zwischen den ausschließlichen Gerichtsständen andeutet.

Zudem ist eine Prognose über ein möglicherweise bestehendes Anerkennungshindernis nach Art. 35 EuGVVO (Art. 28 EuGVÜ/LugÜ) durch das Zweitgericht unsicher, wenn die unterschiedliche Einschätzung des Erst- und Zweitgerichts auf einer Tatsachenfrage beruht, etwa bezüglich des privaten Gebrauchs einer unbeweglichen Sache (Art. 22 Nr. 1 Unterabs. 2 EuGVVO, Art. 16 Nr. 1b EuGVÜ/LugÜ) oder des Sitzes einer Gesellschaft (Nr. 2 dieser Vorschriften).[172] Die Einleitung paralleler Prozesse droht also schon deshalb, weil die Gerichte leicht unterschiedlicher Auffassung über die Zuständigkeit des anderen sein können.

Für die Ratio des Prioritätsprinzips ist es weiter unbeachtlich, ob sich aus der EuGVVO bzw. aus den Übereinkommen ablesen lässt, dass die Gefahr von Parallelprozessen unterschiedlich groß ist: Eine solche Differenzierung könnte man deshalb annehmen, weil Art. 25 EuGVVO (Art. 19 EuGVÜ/LugÜ) dem fälschlich angerufenen Richter die Zuständigkeits-prüfung von Amts wegen zwar hinsichtlich einer ausschließlichen Zuständigkeit nach Art. 22 EuGVVO (Art. 16 EuGVÜ/LugÜ) vorschreibt, während bei den übrigen ausschließlichen Zuständigkeiten gemäß Art. 26 Abs. 1 EuGVVO (Art. 20 Abs. 1 EuGVÜ/LugÜ) eine amtswegige Zuständigkeitsprüfung dann entfällt, wenn sich ein Beklagter, der seinen Wohnsitz in einem Mitglied- bzw. Vertragsstaat hat, auf das Verfahren einlässt (Art. 24 EuGVVO, Art. 18 EuGVÜ/LugÜ), oder ein Beklagter mit Wohnsitz außerhalb eines solchen Staates die fehlende Zuständigkeit rügt – wobei letztere Situation insbesondere bei Gerichtsstandsvereinbarungen (Art. 23 EuGVVO, Art. 17 EuGVÜ/LugÜ) gegeben sein kann. Für Art. 27 EuGVVO (Art. 21 EuGVÜ/LugÜ) könnte man daraus ablesen, dass die Gefahr von Parallelprozessen bei Art. 22 EuGVVO (Art. 16 EuGVÜ/LugÜ) kleiner ist als bei den übrigen ausschließlichen Gerichtsständen, während sie bei Gerichtsstandsvereinbarungen am größten ist, weil sich das Gericht aus Gründen der Prozessökonomie nur mit weniger konfliktträchtigen Zuständigkeitsprüfungen von Amts wegen befassen soll.[173]

Allerdings ist trotz dieser möglichen Abstufung eine Gefahr von Parallelprozessen letztlich auch bei den ausschließlichen Zuständigkeiten nach Art. 22

[172] *Grothe*, IPRax 2004, 205, (207); *McGuire*, Verfahrenskoordination (2004), 124; a. A. die Kommission in der Rechtssache *Gasser / Misat*, vgl. IPRax 2004, 243 (246), Rn. 36, 37.
[173] *Grothe*, IPRax 2004, 205 (207).

EuGVVO (Art. 16 EuGVÜ/LugÜ) gegeben. Denn auch hier können einzelne Tatbestandsmerkmale unsicher sein, so dass Erst- und Zweitgericht zu unterschiedlichen Ergebnissen kommen können. Deshalb sollte keine Kompetenz zur Überprüfung der Zuständigkeit des Erstgerichts bestehen.

2. Prüfungskompetenz bei Gerichtsstandsvereinbarung zugunsten des Zweitgerichts

a. Meinungsstand in Rechtsprechung und Literatur

Eine Prüfungskompetenz des Zweitgerichts hinsichtlich der Frage, ob das Erstgericht zuständig ist, ist auch bei Gerichtsstandsvereinbarungen zugunsten des später angerufenen Gerichts diskutiert worden.[174] Auch zu dieser Konstellation hat sich der EuGH in der Rechtssache *Gasser / Misat* geäußert und einer Abweichung von Art. 27 EuGVVO (Art. 21 EuGVÜ/LugÜ) eine Absage erteilt.[175] Der Gerichtshof stützte sich wiederum auf die Gleichwertigkeit der Gerichte der Mitgliedstaaten und meinte, es obliege dem Erstgericht, die Wirksamkeit einer Gerichtsstandsvereinbarung zu überprüfen, zumal sich der Beklagte gemäß Art. 24 EuGVVO (Art. 18 EuGVÜ/LugÜ) vor dem zuerst angerufenen Gericht auf das Verfahren einlassen könne, ohne dessen Unzuständigkeit zu rügen.[176] Diese Argumentation entsprach der schon vorher überwiegenden Ansicht.[177]

Die englische Rechtsprechung hatte dagegen die Frage verneint und in Art. 23 EuGVVO (Art. 17 EuGVÜ/LugÜ) eine Ausnahme zu Art. 27 EuGVVO (Art. 21 EuGVÜ/LugÜ) gesehen.[178] Auch der Generalanwalt *Léger* hatte diese Auffassung in seinen Schlussanträgen zur Rechtssache *Gasser / Misat* vertreten.[179] Eine doppelte Rechtshängigkeit setze voraus, dass jedes der beiden mit derselben Sache befassten Gerichte zuständig sei – sei aber das Zweitgericht ausschließlich zuständig, könne das Erstgericht ohnehin nur seine Unzuständigkeit feststel-

---

[174] Vgl. Schlussanträge des Generalanwalts *Léger*, Rechtssache *Gasser / Misat*, Rn. 57; s. auch *Linke*, in: Internationale Zuständigkeit (1993), 157 (162); *Schack*, IZVR, Rn. 760 m. N.; *Rönn*, Die Anwendung (1996), 154 ff., zur Behandlung in der englischen Rechtsprechung; *Dohm*, Die Einrede ausländischer Rechtshängigkeit (1996), 171 ff.

[175] EuGH IPRax 2004, 243 (247) – *Gasser / Misat.*

[176] EuGH IPRax 2004, 243 (247), Rn. 48 f. – *Gasser / Misat.*

[177] *Kropholler*, EZVR, Art. 27 EuGVVO,Rn. 19; Rauscher-*Leible*, Art. 27 Brüssel I-VO, Rn. 16; Thomas / Putzo-*Hüßtege*, Art. 27 EuGVVO, Rn. 2; MünchKommZPO-*Gottwald*, Art. 21 EuGVÜ, Rn. 13; *Dohm*, Die Einrede ausländischer Rechtshängigkeit (1996), 171 ff.; i. E. *Buschmann*, Rechtshängigkeit (1995), 195; *McGuire*, Verfahrenskoordination (2004), 126 ff.; *Jayme / Kohler*, IPRax 1994, 412.

[178] Vgl. *Continental Bank / Aeokos Cia Naviera*, (1994) 2 All ER 540 (549 f.) (C.A.); Queen's Bench Divions (Commercial Court) (1990) 1 Lloyd's Rep. 177 – *Kloeckner / Gatoil Overseas*,; (1994) 1 Lloyd's Rep. 320 – *Mark Edmund Denby / The Hellenic Mediterrean Lines Co. Ltd.*; dem folgend *Schlosser*, EUZ, Art. 23 EuGVVO, Rn. 34; zum ganzen *Maack*, Englische antisuit injunctions (1999), 170-172 m. w. N.

[179] Vgl. Schlussanträge des Generalanwalts *Léger*, Rn. 43-83.

len.[180] Außerdem sei die praktische Wirksamkeit einer Gerichtsstandsvereinbarung gefährdet, wenn das Zweitgericht zur Aussetzung des Verfahrens verpflichtet wäre, bis das Erstgericht über seine Zuständigkeit entschieden habe.[181] Der Generalanwalt *Léger* führte auch ein Argument in Richtung ,Torpedoklagen' an: Mache eine Partei unter Verstoß gegen eine Gerichtsstandsvereinbarung ihre Klage zuerst bei einem offensichtlich unzuständigen Gericht anhängig, so könne sie die Entscheidung in der Sache hinauszögern und daraus Vorteile ziehen.[182]

b. Diskussion und Stellungnahme

Der Gewährung einer Prüfungskompetenz für das als zweites angerufene Gericht im Rahmen des Art. 23 EuGVVO (Art. 17 EuGVÜ/LugÜ) lässt sich sicherlich abgewinnen, dass dadurch unschöne Anreize zum *forum running* ausgeschaltet würden, die ,Torpedoklagen' erst erzeugen. Andererseits spricht bereits der klare Wortlaut des Art. 27 EuGVVO (Art. 21 EuGVÜ/LugÜ) gegen eine solche Kompetenz des Zweitgerichts.[183] Auch systematische Erwägungen stützen dies: Denn eine unter Verletzung einer Gerichtsstandsvereinbarung ergangene Entscheidung darf gemäß Art. 35 Abs. 1, 3 EuGVVO (Art. 28 Abs. 1, 3 EuGVÜ/LugÜ) nicht überprüft werden: Insofern besteht die reale Gefahr von Parallelprozessen.[184] Diese Gefahr wird noch mehr als bei der Auslegung ausschließlicher Zuständigkeitsbegründungen im Rahmen des Art. 22 EuGVVO (Art. 16 EuGVÜ/LugÜ) dadurch begründet, dass die Voraussetzungen einer Prorogation oft unsicher sind, etwa hinsichtlich des Elements der Willensübereinstimmung oder der Ermittlung von Gepflogenheiten und Handelsbräuchen. Dementsprechend können sie von Erst- und Zweitgericht unterschiedlich ausgelegt werden.[185] Würde man eine Kompetenz des Zweitgerichts zur Überprüfung der erstgerichtlichen Entscheidung zulassen, wäre die Rechtssicherheit beeinträchtigt.[186]

Auch das Argument, Art. 23 EuGVVO (Art. 17 EuGVÜ/LugÜ) solle gewährleisten, dass sich die Parteien auf die prozessuale Effektivität der Gerichtsstandsvereinbarung verlassen könnten, was insbesondere den Erfordernissen des

---

[180] Vgl. Schlussanträge des Generalanwalts *Léger*, Rn. 58-60.
[181] Vgl. Schlussanträge des Generalanwalts *Léger*, Rn. 62.
[182] Vgl. Schlussanträge des Generalanwalts *Léger*, Rn. 67 f.
[183] *Isenburg-Epple*, Die Berücksichtigung (1992), 89; *Thiele*, RIW 2004, 285 (287).
[184] *Hau*, IPRax 1996, 44 (46 f.); *Schack*, IPRax 1991, 270 (272); *Mankowski*, RIW 2004, 487 (497).
[185] *Thiele*, RIW 2004, 285 (287); problematisch, weil zu unbestimmt erscheint vor diesem Hintergrund der Vorschlag des Generalanwalts *Léger*, Schlussanträge des Generalanwalts *Léger*, Rechtssache *Gasser / Misat*, Rn. 83, einen Vorrang von Art. 17 EuGVÜ vor Art. 21 EuGVÜ jedenfalls dann zu akzeptieren, wenn ,die Zuständigkeit des später angerufenen Gerichts keinen Raum für Zweifel lässt'; zustimmend insofern jedoch *Grothe*, IPRax 2004, 205 (208).
[186] Vgl. EuGH RIW 2004, 289 (291), Rn. 51 – *Gasser / Misat.*

internationalen Handels entspreche,[187] greift nicht. Zwar spielen ausweislich Art. 23 Abs. 1 lit. c EuGVVO (Art. 17 Abs. 1 lit. c EuGVÜ/LugÜ) die Bedürfnisse des Handels eine Rolle. Wollte man jedoch auf die Normzwecke abstellen, müsste man auch bei allen anderen ausschließlichen Gerichtsständen eine Durchbrechung der Litispendenzregeln zulassen, etwa bei Art. 22 EuGVVO (Art. 16 EuGVÜ/LugÜ) aufgrund seines Zwecks der Beweis- und Rechtsnähe.[188] Dies würde die Regelungen der Rechtshängigkeit aber *ad absurdum* führen.[189]

Für eine Ausnahme von der Regel des Art. 27 EuGVVO (Art. 21 EuGVÜ/LugÜ) und eines Vorrangs des Art. 23 EuGVVO (Art. 17 EuGVÜ/LugÜ) bleibt somit kein Raum. Zu groß erscheint die Rechtsunsicherheit, die durch unterschiedliche Ergebnisse einer Zuständigkeitsprüfung durch verschiedene Gerichte entsteht. Für den Betroffenen einer ‚Torpedoklage' hat dies allerdings die missliche Folge, dass er auch bei Bestehen einer Gerichtsstandsvereinbarung der Erstklage seines Kontrahenten schutzlos ausgeliefert ist.[190]

IV. Verneinung der Zuständigkeit durch das Erstgericht

1. Meinungsstand in Rechtsprechung und Literatur

Eine weitere Möglichkeit, die Erhebung von ‚Torpedoklagen' zu verhindern, kann es sein, dass bereits das Erstgericht seine Zuständigkeit verneint, sofern die Klage vor dem unzuständigen Gericht erhoben wurde. Diese Möglichkeit – die bereits oben angesprochen wurde[191] – haben besonders ausländische Gerichte wahrgenommen, indem sie eine Zuständigkeit aufgrund von Art. 5 Nr. 3 EuGVVO (EuGVÜ/LugÜ) bei negativen Feststellungsklagen verneinten.[192] Aber auch wegen vermeintlichen Rechtsmissbrauch erklärten sich Erstgerichte für unzuständig. Zum Beispiel lehnte die *Rechtbank van eerste aanleg te Brussel* es in seiner Entscheidung *Röhm Enzyme* aus dem Jahr 2000 ab, über eine Klage zu verhandeln, mit der die Klägerin eine Feststellung der Nichtverletzung für mehrere nationale Teile eines europäischen Patents begehrte.[193] Die Begründung lautete, möglich sei eine Patentnichtigkeitsklage in den jeweiligen Ländern, was nach Ansicht des Gerichts eine ausschließliche Zuständigkeit der Gerichte dieser

---

[187] Vgl. Schlussanträge des Generalanwalts *Léger*, Rechtssache *Gasser / Misat*, Rn. 57, 62-65, 71.

[188] Dazu Geimer / Schütze-*Geimer*, EZVR, Art. 22 EuGVVO, Rn. 38-40.

[189] So auch *Grothe*, IPRax 2004, 205 (207).

[190] Krit. insofern *Mankowski*, RIW 2004, 487 (497).

[191] Vgl. oben § 3 A II 1 b aa, bei Fn. 192.

[192] Hof 's Gravenhage, N.J. 1999, Nr. 163; Tribunale di Bologna GRUR Int. 2000, 1021 (1022); OLG München OLGR 2002, 147, Rn. 136; Högsta Domstolen, GRUR Int. 2001, 178 (179)– *Flootek;* jüngst Corte di Cassazione, GRUR Int. 2005, 264 (265).

[193] Rechtbank van eerste aanleg te Brussel, GRUR Int. 2001, 170 (172 f.) – *Röhm Enzyme*, krit. *Hye-Knudsen*, Marken-, Patent- und Urheberrechtsverletzungen (2005), 178 f.

Staaten gemäß Art. 22 Nr. 4 EuGVVO (Art. 16 Nr. 4 EuGVÜ/LugÜ) begründen würde.[194] Die Kläger hätten offenbar aber deshalb keinen Nichtigkeitseinwand hinsichtlich der Patente der anderen Staaten erhoben, um, statt die Zuständigkeit der dortigen Gerichte herbeizuführen, in Belgien Leistungsklagen der gegnerischen Partei zu ‚torpedieren'. Dies zeige sich auch daran, dass die Kläger nur hinsichtlich eines, nämlich des belgischen, Patentteils den Nichtigkeitseinwand erhoben hätten.[195]

Die Entscheidung ist insbesondere deshalb kritisiert worden, weil sie die Grenze der Annahme eines Rechtsmissbrauchs zu weit ziehe: So könne die bloße Möglichkeit, dass vor ausländischen Gerichten Nichtigkeitsklage hinsichtlich der jeweiligen nationalen Teile des europäischen Patents erhoben werden, nicht ausreichen, um ein rechtsmissbräuchliches Verhalten zu indizieren.[196]

2. Diskussion und Stellungnahme

Unabhängig davon, auf welche Gründe die Gerichte im einzelnen die Ablehnung ihrer internationalen Zuständigkeit gestützt haben – eine Lösung, mit der nicht erst das Zweitgericht, sondern bereits das Erstgericht die Verfahrenseröffnung ablehnt und damit die ‚Torpedoklage' vereitelt, erscheint vorzugswürdig. Denn es fehlt das Moment der Brüskierung der ausländischen Rechtspflegeorgane, welches jeder Missachtung ausländischer Rechtshängigkeit innewohnt.[197]

Erscheint die Erstklage rechtsmissbräuchlich, kann man es schwerlich als unzulässig bewerten, wenn die Betreibung des Verfahrens versagt wird. Denn auch in den nationalen Rechtsordnungen ist anerkannt, dass der Kläger bei der Auswahl des Gerichts nicht gegen Treu und Glauben verstoßen darf.[198] Die Begründung eines Rechtsmissbrauchs sollte sich jedoch auf eine gewisse Evidenz stützen. Dem vermeintlichen Schuldner, der eine negative Feststellungsklage erhebt, stets einen Missbrauch des Prozessrechts zu unterstellen, wäre unbillig und würde das Instrument der negativen Feststellungsklage als grundsätzlich legitimes prozessuales Verteidigungsmittel unangemessen behandeln.[199]

---

[194] Zu der Ansicht hinsichtlich einer Zuständigkeitsbegründung durch Erhebung des Nichtigkeitseinwandes im Prozess bereits oben § 2 C I, Fn. 211.

[195] Rechtbank van eerste aanleg te Brussel, GRUR Int. 2001, 170 (173) – *Röhm Enzyme*..

[196] *Hye-Knudsen*, Marken-, Patent- und Urheberrechtsverletzungen (2005), 178 f.; ähnlich *Pitz*, GRUR Int. 2001, 32 (37); *Treichel*, Anmerkung zu TGI, Urt. v. 28.4.2000 *(General Hospital / Bracco)*, GRUR Int. 2001, 175 (178), auch zu den Unterschieden zwischen den einschlägigen Fällen der ausländischen Gerichte.

[197] Vgl. dazu bereits oben § 2 A II 1, bei Fn. 121.

[198] *Schack*, IZVR, Rn. 228; zur Arglisteinrede bei Zuständigkeitserschleichung im deutschen Recht vgl. OLG Hamm NJW 1987, 138; Zöller-*Vollkommer*, § 12 ZPO, Rn. 19; Baumbach / Lauterbach-*Hartmann*, § 2 ZPO, Rn. 7.

[199] Vgl. dazu *Simons*, EuLF 2003, 289 (290); auch Rechtbank van eerste aanleg te Brussel, GRUR Int. 2001, 170 (171) – *Röhm Enzyme*.

Auf der anderen Seite sollte man das Potenzial der Zuständigkeitsverneinung durch das Erstgerichts zur Abwehr von ‚Torpedos' nicht überbewerten: Denn es kann sein, dass das Gericht des ‚Torpedostaates' bereits eine beträchtliche Zeit benötigt, um überhaupt über die eigene Zuständigkeit zu befinden. Abhilfe könnte diesbezüglich nur eine zeitlich vorgezogene Zuständigkeitsprüfung bringen.[200]

V. Einstellung des Verfahrens durch das Erstgericht aufgrund Wegfalls des Feststellungsinteresses

Vereinzelt wird vorgeschlagen, ein mit einer negativen Feststellungsklage betrautes Gericht solle das Verfahren kostenpflichtig einstellen, wenn später eine Leistungsklage erhoben werde.[201] In einem solchen Fall entfalle nämlich das Rechtsschutzinteresse, so dass lediglich der Leistungsklage Vorrang gebühre. Eine europarechtliche Norm solle dies künftig positiv regeln.

1. Positive Aspekte des Lösungsvorschlags

Dieser Lösungsvorschlag orientiert sich an mehreren europäischen Rechtsordnungen, welche – wie etwa die deutsche – für eine Feststellungsklage ein Feststellungsinteresse verlangen.[202] Er kann also darauf verweisen, dass das Erfordernis eines Feststellungsinteresses in Europa kein unbekanntes Phänomen ist. Bei Zugrundelegung des Vorschlags würde eine einheitliche Regelung geschaffen, die für die Gerichte einen klaren Maßstab liefert, wann ein Erstverfahren über eine negative Feststellungsklage einzustellen ist. Konflikte zwischen den mitgliedstaatlichen Gerichten würden vermieden, weil bereits hier diskutierte,[203] relativ unsichere Lösungen – wie etwa, das Verfahren am später angerufenen Gericht wegen Rechtsmissbrauchs oder einer voraussichtlich langen Verfahrensdauer fortzuführen – nicht mehr angewendet zu werden brauchten. Der Vorschlag erscheint deshalb praktikabler als andere Lösungen.

2. Bedenken gegen den Lösungsvorschlag

Es bestehen gleichwohl Bedenken gegen die vorgebrachte Lösung. Diese ergeben sich unabhängig davon, dass der vorgeschlagene Weg – jedenfalls zurzeit – ohne eine gesetzliche Regelung nicht anwendbar sein dürfte, erwähnen doch Art. 27, 28 EuGVVO (Art. 21, 22 EuGVÜ/LugÜ) gerade nicht eine Durchbre-

---

[200] Vgl. *Fähndrich / Ibbeken*, GRUR Int. 2003, 616 (622).
[201] *Siehr*, ZZZ 2004, 473 (487).
[202] *Siehr*, ZZZ 2004, 473 (477, 484), mit Hinweis auf Regelungen in der Schweiz, in Österreich, England und Frankreich.
[203] Vgl. dazu oben § 4 B I, II.

chung der Rechtshängigkeit bzw. das Erfordernis eines Feststellungsinteresses, wie dies aber zum Beispiel bei § 256 Abs. 1 ZPO der Fall ist.[204]

Ein erstes Bedenken ergibt sich daraus, dass bei Zugrundelegung der Lösung nur eine bestimmte Art von ‚Torpedoklagen' vermieden würde, nämlich die, bei denen die Erstklage eine negative Feststellungsklage ist. Diese dürften zwar die Mehrzahl von ‚Torpedos' darstellen, allerdings lassen sich ‚Torpedos' auch in Konstellationen mit anderen Erstklagen denken.[205]

Zweitens gibt es auch dogmatische Bedenken. Denn entgegenstehende Rechtshängigkeit besteht im europäischen wie im autonom-nationalen Recht nur, wenn mit den betreffenden Klagen derselbe Anspruch geltend gemacht wird.[206] Die Frage des Feststellungsinteresses bei einer Feststellungsklage ist eng mit dem Streitgegenstand der späteren Klage verbunden: Das Feststellungsinteresse für die negative Feststellungsklage entfällt etwa im deutschen Recht in der Regel, weil ihr Streitgegenstand von dem der Leistungsklage umfasst ist.[207] Legt man nun – wie es der EuGH getan hat[208] – einen weitergehenden Streitgegenstandsbegriff zugrunde, so beeinflusst dies auch das Feststellungsinteresse. Denn nach der ‚Kernpunktrechtsprechung' des EuGH hat die Feststellungsklage denselben Streitgegenstand wie die Leistungsklage, er bleibt nicht dahinter zurück.[209] Denn es kommt zur Streitgegenstandsbestimmung nicht auf die Klageanträge an, sondern insbesondere auf den Zweck der Klage, der auf einen bestimmten Sachverhalt gestützt wird.[210] Wollte man also eine gesetzliche Regelung, die das Feststellungsinteresse für eine negative Feststellungsklage im Falle einer späterer Leistungsklage verneint, so müsste man auch im europäischen

---

[204] Danach fehlt einer Feststellungsklage eine Prozessvoraussetzung, wenn der Kläger nicht ‚*ein rechtliches Interesse daran hat, dass das Rechtsverhältnis oder die Echtheit oder Unechtheit der Urkunde durch richterliche Entscheidung alsbald festgestellt werde.*' Vgl. zur Einordnung des Erfordernisses Thomas / Putzo-*Reichold*, § 256 ZPO, Rn. 13; Baumbach / Lauterbach-*Hartmann*, § 256 ZPO, Rn. 33.

[205] Vgl. zu diesen Konstellationen schon oben § 3 A I 1 a bb (1) und § 3 B I 1.

[206] So etwa in Art. 27 EuGVVO (Art. 21 EuGVÜ/LugÜ), Art. 19 Abs. 2 EheGVO; § 261 Abs. 3 Nr. 1 ZPO; zu ausländischen Rechtsordnungen vgl. *Bäumer*, Die ausländische Rechtshängigkeit (1999), 35 ff.

[207] BGH NJW 1989, 2064 (2064), mit dem Hinweis darauf, dass es etwa die Leistungsklage ermögliche, nicht nur die Zahlungspflicht festzustellen, sondern auch zur Zahlung zu verurteilen; Zöller-*Greger*, § 256 ZPO, Rn. 16; Hk-ZPO/*Saenger*, § 256 ZPO, Rn. 22; Musielak-*Foerste*, § 256 ZPO, Rn. 37; *Walker*, ZZP 111 (1998), 429 (432); es gibt allerdings gewisse Ausnahmen, zum Beispiel, wenn im Zeitpunkt der späteren Leistungsklage die negative Feststellungsklage entscheidungsreif ist, vgl. dazu Thomas / Putzo-*Reichold*, § 256 ZPO, Rn. 19; *Rosenberg / Schwab / Gottwald*, § 93 III 1 (S. 523); vgl. dazu schon oben § 3 B I 1 a aa, bei Fn. 313.

[208] Vgl. EuGH Slg. 1987, 4861 (4876), Rn. 16, 17 – *Gubisch Maschinenfabrik / Palumbo;* Slg. 1994 I, 5439 – *Tatry / Maciej Rataj.*

[209] Vgl. dazu oben § 3 A I 1 a bb (1) (a), bei Fn. 57.

[210] Vgl. § 3 A I 1 a bb, bei Fn. 46 ff.

Rahmen einen anderen Streitgegenstandsbegriff einführen. Ansonsten wäre unverständlich, warum das Feststellungsinteresse der früheren negativen Feststellungsklage entfallen soll, haben doch Feststellungs- und Leistungsklage denselben Zweck. Die vorgeschlagene Lösung ist aufgrund dieser Bedenken nicht überzeugend.

VI. Bewertung der Maßnahmen gegen ‚Torpedoklagen' und eigener Lösungsvorschlag

1. Bewertung

Keiner der bisher vorgeschlagenen Maßnahmen gegen ‚Torpedoklagen' kann vollends überzeugen: Dem Betroffenen einer (drohenden) ‚Torpedoklage' kann man zwar nicht absprechen, sich zu wehren und möglichst frühzeitig eine Klage einzureichen, um einer Rechtshängigkeitssperre zu entgehen.[211] Es bleibt jedoch stets das Risiko bestehen, dass der ‚Torpedokläger' doch schneller ist, oder dass der Gläubiger zumindest die Prozesskosten tragen muss, weil er klagt, ohne seinem Schuldner Anhaltspunke für eine Klage zu liefern. Ist die ‚Torpedoklage' erst einmal rechtshängig und sperrt spätere Klagen, so sind die Möglichkeiten des Betroffenen dürftig: Er bleibt im wesentlichen auf eine unsichere Schadensersatzforderung wegen unberechtigter Klageerhebung vor einem unzuständigen Gericht verwiesen.[212]

Auch die möglichen Reaktionen des früher oder des später angerufenen Gerichts sind allenfalls unsichere Mittel gegen einen ‚prozessualen Torpedo'. Führt das Zweitgericht das Verfahren fort,[213] so drohen namentlich zwei Konsequenzen: Zum einen wird der Grundsatz der Gleichwertigkeit der Gerichte in den europäischen Mitgliedstaaten dadurch in Frage gestellt. Und zum anderen besteht stets das Risiko von zwischenstaatlichen Konflikten, weil die Justiz eines anderen Staates übergangen wurde.[214]

Geeigneter erscheint da schon die Alternative, dass das Erstgericht die ‚Torpedoklage' gar nicht erst annimmt.[215] Aber auch dagegen bestehen Bedenken: Zum Beispiel ist fraglich, wie lange das Erstgericht für eine Entscheidung über seine Zuständigkeit braucht.[216] Verneint das Erstgericht seine Zuständigkeit aus wenig stichhaltigen Gründen, droht die Diskreditierung der negativen Feststellungsklage als prozessuales Mittel. Wollte man schließlich das Feststellungsinteresse bei späterer Leistungsklage verneinen, so wie es ein Lösungsvorschlag

---

[211] Vgl. dazu oben § 4 A I 1 und 2.

[212] Vgl. dazu oben § 4 A II 1, bei Fn. 55 ff.

[213] Vgl. dazu oben § 4 B I-III.

[214] Ähnliche Überlegungen bestehen auch bei der *antisuit injunction*, vgl. *Hau*, IPRax 1996, 44 (48); *Hartley*, AmJCompL 35 (1987), 487 (506).

[215] Vgl. dazu oben § 4 B IV-V.

[216] Vgl. oben § 4 B IV 2, bei Fn. 200.

sieht, müsste man auch einen anderen Streitgegenstandsbegriff auf europäischer Ebene einführen.[217]

2. Eigener Lösungsvorschlag

Eine Lösung des ,Torpedo-Problems' fällt aufgrund der bereits zahlreichen in der Vergangenheit vorgeschlagenen Ansätze nicht leicht. Am besten wäre es gewiss, wenn sich die Arbeitsweise der verschiedenen Justizsysteme zumindest innerhalb Europas angleichen würden, so dass in überschaubarer Zeit in jedem Mitgliedstaat eine Entscheidung zu erlangen wäre.[218] Insofern sind etwaige in diese Richtung gehende Verbesserungen zu begrüßen.[219] So lange jedoch ein Defizit mancher Justizsysteme bleibt, muss es alternative Lösungen des Problems der ,Torpedoklagen' geben.

Ein Lösungsvorschlag sollte dabei erstens eine gleichmäßige Handhabung der ,Torpedoklagen' durch die Gerichte vorsehen: Denn nur so lässt sich eine einheitliche Lösung des Problems finden. Gewiss kann der Betroffene einer ,Torpedoklage' selbst aktiv werden und entweder bereits vorbeugend Klage erheben oder im Nachhinein Schadensersatz fordern. Eine Partei auf diese Möglichkeiten zu verweisen, kann jedoch keine dauerhaft tragfähige Lösung sein.

Zum zweiten muss ein Lösungsansatz des ,Torpedo-Problems' bestimmte Interessen berücksichtigen: Zu genügen ist zum einen den Interessen an der Beachtung ausländischer Rechtshängigkeit, wie dem Interesse am Entscheidungs- und Verfahrenseinklang.[220] Nur wenn eine ,Torpedo-Lösung' auch diese Interessen möglichst weitgehend wahrt, können Konflikte – zwischen den Staaten und den Parteien – vermieden werden. Zum anderen ist der Grundsatz der Gleichwertigkeit der Gerichte zu beachten.

a. Zu berücksichtigende Interessen

aa. Interesse am Entscheidungseinklang

Zum einen sollte das Interesse am Einklang gerichtlicher Entscheidungen berücksichtigt werden, wenn man eine praktikable ,Torpedo-Lösung' finden möchte.[221] Es muss – wie allgemein bei der Beachtung ausländischer Rechts-

---

[217] Vgl. dazu oben § 4 V 2, bei Fn. 202.

[218] So lapidar *Kucsko*, Geistiges Eigentum (2003), 18 f., der für eine ,Harmonisierung der Normen und der Spruchpraxis nationaler Entscheidungsinstanzen' plädiert.

[219] So sollte zum Beispiel das italienische ,Pinto-Gesetz' von 2001 einen Anreiz zu schnellerer Verfahrensweise der Gerichte liefern, vgl. dazu *Grigolli*, BRAK-Mitt. 2003, 8 (9); auch schon oben § 2 A II 3 a, bei Fn. 140.

[220] Vgl. statt aller *Buschmann*, Rechtshängigkeit (1995), 17 ff.

[221] Das Interesse am Entscheidungseinklang ist auch bei der Beachtung anderweitiger Rechtshängigkeit beachtlich, vgl. BGH NJW 1987, 3083 (3083 f.); *Rosenberg / Schwab / Gottwald*, § 100 III; *Buschmann*, Rechtshängigkeit (1996), 17; *Dohm*, Die Einrede ausländischer Rechtshängigkeit (1996), 241 ff.); *Wittibschlager*, Rechtshängigkeit (1994), 23; für das euro-

hängigkeit – darum gehen, widersprechende Gerichtsentscheidungen zu vermeiden, um Rechtssicherheit und Rechtsfrieden zu gewährleisten.[222] Konflikte drohen einerseits zwischen den verschiedenen Staaten, die sich brüskiert sehen,[223] wenn ein später eröffnetes Verfahren im Ausland trotz Rechtshängigkeit fortgeführt wird.[224] Andererseits wird auch eine Befriedung der Parteien zweifelhaft, die abweichende Entscheidungen erhalten.[225] Das Interesse am Entscheidungs-

---

päische Zivilprozessrecht EuGH RIW 1988, 818 (819) – *Gubisch Maschinenfabrik / Palumbo*; *Geimer / Schütze* EZVR, Art. 27 EuGVVO, Rn. 1; Czernich / Tiefenthaler / Kodek-*Tiefenthaler*, Art. 27 EuGVVO, Rn. 1; als sogar wichtigste Aufgabe der Rechtshängigkeitssperre angesehen von *Bettermann*, Rechtshängigkeit und Rechtsschutzreform, 28; *Schack*, IZVR, Rn. 748; *Habscheid*, RabelsZ 31 (1967), 254 (257 ff.); *Schumann*, IPRax 1986, 14 (14).

[222] Zu den Gefahren bei mangelndem Entscheidungseinklang *Kropholler*, IPR, 36; *Basedow*, Die Anerkennung von Auslandsscheidungen (1980), 138; *Lenenbach*, Die Behandlung von Unvereinbarkeiten (1997), 42 f.; allgemein zum Ziel des Vertrauens in die Rechtspflege LG Deggendorf, FamRZ 1957, 178 (180); *Johannsen*, FS 45. DJT, 81 (84 ff.); *Pålsson*, Sc.St.L. 1970, 61 (67).

[223] *Linke*, IZPR, Rn. 200; *Hau*, Positive Kompetenzkonflikte (1996), 52 f.; *Wittibschlager*, Rechtshängigkeit (1994), 23; *McGuire*, Verfahrenskoordination (2004), 40 f.; zu den möglichen Konsequenzen, etwa der gegenseitigen Nichtanerkennung von Entscheidungen, vgl. *Dohm*, Die Einrede ausländischer Rechtshängigkeit (1996), 244; *Buschmann*, Rechtshängigkeit (1995), 20; zur Problematik der *antisuit injunctions* vgl. *Hau*, IPRax 1996, 44 (48); *Hartley*, AmJCompL 35 (1987), 487 (506).

[224] Die Gefahr widersprechender Entscheidungen besteht unabhängig von der rechtstheoretischen Überlegung, dass bereits die Rechtskraftwirkung eines Urteils jedenfalls im Urteilsstaat eine widersprechende Entscheidung beseitigen würde, es dazu also im Grunde nicht mehr auf die Rechtshängigkeit ankommt (vgl. *Buschmann*, Rechtshängigkeit (1996), 34 f.; *McGuire*, Verfahrenskoordination (2004), 41 f.; *Herrmann*, Grundstruktur (1988), 37; krit. *Wittibschlager*, Rechtshängigkeit (1994), 15 f.). Denn im europäischen Zivilprozessrecht droht eine Entwertung des erststaatlichen Urteils: Ergeht vor dem später angerufenen Gericht zuerst eine Entscheidung, ist diese über Art. 34 Nr. 4 EuGVVO in allen Mitgliedstaaten als prioritäre Entscheidung verbindlich, es sei denn, sie würde nicht anerkannt. Der Staat des Erstgerichts würde dagegen seine – im Falle des Fehlens einer Rechtshängigkeitssperrnorm und einer Nichtbeachtung der ausländischen Rechtshängigkeit später ergehende – Entscheidung im Konflikt zu den anderen Mitgliedstaaten als die maßgebliche ansehen (Art. 34 Nr. 3 EuGVVO). Eine Rechtskraftkollision mit Mehrstaatenbezug ist also zu erwarten.

[225] *Basedow*, IPRax 1983, 278 (279); zur Gefahr von Pflichtenkollisionen vgl. *Wolff*, IPR, 89 f.; weil die Entscheidung, die unter Missachtung einer ausländischen Rechtshängigkeit ergangen ist, im Inland nicht anerkannt wird, droht ein ‚Vollstreckungskarussell', vgl. *Schack*, IZVR, Rn. 748; s. auch *Vogel*, Grundriss (1999), 1. Kap., Rn. 19; *Grunsky*, ZPR, Rn. 4; *Jauernig*, ZPR, § 1 I 2 (S. 2).

Zur Nichtanerkennung einer solchen Entscheidung allgemein *Habscheid*, RabelsZ 31 (1967), 254 (261); *Dohm*, Die Einrede ausländischer Rechtshängigkeit (1996), 242 f.); im deutschen Recht ist der Nichtanerkennungsgrund der Missachtung ausländischer Rechtshängigkeit in § 328 Abs. 1 Nr. 3 Fall 3 geregelt, dazu Baumbach / Lauterbach-*Hartmann*, § 328 ZPO, Rn. 28; vgl. aus der Rechtsprechung BayObLG FamRZ 1983, 501 (501); OLG Hamm, NJW 1976,

einklang lässt zugleich Lösungen,[226] nach denen das Zweitgericht trotz Rechtshängigkeit das Verfahren fortzuführen hat, zweifelhaft erscheinen.

Konflikte können nur dann vermieden werden, wenn es eine klare gesetzliche Regelung für die Behandlung ausländischer Rechtshängigkeit bei überlanger Prozessdauer gibt. Je weniger Auslegungsspielraum eine solche Regelung lässt, desto weniger Konfliktpotenzial entsteht. Es ist deshalb problematisch, eine Lösung des ,Torpedo-Problems' allein auf Ebene des Erstgerichts zu suchen: Denn eine Prüfung des Erstgerichts, ob zum Beispiel die ,Torpedoklage' rechtsmissbräuchlich ist, ist mit Unsicherheiten belastet und kann deshalb keine einheitliche Handhabung des Problems gewährleisten.

bb. Interesse am Verfahrenseinklang

Auch der Verfahrenseinklang, der – wie das Interesse am Entscheidungseinklang – im Rahmen der Rechtshängigkeitsregelungen eine Rolle spielt, muss berücksichtigt werden. Dabei geht es darum, gerichtliche Verfahren bereits frühzeitig zu koordinieren, um die Justizorgane nicht überflüssig zu beanspruchen[227] und den Parteien eine doppelte Prozessführung zu ersparen.[228]

Das Interesse am Verfahrenseinklang gebietet es zum einen, dass eine klare Rechtshängigkeitssperre sowie zudem auch eine klare Aufhebung einer solchen Sperre vorgesehen ist. Denn nur dann ist die Gefahr beseitigt, dass sich mehrere Gerichte mit derselben Streitsache befassen und die Parteien mehrfachen Aufwand betreiben. Zum anderen muss eine Entscheidung darüber, welches Gericht das Verfahren zu führen hat, in möglichst überschaubarer Zeit getroffen wird, damit die Parteien nicht unnötige Mühen für die Vorbereitung bzw. Förderung eines Prozesses aufwenden, der dann doch nicht zustande kommt oder sich überlang hinzieht. Ein Ansatz, der erst nach Jahren der Prozessverzögerung dem später angerufenen Gericht die Befugnis einräumt, das Verfahren wieder aufzunehmen, ist deshalb wenig überzeugend.

2079 (2081); früher wurde diese Frage als *ordre-public*-Verstoß behandelt, vgl. Musielak-*Musielak*, § 328 ZPO, Rn. 22; auch *Nagel / Gottwald*, IZPR, § 11, Rn. 184.

[226] Vgl. § 4 B I-III.

[227] Für das europäische Zivilprozessrecht EuGH RIW 1988, 818 (819) – *Gubisch Maschinenfabrik / Palumbo*; Geimer / Schütze-*Försterling*, Int. Rechtsverkehr, Art. 27 EuGVVO, Rn. 1; Rauscher-*Leible*, Art. 27 EuGVVO, Rn. 1; Art. 21 EuGVÜ, Rn. 1; für das deutsche nationale Zivilprozessrecht etwa *Schack*, IZVR, Rn. 747; *Schweikert*, NJW 1964, 336 (336).

[228] Zum Kostenrisiko vgl. *Jenard*-Bericht, ABl.EG Nr. C 59/1 (41); *Buschmann*, Rechtshängigkeit im Ausland (1996), 18; zum Prozessaufwand vgl. *McGuire*, Verfahrenskoordination (2004), 45 f.; *Hau*, Positive Kompetenzkonflikte (1996), 51; *Heiderhoff*, Die Berücksichtigung ausländischer Rechtshängigkeit (1998), 112 f.

cc. Interesse an Gleichwertigkeit der Gerichte

Eine Lösung für die ‚Torpedoklagen' muss außerdem den Grundsatz beachten, dass alle Gerichte grundsätzlich als gleichwertig anzusehen sind. Dieser Grundsatz gilt nicht nur im europäischen Zivilprozessrecht. Auch die nationalen Prozessrechte gehen bei ihrer Anerkennung einer internationalen Litispendenzeinwendung von einer Gleichbehandlung aller Gerichte aus. Dieses Prinzip trägt dem Erfordernis der Achtung der ausländischen Rechtsordnungen Rechnung[229] und soll Justizkonflikte vermeiden.[230] So ist auch in Staaten des *common law*, deren Gerichte nicht nach einem starren Prioritätsprinzip verfahren, sondern nach ihrem Ermessen die Umstände des Einzelfalls gewichten,[231] der Gedanke der *comity*, also der Rücksichtnahme auf Auslandsinteressen, bekannt.[232] Auch die USA beachten frühere Rechtshängigkeit im Ausland und stützen sich dabei auf die Lehre des *forum non conveniens*,[233] wobei – anders als in Engeland, wo eher der Schutz der Parteien im Vordergrund steht[234] – neben prozessökonomischen Interessen der Parteien auch öffentliche Interessen den Ausschlag geben.[235]

---

[229] BayObLG FamRZ 1983, 501 (501); BGH FamRZ 1964, 496 (498) zur Anerkennung fremder Rechtsordnungen; Stein / Jonas-*Schumann*, § 261 ZPO, Rn. 11; *Habscheid*, RabelsZ 31 (1967), 270; *Zourek*, Clunet 86 (1959), 638 (680, 681); *Geimer*, IZPR, Rn. 2685, und IPRax 1986, 206 (218), spricht ironisch von einem „universalistischen Ideal einer die nationalen Grenzen transzendierenden Rechtspflege".
Zuweilen kann allerdings ein Interesse bestehen, ausländische Prozesse abzuwehren, etwa wegen der unterschiedlichen Qualität der Gerichte, vgl. *Schütze*, ZZP 104 (1967), 136 (144 ff.). Diskutiert worden ist dies etwa für sog. *pre-trial discoveries*, LG Berlin RIW 1989, 988 (990); *Mössle,* Extraterritoriale Beweisbeschaffung im internationalen Wirtschaftsrecht, 114 f.; *Hök*, Discovery-proceedings als Anerkennungshindernis (1993); *Krause-Ablass / Bastuck*, FS Stiefel, 445 (446 ff.); aus amerikanischer Sicht *Stiefel / Petzinger*, RIW 1983, 242 (248 f.); zu den Nachteilen für die Parteien vgl. *Jacoby*, ZZP 74 (1961), 145 ff.; *Mentz*, RIW 1981, 73 ff.; *Schütze*, WM 1983, 1078 ff.

[230] Zu einem solchen Konfliktfall bei *pretrial discoveries* des amerikanischen Rechts *Schlosser*, Der Justizkonflikt (1985); *Herrmann*, Die Anerkennung US-amerikanischer Urteile (2000), 142 ff.

[231] Dazu *Wahl*, Die verfehlte internationale Zuständigkeit (1974), 89; vgl. zum amerikanischen Recht Assmann / Bungert-*Hay*, 537; *Schack*, Einführung in das US-amerikanische Zivilprozessrecht (2003), 42.

[232] vgl. zu einzelnen Interessen *Born / Westin*, International Civil Litigation (1990), 3 ff.; in England haben sich die Gerichte von dem Blick auf ein Verhalten des Klägers, welches *vexatious and oppressive*, also schikanös und unbillig, war, mehr und mehr gelöst, vgl. *Hau*, Positive Kompetenzkonflikte (1996), 121.

[233] Danach kann ein Gericht sich für unzuständig erklären, weil es ein ausländisches Gericht für sachnäher bzw. aus anderen Gründen für besser geeignet hält, vgl. *Geimer*, IZPR, Rn. 1073.

[234] Ausführlich *Huber*, forum-non-conveniens-Doktrin (1994), 99 ff., 141 ff.

[235] *Mankowski*, IPRax 1999, 156.

Das europäische Zivilverfahrensrecht will mit dem Prioritätsprinzip des Art. 27 EuGVVO (Art. 21 EuGVÜ/LugÜ) ebenfalls widersprechende Entscheidungen vermeiden, um eine geordnete Rechtspflege in der Gemeinschaft zu gewährleisten.[236] Zudem soll ein einheitlicher Justizraum geschaffen werden.[237]

Der Gleichwertigkeitsgrundsatz schließt Lösungen aus, durch die ein ausländischer Prozess aufgrund prognostisch langer Verfahrensdauer missachtet wird.[238] Vielmehr muss eine Lösung gefunden werden, die alle Gerichten in Europa gleich behandelt, die also etwa sowohl für deutsche als auch für italienische Gerichte gilt.

b. Handhabung des ‚Torpedo-Problems' unter Berücksichtigung der Interessen

Bei Berücksichtigung der Interessen des Entscheidungs- und des Verfahrenseinklangs ist folgendes deutlich geworden: Erstens bedarf es einer eindeutigen, wenig Spielraum lassenden gesetzlichen Regelung für die Behandlung der Rechtshängigkeitssperre im Falle überlanger Prozessdauer im Ausland.[239] Zweitens muss diese Regelung vorsehen, dass eine Entscheidung über das (nach Rechtshängigkeit) allein zuständige Gericht in überschaubarer Zeit getroffen wird. Mit Berücksichtigung dieser Interessen lässt sich auch der Interessenlage bei der Beachtung anderweitiger Rechtshängigkeit Rechnung tragen. Zudem muss die Gleichwertigkeit der europäischen Gerichte beachtet werden.

Das ‚Torpedo-Problem' könnte daher so gelöst werden, dass dem Erstgericht nur eine bestimmte Zeitspanne zur Verfügung steht, um über seine Zuständigkeit zu entscheiden.[240] Diese Zeitdauer darf nicht zu lange sein und sollte gesetzlich festgelegt werden. Ergeht binnen dieses Zeitraums noch nicht einmal eine

---

[236] *Geimer / Schütze*, EZVR, Art. 27 EuGVVO, Rn. 1; *v. Bar / Mankowski*, IPR I, § 5, Rn. 142; *Isenburg-Epple*, Die Berücksichtigung ausländischer Rechtshängigkeit (1992), 47; *Rauscher*, IPRax 1986, 274 (275).

[237] EuGH Slg. 1976, 1541, Rn. 3 – *LTU / Eurocontrol*; *Jenard*-Bericht, ABl.EG 1979 Nr. C 59/1 (41); *Kropholler*, EZPR, vor Art. 27 EuGVVO, Rn. 1; *Rauscher / Gutknecht*, IPRax 1993, 21 (23); *Kohler*, Systemwechsel (2002), 147 (156); krit. *McGuire*, Verfahrenskoordination (2004), 17, 19: „Fiktion der Gleichartigkeit des Rechtsschutzes"; *Bajons*, ZfRV 1993, 45, 48 für die Lugano-Staaten.
Diese Zielsetzung bedingt, dass bestimmte Sicherungen der nationalen Rechtsordnungen – wie das Erfordernis einer positiven Anerkennungsprognose in Deutschland – im Zivilverfahrensrecht der Gemeinschaft fehlen. Außerdem soll damit die Freizügigkeit gerichtlicher Entscheidungen gefördert werden. Denn widersprechenden Entscheidungen wäre gemäß Art. 34 Nr. 3 EuGVVO (Art. 27 Nr. 3 EuGVÜ/LugÜ) die Anerkennung zu versagen, so dass die Freizügigkeit des Urteils eingeschränkt wäre; vgl. *Dohm*, Die Einrede ausländischer Rechtshängigkeit (1996), 39; *Isenburg-Epple*, Die Berücksichtigung (1992), 47.

[238] Vgl. dazu § 4 B I 2 b, bei Fn. 134.

[239] Für eine gesetzliche Regelung auch *Ebner*, Markenschutz (2004), 228; dem folgend *Haedicke*, ZZP 228 (2005), 499 (503).

[240] Eine solche vorgezogene Zuständigkeitsprüfung wird von den belgischen Gerichten berichtet, vgl. *Fähndrich / Ibbeken*, GRUR Int. 2003, 616 (622).

Entscheidung über die Zuständigkeit, so ist das später angerufene Gericht gehalten, das Verfahren fortzuführen, und das Erstgericht muss das eigene einstellen. Art. 21 Abs. 3 des Entwurfs der Haager Konferenz für Internationales Privatrecht für ein weltweites Gerichtsstands- und Vollstreckungsabkommen sah unter anderem eine derartige Konsequenz vor.[241]

Diese Lösung hätte den Vorteil, dass in überschaubarer Zeit eindeutig feststeht, welches Gericht für die Klage zuständig ist. Missbräuchliche ‚Torpedos' vor langsamen unzuständigen Gerichten würden so vermieden. Wegen der europaweiten gesetzlichen Regelung würden Justizkonflikte kaum auftreten, zumal kein Ermessen des Zweitgerichts über die Fortführung des Verfahrens besteht. Beide Parteien hätten nach Ablauf einer bestimmten Zeitdauer Klarheit, auf welchen Prozess sie sich vorbereiten müssen. Der Grundsatz der Gleichwertigkeit der Justizsysteme in Europa ist beachtet, denn langsame Gerichte dürfen das Verfahren fortführen, sofern sie für die Klage zuständig sind, selbst wenn sie für die Entscheidung in der Sache eine längere Zeit benötigen. Ein positiver Nebeneffekt könnte es auch sein, dass die langsamen Gerichte so organisiert würden, dass sie wenigstens ihre Zuständigkeit in angemessener Zeit überprüften.

Obwohl also eine solche vorgezogene Zuständigkeitsprüfung ein gangbarer Weg wäre, muss eingeräumt werden, dass dies das ‚Torpedo-Problem' gewiss nicht ganz lösen kann, weil die Sachprüfung immer noch lange Zeit in Anspruch nehmen könnte. Immerhin lassen sich aber missbräuchliche ‚Torpedos' unter Wahrung des Gleichwertigkeitsgrundsatzes vermeiden. Weitergehende Lösungen, etwa dass ein Gericht auch in angemessener Zeit über die Begründetheit der Klage zu entscheiden hat, sind dagegen nicht praktikabel, weil die Länge des Verfahrens von vielen Faktoren abhängen kann und sich mithin nicht mit einer starren Frist fixieren lässt.

C. Ergebnis

Der einstweilige Rechtsschutz ist nicht umsonst oft als Ausweg bei ‚Torpedoklagen' diskutiert worden. Denn die Möglichkeiten sowohl für die betroffene Partei als auch für die Gerichte, dem Problem Herr zu werden, erweisen sich als wenig effektiv. Gelingt bei einer drohenden ‚Torpedoklage' eine schnelle Erstklage nicht, ist der Betroffene meist auf Schadensersatzforderungen verwiesen: Parallele Unterlassungsklagen sind unzulässig, Widerklagen am ‚Torpedogericht' werden meist ineffektiv bleiben und das Verfahren nicht beschleunigen.

---

[241] Danach darf das Zweitgericht auf Antrag mit dem Verfahren fortfahren, wenn der Kläger vor dem Erstgericht nicht die erforderlichen Schritte unternommen hat, um eine Entscheidung in der Hauptsache zu erwirken, bzw. wenn innerhalb eines angemessenen Zeitraums keine Entscheidung des Erstgerichts ergeht; vgl. Preliminary draft convention on jurisdiction and foreign judgments in civil and commercial matters, 30. Oktober 1999, abrufbar unter http://www.hcch.net/upload/wop/jdgmpd11.pdf.

Für das später angerufene Gericht sind zahlreiche Möglichkeiten diskutiert worden, um eine ‚Torpedowirkung' zu umgehen. Zumeist scheitern sie daran, dass wegen der Vermutung der Gleichwertigkeit der Gerichte in Europa nur dem Erstgericht die Entscheidungskompetenz zukommt. Eine Weiterführung des Verfahrens durch das Zweitgericht bei ausländischer Rechtshängigkeit erscheint nur dann denkbar, wenn die überlange Verfahrensdauer konkret eingetreten ist, oder die Erstklage sich als rechtsmissbräuchlich erweist – und zwar unabhängig von einer Zuständigkeit des Erstgerichts. Selbst diesen Möglichkeiten steht freilich bislang die Rechtsprechung des EuGH entgegen.

Am sinnvollsten erscheint es, eine europaweite gesetzliche Regelung zu treffen und dem angerufenen Gericht eine vorgezogene, befristete Zuständigkeitsprüfung aufzuerlegen. Dadurch würde eine gleichmäßige Handhabung erreicht, und rechtsmissbräuchliche ‚Torpedos' würden vermieden. Ob eine solche Lösung in der Praxis durchführbar ist, bleibt allerdings abzuwarten.

Teil II:
Einstweiliger Rechtsschutz bei ‚Torpedoklagen' zur Durchsetzung von Unterlassungs- und Leistungsansprüchen

Teil II: Einstweiliger Rechtsschutz bei ‚Torpedoklagen' zur Durchsetzung von Unterlassungs- und Leistungsansprüchen

In Rechtsprechung und Literatur sind wie gesehen viele Möglichkeiten diskutiert worden, um einem Gläubiger im Falle einer ‚Torpedoklage' Rechtsschutz zu gewähren. Auch der einstweilige Rechtsschutz war schon mehrmals Gegenstand dieser Diskussion.[1] Im Vordergrund standen dabei die ‚Torpedofälle' in Patentverletzungsstreitigkeiten,[2] also nach der hier vorgeschlagenen Einteilung ‚Torpedos' bei Unterlassungsansprüchen.

Der einstweilige Rechtsschutz ist für den Gläubiger deshalb besonders interessant, weil die Rechtshängigkeit einer ‚Torpedoklage' zwar ein weiteres Hauptsacheverfahren sperrt, jedoch nicht die Eilzuständigkeit des Gerichts eines anderen Mitglied- bzw. Vertragsstaats ausschließt.[3] Eilrechtsschutz bei ‚Torpedoklagen' birgt allerdings auch Probleme, und zwar auf mehreren Ebenen. Zum einen können bereits im Bereich des nationalen Rechts bestimmte Schwierigkeiten auftauchen, die dazu führen, dass entweder der Anspruch des Gläubigers nicht (voll) befriedigt wird, oder aber der Erlass einer Eilmaßnahme im Erkenntnisverfahren abgelehnt wird. Zum anderen kann – weil ‚Torpedos' in erster Linie als Problem innerhalb Europas aufgetreten sind und einen grenzüberschreitenden Bezug besitzen – auch das System des einstweiligen Rechtsschutzes, welches EuGVVO bzw. EuGVÜ/LugÜ vorsehen, Probleme bereiten. Hier ist Art. 31 EuGVVO (Art. 24 EuGVÜ/LugÜ) maßgeblich: Die Vorschrift hat den einstweiligen Rechtsschutz nicht vereinheitlicht, sondern verweist hinsichtlich der möglichen Rechtsbehelfe auf die nationalen Rechtsordnungen.[4]

Probleme im Rahmen des Art. 31 EuGVVO (Art. 24 EuGVÜ/LugÜ) ergeben sich vor allem bei der Frage der Zuständigkeit sowie der Anerkennung und Vollstreckung der Eilmaßnahmen. Vieles ist hier noch ungeklärt: Der EuGH hat Art. 31 EuGVVO (Art. 24 EuGVÜ/LugÜ) bisher nur in wenigen Entscheidun-

---

[1] Für die Rechtsprechung LG Hamburg, GRUR Int. 2002, 1025 ff.; LG Düsseldorf GRUR 2000, 692 – *NMR-Kontrastmittel*; im Schrifttum *Kropholler*, EZPR, Art. 27 EuGVVO, Rn. 11; *Kühnen / Geschke*, Die Durchsetzung von Patenten in der Praxis (2005), Rn. 356; *Pansch*, Die einstweilige Verfügung (2003), 63; *Bukow*, Verletzungsklagen (2003), 299; *Hölder*, Grenzüberschreitende Durchsetzung (2004), 197 ff.; *Grabinski*, FS Tilmann (2003), 461 (470 ff.), *ders.*, RIW 2004, 199 (211f.); *Simons*, EuLF 2003, 289 (291); *Grothe*, IPRax 2004, 83 (88 f.); *ders.*, IPRax 2004, 205 (211); *Mankowski*, RIW 2004, 481 (496); *Leitzen*, GRUR Int. 2004, 1010 (1015).

[2] S. etwa *Pansch*, Die einstweilige Verfügung (2003), 63; *Grabinski*, FS Tilmann (2003), 461 (470 ff.); *Fähndrich / Ibbeken*, GRUR Int. 2003, 616 (623).

[3] *Grothe*, IPRax 2004, 205 (211); *Mankowski*, Anm. zu OLG Hamburg, Urt. v. 28.2.1997, Art. 21 EuGVÜ, EWiR 2/97, 791 (791 f.).

[4] *Nagel / Gottwald*, IZPR, § 15, Rn. 3; *Schlosser*, EUZ, Art. 31 EuGVVO, Rn. 26; Burgstaller / Neumayr-*Burgstaller / Neumayr*, Art. 31 EuGVVO, Rn. 1; *Schack*, IZVR, Rn. 424.

gen ausgelegt.[5] Er hat sich darin zunächst zum Anwendungsbereich von einstweiligen Maßnahmen[6] und später zu deren Art und Inhalt[7] geäußert. In zwei maßgeblichen Entscheidungen zum einstweiligen Rechtsschutz aus den Jahren 1998 und 1999 – *van Uden*[8] und *Mietz*[9] – wurden die Voraussetzungen des einstweiligen Rechtsschutzes weiter konkretisiert, indem unter anderem Erfordernisse an die Zuständigkeit des angerufenen Gerichts bestimmt und zur grenzüberschreitenden Anerkennung und Vollstreckung Stellung genommen wurde.[10] Insbesondere wurden die Voraussetzungen zum Erlass einer Eilmaßnahme konkretisiert, welche zu einer vorläufigen Befriedigung und zum Eintritt des begehrten Erfolges führt, und die deshalb für den Betroffenen einer ‚Torpedoklage' besonders interessant ist.[11] Diese Konkretisierungen schaffen jedoch in der Folge zahlreiche Probleme, nicht zuletzt aufgrund der Einführung unbestimmter Rechtsbegriffe.[12]

Zentrale Fragestellung für den einstweiligen Rechtsschutz ist im folgenden, ob und inwieweit es dem Gläubiger gelingt, im Wege des einstweiligen Rechtsschutzes die Befriedigung seines Anspruchs zu erreichen, also so gestellt zu werden, wie wenn er ein Hauptsacheverfahren durchgeführt hätte, ohne durch eine ‚Torpedoklage' gehindert zu sein. Dazu werden zunächst die Möglichkeiten des einstweiligen Rechtsschutzes untersucht,[13] dann die jeweiligen gerichtlichen Zuständigkeiten dargestellt.[14] Schließlich sind die Schwierigkeiten klärungsbedürftig, die im Vollstreckungsverfahren auftreten können.[15]

---

[5] Von den bis September 2001 knapp über 100 Entscheidungen betrafen lediglich sieben Art. 24 EuGVÜ: EuGH Slg. 1979, 1055 – *de Cavel / de Cavel I*; Slg. 1980, 731 – *de Cavel / de Cavel II*; Slg. 1980, 1553 – *Denilauler / Couchet Frères*; Slg. 1982, 1189 – *W / H.*; Slg. 1992 I, 2149 – *Reichert / Dresdner Bank*; Slg. 1998 I, 7091 – *van Uden / Deco-Line*, Slg. 1999 I, 2277 – *Mietz / Intership Yachting;* in einer weiteren Entscheidung behandelte der Gerichtshof ausschließlich die Grundlagen der Vollstreckung einstweiliger Maßnahmen, vgl. EuGH Slg. 1984, 3971 – *Brennero / Wendel.*

[6] EuGH Slg. 1979, 1055 (1066 f.), Rn. 8 f. – *de Cavel / de Cavel I*; Slg. 1980, 731 (741), Rn. 9 f. – *de Cavel / de Cavel II*; EuGH Slg. 1982, 1189 (1202 ff.), Rn. 4-12 – *W / H.*

[7] EuGH Slg. 1980, 1553 (1570 f.), Rn. 15-18 – *Denilauler / Couchet Frères*; Slg. 1992 I, 2175 – *Reichert / Dresdner Bank.*

[8] EuGH Slg. 1998 I, 7091 – *van Uden / Deco-Line.*

[9] EuGH Slg. 1999 I, 2277 – *Mietz / Intership Yachting.*

[10] *Schlosser*, EUZ, Art. 31 EuGVVO, Rn. 1-9; eine gute Zusammenfassung bietet *Schulz*, ZEuP 2001, 805 (808 ff., 828 ff.).

[11] Vgl. dazu etwa Geimer / Schütze-*Geimer*, EZVR, Art. 31 EuGVVO, Rn. 42 ff.; *Schack*, ZEuP 1998, 931 (954); *Dedek*, EWS 2000, 246 (250 ff.).

[12] Krit. *Schlosser*, EUZ, Art. 31 EuGVVO, Rn. 9 ff.; *Schulz*, ZEuP 2001, 805 (831 ff.); *Hess / Vollkommer*, IPRax 1999, 220 (225).

[13] Vgl. § 5.

[14] Vgl. § 6.

[15] Vgl. § 7.

Ausgangsposition ist hier die des Betroffenen einer ,Torpedoklage', der in Deutschland Eilrechtsschutz erlangen möchte, unabhängig davon, ob der Antragsgegner im Inland oder im Ausland ansässig ist. Hinsichtlich ausländischer Eilmaßnahmen soll ein kurzer Überblick genügen.[16]

[16] Vgl. § 5 C, ab Fn. 143; zum Gang der Darstellung schon oben § 1 B.

§ 5. Die möglichen Eilmaßnahmen zur Durchsetzung von Unterlassungs- und Leistungsansprüchen

Für die Durchsetzung von Unterlassungs- bzw. Leistungsansprüchen mittels einstweiligen Rechtsschutzes ist zunächst zu bestimmen, welche einstweiligen Maßnahmen des deutschen Rechts jeweils in Betracht kommen. Auch die Voraussetzungen der einzelnen Eilmaßnahmen können in der Situation einer anhängigen ,Torpedoklage' problematisch sein. Hier stehen die Probleme des Eilrechtsschutzes bei Unterlassungsansprüchen wegen dessen besonderer Relevanz für – etwa patentrechtliche – ,Torpedo-Situationen' am Anfang. fDarauf sollen die möglichen Eilmaßnahmen zur Durchsetzung von Leistungsansprüchen erörtert und ein kurzer vergleichender Überblick zu ausländischen Eilmaßnahmen gegeben werden.

A. Die möglichen einstweiligen Maßnahmen zur Durchsetzung eines Unterlassungsanspruchs

Einstweiliger Rechtsschutz ist für den Betroffenen einer ,Torpedoklage' besonders dann ein Ausweg, wenn sich dadurch das Ergebnis des Hauptverfahrens möglichst weitgehend erreichen lässt. Dies gilt insbesondere, wenn eine Entscheidung in der Hauptsache voraussichtlich noch lange Zeit auf sich warten lassen wird. Neben der Problematik der Anspruchsbefriedigung[17] stellen sich dabei die Schwierigkeiten im Erkenntnisverfahren einer Eilmaßnahme.[18]

I. Inhalt der Eilmaßnahmen und damit einhergehende Befriedigung des Antragstellers

Um bestimmen zu können, inwieweit der Gläubiger einen Unterlassungsanspruch im Wege des einstweiligen Rechtsschutzes durchsetzen und Befriedigung erlangen kann, ist nach dem jeweiligen Inhalt der beantragten Eilmaßnahme zu fragen.

1. Einstweilige Verfügung auf Unterlassen

Zur Durchsetzung von Unterlassungsansprüchen kommt im deutschen Recht eine einstweilige Verfügung in Betracht.[19] Diese ist notwendig Leistungs- bzw. Befriedigungsverfügung (§ 940 ZPO), da mit der Unterlassung des Schuldners faktisch die Befriedigung des mit der einstweiligen Verfügung begehrten Gläu-

---

[17] Vgl. sogleich § 5 A I.

[18] Vgl. § 5 A II, III.

[19] Eine Leistungs- bzw. Befriedigungsverfügung kann auch auf Unterlassen gerichtet sein, vgl. Musielak-*Huber*, § 940 ZPO, Rn. 13; HdBVR-*Dunkl*, Rn. A 470; Thomas / Putzo-*Reichold*, § 940 ZPO, Rn. 14 zur Unterlassung in Wettbewerbssachen.

bigerinteresses eintritt.[20] Mit einer bloßen Sicherungsverfügung wäre dem Gläubiger in den Unterlassungsfällen kaum geholfen, denn ihm kommt es nicht auf Sicherung, sondern auf sofortige Unterlassung an.[21]

Das Gericht entscheidet nach freiem Ermessen, welche Anordnungen es zur Erreichung der Befriedigung des Antragstellers erlässt (vgl. § 938 Abs. 1 ZPO), muss sich dabei aber im Rahmen des gestellten Antrags halten (vgl. § 308 ZPO).[22] Das Gericht kann ein Verbot aussprechen, dass der Antragsgegner eine bestimmte Handlung zu unterlassen habe.[23] Grundsätzlich kann der Antragsteller und Gläubiger also eine Entscheidung[24] erlangen, die genau seinem Begehren entspricht – wenn sie auch nicht die Hauptsacheentscheidung ersetzt[25] – , zum Beispiel dass der vermeintliche Schuldner eine wiederholte Patentverletzung zu unterlassen habe. Ob das Gericht auch Unterlassungen im Ausland anordnen kann, ist noch zu klären.[26]

Im Hinblick auf den Zweck einstweiliger Maßnahmen, einen Anspruch bzw. ein Rechtsverhältnis lediglich sichern zu wollen, nicht aber die Entscheidung in der Hauptsache vorwegzunehmen,[27] ist eine Leistungs- bzw. Befriedigungsverfügung, die sich unter § 940 ZPO einordnen lässt, nicht ganz unproblematisch. Gleichwohl wird eine solche Verfügung überwiegend für zulässig gehalten, um wesentliche Nachteile vom Gläubiger abzuwenden, wenn andere Maßnahmen nicht ausreichend sind.[28] Denn der Sicherungszweck schließt eine vorläufige

---

[20] Vgl. Baumbach / Lauterbach-*Hartmann*, Grundz § 916 ZPO, Rn. 8; Stein / Jonas-*Grunsky*, vor § 935 ZPO, Rn. 46; *Brox / Walker*, ZVR, Rn. 1625; *Kühnen / Geschke*, Die Durchsetzung von Patenten in der Praxis (2005), Rn. 462; *Holzapfel*, GRUR 2003, 287 (288); *Jauernig*, ZZP 79 (1966), 321 (332); für das Arbeitsrecht *Schmidt*, RdA 2003, 152 (160).

[21] Gerade in Patentstreitigkeiten passt die Sicherungsverfügung nicht, vgl. *Hölder*, Grenzüberschreitende Durchsetzung (2004), 207, Fn. 1322; *Ernst*, Die vorsorglichen Massnahmen (1992), 15 f.

[22] Thomas / Putzo-*Reichold*, § 938 ZPO, Rn. 2; Zöller-*Vollkommer*, § 938 ZPO, Rn. 2; *Brox / Walker*, ZVR, Rn. 1623; HdBVR-*Dunkl*, Rn. A 560; *Borck*, WRP 1977, 457 (456 f.).

[23] Zur Bestimmtheit Baumbach / Lauterbach-*Hartmann*, § 938 ZPO, Rn. 1; *Brox / Walker*, ZVR, Rn. 1637 mit Beispielen.

[24] Das Amtsgericht entscheidet stets durch Beschluss, das Gericht der Hauptsache dann, wenn keine mündliche Verhandlung stattgefunden hat, sonst durch Urteil, vgl. *Brox / Walker*, ZVR, Rn. 1636.

[25] *Heinze*, FG 50 Jahre Bundesgerichtshof III (2000), 569 (589).

[26] Vgl. dazu unten § 6 B III, bei Fn. 216 ff.

[27] Musielak-*Huber*, § 940 ZPO, Rn. 1; *Gottwald*, Einstweiliger Rechtsschutz (1998), Rn. 2; rechtsvergleichend *Pansch*, Die einstweilige Verfügung (2003), 88; *Leipold*, Grundlagen des einstweiligen Rechtsschutzes (1971), 84.

[28] HdBVR-*Dunkl*, Rn. A 469 m. w. N.; zur Abgrenzung zur (praktisch nicht bedeutsamen) Sicherungs- bzw. Regelungsverfügung, welche die herrschende Meinung vornimmt, vgl. Musielak-*Huber*, § 940 ZPO, Rn. 1, 2; Zöller-*Vollkommer*, § 940 ZPO, Rn. 2; *Lüke*, ZPR, Rn. 724; *Wenzel*, NZA 1984, 112 (114 f.); die Unterscheidung abl. MünchKomm-*Heinze*, § 935 ZPO, Rn. 3 ff.

Befriedigung jedenfalls dann nicht aus, wenn eine solche zur Sicherung der Interessen des Antragstellers notwendig ist.[29] Auch der EuGH hat für den grenzüberschreitenden einstweiligen Rechtsschutz eine Befriedigungsverfügung gebilligt, sofern dies zur Wirksamkeit des Urteils in der Hauptsache und unter Berücksichtigung der Parteiinteressen gerechtfertigt erscheint.[30]

Sogar auf Handlungen, die nicht mit der durch die einstweilige Verfügung untersagten identisch sind, sondern dieser nur ähneln, wird die Befriedigungsverfügung erstreckt. Weil es die Pflicht des Gerichts ist, die Handlung, die verboten werden soll, bestimmt zu bezeichnen, könnte es sonst zu der Situation kommen, dass der Schuldner die betreffende Handlung in leicht veränderter Form wiederholt.[31] Eine Wiederholungsgefahr und damit ein Verbot wird deshalb auch für solche Handlungen angenommen, die von der durch das Gericht bezeichneten nur unbedeutend abweichen und den Kern der Verletzungshandlung unberührt lassen.[32] Bei einer in Rede stehenden Verletzung von gewerblichen Schutzrechten ist etwa nicht nur das schutzrechtsrelevante Angebot sperren, sondern auch Vorsorge zu treffen, dass es nicht mehr zu weiteren derartigen Verletzungen kommt, welche nur unerheblich von der beanstandeten Handlung abweichen.[33]

Die Möglichkeit einer einstweiligen Verfügung kann bei der Verfolgung eines Unterlassungsanspruchs damit grundsätzlich bereits zur umfassenden (vorläufigen) Befriedigung des Antragstellers führen, ihn also so stellen, wie er bei Durchführung eines Hauptsacheverfahrens stünde.[34]

2. Arrest

Für den Betroffenen einer ‚Torpedoklage', der einen Unterlassungsanspruch vor einem deutschen Gericht durchsetzen will, kommt möglicherweise auch ein Arrest (§§ 916 ff. ZPO) in Betracht. Zwar ist das Begehren des Gläubigers auf die Unterlassung einer Handlung gerichtet, während der Arrest auf die Sicherung der Zwangsvollstreckung wegen einer Geldforderung abzielt (vgl. § 916 Abs. 1

---

[29] Vgl. Musielak-*Huber*, § 940 ZPO, Rn. 1; *Brox / Rüthers*, Arbeitskampfrecht (1982), Rn. 768; *Ernst*, Die vorsorglichen Massnahmen (1992), 15 f.; *Iliakopoulos*, Die Grenzen der Befriedigungsverfügung (1983), 19; *Schilken*, Die Befriedigungsverfügung (1976), 113; schon *Schulte*, Eine Untersuchung über das Erkenntnisverfahren (1930), 71.

[30] EuGH Slg. 1998, 7091 (7136), Rn. 45 – *van Uden / Deco-Line.*

[31] Schuschke / Walker-*Schuschke* , Vorbemerkung zu § 935, Rn. 89.

[32] BGHZ 5, 189 (193); BGH GRUR 2004, 860 (864); OLG Köln WRP 1989, 334 (335); *Kurtz*, Grenzüberschreitender einstweiliger Rechtsschutz (2004), 41; *Oppermann*, WRP 1989, 713 (715); *Lement*, GRUR 2005, 210 (212); *Teplitzky*, GRUR 1999, 1050 (1050), Fn. 8; *Knaak*, GRUR Int. 1993, 18 (31).

[33] Vgl. BGH GRUR 2004, 860 (864), zur Verpflichtung eines Online-Auktionshauses, welches ein markenrechtsrelevantes Angebot gemacht hatte; s. auch *Teplinsky*, Wettbewerbsrechtliche Ansprüche, 51. Kap. Rn. 12 ff.

[34] So auch die Einschätzung bei *Landfermann*, MittdtschPatAnw. 2003, 341 (343), der meint, ein ‚Torpedo' könne durch eine einstweilige Verfügung ‚entschärft' werden.

ZPO). Arrest und einstweilige Verfügung schließen sich zudem wegen desselben Anspruchs grundsätzlich aus. Allerdings bestimmt § 916 Abs. 1 ZPO, dass der Arrest auch Sicherungsmittel wegen solcher Ansprüche ist, die in eine Geldforderung übergehen können.[35] Hat sich ein Individualanspruch noch nicht in eine Geldforderung umgewandelt, so kann der Gläubiger wählen zwischen Sicherung des Individualanspruchs per einstweiliger Verfügung oder der Sicherung der eventuellen Ersatzforderung durch Arrest.[36]

Es ist jedoch zu beachten, dass der Arrest nicht der Befriedigung, sondern nur der Sicherung des Gläubigers dient.[37] Dies wird dadurch unterstrichen, dass hinsichtlich der Arrestvollziehung zwar gemäß § 928 ZPO die Vorschriften über die Zwangsvollstreckung entsprechend anzuwenden sind, nicht jedoch diejenigen, die sich auf die Befriedigung des Gläubigers beziehen.[38] Der dingliche Arrest wird dadurch vollzogen, dass etwa bewegliche Sachen (§§ 930, 808 ff. ZPO), Forderungen (§§ 930, 857 ZPO) oder sonstige Rechte (§§ 930, 857 ff. ZPO) des Schuldners gepfändet werden oder bei unbeweglichen Sachen eine Arresthypothek ins Grundbuch eingetragen wird (§§ 932, 867 ZPO).[39] Unzulässig ist dagegen etwa die Versteigerung – mit Ausnahme nach § 930 Abs. 3 ZPO – und Überweisung gemäß § 835 ZPO.[40]

In der Konsequenz bedeutet dies, dass der Gläubiger per Arrest zwar die Durchsetzung seines (Geld-) Anspruchs sichern, aber dennoch während der Rechtshängigkeit des Hauptsacheverfahrens keine vorgezogene Befriedigung erlangen kann.

II. Probleme im Erkenntnisverfahren bei einer einstweiligen Verfügung auf Unterlassen

Kommt für die Befriedigung des Betroffenen einer ,Torpedoklage' eine Leistungs- bzw. Befriedigungsverfügung grundsätzlich in Betracht, so ist zu prüfen, ob deren Voraussetzungen vorliegen.[41] Dazu ist es zunächst wie bei anderen Arten einer einstweiligen Verfügung notwendig, dass sich ein Verfü-

[35] Zur Abgrenzung der Sicherungsmittel Musielak-*Huber*, § 916 ZPO, Rn. 5; MünchKommZPO-*Heinze*, vor § 916 ZPO, Rn. 90 ff.; Zöller-*Vollkommer*, § 916 ZPO, Rn. 2; HdBVR-*Dunkl*, Rn. A 4.

[36] Stein / Jonas-*Grunsky*, vor § 916 ZPO, Rn. 53; Zöller-*Vollkommer*, § 916 ZPO, Rn. 2; HdBVR-*Dunkl*, Rn. A 5.

[37] Schuschke / Walker-*Walker*, vor § 916 ZPO, Rn. 8; *Brox / Walker*, ZVR, § 49, Rn. 1541; HdBVR-*Dunkl*, Rn. A 4.

[38] BGHZ 68, 289 (292); Stein / Jonas-*Grunsky*, § 930 ZPO, Rn. 9; MünchKommZPO-*Heinze*, § 930 ZPO, Rn. 5; HdBVR-*Dunkl*, Rn. A 409.

[39] Schuschke / Walker-*Walker*, vor § 916 ZPO, Rn. 53; HdBVR-*Dunkl*, Rn. A 407 ff.

[40] Stein / Jonas-*Grunsky*, § 930 ZPO, Rn. 9; HdBVR-*Dunkl*, Rn. A 409; *Brox / Walker*, ZVR, Rn. 1541.

[41] So der Ansatz in Bezug auf ,Torpedoklagen' z. B. bei *Grabinski*, FS Tilmann (2003), 461 (470 ff.); *Leitzen*, GRUR Int. 2004, 1010 (1015).

gungsanspruch findet und der Gläubiger einen Verfügungsgrund glaubhaft macht (§§ 920 Abs. 2, 936 ZPO).[42]

1. Die Voraussetzung des Verfügungsanspruchs

Der Verfügungsanspruch entspricht dem Klageanspruch und setzt ein subjektives Recht voraus, dessen Verwirklichung durch die einstweilige Verfügung gesichert werden soll.[43] Dieser Anspruch ist in den Unterlassungsfällen darauf gerichtet, dass der angebliche Schuldner ein bestimmtes Verhalten – zum Beispiel die Verletzung eines gewerblichen Schutzrechts – unterlässt. Der Gläubiger muss den Verfügungsanspruch glaubhaft machen, wobei dies bei einer Leistungs- bzw. Befriedigungsverfügung besonders sorgfältig zu überprüfen ist.[44] Eine Glaubhaftmachung entfällt nur bei Sicherheitsleistung nach §§ 921 S. 1, 936 ZPO,[45] wenn der Ausgang des Prozesses ungewiss ist und dem Schuldner ein Schaden droht[46] bzw. eine Glaubhaftmachung zudem auch nicht mehr rechtzeitig käme.[47] Auch in diesem Fall ist jedoch zum Verfügungsanspruch schlüssig vorzutragen.[48]

2. Die Voraussetzung des Verfügungsgrundes

Ein Verfügungsgrund setzt – ausgehend von § 940 ZPO – voraus, dass der Antragsteller glaubhaft machen kann, dass die anzuordnende Regelung in Bezug auf ein streitiges Rechtsverhältnis nötig erscheint, diese also dringlich ist und ein Abwarten des Hauptverfahrens nicht zulässt (Verfügungsgrund im engeren Sinne).[49] Dies ist etwa der Fall, wenn die Verfügung zur Abwendung eines endgültigen Rechtsverlustes erforderlich ist.[50] Im Falle einer Befriedigungsverfügung

---

[42] Zu diesen Voraussetzungen allgemein Thomas / Putzo-*Reichold*, § 935 ZPO, Rn. 5 ff.; *Paulus*, ZPR, Rn. 700, 713 i. V. m. Rn. 703 ff.

[43] Zöller-*Vollkommer*, § 935 ZPO, Rn. 6; Thomas / Putzo-*Reichold*, § 935 ZPO, Rn. 5; MünchKommZPO-*Heinze*, § 935 ZPO, Rn. 7; ähnlich im österreichischen Recht, vgl. *König*, Einstweilige Verfügungen (2000), Rn. 2/72.

[44] Schuschke / Walker-*Schuschke*, § 935 ZPO, Rn. 6, 9; zur Leistungsverfügung speziell *Brox /Walker*, ZVR, Rn. 1615; HdBVR-*Dunkl*, Rn. A 499.

[45] § 921 S. 1 ZPO ist auch bei Unterlassungsverfügungen anzuwenden, vgl. Zöller-*Vollkommer*, § 921 ZPO, Rn. 7.

[46] Musielak-*Huber*, § 921 ZPO, Rn. 7; HdBVR-*Dunkl*, Rn. A 233.

[47] Zu dieser zusätzlichen Voraussetzung etwa Schuschke / Walker-*Walker*, § 921 ZPO, Rn. 12.

[48] OLG Frankfurt/Main RPfleger 1995, 468 (469); Musielak-*Huber*, § 921 ZPO, Rn. 7; Zöller-*Vollkommer*, § 921 ZPO, Rn. 2; Baumbach / Lauterbach-*Hartmann*, § 921 ZPO, Rn. 9.

[49] Thomas / Putzo-*Reichold*, § 940 ZPO, Rn. 5; *Walker*, Der einstweilige Rechtsschutz im Zivilprozess (1993), Rn. 246; *Brox / Walker*, ZVR, Rn. 1616; zur Unterscheidung der Begriffe *v. Falck*, MittdtschPatAnw. 2002, 429 (431).

[50] Musielak-*Huber*, § 940 ZPO, Rn. 14; *Brox / Walker*, ZVR, Rn. 1616; HdBVR-*Dunkl*, Rn. A 506; *Walker*, Der einstweilige Rechtsschutz im Zivilprozess (1993), Rn. 246.

sind jedoch darüber hinaus strenge Anforderungen an Verfügungsantrag und -grund zu stellen: Voraussetzung ist, dass der Gläubiger glaubhaft machen kann, auf die sofortige Erfüllung dringend angewiesen zu sein, weil er bei Abwarten des Verfahrens in der Hauptsache einen unverhältnismäßig großen, gar irreparablen Schaden erleiden würde, so dass bei einer Abwägung[51] der Eingriff in die durch die einstweilige Verfügung betroffenen Schuldnerinteressen gerechtfertigt erscheint (Verfügungsgrund im weiteren Sinne).[52]

Diese strengeren Maßstäbe folgen aus dem größeren Schutzbedürfnis der anderen Partei: Denn sie wird durch die einstweilige Verfügung zur Unterlassung verpflichtet, der Anspruch also bereits faktisch erfüllt.[53] Das gilt insbesondere in Patentverletzungsverfahren, in denen einstweilige Maßnahmen wirtschaftlich einschneidende Folgen haben können.[54]

Besonderes Problem im Hinblick auf ‚Torpedoklagen ist, ob sich aus dem Umstand einer überlangen Verfahrensdauer ein Verfügungsgrund ableiten lässt.

a. Problem: Überlange Verfahrensdauer als Verfügungsgrund

Das Vorliegen eines Verfügungsgrundes ist von vielen Faktoren abhängig. In Patentstreitigkeiten ist bei der für die Leistungs- bzw. Befriedigungsverfügung notwendigen Abwägung etwa zu berücksichtigen, ob die Verletzung zweifelsfrei, das Antragspatent rechtsbeständig ist oder nicht, ob ein bereits erstrittenes Urteil durch den Antragsgegner umgangen wird, welche Marktnachteile Patentinhaber und -verletzer drohen, wie frühere Verletzungsprozesse ausgegangen sind und ob der Antragsteller seine Ansprüche zögerlich verfolgt hat und daher eine Dringlichkeit zweifelhaft erscheint.[55]

Dementsprechend schwierig zu beurteilen (und deshalb auch umstritten) ist die Frage, welchen Stellenwert eine überlange Verfahrensdauer bei der Gesamtschau aller Faktoren hat, und ob insbesondere ein überlanges Verfahren *allein* schon den Erlass einer Eilmaßnahme rechtfertigt. Klar ist dabei nur: Der notwendige Verfügungsgrund ist nicht etwa deshalb ersetzt, weil nach Art. 31

---

[51] Vgl. dazu auch unten § 5 A II 2 b, bei Fn. 98.

[52] OLG Rostock OLG-NL 2001, 279 (282); OLG Köln NJW-RR 1995, 1088 (1088); Thomas / Putzo-*Reichold*, § 940 ZPO, Rn. 6; Zöller-*Vollkommer*, § 940 ZPO, Rn. 6; Musielak-*Huber*, § 940 ZPO, Rn. 14; Rauscher-*Leible*, Art. 31 Brüssel I-VO, Rn. 10; *Däubler*, Arbeitskampfrecht, Rn. 1319; *Gottwald*, Der einstweilige Rechtsschutz (1998), Vorbemerkung zu §§ 935-944 ZPO, Rn. 11; zu den Kriterien im einzelnen *Walker*, Der einstweilige Rechtsschutz (1993), Rn. 261; *Piehler*, Einstweiliger Rechtsschutz und materielles Recht (1980), 29.

[53] *Lüke*, ZPR, Rn. 724 m. w. N.; *Pansch*, Die einstweilige Verfügung (2003), 88; *Hölder*, Grenzüberschreitende Durchsetzung (2004), 208; Benkard-*Rogge*, § 139 PatG, Rn. 153a.

[54] OLG Düsseldorf GRUR 1983, 79 (80); LG Hamburg GRUR Int. 2001, 1025 (1028) – *Seifenverpackung*.

[55] OLG Frankfurt/Main GRUR 2002, 236 (Rn. 4 f.); *Hölder*, Grenzüberschreitende Durchsetzung (2004), 208; *Kühnen / Geschke*, Die Durchsetzung von Patenten in der Praxis (2005), Rn. 468 f.; *Meier-Beck*, GRUR 1999, 379 (383).

EuGVVO (Art. 24 EuGVÜ/LugÜ) eine internationale Zuständigkeit eines Gerichts im einstweiligen Rechtsschutzverfahren besteht, sondern seine Voraussetzungen sind stets zu prüfen.[56] In der Rechtsprechung sind zur überlangen Verfahrensdauer als Verfügungsgrund abweichende Meinungen vertreten worden.

aa. Ansicht der Rechtsprechung

(1) Überwiegend ablehnende Haltung der deutschen Gerichte

Eine Erstklage, mit der der Schuldner dem Gläubiger zuvorgekommen ist, rechtfertigt nach mehrheitlich vertretener Meinung der deutschen Gerichte noch nicht die Dringlichkeit und damit den Erlass einer einstweiligen Verfügung.[57] Allerdings könne der Faktor der Verfahrensdauer im Hauptverfahren die Abwägung beeinflussen.[58] Selbst wenn die Dringlichkeit einer einstweiligen Maßnahme nach herkömmlichen Maßstäben zu verneinen sei, könne die Entscheidung anders ausfallen, wenn der Antragsteller, der zunächst keinen vorläufigen Rechtsschutz beantragt habe, in seiner Erwartung, sein Recht in angemessener Zeit im Klageverfahren durchsetzen zu können, durch die Erhebung einer ‚Torpedoklage' enttäuscht worden sei.[59]

In zwei Fällen des Landgerichts Düsseldorf, in denen sich das Gericht mit der Möglichkeit des einstweiligen Rechtsschutzes befasste,[60] waren diese Voraussetzungen allerdings nicht gegeben. Entweder machten die Antragsteller nicht glaubhaft, dass sie durch die unabsehbare Prozessdauer vor dem Erstgericht benachteiligt wurden,[61] oder sie hätten ihre Hauptsacheklage schon lange vor der ‚Torpedoklage' rechtshängig machen können und erschienen deshalb nicht schutzwürdig.[62] Das Landgericht Düsseldorf verlangte außerdem für die Annahme eines Verfügungsgrundes, dass eine lange Verfahrensdauer vor dem Ge-

---

[56] OLG Düsseldorf IPRspr. 1999, Nr. 145 (S. 343) – *NMR-Kontrastmittel*; *Meier-Beck*, GRUR 2000, 355 (357).

[57] LG Düsseldorf IPRspr. 1999, Nr. 145 (S. 343); IPRspr. 2001, Nr. 173 (S. 356) – *HIV-Immunoassay.*

[58] Schon LG Düsseldorf, IPRspr. 1998, Nr. 174 (S. 343) - *Kondensatorspeicherzellen*; LG Düsseldorf IPRspr. 2001, Nr. 173 (S. 357) – *HIV-Immunoassay;* IPRspr. 1999, Nr. 145 (S. 343) – *NMR-Kontrastmittel.*

[59] LG Düsseldorf aaO, IPRspr. 1999, Nr. 145 (S. 343); IPRspr. 2001, Nr. 173 (S. 357).

[60] LG Düsseldorf aaO.

[61] LG Düsseldorf aaO, in beiden Fällen.

[62] LG Düsseldorf IPRspr. 2001, Nr. 173 (S. 357); dabei führte das LG aus, dass die Erhebung einer Hauptsacheklage nicht notwendige Voraussetzung bei der Abwägung sei, wenn eine Erstklage vor langsamem Forum bereits rechtshängig sei und der Antragsteller deshalb (im Hinblick auf die drohende Aussetzung) von der Erhebung einer Klage abgesehen habe. Einen Verfügungsgrund verneinte das Gericht ferner deshalb, weil die Antragsteller nicht dargelegt hätten, dass das italienische Gericht erst zu einem unabsehbaren Zeitpunkt über die Erstklage entscheiden werde (S. 357 f.).

richt der Erstklage nachgewiesen werde, etwa durch statistisches Material, nicht aber durch bloße Behauptungen.[63]

(2) Abweichende Beurteilung des LG Hamburg im Fall Seifenverpackung

Anders urteilte das Landgericht Hamburg in einem neueren Fall.[64] Darin stellte die in den Niederlanden ansässige Muttergesellschaft des Unilever-Konzerns gegen eine deutsche, in Hamburg ansässige Tochtergesellschaft des weltweit tätigen *Colgate-Palmolive*-Konzerns Antrag auf einstweilige Verfügung. Das Gericht sollte dem Unternehmen untersagen, eine bestimmte Verpackung von Seifenriegeln in Deutschland zu vertreiben, weil die Klägerin darauf ein europäisches Patent besitze. Die Verpackung war so konzipiert, dass Schimmelbefall der Seife vermieden werden konnte, ohne dass die Verpackung mit so genannten Fungiziden behandelt werden musste. Die Antragsgegnerin hatte jedoch zuvor zusammen mit anderen Gesellschaften vor einem Mailänder Gericht negative Feststellungsklage dahingehend erhoben, ihre Verpackung verletze das Patent nicht.

Die Antragsgegnerin hatte im Verfahren erstens das Vorliegen eines Verfügungsanspruchs gerügt, weil wegen ihrer früheren negativen Feststellungsklage vor einem Mailänder Gericht anderweitige Rechtshängigkeit vorliege und Art. 27 EuGVVO (Art. 21 EuGVÜ/LugÜ) nunmehr nicht durch befriedigende Eilmaßnahmen umgangen werden dürfe. Zweitens hatte sie das Fehlen eines Verfügungsgrundes bestritten, weil die Rechtsbeständigkeit des Patents zweifelhaft sei und ihr durch eine einstweilige Verfügung und dem damit einhergehenden Vertriebsverbot für das in Rede stehende Produkt ein erheblicher wirtschaftlicher Schaden drohe.[65]

Das Hamburger Gericht hingegen erließ eine einstweilige Verfügung. Es erklärte sich für international zuständig und bejahte einen Verfügungsanspruch, weil eine Erstbegehungsgefahr vorliege. Auch einen Verfügungsgrund nahm das Gericht an, weil bei der Abwägung die Interessen der Antragstellerin überwögen: Die Antragsstellerin habe gegenwärtige Schutzrechtsverletzungen glaubhaft gemacht, während die Antragsgegnerin den Nachweis einer mangelnden Rechtsbeständigkeit des Patents schuldig geblieben sei. Insbesondere aber drohe der Antragstellerin eine Prozessverschleppung und damit ein wirtschaftlicher Schaden, weil ‚gerichtsbekannt' sei, dass die Prozesse in Italien vergleichsweise lange dauerten und die Antragsgegnerin mit einer Erstklage die Möglichkeit habe, das Hauptsacheverfahren in die Länge zu ziehen.[66] Zudem überwiege dem-

---

[63] LG Düsseldorf aaO, IPRspr. 2001, Nr. 173 (S. 357 f.).

[64] LG Hamburg GRUR Int. 2002, 1025 – *Seifenverpackung*; zustimmend Geimer / Schütze-*Försterling*, Int. Rechtsverkehr, Art. 27 EuGVVO, Rn. 41.

[65] LG Hamburg aaO, GRUR Int. 2002, 1025 (1027).

[66] LG Hamburg aaO, GRUR Int. 2002, 1025 (1028); zustimmend *Simons*, EuLF 2003, 289 (291) in diese Richtung auch *Hölder*, Grenzüberschreitende Durchsetzung (2004), 209.

gegenüber nicht die Wahrscheinlichkeit, dass das Patent in einem anderweitigen Einspruchsverfahren widerrufen würde.

bb. Bedenken gegen die Annahme eines Verfügungsgrundes: Aushöhlung des Grundsatzes der Gleichwertigkeit der Gerichte

Bedenken gegen die Entscheidung des Landgerichts Hamburg, in der es eine überlange Verfahrensdauer als Verfügungsgrund ansah, könnten sich in mehrfacher Hinsicht ergeben. Man könnte – wie es in der Rechtsprechung schon öfter angeklungen ist – meinen, dass die Annahme eines Verfügungsgrundes aufgrund der langen ausländischen Verfahrensdauer den Grundsatz des Vertrauens in die Gleichwertigkeit der Gerichte der Mitgliedstaaten, der für das Hauptverfahren gelte, aushöhlen würde.[67] Auch die Antragsgegnerin hatte darauf im *Seifenverpackungs*-Fall verwiesen.[68] Dieses Problem hängt eng mit der Frage zusammen, ob eine rechtshängige Hauptsache nicht nur andere Hauptsacheverfahren sperrt, sondern auch Eilverfahren, jedenfalls wenn es um eine Leistungs- bzw. Befriedigungsverfügung geht.[69]

Das Bedenken einer Aushöhlung des Gleichwertigkeitsgrundsatzes ist nicht ganz von der Hand zu weisen, weil immerhin Leistungs- bzw. Befriedigungsverfügungen einen der Hauptsacheentscheidung nahe kommenden Erfolg haben können. Dies gilt insbesondere in Unterlassungsfällen.[70] Durch die Gewährung einstweiligen Rechtsschutzes würde faktisch dieselbe Wirkung erzielt, als wenn ein späteres Hauptsacheverfahren trotz entgegenstehender Rechtshängigkeit durchgeführt würde.

Einzuwenden ist jedoch, dass derartige faktische Auswirkungen im einstweiligen Rechtsschutzverfahren nicht von Belang sind. Denn Eilverfahren und Hauptsacheverfahren sind in ihren Voraussetzungen rechtlich verschieden ausgestaltet, sie haben nicht die gleiche Funktion und betreffen daher auch nicht denselben Streitgegenstand.[71] Dies verdeutlicht im deutschen Recht zum Beispiel die Schadensersatzverpflichtung im Falle einer ungerechtfertigten einstweiligen Verfügung gemäß § 945 ZPO, die gerade die bloß vorläufige Funktion des Eilverfahrens zeigt, selbst wenn es um vorgezogene Befriedigung geht.

[67] Vgl. LG Düsseldorf IPRspr. 2001, Nr. 173 (S. 357), wonach sich im Fall einer ‚Torpedoklage' ein Verfügungsgrund aufgrund langer Verfahrensdauer nur im ‚Ausnahmefall' ergeben könne; ähnlich *v. Falck*, MittdtschPatAnw. 2002, 429 (434), der meint, die EuGVVO bzw. das EuGVÜ/LugÜ habe gerade die Möglichkeit einer ‚Torpedoklage' in Kauf genommen, so dass der Aspekt des Rechtsschutzdefizites nur im Ausnahmefall im Eilverfahren Geltung erlangen könne und bei einer Abwägung gering wiege.
[68] LG Hamburg, GRUR Int. 2002, 1025 (1026) – *Seifenverpackung*.
[69] Vgl. dazu näher § 6 B I 1, bei Fn. 189 ff.
[70] Vgl. zur Befriedigungswirkung oben § 5 A I 1, bei Fn. 20.
[71] Stein / Jonas-*Grunsky*, vor § 935 ZPO, Rn. 12 ff.; MünchKommZPO-*Lüke*, § 261 ZPO, Rn. 14; Baumbach / Lauterbach-*Hartmann*, § 261 ZPO, Rn. 6, 16; Thomas / Putzo-*Reichold*, § 261 ZPO, Rn. 2; Musielak-*Foerste*, § 261 ZPO, Rn. 3; Zöller-*Greger*, § 261 ZPO, Rn. 2.

Sichtbar wird die Unterschiedlichkeit der Verfahren auch daran, dass sie nebeneinander durchgeführt werden dürfen, weil keine widersprechenden Entscheidungen drohen.[72] Die Folgerung, dass eine Leistungs- bzw. Befriedigungsverfügung faktisch dieselben Auswirkungen wie ein Hauptsacheverfahren habe, ist somit rechtlich gesehen irrelevant. Das mit dem Eilverfahren befasste Gericht hat auch nicht die gleiche Prüfung anzustellen wie das Hauptsachegericht, sondern nur die Voraussetzungen der einstweiligen Verfügung zu prüfen. Trägt eine lange Dauer des Hauptsacheverfahrens zumindest dazu bei, dass dem Gläubiger ein unverhältnismäßig großer Schaden drohen würde, so kann ein Verfügungsgrund auch aufgrund der Verfahrenslänge gegeben sein.

Das Bedenken, dass der Gleichwertigkeitsgrundsatz – welcher zwischen zwei Hauptsacheverfahren freilich gilt[73] – durch einstweiligen Rechtsschutz unterhöhlt werde, greift mithin nicht durch.

cc. Bedenken: Vorrang des Hauptsacheverfahrens wird missachtet

Weiter ließe sich einwenden, das Zweitgericht werde (voraussichtlich) bei einer unangemessenen Dauer des Erstprozesses das Verfahren nicht aussetzen, so dass der Antragsteller auf das Zweitverfahren zu verweisen sei und eines Eilverfahrens nicht bedürfe.[74] Dass dies nicht überzeugen kann, zeigt jedoch schon die bereits dargestellte Praxis der deutschen Gerichte: Diese verfolgen bei der Frage einer möglichen Nichtbeachtung ausländischer Rechtshängigkeit gerade einen sehr zurückhaltenden Kurs.[75] Es ist somit eher unwahrscheinlich, dass ein Zweitgericht von seiner Aussetzungspflicht absehen wird. Dies gilt insbesondere dann, wenn eine Prozessverzögerung noch nicht eingetreten ist und damit nur prognostiziert werden kann. Führt das Zweitgericht das Verfahren erst nach einer *tatsächlich* eingetretenen Prozessverzögerung fort, nützt dies dem Antragsteller wegen der Dringlichkeit seines Begehrens regelmäßig wenig.

dd. Bedenken: Komplexität des Streitgegenstandes zu groß

Ein weiteres, ähnliches Gegenargument könnte lauten, das Verfahren im einstweiligen Rechtsschutz sei mit der Prüfung komplexerer Fragen – wie sie häufig bei Patentstreitigkeiten auftreten – überlastet, so dass eine summarische Prüfung

---

[72] Dies führt auch das LG Hamburg im Fall *Seifenverpackung*, GRUR Int. 2002, 1025 (1027), folgerichtig aus.
[73] Vgl. dazu oben § 3 A I 1 c bb, bei Fn. 102.
[74] *Grabinski*, FS Tilmann (2003), 461 (472); *Kühnen / Geschke*, Die Durchsetzung von Patenten in der Praxis (2005), Rn. 474.
[75] Vgl. oben § 3 B I 2 b, bei Fn. 367.

nicht ausreiche und deshalb keine Entscheidung ergehen dürfe bzw. jedenfalls Zurückhaltung geboten sei.[76]

Dem ist zuzugeben, dass besonders bei Patentverletzungsverfahren eine vollständige Überprüfung aller Gesichtspunkte aus Zeitgründen nicht möglich sein wird.[77] Andererseits ist eine Komplexität und Schwierigkeit der Rechtsprobleme im einstweiligen Rechtsschutzverfahren insgesamt keine Seltenheit.[78] Darum sollte man die Schutzbedürftigkeit der Parteien bei der Abwägung in den Blick nehmen und prüfen, ob vorläufige Maßnahmen tatsächlich zur Wahrung der Interessen des Antragstellers notwendig sind.[79] Das Landgericht Hamburg hat richtig darauf hingewiesen, dass gerade wegen der einschneidenden Folgen einer Befriedigungsverfügung auf Unterlassen im Patentrecht eine besonders sorgfältige Prüfung der gegenseitigen Interessen notwendig sei und es nicht ausreiche, wenn lediglich gegenwärtige oder künftige Schutzrechtsverletzungen dargetan würden, und diese nicht anders als durch Eilmaßnahmen wirksam unterbunden werden könnten.[80] Diese auch im europäischen Vergleich relativ hohen[81] Anforderungen bei patentrechtlichen Streitigkeiten bedeuten aber nicht, dass wegen der komplexen Materie keine Abwägung mehr möglich wäre – ansonsten wäre einstweiliger Rechtsschutz in solchen Fällen regelmäßig nicht zu erlangen.

ee. Bedenken: Anforderungen an die Glaubhaftmachung der Verfahrensdauer zu gering

Problematisch ist auch, welche Anforderungen an die Glaubhaftmachung des Umstandes einer überlangen Verfahrensdauer vor dem Erstgericht zu stellen sind. Reicht es etwa für die Annahme eines Verfügungsgrundes aus, dass die Verfahrensdauer – wie das Landgericht Hamburg meinte[82] – ‚gerichtsbekannt' ist? Darin liegt ein deutlicher Unterschied zu den Entscheidungen des Landgerichts Düsseldorf, das ausdrücklich forderte, der Antragsteller müsse die lange

[76] Die Antragsgegnerin im Falle des LG Hamburg, GRUR Int. 2002, 1025 (1027), hatte vorgebracht, dass eine sorgfältige Prüfung ergeben würde, dass das in Rede stehende Patent nichtig sei.

[77] OLG Düsseldorf GRUR 1983, 79 (80); *Hölder*, Grenzüberschreitende Durchsetzung (2004), 207.

[78] *Kühnen / Geschke*, Die Durchsetzung von Patenten in der Praxis (2005), Rn. 462; *Walker*, Der einstweilige Rechtsschutz (1993), Rn. 263.

[79] Eine Dringlichkeitsvermutung, wie sie § 25 UWG bei der Sicherung wettbewerblicher Ansprüche vorsieht, gibt es in Streitigkeiten über gewerblichen Schutzrechte nicht; vgl. OLG Düsseldorf GRUR 1983, 79 (79 f.).

[80] LG Hamburg GRUR Int. 2002, 1025 (1028); auch schon LG Düsseldorf GRUR 2000, 692 (695) – *NMR-Kontrastmittel*; vgl. auch *Pansch*, Die einstweilige Verfügung (2003), 159.

[81] Vgl. *Pansch*, Die einstweilige Verfügung (2003), 160.

[82] LG Hamburg GRUR Int. 2002, 1025 (1028, r. Sp.).

Verfahrensdauer vor dem ausländischen Gericht glaubhaft machen[83] bzw. darlegen, dass das Zweitverfahren im Falle einer zu erwartenden langen Verfahrensdauer überhaupt ausgesetzt werde.[84] Für den Antragsteller kann dieser Unterschied durchaus ins Gewicht fallen, denn die Glaubhaftmachung, dass ein Prozess voraussichtlich überlang dauern werde, ist stets von einer unsicheren Prognose abhängig – selbst wenn die Gerichtsverfahren eines Staates regelmäßig sehr viel Zeit in Anspruch nehmen.

Grundsätzlich gilt: Der Anspruchsteller muss alle Beweise vortragen, die den Verfügungsgrund stützen.[85] Eine an Sicherheit grenzende Wahrscheinlichkeit wie im Hauptverfahren ist im Eilverfahren nicht zu fordern, insofern genügt bereits die überwiegende Wahrscheinlichkeit.[86] Das Maß der Glaubhaftmachung muss aber bis an die Grenze des vollen Beweises reichen, wenn der Erlass der Maßnahme zumindest partielle Befriedigungswirkung entfaltet.[87] Dem Gericht steht bei der Würdigung der vom Antragsteller vorgetragenen Beweise ein Beurteilungsspielraum zu (vgl. § 286 Abs. 1 S. 1 ZPO).[88]

Allerdings gilt im Eilverfahren nicht abweichend vom Hauptsacheverfahren, dass es auch Tatsachen gibt, die nicht glaubhaft zu machen sind: Dies sind unter anderem offenkundige Tatsachen im Sinne des § 291 ZPO,[89] also etwa Umstände, die gerichtskundig sind, die das Gericht also selbst zuverlässig wahrgenommen hat, zum Beispiel in anderen Prozessen.[90] Hier würde eine Glaubhaftmachung niemandem mehr nützen. Ein Beweis ist dann nur zu erheben, wenn of-

---

[83] LG Düsseldorf IPRspr. 2001, Nr. 173 (S. 357) – *HIV-Immunoassay*; IPRspr. 1999, Nr. 145 (S. 343) – *NMR-Kontrastmittel*; das Gericht forderte etwa die Vorlage statistischen Materials über die Prozesslänge in Italien.

[84] LG Düsseldorf IPRspr. 1998, Nr. 174 (S. 341 ff.) – *Kondensatorspeicherzellen*; in diesem Fall verneinte das LG den Verfügungsgrund, weil eine Aussetzung weder nach Art. 21 noch nach Art. 22 EuGVÜ zu erwarten war, wobei die lange Verfahrensdauer den Ausschlag zulasten einer Aussetzung bei der im Rahmen des Art. 22 EuGVÜ vorzunehmenden Abwägung geben werde.

[85] *Gottwald*, Einstweiliger Rechtsschutz (1998), 26; HdBVR-*Dunkl*, Rn. A 12, 16.

[86] BGH NJW 1998, 1870 (1870); Baumbach / Lauterbach-*Hartmann*, § 294 ZPO, Rn. 1; Zöller-*Greger*, § 294 ZPO, Rn. 1; HdBVR-*Dunkl*, Rn. A 15; *Scherer*, Das Beweismaß bei der Glaubhaftmachung (1996), 85; dagegen gibt es keine Ausnahme von der vollen Schlüssigkeitsprüfung, vgl. MünchKommZPO-*Heinze*, § 935 ZPO, Rn. 14.

[87] MünchKommZPO-*Heinze*, § 935 ZPO, Rn. 19.

[88] Musielak-*Huber*, § 294 ZPO, Rn. 3; *Heinze*, Der einstweilige Rechtsschutz (1984), 50; *Walker*, Der einstweilige Rechtsschutz (1993), Rn. 335.

[89] Baumbach / Lauterbach-*Hartmann*, § 294 ZPO, Rn. 3; HdBVR-*Dunkl*, Rn. A 24b; *Walker*, Der einstweilige Rechtsschutz (1993), Rn. 325.

[90] Thomas / Putzo-*Reichold*, § 291 ZPO, Rn. 2; *Pastor*, WRP 1972, 229 (230); ferner OLG Frankfurt/Main MDR 1977, 849; MünchKommZPO-*Heinze*, § 926 ZPO, Rn. 27; *Meyer-Mews*, JuS 2002, 376 (370); zum Verwaltungsprozess *Böhm*, NVwZ 1996, 427 (428); zum Arbeitsgerichtsprozess *Hümmerich*, NZA 1996, 1289 (1296).

fenkundige Tatsachen bestritten und dazu wiederum Beweis angetreten wird.[91] Darauf gibt es aber im Fall des Landgerichts Hamburg keinen Hinweis. Das Gericht konnte also durchaus die Tatsache der Länge der italienischen Prozesse annehmen, ohne dass diese glaubhaft zu machen waren. Notwendig war nur, dass das Gericht aus seiner früheren amtlichen Tätigkeit[92] in hinreichendem Maße Tatsachen wahrgenommen hatte, welche für eine üblicherweise lange Verfahrensdauer in Italien sprachen. Dazu genügt es, wenn das Gericht zum Beispiel Akten anderer Prozesse oder statistische Daten zur Kenntnis genommen hat, in welchen so häufig eine lange Verfahrensdauer in einem bestimmten anderen Staat dokumentiert wurde, dass das Gericht darauf schließen konnte, bei Verfahren in diesem Staat gebe es generell übermäßige Verzögerungen.[93] Allerdings ist ein Gegenbeweis durch § 291 ZPO nicht ausgeschlossen, so dass das Gericht unter Beweis gestellten Tatsachen für die Unrichtigkeit nachgehen muss.[94]

Die Unterschiedlichkeit der Entscheidungen der Gerichte an dieser Stelle resultiert also aus der Frage, ob die Gerichte die Prozesslänge als gerichtsbekannt und damit offenkundig einstufen oder nicht. Die Auswirkungen können allerdings ins Gewicht fallen: Verlangt man keine Glaubhaftmachung der Verfahrensdauer – die dem Antragsteller vermutlich nur gelingen wird, wenn der Prozess im Ausland tatsächlich bereits lange andauert –, so genügt bereits die *generell* lange Verfahrensdauer, ohne dass diese im Einzelfall eingetreten sein muss.[95]

b. Überlange Verfahrensdauer als Faktor in der für Befriedigungsverfügungen vorzunehmenden Interessenabwägung

Greifen die im *Seifenverpackungs*-Fall des LG Hamburg geltend gemachten, grundsätzlichen Bedenken gegen die Annahme von überlanger Verfahrensdauer als Verfügungsgrund der einstweiligen Verfügung nicht durch, ist fraglich, ob die Voraussetzungen eines Verfügungsgrundes ansonsten gegeben sind. Dieser setzt – wie ausgeführt[96] – zunächst voraus, dass die einstweilige Verfügung nötig ist, um den Schuldner vor einem bei Abwarten des Hauptsacheverfahrens

---

[91] *Walker*, Der einstweilige Rechtsschutz (1993), Rn. 325.

[92] Nicht ausreichend wäre eine zufällige Rechtswahrnehmung außerhalb der gerichtlichen Tätigkeit, vgl. Zöller-*Greger*, § 291 ZPO, Rn. 1; Musielak-*Huber*, § 291 ZPO, Rn. 2.

[93] Vgl. Baumbach / Lauterbach-*Hartmann*, § 291 ZPO, Rn. 5; Musielak-*Huber*, § 291 ZPO, Rn. 2; *Böhm*, NVwZ 1996, 427 (428) bei Fn. 6.

[94] BGH GRUR 1990, 607 (608) – *Meisterkaffee*; *v. Gamm*, GRUR 1991, 405 (413).

[95] Es ergibt sich dann ein Unterschied zur Rechtsprechung des EuGH in der Entscheidung *Gasser / Misat*, RIW 2004, 289, in der die nur drohende lange Prozessdauer für die Durchbrechung der Rechtshängigkeit im *Hauptsacheverfahren* als nicht ausreichend erachtet wurde; vgl. dazu auch oben § 4 B I 1, bei Fn. 105.

[96] Vgl. oben § 5 A II 2, bei Fn. 49.

drohenden irreparablen Schaden zu bewahren. Im Falle eines Unterlassungsanspruchs lässt sich dies gegebenenfalls bejahen, weil sich das Unterlassen nicht mehr nachholen lässt.[97] Um so mehr muss dies gelten, wenn der Gläubiger seinen Unterlassungsanspruch möglicherweise erst nach mehreren Jahren durchsetzen kann, wenn ihm das Unterlassen – etwa wegen des Endes der Restlaufzeit eines gewerblichen Schutzrechts – nichts mehr nützt.

Weiter ist notwendig, dass eine Abwägung ergibt, dem Gläubiger würden bei Abwarten der Hauptsacheentscheidung so schwere Nachteile entstehen, dass der Eingriff in die Schuldnerinteressen zu rechtfertigen ist.[98] Hier ist fraglich, ob der Faktor der Verfahrenslänge vor dem ausländischen Gericht so großes Gewicht besitzt, dass er bei der Abwägung[99] den Ausschlag geben kann. Dafür spricht einiges: Denn die Verfahrenslänge allein kann in den Unterlassungsfällen bereits zu schweren Nachteilen für den Gläubiger führen. Bei einer Patentverletzung etwa wird der Unterlassungsanspruch des Gläubigers schon durch die Zuwiderhandlung vereitelt, so dass dieser oft erhebliche wirtschaftliche – und vor allem im Unterschied zur Situation bei Leistungsansprüchen meist irreparable – Nachteile hat. Dies spricht dafür, dass die Verfahrenslänge besonders bei Unterlassungsfällen großes Gewicht bei der Abwägung hat, unabhängig davon, ob die Prozessverschleppung vorsätzlich herbeigeführt wird. Umso mehr gilt das, wenn man – wie es häufig getan wird[100] – eine Befriedigungsverfügung schon dann für zulässig hält, wenn der Gläubiger ohne diese in eine ‚Notlage' geriete und etwa einen unverhältnismäßigen Vermögensschaden hinzunehmen hätte.

Eine völlige Vereitelung des Unterlassungsanspruchs ist indes nicht Voraussetzung dafür, dass der Faktor der Prozesslänge den Ausschlag geben kann. Denn bei einem Unterlassen wäre eine Verfügung, die auf Sicherung geht, nie ausreichend, weil die Unterlassung an sich nicht mehr nachholbar ist.[101] Bei Unterlassungsansprüchen ist nur Erfüllung oder Zuwiderhandlung möglich. Der Gläubiger ist somit auf eine Befriedigungsverfügung angewiesen, weil ein wirtschaftlicher Schaden bereits durch die Handlung des Schuldners entstehen kann.

---

[97] HdBVR-*Dunkl*, Rn. A 507.

[98] OLG Köln NJW-RR 1995, 1088 (1088); Thomas / Putzo-*Reichold*, § 940 ZPO, Rn. 6; Musielak-*Huber*, § 940 ZPO, Rn. 14; Rauscher-*Leible*, Art. 31 Brüssel I-VO, Rn. 10; *Gottwald*, Der einstweilige Rechtsschutz (1998), Vorbemerkung zu §§ 935-944 ZPO, Rn. 11; zu den Kriterien im einzelnen *Walker*, Der einstweilige Rechtsschutz (1993), Rn. 261.

[99] Vgl. die Meinung des LG Düsseldorf, IPRspr. 1998, Nr. 174 (S. 343) - *Kondensatorspeicherzellen*; LG Düsseldorf IPRspr. 2001, Nr. 173 (S. 357) – *HIV-Immunoassay;* IPRspr. 1999, Nr. 145 (S. 343) – *NMR-Kontrastmittel.*

[100] OLG Düsseldorf NJW-RR 1992, 198; Baumbach / Lauterbach-*Hartmann*, Grundz § 916 ZPO, Rn. 6; *Baur / Stürner*, ZVR I, Rn. 922; HdBVR-*Dunkl*, Rn. A 507; *Grunsky*, JuS 1976, 277 (284); *Vossen*, RdA 1991, 216 (220 f.).

[101] *Brox / Walker*, ZVR, Rn. 920; *Minnerop,* Materielles Recht und einstweiliger Rechtsschutz (1973), 78; *Rosenberg / Gaul / Schilken*, ZVR, § 76 II 2 e) ee); *Walker*, Der einstweilige Rechtsschutz (1993), Rn. 247; *Dütz*, BB 1980, 533 (537); *Heckelmann*, AuR 1970, 166 (176).

Es ginge jedoch zu weit zu sagen, der Faktor der überlangen Prozessdauer könne in jedem Fall den Ausschlag bei der Abwägung geben. Auch die Marktposition der anderen Partei ist zu beachten.[102] Für den Fall, dass dem Antragsgegner im Falle des Erlasses einer einstweiligen Unterlassungsverfügung starke wirtschaftliche Einbußen drohen, kann das Pendel in die andere Richtung ausschlagen, und trotz langer Verfahrensdauer ein Verfügungsgrund abzulehnen sein.[103] Die Prozesslänge ist somit richtigerweise nur ein Faktor bei der Abwägung, spricht aber nicht zwingend für einen Verfügungsgrund.

c. Vermutung eines Verfügungsgrundes in einigen Rechtsbereichen

In einigen Bereichen wird im deutschen Recht eine Vermutung des Vorliegens eines Verfügungsgrundes bzw. der dafür vorausgesetzten Dringlichkeit angenommen. So etwa für Unterlassungsverfügungen bei Kennzeichenrechten: § 12 Abs. 2 UWG[104], der besagt, dass einstweilige Verfügungen zur Sicherung wettbewerbsrechtlicher Ansprüche auf Unterlassung auch ohne Darlegung der in den §§ 935 und 940 ZPO bezeichneten Voraussetzungen erlassen werden können, wird überwiegend in anderen Rechtsbereichen entsprechend angewendet, so dass der Verfügungsgrund vermutet wird.[105] Diese Vermutung ist widerleglich, entfällt etwa bei zu langem Abwarten des Unterlassungsgläubigers.[106] Hintergrund der Regelung des § 12 Abs. 2 UWG ist, dass im kaufmännischen Wettbewerb häufig schnellere Entscheidungen vonnöten sind, als die Justiz sie im ordentlichen Rechtsstreit zu treffen vermag. Der Antragsteller ist danach von der substantiierten Darlegung und der Glaubhaftmachung des Verfügungsgrundes befreit – die tatsächlichen Voraussetzungen des Verfügungsanspruchs muss er allerdings glaubhaft machen.

---

[102] Vgl. für Patentverletzungen *Kühnen / Geschke*, Die Durchsetzung von Patenten in der Praxis (2005), Rn. 469.

[103] Wesentlich großzügiger *Kurtz*, Grenüberschreitender einstweiliger Rechtsschutz (2004), 81, der sogar einen dringenden Fall im Sinne des § 942 Abs. 1 ZPO bei überlanger ausländischer Verfahrensdauer annehmen will; ähnlich, *Schack*, IZVR, Rn. 416, und *Eilers*, Maßnahmen des einstweiligen Rechtsschutzes (1991), 12, die allerdings einen Stillstand der ausländischen Rechtspflege fordern.

[104] Gesetz gegen den unlauteren Wettbewerb vom 3. Juli 2004, BGBl. I, 1414; § 25 des UWG in der Fassung vom 7. Juni 1909, RGBl. S. 499).

[105] OLG Stuttgart WRP 1997, 118 (121) – *Basics*; OLG Hamburg WRP 1997, 106 (112) – *Gucci*; GRUR 1999, 739 (739) – *Eastpak*; LG München WRP 1997, 123 (126) – *Maglite*; jeweils mit umfangreichen Nachweisen: v. Schultz-*Schweyer*, § 14, Rn. 269; Schuschke / Walker-*Schuschke*, Vorbemerkung zu § 935 ZPO, Rn. 76; Zöller-*Vollkommer*, § 940 ZPO, Rn. 8, ‚Wettbewerbsrecht'; Stein / Jonas-*Grunsky*, vor § 935 ZPO, Rn. 48 f.; Baumbach / Hefermehl-*Köhler*, § 12 UWG, Rn. 3.14; *Pansch*, Die einstweilige Verfügung (2003) 158.

[106] *Ahrens*, Der Wettbewerbsprozess, Kap. 45, Rn. 17 ff.; Schuschke / Walker-*Schuschke*, Vorbemerkung zu § 935 ZPO, Rn. 79; *Emmerich*, Das Recht des unlauteren Wettbewerbs, 433.

Die Möglichkeit, § 12 Abs. 2 UWG generell auf die Verletzung gewerblicher Schutzrechte anzuwenden, wird nur vereinzelt angedacht.[107] Auch eine Anwendung des § 12 Abs. 2 UWG etwa auf patentrechtliche Unterlassungsverfügungen wird überwiegend abgelehnt.[108] Die Begründung lautet etwa, dass eine einfache Tatsachenfeststellung in Patentstreitigkeiten – anders als bei wettbewerbsrechtlichen Prozessen – oft schwierig sei und es deshalb auch zu Folgeprozessen komme.[109] Es fehle an einer Notwendigkeit, das Eilverfahren für die Parteien zu vereinfachen, weil ein sofortiges gerichtliches Verbot seltener notwendig sei als in Wettbewerbsprozessen. Auch die Richtlinie zur Durchsetzung der Rechte des geistigen Eigentums,[110] welche seit 29. April 2004 Wirkung für die europäischen Mitgliedstaaten entfaltet, enthält eine Regelung, welche eine Vermutung der Dringlichkeit vorschreibt, nicht.[111]

Der Antragsteller, der eine Unterlassungsverfügung begehrt, hat es also nur in einigen Rechtsbereichen leichter, eine Eilmaßnahme zu erwirken. Er muss dann auch nicht die überlange Verfahrensdauer vor dem ausländischen Gericht nachweisen. Im Grundsatz ist indes Glaubhaftmachung des Verfügungsgrundes vonnöten.

d. Vermutung eines Verfügungsgrundes aufgrund drohender überlanger Verfahrensdauer

Man könnte sich angesichts der Lösung des Landgerichts Hamburg, einen Verfügungsgrund aufgrund der gerichtsbekannten Verfahrensdauer italienischer Prozesse anzunehmen,[112] fragen, ob eine gesetzliche Vermutung eines Verfügungsgrundes bei Anhängigkeit eines Hauptsacheverfahrens in einem typischen

---

[107] *Fritze*, GRUR 1979, 290 (292); für ‚ausgegliederte' Unterlassungsansprüche Schuschke / Walker-*Schuschke*, Vorbemerkung zu § 935 ZPO, Rn. 77; ablehnend *Teplitzky*, Wettbewerbsrechtliche Ansprüche, 54. Kap., Rn. 21.

[108] OLG Karlsruhe GRUR 1978, 116 f.; OLG Hamburg GRUR 1984, 105 f. – *Früchteschneidemaschine*; OLG Düsseldorf GRUR 1994, 508 f. – *Dringlichkeit*; Baumbach / Hefermehl-*Köhler*, § 12 UWG, Rn. 3.14; Benkard-*Rogge*, § 139 PatG, Rn. 153, 153a; *Mes*, § 139 PatG, Rn. 244; *Pansch*, Die einstweilige Verfügung (2003), 158; *Berneke*, Die einstweilige Verfügung (1995), Rn. 62, 429.

[109] OLG Düsseldorf GRUR 1994, 508 (508 f.) – *Dringlichkeit*.

[110] Richtlinie 2004/48/EG des Europäischen Parlaments und des Rates vom 29.4.2004, ABl.EG L 157 vom 30.4.2004, 45 ff.

[111] Allerdings normiert Art. 9 der Richtlinie, dass die Mitgliedstaaten eine Regelung vorzusehen haben, die eine Beschlagnahme von schutzrechtsverletzenden Waren bereits *auf Verdacht* zulässt; allerdings kann gemäß Art. 9 Abs. 3 der Richtlinie dem Antragsteller eine Darlegungs- und Beweislast auferlegt werden; zu den möglichen Anordnungen im einzelnen vgl. *Hye-Knudsen*, Marken-, Patent- und Urheberrechtsverletzungen (2005), 222 f.; *Knaak*, GRUR Int. 2004, 745 (749 f.); *McGuire*, GRUR Int. 2005, 15 (18 ff.); zur Umsetzung ins deutsche Recht *Dreier*, GRUR Int. 2004, 706 (709 ff.).

[112] LG Hamburg GRUR Int. 2002, 1025 (1028) – *Seifenverpackung*; vgl. schon oben § 5 A II 2 a aa (2), bei Fn. 64 ff.

'Torpedostaat' zulässig wäre.[113] Dies würde dem Antragsteller die Erwirkung einer einstweiligen Verfügung oft entscheidend erleichtern. Die Zulässigkeit einer solchen gesetzlichen Vermutung ist jedoch sehr zweifelhaft. Nicht umsonst lehnt die überwiegende Meinung eine pauschale Anwendung des § 12 Abs. 2 UWG ab.[114] Eine generelle Vermutung der Dringlichkeit würde die Interessen des Antragsgegners über Gebühr vernachlässigen. Die Rechtsprechung legt gerade darauf Wert, dass diese Interessen durch eine umfassende Abwägung geschützt werden.[115] Denn auch dem Antragsteller drohen – etwa in Patentverletzungsverfahren – wirtschaftlich schwerwiegende Nachteile, wenn er ein Produkt nicht nutzen kann. Auf europäischer Ebene besteht zudem das Problem, dass die Justiz bestimmter Staaten diskriminiert würde. Dass dies nicht zulässig ist, hat zum Beispiel die Rechtsprechung zum Arrestgrund der Auslandsvollstreckung (§ 917 Abs. 2 a. F.) gezeigt.[116]

e. Ergebnis

Überlange Verfahrensdauer vor einem ausländischen Gericht kann für das Vorliegen eines Verfügungsgrundes im Rahmen der Befriedigungsverfügung auf Unterlassen sprechen. Bei der vorzunehmenden Interessenabwägung hat das Gericht die Umstände zu berücksichtigen, die für oder gegen das Vorliegen eines Verfügungsgrundes sprechen. Je eindeutiger die Rechtslage und je schutzbedürftiger der Gläubiger, desto eher kommt eine einstweilige Verfügung in Betracht. Liegt zum Beispiel eine Patentverletzung vor und wird wegen einer 'Torpedoklage' der Unterlassungsanspruch des Patentinhabers faktisch vereitelt, spricht viel dafür, den Gläubiger als schutzbedürftig einzustufen. Eine überlange Verfahrensdauer kann durchaus zur Annahme eines Verfügungsgrundes beitragen, sofern diese glaubhaft gemacht ist oder das Gericht sie etwa als offenkundig voraussetzt. Allerdings kann die Abwägung auch anders ausfallen, die durch eine 'Torpedoklage' bedingten Nachteile führen also keineswegs zwingend zum Vorliegen eines Verfügungsgrundes. Nur in einigen Rechtsbereichen, etwa dem Kennzeichenrecht, ist der Antragsteller von der Glaubhaftmachung eines Verfügungsgrundes befreit.

---

[113] Zu gesetzgeberischen Vorhaben in der Vergangenheit vgl. Rauscher-*Leible*, Art. 31 Brüssel I-VO, Rn. 3.
[114] Vgl. dazu soeben § 5 A II 2 c, bei Fn. 108.
[115] Vgl. etwa OLG Düsseldorf IPRspr. 1999, Nr. 145 (S. 343) – *NMR-Kontrastmittel*; auch im Ausland ist eine Interessenabwägung häufig notwendig, vgl. dazu unten § 5 A II 2, bei Fn. 52.
[116] Vgl. unten § 5 III 2, bei Fn. 126.

III. Probleme im Erkenntnisverfahren bei einem Arrest

Auch bei einem Arrest kann es – neben dem Defizit der mangelnden Befriedigungswirkung[117] – auch Probleme im Erkenntnisverfahren geben.

1. Regelmäßig kein Arrestgrund wegen der Gefährdung eines etwaigen Schadensersatzanspruchs

Obwohl sich Arrest und einstweilige Verfügung grundsätzlich ausschließen, kann ein Arrest wie gesehen[118] auch statt oder neben einer einstweiligen Verfügung beantragt werden, wenn es sich um Ansprüche handelt, die in eine Geldforderung übergehen können (vgl. § 916 Abs. 1 Alt. 2 ZPO). Voraussetzung für die Wahlmöglichkeit bzw. die Kumulation beider Eilmaßnahmen ist aber, dass sowohl Individualanspruch als auch die mögliche Geldforderung gefährdet sind.[119] Bei dem Unterlassungsanspruch handelt es sich um einen Individualanspruch. Unterlässt der vermeintliche Schuldner nicht, kann sich der Anspruch in einen Schadensersatzanspruch umwandeln.[120] Allerdings müsste dann dargetan werden, dass letzterer Anspruch ebenfalls gefährdet ist, die Zwangsvollstreckung also vereitelt oder wesentlich erschwert würde.[121] Das ist zum Beispiel der Fall, wenn zu befürchten ist, dass der Schuldner seine letzten Vermögenswerte verkaufen werde.[122]

Man könnte fragen, ob bereits die drohende überlange Verfahrensdauer vor dem Erstgericht einen ausreichenden Arrestgrund darstellte,[123] sofern die Glaubhaftmachung gelingt bzw. das Gericht die Frage etwa für offenkundig hält und daher keine Glaubhaftmachung verlangt. Der bloße Zeitablauf dürfte indes noch keinen Schluss darauf zulassen, dass sich die Vermögensverhältnisse des Schuldners während des Schwebens des Hauptverfahrens verschlechtern und eine Erschwerung oder Vereitelung der Zwangsvollstreckung (§ 917 Abs. 1 ZPO) eintritt. Zudem wird durch die lange Verfahrensdauer der Zahlungsanspruch nicht per se vereitelt, sondern nur dessen Durchsetzung verschleppt. Die lange Verfahrensdauer hat beim Arrest deshalb richtigerweise nur wenig Indizwirkung für das Vorliegen eines Anordnungsgrundes. Ein Arrestgrund ist vielmehr auf Grundlage anderer, zusätzlicher Umstände glaubhaft zu machen. Vergleichbar ist etwa die Situation, dass die Vermögenslage des Schuldners allgemein schlecht ist bzw. dass viele Gläubiger konkurrieren, *ohne* dass eine weitere

---

[117] Vgl. dazu schon oben § 5 A I 2, bei Fn. 37.
[118] Vgl. oben § 5 A I 2, Fn. 36.
[119] OLG Köln, JMBlNRW 1984, 9 (9); Thomas / Putzo-*Reichold*, § 916, Rn. 8; Stein / Jonas-*Grunsky*, vor § 916 ZPO, Rn. 53; Musielak-*Huber*, § 916 ZPO, Rn. 14, mit Beispielen.
[120] Vgl. oben § 5 A I 2, bei Fn. 36.
[121] Zu den Voraussetzungen beim dinglichen Arrest Musielak-*Huber*, § 917, Rn. 2; Baumbach / Lauterbach-*Hartmann*, § 917 ZPO, Rn. 7 ff. mit Beispielen.
[122] OLG Hamm FamRZ 1980, 391 (391); OLG Karlsruhe FamRZ 1997, 622 (623).
[123] Zu dieser Frage bei der einstweiligen Verfügung vgl. bereits oben § 5 A II a, ab Fn. 55.

Verschlechterung zu befürchten ist – nach überwiegender Meinung bilden solche Umstände allein ebenfalls noch keinen Arrestgrund.[124]

Andererseits kann die Glaubhaftmachung eines Arrestgrundes immerhin etwas leichter fallen, wenn die Dauer des Hauptsacheverfahrens voraussichtlich große Ausmaße annimmt: Denn dann ist die Gefahr häufig größer, dass der Schuldner zum Beispiel in der Zwischenzeit Vermögensgegenstände veräußert, oder sich seine Vermögenssituation verschlechtert.[125] Es müssen jedoch stets weitere Umstände hinzutreten, die überlange Verfahrensdauer reicht also nicht.

2. Kein Arrestgrund der Auslandsvollstreckung

Man könnte jedoch der Meinung sein, bereits der Umstand, dass ein Urteil im Ausland vollstreckt werden muss, einen hinreichenden Arrestgrund im Sinne von § 917 Abs. 1 ZPO darstelle. Allerdings ist mittlerweile anerkannt, dass eine solche Betrachtung gegen Art. 12 EGV verstoßen würde, weil ein Arrestgrund bei Vollstreckung in einem anderen Staat der Europäischen Gemeinschaft immer vorläge, während dies im Inland nur unter den Voraussetzungen des § 917 Abs. 1 ZPO der Fall wäre.[126] Deshalb hat der Gesetzgeber alle Vollstreckungen nach europäischem Zivilverfahrensrecht in § 917 Abs. 2 ZPO von einer Vermutung des Arrestgrundes ausgenommen. Innerhalb Europas ergibt sich also auch daraus kein hinreichender Arrestgrund.

Der Arrest ist somit für den Gläubiger, der eine Unterlassung will, in der hier zu behandelnden Situation regelmäßig keine Alternative zur einstweiligen Unterlassungsverfügung, es sei denn, es läge ein besonderer Arrestgrund vor. Anders kann es aber bei demjenigen Gläubiger sein, der einen Leistungsanspruch auf Geld verfolgt, und der sich einer ‚Torpedoklage' ausgesetzt sieht.[127]

---

[124] BGH NJW 1996, 321 (324); Thomas / Putzo-*Reichold*, § 917 ZPO, Rn. 2; Baumbach / Lauterbach-*Hartmann*, § 917 ZPO, Rn. 3; Zöller-*Vollkommer*, § 917 ZPO, Rn. 9; HdBVR-*Dunkl*, Rn. A 159; *Foerste*, ZZP 106 (1993), 143; *Buciek*, NJW 1987, 1064.

[125] Vgl. HdBVR-*Dunkl*, Rn. A 154, der meint, die Vermögensverschlechterung könne bedingt sein ‚durch den Zeitablauf wegen der langen Dauer des Hauptsacheverfahrens (…)'.

[126] EuGH Slg. 1994 I, 467 (480), Rn. 22 – *Mund & Fester – Hatrex*; Rauscher-*Leible*, Art. 31 Brüssel I-VO, Rn. 31; *Ehricke*, NJW 1991, 2189; *Geiger*, IPRax 1994, 415; *Gieseke*, EWS 1994, 149; *Ress*, JuS 1995, 967; *Thümmel*, EuZW 1994, 242 (244); zur Problematik der Anwendbarkeit der Vorschrift auf ausländische Urteile *Sessler*, WM 2001, 497 ff.; *Schlosser*, ZEuP 1995, 250 (252); für das österreichische Recht *Rechberger / Oberhammer*, Exekutionsrecht, Rn. 478.

[127] Dazu näher unten § 5 B II 1, bei Fn. 132 ff.

B. Die möglichen einstweiligen Maßnahmen zur Durchsetzung eines Leistungsanspruchs

Geht es um einen Leistungsanspruch, den der Gläubiger durchsetzen will, und dessen Durchsetzung eine ‚Torpedoklage' verzögert, kann der Gläubiger in Deutschland ebenfalls zwischen Arrest und einstweiliger Verfügung wählen.

I. Inhalt der Eilmaßnahme und damit einhergehende Befriedigung des Antragstellers

Zunächst ist wie bei der Fallgruppe der Unterlassungsansprüche fraglich, welchen Inhalt die mögliche Eilmaßnahme hat, und ob diese grundsätzlich zur Befriedigung des Antragstellers führen kann.

Bei Leistungsansprüchen, die auf Zahlung einer Geldsumme gehen, kann der Gläubiger einen Arrest beantragen.[128] Allerdings ist beim Arrest die der Überwindung der ‚Torpedowirkung' nicht möglich: Denn der Arrest dient nur der Sicherung, nicht der Befriedigung des Anspruchs. Insofern besteht dieselbe Problematik wie bei Unterlassungsansprüchen.[129]

Will der Gläubiger bereits vorläufige Befriedigung erlangen, so muss er eine einstweilige Verfügung beantragen. Dazu muss Gegenstand des Leistungsbegehrens ein Individualanspruch sein (§ 935 ZPO). Ein Individualanspruch kann etwa ein Anspruch auf Herausgabe einer Sache sein, auf Abtretung von Forderungen oder auf Vornahme sonstiger Handlungen.[130] Auch eine Geldzahlung kann ausnahmsweise angeordnet werden, wenn die Voraussetzungen für vorgezogene Befriedigung vorliegen und daher eine Leistungs- bzw. Befriedigungsverfügung ergehen kann.[131] Dazu ist notwendig, dass dem Gläubiger mit einer bloßen Sicherung nicht gedient wäre. Eine einstweilige Verfügung kann also durchaus – selbst hinsichtlich eines Geldzahlungsanspruchs – eine Befriedigung des Antragstellers bringen, wobei aber höhere Anforderungen in Bezug auf den Verfügungsgrund zu stellen sind.

---

[128] Vgl. oben § 5 A I 2, bei Fn. 35.

[129] Vgl. § 5 A I 2, bei Fn. 37.

[130] MünchKommZPO-*Heinze*, § 935 ZPO, Rn. 8 f. mit Beispielen; HdBVR-*Dunkl*, Rn. A 496; *Brox / Walker*, ZVR, Rn. 1581.

[131] KG NJW 1969, 2019 (2019); Thomas / Putzo-*Reichold*, § 940 ZPO, Rn. 7; Stein / Jonas-*Grunsky*, vor § 916 ZPO, Rn. 52; Schuschke / Walker-*Walker*, vor § 916 ZPO, Rn. 9; Baumbach / Lauterbach-*Hartmann*, § 938 ZPO, Rn. 3; HdBVR-*Dunkl*, Rn. A 6.

II. Probleme im Erkenntnisverfahren der in Betracht kommenden Eilmaßnahmen

1. Problem des Arrestgrundes beim Arrest

Beim zur Durchsetzung von Zahlungsansprüchen[132] relevanten Arrest (§§ 916 ff. ZPO)[133] ist im Hinblick auf ‚Torpedoklagen' nicht nur die Frage einer Befriedigungswirkung problematisch,[134] sondern auch die Frage eines Arrestgrundes, der neben einem Arrestanspruch vorliegenmuss. Ein Arrestgrund setzt beim dinglichen Arrest voraus, dass ohne die Anordnung des Arrests die Vollstreckung eines Urteils vereitelt oder wesentlich erschwert würde (vgl. § 917 Abs. 1 ZPO), wobei – anders als bei der Befriedigungsverfügung[135] – eine Interessenabwägung im Einzelfall nicht erforderlich ist.[136] Eine solche Gefahr liegt beispielsweise vor, wenn zu befürchten ist, dass der Antragsgegner sein Vermögen schuldhaft schmälert oder belastet.[137] Derartige Situationen sind jedoch im Regelfall trotz langer Wartezeit auf die Hauptsacheentscheidung nicht gegeben, wenn auch sich die Gefahr mit längerem Hauptsacheverfahren unter Umständen erhöht.[138] Es fehlt also regelmäßig an einem Arrestgrund, weil die Gefährdung des Schadensersatzanspruchs des vermeintlichen Gläubigers nicht vorliegt. Wollte man der überlangen Verfahrensdauer wegen einer ‚Torpedoklage' eine Indizwirkung für das Vorliegen eines Arrestgrundes zumessen, so käme das einer gesetzlichen Vermutung nahe, die in § 917 Abs. 1 ZPO jedoch nicht angelegt ist.

Ein Arrest kommt daher nur bei Darlegung besonderer Umstände in Betracht, die bloße Verfahrensverzögerung ersetzt keinen Arrestgrund.

2. Problem des Verfügungsgrundes bei der einstweiligen Verfügung

Bei der Beantragung einer einstweiligen Verfügung zur Durchsetzung eines Leistungsanspruchs kann das Erfordernis des Verfügungsgrundes problematisch sein. Geht es um eine Sicherungsverfügung, muss ein Verfügungsgrund glaubhaft gemacht werden, der wiederum darin besteht, dass ohne Erlass einer einstweiligen Verfügung die objektiv begründete Besorgnis besteht, die Verwirkli-

---

[132] Vgl. zu Beispielsfällen bereits oben § 2 B I 2, bei Fn. 182.

[133] Vgl. zur Abgrenzung von der einstweiligen Verfügung bereits oben § 5 A I 2, bei Fn. 35.

[134] Vgl. dazu soeben § 5 B I, bei Fn. 129.

[135] Vgl. dazu bereits oben § 5 A II 2, bei Fn. 51.

[136] *Brox / Walker*, ZVR, Rn. 1497; *Walker*, Der einstweilige Rechtsschutz im Zivilprozess (1993), Rn. 231.

[137] Thomas / Putzo-*Reichold*, § 917 ZPO, Rn. 1; Stein / Jonas-*Grunsky*, § 917 ZPO, Rn. 5; Musielak-*Huber*, § 917 ZPO, Rn. 2; *Walker*, Der einstweilige Rechtsschutz im Zivilprozess (1993), Rn. 230.

[138] Bei der Eilmaßnahme auf Unterlassen geht es um ein Gebot, dem sich der Antragsgegner so einfach nicht entziehen kann, vgl. *Kurtz*, Grenzüberschreitender einstweiliger Rechtsschutz (2004), 40; vgl. dazu schon oben § 5 A II 2, bei Fn. 54.

chung des Gläubigerrechts werde vereitelt oder wesentlich erschwert (vgl. § 935 ZPO).[139] Keine Voraussetzung ist andererseits eine Vermögensminderung beim Schuldner.[140] Notwendig ist nur, dass die geschuldete Leistungshandlung zumindest gefährdet wird. Wie beim Arrest wird hier eine überlange Verfahrensdauer allein – ohne dass die Vereitelung des Anspruchs durch Zeitablauf droht – nicht für einen Verfügungsgrund hinreichen. Denn der Gläubiger könnte seinen Anspruch möglicherweise auch noch nach mehreren Jahren durchsetzen.

Geht es dem Antragsteller bereits um vorgezogene Befriedigung, und beantragt er deshalb den Erlass einer Leistungs- bzw. Befriedigungsverfügung, so fällt das Ergebnis um so deutlicher aus. Denn dann wäre darzulegen, dass ein Abwarten auf die Entscheidung in der Hauptsache nicht ohne den Eintritt eines irreparablen Schadens möglich wäre, und dass die Interessen des Antragstellers überwiegen würden.[141] Die Notwendigkeit einer Verfügung ergibt sich aber dann nicht, wenn nur bloße Anspruchsverzögerung droht, aber keine Anspruchsvereitelung wie beim Unterlassungsanspruch. Es müssen also stets weitere Umstände dargetan werden, die dafür sprechen, der Anspruch könne bis zur Hauptsacheentscheidung vereitelt werden. Bei einer Geldleistungsverfügung wird zudem in Rechtsprechung in Literatur häufig gefordert, der Gläubiger müsse das Geld für seinen Lebensunterhalt oder für die Erhaltung seiner Gesundheit dringend benötigen.[142] Bei derart hohen Anforderungen wird eine Leistungs- bzw. Befriedigungsverfügung auf Zahlung nur im Ausnahmefall in Betracht kommen.

3. Ergebnis

Geht es um einstweiligen Rechtsschutz zur Durchsetzung eines Leistungsanspruchs bei rechtshängiger ‚Torpedoklage', so helfen dem Gläubiger in Deutschland weder Arrest noch einstweilige Verfügung, sofern er nicht eine besondere Gefährdung seines Gläubigerrechts darlegen kann, bei Zahlungsanordnungen sogar das Bestehen einer Notlage. Dazu reicht die bloß lange Verfahrensdauer vor dem ausländischen Gericht nicht aus. Es besteht in dieser Hinsicht also kein Unterschied zum einstweiligen Rechtsschutz bei Unterlassungsansprüchen.

---

[139] *Brox / Walker*, ZVR, Rn. 1581; *Gottwald*, Einstweiliger Rechtsschutz (1998), § 935 ZPO, Rn. 19; *Ganslmeyer*, Die einstweilige Verfügung im Zivilverfahren (1991), 21; *Heinze*, Der einstweilige Rechtsschutz (1984), 47; *Meier-Beck*, GRUR 1988, 861 (866 f.); *Brinks / Fritze*, GRUR Int. 1987, 133 (139).

[140] *Walker*, Der einstweilige Rechtsschutz im Zivilprozess (1993), Rn. 243.

[141] Vgl. zu den Voraussetzungen bereits oben § 5 A II 2 a, bei Fn. 49.

[142] Vgl. zu den unterschiedlichen Ansichten statt aller *Mossler*, Beschleunigter Rechtsschutz (2004), 20 ff.

C. Eilmaßnahmen vor ausländischen Gerichten

Wegen der möglicherweise bestehenden Probleme für den Betroffenen einer ‚Torpedoklage', vor einem deutschen Gericht einen Verfügungsgrund glaubhaft zu machen, stellt sich für ihn die Frage, ob es sinnvoller wäre, einstweiligen Rechtsschutz im Ausland zu beantragen. Dies böte sich freilich nur dann an, wenn eine ebenso effektive Eilmaßnahme unter geringeren Voraussetzungen zu erlangen wäre. Der Gläubiger könnte sich dafür entweder an das ausländische Hauptsachegericht wenden, welches mit der ‚Torpedoklage' befasst ist. Dies hätte den Vorteil, dass bestimmte Beschränkungen, die der EuGH für die autonom-nationalen Zuständigkeiten aufgestellt hat und die noch behandelt werden sollen,[143] nicht zur Geltung kämen. Der Gläubiger könnte aber auch versuchen, vor anderen ausländischen Gerichten einstweiligen Rechtsschutz zu erlangen, deren Zuständigkeit gemäß Art. 31 EuGVVO (Art. 24 EuGVÜ/LugÜ) fortbesteht. Im folgenden soll vergleichend dargestellt werden, ob ein solches Vorgehen – was das Erkenntnisverfahren betrifft – für den Gläubiger aussichtsreicher wäre als Eilrechtsschutz in Deutschland.

I. Einstweilige Maßnahmen beim europäischen Hauptsachegericht

Als Staaten, in welchen sich das mit der langsamen Erstklage befasste Hauptsachegericht befindet, kommen aufgrund ihrer langsamen Gerichte Italien und Belgien in Betracht.[144] Hier könnte der Gläubiger Eilrechtsschutz beantragen.

1. Einstweilige Maßnahmen in Italien

a. Überblick über die in Betracht kommenden Maßnahmen

Das italienische einstweilige Rechtsschutzsystem sieht zum einen die Maßnahmen der Sicherungsbeschlagnahme – *sequestro giudiziario* (Art. 670 c. proc. civ.),[145] gerichtet auf die Sicherung eines Anspruchs auf Herausgabe einer Sache – und der Sicherstellungsbeschlagnahme – *sequestro conservativo* (Art. 671 c. proc. civ.), die die Deckung für eine Forderung des Gläubigers garantieren soll und damit dem dinglichen Arrest entspricht – vor. Daneben gibt es die einstweilige Verfügung (*provvedimento d'urgenza*, Art. 700 c. proc. civ.), die subsidiär zu den anderen Formen einstweiligen Rechtsschutzes ist und wegen der Sicherungsbeschlagnahme einen eingeschränkteren Anwendungsbereich hat als die einstweilige Verfügung des deutschen Rechts.[146]

---

[143] Vgl. dazu unten § 6 A II 3 a, bei Fn. 51 ff.
[144] Vgl. oben § 2 A II 3, bei Fn. 129.
[145] Vgl. die deutsche Übersetzung der italienischen Vorschriften von *Bauer*, Italienische Zivilprozessordnung (1996).
[146] *Nagel / Gottwald*, § 15, Rn. 100-102; *Eilers*, Maßnahmen des einstweiligen Rechtsschutzes (1991), 153 ff.; *Wastl*, Die Vollstreckung deutscher Titel auf der Grundlage des EuGVÜ

Vorteilhaft beim einstweiligen Rechtsschutz können sich bestimmte Beweisverfahren auswirken, die das italienische – ebenso wie das französische, belgische und britische Recht – bereithält.[147] Zu nennen sind *descrizione* bzw. *sequestro*, die es erlauben, etwa bei bloßem Verdacht einer Schutzrechtsverletzung einen Auskunfts-, Besichtigungs- und Einsichtsanspruch durchzusetzen und insbesondere Zugang zu den betreffenden Gegenständen zu erlangen. Gerade bei Unterlassungsansprüchen in Bezug auf Immaterialgüterrechtsverletzungen kann der Gläubiger damit bereits im Erkenntnisverfahren wichtige Informationen erhalten, um seinen Anspruch glaubhaft zu machen.

b. Probleme im Erkenntnisverfahren

Geht es um einen Leistungsanspruch, bietet sich für den Gläubiger in erster Linie die Beantragung einer Beschlagnahme an. Die beiden arrestähnlichen Beschlagnahmen haben einen weiten Anwendungsbereich: Die Rechtsprechung dehnt etwa den Anwendungsbereich der *sequestro giudiziario* auf schuldrechtliche Herausgabeansprüche aus, obwohl sich der Wortlaut des Gesetzes nur auf Ansprüche aus Eigentum und Besitz bezieht.[148]

Bezüglich des Inhalts der Beschlagnahmen kann man ähnliches festhalten wie zum deutschen Arrest: Die Eilmaßnahmen sind nicht auf Befriedigung des Antragstellers gerichtet, sondern sie dienen der Sicherung. Die Sachen werden in hoheitliche Verwahrung genommen (vgl. Art. 676, 678 c. proc. civ.), bis eine Entscheidung in der Hauptsache vorliegt.[149] Eine Vorwegnahme der Hauptsache ist also auch hier unzulässig. Der Betroffene einer ‚Torpedoklage' kann nur vorläufige Sicherung erlangen.

Ähnlichkeiten bestehen auch im Erkenntnisverfahren: Der Antragsteller muss jeweils glaubhaft machen,[150] dass ein Arrestanspruch *(‚fumus boni juris')* und ein Arrestgrund *(‚periculum in moras')* besteht. Dieser ist dann gegeben, wenn der jeweilige Anspruch ohne die einstweilige Maßnahme gefährdet ist, also etwa

in Italien (1990), 296 ff.; zu Perspektiven italienischer einstweiliger Maßnahmen vgl. *Andolina*, ZZP Int. 9 (2004), 87 ff.

[147] *Casucci*, IIC 2000, 692 (698 ff.); *Patnaik*, GRUR 2004, 191 (195); *Stauder*, GRUR Int. 1978, 230 (230).

[148] *Wastl*, Die Vollstreckung deutscher Titel auf der Grundlage des EuGVÜ in Italien (1990), 296.

[149] Die Sicherstellungsbeschlagnahme beweglicher Sachen wird gemäß Art. 678 Abs. 1 c. proc. civ. weitgehend nach den Regeln zur Pfändung beweglicher Sachen im Rahmen des Verfahrens der Zwangsveräußerung vollstreckt. Die Sicherungsbeschlagnahme folgt gemäß Art. 677 c. proc. civ. den Regeln der Vollstreckung zur Freigabe und Übergabe: Dabei kommt es regelmäßig zur Verwirklichung der in 676 c. proc. civ. angeordneten Verwahrung des jeweiligen Gegenstandes.

[150] Die Glaubhaftmachung wird im italienischen Recht nicht explizit ausgesprochen, folgt jedoch aus dem summarischen Charakter des Eilverfahrens, vgl. *Wastl*, Die Vollstreckung deutscher Titel auf der Gurndlage des EuGVÜ in Italien (1990), 318.

Verlust der Forderung eintreten könnte.[151] Auch nach italienischem Recht dürfte die bloß überlange Verfahrensdauer an sich noch keine Anspruchsgefährdung bedeuten. Vielmehr müssten konkrete Anhaltspunkte für eine solche vorgetragen werden. Der Gesichtspunkt der Verfahrensdauer dürfte kaum eine Rolle spielen, weil das Hauptsachegericht seine eigene – wenn auch überlange – Verfahrensdauer nicht als besonderen, anspruchsgefährdenden Umstand ansehen wird.

Entsprechendes gilt bei der *provvedimento d'urgenza*, die mangels Eingreifen der Beschlagnahmeverfügungen zur Durchsetzung eines Unterlassungsanspruchs in Betracht kommt.[152] Dieser sollte zwar im Hinblick auf den Wortlaut des Art. 700 c. proc. civ. ein umfassender Anwendungsbereich zugemessen werden, um den Rechtsschutz des Gläubigers nicht einzuschränken.[153] Zudem kann die einstweilige Verfügung auch Leistungs- bzw. Befriedigungsverfügung sein: Denn wenn man bedenkt, dass nach italienischem Verständnis ohnehin die einstweilige Verfügung eine Vorverlagerung der endgültigen Entscheidung bewirkt,[154] dürften auch die Bedenken gegen eine einstweilige Befriedigungsverfügung auf Unterlassen gering sein. Der Gläubiger kann deshalb zum Beispiel verlangen, dass ihm der Besitz an einer Sache wieder verschafft wird, der ihm durch verbotene Eigenmacht entzogen wurde.[155] Allerdings ist auch bei der einstweiligen Verfügung eine Anspruchsgefährdung vorzutragen,[156] so dass sich in diesem Punkt keine nennenswerten Unterschiede zur Situation nach deutschem Recht ergeben.

Von Nachteil für den Gläubiger kann allerdings die italienische Regelung sein, dass anders als in Deutschland gegen die Ablehnung des Erlasses der begehrten Maßnahme keinerlei Rechtsmittel bestehen.[157]

---

[151] *Nagel / Gottwald*, § 15, Rn. 99; *Eilers*, Maßnahmen des einstweiligen Rechtsschutzes (1991), 153 f.

[152] Vgl. *Wastl*, Die Vollstreckung deutscher Titel auf der Grundlage des EuGVÜ in Italien (1990), 309 f., mit Beispielen.

[153] A. A. jedoch etwa *Nagel / Gottwald*, § 15, Rn. 102, die eine Begrenzung auf den Schutz absoluter Rechte vertreten.

[154] *Wastl*, Die Vollstreckung deutscher Titel auf der Grundlage des EuGVÜ in Italien (1990), 316, Fn. 111.

[155] Auch die deutsche Rechtsprechung bejaht in diesem Fall eine Leistungsverfügung, vgl. *Wastl*, Die Vollstreckung deutscher Titel auf der Grundlage des EuGVÜ in Italien (1990), 316 f.

[156] *Eilers*, Maßnahmen des einstweiligen Rechtsschutzes (1991), 155.

[157] *Wastl*, Die Vollstreckung deutscher Titel auf der Grundlage des EuGVÜ in Italien (1990), 321.

2. Einstweilige Maßnahmen in Belgien

a. Überblick über die in Betracht kommenden Maßnahmen

In dem in Europa zweiten für ‚Torpedoklagen' prädestinierten Staat Belgien ist die Sicherung von Geldforderungen per Eilverfahren durch die *saisie conservatoire* vorgesehen (vgl. Art. 1413-1493 c.j.). Dabei erfolgt die Sicherung von beweglichem Vermögen durch die *saisie mobilière conservatoire* (Art. 1422-1428 c.j.), die Sicherung von unbeweglichem Vermögen durch die *saisie immobilière conservatoire*, und die Pfändung von Forderungen durch die *saisie-arrêt conservatoire.*[158] In den Fällen, in denen ein besonders schnelles Handeln erforderlich ist, muss beim zuständigen Richter die Erlaubnis (*autorisation*) beantragt werden, Vermögen des Schuldners zu beschlagnahmen (Art. 1413 c.j.). Die *autorisation* ergeht ohne vorherige Anhörung des Schuldners (vgl. Art. 1025-1034 c.j.). Notwendig ist, dass die Forderung sicher, fällig und bestimmbar bzw. durchs Gericht schätzbar ist.

Geht es um einen Unterlassungsanspruch, steht in Belgien ein in etwa der einstweiligen Verfügung entsprechendes Verfahren zur Verfügung, nämlich das des *référé* (Art. 1035-1040 c.j.).

Für den Gläubiger kann wiederum – wie in Italien – ein besonderes Beweissicherungsverfahren in Angelegenheiten des geistigen Eigentums interessant sein, bei dem beweissichernde und schützende Maßnahmen erlassen werden können, nämlich die *saisie en matière de contrefaçon.*[159] Eine solche Maßnahme sieht auch das französische Recht vor.[160] Vorteil ist, dass besonders weitgehende Beweissicherungsmaßnahmen zugelassen werden, um ein Verletzungsverfahren vorzubereiten.[161] Nachteil ist, dass der *saisie* ein Überraschungseffekt innewohnt, so dass eine grenzüberschreitende Anerkennung und Vollstreckung auf der Grundlage der *Denilauler*-Rechtsprechung des EuGH wohl nicht in Betracht kommen dürfte.[162] Einer Verwertung der erhobenen Beweise in einem ausländischen Prozess dürfte dagegen nichts entgegenstehen.

b. Probleme im Erkenntnisverfahren

Der Betroffene einer ‚Torpedoklage' wird jedoch auch in Belgien nicht wesentlich einfacher den Erlass einer einstweiligen Verfügung bewirken können. Es

---

158 *Nagel / Gottwald*, § 15, Rn. 85; *Eilers*, Maßnahmen des einstweiligen Rechtsschutzes (1991), 107.
159 *Grosheide*, GRUR Int. 2000, 310 (321).
160 Vgl. dazu unten § 5 C II 3 a, bei Fn. 207.
161 Vgl. *Treichel*, GRUR Int. 2001, 690 (692 f., 698 f.).
162 *Schlosser*, EUZ, Art. 31 EuGVVO, Rn. 34; zweifelnd auch *Treichel*, GRUR Int. 2001, 690 (703); dagegen lässt sich die *saisie de contrefaçon* als einstweilige Maßnahme im Sinne von Art. 31 EuGVVO (Art. 24 EuGVÜ/LugÜ) qualifizieren; zur Rechtsprechung ausführlicher unten § 6 A I, bei Fn. 6 ff.

muss nämlich für alle Formen der *saisie* zusätzlich ein Eilfall vorliegen, also – wie im deutschen Recht – eine Situation, in der die Durchsetzung der Rechte des Gläubigers gefährdet ist.[163] Die lange Verfahrensdauer vor dem Hauptsachegericht reicht dazu wiederum nicht aus, weil der bloße Zeitablauf nicht per se die Gefährdung des Anspruchs indiziert. Zudem wird das Hauptsachegericht wiederum Vorbehalte haben, seine eigene Handhabung – das überlange Prozessieren – als anspruchsgefährdend anzusehen.

Auch im *référé*-Verfahren ist materielle Voraussetzung das Vorliegen eines Eilfalles (Art. 584 c.j.).[164] Im besonderen Eilfall kann auch ein schnelleres Verfahren stattfinden, bei dem der Richter die Verhandlung sofort anordnen kann (Art. 1036 c.j.). Die dazu nötige Glaubhaftmachung der Anspruchsgefährdung führt jedoch auch hier dazu, dass die bloß lange Verfahrensdauer für den Erlass eines *référé* nicht ausreicht, insbesondere nicht für das Hauptsachegericht, das die Verfahrensdauer selbst zu verantworten hat.

II. Besonders effektiver Rechtsschutz in England, den Niederlanden und in Frankreich

Bestimmte europäische Rechtsordnungen halten für den Gläubiger wirtschaftlich interessanten einstweiligen Rechtsschutz bereit, weil etwa besonders weitgehende Maßnahmen erlassen werden können, die die Hauptsache faktisch vorwegnehmen und damit endgültigen Charakter besitzen.[165] Besonders für das Immaterialgüterrecht sind solche ausländischen Maßnahmen in der Vergangenheit häufig diskutiert worden.[166] Vorteile ausländischer Maßnahmen können auch darin liegen, dass diese hinsichtlich der Beweiserhebung und der Aus-

---

[163] *Eilers*, Maßnahmen des einstweiligen Rechtsschutzes (1991), 108.

[164] Auch ‚Dringlichkeit' genannt, vgl. *Denys / Schöfer*, Handbuch des belgischen Zivil-, Verwaltungs- und Verfassungsprozessrechts (1994), Rn. 198 (S. 105).

[165] *Schlosser*, EUZ, Art. 31 EuGVVO, Rn. 32 ff.; *Stadler*, JZ 1999, 1089 (1095 f.).

[166] Vgl. zum niederländischen *kort geding*-Verfahren zum Beispiel *Pansch*, Die einstweilige Verfügung (2003), 90; *Giudicelli*, Cross Border Injunctions (2001), 48 ff.; *Bertrams*, GRUR Int. 1995, 193 (193 ff.); *Brinkhof*, IIC 1993, 762 (762 ff.); *v. Meibom / Pitz*, GRUR Int. 1998, 765 (766 f.); *Tilmann / v. Falck*, GRUR 2000, 579 (581); *Henning-Bodewig*, GRUR Int. 1993, 126 (128); *Willems*, GRUR Int. 1998, 221(221); *Stauder*, IIC 1998, 497 (502 f.); zur französischen *saisie-contrefaçon Treichel*, GRUR Int. 2001, 690 (690 ff.); *Pattloch*, GRUR Int. 2002, 30 (32); *Petit*, IIC 2000, 669 (678 ff.); zu Eilmaßnahmen nach englischem Recht *Ingenhoven*, Grenzüberschreitender Rechtsschutz durch englische Gerichte (2001), 169 ff.; *Kurtz*, Grenzüberschreitender einstweiliger Rechtsschutz (2004), 149 ff.; *Müller*, Die worldwide Mareva injunction (2002), 63 ff.; *Hye-Knudsen*, Marken-, Patent- und Urheberrechtsverletzungen (2005), 213 ff.; *Grunert*, Die „world-wide" Mareva Injunction (1997); *Albrecht*, Das EuGVÜ und der einstweilige Rechtsschutz (1991), 43 ff.; *Schroeder*, SchiedsVZ 2004, 26 (26 ff.); *Cornish / Llewelyn*, IIC 2000, 627 (632 ff.); älterer Überblick bei *Stauder*, GRUR Int. 1983, 234 (234 ff.).

kunftserlangung günstiger sind als das deutsche Recht oder weitgehendere Sanktionen vorsehen.

1. Einstweilige Maßnahmen in England

a. Überblick über die in Betracht kommenden Maßnahmen

Das englische Recht sieht als Grundform des einstweiligen Rechtsschutzes die *interlocutory injunction*[167] vor, welche wie in Deutschland darauf gerichtet ist, die Durchsetzung der Rechte des Gläubigers zu sichern.[168] Als Unterfälle gibt es zum einen die *mandatory injunction*, mit der dem Antragsgegner aufgegeben wird, eine bestimmte Handlung vorzunehmen, zum anderen die *prohibitive injunction*, welche ein bestimmtes Verhalten verbietet. Mit der ersten Gruppe von Verfügungen können also Handlungen, mit der zweiten Unterlassungen durchgesetzt werden. Es gibt daneben keine gestaltenden oder feststellenden Eilmaßnahmen.[169] Bei den *mandatory injunctions* wird eine – jedenfalls befristete – vorläufige Befriedigung hingenommen.[170] Die Anordnung ist aber in ihrer Wirksamkeit bis zu einer Hauptsacheentscheidung begrenzt. Ein eigenständiges Arrestverfahren gibt es im englischen Recht nicht.[171] Durchgesetzt wird die *injunction* mit dem Instrument des *contempt of court*, es wird also der Verstoß gegen die Anordnung sanktioniert.[172]

Einige Eilmaßnahmen erweisen sich im Vergleich zum deutschen Recht als effektiver. So gilt die *freezing order*, die früher unter dem Namen *Mareva injunction* bekannt war (s. 37 (3) Supreme Court Act 1981 und CPR r. 25. (f)) als besonders geeignet zur Sicherung eines Anspruchs.[173] Das Gericht kann damit

---

[167] Die *interlocutory injunctions* werden in neuerer Zeit zum Teil auch *interim injunctions* genannt, vgl. *Kurtz*, Grenzüberschreitender einstweiliger Rechtsschutz (2004), 151; *Kofmehl, Ehrenzeller*, Der vorläufige Rechtsschutz (2005), 148.

[168] *Nagel / Gottwald*, § 15, Rn. 91; *Ingenhoven*, Grenzüberschreitender Rechtsschutz durch englische Gerichte (2001), 170; *Albrecht*, Das EuGVÜ und der einstweilige Rechtsschutz (1991), 45; *Eilers*, Maßnahmen des einstweiligen Rechtsschutzes (1991), 129; *Heiss*, Der einstweilige Rechtsschutz (1991), 77 ff.; zu den beschränkten Formen eines Arrests vgl. *Kienle*, Arreste im internationalen Rechtsverkehr (1991), 184.

[169] *Nagel / Gottwald*, § 15, Rn. 91; *Albrecht*, Das EuGVÜ und der einstweilige Rechtsschutz (1991), 46.

[170] Auch bei der sog. *interim payment order*, die die vorläufige Zahlung einer bestimmten Geldsumme anordnet, gibt es vorläufige Befriedigung, vgl. *Kofmehl Ehrenzeller*, Der vorläufige Rechtsschutz (2005), 146 ff.

[171] *Kurtz*, Grenzüberschreitender einstweiliger Rechtsschutz (2004), 150; *Eilers*, Maßnahmen des einstweiligen Rechtsschutzes (1991), 132.

[172] *Schack*, IZVR, Rn. 427; *Müller*, Die worldwide Mareva injunction (2002), 110 ff.; *Götting*, GRUR Int. 1988, 729 (730); im Hinblick auf die Mareva injunction *Schlosser*, FS Odersky (1996), 669 (674).

[173] *Heiss*, Der einstweilige Rechtsschutz (1991), 79 ff.; *Patnaik*, GRUR 2004, 191 (195); *Schroeder*, SchiedsVZ 2004, 26 (27); *Cornish / Llewelyn*, IIC 2000, 627 (634); die *Freezing*

dem Schuldner untersagen, Vermögen aus der Gerichtsbarkeit englischer Gerichte abzuziehen oder es sonst dem Vollstreckungszugriff zu entziehen. Auch ausländisches Vermögen wird dabei zunehmend mit einbezogen.[174] Der Gläubiger muss seinen Anspruch und die Voraussetzungen der Vollstreckungsgefährdung glaubhaft machen.
Auch das englische Beweisrecht enthält für den Gläubiger günstige Instrumente:[175] Die *search order* (früher *Anton Piller Order*), die einen Unterfall der *mandatory injunctions* darstellt und der Sicherung von Beweismitteln dient, kann dem Gläubiger bereits zur Vorbereitung seines Verfahrens gute Dienste leisten.[176] Der Antragsgegner muss daraufhin bestimmte Auskünfte erteilen bzw. Beweiserhebungen des Antragstellers dulden. Eine vorherige Anhörung ist wegen des Überraschungseffekts nicht erforderlich, allerdings unterliegt die *search order* strengeren Voraussetzungen als andere einstweilige Maßnahmen. Das Gericht muss nämlich die Hauptsache rechtlich im voraus prüfen und feststellen, dass ernstliche Schäden drohen würden, falls dem Antrag nicht stattgegeben würde.[177]

b. Probleme im Erkenntnisverfahren

Wegen des Ursprungs der *injunctions* im Recht der *equity* besteht kein Anspruch auf Erlass einer Eilmaßnahme, sondern das Gericht entscheidet nach seinem Ermessen.[178] Voraussetzung für den Erlass einer einstweiligen Verfügung ist zum einen, dass der Kläger glaubhaft macht, dass seine Klage Aussicht auf Erfolg hat. Zum anderen muss eine Abwägung – *balance of convenience* – ergeben, dass nach erfolgreicher Durchführung des Hauptverfahrens zu leistende Schadensersatz dem Rechtsschutzinteresse des Klägers nicht genügen, der Klä-

---

oder oder *Freezing injunction* kann mit einer beweissichernden Maßnahme kombiniert werden, der sog. *ancillary disclosure order*, vgl. *Kofmehl Ehrenzeller*, Der vorläufige Rechtsschutz (2005), 148.

[174] *Kropholler*, EZPR, Art. 31 EuGVVO, Rn. 9; *Grunert*, Die „world-wide" Mareva Injunction (1997), 75; *Ingenhoven*, Grenzüberschreitender Rechtsschutz durch englische Gerichte (2001), 232; *Eilers*, Maßnahmen des einstweiligen Rechtsschutzes (1991), 132; einen Überblick über die neuere Rechtsprechung bietet *Müller*, Die worldwide Mareva injunction (2002), 36 ff.; zur Entwicklung *Gronstedt*, Grenzüberschreitender einstweiliger Rechtsschutz (1994), 225 ff.

[175] *Schlosser*, EUZ, Art. 31 EuGVVO, Rn. 34.

[176] *Pansch*, Die einstweilige Verfügung (2003), 91 f.; *Osthaus*, Informationszugang (2005), 139 ff.; *Cornish / Llewelyn*, IIC 2000, 627 (635); *Kessel*, RIW 1993, 988 (992); *Bodewig*, GRUR Int. 2004, 543 (547); zur Begrifflichkeit *Kandzia*, GRUR Int. 2002, 459 (460), Fn. 5.

[177] *'Strong prima facie case'*, vgl. *Nagel / Gottwald*, § 15, Rn. 97; *Albrecht*, Das EuGVÜ und der einstweilige Rechtsschutz (1991), 58; *Kessel*, RIW 1993, 988 (992).

[178] *Albrecht*, das EuGVÜ und der einstweilige Rechtsschutz (1991), 44; *Kanzler*, Der einstweilige Rechtsschutz (1979), 48.

ger also irreparable Schäden erleiden würde.[179] Dies gilt seit der Grundsatzentscheidung *American Cyanamid Co. v. Ethicon Ltd.* aus dem Jahr 1975: Bis dahin fand die Lehre *prima facie case* Anwendung, wonach es ausreichte, wenn der Kläger das Gericht von der Wahrscheinlichkeit überzeugte, das ihm das geltend gemachte Recht zustand.[180]

Im Ergebnis bestehen beim einstweiligen Rechtsschutz in England wenig Unterschiede zum deutschen Recht, wo der Verfügungsgrund einer einstweiligen Verfügung ebenfalls eine Notwendigkeit vorläufiger Sicherung erfordert, weil der Individualanspruch durch Veränderung des bestehenden Zustandes verändert werden könnte.[181] Zwar können die *injunctions* vorläufige Befriedigung herbeiführen, entsprechend hoch ist jedoch die Hürde eines glaubhaft zu machenden, drohenden irreparablen Schadens.[182] Bei einem Unterlassungsanspruch kann eine Eilmaßnahme eher ergehen, weil ein ‚irreparabler Schaden' bereits aufgrund der über längere Zeit drohenden Zuwiderhandlung eintreten kann, bei einem Leistungsanspruch müssen zusätzlich besondere Umstände vorliegen. Weniger als im deutschen Recht kommt es im englischen – wie im niederländischen – Recht weniger auf die Erfolgsaussichten in der Hauptsache an als auf das Drohen eines unverhältnismäßigen Schadens.[183]

2. Einstweilige Maßnahmen in den Niederlanden

a. Überblick über die in Betracht kommenden Maßnahmen

In den Niederlanden gibt es zum einen das *kort geding*-Verfahren (Art. 289-291 WBRv.), das der einstweiligen Verfügung in Deutschland entspricht.[184] Zum anderen können verschiedene Arten des Arrests beantragt werden:[185] Der *conservatoir beslag* (Art. 764-770 WBRv.) dient der Sicherung von Geldforderungen und lässt eine Beschlagnahme von Forderungen bzw. von beweglichem

---

[179] *Hye-Knudsen*, Marken-, Patent- und Urheberrechtsverletzungen (2005), 214; *Eilers*, Maßnahmen des einstweiligen Rechtsschutzes (1991), 131; *Kanzler*, Der einstweilige Rechtsschutz (1979), 135 f.; *Grunert*, Die „world-wide" Mareva Injunction (1998), 23 ff.; *Kurtz*, Grenzüberschreitender einstweiliger Rechtsschutz (2004), 152.

[180] *Müller*, Die worldwide Mareva injunction (2002), 9; *Albrecht*, Das EuGVÜ und der einstweilige Rechtsschutz (1991), 47.

[181] Thomas / Putzo-*Reichold*, § 935 ZPO, Rn. 6; Musielak-*Huber*, § 935 ZPO, Rn. 13; HdBVR-*Dunkl*, Rn. A 505.

[182] Vgl. *Pansch*, Die einstweilige Verfügung (2003), 157 m. w. N.

[183] *Pansch*, Die einstweilige Verfügung (2003), 166.

[184] International zuständig ist das Gericht am Wohnsitz oder Aufenthalt des Beklagten (vgl. Art. 126 Nr. 1 und 2 R.V.), wobei die internationale Zuständigkeit wie in Deutschland durch die örtliche indiziert wird; vgl. *Nagel / Gottwald*, § 15, Rn. 106; *Bertrams*, GRUR Int. 1995, 193 (196).

[185] *Nagel / Gottwald*, § 15, Rn. 105; *Eilers*, Maßnahmen des einstweiligen Rechtsschutzes (1991), 119 m. w. N.; *Willeitner*, Vermögensgerichtsstand und einstweiliger Rechtsschutz (2003), 21 ff.

Vermögen zu. Hingegen lässt der *Vremdelingen beslag* (Art. 767 WBRv.) die Beschlagnahme von Vermögen von ausländischen Personen zu, ohne dies auf niederländisches Vermögen zu beschränken. Mit dem *vindicatoir beslag* kann verhindert werden, dass der Herausgabeanspruch des Eigentümers vereitelt wird, mit dem *marital beslag*, dass ein Ehegatte während des Scheidungsverfahrens Vermögen veräußert.[186] Die Arreste des niederländischen Rechts sind wie der deutsche nicht auf Befriedigung des Anspruchs, sondern nur auf vorläufige Sicherung gerichtet. In der Situation einer ‚Torpedoklage' sind sie deshalb nicht besonders hilfreich.

b. Probleme im Erkenntnisverfahren

Das *kort geding* hat zwar ebenfalls grundsätzlich Sicherungscharakter. Allerdings ist auch vorläufige Befriedigung des Anspruchs möglich, und zwar sogar bei Verfügungen auf Geldleistung, sofern der Schuldner das Bestehen des Anspruchs nicht oder nicht ernsthaft bestreitet.[187] Insofern ist das *kort geding* für den Betroffenen einer ‚Torpedoklage' interessant. Voraussetzung für den Erlass eines *kort geding* ist, dass der Gläubiger das Vorliegen eines besonderen Eilfalles darlegen kann (vgl. Art. 289 WBRv.), und dass eine Abwägung der Interessen den Erlass der Eilmaßnahme rechtfertigt.[188] Insofern ergibt sich dieselbe Situation wie im deutschen Recht: Am besten sind die Aussichten für eine Unterlassungsmaßnahme, zumal bei der Verletzung von gewerblichen Schutzrechten das Erfordernis der Dringlichkeit weit verstanden wird.[189]

Die Entscheidung über den Antrag ergeht grundsätzlich in einem kontradiktorischen Verfahren, also unter Anhörung der gegnerischen Partei.[190] Die Entscheidung über den Erlass steht im Ermessen des Präsidenten der jeweiligen *Rechtbank*. Das *kort geding* hat also gegenüber der deutschen einstweiligen Verfügung bei Leistungsansprüchen immerhin den Vorteil, dass bereits ein Nichtbestreiten des Anspruchs durch den Schuldner ausreicht, während im deutschen Recht notwendig ist, dass der Gläubiger auf die sofortige Erfüllung dringend angewiesen ist, weil er sonst zum Beispiel in eine ‚Notlage' geriete, etwa seinen Lebensunterhalt nicht mehr bestreiten könnte.[191] Zudem wird in der Mehrzahl

---

[186] *Eilers*, Maßnahmen des einstweiligen Rechtsschutzes (1991), 120.

[187] Hoge Raad N.J. 1986, Nr. 84; *Stadler*, JZ 1999, 1089 (1095); *Patnaik*, GRUR 2004, 190 (195).

[188] *Kurtz*, Grenzüberschreitender einstweiliger Rechtsschutz (2004), 186; *Pansch*, Die einstweilige Verfügung (2003), 156 f.; *Stadler*, JZ 1999, 1089 (1095); *Brinkhof*, GRUR Int. 1993, 387 (388).

[189] Vgl. *Pansch*, Die einstweilige Verfügung (2003), 159.

[190] *Heiss*, Einstweiliger Rechtsschutz (1991), 92; *Pansch*, Die einstweilige Verfügung (2003), 130; *Zonderland*, ZZP 90 (1977), 225 (229).

[191] Musielak-*Huber*, § 940 ZPO, Rn. 14; Zöller-*Vollkommer*, § 940 ZPO, Rn. 6; HdBVR-*Dunkl*, Rn. 500; *Walker*, Der einstweilige Rechtsschutz im Zivilprozess (1993), Rn. 248.

der Fälle auf ein fakultatives Hauptsacheverfahren verzichtet, weil das *kort geding* bereits zur Streitbeilegung führt.[192]

Ähnliche Vorteile wie das deutsche Recht in § 921 S. 2 ZPO[193] bietet das *kort geding* für einen deutschen Gläubiger insofern, als dass die Maßnahme (auch) ohne Sicherheitsleistung angeordnet werden kann (vgl. Art. 293 WBRv.).[194] Dies ist jedoch mit Einschränkungen im grenzüberschreitenden Verkehr verbunden: Der EuGH hat das *kort geding* zwar als einstweilige Maßnahme im Sinne des Art. 31 EuGVVO (Art. 24 EuGVÜ/LugÜ) angesehen.[195] Aufgrund der Einschränkungen, die der EuGH in seiner Rechtsprechung gemacht hat,[196] ist allerdings – sofern die Zuständigkeit des Eilgerichts nicht auf die Art. 2 ff. EuGVVO (EuGVÜ/LugÜ) gestützt wird – die grenzüberschreitende Anerkennung und Vollstreckung bei einem *kort geding*, das hinsichtlich eines Leistungsanspruchs erging und bei dem keine Sicherheitsleistung angeordnet wurde, ausgeschlossen.[197]

3. Einstweilige Maßnahmen in Frankreich

a. Überblick über die in Betracht kommenden Maßnahmen

Auch in Frankreich kann für den Gläubiger besonders günstiger einstweiliger Rechtsschutz erlangt werden. Wichtigste Eilmaßnahmen des französischen Rechts stellen die Maßnahmen der Vollstreckungssicherung (*mesures conservatoires*) dar, die im Rahmen der Reform des französischen Zwangsvollstreckungsrechts eine Neuregelung erfahren haben.[198] Die *saisie conservatoire* sichert die Zwangsvollstreckung in das bewegliche Vermögen bzw. in Forderun-

---

[192] *Hye-Knudsen*, Marken-, Patent- und Urheberrechtsverletzungen (2005), 218; *Pansch*, Die einstweilige Verfügung (2003), 226; *Stadler*, JZ 1999, 1089 (1095); *Brinkhof*, GRUR Int. 1993, 387 (392); ferner *Bastian / Knaak*, GRUR Int. 1993, 515 (524).

[193] Musielak-*Huber*, § 921 ZPO, Rn. 8 m. w. N.; Zöller-*Vollkommer*, § 921 ZPO, Rn. 5; Baumbach / Lauterbach-*Hartmann*, § 921 ZPO, Rn. 11 ff.

[194] *Schlosser*, EUZ, Art. 31 EuGVVO, Rn. 32; *Eilers*, Maßnahmen des einstweiligen Rechtsschutzes (1991), 120; in den Niederlanden hat die Zahl der *kort geding*-Verfahren stark zugenommen, vgl. *Blankenburg*, in: Blankenburg / Leipold / Wollschläger, Neue Methoden im Zivilverfahren (1991), 125 (129).

[195] EuGH Slg. 1999 I, 2299 (2313 f.), Rn. 38, 43 – *Mietz / Intership Yachting.*

[196] Vgl. dazu unten § 7 A I 1 b, bei Fn. 16.

[197] Etwas anderes kann sich im Verhältnis der Niederlande zu Deutschland jedoch aufgrund des deutsch-niederländischen Vertrags ergeben: Danach sind Entscheidungen der gemäß Art. 126 Nr. 3 WBRv. zuständigen Gerichte in Deutschland anzuerkennen und zu vollstrecken, wenn einer der Fälle des Art. 4 des deutsch-niederländischen Vertrags vorliegt. Art. 1 Abs. 2 des Vertrags schließt einstweilige Maßnahmen mit ein.

[198] Rechtsgrundlage sind nunmehr das *loi n° 91-650* vom 9. Juli 1991 und das *décret n° 92-755* vom 31. Juli 1991, vgl. *Nagel / Gottwald*, § 15, Rn. 88.

gen per Verfügungsverbot und entspricht damit dem deutschen Arrest.[199] Gegenstand des Verbots können bewegliche Sachen, Geldforderungen, Wertpapiere oder Anteilsrechte sein. Voraussetzungen sind ein Anspruch, eine Gefährdung der Erfüllung sowie die *urgence* (Dringlichkeit).[200]

Unterform der *saisie conservatoire* ist etwa die *saisie foraine*, mit der das Vermögen des ausländischen Schuldners, der sich nur vorübergehend in Frankreich aufhält, beschlagnahmt werden kann.

Neben der *saisie conservatoire* gibt es die *saisie-arrêt*, die der Pfändung und Sicherung von Forderungen dient. Die *saisie revendication* sichert Herausgabeansprüche. Außerdem können *sûretés judicicaires* beantragt werden, die Zwangssicherheiten darstellen.

Alle Maßnahmen der Vollstreckungssicherung in Frankreich sind nicht auf Erfüllung des Anspruchs, sondern nur auf seine Sicherung gerichtet. Eine Befriedigung des Betroffenen einer ‚Torpedoklage' im Wege des einstweiligen Rechtsschutzes ist daher nicht möglich.

Der einstweiligen Verfügung entsprechen in Frankreich verschiedene Verfahren zum Erlass einer Eilmaßnahme, nämlich erstens – wie in den Niederlanden – ein Verfahren, das auf Antrag eingeleitet wird und keine Anhörung des Gegners voraussetzt: die *ordonnance sur requête*. Wegen der fehlenden Beteiligung ist diese Eilmaßnahme nur zulässig, wenn eine Kenntnis des Gegners den Erfolg der Maßnahme gefährden würde.[201] Zweitens gibt es die *ordonnance de référé*, die ein streitiges Verfahren darstellt, welches eine Anhörung des Gegners voraussetzt. Erforderlich ist wiederum das Vorliegen einer besonderen Dringlichkeit (*cas d'urgence*), wobei die Hauptsache nicht vorweggenommen werden darf.[202] Die *ordonanannce de référé* sichert andere als Geldforderungen, etwa Handlungs- und Unterlassungsansprüche.[203] Daneben können durch die *référé-provision* auch Zahlungsansprüche gesichert werden. Diese Zweigleisigkeit entspricht im Ergebnis dem belgischen Recht.[204] Rechtsmittel gegen die *référé-*

---

[199] *Heiss*, Einstweiliger Rechtsschutz (1987), 85; *Eilers*, Maßnahmen des einstweiligen Rechtsschutzes (1991), 84.

[200] Bei einer Anordnung ohne Anhörung des Gegners ist eine Überprüfung durch *référé* (Verfahren des einstweiligen Rechtsschutzes mit Anhörung des Gegners) oder im Hauptsacheverfahren erforderlich, ansonsten ist die Maßnahme ungültig; *Nagel / Gottwald*, § 15, Rn. 88.

[201] *Nagel / Gottwald*, § 15, Rn. 86; *Morbach*, Einstweiliger Rechtsschutz in Zivilsachen (1988), 138.

[202] *Nagel / Gottwald*, § 15, Rn. 87; *Eilers*, Maßnahmen des einstweiligen Rechtsschutzes (1991), 89.

[203] *Eilers*, Maßnahmen des einstweiligen Rechtsschutzes (1991), 88, 103; *Kurtz*, Grenzüberschreitender einstweiliger Rechtsschutz (2004), 173; *Sonnenberger / Autexier*, Einführung in das französische Recht (2000), 242; zu den einzelnen Gerichtszweigen beim *référé*-Verfahren *Weber*, in: Blankenburg / Leipold / Wollschläger, Neue Wege im Zivilverfahren (1991), 143 (145 f.).

[204] Vgl. dazu schon oben § 5 C I 2 a, bei Fn. 158 ff.

Entscheidung haben keine aufschiebende Wirkung, weshalb die Eilmaßnahme häufig wie ein vorläufig vollstreckbares Urteil wirkt.[205] Vorteilhaft für den deutschen Gläubiger ist die *référé-provision*, weil diese auch ohne Sicherheitsleistung angeordnet und durch Zwangsmaßnahmen (*astreintes*) unterstützt werden kann.[206]

Für den gewerblichen Rechtsschutz hält das französische Recht die besonders effektive einstweilige Maßnahme der *saisie-contrefaçon* bereit.[207] Damit kann Piraterieware beschlagnahmt, und es können umfangreiche Beweismaßnahmen angeordnet werden, etwa das Betreten und Durchsuchen einer Wohnung durch einen Gerichtsvollzieher.[208] Auch besteht keine Abwehrmöglichkeit gegen die Anordnung der *saisie*. Problematisch ist wegen des Überraschungseffekts dieser einstweiligen Maßnahme allerdings die Möglichkeit der grenzüberschreitenden Anerkennung und Vollstreckung nach der EuGVVO bzw. EuGVÜ/LugÜ.[209]

Die *saisie-contrefaçon* bietet Vorteile gegenüber dem deutschen Recht, indem sie eine Beweiserhebung unter geringeren Voraussetzungen zulässt. Außerhalb eines Streitverfahrens können nämlich nach § 485 Abs. 1 ZPO zwar Beweise erhoben werden. Allerdings ist ein Ausforschungsbeweis unstatthaft, der Antragsteller darf sich also nicht erst Sicherheit über die eine beweisbedürftige Tatsache beschaffen dürfen.[210] § 809 BGB geht zwar insofern darüber hinaus, als dass die Beschaffung von Beweismitteln zulässig ist, von denen der Gläubiger keine exakte Kenntnis hat. Aber es ist dennoch – auch nach der die Befugnisse erheblich ausweitenden BGH-Entscheidung *Faxkarte*[211] – erforderlich, dass sich der Anspruch auf eine konkrete Sache oder Sachgesamtheit bezieht, und ein gewisser Grad an Wahrscheinlichkeit für das Bestehen des Anspruchs besteht.[212] Zudem hängt das Ausmaß der Beweiserhebung nunmehr – vergleichbar mit der

---

205 Mehr als 70 Prozent der *référé*-Verfahren sind de facto endgültig und führen zur Streitbeilegung, vgl. *Stadler*, JZ 1999, 1089 (1096); *Weber*, Die Verdrängung (1991), 88 f..

206 Dazu *Ferid / Sonnenberger*, Das Französische Zivilrecht 1/1, 1 C 175; *Brinkhof*, IIC 2000, 706 (720).

207 Dazu etwa *Véron*, MittdtschPatAnw. 2002, 386 (392); *Treichel*, GRUR Int. 2001, 690 (690 ff.); *Bird*, MittdtschPatAnw. 2002, 404 (406); hinsichtlich der Kosten *Vièl*, MittdtschPatAnw. 2002, 412 (412).

208 *Treichel*, GRUR Int. 2001, 690 (692 f.) m. w. N.; *Boval*, GRUR Int. 1993, 377 (378); weitere Unterformen sind die *saisie-description*, die eine detaillierte Beschreibung der Ware erlaubt, welches das Schutzrecht verletzt, und die *saisie-réelle*, welche die Beschlagnahme der Verletzerware zulässt, vgl. *Patnaik*, GRUR 2004, 190 (195); *Eichmann*, GRUR Int. 1989, 510 (511).

209 Vgl. dazu unten § 7 A I 1 b, bei Fn. 16.

210 *Nieder*, Die Patentverletzung (2004), Rn. 177, auch zu weiteren Nachteilen, etwa der Zustimmung des Gegners; *Pansch*, Die einstweilige Verfügung (2003), 97; *Füllkrug*, WRP 1987, 713 (714); *Götting*, GRUR Int. 1988, 729 (737).

211 BGH GRUR 2002, 1046 – *Faxkarte*.

212 BGH GRUR 1985, 512 (516) – *Druckbalken*; *Pansch*, Die einstweilige Verfügung (2003), 99; *Nieder*, Die Patentverletzung (2004), Rn. 178.

englischen *search order*[213] – von einer umfassenden Interessenabwägung ab.[214] Die *saisie-contrefaçon* lässt dagegen die Ausforschung zu.[215] Problematisch ist ferner, dass die deutsche Rechtsprechung, anders als etwa die französische oder belgische,[216] eine extraterritoriale Wirkung der Ergebnisse von Beweisverfahren ablehnt.[217]

b. Probleme im Erkenntnisverfahren

Im Erkenntnisverfahren kann es für den Betroffenen einer ‚Torpedoklage' wiederum ähnliche Probleme wie im deutschen Recht geben. Der für den Erlass einer französischen ‚einstweiligen Verfügung' notwendige Eilfall (Art. 809 nouv. c. proc. civ.) wird dann angenommen, wenn eine Verzögerung der Entscheidung die Interessen des Antragstellers gefährden würde, insbesondere wenn es zu einem irreparablen Schaden käme.[218] Auch die Frage, wie lange das Hauptsacheverfahren voraussichtlich dauern wird, spielt eine Rolle. Hier entspricht die Situation dem einstweiligen Verfügungsverfahren des deutschen Rechts: Eine überlange Verfahrensdauer kann zur Annahme eines Dringlichkeitsfalles führen, jedoch sind die Umstände insgesamt zu würdigen. Bei Leistungsansprüchen müssen wiederum zusätzliche Gefährdungsindizien gegeben sein.

III. Ergebnis zu den ausländischen Eilmaßnahmen

Ein kurzer Vergleich der einstweiligen Maßnahmen, die dem Betroffenen einer ‚Torpedoklage' im Ausland zur Verfügung stehen, mit deutschen Eilmaßnahmen zeigt, dass dieser nur selten Vorteile daraus ziehen kann, seinen Anspruch im Ausland zu verwirklichen. Geht der Gläubiger in den potenziellen ‚Torpedostaaten' Italien und Belgien vor, muss er wie in Deutschland einen Verfügungs- bzw. Arrestgrund glaubhaft machen, wofür die bloß lange Verfahrensdauer vor

---

[213] *Pansch*, Die einstweilige Verfügung (2003), 99; *Nieder*, Die Patentverletzung (2004), Rn. 187 a. E.

[214] BGH GRUR 2002, 1046 (1048) – *Faxkarte*; dem folgend BGH GRUR 2004, 420 (421); *Kühnen / Geschke*, Die Durchsetzung von Patenten in der Praxis (2005), Rn. 98; *Melullis*, Handbuch des Wettbewerbsprozesses (1991), Rn. 524; *Kurtz*, Grenzüberschreitender einstweiliger Rechtschutz (2004), 45 f.; *Ibbeken*, Das TRIPs-Übereinkommen (2004), 67 ff.

[215] *Ibbeken*, Das TRIPs-Übereinkommen (2004), 195; *Nieder*, Die Patentverletzung (2004), Rn. 187 a. E.; zum ganzen *Tilmann / Schreibauer*, FS Erdmann (2002), 901 (901).

[216] Vgl. *Treichel*, GRUR Int. 2001, 690 (698 f.).

[217] OLG Hamburg IPRax 2000, 530 (530); dazu MünchKommZPO-*Gottwald*, Art. 24 EuGVÜ, Rn. 2; *Hye-Knudsen*, Marken-, Patent- und Urheberrechtsverletzungen (2005), 206; krit. *Ibbeken*, Das TRIPs-Übereinkommen (2004), 205 ff.

[218] *Kurtz*, Grenzüberschreitender einstweiliger Rechtsschutz (2004), 174.

dem Erstgericht nicht ausreicht.[219] Zudem wird das angerufene Hauptsachegericht die eigene Verfahrensdauer wohl kaum als überlang bewerten.

Beantragt der Gläubiger in England, den Niederlanden oder Frankreich einstweiligen Rechtsschutz, so ergeben sich ebenfalls kaum Unterschiede. Nur in den Niederlanden kann sich ein gewisser Vorteil daraus ergeben, dass bereits das Nichtbestreiten einer Forderung durch den Antragsgegner eine einstweilige Verfügung rechtfertigen kann. Und auch die ‚drakonischen' Eilmaßnahmen in England haben einen größeren Effekt als in Deutschland.

In vielen europäischen Staaten bestehen allerdings dadurch Vorteile, dass zur Vorbereitung einer Eilmaßnahme oder eines Hauptsacheverfahrens Beweismaßnahmen möglich sind.

D. Ergebnis

Der Betroffene einer ‚Torpedoklage' hat mehrere Möglichkeiten, in Deutschland sowohl zur Durchsetzung eines Unterlassungs- als auch eines Leistungsanspruchs einstweiligen Rechtsschutz zu erlangen. Allerdings kann das Ergebnis unterschiedlich ausfallen: Bereits bei der Frage, ob eine Eilmaßnahme zur Befriedigung des Anspruchs führt, wird deutlich, dass der einstweilige Rechtsschutz durchaus nicht in allen Konstellationen eine Alternative zum Hauptsacheverfahren darstellt: So kann nur die einstweilige Verfügung eine vorläufige Befriedigung des Anspruchs herbeiführen, während der Arrest durchweg auf Sicherung gerichtet ist.

Im Erkenntnisverfahren kommen für den Antragsteller weitere Probleme hinzu: Er muss stets einen Verfügungs- bzw. Arrestgrund glaubhaft machen, was allerdings nicht allein mit dem Hinweis darauf gelingt, dass das ausländische Hauptsacheverfahren überlang dauern könnte. Stattdessen muss jeweils auch die Gefährdung der Anspruchsdurchsetzung dargelegt werden. Am besten sind die Chancen bei der Befriedigungsverfügung auf Unterlassen, weil bereits durch den Zeitablauf und fortwährendes Zuwiderhandeln des Antragsgegners ein irreparabler wirtschaftlicher Schaden eintreten kann. Beim Arrest und der einstweiligen Verfügung in Leistungsfällen hat die überlange Verfahrensdauer allein keine Indizwirkung und spielt daher auch eine geringere Rolle.

Wendet sich der Gläubiger ins Ausland und beantragt dort einstweiligen Rechtsschutz, so fällt auf, dass sich dieses Ergebnis kaum ändert. Auch dort wird der Gläubiger Probleme haben, eine besondere Dringlichkeit als Voraussetzung der jeweiligen Eilmaßnahme darzulegen. Vorteile bestehen nur insofern, als dass die ausländischen Maßnahmen zum Teil weitergehend sind als die deutschen.

---

[219] Vgl. auch das rechtsvergleichende Ergebnis von *Kofmehl Ehrenzeller*, Der vorläufige Rechtsschutz (2005), 292, die meint, es gebe international nur geringe Unterschiede beim Verfügungsgrund.

Im Ergebnis bleibt in Deutschland nur die einstweilige Verfügung taugliches Mittel, um in Unterlassungs- als auch in Leistungsfällen Rechtsschutz zu erlangen. Die Untersuchung beschränkt sich daher im folgenden auf diese.

§ 6. Die Zuständigkeiten für Eilmaßnahmen zur Durchsetzung von Unterlassungs- und Leistungsansprüchen

Ist geklärt, welche Eilmaßnahmen für den Betroffenen einer ‚Torpedoklage' in Betracht kommen, stellt sich die Frage, vor welchen Gerichten der Gläubiger seinen (vermeintlichen) Schuldner in Anspruch nehmen kann. Da ‚Torpedoklagen' einen grenzüberschreitenden Bezug haben und eine im (meist europäischen) Ausland anhängige Klage beinhalten, spielt für die internationale Zuständigkeit das europäische System des einstweiligen Rechtsschutzes eine Rolle. Dieses hat in Art. 31 EuGVVO (Art. 24 EuGVÜ/LugÜ) nur eine ansatzweise Regelung erfahren, indem für die Maßnahmen des einstweiligen Rechtsschutzes auf die nationalen Rechtsordnungen verwiesen wird.[1] Bevor im folgenden diese Zuständigkeiten dargestellt werden,[2] ist zunächst der Anwendungsbereich des Art. 31 EuGVVO (Art. 24 EuGVÜ/LugÜ) zu untersuchen.[3] Danach sind mögliche Begrenzungen der Eilzuständigkeit, etwa wegen der rechtshängigen ‚Torpedoklage' oder einer Gerichtsstandsvereinbarung, in den Blick zu nehmen.[4] Schließlich ist zu fragen, ob auch die Kognitionsbefugnis des angerufenen Gerichts bei grenzüberschreitenden Bezügen eingeschränkt ist.[5]

A. Die Vorgaben für die internationale Zuständigkeit nach Art. 31 EuGVVO (Art. 24 EuGVÜ/LugÜ)

‚Torpedoklagen' haben insbesondere für das europäische Zivilprozessrecht Bedeutung erlangt, namentlich weil sie wegen der besonderen Auslegung von Art. 27 EuGVVO (Art. 21 EuGVÜ/LugÜ) begünstigt werden. Untersucht man den einstweiligen Rechtsschutz als Instrument gegen ‚Torpedos', ist deshalb das europäische Zuständigkeitssystem gemäß Art. 31 EuGVVO (Art. 24 EuGVÜ/LugÜ) von großer Bedeutung. Für einen Gläubiger, der Eilrechtsschutz in Deutschland erlangen will – die Ausgangslage für die Untersuchung – hat Art. 31 EuGVVO (Art. 24 EuGVÜ/LugÜ) zusätzliche Bedeutung, weil die Vorschrift die internationalen Eilzuständigkeiten der nationalen Rechtsordnungen und damit – auch im Fall einer anhängigen ‚Torpedoklage' im Ausland – die internationale Zuständigkeit deutscher Gerichte grundsätzlich eröffnet. Vorab ist deshalb zu klären, wann Art. 31 EuGVVO (Art. 24 EuGVÜ/LugÜ) zur Anwendung kommt. Dies ist davon abhängig, welche begrifflichen Voraussetzungen der Begriff der einstweiligen Maßnahme umfasst.

---

[1] *Kropholler*, EZPR, Art. 31 EuGVVO, Rn. 1; Rauscher-*Leible*, Art. 31 Brüssel I-VO, Rn. 1; *v. Hoffmann / Thorn*, IPR, Rn. 253a.

[2] Vgl. § 6 A II.

[3] Vgl. § 6 A I.

[4] Vgl. § 6 B I, II.

[5] Vgl. § 6 B III.

I. Der Anwendungsbereich des Art. 31 EuGVVO (Art. 24 EuGVÜ/LugÜ)

Nach der Rechtsprechung des EuGH ist der Begriff der einstweiligen Maßnahme autonom auszulegen.[6] Er umfasst Maßnahmen, ‚*die auf in den Anwendungsbereich des Übereinkommens* (also des EuGVÜ bzw. nunmehr der EuGVVO) *fallenden Rechtsgebieten ergehen und eine Sach- oder Rechtslage erhalten sollen, um Rechte zu sichern, deren Anerkennung im übrigen bei dem in der Hauptsache zuständigen Gericht beantragt wird.*'[7] Maßnahmen im Sinne von Art. 31 EuGVVO (Art. 24 EuGVÜ/LugÜ) sollen also nur einen vorläufigen, vom Ausgang eines späteren Hauptsacheverfahrens abhängigen Rechtsschutz gewähren.[8]

Aufgrund der weiten Auslegung durch den EuGH werden die meisten vorläufigen Maßnahmen in den Mitgliedstaaten von Art. 31 EuGVVO (Art. 24 EuGVÜ/LugÜ) erfasst.[9] Dies sind zum einen Sicherungsverfügungen, die eine spätere Vollstreckung in der Hauptsache bzw. den Rechtsfrieden sichern sollen, zum anderen Leistungsverfügungen.[10] Im deutschen Recht betrifft dies im allgemeinen Arrest (§§ 916 ff. ZPO) und einstweilige Verfügung (§ 935 ZPO), einschließlich der Leistungs- bzw. Befriedigungsverfügung (§ 940 ZPO), ferner die einstweilige Verfügung in Ehe- und Kindschaftssachen (§§ 620, 621 f., 641d ZPO) und das selbstständige Beweisverfahren (§ 485 ZPO).[11]

Art. 31 EuGVVO (Art. 24 EuGVÜ/LugÜ) kommt nach den Grundsätzen der Art. 2 und 4 EuGVVO (EuGVÜ/LugÜ) räumlich zur Anwendung, wenn der Gegner seinen Wohnsitz bzw. Sitz in einem Mitglied- oder Vertragsstaat hat.[12] Dabei ist zu beachten, dass eine ‚Torpedoklage' auch möglich ist, wenn Kläger und Beklagter ihren Sitz in einem und demselben Mitglied- bzw. Vertragsstaat

---

[6] EuGH Slg. 1992 I, 2149 (2184), Rn. 34 – *Reichert / Dresdner Bank*; Czernich / Tiefenthaler / Kodek-*Czernich*, Art. 31 EuGVVO, Rn. 2; Geimer / Schütze-*Geimer*, EZVR, Art. 31 EuGVVO, Rn. 34; MünchKomm-*Gottwald*, Art. 24 EuGVÜ, Rn. 2; *Albrecht*, Das EuGVÜ und der einstweilige Rechtsschutz (1991), 102; *Wolf*, EuZW 2000, 11 (13 f.).

[7] EuGH Slg. 1992 I, 2149 (2184), Rn. 34 – *Reichert / Dresdner Bank*, Slg. 1998 I, 7091 (7134), Rn. 37 – *van Uden / Deco-Line*; jüngst EuZW 2005, 401 (401), Rn. 13 – *St. Paul Dairy Industries / Unibel Exser.*

[8] *Kropholler*, EZPR, Art. 31 EuGVVO, Rn. 5; Burgstaller / Neumayr-*Burgstaller / Neumayr*, Art. 31 EuGVVO, Rn. 8; MünchKommZPO-*Gottwald*, Art. 24 EuGVÜ, Rn. 2; *Grunsky*, RIW 1977, 1 (7).

[9] *Kropholler*, EZPR, Art. 31 EuGVVO, Rn. 5; *Schlosser*, EUZ, Art. 31 EuGVVO, Rn. 26; *Hölder*, Grenzüberschreitende Durchsetzung (2004), 198.

[10] *Rauscher*-Leible, Art. 31 Brüssel I-VO, Rn. 8; Burgstaller / Neumayr-*Burgstaller / Neumayr*, Art. 31 EuGVVO, Rn. 9 ff.; *Nagel / Gottwald*, § 15, Rn. 15.

[11] Thomas / Putzo-*Hüßtege*, Art. 31 EuGVVO, Rn. 2; Musielak-*Weth*, Art. 31 EuGVVO, Rn. 2; MünchKommZPO-*Gottwald*, Art. 24 EuGVÜ, Rn. 2; Rauscher-*Leible*, Art. 31 Brüssel I-VO, Rn. 13; zur Leistungsverfügung etwa Geimer / Schütze-*Geimer*, EZVR, Art. 31 EuGVVO, Rn. 42 ff.

[12] Burgstaller / Neumayr-*Burgstaller / Neumayr*, Art. 31 EuGVVO, Rn. 5; MünchKommZPO-*Gottwald*, Art. 24 EuGVÜ, Rn. 1; Thomas / Putzo-*Hüßtege*, Art. 31 EuGVVO, Rn. 1; *Heiss*, Einstweiliger Rechtsschutz (1987), 16 f.

haben.[13] Sachlich erfasst Art. 31 EuGVVO (Art. 24 EuGVÜ/LugÜ) dabei nur einstweilige Maßnahmen auf Rechtsgebieten, die von der EuGVVO bzw. dem EuGVÜ/LugÜ erfasst sind.[14] Diese können bei den Gerichten des jeweiligen Mitgliedstaats auch dann beantragt werden, wenn für die Entscheidung in der Hauptsache das Gericht eines anderen Mitgliedstaates zuständig ist.

II. Die Zuständigkeiten im einstweiligen Rechtsschutzsystem des Art. 31 EuGVVO (Art. 24 EuGVÜ/LugÜ)

Ist Art. 31 EuGVVO (Art. 24 EuGVÜ/LugÜ) anwendbar, so ist zu fragen, welche gerichtlichen Zuständigkeiten sich danach im europäischen Raum ergeben. Mit Blick auf die Zuständigkeit für einstweilige Maßnahmen eröffnet Art. 31 EuGVVO (Art. 24 EuGVÜ/LugÜ) ein dreispuriges System: Eilmaßnahmen können sowohl bei dem mit der Hauptsache betrauten Gericht als auch bei den Gerichten der europäischen bzw. nationalen Zuständigkeitsordnung beantragt werden, das heißt bei den nach Art. 2 ff. EuGVVO (EuGVÜ/LugÜ) als auch bei nach dem nationalen Verfahrensrecht zuständigen Gerichten.[15] Der Betroffene einer ‚Torpedoklage' hat also ein Wahlrecht, ob er Maßnahmen des Hauptsachegerichts beantragt oder einstweiligen Rechtsschutz bei sonstigen Gerichten sucht.[16] Im folgenden ist zu untersuchen, welche Besonderheiten für die jeweilige ‚Gruppe' von Gerichten zu beachten sind.

1. Gericht der Hauptsache

Das Gericht, das für die Hauptsache zuständig ist (Hauptsachegericht), kann gemäß Art. 31 EuGVVO (Art. 24 EuGVÜ/LugÜ) auch in Bezug auf einstweilige Maßnahmen angerufen werden.[17] Diese Annexkompetenz entspricht sowohl dem deutschen[18] als auch dem internationalen Trend, wonach in erster Linie das Gericht der Hauptsache für unterstützende Sicherungsmaßnahmen zuständig

---

[13] *Kropholler*, EZPR, vor Art. 27 EuGVVO, Rn. 2; Burgstaller / Neumayr-*Burgstaller / Neumayr*, Art. 27 EuGVVO, Rn. 2; vgl. auch schon oben § 3 A I 1 a aa, bei Fn. 34.

[14] EuGH Slg 1998 I, 7091 (7134), Rn. 37 – *van Uden / Deco-Line*; Musielak-*Weth*, Art. 31 EuGVVO, Rn 1; *Basedow*, Hdb. IZVR I, Rn. 99 (S. 147); *Eilers*, Maßnahmen des einstweiligen Rechtsschutzes (1991), 190; *Grundmann*, Anerkennung und Vollstreckung (1996), 111.

[15] Rauscher-*Leible*, Art. 31 Brüssel I-VO, Rn. 2; *Kropholler*, EZPR, Art. 31 EuGVVO, Rn. 1; *Hess / Vollkommer*, IPRax 1999, 220 (221); *Micklitz / Rott*, EuZW 2002, 15 (23).

[16] Rauscher-*Leible*, Art. 31 Brüssel I-VO, Rn. 14; *Schack*, IZVR, Rn. 424; *Schulz*, ZEuP 2001, 805 (829).

[17] EuGH Slg. 1998 I, 7091 (7130), Rn. 19 – *van Uden / Deco-Line*; Slg. 1999 I, 2277 (2314), Rn. 41 – *Mietz / Intership Yachting*; Burgstaller / Neumayr-*Burgstaller / Neumayr*, Art. 31 EuGVVO, Rn. 15; *Kropholler*, EZPR, Art. 31 EuGVVO, Rn. 10; Geimer / Schütze-*Geimer*, EZVR, Art. 31 EuGVVO, Rn. 4; *Nagel / Gottwald*, § 15, Rn. 8; der EuGH hat sich damit der bereits vorherrschenden Meinung zu Art. 24 EuGVÜ angeschlossen.

[18] Vgl. die Regelungen der §§ 620 Abs. 4, 919, 937, 943 ZPO.

ist.[19] Hauptsache bedeutet dabei der zu verhandelnde Anspruch.[20] Von einer Hauptsachezuständigkeit ist dabei auszugehen, wenn das Eilgericht ausdrücklich seine Zuständigkeit für einstweilige Maßnahmen mit einer Zuständigkeit nach der europäischen Zuständigkeitsordnung bejaht hat, oder wenn sich dies aus dessen Entscheidung ergibt.[21]

Für die Kompetenz des Hauptsachegerichts für den Erlass einstweiliger Maßnahmen ist es nicht erforderlich, dass das Hauptsacheverfahren bereits anhängig ist: Ist es noch nicht anhängig, können bei allen nach den Art. 2 ff. EuGVVO (EuGVÜ/LugÜ) eröffneten Gerichtsständen Eilmaßnahmen beantragt werden.[22] Ist bereits eine Klage erhoben – die Ausgangslage für den Betroffenen einer ‚Torpedoklage' – so ist das Hauptsachegericht befugt, alle für das Verfahren notwendigen einstweiligen oder sichernden Maßnahmen zu treffen, ohne dass es dazu Art. 31 EuGVVO (Art. 24 EuGVÜ/LugÜ) heranziehen muss.[23] Der Gläubiger kann also alle oben angesprochenen Eilmaßnahmen jedenfalls auch bei dem bereits vom ‚Torpedokläger' angerufenen Hauptsachegericht beantragen. Umstritten ist lediglich, ob er bei rechtshängiger Hauptsache auch noch bei den anderen potenziell für die Hauptsache zuständigen Gerichten im Sinne von Art. 2 ff. EuGVVO (EuGVÜ/LugÜ) einstweiligen Rechtsschutz erlangen kann.[24]

Die Zuständigkeit des Hauptsachegerichts ist unabhängig von weiteren Voraussetzungen, etwa von Einschränkungen im Bereich der Leistungs- bzw. Befriedigungsverfügungen.[25] Sie entspricht also der Kompetenz in der Hauptsache.

2. Gerichte der Art. 2 ff. EuGVVO (EuGVÜ/LugÜ)

Eine Zuständigkeit für einstweilige Maßnahmen besteht für den Gläubiger auch bei den nach Art. 2 ff. EuGVVO (EuGVÜ/LugÜ) vorgesehenen potenziellen

---

[19] *Hess / Vollkommer*, IPRax 1999, 220 (221); rechtsvergleichender Überblick bei *Eilers*, Maßnahmen des einstweiligen Rechtsschutzes (1991), 5-173: Danach gibt es eine Eilzuständigkeit des Hauptsachegerichts etwa auch in den ‚Torpedostaaten' Italien (156) und Belgien (112).

[20] MünchKommZPO-*Heinze*, § 919 ZPO, Rn. 4; Musielak-*Huber*, § 943 ZPO, Rn. 2; HdBVR-*Dunkl*, Rn. A 128.

[21] EuGH Slg. 1999 I, 2277 (2316), Rn. 50 – *Mietz / Intership Yachting*; Rauscher-*Leible*, Art. 31 Brüssel I-VO, Rn. 37; *Kropholler*, EZPR, Art. 31 EuGVVO, Rn. 22.

[22] Geimer / Schütze-*Geimer*, EZVR, Art. 31 EuGVVO, Rn. 7; Rauscher-*Leible*, Art. 31 Brüssel I-VO, Rn. 18; Burgstaller / Neumayr-*Burgstaller / Neumayr*, Art. 31 EuGVVO, Rn. 16.

[23] EuGH Slg. 1999 I, 2277 (2314), Rn. 40 – *Mietz / Intership Yachting*.

[24] Dazu sogleich unter § 6 A II 2 a aa, bei Fn. 27 ff.

[25] EuGH Slg. 1999 I, 2277 (2314, 2315), Rn. 41, 46 – *Mietz / Intership Yachting*; *Kropholler*, EZPR, Art. 31 EuGVVO, Rn. 12; z. B. ist die Anordnung einer Sicherheitsleistung bei einer Befriedigungsverfügung nicht notwendig, auch muss sich kein Schuldnervermögen im Gerichtsstaat befinden, vgl. Rauscher-*Leible*, Art. 31 Brüssel I-VO, Rn. 16.

Hauptsachegerichten.[26] Jedes Gericht kann seine Zuständigkeit auf diese Vorschriften stützen. Problematisch ist aber, ob die Gerichtsstände nach den Art. 2 ff. EuGVVO (EuGVÜ/LugÜ) auch bei rechtshängiger ‚Torpedoklage' eröffnet bleiben.

a. Zuständigkeit bei rechtshängiger ‚Torpedoklage'

aa. Meinungsstand in Rechtsprechung und Literatur

Der EuGH hat die Frage der Zuständigkeit der sonstigen Gerichte der europäischen Zuständigkeitsordnung bei Anhängigkeit der Hauptsache nicht ausdrücklich angesprochen.[27] Von einer Kompetenz der sonstigen nach Verordnung bzw. Übereinkommen zuständiger Gerichte zum Erlass von einstweiligen Maßnahmen geht eine starke Ansicht im Schrifttum jedoch aus:[28] Rechtsschutzlücken könnten vermieden werden, indem dem Antragsteller durch unterschiedliche Maßnahmen des noch nicht harmonisierten einstweiligen Rechtsschutzes effektiv geholfen werde und grenzüberschreitende Sicherungsmaßnahmen ergehen könnten.[29]

Die Gegenansicht beruft sich darauf, dass gleichwohl noch die gemäß Art. 31 EuGVVO (Art. 24 EuGVÜ/LugÜ) bestehenden Zuständigkeiten der nationalen Rechtsordnungen offen stünden.[30] Außerdem könne der Gläubiger mehrere offen stehende Hauptsachekompetenzen im Wege des einstweiligen Rechtsschut-

---

[26] Burgstaller / Neumayr-*Burgstaller / Neumayr*, Art. 31 EuGVVO, Rn. 19; Czernich / Tiefenthaler / Kodek-*Czernich*, Art. 31 EuGVVO, Rn. 3; *Hess / Vollkommer*, IPRax 1999, 220 (221 f.).

[27] EuGH Slg. 1998 I, 7091 (7133), Rn. 34 – *van Uden / Deco-Line*, wo der EuGH aber nur die Befugnis des Hauptsachegerichts für den Erlass einstweiliger Maßnahmen anspricht; ist die Hauptsache dagegen noch nicht rechtshängig (was allerdings nicht die hier zu behandelnde Situation ist), so genügt die fiktive Hauptsachezuständigkeit. Der Gläubiger hat also die Auswahl zwischen allen nach den Art. 2 ff. EuGVVO (EuGVÜ/LugÜ) zuständigen Gerichten, vgl. Rauscher-*Leible*, Art. 31 Brüssel I-VO, Rn. 18.

[28] Rauscher-*Leible*, Art. 31 EuGVVO, Rn. 17; *Schlosser*, EUZ, Art. 31 EuGVVO, Rn. 5; *Stadler*, JZ 1999, 1089 (1094 f.); *Hess / Vollkommer*, IPRax 1999, 220 (224); *Spellenberg / Leible*, Anm. zu EuGH, Urt. v. 17.11.1998 – *van Uden / Deco-Line*, ZZP Int. 4 (1998), 220 (228); *Heinze*, RIW 2003, 922 (926); tendenziell auch Geimer / Schütze-*Pörnbacher*, Int. Rechtsverkehr, Art. 31 EuGVVO, Rn. 11 (für Schiedsvereinbarung).

[29] *Hess / Vollkommer*, IPRax 1999, 220 (224), allerdings ohne nähere Ausführungen; s. auch *Spellenberg / Leible*, Anm. zu EuGH, Urt. v. 17.11.1998 – *van Uden / Deco-Line*, ZZP Int. 4 (1998), 220 (228).

[30] *Kropholler*, EZPR, Art. 31 EuGVVO, Rn. 11, 19; Geimer / Schütze-*Wolf*, Int. Rechtsverkehr, Art. 24 EuGVÜ, Rn. 13 f., 16 f.; *Wolf*, EWS 2000, 11 (14); *Schulz*, ZEuP 2001, 805 (813); *Wolf / Lange*, RIW 2003, 55 (61); *Grothe*, IPRax 2004, 83 (88), allerdings anders, wenn das Zweitgericht bereits das Hauptsacheverfahren ausgesetzt hat.

zes ‚durchtesten', um dann am Ende das für ihn günstigste Forum auszuwählen.[31]

bb. Diskussion und Stellungnahme

Gegen die letztere Ansicht spricht folgendes Argument: Dem EuGH geht es darum, möglichst sachnahe Gerichte zur Entscheidung zu berufen.[32] Eine solche Sachnähe gewährleistet jedoch bereits das Zuständigkeitssystem nach den Art. 2 ff. EuGVVO (EuGVÜ/LugÜ).[33] Ein ‚Durchtesten' der Gerichtsstände wäre auch bei den Gerichten der nationalen Zuständigkeitsordnung möglich; und bei anhängiger Hauptsache könnte es vergeblich bleiben, wenn das Erstgericht schließlich zur Entscheidung kommt.

Zwar könnte man einwenden, dass die *van Uden*-Entscheidung des EuGH gegen eine Zuständigkeit der potenziellen Hauptsachegerichte nach der EuGVVO bzw. des EuGVÜ/LugÜ spreche:[34] Denn der EuGH hatte jedenfalls bei Bestehen einer Schiedsvereinbarung, mit der die Parteien die Zuständigkeit eines staatlichen Hauptsachegerichts ausgeschlossen hatten, eine Eilzuständigkeit verneint, weil schon keine Hauptsachezuständigkeit bestehe.[35] Man könnte diesen Gedanken daher auf die Situation übertragen, dass eine Zuständigkeit zwar besteht, aber gemäß Art. 27 EuGVVO (Art. 21 EuGVÜ/LugÜ) nicht die Befugnis, das Verfahren zu eröffnen. Dagegen ist jedoch einzuwenden, dass der EuGH einen solchen Ausschluss aufgrund der Rechtshängigkeitsregeln nicht erwähnt:[36] Der EuGH bezog sich ausdrücklich auf die Situation, dass gar keine Zuständigkeit eines staatlichen Gerichts nach der Zuständigkeitsordnung der EuGVVO bzw. des EuGVÜ/LugÜ besteht. Man kann daraus schließen, dass zumindest dann, wenn eine Zuständigkeit nach der EuGVVO gegeben ist, auch die nach europäischer Zuständigkeitsordnung (das heißt nach der EuGVVO bzw. EuGVÜ/LugÜ) berufenen Gerichte zuständig bleiben. Es erschiene auch unverständlich, warum der EuGH bei den Gerichten der nationalen Zuständigkeitsordnung keine Ausschlusswirkung eintreten lassen wollte, die doch gerade offenbar nicht immer eine sichere Gewähr für Sachnähe bieten.[37] In der Folge wären die Gerichte der

---

[31] *Wolf / Lange*, EWS 2003, 55 (61).

[32] Vgl. EuGH Slg. 1998 I, 7091 (7135), Rn. 39 – *van Uden / Deco-Line.*

[33] Rauscher-*Leible*, Art. 31 EuGVVO, Rn. 17; *Spellenberg / Leible*, Anm. zu EuGH, Urt. v. 17.11.1998 – *van Uden / Deco-Line*, ZZP Int. 4 (1998), 220 (228).

[34] *Kropholler*, EZPR, Art. 31 EuGVVO, Rn. 19; *Wolf*, EWS 2000, 11 (14).

[35] EuGH Slg. 1998 I, 7091 (7131), Rn. 24 f. – *van Uden / Deco-Line.*

[36] Der EuGH spricht lediglich aus, dass bei Bestehen einer Hauptsachezuständigkeit nach dem EuGVÜ auch eine Eilzuständigkeit gegeben sei, vgl. EuGH Slg. 1998 I, 7091 (7130), Rn. 19 – *van Uden / Deco-Line*; s. auch Slg. 1999 I, 2277 (2314), Rn. 40 – *Mietz / Intership Yachting.*

[37] Die Sachnähe ist deshalb zweifelhafter, weil Art. 3 Abs. 2 EuGVVO (EuGVÜ/LugÜ) für das Hauptsacheverfahren die exorbitanten Gerichtsstände des nationalen Rechts ausschließt.

nationalen Zuständigkeitsordnung beständiger als diejenigen der EuGVVO (bzw. des EuGVÜ/LugÜ).[38]

Auch folgende Erwägung spricht für eine Zuständigkeit der Gerichte nach Art. 2 ff. EuGVVO (EuGVÜ/LugÜ) bei anhängiger ‚Torpedoklage': Art. 31 EuGVVO (Art. 24 EuGVÜ/LugÜ) will dem Antragsteller den oft langwierigen Weg ersparen, zunächst beim europäischen Hauptsachegericht eine Eilmaßnahme beantragen zu müssen, um sie dann in einem anderen Staat anerkennen und vollstrecken zu lassen.[39] Vielmehr soll der Antragsteller vor einem sachnahen Gericht mit einer räumlichen Beziehung zum Vollstreckungsobjekt effektiven Rechtsschutz erhalten.[40] Diese Effektivität wird dadurch am besten gewahrt, dass dem Antragsteller möglichst viele Gerichtsstände offen stehen. Eine Eingrenzung auf die autonom-nationalen Zuständigkeiten wäre dagegen kontraproduktiv.

Der Gläubiger kann seinen Antrag auf Erlass einer einstweiligen Verfügung somit richtigerweise nicht nur beim Hauptsachegericht stellen, wobei allerdings weiter problematisch ist, ob die Maßnahmen der nach Art. 2 ff. EuGVVO (EuGVÜ/LugÜ) berufenen sonstigen Gerichte im Ausland vollstreckbar sind.[41] Auch die Einschränkungen, die der EuGH für die Gerichte der nationalen Zuständigkeitsordnung macht,[42] gelten für die Gerichte der europäischen Zuständigkeitsordnung nicht.[43] Denkbar ist also beispielsweise, dass der Gläubiger die Schutzrechtsverletzung des vermeintlichen Schuldners von einem Gericht gemäß Art. 22 Nr. 4 EuGVVO (Art. 16 Nr. 4 EuGVÜ/LugÜ) im Staat der Registrierung des Schutzrechts per Eilmaßnahme untersagen lässt, obwohl der Schuldner bereits eine ‚Torpedoklage' in einem anderen Staat anhängig gemacht hat.[44]

b. Ergebnis

Die Zuständigkeit von nach der EuGVVO bzw. dem EuGVÜ/LugÜ berufenen potenziellen Hauptsachegerichten zum Erlass einstweiliger Maßnahmen bleibt (wie bei den Gerichten der nationalen Zuständigkeitsordnung) auch dann erhal-

---

[38] *Heinze*, EWS 2003, 922 (926).

[39] *Albrecht*, Das EuGVÜ und der einstweilige Rechtsschutz (1991), 177 f.; *Eilers*, Maßnahmen des einstweiligen Rechtsschutzes (1991), 201 ff.; *Grundmann*, Anerkennung und Vollstreckung (1996), 144; *Gronstedt*, Grenzüberschreitender einstweiliger Rechtsschutz (1994), 22.

[40] *Gronstedt*, Grenzüberschreitender einstweiliger Rechtsschutz (1994), 22; *Puttfarken*, Anm. zu OLG Koblenz, Urt. v. 2.5.1977, 360 (360); *Bauer*, DB 1973, 2333 (2337).

[41] Vgl. dazu § 7 A I 1 b, bei Fn. 22.

[42] Vgl. dazu sogleich unten § 6 A II 3 a, bei Fn. 51 ff.

[43] Vgl. EuGH Slg. 1999 I, 2277 (2314), Rn. 40 – *Mietz / Intership Yachting*; Geimer / Schütze-*Geimer*, EZVR, Art. 31 EuGVVO, Rn. 4 f.; *Hess / Vollkommer*, IPRax 1999, 220 (224).

[44] Zur Frage der Rechtskraft und Rechtshängigkeit bei Eilmaßnahmen vgl. § 7 B II 1, bei Fn. 150 ff., § 7 B II 2.

ten, wenn die Hauptsache bereits anhängig ist, und das später angerufene Gericht wegen der früheren ‚Torpedoklage' das Verfahren ausgesetzt hat.[45]

3. Gerichte der nationalen Zuständigkeitsordnung

Neben den Zuständigkeiten des europäischen Zivilprozessrechts lässt Art. 31 EuGVVO (Art. 24 EuGVÜ/LugÜ) internationale Zuständigkeiten nach den nationalen Rechtsordnungen zu, und zwar unabhängig von einer europäischen Hauptsachezuständigkeit. Für den Fall, dass bereits das Hauptsacheverfahren bei einem anderen Gericht anhängig ist, hat der EuGH entschieden, dass dennoch eine internationale Eilzuständigkeit der Gerichte der nationalen Zuständigkeitsordnungen besteht,[46] und damit eine umstrittene Frage beantwortet.[47] Weil der EuGH auch exorbitante Zuständigkeiten zulassen will,[48] bestimmt sich die Zuständigkeit – nicht nur die Art der Eilmaßnahmen – nach nationalen Verfahrensvorschriften.[49]

Besondere Probleme bereiten jedoch die Voraussetzungen, an die der EuGH in den Entscheidungen *van Uden* und *Mietz* die internationale Zuständigkeit der nationalen Gerichte für einstweilige Maßnahmen knüpft. Diese Beschränkungen sind dem Umstand geschuldet, dass die Eilmaßnahmen von nicht zur Hauptsache berufenen Gerichten nur ‚unterstützende' Funktion in Bezug auf das Hauptverfahren haben sollen.[50]

a. Besondere Erfordernisse nach der Rechtsprechung des EuGH (Entscheidungen van Uden und Mietz)

aa. Besonderes Erfordernis der ‚realen Verknüpfung'

Damit die Zuständigkeit eines Gericht der nationalen Zuständigkeitsordnung gegeben ist, verlangt der EuGH, dass eine ‚reale Verknüpfung' zwischen dem

---

[45] Burgstaller / Neumayr-*Burgstaller / Neumayr*, Art. 31 EuGVVO, Rn. 18; *Kropholler*, EZPR, Art. 31 EuGVVO, Rn. 19.

[46] EuGH Slg. 1998 I, 7091 (7132), Rn. 29 – *van Uden / Deco-Line.*

[47] Vgl. *Schulz*, ZEuP 2001, 805 (812); *Puhr*, Die internationale Zuständigkeit (2004), 234 f.; insbesondere *Franzosi*, MittdtschPatAnw. 1998, 300 (301), hatte vertreten, bei Rechtshängigkeit der Hauptsache sollten auch die autonom-nationalen Gerichte nicht mehr befugt sein, einstweilige Maßnahmen zu erlassen; dazu *Hölder*, Grenzüberschreitende Durchsetzung (2004), 201 f.; *Giudicelli*, Cross Border Injunctions (2001), 91 f.

[48] So die deutliche Formulierung des EuGH in der *van Uden*-Entscheidung, Slg. 1998 I, 7091 (7135), Rn. 42, das Verbot der Geltendmachung exorbitanter Zuständigkeitsvorschriften gelte nicht für die Sonderregelung des Art. 24 EuGVÜ (nunmehr Art. 31 EuGVVO); so schon *Geimer*, NJW 1986, 2991 (2993).

[49] Dagegen jedoch *Willeitner*, Vermögensgerichtsstand und einstweiliger Rechtsschutz (2003), 140 ff.

[50] *Hess / Vollkommer*, IPRax 1999, 220 (223).

Sicherungsobjekt und dem Gericht besteht, das die Eilmaßnahme anordnet.[51] Was mit einer solchen ‚realen Verknüpfung' allerdings gemeint ist, lässt der EuGH weitgehend offen und überlässt die Rechtsfortbildung somit den nationalen Gerichten.[52] Lediglich für Maßnahmen, welche die vorläufige Erbringung einer vertraglichen Hauptleistung anordnen – wie etwa eine Leistungs- bzw. Befriedigungsverfügung des deutschen Rechts – hat der Gerichtshof Konkretisierungen getroffen.[53] Im folgenden soll der Frage der Auslegung des Erfordernisses nachgegangen werden.

(1) Vollstreckungsbezogene Auslegung des Erfordernisses

Überwiegend wird das Erfordernis der ‚realen Verknüpfung' so interpretiert, dass die nationalen Gerichte in denjenigen Staaten für Eilmaßnahmen zuständig sind, in denen eine reale Möglichkeit der Vollstreckung dieser Maßnahmen besteht.[54] Dafür wird angeführt, dass der EuGH bereits in der Entscheidung *Denilauler / Couchet Frères* aus dem Jahr 1980 ausgeführt hatte, dass die Gerichte des Vertragsstaates, in dem sich die von der beantragten Maßnahme betroffenen Gegenstände befinden, am ehesten zur Entscheidung über den Antrag auf Gewährung einstweiligen Rechtsschutzes in der Lage seien.[55] Der Gerichtshof bestätige diese Auslegung im *Van Uden*-Fall mit dem Postulat der ‚realen Verknüpfung':[56] Es solle – so der EuGH – verhindert werden, dass ein sachfernes Gericht vollstreckungsfähige einstweilige Maßnahmen erlasse, die der Antragsteller sodann im Ausland anerkennen und vollstrecken lassen würde.[57] Dies könne besonders bei Befriedigungsverfügungen dazu führen, dass die Hauptsachege-

---

[51] EuGH Slg. 1998 I, 7091 (7135), Rn. 40 – *van Uden / Deco-Line*; nach anderer Ansicht in Teilen der Literatur und Rechtsprechung sollen die Gerichtsstände im Sinne des Art. 3 Abs. 2 EuGVVO (EuGVÜ/LugÜ) nur zugelassen werden, sofern es sich bei ihnen um spezifische Eilgerichtsstände handelt; vgl. LG Frankfurt/Main, IPRspr. 1977, Nr. 165 (S. 493 f.); *Eilers*, Maßnahmen des einstweiligen Rechtsschutzes (1991), 205 f.; *Puttfarken*, Anm. zu OLG Koblenz, Urt. v. 2.5.1975, RIW 1977, 360 (360); *Zeiler*, JBl 1996, 635 (638 f.); Überblick bei *Gerhard*, SZIER 1999, 97 (129), Fn. 130; eine andere Ansicht will exorbitante Gerichtsstände ausschließen, sofern sie nur auf die Staatsangehörigkeit abstellen, vgl. *Rauscher*, IPR, 411.

[52] Krit. Geimer / Schütze-*Geimer*, EZVR, Art. 31 EuGVVO, Rn. 11; *Stadler*, JZ 1999, 1089 (1093); *Schulz*,ZEuP 2001, 815 (817).

[53] Vgl. dazu unten § 6 A II 3 a bb, bei Fn. 81 ff.

[54] Geimer / Schütze-*Geimer*, EZVR, Art. 31 EuGVVO, Rn. 14; Rauscher-*Leible*, Art. 31 Brüssel I-VO, Rn. 24; Czernich / Tiefenthaler / Kodek-*Czernich*, Art. 31 EuGVVO, Rn. 6, der auch den Wohnsitz des Antragsgegners für ausreichend hält; *Schlosser*, EUZ, Art. 31 EuGVVO, Rn. 20; *Schack*, IZVR, Rn. 425; *Nagel / Gottwald*, § 15, Rn. 14; *Stadler*, JZ 1999, 1089 (1093); *Kurtz*, Grenzüberschreitender einstweiliger Rechtsschutz (2004), 67 f., 69; *Hess / Vollkommer*, IPRax 1999, 220 (224 f.); *Wolf / Lange*, RIW 2003, 55 (57); offen gelassen bei *Kropholler*, EZPR, Art. 31 EuGVVO, Rn. 15.

[55] EuGH Slg. 1980, 1553 (1570), Rn. 16 – *Denilauler / Couchet Frères.*

[56] Vgl. Rauscher-*Leible*, Art. 31 Brüssel I-VO, Rn. 24.

[57] EuGH Slg. 1998 I, 7091 (7136), Rn. 46 – *van Uden / Deco-Line.*

richtsstände ersetzt und der Ausschluss exorbitanter Gerichtsstände gemäß Art. 3 Abs. 2 EuGVVO (EuGVÜ/LugÜ) unterlaufen würden.[58]

Indiz für eine vollstreckungsbezogene Eilzuständigkeit sei, dass der Gerichtshof für einstweilige Maßnahmen, die die Sicherung von Geld- oder Sachleistungsansprüchen betreffen und die – wie die Befriedigungsverfügung – faktisch die Hauptsache vorwegnehmen,[59] folgere, dass nur die Gerichte desjenigen Vertrags- bzw. Mitgliedstaates zuständig seien, in dem der Antragsgegner hinreichendes[60] Vermögen besitze.[61]

Die Literatur versteht die vom EuGH gemachte Einschränkung zudem so, dass sich das Wort ‚real' nicht im Sinne von ‚gegenständlich', sondern im Sinne von ‚wirklich' oder ‚aktuell' interpretieren lasse.[62] Denn bei einer gegenständlichen Interpretation könnten Unterlassungsverfügungen oder Anordnungen zur Vornahme unvertretbarer Handlungen von dem nicht in der Hauptsache zuständigen Gericht im Anwendungsbereich des europäischen einstweiligen Rechtsschutzsystems nicht mehr angeordnet werden. Erfasst wären vielmehr nur Eilmaßnahmen, die auf gegenständliche Vollstreckungsgegenstände abzielten. Dass der EuGH eine so weitreichende Einschränkung erreichen wollte, erscheine eher unwahrscheinlich, da solche Maßnahmen in der *van Uden*-Entscheidung gar nicht zur Debatte standen.[63]

Die überwiegende Ansicht will im Ergebnis das Erfordernis der ‚realen Verknüpfung' für alle Eilmaßnahmen anwenden und dieses durch die Forderung einer Vollstreckungskonnexität darüber hinaus dahingehend verallgemeinern,

---

[58] EuGH aaO, Slg. 1998 I, 7091 (7136), Rn. 46 – *van Uden / Deco-Line*; Rauscher-*Leible*, Art. 31 Brüssel I-VO, Rn. 23; *Schack*, IZVR, Rn. 425; *Treichel*, GRUR Int. 2001, 690 (702), der hinter der realen Verknüpfung den Gedanken einer sofort zu vollstreckenden Eilmaßnahme sieht; auch schon EuGH Slg. 1980, 1553 (1570), Rn. 16 – *Denilauler / Couchet Frères*.

[59] Zu den Auswirkungen einer Befriedigungsverfügung (etwa auf Unterlassen) *Iliakopoulos*, Die Grenzen der Befriedigungsverfügung (1983), 68 ff.

[60] Für eine hinreichende Vermögensmasse, um keine zufälligen Zuständigkeiten zu schaffen, auch Rauscher-*Leible*, Art. 31 Brüssel I-VO, Rn. 25; *Spellenberg / Leible*, Anmerkung zu EuGH, Urt. v. 17.11.1998 *(van Uden / Deco-Line)*, ZZP Int. 4 (1998), 221 (231); weiter Geimer / Schütze-*Geimer*, EZVR, Art. 31 EuGVVO, Rn. 15, wonach die einstweilige Maßnahme Vermögensgegenstände angeben muss, in die vollstreckt werden kann; offen lassend *Kropholler*, EZPR, Art. 31 EuGVVO, Rn. 15; ebenso Burgstaller / Neumayr-*Burgstaller / Neumayr*, Art. 31 EuGVVO, Rn. 19.

[61] EuGH Slg. 1998 I, 7091 (7137), Rn. 47 – *van Uden / Deco-Line*; EuGH Slg. 1999, 2277 (2314), Rn. 42 – *Mietz / Intership Yachting*; vgl. dazu unten § 6 A II 3 a bb (1) (a), bei Fn. 84 ff.

[62] *Stadler*, JZ 1999, 1089 (1094); *Schulz*, ZEuP 2001, 805 (817).

[63] Geimer / Schütze-*Geimer*, EZVR, Art. 31 EuGVVO, Rn. 13 f.; *Stadler* aaO, JZ 1999, 1089 (1094).

dass eine Eilmaßnahme stets Vermögensgegenstände betreffen muss, die sich im Zuständigkeitsbereich des Gerichts befinden.[64]

(2) Auslegung der ‚realen Verknüpfung' als Belegenheitsanknüpfung

Daneben finden sich vereinzelt Stimmen, die eine vollstreckungsbezogene Auslegung des Erfordernisses der ‚realen Verknüpfung' in Frage stellen.[65] Vielmehr soll die ‚reale Verknüpfung' so verstanden werden, dass sich die Vermögensgegenstände, auf die sich die Eilmaßnahme bezieht, im Eilgerichtsstaat befinden (belegen sein) müssten. Hingegen soll nicht notwendig sein, dass die Eilmaßnahme auch im Staat des erlassenden Gerichts vollstreckt werden könne.[66]

(3) Diskussion und Stellungnahme

Für eine Auslegung des Erfordernisses der ‚realen Verknüpfung' im Sinne einer Belegenheitsanknüpfung lassen sich mehrere Argumente finden. Zum einen begründet der EuGH das Erfordernis der ‚realen Verknüpfung' nicht mit einer Vollstreckungsnähe, sondern führt aus, das örtlich bzw. international zuständige Gericht sei ‚sicherlich am besten in der Lage, die Umstände zu beurteilen', auf die es für den Erlass der einstweiligen Maßnahme ankomme.[67] Ein Gericht der nationalen Zuständigkeitsordnung müsse besonders genaue Kenntnis der konkreten Umstände haben, in deren Rahmen die beantragten Maßnahmen wirken sollten. Es müsse allgemein den einstweiligen oder sichernden Charakter der Maßnahme gewährleisten und benötige deshalb genaue Kenntnis der Wirkung der einstweiligen Maßnahme.[68] Der EuGH stellt also offenbar auf die Sachnähe des erkennenden Gerichts ab, und zwar unabhängig davon, ob es sich um eine sichernde oder nicht sichernde Maßnahme handelt. Eine Vollstreckungskonnexität fordert er dagegen nicht.

Gegen eine Auslegung im Sinne einer Vollstreckungskonnexität spricht zum zweiten, dass das Erfordernis der ‚realen Verknüpfung' in bestimmten Fällen leer laufen würde. So findet bei rechtsgestaltenden Maßnahmen eine Vollstreckung gar nicht statt. Bei einstweiligen Maßnahmen, die auf die Erbringung einer Zahlung gerichtet sind, ist ein lokaler Vollstreckungsbezug dann fraglich, wenn es sich um breit gestreute Vermögen handelt, weil sich die Vermögens-

---

[64] So am deutlichsten Rauscher-*Leible*, Art. 31 Brüssel I-VO, Rn. 24, 2. Satz, der meint, man müsse das Erfordernis der Belegenheit des Vollstreckungsobjekts im Gerichtsbezirk für die ‚reale Verknüpfung' verallgemeinern.

[65] *Willeitner*, Vermögensgerichtsstand und einstweiliger Rechtsschutz (2003), 133.

[66] *Willeitner*, Vermögensgerichtsstand und einstweiliger Rechtsschutz (2003), 118.

[67] EuGH Slg. 1998 I, 7091 (7135), Rn. 39 – *van Uden / Deco-Line*; der EuGH führt ausdrücklich aus, *daraus folge* das Erfordernis der ‚realen Verknüpfung'.

[68] Vgl. EuGH Slg. 1998 I, 7091 (7134 f.), Rn. 38 – *van Uden / Deco-Line*; schon EuGH Slg. 1980, 1553 (1570), Rn. 16 – *Denilauler / Couchet Frères*; jüngst EuGH RIW 2005, 540 (542) – *St. Paul Dairy Industries / Unibel Exser.*

masse zum Beispiel bei Buchgeld nicht eindeutig lokalisieren lässt und überdies verschoben werden kann.[69] Auf der anderen Seite gibt es Fälle, in denen eine Vollstreckung von einstweiligen Maßnahmen im Ausland durchaus sinnvoll ist, so dass keine Vollstreckungsbeschränkung auf das Inland gefordert werden sollte:[70] Bei Unterlassungsverfügungen ist es etwa möglich, dass sich alle Vermögenswerte, in die per Zwangsgeld vollstreckt werden könnten, in einem anderen Staat als demjenigen befinden, in dem die Unterlassung geschuldet ist.

Drittens kann man in systematischer Hinsicht auf Art. 20 EheGVO verweisen:[71] Diese Vorschrift, die Art. 31 EuGVVO (Art. 24 EuGVÜ/LugÜ) für Ehe- und Familiensachen nachgebildet ist, legt ausdrücklich fest, dass sich die Personen oder Vermögensgegenstände, auf die sich die einstweilige Maßnahme bezieht, im Gerichtsstaat befinden müssen.[72] Die Vorschrift umfasst unter anderem auch rein rechtsgestaltende Maßnahmen wie etwa Sorgerechtsentscheidungen, die keinen vollstreckungsfähigen Inhalt haben. Dies deutet darauf hin, dass der Gemeinschaftsgesetzgeber ein ähnliches Verständnis für die EuGVVO im Sinn hatte.[73]

Eine Auslegung des Erfordernisses der ‚realen Verknüpfung' im Sinne einer Vollstreckungskonnexität überzeugt daher insgesamt nicht. Vielmehr erscheint es grundsätzlich sinnvoll, das Erfordernis im Sinne einer Belegenheitsanknüpfung auszulegen, weil die Belegenheit von Vermögensgegenständen häufig mit den im nationalen Recht geregelten Zuständigkeiten übereinstimmen wird: So ist etwa ein Grund der Zuständigkeit am Wohnsitz des Schuldners die Wahrscheinlichkeit, dass sich dort Vermögensgegenstände befinden.[74] Zudem wird der vom EuGH intendierten ‚Sachnähe' des Gerichts Rechnung getragen. Es ist gewährleistet, dass nicht eine einstweilige Maßnahme bei sachfernen Gerichten beantragt wird, um diese dann im Ausland zu vollstrecken.

Allerdings sollte das Erfordernis der ‚realen Verknüpfung' noch weiter verstanden werden: Die Anknüpfung an die Belegenheit von Vermögensgegenständen sollte nur einer ihrer Anwendungsfälle sein. Denn nicht immer ist dasjenige Gericht am sachnächsten, das sich am Ort des Vermögens des Antragsgegners befindet. Bei Unterlassungsmaßnahmen kann es nämlich entweder ganz an der Belegenheit von Vermögensgegenständen fehlen, auf die sich die Eilmaßnahme

---

[69] *Hess / Vollkommer*, IPRax 1999, 220 (224 f.).

[70] Vgl. unten § 6 A II 3 a aa (3) (a), (b).

[71] Vgl. *Willeitner*, Vermögensgerichtsstand und einstweiliger Rechtsschutz (2003), 116 f.

[72] Vgl. dazu unten § 9 B I 2 c aa, bei Fn. 78.

[73] Auch im EuGVÜ/LugÜ findet sich eine Relevanz der Belegenheit von Vermögensgegenständen. So kann sich nach Art. 59 Abs. 2 EuGVÜ/LugÜ kein Vertragsstaat gegenüber einem Drittstaat verpflichten, eine Entscheidung des Gerichts eines anderen Vertragsstaates nicht anzuerkennen, welches seine Entscheidung auf die Belegenheit von Vermögen des Beklagten in diesem Staat (1. Alt.) gegründet hat.

[74] *Pfeiffer*, Internationale Zuständigkeit (1995), 602; *Kropholler*, Hdb. IZVR I, Kap. III, Rn. 265; *Willeitner*, Vermögensgerichtsstand und einstweiliger Rechtsschutz (2003), 117 f.

bezieht, oder die in Betracht zu ziehenden Vermögensgegenstände können in einem Staat belegen sein, in dem die Unterlassungsmaßnahme gar nicht wirken soll: Zum Beispiel kann bei einer Patentverletzung die Werbung für das patentverletzende Produkt auf einen bestimmten Staat ausgerichtet sein, während sich die Produkte selbst im Ausland befinden.

Sinnvoller ist es deshalb, den Blick darauf zu lenken, worin der Inhalt der Eilmaßnahme besteht. Je nachdem, welche Rechtsfolgen die Eilentscheidung anordnen soll, kann die Sachnähe des Eilgerichts bestimmt werden. Geht es um Leistung eines Vermögensgegenstandes, so ist tatsächlich die Belegenheit dieses Gegenstandes ein richtiger Anknüpfungspunkt für die ‚reale Verknüpfung'. Ist Gegenstand der Eilmaßnahme eine Unterlassung, so sollte das Gericht zuständig sein, in dessen Zuständigkeitsbereich die Handlung vorgenommen wurde oder vorgenommen zu werden droht. Die Fallgruppen von Eilmaßnahmen, die auf Leistung bzw. auf Unterlassung gerichtet sind, sollen hier kurz dargestellt werden.[75]

(a) Auslegung für auf Leistung gerichtete Eilmaßnahmen

Geht es um Eilmaßnahmen, die auf eine Leistung gerichtet sind, so verlangt das Erfordernis der ‚realen Verknüpfung' nach der hier vorgenommenen Auslegung, dass sich die betroffenen Vermögensgegenstände im Gerichtsstaat befinden. Geht es etwa um die Herausgabe einer Sache, so sind die Gerichte der nationalen Zuständigkeitsordnung zuständig, wenn sich die Sache in im Gerichtsstaat befindet. Bei Forderungen kann auf etwaiges Vermögen im Gerichtsstaat Bezug genommen werden.[76]

Für diese Fälle ändert sich hinsichtlich der Zuständigkeitsbegründung wenig im Vergleich zu einem vollstreckungsrechtlichen Verständnis der ‚realen Verknüpfung'. Denn der Ort, wo sich die betroffenen Vermögensgegenstände befinden, wird regelmäßig mit dem Ort übereinstimmen, an dem auch vollstreckt werden kann. Auswirkungen kann das unterschiedliche Verständnis jedoch haben, wenn es um die grenzüberschreitende Vollstreckung von Eilmaßnahmen geht.[77]

Zu beachten ist gleichwohl, dass es auch andere auf Leistung gerichtete Eilmaßnahmen geben kann, bei denen die Anknüpfung an die Belegenheit von Vermögensgegenständen weniger sinnvoll ist. So sollte etwa bei einer Eilmaßnahme, die die Vornahme einer Handlung anordnet, eine ‚reale Verknüpfung' dann bestehen, wenn die betreffende Handlung im Gerichtsstaat vorgenommen

[75] Gestaltungsmaßnahmen werden erst später behandelt; vgl. unten § 9 A II 1, bei Fn. 11 ff.
[76] Bei einem vollstreckungsrechtlichen Verständnis der ‚realen Verknüpfung' war die Auslegung hier zum Teil problematischer, weil Geldschulden aus dem gesamten, nicht notwendig lokal gebundenen Schuldnervermögen befriedigt werden können; vgl. *Schlosser*, EUZ, Art. 31 EuGVVO, Rn. 22; *Hess / Vollkommer*, IPRax 1999, 220 (224).
[77] Vgl. dazu unten § 7 A I 2 a bb, bei Fn. 57.

werden soll. Immer dann, wenn die Eilmaßnahme keine konkreten Vermögensgegenstände betrifft, empfiehlt sich die Belegenheit von Vermögen nicht für eine ‚reale Verknüpfung'.

(b) Auslegung für auf Unterlassung gerichtete Eilmaßnahmen

Schwieriger ist eine ‚reale Verknüpfung' bei Eilmaßnahmen zu bestimmen, die auf eine Unterlassung gerichtet sind. Bei einem bloßen Unterlassen ist ein lokaler Bezug nämlich oft nicht feststellbar, weil die verbotene Handlung an verschiedenen Orten geschehen kann. Eine Vollstreckbarkeit ist bei der Unterbindung einer Handlung zudem oft nicht an ein lokal bezogenes Vermögen geknüpft.

Fragt man nach dem Inhalt bzw. Bezugspunkt von Unterlassungsverfügungen, so erscheint eine Bestimmung der ‚realen Verknüpfung' sinnvoll, die sich an der zu untersagenden Handlung orientiert: Geht es um eine territorial gebundene Handlung, etwa die nur im jeweiligen Schutzstaat mögliche Verletzung von gewerblichen Schutzrechten, so kann auch nur in diesem Staat eine ‚reale Verknüpfung' bestehen.

Geht es um örtlich nicht gebundene, aber lokalisierbare Handlungen, kann Unterlassung an verschiedenen Orten geschuldet sein. Hier sollte eine ‚reale Verknüpfung' angenommen werden, wenn die Handlung im Gerichtsstaat gesetzt worden ist oder sich dort ausgewirkt hat. Bei vorbeugenden Unterlassungsverboten ist zu fragen, ob derartiges droht.[78]

Geht es schließlich um örtlich nicht gebundene, aber auch nicht lokalisierbare Handlungen, die zu verbieten sind – wie etwa Pressedelikte – so kann man ebenfalls an die verbotene Handlung anknüpfen. Außerdem kann an Erfolgsorte angeknüpft werden – wie dies im Rahmen der *Shevill*-Rechtsprechung des EuGH ausgesprochen wurde[79] – , wenn dort das geschützte Rechtsgut tatsächlich verletzt wurde.[80]

Nachteil der hier vertretenen Lösung ist freilich, dass sich wohl kaum Fälle werden finden lassen, wo sich eine Zuständigkeit für Unterlassungen auf das autonom-nationalen Prozessrecht allein stützen lässt. Denn eine internationale Zuständigkeit am Ort der verbotenen Handlung wird sich regelmäßig auch aus Art. 5 Nr. 3 EuGVVO (EuGVÜ/LugÜ) ergeben.

(4) Ergebnis

Eine vollstreckungsbezogene Auslegung des Erfordernisses der ‚realen Verknüpfung' überzeugt im Ergebnis nicht. Die Festlegung einer Vollstre-

---

[78] So auch *Brenn*, Europäischer Zivilprozess (2005), Rn. 129.

[79] Vgl. dazu schon oben § 3 A II 1 b cc (2), bei Fn. 226.

[80] Auch die *Shevill*-Doktrin sichert eine gewisse Sachnähe, vgl. Rauscher-*Leible*, Art. 5 Brüssel I-VO, Rn. 92.

ckungskonnexität ist in vielen Fällen wenig sinnvoll bzw. läuft ganz leer. Vielmehr sollte zur Bestimmung einer ‚realen Verknüpfung' auf den Inhalt der einstweiligen Maßnahme abgestellt werden. Dies gewährleistet eine vom EuGH intendierte Sachnähe des Gerichts und verhindert, dass eine einstweilige Maßnahme bei sachfernen Gerichten beantragt wird, um diese dann im Ausland zu vollstrecken. Bei Verfügungen auf Leistung ist auf im Zuständigkeitsbereich des angerufenen Gerichts belegene, von der Eilmaßnahme betroffene Vermögensgegenstände abzustellen, sofern die Eilmaßnahme konkrete Vermögensgegenstände bezeichnet. Ansonsten ist zum Beispiel der Ort maßgeblich, wo die Leistung erbracht werden soll. Auch bei Unterlassungsverfügungen ist ausschlaggebend, wo die jeweilige Unterlassung zu erbringen ist.

bb. Besondere Erfordernisse für Leistungs- bzw. Befriedigungsverfügungen

Der EuGH hat hinsichtlich des der deutschen Befriedigungsverfügung vergleichbaren niederländischen *kort geding* ausgeführt, dass die vorläufige Verurteilung zu einer Leistung im Wege des einstweiligen Rechtsschutzes nur dann eine ‚einstweilige Maßnahme' darstelle, wenn die Rückzahlung des zugesprochenen Betrages bei erfolglosem Hauptsacheverfahren gewährleistet sei und sich die betreffenden Vermögensgegenstände im örtlichen Zuständigkeitsbereich des angerufenen Gerichts befinden müssten.[81] Damit hat er das Erfordernis der ‚realen Verknüpfung' für die ‚vorläufige Erbringung einer vertraglichen Hauptleistung'[82] weiter konkretisiert.[83] Auf die beiden zusätzlichen Anforderungen einer Belegenheit von Schuldnervermögen und einer Sicherheitsleistung soll im folgenden eingegangen werden.

(1) Besonderes Erfordernis der Belegenheit von Schuldnervermögen

(a) Eilmaßnahmen, die auf eine Leistung gerichtet sind

Geht es um eine Eilmaßnahme, die eine Geldleistung anordnet, so wollen auch die Vertreter einer vollstreckungsbezogenen ‚realen Verknüpfung' zum Teil auf das Erfordernis einer Belegenheit von Schuldnervermögen verzichten, weil in das gesamte, örtlich nicht lokalisierbare Schuldnervermögen vollstreckt werden könne.[84] Gleiches solle mangels örtlichen Vollstreckungsbezugs für Unterlas-

---

[81] EuGH Slg. 1998 I, 7091 (7140), 5. Satz des Tenors – *van Uden / Deco-Line.*

[82] EuGH aaO, Slg. 1998 I, 7091 (7140), 5. Satz des Tenors – *van Uden / Deco-Line.*

[83] Das Erfordernis der Vermögensbelegenheit im Antragsstaat wird überwiegend als besondere Ausprägung der vom EuGH postulierten ‚realen Verknüpfung' gesehen, vgl. *Gaudemet-Tallon*, Anm. zu EuGH, Urt. v. 17.11.1998 – *van Uden / Deco-Line*, Revue de l'arbitrage 1999, 152 (164); *Lange*, NJB 1999, 157 (160); *Gerhard*, SZIER 1999, 97 (134 f.); *Pansch*, Die einstweilige Verfügung (2003), 39.

[84] *Schlosser*, EUZ, Art. 31 EuGVVO, Rn. 13; *Hess / Vollkommer*, IPRax 1999, 220 (224 f.).

sungsverfügungen gelten, die eine örtlich nicht gebundene Handlung vorsähen.[85] Andere ließen – übrigens trotz grundsätzlicher Zustimmung für die Gegenmeinung – zumindest an ersterer Auslegung Kritik laut werden, weil der EuGH das Erfordernis der Vermögensbelegenheit in der *van Uden*-Entscheidung gerade für eine Geldzahlungspflicht aufgestellt habe.[86]

Nach der hier vertretenen Ansicht ist für die ‚reale Verknüpfung' indes kein Vollstreckungsbezug vonnöten, vielmehr ist der Inhalt (oder anders gesagt die Rechtsfolge) der jeweiligen Eilmaßnahme das zentrale Element der ‚realen Verknüpfung'.[87] Bei auf Leistung von Vermögensgegenständen gerichteten Eilmaßnahmen ist der Inhalt einer Eilmaßnahme auf diese Vermögensgegenstände gerichtet, so dass es bereits zur Bestimmung der ‚realen Verknüpfung' darauf ankommt, wo die Vermögensgegenstände belegen sind.[88] Für solche Leistungs- bzw. Befriedigungsverfügungen ist das Erfordernis der Vermögensbelegenheit also bereits durch die ‚reale Verknüpfung' erfüllt. Wie sich aus der Formulierung, dass sich die betroffenen Gegenstände des Antragsgegners im örtlichen Zuständigkeitsbereich des angerufenen Gerichts ‚befinden müssten',[89] ergibt, genügt die Glaubhaftmachung, dass sich die betroffenen Gegenstände dort befinden; es reicht also überwiegende Wahrscheinlichkeit aus.[90]

Problematisch ist aber, ob bei Leistungs- bzw. Befriedigungsverfügungen, die sich ihrem Inhalt nach nicht auf bestimmte Vermögensgegenstände beziehen – etwa die Anordnung der Erbringung einer Handlung – zusätzlich das Erfordernis der Belegenheit von Schuldnervermögen im Zuständigkeitsbereich des Gerichts zu beachten ist. Dies ist zu verneinen. Denn der EuGH hat das Erfordernis der Vermögensbelegenheit nur für Anordnungen aufgestellt, welche die vorläufige Erbringung einer vertraglichen Hauptleistung zum Gegenstand haben.[91] In der *van Uden*- und der *Mietz*-Entscheidungen ging es zudem jeweils um eine Zahlungsanordnung, so dass man darauf schließen kann, dass auch nur solche gemeint waren. Das Erfordernis einer Vermögensbelegenheit ist bei Eilmaßnah-

---

[85] *Hess / Vollkommer*, IPRax 1999, 220 (225), die auch die *Shevill*-Rechtsprechung des EuGH als Begründung bemühen: Diese Rechtsprechung sei ein Indiz dafür, dass es bei Maßnahmen der Gerichte der nationalen Zuständigkeitsordnung in der Regel keine Auslandsvollstreckung gebe.

[86] Geimer / Schütze-*Geimer*, EZVR, Art. 31 EuGVVO, Rn. 52, *Stadler*, JZ 1999, 1089 (1097), beide mit dem Hinweis, die Einschränkung der Gegenmeinung sei in der Sache ‚einleuchtend und sachgerecht' bzw. ‚plausibel'.

[87] Vgl. oben § 6 A II 3 a (4).

[88] Vgl. soeben oben § 6 A II 3 a bb (1) (a), bei Fn. 76 ff.

[89] EuGH aaO, Slg. 1998 I, 7091 (7137), Rn. 47 a. E. – *van Uden / Deco-Line.*

[90] Rauscher-*Leible*, Art. 31 Brüssel I-VO, Rn. 15; *Hess / Vollkommer*, IPRax 1999, 220 (224); *Spellenberg / Leible*, Anm. zu EuGH, Urt. vom 17.11.1998 – *van Uden / Deco-Line*, ZZP Int. 4 (1999), 221 (230 f.).

[91] EuGH Slg. 1998 I, 7091 (7137), Rn. 47 – *van Uden / Deco-Line;* Slg. 1999 I, 2277 (2314), Rn. 42 – *Mietz / Intership Yachting.*

men ohne Vermögensbezug auch nicht sinnvoll, weil die intendierte Sachnähe des Gerichts durch die Belegenheit von Vermögensgegenständen nicht stets gewährleistet ist. So muss etwa sich an dem Ort, wo eine Handlung zu erbringen ist, nicht unbedingt Vermögen des Antragsgegners befinden. Daraus ergibt sich, dass für Leistungs- bzw. Befriedigungsverfügungen ohne Bezug zu konkreten Vermögensgegenständen keine zusätzlichen Erfordernisse zu beachten sind.

(b) Eilmaßnahmen, die auf eine Unterlassung gerichtet sind

Auch bei Leistungs- bzw. Befriedigungsverfügungen, die auf eine Unterlassung gerichtet sind, läuft das Erfordernis der Belegenheit von Vermögensgegenständen leer. Zwar können auch Unterlassungsverfügungen auf die ‚vorläufige Erbringung einer vertraglichen Hauptleistung' gerichtet sein. Geht man jedoch richtigerweise davon aus, dass die zusätzlichen Erfordernisse, die der EuGH für Leistungs- bzw. Befriedigungsverfügungen aufgestellt hat, nur für Eilmaßnahmen auf Zahlung einer Geldsumme gelten,[92] so können diese für Unterlassungsverfügungen keine Relevanz gewinnen. Die beabsichtigte Beweisnähe des Gerichts wäre dadurch auch nicht erreicht.[93] Sie ist viel eher dann gegeben, wenn das Gericht zuständig ist, in dessen Zuständigkeitsbereich die verbotene Handlung gesetzt wird oder droht.[94]

(c) Lokalisierung von Schuldnervermögen im örtlichen Zuständigkeitsbereich des Gerichts

Nicht ganz eindeutig ist, ob sich die Vermögensgegenstände tatsächlich im *örtlichen* Zuständigkeitsbereich des angerufenen Gerichts befinden müssen, wie es der EuGH scheinbar für die ‚reale Verknüpfung'[95] einer auf Erbringung einer vertraglichen Hauptleistung gerichteten Eilmaßnahme verlangt.[96] In der Literatur wird dies verschiedentlich für eine missverständliche Ausdrucksweise gehalten, da Art. 31 EuGVVO (Art. 24 EuGVÜ/LugÜ) nur die internationale Zuständigkeit der Gerichte der Mitgliedstaaten betreffe und deshalb auch nur diese gemeint sein könne.[97] Danach wäre lediglich Voraussetzung, dass sich die Vermögensgegenstände im internationalen Zuständigkeitsbereich des Gerichts, sprich im Gerichtsstaat, befänden.

[92] Vgl. dazu soeben § 6 A II 3 a aa (3), bei Fn. 75.
[93] Vgl. dazu schon oben § 6 A II 3 a aa (3), bei Fn. 74.
[94] Vgl. oben § 6 A II 3 a aa (3) (b), bei Fn. 78.
[95] Der EuGH stellt dieses Erfordernis mit der ‚realen Verknüpfung' in Zusammenhang, vgl. EuGH aaO, Slg. 1998 I, 7091 (7135), Rn. 39 – *van Uden / Deco-Line.*
[96] EuGH Slg. 1998 I, 7091 (7137), Rn. 47 – *van Uden / Deco-Line*; Slg. 1999 I, 2277 (2314), Rn. 42 – *Mietz / Intership Yachting.*
[97] *Hess / Vollkommer*, IPRax 1999, 220 (224); *Stadler*, JZ 1999, 1089 (1098); *Wolf*, EuZW 2000, 11 (14); *Dedek*, EWS 2000, 246 (251); wohl auch *Nagel / Gottwald*, § 15, Rn. 15.

Allerdings könnte man einwenden, eine solche Auslegung sei nicht zwingend, weil die EuGVVO bzw. die Übereinkommen zum Teil auch die örtliche Zuständigkeit mitregelten und damit das nationale Zuständigkeitsrecht verdrängten, zum Beispiel in Art. 5 Nr. 3 EuGVVO (EuGVÜ/LugÜ).[98] Auch könnte man meinen, sofern es dem EuGH auf Beweisnähe des jeweiligen Gerichts der nationalen Zuständigkeitsordnung ankomme, sei diese am besten durch eine möglichst ortsnahe Begrenzung gesichert.[99] Schließlich könnte man auch den Wortlaut der *van Uden*- bzw. *Mietz*-Entscheidung anführen, der eindeutig auf einen ‚örtlichen' Bezug hinweise.

Für eine Ausweitung auf eine Belegenheit im internationalen Zuständigkeitsbereich spricht indes einiges. Bewertet man den Wortlaut der EuGH-Entscheidung *van Uden*, so fällt auf, dass nur die deutsche Übersetzung den Begriff ‚örtliche Zuständigkeit' benutzt, während etwa die niederländische, italienische, englische und französische Fassung von ‚territorialer Zuständigkeit' sprechen.[100] Zudem ist zu beachten, dass der EuGH sowohl in seiner *Denilauler*-Entscheidung als auch im *van Uden*-Fall hinsichtlich der ‚realen Verknüpfung' ausführt, dass das örtlich zuständige Gericht am sachnächsten für den Erlass von Eilmaßnahmen sei, *zumindest* aber jedenfalls das Gericht des Vertragsstaats, in dem sich die von der beantragten Maßnahme betroffenen Vermögensgegenstände befänden.[101] Es wäre widersprüchlich, wenn das Gericht diese Aussage bei dem Erfordernis der Vermögensbelegenheit wieder einschränken würde, insbesondere weil die Vermögensbelegenheit die ‚reale Verknüpfung' (für Zahlungsverfügungen) konkretisieren soll.[102]

Das Argument der Beweisnähe des Forums ist zwar nicht ganz von der Hand zu weisen. Allerdings ist die Regelung der örtlichen Zuständigkeit in der EuGVVO bzw. im EuGVÜ/LugÜ die Ausnahme: In erster Linie sollen diese die internationalen Zuständigkeiten vereinheitlichen,[103] so dass mangels ausdrückli-

---

[98] Geimer / Schütze-*Geimer*, EZVR, Art. 2 EuGVVO, Rn. 41; *Spellenberg / Leible*, Anm. zu EuGH, Urt. v. 17.11.1998 – *van Uden / Deco-Line*, 221 (230).

[99] *Spellenberg / Leible*, Anm. zu EuGH, Urt. v. 17.11.1998 – *van Uden / Deco-Line*, ZZP Int. 4 (1998), 220 (230).
Auch in Art. 5 Nr. 3 EuGVVO (EuGVÜ/LugÜ) findet sich diese Wertung, weshalb auch die örtliche Zuständigkeit mitgeregelt wird, vgl. Rauscher-*Leible*, Art. 5 Brüssel I-VO, Rn. 85; *Schack*, IZVR, Rn. 289.

[100] *Willeitner*, Vermögensgerichtsstand und einstweiliger Rechtsschutz (2003), 120, auch mit dem Hinweis darauf, dass sich in Art. 11 Nr. 5 des niederländisch-belgischen Anerkennungs- und Vollstreckungsvertrags die Formulierung *territoriale bevoegdheid* findet und damit ebenfalls die internationale Zuständigkeit gemeint ist.

[101] EuGH Slg. 1980, 1553 (1570), Rn. 16 – *Denilauler / Couchet Frères*; Slg. 1998, 7091 (7135), Rn. 39 – *van Uden / Deco-Line*; Hervorhebungen durch Verf.; a. A. in diesem Punkt *Spellenberg / Leible*, ZZP Int. 4, 221 (230), bei Fn. 59.

[102] A. A. *Spellenberg / Leible*, ZZP Int. 4, 221 (230), bei Fn. 59.

[103] Vgl. die Präambel zum EuGVÜ und Erwägungsgrund Nr. 2 zur EuGVVO;

cher Regelung auch bei Eilverfahren nur die internationale Zuständigkeit abgestellt werden sollte. Auch ein Blick auf den parallelen Art. 20 EheGVO, welcher von Personen oder Vermögensgegenständen im Gerichts*staat* spricht, unterstützt dieses Ergebnis.

Insofern sprechen die besseren Argumente dafür, das Erfordernis der Vermögensbelegenheit so zu verstehen, dass sich die Vermögensgegenstände lediglich im Gerichtsstaat befinden müssen, nicht aber im örtlichen Zuständigkeitsbereich des Gerichts.

(2) Besonderes Erfordernis der Sicherheitsleistung

Der EuGH hat für Leistungs- bzw. Befriedigungsverfügungen noch ein weiteres Erfordernis aufgestellt: Es müsse, so der Gerichtshof, die Rückzahlung des zugesprochenen Betrages in dem Fall, dass der Antragsteller nicht in der Hauptsache obsiege, gewährleistet sein.[104] Das Gericht will auf diese Weise sicherstellen, dass die gegebenenfalls angeordneten Maßnahmen ihren einstweiligen Charakter behalten und die Hauptsache nicht unumkehrbar vorweg genommen wird.[105]

Wenig geklärt ist, wann eine solche ‚Gewährleistung' im Einzelfall besteht.[106] Vielfach wird davon ausgegangen, dass diese jedenfalls dann gegeben ist, wenn Sicherheitsleistung angeordnet wird, in Deutschland gemäß §§ 936, 921 Abs. 2 ZPO.[107] Dabei bestehe aber nicht wie im deutschen Recht Ermessen, vielmehr sei das Gericht wegen des Vorrangs des gemeinschaftsrechtlichen Sekundärrechts verpflichtet, die Sicherheitsleistung anzuordnen.[108] Dafür spricht, dass ein bloßer Bereicherungs- oder Schadensersatzanspruch die Schadloshaltung des Antragsgegners nicht gewährleisten würde.[109]

Umstritten ist dabei, ob bereits das zum Erlass der einstweiligen Maßnahme berufene Erstgericht die Sicherheitsleistung anzuordnen hat[110] oder analog Art. 46 Abs. 3 EuGVVO (Art. 38 Abs. 3 EuGVÜ/LugÜ) das erstinstanzliche Exequaturgericht.[111] Auch wenn man die einstweiligen Maßnahmen von nach der

[104] EuGH Slg. 1998 I, 7091 (7135), Rn. 47 – *van Uden / Deco-Line*; Slg. 1999 I, 2277 (2314), Rn. 42 – *Mietz / Intership Yachting*.

[105] EuGH Slg. 1998 I, 7091 (7135), Rn. 41 – *van Uden / Deco-Line*; zum deutschen Recht Baumbach / Lauterbach-*Hartmann*, § 921 ZPO, Rn. 2; Zöller-*Vollkommer*, § 921 ZPO, Rn. 3.

[106] Krit. *Schlosser*, EUZ, Art. 31 EuGVVO, Rn. 13; *Dedek*, EWS 2000, 246 (251).

[107] Geimer / Schütze-*Geimer*, EZVR, Art. 31 EuGVVO, Rn. 49; Rauscher-*Leible*, Art. 31 Brüssel I-VO, Rn. 11; *Nagel / Gottwald*, § 15, Rn. 15; *Hess / Vollkommer*, IPRax 1999, 220 (221); *Stadler*, JZ 1999, 1089 (1097); *Dedek*, EWS 2000, 246 (251).

[108] Geimer / Schütze-*Geimer*, EZVR, Art. 31 EuGVVO, Rn. 49; *Stadler*, JZ 1999, 1089 (1097).

[109] *Schulz*, ZEuP 2001, 805 (822); *Stadler*, JZ 1999, 1089 (1097).

[110] Dafür *Nagel / Gottwald*, § 15, Rn. 15; *Dedek*, EWS 2000, 246 (251); *Stadler*, JZ 1999, 1089 (1097).

[111] Dafür *Hess*, IPRax 2000, 370 (373).

nationalen Zuständigkeitsordnung berufenen Gerichten für vollstreckbar hält,[112] dürfte die Frage so zu beantworten sein, dass schon das Eilgericht die Sicherheitsleistung anzuordnen hat. Denn eine Vollstreckbarkeit im Ausland muss nicht stets gegeben bzw. eine Vollstreckung nicht stets gewollt sein. Zudem bleibt der Gläubiger dann immer zur Durchführung eines Hauptverfahrens motiviert. Jedenfalls dürften Befriedigungsverfügungen durch das vom EuGH aufgestellte Erfordernis an Attraktivität verlieren, und wirtschaftlich schlechter gestellte Gläubiger können sich die Beantragung einer solchen Eilmaßnahme gegebenenfalls nicht leisten.[113]

Das Erfordernis einer Sicherheitsleistung ist jedoch bei Unterlassungsverfügungen fraglich. Der EuGH hatte dieses nämlich nur für auf vorläufige Erbringung einer vertraglich geschuldeten Geldleistung gerichtete einstweilige Maßnahmen statuiert.[114] Zwar wird in der Literatur der Anwendungsbereich zuweilen auf außervertragliche Ansprüche erweitert.[115] Es dürfte jedoch nicht streitig sein, dass eine Sicherheitsleistung nur bei Zahlungsansprüchen zu erbringen ist, weil sie hier allein genau bestimmbar ist.[116] Die Sicherheitsleistung wird also ebenfalls nur in den Fällen der ‚Torpedoklagen' bei Leistungsansprüchen relevant, spielt für Unterlassungsverfügungen jedoch keine Rolle. Nur auf die Anordnung einer Zahlung gerichtete Entscheidungen stellen bei Missachtung der Erfordernisse der Vermögensbelegenheit und der Sicherheitsleistung keine ‚Eilmaßnahmen' dar.

b. Besondere Erfordernisse nationaler Gerichtsstände

Sind die Hürden, die die Rechtsprechung für die Eilgerichte der nationalen Zuständigkeitsordnung aufgestellt hat, überwunden, können weitere Anforderungen an die internationale Zuständigkeit gemäß den nationalen Vorschriften bestehen. Insbesondere ist die Frage, ob bei Anhängigkeit der Hauptsache im Ausland noch eine inländische Zuständigkeit für Eilmaßnahmen gegeben ist. Zudem können einige Gerichtsstände besondere Anforderungen stellen, zum Beispiel § 942 ZPO.

---

[112] Vgl. unten § 7 A I 2 a, bei Fn. 52.

[113] *Dedek*, EWS 2000, 246 (251).

[114] EuGH Slg. 1998 I, 7091 (7137), Rn. 47 – *van Uden / Deco-Line*: '*...die Rückzahlung des zugesprochenen Betrages...*'.

[115] Geimer / Schütze-*Geimer*, EZVR, Art. 31 EuGVVO, Rn. 50; anders wohl *Spellenberg / Leible*, Anm. zu EuGH, Urt. v. 17.11.1998 – *van Uden / Deco-Line*, ZZP Int. 4 (1999), 220 (224).

[116] Vgl. etwa *Kropholler*, EZPR, Art. 31 EuGVVO, Rn. 7 bei Fn. 11; *Stadler*, JZ 1999, 1089 (1097).

aa. Hauptsachegericht im Sinne des § 937 Abs. 1 ZPO bei ausländischer Hauptsacheanhängigkeit

Wenn die Hauptsache noch nicht anhängig ist, kann bei den Gerichten der deutschen Zuständigkeitsordnung das gesamte Spektrum der §§ 12 ff. ZPO vom Antragsteller ausgenutzt werden.[117] Der EuGH hat in der *van Uden*-Entscheidung ausgeführt, dass auch die – im normalen Klagverfahren ausgeschlossenen – exorbitanten Gerichtsstände des nationalen Rechts für einstweilige Maßnahmen eröffnet sind,[118] und damit einen lange bestehenden Streit beendet.[119] Damit lässt sich nunmehr immerhin für die Situation, dass noch kein Hauptsacheverfahren anhängig ist, der Schluss ziehen, dass die EuGVVO bzw. die Übereinkommen ihrem Anwendungsbereich nach lediglich hypothetische Hauptsachezuständigkeiten anerkennen und somit die nationalen Rechtsordnungen nicht beschränken wollen.[120]

Problematischer wird es, wenn eine Hauptsache im Ausland anhängig ist. Dies betrifft die (hier interessierende) Situation, dass bereits eine ‚Torpedoklage' erhoben wurde und dann einstweiliger Rechtsschutz begehrt wird. Für das Inland gilt, dass bei anhängiger inländischer Hauptsache nur noch das ‚Gericht der Hauptsache' für den Erlass von Eilmaßnahmen zuständig ist (vgl. § 937 Abs. 1 ZPO, auch § 919 Fall 1 ZPO). Es stellt sich die Frage, ob bei ausländischem Hauptsacheverfahren ebenfalls eine bindende ‚Hauptsachezuständigkeit' besteht, so dass potenzielle andere ‚Hauptsachegerichte' ausgeschlossen sind, ob also die Verweisung des § 937 Abs. 1 ZPO (bzw. des § 919 Fall 1 ZPO) auch für ausländische Verfahren gilt. Für die Situation einer anhängigen ‚Torpedo-

[117] *Spellenberg / Leible*, in: Gilles, Transnationales Prozessrecht (1995), 293 (309).
[118] EuGH Slg. 1998 I, 7091 (7135), Rn. 42; weitere Nachweise bei *Stickler*, Das Zusammenwirken (1992), 33 ff.
[119] Zum Streitstand etwa *Schulz*, ZEuP 2001, 805 (818), Fn. 62.
Der – lediglich für die Situation einer noch nicht rechtshängigen Hauptsache – relevante Streit, ob sich die Hauptsachezuständigkeit in Bezug auf Eilmaßnahmen nur auf die EuGVVO (EuGVÜ/LugÜ) stützen dürfe oder auch – dann fiktiv – auf die Zuständigkeiten der ZPO, soll hier nicht weiter vertieft werden; für eine Beschränkung auf die EuGVVO (EuGVÜ/LugÜ): OLG Koblenz, IPRspr. 1975, Nr. 187 (S. 494) mit zust. Anm. *Puttfarken*, RIW 1977, 360 ff.; LG Frankfurt/Main RIW 1977, 234 (235); *Schlosser*, EUZ, Art. 31 EuGVVO, Rn. 17; *Zeiler*, JBl 1996, 635 ff. (638 f.); gegen eine solche Beschränkung: OLG Düsseldorf RIW 1999, 873 (874); OLG Karlsruhe RIW 2002, 151 (151); Musielak-*Weth*, Art. 31 EuGVVO, Rn. 4; Thomas / Putzo-*Hüßtege*, Art. 31 EuGVVO, Rn. 3; Geimer / Schütze-*Geimer*, EZVR, Art. 31 EuGVVO, Rn. 66; Geimer / Schütze-*Geimer*, Urteilsanerkennung I.1, § 41 I 2 (S. 270); Rauscher-*Leible*, Brüssel I-VO, Art. 31 EuGVVO, Rn. 27; MünchKommZPO-*Gottwald*, Art. 24 EuGVO, Rn. 7; *Linke*, IZPR, Rn. 124; *Schack*, IZVR, Rn. 424; *Nagel / Gottwald*, § 15, Rn. 10; *Heiss*, Einstweiliger Rechtsschutz (1987), 30; *Kurtz*, Grenzüberschreitender einstweiliger Rechtsschutz (2004), 73; *Dittmar*, NJW 1978, 1720 (1721); *Grunsky*, RIW 1977, 1 (7).
[120] *Kropholler*, EZPR, Art. 31 EuGVVO, Rn. 18; Musielak-*Weth*, Art. 31 EuGVVO, Rn. 4; Rauscher-*Leible*, Art. 31 Brüssel I-VO, Rn. 21; *Nagel / Gottwald*, § 15, Rn. 11.

klage' hätte das die Konsequenz, dass der betroffene Gläubiger nur noch vor dem ausländischen Gericht einstweiligen Rechtsschutz erlangen könnte.

(1) Meinungsstand in der Literatur

Eine Ansicht will eine solche Einschränkung unter Zugrundelegung der Annahme bejahen, dass die nationalen Vorschriften bei ihrem Verweis auf das Hauptsachegericht nicht auf die autonom-nationalen Zuständigkeiten beschränkt seien.[121] Zumindest wenn die ausländische Hauptsacheentscheidung etwa in Deutschland anerkennungsfähig sei, könne eine deutsche einstweilige Maßnahme nicht mehr ergehen.[122]

Dagegen hält eine große Anzahl von Autoren den Rückverweis auf die Vorschriften des europäischen Zivilverfahrensrechts und damit den Ausschluss einer Hauptsachezuständigkeit eines deutschen Gerichts auch bei ausländischer Anhängigkeit der Sache für nicht überzeugend.[123] Sinn des Art. 31 EuGVVO (Art. 24 EuGVÜ/LugÜ) sei es nicht, die nationalen Zuständigkeiten zu beschneiden.[124]

(2) Konsequenzen der konträren Ansichten

Bevor zu dem Streit Stellung genommen wird, ist es sinnvoll, sich die Konsequenzen für den Betroffenen einer ‚Torpedoklage' klar zu machen, die sich aus der Anwendung der unterschiedlichen Meinungen ergeben.

---

[121] OLG Koblenz NJW 1976, 2081 (2081); Rauscher-*Leible*, Art. 31 Brüssel I-VO, Rn. 27; *Eilers*, Maßnahmen des einstweiligen Rechtsschutzes (1991), 200 f., ‚qualifizierte Verweisung' des Art. 31 EuGVVO (Art. 24 EuGVÜ/LugÜ); *Spellenberg / Leible*, in: Gilles, Transnationales Prozessrecht (1995), 293 (309); *Gronstedt*, Grenzüberschreitender einstweiliger Rechtsschutz (1994), 142, jedenfalls wenn ein gleichwertiger inländischer Gerichtsstand zur Verfügung steht; ebenso *Kienle*, Arreste im internationalen Rechtsverkehr (1991), 70 f.; wohl auch Geimer / Schütze-*Pörnbacher*, Int. Rechtsverkehr, Art. 31 EuGVVO, Rn. 14.

[122] Rauscher-*Leible*, Art. 31 Brüssel I-VO, Rn. 27; *Gronstedt*, Grenzüberschreitender einstweiliger Rechtsschutz (1994), 141.

[123] OLG Düsseldorf, NJW 1977, 2034 (2034); Wieczorek / Schütze-*Thümmel*, § 937 ZPO, Rn. 4; Stein / Jonas-*Grunsky*, § 919 ZPO, Rn. 4, 8; *Heiss*, Einstweiliger Rechtsschutz (1987), 31; *Geimer*, RIW 1975, 81 (85); *Grunsky*, RIW 1977, 1 (7); *Schlafen*, Anm. zu OLG Hamm, Beschl. v. 14.4.1976, NJW 1976, 2082 (2082); *Dittmar*, NJW 1978, 1720 (1721); *Hausmann*, IPRax 1981, 79 (80); für einen ‚Extremfall' *Peinze*, Internationales Urheberrecht (2002), 94; wohl auch Geimer / Schütze-*Geimer*, Urteilsanerkennung 1.1, § 41 I 5 (S. 271), wenn er auf § 23 ZPO verweist, der bei ausländischem Wohnsitz des Schuldners eine Eilzuständigkeit (und daher auch eine Hauptsachezuständigkeit) schaffen könne.

[124] Geimer / Schütze-*Geimer*, Urteilsanerkennung I.1, § 41 I 2 (S. 270).

(a) Konsequenzen der eine Einschränkung befürwortenden Ansicht

Hält man – wie dies die erste Meinung tut – auch ein ausländisches Gericht für ein ‚Hauptsachegericht' im Sinne der §§ 919 Fall 1, 937 Abs. 1, 943 ZPO, so hätte dies die Konsequenz, dass der Betroffene einer ‚Torpedoklage' nicht nur im Hauptsacheverfahren wegen der langsamen Verfahrensweise des ausländischen Gerichts seinen Anspruch nicht mehr durchsetzen, sondern noch nicht einmal einstweilige Maßnahmen im Inland erwirken könnte – vorausgesetzt, es besteht kein besonderer Eilgerichtsstand wie bei §§ 919 Fall 2, 942 ZPO, was aber regelmäßig nicht der Fall sein dürfte.[125] Der ‚Torpedokläger' könnte auf diese Weise also nicht nur das Verfahren in der Hauptsache ‚blockieren', sondern auch eine Eilzuständigkeit diktieren.[126]

Diese Konsequenz wäre allerdings für die wichtige Gruppe der ‚Feststellungstorpedos'[127] vermeidbar, wenn wenigstens für eine negative Feststellungsklage gälte, dass diese ein Hauptsachegericht im Sinne des § 937 Abs. 1 ZPO nicht bindend festlegen könnte. Während die wohl überwiegende Meinung unter ‚Hauptsache' nicht nur das dem Verfügungsantrag entsprechende Begehren, sondern auch das negative Feststellungsbegehren bei umgekehrter Parteirollenverteilung versteht,[128] spricht sich eine beachtliche Anzahl von Autoren dagegen aus.[129]

Einigkeit herrscht insofern, als dass die Frage, ob die ‚Hauptsache' anhängig ist, mit Blick auf den materiellen[130] Anspruch entschieden wird:[131] Nur dann,

[125] Die Eröffnung des § 942 ZPO ist der Ausnahmefall, weil die Anrufung des Hauptsachegerichts wegen der modernen Kommunikationsmittel (zumal in Europa) kaum eine nachteilige Verzögerung bringen dürfte, vgl. dazu Musielak-*Huber*, § 942 ZPO, Rn. 2; Schuschke / Walker-*Walker*, § 942 ZPO, Rn. 3; *Nirk / Kurtze*, Wettbewerbsstreitigkeiten (1980), Rn. 210; vgl. dazu unten § 6 A II 3 b bb, bei Fn. 157 ff.

[126] *Nieder*, Die Patentverletzung (2004), Rn. 222.

[127] Vgl. dazu oben § 3 A I 1 bb (1) (a), bei Fn. 58 ff.

[128] OLG Frankfurt/Main WRP 1996, 27; GRUR 1997, 485; Musielak-*Huber*, § 938 ZPO, Rn. 3; Zöller-*Vollkommer*, § 919 ZPO, Rn. 3; Stein / Jonas-*Grunsky*, § 919 ZPO, Rn. 3 MünchKommZPO-*Heinze*, § 919 ZPO, Rn. 4; HdBVR-*Dunkl*, Rn. A 129; *Berneke*, Die einstweilige Verfügung (1995), Rn. 111; *Ebmeier / Schöne*, Der einstweilige Rechtsschutz (1997), Rn. 101.

[129] *Fritze*, GRUR 1996, 571 (574), der eine negative Feststellungsklage generell nicht als Klage zur Hauptsache ansieht; HdBVR-*Baur*, Rn. H 264, der meint, der Streitgegenstand der negativen Feststellungsklage sei mit dem des einstweiligen Verfügungsverfahrens nicht identisch; *Teplitzky*, Wettbewerbsrechtliche Ansprüche, Kap. 54, Rn. 3, nach dem die negative Feststellungsklage für die einstweilige Verfügung nur einen fakultativen Gerichtsstand begründet; ebenso LG Düsseldorf GRUR 2000, 611 (611) – *‚UNDERGROUND'*; *Ingerl / Rohnke*, § 140 MarkenG, Rn. 55; GroßKomm-*Schultz-Süchting*, § 25 UWG, Rn. 29; *Kurtz*, Grenzüberschreitender einstweiliger Rechtsschutz (2004), 52; *Borck*, WRP 1997, 265 (268).

[130] Um den *prozessualen* Anspruch (dazu Baumbach / Lauterbach-*Hartmann*, § 2 ZPO, Rn. 4) kann es sich hingegen nicht handeln, da Hauptsacheverfahren und Eilverfahren nicht densel-

wenn die Klage hinsichtlich desjenigen Anspruchs anhängig ist, der auch für die Eilmaßnahme ausschlaggebend ist, ist auch die Hauptsache anhängig.[132] Begründet wird eine ausschließliche Zuständigkeit gemäß § 802 ZPO.[133]

Dafür, dass auch eine negative Feststellungsklage die Hauptsachezuständigkeit im Sinne von § 937 Abs. 1 ZPO festlegen kann, spricht indes folgendes: Geht es in dem Eilverfahren, welches der Betroffene einer ‚Torpedoklage' angestrengt hat, und der negativen Feststellungsklage um denselben materiellen Anspruch, so muss wegen dieser Anspruchsidentität auch eine negative Feststellungsklage die Hauptsachezuständigkeit festlegen können. Diese Festlegung ist auch bindend – das gilt ohnehin im europäischen Kontext, wo eine negative Feststellungsklage eine spätere Leistungsklage sperrt und die Zuständigkeit des Gerichts durch die spätere Klage nicht mehr verändert wird.[134] Das gilt aber auch im nationalen Kontext: Hier darf zwar das zuerst für die negative Feststellungsklage angerufene Gericht regelmäßig nicht mehr entscheiden, wenn später eine Leistungsklage vor einem anderen deutschen Gericht anhängig gemacht wird.[135] Die Zuständigkeit für die Hauptsache wird aber nach herrschender Meinung im Eilverfahren nicht überprüft.[136] Nur eine Verweisung der Hauptsache an ein anderes Gericht oder eine rechtskräftige Klagabweisung stellt die Unzuständigkeit für das Eilverfahren bindend fest. Erst nach dieser bindenden Feststellung wäre das Gericht der späteren Leistungsklage Hauptsachegericht im Sinne des § 937 Abs. 1 ZPO. Bis dahin ist das Gericht der negativen Feststellungsklage Hauptsachegericht.

Selbst bei einer negativen Feststellungsklage als ‚Torpedoklage' wäre mithin die Konsequenz, dass der Schuldner den Eilgerichtsstand diktierte. Gleiches gäl-

---

ben Streitgegenstand haben, vgl. Zöller-*Greger*, § 261 ZPO, Rn. 2; Stein / Jonas-*Grunsky*, vor §§ 935 ff. ZPO, Rn. 13.

131 OLG Düsseldorf FamRZ 1979, 154 (155); Schuschke / Walker-*Walker*, § 943 ZPO, Rn. 1; Baumbach / Lauterbach-*Hartmann*, § 919 ZPO, Rn. 4; Zöller-*Vollkommer*, § 919 ZPO, Rn. 3; Stein / Jonas-*Grunsky*, § 919 ZPO, Rn. 3; Musielak-*Huber*, § 943 ZPO, Rn. 2; Thomas / Putzo-*Reichold*, § 937 ZPO, Rn. 1; HdBVR-*Baur*, Rn. H 265; *Brox / Walker*, ZVR, Rn. 1505; *Bernecke*, Die einstweilige Verfügung (1995), Rn. 111.

132 Baumbach / Lauterbach-*Hartmann*, § 919 ZPO, Rn. 5.

133 Zöller-*Vollkommer*, § 919 ZPO, Rn. 1; *Bernecke*, Die einstweilige Verfügung (1995), Rn. 111.

134 Vgl. dazu oben § 3 A I 1 a bb (1) (a), bei Fn. 56.

135 So LG Düsseldorf GRUR 2000, 611 (611) – *‚UNDERGROUND'; Teplitzky*, Wettbewerbsrechtliche Ansprüche, Kap. 54, Rn. 3; *Ingerl / Rohnke*, § 140 MarkenG, Rn. 55; GroßKomm-*Schultz-Süchting*, § 25 UWG, Rn. 29; *Kurtz*, Grenzüberschreitender einstweiliger Rechtsschutz (2004), 52; *Borck*, WRP 1997, 265 (268)

136 OLG Hamburg MDR 1981, 1027 (allerdings anders bei Rechtshängigkeit); Zöller-*Vollkommer*, § 919 ZPO, Rn. 8; Baumbach / Lauterbach-*Hartmann*, § 919 ZPO, Rn. 6, Stein / Jonas-*Grunsky*, § 919 ZPO, Rn. 5; Thomas / Putzo-*Reichold*, § 919 ZPO, Rn. 3; MünchKommZPO-*Heinze*, § 919 ZPO, Rn. 6.

te für andere Arten von Erstklagen.[137] Eine weitere Hauptsache- und damit Eilzuständigkeit käme nicht in Betracht.

(b) Konsequenzen der eine Einschränkung ablehnenden Ansicht

Diese Konsequenzen ließen sich bei Zugrundelegung der zweiten Ansicht vermeiden. Danach wäre eine Hauptsacheanhängigkeit im Ausland unbeachtlich. Für das Inland würde die Situation eintreten, die ohne Anhängigkeit der Hauptsache gegeben wäre: Der Antragsteller könnte bei jedem potenziellen Hauptsachegericht ein einstweiliges Rechtsschutzverfahren einleiten.[138]

(3) Diskussion und Stellungnahme zu den konträren Ansichten

Blickt man ins deutsche Recht, so ist die Eilzuständigkeit bei anhängiger Hauptsache eindeutig: Zuständig ist allein – abgesehen von den besonderen Eilzuständigkeiten – das Gericht, das mit der Hauptsache befasst ist, selbst wenn eine Hauptsachezuständigkeit in Wirklichkeit gar nicht gegeben ist.[139] Probleme tauchen erst auf, wenn sich das Hauptsachegericht im Ausland befindet. Der Wortlaut der §§ 919, 937 ZPO differenziert nicht zwischen in- und ausländischem Hauptsachegericht, was man als Argument dafür nehmen könnte, dass die für das nationale Recht geprägte Lösung auch für ein ausländisches Hauptsachegericht gelten sollte, und dann nur das ausländische Hauptsachegericht für Eilmaßnahmen zuständig sei.

Für die erste – dies befürwortende – Ansicht lassen sich durchaus Argumente finden. Zum einen könnte man die Aussage des EuGH in der *van Uden*-Entscheidung, die Anhängigkeit eines Hauptsacheverfahrens nehme dem Gericht eines anderen Mitgliedstaates nicht die Zuständigkeit zum Erlass von einstweiligen Maßnahmen nach nationalem Recht,[140] so interpretieren, dass damit eine nur generelle Eröffnung der nationalen Zuständigkeiten bezweckt werde, deren Voraussetzungen jedoch noch zu prüfen seien. Zum anderen könnte man auf den Zweck der Akzessorietät des Eilverfahrens verweisen. Die Akzessorietät bewirkt, dass sich nur ein Gericht zugleich mit der Hauptsache und den möglichen einstweiligen Maßnahmen zu befassen hat, und dient damit der Prozessökonomie sowie der Vermeidung divergierender Entscheidungen.[141] Es ist fraglich, warum die prozessökonomischen Erwägungen nicht gelten sollen,

---

[137] Zu den anderen Möglichkeiten einer ‚Torpedoklage' schon § 3 A I 1 a bb (1) (b) und (c).

[138] Dazu allgemein Stein / Jonas-*Grunsky*, § 919 ZPO, Rn. 9; Thomas / Putzo-*Reichold*, § 919 ZPO, Rn. 2; Schuschke / Walker-*Walker*, § 919 ZPO, Rn. 8.

[139] Wieczorek / Schütze-*Thümmel*, § 937 ZPO, Rn. 4; Schuschke / Walker-*Walker*, § 919 ZPO, Rn. 5; Thomas / Putzo-*Reichold*, § 919 ZPO, Rn. 3; *Kurtz*, Grenzüberschreitender einstweiliger Rechtschutz (2004), 50.

[140] EuGH Slg. 1998 I, 7091 (7132), Rn. 29 – *van Uden / Deco-Line.*

[141] Schuschke / Walker-*Walker*, § 919 ZPO, Rn. 4; *Bernecke*, Die einstweilige Verfügung (1995), Rn. 111; *Kurtz*, Grenzüberschreitender einstweiliger Rechtsschutz (2004), 51.

wenn die Hauptsache vor einem ausländischen Gericht schwebt. Zudem ist wegen §§ 919 Fall 2, 942 ZPO einstweiliger Rechtsschutz im Inland auch nicht völlig ausgeschlossen.

Die oben zweitgenannte Gegenansicht kann dagegen ins Feld führen, die Öffnung der nationalen Gerichtsstände durch den EuGH sei relativ wertlos, wenn man auch ein ausländisches Gericht als ‚Hauptsachegericht' zulassen würde, zumal sich in vielen europäischen Rechtsordnungen eine Akzessorietät des Eilgerichtsstandes findet.[142] Würde man unter Rückgriff auf die nationalen Vorschriften wiederum allein das Hauptsachegericht nach der europäischen Zuständigkeitsordnung zur Entscheidung zulassen, würden die nationalen Eilgerichtsstände bei Anhängigkeit der Hauptsache wieder beschnitten. Auch die Ratio des Art. 31 EuGVVO (Art. 24 EuGVÜ/LugÜ) weist in diese Richtung: Die nationalen Zuständigkeiten sollen gerade *neben* den Zuständigkeiten der Verordnung bzw. der Übereinkommen erhalten bleiben. Auch der Umstand, dass bei einer Zuständigkeitsvereinbarung zugunsten eines ausländischen Gerichts die deutschen Eilgerichtsstände nicht mehr einschlägig sind,[143] ist kein notwendiges Gegenargument, weil dies auch für das autonome deutsche Recht anerkannt ist.

Ob eine gleichwohl bestehende Zuständigkeit nach § 919 Fall 2 ZPO – Arrestgericht am Belegenheitsort des betreffenden Gegenstandes – ausreicht, ist zweifelhaft, insbesondere weil § 937 ZPO diese Zuständigkeit im ungleich bedeutsameren Verfahren der einstweiligen Verfügung (außer im Falle des § 942 ZPO) nicht vorsieht.[144]

Für die zweitgenannte Ansicht spricht zudem folgendes Argument: Würde man als ‚Hauptsachegericht' im Sinne der §§ 919 Fall 1, 937, 943 ZPO auch ein ausländisches Gericht gelten lassen, so würde im Ergebnis das deutsche Recht eine Zuständigkeitszuweisung für ein ausländisches Gericht vornehmen. Dies ist aber an keiner anderen Stelle der ZPO der Fall.[145] Die zuerst genannte Ansicht hat dagegen das Problem, dass auch sie die ansonsten ausgeschlossenen exorbitanten Zuständigkeiten wie § 23 ZPO zulassen will und damit gleichsam das Hauptsacheverfahren systematisch vom Eilverfahren trennt,[146] andererseits diese Trennung aber nicht für den ‚Hauptsachebegriff' des nationalen Rechts des einstweiligen Rechtsschutzes vollzieht. Eine Hauptsachezuständigkeit nach § 23

---

142 S. zum Beispiel die Regelungen in Belgien, Luxemburg, zum Teil in den Niederlanden, Italien, Österreich, Spanien, im Grundsatz auch in England, vgl. *Eilers*, Maßnahmen des einstweiligen Rechtsschutzes (1991), 112, 116, 122, 156, 167, 169.

143 Zöller-*Vollkommer*, § 919 ZPO, Rn. 2; Musielak-*Huber*, § 943 ZPO, Rn. 8.

144 *Heiss*, Einstweiliger Rechtsschutz (1987), 31.

145 Zum Beispiel regelt § 606a ZPO, eine der wenigen Regelungen über die internationale Zuständigkeit in der ZPO, nur die internationale Zuständigkeit der *deutschen* Gerichte, nicht etwa auch ausländischer Gerichte.

146 So Rauscher-*Leible*, Art. 31 Brüssel I-VO, Rn. 21; Geimer / Schütze-*Pörnbacher*, Int. Rechtsverkehr, Art. 31 EuGVVO, Rn. 13; anders noch (vor der neueren Rechtsprechung des EuGH) *Eilers*, Maßnahmen des einstweiligen Rechtsschutzes (1991), 204 f.

ZPO ist zudem gemäß Art. 3 Abs. 2 EuGVVO (EuGVÜ/LugÜ) nicht zulässig, so dass die Öffnung der exorbitanten Zuständigkeiten für das Eilverfahren durch den EuGH leer laufen würde, wollte man die Hauptsachezuständigkeit stets an ein von der EuGVVO bzw. vom EuGVÜ/LugÜ berufenes Gericht knüpfen.

Danach ist es überzeugender anzunehmen, dass in der Situation einer im Ausland anhängigen ‚Torpedoklage' das ‚Hauptsachegericht' im Sinne der §§ 919, 937 Abs. 1, 943 Abs. 1 ZPO weiterhin auch ein inländisches sein kann.[147] Dies ist auch in die Handhabung in einigen anderen europäischen Staaten.[148] Richtig erscheint ein Nebeneinander der in- und ausländischen Gerichtsstände: Der Antragsteller kann danach zum einen einstweiligen Rechtsschutz vor dem mit der ‚Torpedoklage' befassten Gericht beantragen. Er kann aber auch Eilmaßnahmen vor potenziellen deutschen Hauptsachegerichten erwirken, zwischen denen er gemäß § 35 ZPO wählen kann. Eine parallele Problematik findet sich bei einstweiligen Anordnungen gemäß § 620a Abs. 4 S. 1 ZPO bzw. § 621g ZPO.[149]

(4) Prüfungsumfang des für die Eilmaßnahme angerufenen Gerichts

Zu klären bleibt, welche Prüfung das für die Eilmaßnahme angerufene deutsche Gericht vorzunehmen hat. Weil die ausländische Hauptsacheanhängigkeit die Zuständigkeit der deutschen Gerichte nach der hier vertretenen Meinung nicht berührt, ist so zu verfahren, als ob die Hauptsache noch nicht anhängig wäre: Das Gericht muss seine potenzielle Hauptsachezuständigkeit von Amts wegen prüfen, und zwar sowohl seine internationale als auch seine nationale Zuständigkeit.[150]

Damit ergibt sich eine andere Lösung, als wenn die Hauptsache vor einem deutschen Gericht anhängig wäre.[151] In jener Konstellation ist nach überwiegender Meinung das mit der Hauptsache befasste Gericht für das Eilverfahren zuständig, selbst wenn es sich für die Hauptsache als unzuständig erweist.[152] Umstritten ist nur, ob dies auch bei fehlender internationaler Hauptsachezuständig-

---

[147] So wohl auch *Hye-Knudsen*, Marken-, Patent- und Urheberrechtsverletzungen (2005), 200.

[148] Etwa Frankreich und Luxemburg, vgl. *Eilers*, Maßnahmen des einstweiligen Rechtsschutzes (1991), 91 f., 118.

[149] Vgl. dazu unten § 9 B I 2 b aa, bei Fn. 67.

[150] Stein / Jonas-*Grunsky*, § 919 ZPO, Rn. 10; Zöller-*Vollkommer*, § 919 ZPO, Rn. 9; Wieczorek / Schütze-*Thümmel*, § 919 ZPO, Rn. 15; HdBVR-*Dunkl*, Rn. A 135.

[151] Die Anhängigkeit der Hauptsache vor einem deutschen Gericht ist in ‚Torpedo-Situationen' unwahrscheinlich, weil deutsche Gerichte sich nicht als übermäßig langsame Gerichte erweisen, vgl. dazu oben § 2 A II 3 b, bei Fn. 144 ff.

[152] OLG Hamburg MDR 1981, 1027 (allerdings anders bei Rechtshängigkeit); Stein / Jonas-*Grunsky*, § 919 ZPO, Rn. 5; Thomas / Putzo-*Reichold*, § 919 ZPO, Rn. 3; MünchKommZPO-*Heinze*, § 919 ZPO, Rn. 6; Zöller-*Vollkommer*, § 919 ZPO, Rn. 8; Baumbach / Lauterbach-*Hartmann*, § 919 ZPO, Rn. 6.

keit gilt.[153] Während eine Meinung[154] dies verneint, um zu vermeiden, dass eine ansonsten fehlende Zuständigkeit für den Erlass von Eilmaßnahmen erschlichen wird,[155] führt eine andere Meinung die Prozessökonomie an und meint, mit einer möglicherweise aufwändigen Prüfung werde das Eilverfahren belastet.[156]

Zwar ließe sich auch für die Situation einer ausländischen Hauptsacheanhängigkeit meinen, dass dem für das Eilverfahren angerufenen inländischen Gericht, welches seine Zuständigkeit von Amts wegen prüfen muss, eine möglicherweise aufwändige Prüfung auferlegt wäre. Es ist jedoch zu bedenken, dass ein solcher Aufwand bei bloß potenzieller Hauptsache- und daraus folgender Eilzuständigkeit stets zu betreiben ist, weil überhaupt erst die Zuständigkeit für Eilmaßnahmen geklärt werden muss.

(5) Ergebnis

Ist eine ‚Torpedoklage' im Ausland rechtshängig, kann der Betroffene gleichwohl Eilrechtsschutz in Deutschland erlangen: Die Zuständigkeit deutscher Gerichte für Eilmaßnahmen ist nicht eingeschränkt, weil die §§ 919 Fall 1, 937 Abs. 1, 943 Abs. 1 ZPO nur eine Akzessorietät zwischen einer *inländischen* Hauptsachezuständigkeit und der Zuständigkeit für Eilmaßnahmen herbeiführen wollen. Zu prüfen hat das inländische Gericht seine internationale als auch nationale Zuständigkeit, weil sich die Situation prozessrechtlich so darstellt, als wäre insgesamt noch keine Hauptsache anhängig.

bb. Anforderungen des Eilgerichtsstandes des § 942 ZPO

§ 942 ZPO hat für Betroffenen einer ‚Torpedoklage' Bedeutung, weil er ihm einen weiteren Gerichtsstand außerhalb eines Hauptsachegerichtsstandes verschafft. Nach überwiegender Meinung ist § 942 ZPO doppelfunktional, kann also auf die internationale Zuständigkeit erstreckt werden.[157] Die Gegenansicht, die § 942 ZPO nur bei inländischem Hauptsachegerichtsstand eingreifen lassen

---

[153] Ein entsprechender Streit besteht hinsichtlich der Rechtswegzuständigkeit, vgl. Stein / Jonas-*Grunsky*, § 919 ZPO, Rn. 5 m. w. N.

[154] OLG Koblenz, ZIP 1991, 1098 (1100); Zöller-*Vollkommer*, § 919 ZPO, Rn. 8; *Kropholler*, EZPR, Art. 31 EuGVVO, Rn. 18; Stein / Jonas-*Grunsky*, § 919 ZPO, Rn. 5; Musielak-*Huber*, § 943 ZPO, Rn. 4; HdBVR-*Dunkl*, Rn. A 130; *Spellenberg / Leible*, in: Gilles, Transnationales Prozessrecht (1995), 293 (308 f.); *Roth*, IPRax 1990, 161 (161).

[155] OLG Koblenz ZIP 1991, 1098 (1100); Stein / Jonas-*Grunsky*, § 919 ZPO, Rn. 5; *Otte*, ZIP 1991, 1048 (1053).

[156] LG Frankfurt/Main IPRax 1990, 177 (177); MünchKommZPO-*Heinze*, § 919 ZPO, Rn. 3; Schuschke / Walker-*Walker*, § 919 ZPO, Rn. 3; *Kurtz*, Grenzüberschreitender einstweiliger Rechtsschutz (2004), 75; *Hanisch*, IPRax 1991, 215 (217); *Otte*, ZIP 1991, 1048 (1053).

[157] *Schack*, IZVR, Rn. 415 f.; *Eilers*, Maßnahmen des einstweiligen Rechtsschutzes (1991), 11; *Geimer / Schütze*, Urteilsanerkennung I.1, 41 I (S. 271); *Geimer*, RIW 1975, 81 (86); *Kurtz*, Grenzüberschreitender einstweiliger Rechtsschutz (2004), 80 f.

will,[158] dürfte im Hinblick auf die *van Uden*-Entscheidung des EuGH nicht überzeugen, weil der Gerichtshof sogar Eilgerichtsstände an exorbitanten Zuständigkeiten zulässt[159] und daher erkennbar die nationalen Zuständigkeiten in vollem Umfang erhalten will. Zudem will § 942 ZPO gerade eine weitere Eilzuständigkeit neben dem Hauptsachegericht begründen. Für Maßnahmen, die lediglich das Hauptsachegericht zu erlassen befugt ist – wie insbesondere Aufhebung und Vollziehung der Eilmaßnahme nach §§ 887 ff. ZPO – lässt sich auch auf eine potenzielle inländische Hauptsachezuständigkeit zurückgreifen.[160]

§ 942 ZPO legt eine besondere Eilzuständigkeit für das Amtsgericht am Ort der belegenen Sache fest, der § 919 ZPO beim Arrest entspricht. Die belegene Sache ist der körperliche oder unkörperliche Gegenstand, in Bezug auf den die einstweilige Verfügung ergehen soll.[161] Bei Befriedigungs- bzw. Leistungsverfügungen ist entscheidend, wo die Erfüllung zu erfolgen hat.[162] Ob der Gegenstand später aus dem Amtsgerichtsbezirk verbracht wird, ist für die Wirksamkeit einer bereits erlassenen einstweiligen Verfügung unerheblich.[163]

Besondere Voraussetzung für die Zuständigkeit nach § 942 Abs. 1 ZPO ist eine besondere Dringlichkeit. Damit ist nicht Dringlichkeit im Sinne von § 935 ZPO gemeint: Dringlichkeit liegt vielmehr nur dann vor, wenn der Gläubiger glaubhaft machen kann, die Anrufung des Hauptsachegerichts brächte ihm eine nachteilige Verzögerung.[164] Dass dies der Fall ist, ist wegen der Effektivität der modernen Kommunikationsmittel kaum denkbar,[165] und selbst wenn es sich um ein ausländisches Hauptsachegericht handelt, wird die Anrufung nur selten mit wesentlich größeren Schwierigkeiten verbunden sein als im Inland.

Eine besondere Dringlichkeit kann aber auch vorliegen, wenn sich das Eilverfahren vor dem Hauptsachegericht verzögern würde. Die gewöhnlichen mit einer Auslandsklage verbundenen Verzögerungen reichen nicht aus, weil ausländische Verfahren des einstweiligen Rechtsschutzes nicht zuletzt aufgrund des höheren Prozessaufwands häufig länger dauern als in Deutschland.[166] Fraglich

---

[158] Wieczorek / Schütze-*Thümmel*, § 942 ZPO, Rn. 4; *ders.*, NJW 1996, 1930 (1931).

[159] EuGH Slg. 1998, 7091 (7135), Rn. 42 – *van Uden / Deco-Line.*

[160] *Gronstedt*, Grenzüberschreitender einstweiliger Rechtsschutz (1994), 302.

[161] Stein / Jonas-*Grunsky*, § 942 ZPO, Rn. 3; *Brox / Walker*, ZVR, Rn. 1628.

[162] Stein / Jonas-*Grunsky*, § 942 ZPO, Rn. 3.

[163] MünchKommZPO-*Gottwald*, § 940 ZPO, Rn. 6; Stein / Jonas-*Grunsky*, § 942 ZPO, Rn. 3.

[164] Thomas / Putzo-*Reichold*, § 940 ZPO, Rn. 2; Zöller-*Vollkommer*, § 942 ZPO, Rn. 1; Baumbach / Lauterbach-*Hartmann*, § 942 ZPO, Rn. 4; Schuschke / Walker-*Walker*, § 942 ZPO, Rn. 3; HdBVR-*Dunkl*, Rn. A 532; *Kunath*, WRP 1991, 65.

[165] Musielak-*Huber*, § 942 ZPO, Rn. 2; Schuschke / Walker-*Walker*, § 942 ZPO, Rn. 3; *Nirk / Kurtze*, Wettbewerbsstreitigkeiten (1980), Rn. 210.

[166] *Nagel / Gottwald*, § 1, Rn. 77; *Kurtz*, Grenzüberschreitender einstweiliger Rechtsschutz (2004), 81; a. A. *Gronstedt*, Grenzüberschreitender einstweiliger Rechtsschutz (1994), 301). Eine Dringlichkeit deshalb anzunehmen, weil es sich überhaupt um ein *ausländisches* Hauptsachegericht handelt, verbietet sich schon aufgrund des Grundsatzes der Gleichwertigkeit der

ist aber, ob eine überlange Verfahrensdauer vor einem ausländischen Gericht eine besondere Dringlichkeit im Sinne des § 942 ZPO begründen kann. Entgegen der Meinung einiger[167] ist dies nicht der Fall. Denn es kommt nicht darauf an, wie viel Zeit ein ausländisches Gericht für eine Entscheidung in der Hauptsache benötigt, sondern darauf, wie lange ein *einstweiliges Rechtsschutzverfahren* dort dauert. Dafür, dass die Gerichte in den ‚Torpedostaaten' auch für Eilverfahren überlang brauchen, fehlen jedoch Nachweise. Eine besondere Dringlichkeit kann deshalb nur gegeben sein, wenn die ausländische Rechtspflege voraussichtlich über unabsehbare Zeit stillsteht, etwa aufgrund einer politischen Krise oder eines Bürgerkriegs.[168] Zudem gibt es nach der hier vertretenen Ansicht auch potenzielle inländische Hauptsachegerichte, die dem Betroffenen einer ‚Torpedoklage' zur Verfügung stehen.[169]

§ 942 ZPO wird für den Betroffenen eines ‚Torpedos' somit in der Regel als Eilgerichtsstand ausscheiden.

cc. Anforderungen für nationale Gerichtsstände nach § 23 ZPO

Von besonderer Bedeutung für den Betroffenen einer ‚Torpedoklage', der im Inland einstweiligen Rechtsschutz erlangen möchte, ist der Vermögensgerichtsstand des § 23 ZPO. Denn zum einen wird sich ein Eilgerichtsstand des nationalen Rechts, der außerhalb einer Zuständigkeit nach den Art. 2 ff. EuGVVO (EuGVÜ/LugÜ)[170] besteht, häufig auf eine Zuständigkeit nach § 23 ZPO stützen, weil dieser gerade in den Zuständigkeitsvorschriften des europäischen Zivilverfahrensrechts nicht vorgesehen ist. Zum anderen lässt Art. 31 EuGVVO (Art. 24 EuGVÜ/LugÜ) diesen exzessiven Gerichtsstand unberührt,[171] so dass bei Bestehen einer Hauptsachezuständigkeit nach § 23 ZPO auch Eilmaßnahmen dort möglich sind.[172] Eine Anwendbarkeit des § 23 ZPO auf Eilmaßnahmen wird überwiegend bejaht.[173]

---

mitgliedstaatlichen Gerichte, vgl. *Eilers*, Maßnahmen des einstweiligen Rechtsschutzes (1991), 210.

[167] Für ein italienisches oder belgisches Hauptsachegericht vgl. *Kurtz*, Grenzüberschreitender einststweiliger Rechtsschutz (2004), 81; *Eilers*, Maßnahmen des einstweiligen Rechtsschutzes (1991), 13.

[168] *Schack*, IZVR, Rn. 416; *Eilers*, Maßnahmen des einstweiligen Rechtsschutzes (1991), 12.

[169] Vgl. dazu bereits § 6 A II 3 b aa (3), bei Fn. 148.

[170] Vgl. oben § 6 A II 3.

[171] Vgl. zu diesen Zuständigkeiten oben § 6 A II 3, bei Fn. 48.

[172] Dies gilt nach der hier vertretenen Ansicht, wonach bei Anhängigkeit der Hauptsache vor einem ausländischen Gericht (der Situation der ‚Torpedoklage') alternative weiterhin inländische Eilmaßnahmen an potenziellen Hauptsachegerichten zulässig sind; vgl. dazu oben § 6 A II 3 a aa (3), bei Fn. 147.

[173] OLG München MDR 1960, 146 (146); OLG Frankfurt NJW-RR 1988, 572 (572 f.); Musielak-*Heinrich*, § 23 ZPO, Rn. 4; Zöller-*Vollkommer*, § 23 ZPO, Rn. 2; Thomas / Putzo-

Eine Hauptsachezuständigkeit nach § 23 ZPO und damit eine Zuständigkeit für Eilmaßnahmen nach § 937 Abs. 1 ZPO hängt davon ab, dass es sich um einen vermögensrechtlichen Anspruch handelt, und sich entweder Vermögen des in Anspruch Genommenen, der im Inland keinen Wohnsitz hat, oder der in Anspruch genommene Gegenstand im Gerichtsbezirk befindet. Vermögensrechtlich sind alle Ansprüche, die sich aus einem vermögensrechtlichen Rechtsverhältnis ergeben oder zwar auf einem nichtvermögensrechtlichen Rechtsverhältnis beruhen, aber auf Geld oder Geldwert gerichtet sind oder der Wahrung wirtschaftlicher Belange dienen.[174] Auch etwa Unterlassungsansprüche hinsichtlich der Verletzung gewerblicher Schutzrechte sind insofern vermögensrechtliche Ansprüche.

Die Rechtsprechung verlangt für die Belegenheit von Vermögen zur Vermeidung einer ungerechtfertigten Inanspruchnahme (etwa aufgrund kleiner Vermögensmasse) in Deutschland einen ‚hinreichenden Inlandsbezug'.[175] Dafür reicht eine bloße Vermögensbelegenheit nicht aus. Vielmehr müssen weitere Bezüge zum Inland vorliegen,[176] etwa ein Wohnsitz des Klägers im Inland,[177] eine deutsche Staatsangehörigkeit des Beklagten,[178] oder der Ursprung der Rechtsbeziehungen im Inland.[179] Nicht ausreichend ist dagegen bloßes, wenn auch größeres, Vermögen im Inland.[180]

Fraglich ist, ob bei der Prüfung, ob bei anhängiger ‚Torpedoklage' eine potenzielle, internationale Hauptsachezuständigkeit für eine einstweilige Verfügung gemäß § 937 Abs. 1 ZPO in Verbindung mit § 23 ZPO besteht, das Erfordernis des hinreichenden Inlandsbezugs eine Rolle spielt. Dies wird zuweilen verneint, weil sonst effektiver Eilrechts- und damit Vollstreckungsschutz vereitelt werde, wenn kein weiterer Bezug als eine Vermögensbelegenheit zum In-

---

Putzo, § 23 ZPO, Rn. 2; *Gronstedt*, Grenzüberschreitender einstweiliger Rechtsschutz (1994), 28 f.

[174] BGHZ 89, 198 (200); Stein / Jonas-*Schumann*, § 1 ZPO, Rn. 43.

[175] BGHZ 115, 90 (94); OLG München NJW-RR 1993, 701 (704); in der Literatur ist dies umstritten, dafür etwa Zöller-*Vollkommer*, § 23 ZPO, Rn. 1; Wieczorek / Schütze-*Hausmann*, § 23 ZPO, Rn. 48; Thomas / Putzo-*Putzo*, § 23 ZPO, Rn. 2; *v. Hoffmann / Thorn*, IPR, § 3, Rn. 45 f.; *Fricke*, NJW 1992, 3066 (3067); *Mark*, NJW 1992, 3062 (3065); dagegen etwa Baumbach /Lauterbach-*Hartmann*, § 23 ZPO, Rn. 16, der eine gesetzliche Regelung fordert; ebenso Musielak-*Heinrich*, § 23 ZPO, Rn. 2a; Stein / Jonas-*Roth*, § 23 ZPO, Rn. 10; *Schack*, IZVR, Rn. 325; *Fischer*, RIW 1992, 57 (57 ff.); *Lüke*, ZZP 105, 321; *Schütze*, WM 1983, 1078 (1081).

[176] Zum Teil reichen sehr geringe Vermögenswerte aus, vgl. *Nagel / Gottwald*, § 3, Rn. 237 f.; krit. *Schack*, IZVR, Rn. 327 f.

[177] BGH NJW 1997, 324 (325).

[178] BGH NJW-RR 1993, 5 (5).

[179] BGH NJW 1996, 2096 (2096); w. N. zu den Fallgruppen bei Zöller-*Vollkommer*, § 23 ZPO, Rn. 13; *Mark / Ziegenhain*, NJW 1992, 3062 (3064); *Schlosser*, IPRax 1992, 140 (142).

[180] BGH NJW 1991, 3092 (3093).

land bestehe.[181] Für eine solche Einschränkung gegenüber der Hauptsachezuständigkeit gibt es jedoch keinen hinreichenden Grund. Einstweiliger Rechtsschutz ist bei Fehlen eines hinreichenden Inlandsbezugs auch bei besonderen Eilgerichtsständen wie §§ 919 Alt. 2, 937 Abs. 2 ZPO noch möglich. Zudem wird eine internationale Zuständigkeit deutscher Gerichte nicht per se ausgeschlossen. Auch die Sicherung der Zwangsvollstreckung bzw. der Anspruchsverwirklichung kann somit gewährleistet werden.

Nicht zu verwechseln ist der hinreichende Inlandsbezug mit dem Terminus der ‚realen Verknüpfung', den der EuGH für die Eilgerichtsstände der nationalen Zuständigkeitsordnung eingeführt hat.[182] Allerdings sind beide Kriterien bei der Frage des Vermögensgerichtsstands zu berücksichtigen. Eine Eilzuständigkeit im Sinne von § 937 Abs. 1 in Verbindung mit § 23 ZPO besteht also nur, wenn sowohl die Kriterien der ‚realen Verknüpfung' als auch des hinreichenden Inlandsbezugs beachtet sind. Das Erfordernis des hinreichenden Inlandsbezugs kann auch eine Relevanz in den Fällen haben, in denen die ‚reale Verknüpfung' weitgehend leerläuft, etwa bei territorial nicht lokalisierbaren Unterlassungen.[183] Allerdings wird bei Vorliegen einer ‚realen Verknüpfung' in der Regel auch ein hinreichender Inlandsbezug gegeben sein.

Konkretisierungen hinsichtlich der örtlichen Zuständigkeit treffen etwa § 16 S. 3 GeschmMG und § 96 Abs. 3 MarkenG:[184] Danach gilt der Ort, wo sich der (Inlands-) Vertreter (des Inhabers des geschützten Rechts) seinen Geschäftsraum hat, als Ort, wo sich der Vermögensgegenstand befindet.

B. Mögliche Begrenzungen der Eilzuständigkeit

Kann der Betroffene einer ‚Torpedoklage' deutsche Gerichte für den Erlass einstweiliger Maßnahmen in Deutschland anrufen, so ist problematisch, ob die internationale Zuständigkeit in besonderen Fällen eingeschränkt ist bzw. nicht besteht. Dies könnte etwa der Fall sein, wenn das ausländische Hauptsacheverfahren[185] bzw. eine Gerichtsstandsvereinbarung[186] auch Sperrwirkung gegenüber einer Eilzuständigkeit hätte. Auch könnte die Kognitionsbefugnis des Gerichts begrenzt sein, so dass es bestimmte Regelungen nicht treffen darf.[187]

---

[181] *Wollenschläger*, IPRax 2002, 96 (99 f.), der aber andererseits fordert, die einstweilige Verfügung müsse in Deutschland vollstreckt werden können (100).
[182] Vgl. dazu oben § 6 A II 3 a aa, bei Fn. 51; unter Hinweis auf ein vollstreckungsrechtliches Verständnis Rauscher-*Leible*, Art. 31 Brüssel I-VO, Rn. 24.
[183] Vgl. dazu oben § 6 A II 3 a aa (b), bei Fn. 78.
[184] Vgl. *Nagel /Gottwald*, § 3, Rn. 239.
[185] Vgl. § 6 B I.
[186] Vgl. § 6 B II.
[187] Vgl. § 6 B III.

I. Sperrwirkung eines Hauptsacheverfahrens gegenüber einer Eilzuständigkeit

1. Problemstellung

Fraglich ist, ob eine anhängiges Hauptsacheverfahren über eine ‚Torpedoklage' eine Eilzuständigkeit sperrt. Bereits bei der Annahme eines Verfügungsgrundes wurde eingewendet, dass Art. 27 EuGVVO (Art. 21 EuGVÜ/LugÜ) seiner praktischen Wirksamkeit beraubt würde, wenn trotz rechtshängiger Hauptsache eine einstweilige Maßnahme erlassen würde, zumal wenn diese den Erfolg der Hauptsache vorwegnähme.[188] Auch im Rahmen der internationalen Zuständigkeit taucht dieses Problem auf. Die Frage ist hier nicht die oben bereits angesprochene,[189] ob in Deutschland noch eine Eilzuständigkeit am ‚Hauptsachegericht' im Sinne von § 937 Abs. 1 ZPO besteht, wenn im Ausland eine ‚Torpedoklage' rechtshängig ist, oder ob sich noch ein Verfügungsgrund für eine einstweilige Verfügung bejahen lässt.[190] Sondern es geht darum, ob das Zweitgericht überhaupt noch über den Erlass einer Eilmaßnahme entscheiden kann, wenn es schon über die Hauptsache wegen ausländischer Rechtshängigkeit nicht mehr entscheiden dürfte, sondern das Verfahren auszusetzen hätte.

2. Diskussion und Stellungnahme

Geht es um einstweiligen Rechtsschutz im allgemeinen, scheint die Lösung einigermaßen klar: Der Wortlaut des Art. 27 EuGVVO (Art. 21 EuGVÜ/LugÜ), der nur von ‚Klagen' spricht, während es in Art. 31 EuGVVO (Art. 24 EuGVÜ/LugÜ) um einstweilige Maßnahmen geht, spricht gegen eine Rechtshängigkeitssperre eines Hauptsacheverfahrens für ein Eilverfahren.[191] Auch der Zweck der Rechtshängigkeitsregeln der EuGVVO bzw. des EuGVÜ/LugÜ ist ein anderer als der des einstweiligen Rechtsschutzes: In Art. 27 EuGVVO (Art. 21 EuGVÜ/LugÜ) geht es um die Vermeidung widersprechender Entscheidungen, die durch eine endgültige Regelung entstehen können,[192] während der einstweilige Rechtsschutz auf eine vorläufige Sicherung bzw. Regelung gerichtet ist, die gerade wegen ihrer Vorläufigkeit keine widersprechende Entscheidung darstellt.[193] Deshalb betreffen Hauptsacheverfahren und einstweiliges Rechts-

---

[188] Vgl. § 5 A II 2 a bb, bei Fn. 67 ff.

[189] Vgl. oben § 6 A II 3 b aa (1), bei Fn. 121.

[190] Vgl. oben § 5 A II 2 a bb, bei Fn. 67 ff.

[191] OLG Hamburg IPRspr. 1997, Nr. 176 (S. 353 f.); *Kropholler*, EZPR, Art. 27 EuGVVO, Rn. 14; *Wolf / Lange*, IPRax 2003, 55 (60 f.); *Mankowski*, Art. 21 EuGVÜ, EWiR 2/97, 791 (792).

[192] Rauscher-*Leible*, Art. 27 Brüssel I-VO, Rn. 13; *Walker*, Der einstweilige Rechtsschutz (1993), Rn. 65.

[193] LG Hamburg GRUR Int. 2002, 1025 (1027); zur Funktion des einstweiligen Rechtsschutzes vgl. etwa *Gottwald*, Einstweiliger Rechtsschutz (1998), Rn. 1; *Heinze*, Der einstweilige Rechtsschutz (1984), 17 ff.

schutzverfahren grundsätzlich nicht denselben Anspruch.[194] Denn sonst könnte eine Partei etwa mit der Beantragung einer einstweiligen Maßnahme der Gegenpartei das an sich für sie zuständige Gericht entziehen.[195] Dies gilt auch bei Zugrundelegung des weiten Streitgegenstandsbegriff des EuGH.[196]

Bei einer Befriedigungsverfügung auf Unterlassen ist dieses Ergebnis jedoch fraglich. Denn diese nimmt das Ergebnis der Hauptsache gleichsam vorweg, hat also faktisch denselben Effekt wie ein Hauptsacheverfahren, so dass es möglicherweise unbillig erscheint, eine Sperrwirkung für eine einstweilige Maßnahme wegen Anspruchsidentität zu verneinen.[197]

Für das deutsche Recht schließt die ganz herrschende Meinung allerdings eine Identität der Streitgegenstände von Eil- und Hauptsacheverfahren und damit eine Sperrwirkung des Hauptsacheverfahrens gegenüber einstweiligen Maßnahmen (und umgekehrt) aus.[198] Dies gilt auch für Leistungs- und Befriedigungsverfügungen. Auch hier lässt sich als Begründung anführen, dass Leistungs- bzw. Befriedigungsverfügungen wie alle Eilmaßnahmen in rechtlicher Hinsicht einen einstweiligen Charakter haben[199] und dem Hauptverfahren lediglich dienen, selbst wenn sie die Befriedigung vorwegnehmen.[200] Dies verdeutlichen beispielsweise die Vorschriften der §§ 926, 927 oder auch 945 ZPO, wonach Schadensersatz zu leisten ist, wenn sich die Eilmaßnahme als ungerechtfertigt erweist. Anträge im Eilverfahren sind also nicht auf das gleiche Ziel gerichtet wie im Hauptverfahren, so dass auch die Streitgegenstände nicht identisch sein können. Betroffen ist nicht der jeweilige Anspruch bzw. das Rechtsverhältnis des Hauptsacheverfahrens, sondern nur die Zulässigkeit einer zwangsweisen Siche-

---

194 H. M., vgl. *Kropholler*, EZPR, Art. 27 EuGVVO, Rn. 14; Geimer / Schütze-*Geimer*, EZVR, Art. 27 EuGVVO, Rn. 47; Geimer / Schütze-*Försterling*, Int. Rechtsverkehr, Art. 27 EuGVVO, Rn. 18; Rauscher-*Leible*, Art. 27 Brüssel I-VO, Rn. 13; *Schlosser*, EUZ, Art. 27 EuGVVO, Rn. 5; *Hess / Vollkommer*, IPRax 1999, 220 (224), Fn. 57; *Stadler*, JZ 1999, 1089 (1094 f.).

195 *Kropholler*, EZPR, Art. 27 EuGVVO, Rn. 14; Rauscher-*Leible*, Art. 27 Brüssel I-VO, Rn. 13.

196 EuGH Slg. 1987, 4861 (4874, 4876), Rn. 8, 18 – *Gubisch Maschinenfabrik / Palumbo*; Slg. 1994 I, 5439 (5473), Rn. 32 – *Tatry / Maciej Rataj*; dazu *Walker*, ZZP 111 (1993), 429 (437).

197 Dazu *Grothe*, IPRax 2004, 83 (88); *Stadler*, JZ 1999, 1089 (1094 f.); *Hess / Vollkommer*, IPRax 1999, 220 (224), Fn. 57; *Pansch*, Die einstweilige Verfügung (2003), 69; *Kucsko*, Geistiges Eigentum (2003), 18, der auch eine Sperrwirkung einer einstweiligen Maßnahme für eine negative Feststellungsklage annimmt.

198 BGH NJW 1979, 217 (217); Stein / Jonas-*Grunsky*, vor § 935 ZPO, Rn. 13; HdBVR-*Dunkl*, Rn. A 8; Thomas / Putzo-*Reichold*, Vorbem § 916 ZPO, Rn. 2; *Walker*, Der einstweilige Rechtsschutz (1993), Rn. 143; *Ahrens*, Wettbewerbsverfahrensrecht, 268; *Kaufmann*, Einstweiliger Rechtsschutz (1993), 140 f.; *Teplitzky*, DRiZ 1982, 41 (42 f.); a. A. bei wettbewerbsrechtlichen Ansprüchen *Ahrens*, Der Wettbewerbsprozess, Kap. 46, Rn. 2.

199 *Blomeyer*, ZZP 65 (1952), 52 (64).

200 *Walker*, Der einstweilige Rechtsschutz (1993), Rn. 65, 143.

rung; rechtshängig wird also nur das Begehren nach einstweiligem Rechtsschutz.[201] Auch bei einer Leistungs- bzw. Befriedigungsverfügung kommt es rechtlich gesehen nur zu einer vorläufigen Befriedigung, nicht zu einer endgültigen.

Dieses Ergebnis fällt für das europäische Zivilverfahrensrecht nicht anders aus. Denn sonst könnte genau das eintreten, was oben beschrieben wurde: Eine Prozesspartei könnte mit der Beantragung einer einstweiligen Maßnahme Rechtshängigkeit erreichen und damit die nach der Zuständigkeitsordnung der EuGVVO bzw. des EuGVÜ/LugÜ vorgesehenen Gerichtsstände sperren.[202] Oder einer Partei würde aufgrund eines anhängigen Hauptsacheverfahrens der einstweilige Rechtsschutz versagt. Auf bloß faktische Auswirkungen – nämlich die Vorwegnahme der Hauptsache – kann es auch bei Anwendung der ‚Kernpunkttheorie' des EuGH[203] nicht ankommen. Eine Identität der Streitgegenstände zwischen Hauptverfahren und Leistungs- bzw. Befriedigungsverfügung ist somit zu verneinen. Eine Umgehung der Rechtshängigkeitsregeln droht nicht. Die Zuständigkeit für den einstweiligen Rechtsschutz entfällt nicht wegen eines früheren Hauptsacheverfahrens.

II. Sperrwirkung einer Gerichtsstandsvereinbarung

1. Geltung der Prorogation auch für Eilverfahren

Haben die Parteien – wie im bereits geschilderten *Gasser*-Fall[204] – eine Gerichtsstandsvereinbarung getroffen, so stellt sich die Frage, ob für die Hauptsache vereinbarte (ausschließliche) Gerichtsstand auch für das Eilverfahren gilt. Während dies eine Meinung bejaht,[205] wollen andere der Gerichtsstandsklausel selbst dann keine Bindung der nach Art. 31 EuGVVO (Art. 24 EuGVÜ/LugÜ) berufenen Gerichte zumessen, wenn diese ausdrücklich den einstweiligen Rechtsschutz erfasst.[206]

---

[201] Vgl. Musielak-*Huber*, § 935 ZPO, Rn. 3, § 916 ZPO, Rn. 3; Zöller-*Vollkommer*, vor § 916 ZPO, Rn. 5; HdBVR-*Dunkl*, Rn. A 8.

[202] *Kropholler*, Art. 27 EuGVVO, Rn. 14; Rauscher-*Leible*, Art. 27 Brüssel I-VO, Rn. 13; Geimer / Schütze-*Försterling*, Int. Rechtsverkehr, Art. 27 EuGVVO, Rn. 18.

[203] Vgl. dazu oben § 3 A I 1 a bb, Fn. 46 ff.

[204] EuGH RIW 2004, 289 – *Gasser / Misat.*

[205] *Kropholler*, EZPR, Art. 23 EuGVVO, Rn. 103; Geimer / Schütze-*Geimer*, EZVR, Art. 23 EuGVVO, Rn. 192; Geimer / Schütze-*Auer*, Int. Rechtsverkehr, Art. 23 EuGVVO, Rn. 156; Geimer / Schütze-*Försterling*, Int. Rechtsverkehr, Art. 31 EuGVVO, Rn. 11; Thomas / Putzo-*Hüßtege*, Art. 23 EuGVVO, Rn. 25; MünchKommZPO-*Gottwald*, Art. 17 EuGVÜ, Rn. 76; *Saenger*, ZZP 110 (1997), 477, 496 f.

[206] Rauscher-*Leible*, Art. 31 EuGVVO, Rn. 33; *Schlosser*, EUZ, Art. 23 EuGVVO, Rn. 42; Wieczorek / Schütze-*Hausmann*, Art. 17 EuGVÜ, Rn. 92; Reithmann / Martiny-*Hausmann*, Rn. 3093; *Schack*, IZVR, Rn. 418; eine Kompetenz der nach Art. 31 EuGVVO (Art. 24 EuGVÜ/LugÜ) berufenen Gerichte bejaht aber auch *Kropholler*, Art. 23 EuGVVO, Rn. 103.

Richtigerweise wird man eine Vermutung, dass die Parteien auch die Zuständigkeit für den einstweiligen Rechtsschutz regeln wollten, nicht aufstellen können, denn sonst würde man den Kontrahenten die Möglichkeit nehmen, effektiven Rechtsschutz durch die Beantragung von Eilmaßnahmen zu suchen. Zudem wird man einen Willen der Parteien, auch eine Zuständigkeit für Eilverfahren zu regeln, meist nicht unterstellen können, weil die Parteien im Eilverfahren einen anderen Zweck verfolgen als im Hauptsacheverfahren, nämlich den, den Erfolg der Hauptsache zu sichern anstatt ihn vorwegzunehmen.[207]

2. Beeinflussung der Hauptsachezuständigkeit durch die Prorogation

Es ist aber zu beachten, dass gleichwohl durch die Gerichtsstandsvereinbarung die Hauptsachezuständigkeit im Sinne von §§ 919 1. Fall, 937 Abs. 1 ZPO festgelegt wird.[208] Umstritten ist indes, ob die verschiedenen besonderen Gerichtsstände nach §§ 919, 937, 942 ZPO, die gemäß § 802 ZPO ausschließlich und damit nach § 40 Abs. 2 ZPO derogationsfest sind,[209] auch international ausschließlich sind, so dass sie nicht durch den Parteiwillen abbedungen werden können.[210] Dies ist davon abhängig, ob § 802 ZPO doppelfunktional ist, also neben der örtlichen auch die internationale Zuständigkeit regelt. Wäre dies der Fall, so würde durch eine Prorogation in der Hauptsache bereits die internationale Zuständigkeit für das Eilverfahren festgelegt, so dass es auf die nationale Ausschließlichkeit der Gerichtsstände nicht mehr ankäme und einstweiliger Rechtsschutz im Inland nur noch nach § 942 (bzw. § 919 Alt. 2) ZPO bei Belegenheit von Vermögen bzw. des Streitgegenstands im Inland möglich wäre.[211]

Gegen eine Doppelfunktionalität des § 802 ZPO und damit eine Erstreckung der Gerichtsstandsvereinbarung auf die internationale Zuständigkeit spricht, dass § 802 ZPO sich auf die Zwangsvollstreckung bezieht, während es bei der einstweiligen Verfügung um ein beschränktes Erkenntnisverfahren geht.[212] Das Zwangsvollstreckungsverfahren erfordert eine möglichst große Rechtssicherheit,

---

[207] Vgl. etwa zum Arrest oben § 5 A I 2, bei Fn. 35.

[208] OLG Stuttgart RIW 2001, 228 (229); *Schack*, IZVR, Rn. 428.

[209] MünchKommZPO-*Gottwald*, Art. 17 EuGVÜ, Rn. 76; Rauscher-*Leible*, Art. 31 EuGVVO, Rn. 33.

[210] Dafür: *Kropholler*, EZPR, Art. 23 EuGVVO, Rn. 104; *Geimer*, IZVR, Rn. 1767; Reithmann / Martiny-*Hausmann*, Rn. 3093; dagegen: Rauscher-*Mankowski*, Art. 23 Brüssel I-VO, Rn. 67; *Schack*, IZVR, Rn. 417; *Eilers*, Maßnahmen des einstweiligen Rechtsschutzes (1991), 25 ff.; *Kubis*, Internationale Zuständigkeit (1999), 185 f.; zum Streitstand *Spellenberg / Leible*, in: Gilles, Transnationales Prozessrecht (1995), 293 (311 f.).

[211] *Kropholler*, EZPR, Art. 23 EuGVVO, Rn. 104; MünchKommZPO-*Gottwald*, Art. 17 EuGVÜ, Rn. 76; *Spellenberg / Leible*, in: Gilles, Transnationales Prozessrecht (1995), 293 (311).

[212] Rauscher-*Mankowski*, Art. 23 Brüssel I-VO, Rn. 67; *Schack*, IZVR, Rn. 417; *Kubis*, Internationale Zuständigkeit (1999), 186; ferner *Koch*, in: Schlosser, Materielles Recht und Prozessrecht (1992), 171 (180).

die den Einfluss der Parteiherrschaft ausschließt.[213] Für den internationalen Bereich ist zudem bedeutsam, dass das Zwangsvollstreckungsverfahren Ausübung hoheitlicher Gewalt ist – eine eindeutige gesetzliche Festlegung von ausschließlichen Gerichtsständen ist hier um so wichtiger.[214] Die Unsicherheit über das Bestehen einer Prorogation darf nicht das Zwangsvollstreckungsverfahren behindern. Auf das Eilverfahren treffen diese Erwägungen dagegen nicht zu. § 802 ZPO sollte deshalb nicht auf die internationale Zuständigkeit angewendet werden.

Konsequenz ist folgende: Haben die Parteien ein ausländisches Hauptsachegericht prorogiert, ist dieses nicht international ausschließlich zuständig, so dass parallele Eilmaßnahmen an deutschen Gerichten möglich bleiben.[215] Neben den besonderen internationalen Gerichtsständen sind auch die allgemeinen Gerichtsstände der §§ 12 ff. ZPO eröffnet.

III. Begrenzung der Kognitionsbefugnis des erkennenden Gerichts

Fraglich ist, ob die Kognitionsbefugnis des vom Betroffenen einer ‚Torpedoklage' angerufenen Eilgerichts bei Auslandssachverhalten beschränkt ist. Denn dass ein Gericht eine einstweilige Verfügung für das Inland erlassen darf, ist selbstverständlich. Nicht so eindeutig zu beantworten ist aber die Frage, ob das Gericht dem Schuldner auch aufgeben kann, im Ausland eine Handlung zu unterlassen bzw. vorzunehmen.

Die überwiegende Ansicht geht davon aus, dass die Kognitionsbefugnis des für die Eilmaßnahme berufenen Gerichts grundsätzlich nicht beschränkt ist.[216] Ein Gericht kann also auch Rechtsfolgen im Ausland anordnen: Würde man eine solche Befugnis versagen, so könnte die internationale Rechtsverfolgung erschwert sein, wenn ausländische Gerichte nur unter größeren Umständen zu erreichen sind. Zudem wird nicht in die Territorialhoheit eines Staates eingegriffen, weil keine Hoheitsgewalt auf dessen Gebiet ausgeübt wird.[217]

Diese grundsätzlich unbegrenzte Kognitionsbefugnis der Gerichte kann jedoch in bestimmten Fällen – insbesondere bei Unterlassungsmaßnahmen – eingeschränkt sein. So ist im Bereich der Pressedelikte die so genannte *Shevill-*

---

[213] Baumbach / Lauterbach-*Hartmann*, § 802 ZPO, Rn. 2.

[214] *Kubis*, Internationale Zuständigkeit (1999), 186.

[215] *Eilers*, Maßnahmen des einstweiligen Rechtsschutzes (1991), 35, die auch Beispiele für die gegenteilige Ansicht anführt, s. S. 26; missverständlich *Spellenberg / Leible*, in: Gilles, Transnationales Prozessrecht (1995), 293 (311).

[216] BGHZ 22, 1 (13); OLG Nürnberg IPRspr. 1980, Nr. 144 (S. 462); *Gottwald*, FS Habscheid (1989), 119 (120); *Treibmann*, Die Vollstreckung von Handlungen (1994), 84 f.; *Geimer*, IZPR, Rn. 867; *Schack*, IZVR, Rn. 712; *Hölder*, Grenzüberschreitende Durchsetzung (2004), 44 *Schlosser*, Der Justizkonflikt (1985), 21; *ders.*, FS Lorenz (1991), 497 (499 ff.) m. N.; zusammenfassend *Kofmel Ehrenzeller*, Der vorläufige Rechtsschutz (2005), 126 ff.

[217] *Schlosser*, Der Justizkonflikt (1985), 21.

Rechtsprechung des EuGH zu beachten. Danach ist die Kognitionsbefugnis nationaler Gerichte, die ihre Zuständigkeit im Rahmen des Art. 5 Nr. 3 EuGVVO (EuGVÜ/LugÜ) allein auf den Erfolgsort stützen, auf den im Gerichtsstaat entstandenen Schaden begrenzt.[218] Auch für die Verletzung von gewerblichen Schutzrechten gibt es Einschränkungen: Zwar besteht mittlerweile eine gefestigte Rechtsprechung in den Mitgliedstaaten, wonach auch die Verletzung von Schutzrechten aus anderen Mitgliedstaaten Gegenstand eines inländischen Prozesses sein kann.[219] Insbesondere im Ausland haben die Gerichte schon länger solche *cross border injunctions* erlassen.[220] Dies ist insbesondere der Tatsache zu verdanken, dass das im Bereich des Immaterialgüterrechts vorherrschende Territorialitätsprinzip zurückgedrängt wird durch die Notwendigkeit, im Zuge der Globalisierung von Schutzrechten Rechtsschutzlücken zu schließen.[221] Allerdings wird die Befugnis zum Erlass von *cross border injunctions* bei bestimmten Gerichtsständen – etwa nach überwiegender Meinung bei Art. 5 Nr. 3 EuGVVO (EuGVÜ/LugÜ) – eingeschränkt.[222] Am Deliktsgerichtsstand kann danach nur über im Inland begangene Patentverletzungen entschieden werden.

---

[218] EuGH Slg. 1995 I, 415 (462) Rn. 33 – *Fiona Shevill / Presse Alliance S.A.*

[219] Vgl. den rechtsvergleichenden Überblick bei *Hye-Knudsen*, Marken-, Patent- und Urheberrechtsverletzungen (2005), 10-18.

[220] Insbesondere in den Niederlanden neigten die Gerichte schon früh dazu, derartige grenzüberschreitende Verfügungen zu erlassen, vgl. *Hölder*, Grenzüberschreitende Durchsetzung (2004), 33; *Giudicelli*, Cross Border Injunctions (2001), 47; *Bertrams*, GRUR Int. 1995, 193 (196); *v. Meibom / Pitz*, MittdtschPatAnw. 1996, 181 (181). Dagegen waren etwa englische Gerichte lange zurückhaltend: Nach der früher geltenden so genannten *Moçambique-rule* waren die englischen Gerichte hinsichtlich Ansprüchen aus ausländischem unbeweglichen Vermögens unzuständig; nach der *Double Actionability Rule* konnten Verletzungen ausländischer Immaterialgüterrechte niemals englisches Recht verletzen, vgl. ausführlich *Kieninger*, GRUR Int. 1998, 280 (283 ff.). Mittlerweile ist diese Handhabung jedoch revidiert. In Deutschland ist bereits vor Inkrafttreten des EuGVÜ eine Kompetenz hinsichtlich ausländischer Schutzrechte angenommen worden, vgl. OLG Düsseldorf GRUR Int. 1968, 100 (101) – *Kunststofflacke*.
Weitere Nachweise aus der Literatur zu Patentverletzungen *Hölder*, Grenzüberschreitende Durchsetzung (2004), 32 ff.; *Giudicelli*, Cross Border Injunctions (2001), 47 ff.; *Kurtz*, Grenzüberschreitender Rechtsschutz (2004), 95 ff.; *Tilmann / v. Falck*, GRUR 2000, 579 (581 ff.); *Petit*, IIC 2000, 669 (674); *Harte-Bavendamm / v. Bomhard*, GRUR 1998, 530 (536), Fn. 58; *Michaelis*, GRUR 2002, 686; *v. Falck*, MittdtschPatAnw. 2002, 429 (437 f.).

[221] *Hye-Knudsen*, Marken-, Patent- und Urheberrechtsverletzungen (2005), 9.

[222] *V. Meibom / Pitz*, MittdtschPatAnw. 1996, 181 (182 f., 187 ff.) mit weiteren Nachweisen zum Meinungsstand und zur Gerichtspraxis; auch *Peinze*, Internationales Urheberrecht (2002), 75 ff. (78); *Hölder*, Grenzüberschreitende Durchsetzung (2004), 40; *v. Falck*, MittdtschPatAnw. 2002, 429 (438); *Stauder*, GRUR Int. 1983, 893 (893); *Grabinski*, GRUR Int. 2001, 199 (205); *Tilmann / v. Falck*, GRUR 2000, 579 (582); zum Europäischen Patent, aber undifferenziert *Leitzen*, GRUR 2004, 1010 (1015); a. A. etwa *Kurtz*, Grenzüberschreitender einstweiliger Rechtsschutz (2004), 99 f.; zur Gemeinschaftsmarken-Verordnung *Kohler*, FS Everling I, 651 (660).

Diese Ansicht lässt sich darauf stützen, dass die Art. 5 ff. EuGVVO (EuGVÜ/LugÜ) Ausnahmecharakter gegenüber der Wohnsitzzuständigkeit des Art. 2 Abs. 1 EuGVVO (EuGVÜ/LugÜ) tragen.[223]

Ein deutsches Gericht kann also grundsätzlich auch Eilmaßnahmen anordnen, die sich auf ein Ver- oder Gebot einer Handlung im Ausland beziehen, es sei denn, es bestünden hinsichtlich eines Gerichtsstandes bestimmte Einschränkungen, wie etwa bei der Verletzung von Immaterialgüterrechten.

C. Ergebnis

Der Betroffene einer ‚Torpedoklage' kann versuchen, mit einer einstweiligen Verfügung seinen Anspruch noch zu realisieren. Dafür stehen ihm verschiedene international zuständige Gerichte zur Verfügung. Die EuGVVO bzw. das EuGVÜ/LugÜ eröffnen sowohl eine internationale Zuständigkeit nach europäischem als auch nach nationalem Zivilprozessrecht. Der Gläubiger kann sich zum einen an das (ausländische) Gericht wenden, welches bereits mit der ‚Torpedoklage' befasst ist. Zum anderen sind richtigerweise auch die Gerichte international zuständig, die die EuGVVO bzw. das EuGVÜ/LugÜ bereithalten.

Die Gerichte der nationalen Zuständigkeitsordnung können hingegen nur dann eine Eilmaßnahme erlassen, wenn zwischen der beantragten Maßnahme und dem angerufenen Gericht eine ‚reale Verknüpfung' besteht. Überzeugend erscheint eine Auslegung dieses Erfordernisses, die sich am jeweiligen Inhalt der einstweiligen Maßnahme orientiert. Geht es um die Leistung von Vermögensgegenständen bzw. von Geld, so ist eine ‚reale Verknüpfung' dann gegeben, wenn sich die betroffenen Gegenstände im Gerichtsstaat befinden. Hat die Eilmaßnahme eine Unterlassung zum Gegenstand, so ist das Gericht zuständig, in dessen internationalem Zuständigkeitsbereich die Handlung vorgenommen wurde oder vorgenommen zu werden droht.

Besondere Erfordernisse gelten zudem für Leistungs- bzw. Befriedigungsverfügungen des deutschen Rechts, welche von den Gerichten der nationalen Zuständigkeitsordnung erlassen werden. Hier muss sich Vermögen des Schuldners im Gerichtsstaat befinden und der Gläubiger Sicherheit leisten. Diese Erfordernisse spielen richtigerweise nur bei Eilmaßnahmen eine Rolle, die auf die vorläufige Erbringung einer vertraglich geschuldeten Geldzahlung gerichtet sind.

Für nach autonom-nationalem Prozessrecht berufene Gerichte stellt die Anhängigkeit einer ‚Torpedoklage' im Ausland kein Hindernis dar. Zwar kann etwa auch durch eine negative Feststellungsklage der Hauptsachegerichtsstand fixiert werden, allerdings verweist § 937 Abs. 1 ZPO nur auf deutsche Hauptsachegerichte, nicht auf ausländische. Dagegen wird eine Zuständigkeit nach §

[223] *V. Meibom / Pitz*, MittdtschPatAnw. 1996, 181 (182 f.), auch mit Hinweis auf das Europäische Patentübereinkommen, welches keine internationale Zuständigkeit für Patentverletzungen vorsehe.

942 ZPO am Ort der belegenen Sache dadurch erschwert, dass eine besondere Dringlichkeit nötig ist, die kaum nachzuweisen ist. Für eine dem § 23 ZPO folgende Eilzuständigkeit ist notwendig, dass ein ‚hinreichender Inlandsbezug' besteht.

Auch die Rechtshängigkeit des Hauptsacheverfahrens sperrt nicht ein Eilverfahren. Sonst könnte der ‚Torpedokläger' nicht nur ein weiteres Hauptsacheverfahren sperren, sondern auch ein Eilverfahren. Ebenso wenig wird ein Eilverfahren an einem deutschen ‚Hauptsachegerichtsstand' im Sinne von § 937 Abs. 1 ZPO von einer Gerichtsstandsvereinbarung gesperrt, mit der die Parteien ein Hauptsachegericht berufen wollten. Denn ein ausländisches prorogiertes Hauptsachegericht ist nicht international ausschließlich zuständig, so dass Eilmaßnahmen durch inländische Gerichte möglich bleiben.

Das Gericht darf grundsätzlich seine Eilentscheidung auch auf ausländische Sachverhalte beziehen, also etwa eine Handlung im Ausland verbieten. Diese Kognitionsbefugnis ist jedoch in manchen Fällen begrenzt, etwa bei Unterlassungsverfügungen hinsichtlich der Verletzung gewerblicher Schutzrechte im Gerichtsstand des Art. 5 Nr. 3 EuGVVO (EuGVÜ/LugÜ).

§ 7. Probleme der Durchsetzung einer Eilmaßnahme bei Unterlassungs- und Leistungsansprüchen

Hat der von einer ‚Torpedoklage' betroffene Gläubiger die gerichtliche Zuständigkeit geklärt und eine einstweilige Verfügung erwirkt, stößt er möglicherweise auf weitere Probleme, wenn er versucht, die einstweilige Verfügung durchzusetzen. Dies betrifft in erster Linie die Anerkennung und Vollstreckung der Eilmaßnahmen, welche über die territoriale Reichweite der Eilmaßnahmen entscheiden.[1] Außerdem können Schwierigkeiten dabei auftreten, die Eilmaßnahme oder – falls der Antragsgegner nicht Folge leistet – die sich anschließenden Zwangs- bzw. Ordnungsmittel zu vollziehen oder zuzustellen.[2] Schließlich kann auch der ‚Torpedokläger' noch gegensteuern, indem er ein oder mehrere gegenläufige Eilverfahren einleitet oder Rechtsbehelfe einlegt.[3]

A. Probleme der Durchsetzung von Eilmaßnahmen bei grenzüberschreitenden Streitigkeiten

Überaus relevant für den Gläubiger, der sich einer ‚Torpedoklage' ausgesetzt sieht, ist die Frage, ob die von ihm beantragte einstweilige Verfügung grenzüberschreitende Wirkung entfaltet. Denn häufig betreffen ‚Torpedoklagen' grenzüberschreitende Sachverhalte, so dass es nötig werden kann, die Eilmaßnahme im Ausland durchzusetzen. Der Antragsteller muss dazu die Eilmaßnahme zunächst anerkennen und für vollstreckbar erklären lassen. Eine solche Anerkennung und Vollstreckung ist auch bei Maßnahmen des einstweiligen Rechtsschutzes nach Art. 32 ff. EuGVVO (Art. 25 ff. EuGVÜ/LugÜ) grundsätzlich möglich.[4] Allerdings hat die Rechtsprechung bestimmte Einschränkungen gemacht.[5]

I. Probleme der Anerkennung und Vollstreckung: Reichweite der Eilmaßnahme

Im folgenden soll untersucht werden, ob Einschränkungen hinsichtlich der Anerkennung und Vollstreckung von einstweiligen Verfügungen zu beachten sind, je nachdem, ob diese von einem Gericht der europäischen (Art. 2 ff. EuGVVO/EuGVÜ/LugÜ) oder aber von einem der durch Art. 31 EuGVVO (Art. 24 EuGVÜ/LugÜ) zugelassenen nationalen Zuständigkeitsordnung erlassen wurden.

---

[1] Vgl. § 7 A.
[2] Vgl. § 7 B und C.
[3] Vgl. § 7 B II und III.
[4] Rauscher-*Leible*, Art. 31 Brüssel I-VO, Rn. 35; Geimer / Schütze-*Geimer*, Art. 31 EuGVVO, Rn. 97; *Schack*, IZVR, Rn. 825.
[5] Dies gilt jedenfalls innerhalb des europäischen Zivilverfahrensrechts, vgl. auch unten § 7 A I 1 b, bei Fn. 24.

1. Einstweilige Verfügung durch die Gerichte der europäischen Zuständigkeitsordnung

Bei einst weiligen Verfügungen, welche ein Gericht der europäischen Zuständigkeitsordnung im Sinne von Art. 31 EuGVVO (Art. 24 EuGVÜ/LugÜ) erlassen hat, ist zum einen problematisch, ob deren territoriale Reichweite grundsätzlich eingeschränkt ist.[6] Außerdem kann das Erfordernis der Gewährung rechtlichen Gehörs Schwierigkeiten bereiten, welches der EuGH generell für die Anerkennung und Vollstreckung von Eilmaßnahmen aufgestellt hat.[7]

a. Reichweite von Eilmaßnahmen, die sich auf Auslandssachverhalte beziehen

Zunächst ist festzustellen, dass eine grenzüberschreitende Anerkennung und Vollstreckung auch hinsichtlich solcher Eilmaßnahmen stattfindet, mit der das inländische Gericht eine Unterlassung bzw. eine Handlung im Ausland angeordnet hat (*cross border injunctions*).[8] Jedenfalls hält die überwiegende Meinung dies im Grundsatz völkerrechtlich für zulässig.[9] Die Befugnis der Gerichte zur Anordnung von Rechtsfolgen im Ausland leitet sie aus deren internationaler Zuständigkeit zur Entscheidung des Rechtsstreits ab.[10] Die internationale Rechtsverfolgung könnte sonst eingeschränkt sein, wenn ausländische Gerichte nur schwer zu erreichen sind.[11] Außerdem würde möglicherweise eine ausländische Partei gegenüber einer inländischen im Prozess schonender behandelt und damit ungerechterweise bevorzugt.[12] Dieses Ergebnis ist auch folgerichtig, weil die Kognitionsbefugnis des Gerichts im Grundsatz ebenfalls territorial unbeschränkt ist.[13]

Spricht das Gericht etwa das Verbot aus, eine Handlung im Ausland vorzunehmen, kann die Zuwiderhandlung im Ausland mit einem Ordnungsgeld im Inland geahndet werden. Problematisch ist dabei allerdings, ob das Ordnungsgeld dann auch im Ausland vollstreckt werden kann, und ob vor der Vollstreckbarkeit des Ordnungsgeldes im Ausland die einstweilige Verfügung anerkannt und für vollstreckbar erklärt worden sein muss. Art. 49 EuGVVO (Art. 43 EuGVÜ/LugÜ) lässt jedenfalls innerhalb der Europäischen Union die Voll-

---

[6] Vgl. § 7 A I 2 a, bei Fn. 43 ff.
[7] Vgl. § 7 A I 1 b, bei Fn. 16 ff.
[8] *Hölder*, Grenzüberschreitende Durchsetzung (2004), 44.
[9] Zu den Ausnahmen (etwa im Immaterialgüterrecht) bereits oben § 3 A II 1 b cc, ab Fn. 208.
[10] BGHZ 22, 1 (13); OLG Nürnberg IPRspr. 1980, Nr. 144 (S. 462); *Gottwald*, FS Habscheid (1989), 119 (120); *Treibmann*, Die Vollstreckung von Handlungen (1994), 84 f.; *Geimer*, IZPR, Rn. 867; *Schack*, IZVR, Rn. 712; *Schlosser*, Der Justizkonflikt (1985), 21; *ders.*, FS Lorenz (1991), 497 (499 ff.) m. N.
[11] *Gottwald*, FS Habscheid (1989), 119 (120 f.).
[12] *Schlosser*, Der Justizkonflikt (1985), 21.
[13] Vgl. oben 6 B III, bei Fn. 216.

streckbarkeit von inländischen Zwangsgeldern in einem anderen Mitgliedstaat zu.[14]

*b. Gewährung rechtlichen Gehörs für den Antragsgegner (*Denilauler*-Rechtsprechung des EuGH)*

Beantragt der Gläubiger und Betroffene einer ‚Torpedoklage' den Erlass einer einstweiligen Verfügung bei einem Gericht der europäischen Zuständigkeitsordnung,[15] so hat er eine Einschränkung zu beachten, die die Rechtsprechung eingeführt hat. In der Entscheidung *Denilauler / Couchet Frères* hat der EuGH geäußert, dass nur solche ausländischen Verfügungen anerkannt und vollstreckt werden könnten, bei denen die Gegenpartei geladen und ihr rechtliches Gehör gewährt worden sei.[16] Auch ein nachträglich eingelegtes Rechtsmittel könne dann nichts daran ändern, dass ohne rechtliches Gehör keine Entscheidung im Sinne von Art. 32 EuGVVO (Art. 25 EuGVÜ/LugÜ) vorliege.[17] Der Gerichtshof wollte damit den Schutz des Schuldners in den Vordergrund rücken, der möglicherweise durch nationale Verfahren des einstweiligen Rechtsschutzes seines Rechts auf rechtliches Gehör und damit eines von der EuGVVO bzw. dem EuGVÜ/LugÜ intendierten Schutzes beraubt würde.[18]

Die Handhabung durch die Rechtsprechung ist vielfach dahingehend kritisiert worden, dass der EuGH damit den einstweiligen Rechtsschutz seiner wichtigsten Eigenschaft, nämlich des Überraschungseffekts, beraube.[19] Auch der Verordnungsgeber entschied sich nicht dafür, die vom Gerichtshof gemachten Einschränkungen in den Normtext von Art. 32 EuGVVO zu übernehmen.[20] Andere stimmten dem Urteil insofern zu, als dass die fehlende Anerkennungsfähigkeit von Verfahren, in denen der Prozessgegner keine Möglichkeit der Anhörung

---

[14] Vgl. dazu näher unten § 7 B I 2 a, bei Fn. 104 ff.

[15] Vgl. dazu oben § 6 A II 3, ab Fn. 46.

[16] EuGH Slg. 1980, 1553 (1571), Rn. 18 – *Denilauler / Couchet Frères.*

[17] Vgl. EuGH Slg. 1992 I, 5661 (5679), Rn. 21 – *Minalmet / Brandeis.*

[18] Vgl. EuGH Slg. 1980, 1553 (1570), Rn. 15 – *Denilauler / Couchet Frères*; der EuGH stellte auf den seiner Ansicht nach in Art. 27 Nr. 2 und 4 sowie Art. 46 Nr. 2 und 47 Nr. 1 EuGVÜ verankerten Schutz des Schuldners bei einer Auslandsvollstreckung ab; dazu *Kropholler*, EZPR, Art. 32 EuGVVO, Rn. 22; *Schack*, IZVR, Rn. 826.

[19] Geimer / Schütze-*Geimer*, EZVR, Art. 32 EuGVVO, Rn. 35; *Kropholler*, EZPR, Art. 32 EuGVVO, Rn. 22; Rauscher-*Leible*, Art. 31 Brüssel I-VO, Rn. 36; MünchKommZPO-*Gottwald*, Art. 25 EuGVÜ, Rn. 15; *Schack*, IZVR, Rn. 825; *Eilers*, Maßnahmen des einstweiligen Rechtsschutzes (1991), 280 f.; *Grundmann*, Anerkennung und Vollstreckung (1996), 153 ff.; *Spellenberg / Leible*, in: Gilles, Transnationales Prozessrecht (1995), 293 (330); *Remien*, WRP 1994, 25 (27); *Matscher*, ZZP 95 (1982), 170 (229).

[20] Geimer / Schütze-*Geimer*, EZVR, Art. 32 EuGVVO, Rn. 35.

hatte (sog. *ex parte*-Entscheidungen), die prozessuale Gerechtigkeit verwirkliche.[21]

Da die Rechtsprechung bisher nicht von ihrer Einschränkung abgerückt ist, hat der Gläubiger diese weiterhin zu beachten. Die Gewährung rechtlichen Gehörs bedeutet bei den nach Art. 2 ff. EuGVVO (EuGVÜ/LugÜ) berufenen Gerichten allerdings auch die einzige Einschränkung.[22] Weitere kommen nur für die Gerichte der nationalen Zuständigkeitsordnung hinzu.[23] Außerhalb der EuGVVO bzw. des EuGVÜ/LugÜ ist eine Anerkennungsfähigkeit von Entscheidungen des einstweiligen Rechtsschutzes im übrigen nicht immer gewährleistet. So zeigt sich etwa das autonome deutsche Recht nicht anerkennungsfreundlich, weil es sich bei Eilmaßnahmen nicht um endgültige Entscheidungen handelt.[24]

aa. Übertragbarkeit der Denilauler-*Rechtsprechung auf die EuGVVO*

Von Kritikern der *Denilauler*-Rechtsprechung zum EuGVÜ ist diskutiert worden, ob diese Rechtsprechung auf die EuGVVO übertragen werden kann.[25] Verwiesen wird darauf, dass der Verordnungsgeber keinen großen Wert auf die Einräumung rechtlichen Gehörs mehr lege, weil zum Beispiel die Zustellung des verfahrenseinleitenden Schriftstücks gesunken sei: Nur noch bei Säumnisentscheidungen sei für die Erwirkung der Vollstreckbarerklärung der Nachweis einer solchen Zustellung notwendig (vgl. Art. 54 EuGVVO in Verbindung mit Anhang V, Punkt 4.4). Die Verordnung fordere zudem keine vorherige Zustellung der Entscheidung mehr, zumal es nach Art. 42 Abs. 2 EuGVVO genüge, wenn die Entscheidung dem Schuldner zusammen mit der Vollstreckbarerklärung zugestellt werde. Auch könnten Eilmaßnahmen gemäß Art. 47 Abs. 2 EuGVVO nunmehr aufgrund der Vollstreckbarklärung – nicht ihrer Zustellung – ergehen.[26] Dem ist im deutschen Schrifttum nur vereinzelt widersprochen worden.[27]

Einem Absehen von dem Erfordernis des rechtlichen Gehörs für Eilmaßnahmen unter der EuGVVO ist indes mit Vorsicht zu begegnen. Zwar ist nicht von der Hand zu weisen, dass die Verordnung der Zustellung des verfahrenseinlei-

---

[21] Vgl. den Überblick über den Meinungsstand bei *Grundmann*, Anerkennung und Vollstreckung (1996), 151 f.

[22] Rauscher-*Leible*, Art. 31 Brüssel I-VO, Rn. 37; *Kropholler*, EZPR, Art. 31 EuGVVO, Rn. 21; Burgstaller / Neumayr-*Burgstaller / Neumayr*, Art. 31 EuGVVO, Rn. 23.

[23] Vgl. dazu unten § 7 A I 2 a, bei Fn. 43 ff.

[24] Musielak-*Musielak*, § 328 ZPO, Rn. 5; *Schack*, IZVR, Rn. 823; *Kurtz*, Grenzüberschreitender einstweiliger Rechtsschutz (2004), 117 f.

[25] *Micklitz / Rott*, EuZW 2002, 15 (16 f.); vorsichtig Rauscher-*Leible*, Art. 32 Brüssel I-VO, Rn. 12; zum Streitstand vgl. Hk-ZPO/*Dörner*, Art. 32 EuGVVO, Rn. 7.

[26] *Micklitz / Rott*, EuZW 2002, 15 (16).

[27] *Schlosser*, EUZ, Art. 32 EuGVVO, Rn. 6 (S. 211 f.).

tenden Schriftstückes kaum noch Gewicht beimisst. Dies lässt sich etwa daran ablesen, dass der Anerkennungsversagungsgrund des Art. 34 Nr. 2 EuGVVO von der Geltendmachung durch den Beklagten abhängig ist, falls dieser dazu in der Lage war. Allerdings macht gerade Art. 34 Nr. 2 EuGVVO deutlich, dass die fehlende Zustellung des verfahrenseinleitenden Schriftstücks durchaus zur Anerkennungsverweigerung führen kann, insofern also doch nicht ganz unbedeutend ist. Eine Vollstreckbarerklärung wird bei Eilmaßnahmen, denen das rechtliche Gehör fehlt, aber bereits aus einem anderen Grund nicht in Betracht kommen: Die für die Erwirkung einer Vollstreckbarerklärung erforderliche Bescheinigung gemäß Art. 53 Abs. 2, 54 EuGVVO wird vom Ursprungsgericht nicht ausgestellt, wenn sich der Beklagte nicht auf das Verfahren eingelassen hat (Anhang V, Punkt 4.4 der EuGVVO) – dies ist bei Eilmaßnahmen ohne rechtliches Gehör jedoch nicht gerade der Fall.[28]

Auch für die EuGVVO sollte insofern vom Erfordernis des rechtlichen Gehörs ausgegangen werden, zumal der EuGH bislang an seiner Rechtsprechung festhält.

bb. Gewährung rechtlichen Gehörs durch ein deutsches Gericht

Fraglich ist weiter, inwiefern ein deutsches Gericht im einstweiligen Rechtsschutz dem Erfordernis des rechtlichen Gehörs genügen kann.

(1) Beschlussverfügung

Im Beschlussverfahren kann die Entscheidung über den Erlass einer einstweiligen Verfügung ohne mündliche Verhandlung ergehen, insbesondere wenn ein dringender Fall vorliegt (vgl. § 937 Abs. 2 ZPO).[29] Dies betrifft – über die allgemein vorausgesetzte Dringlichkeit hinaus – die Fälle, in denen die Durchführung eines selbst kurzfristig anberaumten Termins wegen der daraus resultierenden Verzögerung den Zweck des einstweiligen Rechtsschutzes gefährden würde.[30] Davon ist auszugehen, wenn andernfalls der Gegner gewarnt würde und infolgedessen den Erfolg der Eilmaßnahme vereiteln könnte.[31] Die als Ermessensentscheidung ergangene Beschlussverfügung gewährt dem Antragsgegner kein rechtliches Gehör, so dass man eine Anerkennungs- und Vollstreckungsfähigkeit im Ausland verneinen könnte.

---

[28] So auch *Schlosser*, EUZ, Art. 32 EuGVVO, Rn. 6.

[29] Musielak-*Huber*, § 937 ZPO, Rn. 4; Thomas / Putzo-*Reichold*, § 937 ZPO, Rn. 2; *Spellenberg / Leible*, in: Gilles, Transnationales Prozessrecht (1995), 293 (320).

[30] Zöller-*Vollkommer*, § 937 ZPO, Rn. 2; Thomas / Putzo-*Reichold*, § 937 ZPO, Rn. 2; HdBVR-*Dunkl*, Rn. A 516; *Brox / Walker*, ZVR, Rn. 1634; *Walker*, Der einstweilige Rechtsschutz (1993), Rn. 284; *Heinze*, Der einstweilige Rechtsschutz (1984), 51; *Kunath*, WRP 1991, 65 ff.

[31] *Walker*, Der einstweilige Rechtsschutz (1993), Rn. 284; *Brox / Walker*, ZVR, Rn. 1634.

Allerdings kann man gegen die mündliche Verhandlung als zwingende Voraussetzung einer Anerkennung einwenden, dass die Gewährung rechtlichen Gehörs auch in einem schriftlichen Verfahren möglich ist:[32] Ordnet das Gericht nach § 937 Abs. 2 ZPO keine mündliche Verhandlung an, so kann es nach überwiegender Meinung gleichwohl dem Antragsgegner vor der Beschlussfassung Gelegenheit zu einer schriftlichen Äußerung geben und damit das rechtliche Gehör wahren.[33] Dies ist jedoch Mindestvoraussetzung für eine grenzüberschreitende Anerkennung und Vollstreckung.[34]

(2) Dringlichkeit bei rechtshängiger ‚Torpedoklage'

Für den Erlass einer Beschlussverfügung ist fraglich, ob die für eine Beschlussverfügung erforderliche Dringlichkeit gegeben ist, wenn ein Gläubiger bei anhängiger ‚Torpedoklage' eine einstweilige Verfügung beantragt, um die gegnerische Partei zu einem *Unterlassen* zu verpflichten. Dies ist zweifelhaft, wenn der Gegner die in Streit stehende Handlung bereits begonnen hat bzw. diese wiederholt. Ob der Gegner den Erfolg des Eilverfahrens vereiteln kann, ist zweifelhaft. Der ‚Torpedokläger' kann zumindest nicht vorbeugend Unterlassung einer Eilmaßnahme der anderen Partei verlangen.[35] Allerdings könnte der Schuldner ein eigenes Eilverfahren einleiten und damit möglicherweise einstweilige Maßnahmen des Gläubigers blockieren. Diese Möglichkeit soll später genauer untersucht werden.[36] Eine Dringlichkeit ist bei Unterlassungsverfügungen jedenfalls nicht von vornherein von der Hand zu weisen.

Geht es bei der einstweiligen Verfügung um eine *Leistung*, so kann eine Dringlichkeit gegebenenfalls ebenso bejaht werden. Denn der Erfolg des Eilverfahrens könnte vereitelt werden, wenn der Antragsgegner etwa Vermögensgegenstände außer Landes brächte oder veräußerte.

Das Erfordernis der Gewähr rechtlichen Gehörs kann sich also durchaus negativ auf die Anspruchsdurchsetzung des Gläubigers auswirken, weil es an einem Überraschungseffekt fehlt. Der Gegner kann versuchen, mögliche Gegenmaßnahmen einzuleiten oder etwaige betroffene Gegenstände verschwinden zu lassen.

---

[32] *Nagel / Gottwald*, § 15, Rn. 18; *Spellenberg / Leible*, in: Gilles, Transnationales Prozessrecht (1995), 293 (321).

[33] Stein / Jonas-*Grunsky*, § 922 ZPO, Rn. 1, § 937 ZPO, Rn. 4; MünchKomm-*Heinze*, § 922 ZPO, Rn. 2; AK-ZPO-*Damm*, § 922 ZPO, Rn. 6; *Walker*, Der einstweilige Rechtsschutz (1993), Rn. 280; *Gießler / Soyka*, Vorläufiger Rechtsschutz (2005), Rn. 19; *Klaka*, GRUR 1979, 593 (599); a. A. OLG Frankfurt/Main, Rpfleger 1980, 353 (353); *Brüggemann*, ZZP 81 (1968), 458 (460 f.); das Bundesverfassungsgericht hat für das deutsche Recht ausgeführt, dass Art. 103 Abs. 2 GG kein Recht auf eine mündliche Verhandlung gebe, vgl. BVerfGE 60, 175 (210).

[34] *Nagel / Gottwald*, § 15, Rn. 19.

[35] Vgl. schon oben § 4 A II 2, bei Fn. 84.

[36] Vgl. dazu § 7 B II; auch § 11 zu Feststellungsverfügungen.

(3) Urteilsverfügung

Bei einer im Urteilsverfahren ergangenen einstweiligen Verfügung ist das rechtliche Gehör gewahrt, weil ein normales Erkenntnisverfahren stattfindet und eine mündliche Verhandlung durchgeführt wird.[37] Das Urteilsverfahren ist dabei der Grundsatz, es sei denn, es läge ein dringender Fall vor.[38]

2. Einstweilige Verfügung durch die Gerichte der nationalen Zuständigkeitsordnung

Beantragt der Gläubiger eine einstweilige Verfügung bei einem Gericht der über Art. 31 EuGVVO (Art. 24 EuGVÜ/LugÜ) berufenen nationalen Zuständigkeitsordnung, so ist zum einen ebenfalls zu beachten, dass rechtliches Gehör zu gewähren ist. Der EuGH hat darüber hinaus die Anforderungen an die Anerkennungs- und Vollstreckungsfähigkeit in der *Mietz*-Entscheidung noch verschärft.[39] Danach kann eine Entscheidung des Eilgerichts, die auf die vorläufige Erbringung einer vertraglichen Gegenleistung gerichtet ist und die die für solche Entscheidungen geltenden Zuständigkeitsbeschränkungen nicht beachtet,[40] nicht im Ausland anerkannt und vollstreckt werden, weil sie bereits keine ‚einstweilige Maßnahme' im Sinne von Art. 31 EuGVVO (Art. 24 EuGVÜ/LugÜ) darstellt.[41] Das die einstweilige Maßnahme erlassende Gericht trifft daher eine Begründungspflicht insofern, als dass es entweder seine Zuständigkeit in der Hauptsache nach Art. 2 ff. EuGVVO (EuGVÜ/LugÜ) darlegen oder aber – falls eine solche Hauptsachezuständigkeit nicht besteht – aufzeigen muss, woraus sich bei Zugrundelegung der vom EuGH aufgestellten Erfordernisse seine (autonom-nationale) Zuständigkeit ergibt.[42]

a. Grundsätzliche Möglichkeit der grenzüberschreitenden Anerkennung und Vollstreckung

Für einstweilige Maßnahmen von Gerichten der nationalen Zuständigkeitsordnung ist aufgrund dieser Erfordernisse fraglich, ob eine Anerkennung und Vollstreckung im Ausland überhaupt noch möglich ist. Viele meinen, dass eine sol-

[37] Musielak-*Huber*, § 935 ZPO, Rn. 6, § 921 ZPO, Rn. 5; *Brox / Walker*, ZVR, Rn. 1636; HdBVR-*Dunkl*, Rn. A 527; dementsprechend sind die Rechtsbehelfe ausgestaltet, vgl. *Oetker*, GRUR 2003, 119 (120).

[38] Baumbach / Lauterbach-*Hartmann*, § 937 ZPO, Rn. 4; *Schockenhoff*, NJW 1990, 152 (156).

[39] Dazu Geimer / Schütze-*Geimer*, EZVR, Art. 32 EuGVVO, Rn. 35, Fn. 54; *Kropholler*, EZPR, Art. 31 EuGVVO, Rn. 24; *Jayme / Kohler*, IPRax 1999, 401 (408).

[40] Zu den Erfordernissen im einzelnen schon oben § 6 A II 3 a bb, ab Fn. 84.

[41] EuGH Slg. 1999 I, 2277 (2314, 2317 ff.), Rn. 42 f., 53 ff. – *Mietz / Intership Yachting*.

[42] EuGH Slg. 1999 I, 2277 (2317 ff.), Rn. 53 ff. – *Mietz / Intership Yachting*; dazu ähnlich Rauscher-*Leible*, Art. 31 Brüssel I-VO, Rn. 38.

che entweder grundsätzlich ausgeschlossen sei[43] oder aufgrund der Einschränkungen des EuGH regelmäßig nicht mehr in Betracht komme.[44] Die Erfordernisse, die der EuGH aufgestellt hat, werden danach als ‚territoriale Wirkungsbeschränkung' für einstweilige Maßnahmen angesehen.[45] Andere nehmen dagegen an, dass es auch Fälle geben kann, wo eine extraterritoriale Wirkung in Betracht kommt.[46]

Der EuGH selbst ist wohl davon ausgegangen, dass eine grenzüberschreitende Anerkennung und Vollstreckung von nach Art. 31 EuGVVO (Art. 24 EuGVÜ/LugÜ) ergangenen Eilmaßnahmen grundsätzlich möglich sei, eine solche aber tatbestandlichen Einschränkungen unterstehen soll. Denn in der *Mietz*-Entscheidung fehlen Hinweise darauf, dass eine grenzüberschreitende Anerkennung und Vollstreckung ausgeschlossen ist.[47] Hätte der EuGH eine grenzüberschreitende Anerkennung und Vollstreckung von bestimmten Eilmaßnahmen kategorisch ausschließen wollen, hätte er nicht ausdrücklich Anforderungen an gerade solche Eilmaßnahmen stellen müssen. Die zeigt, dass Eilmaßnahmen von nach Art. 31 EuGVVO (Art. 24 EuGVÜ/LugÜ) zuständigen Gerichten grundsätzlich territorial nicht beschränkt sind.[48]

---

[43] *Wolf*, EWS 2000, 11 (16 f.); *Wolf / Lange*, RIW 2003, 55 (60); *Hess / Vollkommer*, IPRax 1999, 220 (223 f.); *Schack*, ZEuP 1998, 931 (954); *Meier-Beck*, GRUR 1999, 379 (382); dem folgend *Ebner*, Markenschutz (2004), 229; schon *Grundmann*, Anerkennung und Vollstreckung (1996), 143 f.; *Albrecht*, Das EuGVÜ und der einstweilige Rechtsschutz (1991), 120; in diese Richtung gehen auch Vorschläge für eine Einschränkung der europaweiten Vollstreckung von einstweiligen Maßnahmen von autonom-nationalen Gerichten, die von der vom Rat eingesetzten Arbeitsgruppe zur Vorbereitung der Revision des EuGVÜ im Februar 1999 und die Europäische Kommission gegenüber dem Rat am 26.11.1997 gemacht wurden, vgl. dazu *Wolf*, EWS 2000, 11 (15), m. w. N.; zu beachten ist auch, dass außerhalb der EuGVVO bzw. des EuGVÜ/LugÜ viele Staaten einstweilige Maßnahmen nicht anerkennen, vgl. *Walter / Baumgartner*, Recognition (2000), 21.

[44] *Kropholler*, EZPR, Art. 31 EuGVVO, Rn. 24; Thomas / Putzo-*Hüßtege*, Art. 32 EuGVVO, Rn. 4; Musielak-*Weth*, Art. 32 EuGVVO, Rn. 5; *Nagel / Gottwald*, § 15, Rn. 14; *Schack*, IZVR, Rn. 425; *Mauch*, Die Sicherungsvollstreckung (2003), 262 f.; *Stadler*, JZ 1999, 1089 (1094).

[45] Mit dieser Begrifflichkeit *Stadler*, JZ 1999, 1089 (1098 f.); *Dedek*, EWS 2000, 246 (252); *Willeitner*, Vermögensgerichtsstand und einstweiliger Rechtsschutz (2003), 108.

[46] Rauscher-*Leible*, Art. 31 EuGVVO, Rn. 38; *Schlosser*, EUZ, Art. 32 EuGVVO, Rn. 5 a. E.; *Dedek*, EWS 2000, 248 (252); *Spellenberg / Leible*, Anm. zu EuGH, Urt. v. 17.11.1998 – *van Uden / Deco-Line*, ZZP Int. 4 (1998), 221 (231 f.); *Hess*, IPRax 2000, 370 (373); *Hess / Vollkommer*, IPRax 1999, 220 (225), die ansonsten von territorial ‚radiziertem' einstweiligen Rechtsschutz ausgehen; *Schulz*, ZEuP 2001, 815 (831 f.), auch zu Schwierigkeiten für den Zweitrichter, die Erfordernisse an Leistungs- bzw. Befriedigungsverfügungen zu überprüfen.

[47] Vielmehr macht der EuGH das Vorliegen einer einstweiligen Maßnahme ausdrücklich von den in der *van Uden*-Entscheidung aufgestellten Einschränkungen abhängig, vgl. EuGH Slg. 1999 I, 2277 (2314), Rn. 42 – *Mietz / Intership Yachting*.

[48] *Schulz*, ZEuP 2001, 815 (832).

b. Mögliche Konstellationen für die grenzüberschreitende Anerkennung und Vollstreckung

Problematisch ist aber, wie groß der Anwendungsbereich für eine grenzüberschreitende Anerkennung und Vollstreckung von Eilmaßnahmen der nach autonom-nationalem Recht zuständigen Gerichte ist. Denn es ist erforderlich, dass in die in der Eilmaßnahme bezeichneten und im Gerichtsstaat belegenen Vermögensgegenstände auch vollstreckt wird.[49] Sind jedoch die betroffenen Vermögensgegenstände im Inland belegen, so stellt sich die Frage, ob eine Vollstreckung im Ausland überhaupt noch in Betracht kommt. Die möglichen Konstellationen für eine grenzüberschreitende Anerkennung und Vollstreckung von Eilmaßnahmen sollen im folgenden dargestellt werden.

aa. Eilmaßnahmen gerichtet auf Leistung

Bei Eilmaßnahmen, die auf Leistung einer Geldzahlung gerichtet sind, könnte eine grenzüberschreitende Anerkennung und Vollstreckung in den Fällen in Betracht kommen, wo sich zunächst Vermögen im Zuständigkeitsbereich des angerufenen Gerichts befunden hat, sich später jedoch eine Vollstreckung im Inland als unmöglich herausstellt, und daher eine Auslandsvollstreckung nötig erscheint. Eine Anerkennung und Vollstreckung im Ausland ist dann möglich, wenn sich zunächst Vermögensgegenstände im örtlichen Zuständigkeitsbereich des Gerichts befunden haben, die der Antragsgegner dann aber zwischenzeitlich ins Ausland gebracht hat.

Hingegen dürfte es nicht genügen, dass das inländische Vermögen des Schuldners zur vorläufigen Befriedigung nicht ausreicht und deshalb in ausländisches Vermögen vollstreckt werden soll.[50] Denn hier wären die betroffenen inländischen Vermögensgegenstände, die in der einstweiligen Maßnahme bezeichnet werden, nicht identisch mit den Vermögensgegenständen, in die dann im Ausland tatsächlich vollstreckt wird. Dies gilt auch bei breit gestreutem Vermögen über mehrere Staaten.[51]

Bei Leistungsmaßnahmen auf Zahlung kommt eine grenzüberschreitende Anerkennung und Vollstreckung von Eilmaßnahmen der Gerichte der nationalen Zuständigkeitsordnung danach nur in eng umgrenzten Konstellationen in Betracht.

Fraglich ist, ob einstweilige Maßnahmen, die nicht auf die Anordnung einer Geldzahlung gerichtet sind, grenzüberschreitend anerkannt und vollstreckt wer-

---

[49] *Willeitner*, Vermögensgerichtsstand und einstweiliger Rechtsschutz (2003), 122, 124; auch *Stadler*, JZ 1999, 1089 (1094, l. Sp.).

[50] So aber Rauscher-*Leible*, Art. 31 Brüssel I-VO, Rn. 38; *Spellenberg / Leible*, Anm. zu EuGH, Urt. 17.11.1998 – *van Uden / Deco-Line*, ZZP Int. 4 (1999), 221 (231 f.); *Dedek*, EWS 2000, 246 (252).

[51] Vgl. zu diesem Fall *Hess / Vollkommer*, IPRax 1999, 220 (224 f.).

den können. Nach der hier vertretenen Meinung beziehen sich die Erfordernisse der Belegenheit von Schuldnervermögen bzw. einer Sicherheitsleistung nur auf einstweilige Maßnahmen, welche die vorläufige Erbringung einer vertraglichen Hauptleistung, und zwar einer Zahlung, zum Gegenstand haben.[52] Dafür spricht unter anderem, dass der EuGH sich auch in der *Mietz*-Entscheidung explizit nur auf derartige Eilmaßnahmen bezog.[53] Insofern gelten die zusätzlichen Erfordernisse der *Mietz*-Entscheidung nicht für Eilmaßnahmen, die keine Zahlung anordnen.

bb. Eilmaßnahmen gerichtet auf Unterlassung

Auch für Unterlassungsverfügungen, die von Gerichten der nationalen Zuständigkeitsordnung erlassen werden, sind Konstellationen angedacht worden, in denen eine grenzüberschreitende Anerkennung und Vollstreckung nötig werden könnte. Zum Beispiel wurde die missbräuchliche Inanspruchnahme von Bankgarantien genannt:[54] Ein inländischer Schuldner eröffnet bei einer im gleichen Staat ansässigen Bank zugunsten eines ausländischen Gläubigers eine Bankgarantie. Er hat allerdings ein Interesse daran, sowohl der Bank die Auszahlung als auch dem Gläubiger die Inanspruchnahme im Wege des Eilrechtsschutzes zu verbieten.[55] Deshalb müsse eine am Sitz der Bank erlassene Eilmaßnahme auch im Ausland gegen den Gläubiger vollstreckt werden können.[56]

Legt man mit der hier vertretenen Meinung[57] das Verständnis zugrunde, dass der EuGH die zusätzlichen Erfordernisse für Leistungs- und Befriedigungsverfügungen nur auf einstweilige Maßnahmen mit Zahlungsanordnung bezog, so spielen diese Erfordernisse bei Unterlassungsverfügungen keine Rolle. Geht man hingegen davon aus, dass eine Anerkennung und Vollstreckung nur dann in Betracht komme, wenn allgemein eine ‚reale Verknüpfung' bestehe,[58] so ergibt bei der hier vorgenommenen Auslegung[59] des Erfordernisses nichts anderes. Denn bei territorial nicht gebundenen Unterlassungen kann es nötig sein, dem Schuldner auch in einem anderen Staat die betreffende Handlung zu verbieten.

---

[52] Vgl. oben § 6 A II 3 a bb (1) (a) bei Fn. 91.
[53] EuGH Slg. 1999 I, 2277 (2314), Rn. 43 – *Mietz / Intership Yachting.*
[54] *Hess*, IPRax 2000, 370 (373).
[55] *Heinze*, Der einstweilige Rechtsschutz (1984), 173 ff. (179); *Mülbert*, Missbrauch von Bankgarantien (1985), 109 ff.
[56] *Hess*, IPRax 2000, 370 (373): Aus dem Sitz der Bank soll sich eine ‚reale Verknüpfung' ergeben.
[57] Vgl. oben § 6 A II 3 a bb (1) (a), bei Fn. 91.
[58] So offenbar etwa Rauscher-*Leible*, Art. 31 Brüssel I-VO, Rn. 38: ‚Eine Vollstreckung setzt indes stets voraus, dass das Erstgericht die vom EuGH für Art. 31 postulierten Anforderungen der realen Verknüpfung (…) beachtet hat.'
[59] Vgl. § 6 A I 3 a aa (4).

c. Ergebnis

Es ist also festzuhalten, dass grundsätzlich auch vor den Gerichten der nationalen Zuständigkeitsordnung Eilmaßnahmen beantragt werden können, die im Ausland vollstreckbar sind. Dies gilt bei auf Leistung einer Geldzahlung gerichteten Eilmaßnahmen jedenfalls dann, wenn die betroffenen Vermögensgegenstände ins Ausland verlagert worden sind.

II. Probleme der Vollziehung der Eilmaßnahmen

Nachdem gesehen wurde, dass die territoriale Reichweite der Maßnahmen grundsätzlich nicht auf das Inland beschränkt ist, ist weiter zu untersuchen, ob auch Probleme bei der Vollziehung der Eilmaßnahme bestehen können, die dazu führen, dass der Anspruch nicht oder nur zum Teil erfüllt wird. Dabei ist zu unterscheiden, ob es um eine Befriedigungsverfügung auf Unterlassen oder auf Leistung geht.

1. Vollziehung bei Leistungs- bzw. Befriedigungsverfügungen auf Unterlassen

Bei einer Unterlassungsverfügung ist problematisch, ob der Antragsteller die §§ 929 Abs. 2, 936 ZPO zu beachten hat. Danach müsste die Unterlassungsverfügung binnen eines Monats vollzogen sein. Die Vollziehung stellt bei der Unterlassungsverfügung ein Problem dar, weil die Besonderheit besteht, dass zur Vollstreckung – außer bei Ordnungsmitteln im Falle der Zuwiderhandlung – gar kein Antrag erforderlich ist, sondern die gerichtliche Entscheidung ohne weiteres wirkt.[60] Eine Anwendbarkeit des § 929 Abs. 2 ZPO auf Unterlassungsverfügungen wird gleichwohl im Allgemeinen bejaht.[61]

Bei Unterlassungs*beschlüssen* ist die einstweilige Verfügung gemäß §§ 922 Abs. 2, 936 ZPO dem Schuldner vom Gläubiger zuzustellen. Dadurch bringt der Gläubiger fristwahrend seinen Vollziehungswillen zum Ausdruck.[62] Problematisch ist, ob bei Unterlassungsverfügungen, die als *Urteil* ergangen sind, die Zustellung von Amts wegen ausreicht, weil der Gläubiger damit möglicherweise nicht seinen Vollziehungswillen nach außen zeigt. Obwohl nach § 310 ZPO das Urteil bereits mit seiner Verkündung vollstreckungsrechtliche Wirkungen entfaltet, fordert die herrschende Meinung als Ausdruck der Vollziehungsintiative ei-

---

[60] *Brox / Walker*, ZVR, Rn. 1654.

[61] Thomas / Putzo-*Reichold*, § 936 ZPO, Rn. 7; Zöller-*Vollkommer*, § 929 ZPO, Rn. 18; Musielak-*Huber*, § 936 ZPO, Rn. 5; Baumbach / Lauterbach-*Hartmann*, § 936 ZPO, Rn. 7; *Walker*, Der einstweilige Rechtsschutz im Zivilprozess (1993), Rn. 579; *Brox / Walker*, ZVR, Rn. 1654; HdBVR-*Baur*, Rn. H 395; *Gottwald*, Einstweiliger Rechtsschutz, § 929 ZPO, Rn. 17.

[62] OLG Hamm WRP 1992, 339 (339); *Walker*, Der einstweilige Rechtsschutz im Zivilprozess (1993), Rn. 579; *Gottwald*, Einstweiliger Rechtsschutz, § 929 ZPO, Rn. 17.

ne Zustellung durch die Gläubigerpartei.[63] Eine Einschränkung wird jedoch dahingehend gemacht, dass es ausreiche, wenn der Gläubiger auf andere Weise seinen Vollziehungswillen verbindlich dokumentiert habe, etwa durch einen Antrag auf Erlass einer Androhung nach § 890 Abs. 2 ZPO.[64]

Andere wollen noch nicht einmal die Parteizustellung ausreichen lassen, sondern fordern die Androhung von Ordnungsmitteln.[65] Eine dritte Ansicht will dagegen auf die Parteizustellung verzichten. Dabei wird argumentiert, dass ein Unterlassungsgebot keiner Vollziehung bedürfe und die vollstreckungsrechtlichen Wirkungen, nämlich die Sanktionierbarkeit einer Zuwiderhandlung, nicht von der Manifestation eines Vollzugswillens abhingen.[66]

Die letztgenannte Ansicht kann sich zugute halten, ein möglichst gerechtes Ergebnis für den Gläubiger zu erzielen. Denn die vollstreckungsrechtlichen Wirkungen einer Unterlassungsurteilsverfügung liegen schon bei ihrem Erlass vor: Der Antragsgegner hat die Verfügung zu befolgen, und ein Verstoß gegen das Verbot kann mit einem Ordnungsmittel geahndet werden. Der Antragsgegner hat deshalb seinerseits einen Schadensersatzanspruch gemäß § 945 ZPO, sofern sich die Unterlassungsverfügung als von Anfang an ungerechtfertigt erweist.[67] Es wäre unbillig, dem Gläubiger wegen der vollstreckungsrechtlichen Wirkung der Verfügung das Schadensersatzrisiko aufzubürden, andererseits aber so zu tun, als habe er sich noch nicht für eine Vollziehung entschieden.[68] Möglicherweise müsste der Gläubiger dann Schadensersatz zahlen, ohne überhaupt noch vollziehen zu können, weil die Monatsfrist bereits verstrichen wäre. Das Argument, dass der Gläubiger noch ein Wahlrecht haben solle, ab wann er der Schadensersatzpflicht aus § 945 ZPO unterliege,[69] verfängt somit nicht. Vielmehr müsste der Gläubiger möglicherweise aufwändig sicherstellen, dass die

---

[63] BGH WM 1989, 927 (929); OLG Celle FamRZ 1988, 524 (525); MünchKommZPO-*Heinze*, § 938 ZPO, Rn. 37, 40; Zöller-*Vollkommer*, § 929 ZPO, Rn. 18; Baumbach / Lauterbach-*Hartmann*, § 936 ZPO, Rn. 9; *Nirk / Kurtze*, Wettbewerbsstreitigkeiten, Rn. 300; *Mellulis*, Handbuch des Wettbewerbsprozesses, Rn. 110; *Arens*, in: LdR-Zivilverfahrensrecht, Arrest und einstweilige Verfügung, 14; HdBVR-*Baur*, Rn. B 18; *Ulrich*, WRP 1990, 651 (654).

[64] BGHZ 120, 73 (86); Thomas / Putzo-*Reichold*, § 936 ZPO, Rn. 8; *Addicks*, MDR 1994, 225.

[65] *Borck*, MDR 1983, 180 (182).

[66] OLG Bremen WRP 1979, 791 (791); *Gronstedt*, Grenzüberschreitender einstweiliger Rechtsschutz (1993), 327 f.; *Walker*, Der einstweilige Rechtsschutz im Zivilprozess (1993), Rn. 582; *Weber*, DB 1981, 877 (878).

[67] BGH WRP 1989, 514 (516); Baumbach / Hefermehl-*Köhler*, § 12 UWG, Rn. 3.78; *Ulrich*, WRP 1991, 361 (368).

[68] *Walker*, Der einstweilige Rechtsschutz im Zivilprozess (1993), Rn. 582; *Pohlmann*, KTS 1994, 49, 62 f.; *Knieper*, WRP 1997, 815 (815).

[69] Vgl. etwa *Altmeppen*, WM 1989, 1157 (1162), der allerdings eine Auslösung des Schadensersatzanspruchs durch Urteilsverkündung verneint, die er erst annehmen will, wenn der Schuldner ein Zwangsmittel beantragt habe.

Unterlassungsurteilsverfügung binnen eines Monats zugestellt wird. Die letztgenannte Ansicht ist somit vorzugswürdig.

Folgte man hingegen der herrschenden Meinung, könnte die Befriedigungswirkung der bereits erwirkten Unterlassungsurteilsverfügung dadurch vereitelt werden, dass es der Gläubiger versäumte, diese rechtzeitig zustellen zu lassen. Mit der Fristversäumung wäre jegliche Vollstreckung aus dem Verfügungsurteil unzulässig.[70] Möglich wäre allerdings die Beantragung einer neuen Eilmaßnahme, freilich unter Berücksichtigung entgegenstehender Rechtshängigkeit oder Rechtskraft.[71]

2. Vollziehung bei Leistungs- bzw. Befriedigungsverfügungen auf Leistung

Gelingt es dem Betroffenen einer ‚Torpedoklage', einen Verfügungsgrund glaubhaft zu machen und eine einstweilige Verfügung auf Leistung zu erwirken, so muss er diese noch vollziehen lassen. Dafür genügt es wie beim Arrest, dass der Vollstreckungsantrag fristgerecht gestellt wird.[72] Geht es um eine einmalige Leistung, reicht bei einer Urteilsverfügung eine Zustellung im Parteibetrieb nicht aus, sondern es sind weitere Vollstreckungsmaßnahmen erforderlich, wie etwa die Beantragung einer Pfändung bei der Durchsetzung einer Geldforderung.[73] Nach heute wohl überwiegender Meinung genügt die Stellung eines Vollstreckungsantrags,[74] das heißt die Vollstreckung muss nicht innerhalb der Monatsfrist vollzogen sein – denn dies wäre aufgrund der Überlastung der Vollstreckungsorgane oder der Verzögerungsmöglichkeiten des Schuldners oft nicht möglich.[75] Eine Parteizustellung neben Amtszustellung und Vollstreckungsantrag ist dann jedoch nicht erforderlich.[76]

---

[70] Stein / Jonas-*Grunsky*, § 929, Rn. 16; Zöller-*Vollkommer*, § 929 ZPO, Rn. 25; HdBVR-*Dunkl*, Rn. A 398.

[71] Allgemeine Meinung, vgl. BVerfG NJW 1988, 3141; Stein/ Jonas-*Grunsky*, § 929 ZPO, Rn. 18; Baumbach / Lauterbach-*Hartmann*, § 929 ZPO, Rn. 9; *Zimmermann*, § 929 ZPO, Rn. 8; *Brox / Walker*, ZVR, Rn. 1540; *Walker*, Der einstweilige Rechtsschutz im Zivilprozess (1993), Rn. 596; *Morbach*, Einstweiliger Rechtsschutz in Zivilsachen, 60; *Ulrich*, WRP 1990, 651 (655).

[72] Musielak-*Huber*, § 936 ZPO, Rn. 6; *Brox / Walker*, ZVR, Rn. 1654, 1662; *Gottwald*, Einstweiliger Rechtsschutz, § 929 ZPO, Rn. 17.

[73] Schuschke / Walker-*Schuschke*, § 929 ZPO, Rn. 32; MünchKommZPO-*Heinze*, § 938 ZPO, Rn. 41; Stein / Jonas-*Grunsky*, § 938 ZPO, Rn. 38; Zöller-*Vollkommer*, § 929 ZPO, Rn. 19; *Walker*, Der einstweilige Rechtsschutz im Zivilprozess (1993), Rn. 587.

[74] BGH NJW 1991, 496 (497); Zöller-*Vollkommer*, § 929 ZPO, Rn. 10; Stein / Jonas-*Grunsky*, § 929 ZPO, Rn. 12; Thomas / Putzo-*Reichold*, § 929 ZPO, Rn. 4; MünchKommZPO-*Heinze*, § 929 ZPO, Rn. 7; HdBVR-*Dunkl*, Rn. A 395; *Walker*, Der einstweilige Rechtsschutz im Zivilprozess (1993), Rn. 578; *Compensis*, Die einstweilige Verfügung auf Unterhaltsleistung (1991), 205 f.; *Heinze*, Der einstweilige Rechtsschutz (1984), 39; *Schneider*, MDR 1985, 112 (112 f.).

[75] Stein / Jonas-*Grunsky*, § 929 ZPO, Rn. 11; *Walker*, Der einstweilige Rechtsschutz im Zivilprozess (1993), Rn. 577.

Streitig ist, wie die Vollziehung der einstweiligen Verfügung bei Anordnung wiederkehrender Leistungen auszusehen hat. Es wird zum einen vertreten, § 929 Abs. 2 ZPO finde keine Anwendung,[77] zum anderen, der Gläubiger müsse nur die Vollstreckung wegen der jeweils fälligen Teilleistungen einleiten,[78] oder aber zum dritten, die Vollziehung sei hinsichtlich sämtlicher Teilleistungen ausgeschlossen, wenn der Gläubiger nicht innerhalb eines Monats nach Fälligkeit der ersten Teilleistung die Vollziehung eingeleitet habe.[79] Jedenfalls wenn der Schuldner nicht freiwillig die erste Leistung erbringt, sollte ein Versäumnis der Vollziehungsfrist bereits eine Vollziehung hinsichtlich aller Teilleistungen unzulässig machen. Denn das Versäumnis des Gläubigers spricht gegen eine besondere Dringlichkeit und das Vorliegen eines Verfügungsgrundes.[80] Leistet der Schuldner freiwillig, ist eine Vollstreckung des Gläubigers allerdings nicht nötig, weil sich der Schuldner ohnehin gemäß §§ 927, 707, 775 ZPO wehren könnte.[81]

B. Probleme der Durchsetzung aufgrund von Reaktionen des ,Torpedoklägers'

I. Probleme im Rahmen der Zwangsvollstreckung im Ausland bei Zuwiderhandeln des Antragsgegners

Für den Betroffenen einer ,Torpedoklage', der versucht, seinen Anspruch im Wege des einstweiligen Rechtsschutzes durchzusetzen, können weitere Probleme bestehen, wenn sich der ,Torpedokläger' der gerichtlichen Anordnung widersetzt bzw. eine Handlung nicht vornimmt. Dann können Probleme bei der Zustellung von Zwangs- bzw. Ordnungsmaßnahmen oder bei deren Vollstreckung bestehen, die die Durchsetzung des Anspruchs behindern können.

1. Mögliche Vollstreckungsmaßnahmen

a. Vollstreckungsmaßnahmen bei einer Unterlassungsverfügung

Wird einstweilige Verfügung auf Unterlassen erwirkt, handelt der Schuldner jedoch dieser zuwider, so besteht für den Gläubiger die Möglichkeit der Beantragung einer Ordnungsmaßnahme gemäß § 890 ZPO bei dem Gericht, welches

---

[76] *Brox / Walker*, ZVR, Rn. 1662.

[77] Baumbach / Lauterbach-*Hartmann*, § 936 ZPO, Rn. 14.

[78] OLG Bamberg FamRZ 1985, 509 (510); OLG Schleswig, FamRZ 1981, 456 (457); Stein / Jonas-*Grunsky*, § 938 ZPO, Rn. 38.

[79] OLG Celle FamRZ 1984, 1248 (1248 f.); Schuschke / Walker-*Walker*, § 929 ZPO, Rn. 32; *Walker*, Der einstweilige Rechtsschutz im Zivilprozess (1993), Rn. 588; *Brox / Walker*, ZVR, Rn. 1663.

[80] *Brox / Walker*, ZVR, Rn. 1663.

[81] Schuschke / Walker-*Schuschke*, § 929 ZPO, Rn. 32; *Walker*, Der einstweilige Rechtsschutz im Zivilprozess (1993), Rn. 588.

die Eilmaßnahme erlassen hat.[82] Unerheblich ist, wie lang die Zeitspanne zwischen Erlass der Unterlassungsverfügung und der Zuwiderhandlung ist.[83] Als Zuwiderhandlung ist es auch anzusehen, wenn das Verhalten des Schuldners nur unbedeutend von dem Untersagten abweicht.[84] Als Ordnungsmaßnahme kommt primär ein Ordnungsgeld in Betracht, Ordnungshaft dagegen nur dann, wenn feststeht, dass Ordnungsgeld den Beugezweck unter keinen Umständen erfüllen kann.[85] Ist das Ordnungsmittel für den Fall der Zuwiderhandlung noch nicht im Titel angedroht, muss dieses später in einem Beschluss ausgesprochen werden, welcher dem Schuldner zuzustellen ist.[86]

Vor Anordnung des Ordnungsmittels ist der Schuldner anzuhören (vgl. § 891 S. 2 ZPO). Falls der Schuldner die Zuwiderhandlung bestreiten sollte, hat der Gläubiger diese zu beweisen.[87] Glaubhaftmachung reicht dafür – anders als bei der Beantragung der einstweiligen Verfügung[88] – nicht aus.[89] Außerdem muss der Gläubiger auch das persönliche Verschulden des Schuldners beweisen, wobei ein solches bei objektiver Verletzungshandlung jedoch vermutet wird.[90]

b. Vollstreckungsmaßnahmen bei einer Verfügung auf Leistung

Hat der Gläubiger eine einstweilige Verfügung erwirkt, die eine Leistung anordnet, so kann er diese bei im Wege der Zwangsvollstreckung durchsetzen, falls sich der Schuldner widersetzt. Geht es um eine Sicherungsverfügung, so finden die Vorschriften der Zwangsvollstreckung Anwendung, etwa bei der Sicherstellung von Sachen die §§ 883 ff. ZPO.[91] Da es dem Betroffenen einer ‚Torpedoklage' wegen der langen Wartezeit vorrangig auf Befriedigung im Wege des einstweiligen Rechtsschutzes ankommt, wird er eine Leistungs- bzw. Befriedi-

[82] Stein / Jonas-*Grunsky*, § 938 ZPO, Rn. 32; Baumbach / Lauterbach-*Hartmann*, § 936 ZPO, Rn. 6; *Brox / Walker*, ZVR, Rn. 1656; *Schuschke*, § 890 ZPO, Rn. 10; die örtliche Zuständigkeit indiziert die internationale, vgl. *Treibmann*, Die Vollstreckung von Handlungen (1994), 118.

[83] Musielak-*Lackmann*, § 890 ZPO, Rn. 17.

[84] Sog. Kerntheorie, vgl. *Schuschke*, § 890 ZPO, Rn. 21; Stein / Jonas-*Brehm*, § 890 ZPO, Rn. 10; Zöller-*Stöber*, § 890 ZPO, Rn. 3a; Hk-ZPO/*Pukall*, § 890 ZPO, Rn. 6; Musielak-*Lackmann*, § 890 ZPO, Rn. 4.

[85] *Jauernig*, ZVR, § 27 IV; *Teplitzky*, Wettbewerbsrechtliche Ansprüche, Kap. 57, Rn. 31; *Brox / Walker*, ZVR, Rn. 1105; *Baur / Stürner*, ZVR I, Rn. 40.25; *Lindacher*, GRUR 1975, 413 (417).

[86] Thomas / Putzo-*Putzo*, § 890 ZPO, Rn. 18; Zöller-*Stöber*, § 890 ZPO, Rn. 12a; Musielak-*Lackmann*, § 890 ZPO, Rn. 17; Baumbach / Lauterbach-*Hartmann*, § 890 ZPO, Rn. 32.

[87] Musielak-*Lackmann*, § 890 ZPO, Rn. 10; *Schuschke*, § 890 ZPO, Rn. 34; Stein / Jonas-*Münzberg*, § 890 ZPO, Rn. 38.

[88] Vgl. dazu oben § 5 A II 1, bei Fn. 44.

[89] Schuschke, § 890 ZPO, Rn. 34; Musielak-*Lackmann*, § 890 ZPO, Rn. 10.

[90] OLG Zweibrücken GRUR 1986, 839 (840); *Kehl*, Wettbewerbsrecht, § 35, Rn. 8.

[91] Schuschke / Walker-*Schuschke*, § 928 ZPO, Rn. 11 ff.; Stein / Jonas-*Grunsky*, § 938 ZPO, Rn. 32; *Brox / Walker*, ZVR, Rn. 1655.

gungsverfügung beantragen. Deren Vollstreckung folgt gemäß §§ 928, 936 ZPO den allgemeinen Regeln, bestimmt sich also etwa bei Geldforderungen nach den §§ 803 ff., 864 ff. ZPO.[92] Leistungs- bzw. Befriedigungsverfügung können also – je nach dem Inhalt der Verfügung – zur Beschlagnahme von Schuldnervermögen und zur Verwertung zum Zwecke der Befriedigung führen, etwa durch Versteigerung und Auskehrung des Erlöses bei beweglichen Sachen.[93]

Außer in den Fällen der §§ 887 ff. ZPO erlässt das gemäß § 764 ZPO zuständige Vollstreckungsgericht die Vollstreckungsmaßnahmen.[94]

2. Probleme bei der Durchsetzung von Vollstreckungsmitteln im Ausland

Will der Gläubiger eine Unterlassungs- bzw. Handlungsverfügung im Ausland durchsetzen, weil sich der Schuldner widersetzt,[95] so hat er zwei Möglichkeiten: Er kann die Festsetzung eines Zwangs- bzw. Ordnungsgeldes in demjenigen Staat, in dem die einstweilige Verfügung erlassen wurde (Entscheidungsstaat), erwirken und dieses nach Art. 49 EuGVVO (Art. 43 EuGVÜ/LugÜ) vollstrecken lassen. Oder er kann nach den Vorschriften des Vollstreckungsstaates die Zwangsvollstreckung[96] aus der Eilentscheidung betreiben.[97] Auch beides wird für möglich gehalten.[98] Art. 49 EuGVVO (Art. 43 EuGVÜ/LugÜ) schließt es jedenfalls nicht aus, dass die Gerichte des Vollstreckungsstaates ihrerseits ein Zwangsgeld aussprechen.[99] Notwendig ist gemäß Art. 49 EuGVVO (Art. 43 EuGVÜ/LugÜ), dass das Zwangsgeld der Höhe nach endgültig durch das Eilgericht festgesetzt ist, sich die Gesamthöhe also aus der Entscheidung definitiv

---

92 Schuschke / Walker-*Schuschke*, § 928 ZPO, Rn. 15; *Brox / Walker*, ZVR, Rn. 1664; HdBVR-*Dunkl*, Rn. A 472.

93 MünchKommZPO-*Heinze*, § 938 ZPO, Rn. 42; Schuschke / Walker-*Schuschke*, § 928 ZPO, Rn. 15.

94 Stein / Jonas-*Grunsky*, § 938 ZPO, Rn. 33; HdBVR-*Dunkl*, Rn. A 618.

95 Diese Frage ist zu trennen von dem Exequaturverfahren hinsichtlich der Eilmaßnahme selbst: Diese stellt eine Entscheidung dar, die grundsätzlich anerkannt und vollstreckt werden kann und damit Wirkungen auch im Auslandsstaat entfaltet, vgl. Geimer / Schütze-*Geimer*, EZVR, Art. 31 EuGVVO, Rn. 97. Folge der Vollstreckung einer einstweiligen Verfügung ist dann, dass diese im Exequaturstaat Vollstreckbarkeit erhält, vgl. *Schack*, IZVR, Rn. 931. Damit ist aber noch keine Vollstreckung selbst herbeigeführt.

96 Das Zwangsvollstreckungsverfahren richtet sich nach den Vorschriften des Vollstreckungsstaates und ist von dem Vollstreckungsverfahren (vgl. Art. 38 ff. EuGVVO) zu trennen; dies gilt auch hinsichtlich der Rechtsbehelfe, vgl. Geimer / Schütze-*Geimer*, EZVR, Art. 43 EuGVVO, Rn. 12.

97 *Kropholler*, EZPR, Art. 49 EuGVVO, Rn. 3; Geimer / Schütze-*Geimer*, EZVR, Art. 49 EuGVVO, Rn. 2, 3; Rauscher-*Mankowski*, Art. 49 Brüssel I-VO, Rn. 8; *Schlosser*, EUZ, Art. 49 EuGVVO, Rn. 3a; *Stürner*, FS Henckel (1995), 869 f.

98 *Schlosser*, EUZ, Art. 49 EuGVVO, Rn. 3a.

99 *Kropholler*, EZPR, Art. 49 EuGVVO, Rn. 3.

ergibt.[100] Eine bloße Androhung genügt mithin nicht.[101] Problematisch ist aber, ob für die Vollstreckung aus einer erststaatlichen Zwangs- oder Ordnungsmittelentscheidung ebenfalls die Anerkennung der ursprünglichen Eilmaßnahme im Zweitstaat voraussetzt. Darauf wird später eingegangen.[102]

Die ausschließliche internationale Zuständigkeit des Vollstreckungsgerichts gemäß Art. 22 Nr. 5 EuGVVO (Art. 16 Nr. 5 EuGVÜ/LugÜ) ist nicht einschlägig. Dies lässt sich zum einen aus Art. 49 EuGVVO (Art. 43 EuGVÜ/LugÜ) schließen, wonach grundsätzlich die Gerichte im Staat der Hauptverurteilung für die Verhängung eines Zwangsgelds zuständig sind. Zum anderen steht Art. 22 Nr. 5 EuGVVO (Art. 16 Nr. 5 EuGVÜ/LugÜ) im Zusammenhang der Nummern 1 bis 4 der Vorschrift, die von ‚Klagen' sprechen und damit nur kontradiktorische Verfahren meinen. Die internationale Zuständigkeit richtet sich mithin nach den nationalen Zuständigkeitsregeln.[103]

a. Zulässigkeit der Vollstreckung von Vollstreckungsmitteln im Ausland

Aus Art. 49 EuGVVO (Art. 43 EuGVÜ/LugÜ) lässt sich zwar ablesen, dass eine Anerkennung und Vollstreckung von Zwangs- bzw. Ordnungsmitteln im Ausland im Rahmen der EU zulässig ist.[104] Dies ist jedoch nicht der Grundsatz: Außerhalb des europäischen Zivilverfahrensrechts wird – von einigen Gegenstimmen abgesehen[105] – eine Vollstreckbarkeit von inländischen Zwangs- bzw. Ordnungsmitteln im Ausland nämlich abgelehnt.[106] Dies lässt sich etwa damit begründen, dass der Schuldner durch die Vollstreckung mehrerer nationaler Zwangs- bzw. Ordnungsmittel unzumutbar belastet werden könnte.[107] Man kann auch anführen, Zwangs- bzw. Ordnungsmittel hätten Strafcharakter und stellten öffentlich-rechtliche Geldschulden dar, denen grundsätzlich die Anerkennung

[100] *Jenard*-Bericht zu Art. 43 EuGVÜ, ABl.EG 1979 Nr. C 59/1 (54); eine solche Bestimmtheit kann ausländischen Eilmaßnahmen fehlen, etwa dem niederländischen *kort geding*, bei dem der Gläubiger die Höhe des Zwangsgeldes noch bestimmt, vgl. dazu OLG Köln, RIW 2004, 868 (870 f.); s. auch *Mankowski*, RIW 2005, 561 (572).

[101] Burgstaller / Neumayr-*Burgstaller / Neumayr*, Art. 49 EuGVVO, Rn. 2, mit Beispielen.

[102] Vgl. § 7 B I 2 b, bei Fn. 116 ff.

[103] *Treibmann*, Die Vollstreckung von Handlungen (1994), 117.

[104] Krit. *Schack*, IZVR, Rn. 976.

[105] *Treibmann*, Die Vollstreckung von Handlungen (1994), 188.

[106] OLG Stuttgart ZZP 97 (1984), 487 (488); *Schack*, IZVR, Rn. 973 f.; *Nagel / Gottwald*, § 17, Rn. 22; *Remien*, Rechtsverwirklichung durch Zwangsgeld (1992), 310 (für das autonome Recht); *Treibmann*, Die Vollstreckung von Handlungen (1994), 101 f., mit vielen Nachweisen; *Jahr*, in: LdR-Internationales Zwangsvollstreckungsrecht, S. 140; *Gottwald*, IPRax 1991, 285 (291).

[107] *Schack*, IZVR, Rn. 974.

und Vollstreckung im Ausland versagt bleibe.[108] Einleuchtender ist es dagegen anzunehmen, Zwangs- und Ordnungsmitteln fehle der Charakter als Sachentscheidungen, die allein anerkennungs- und vollstreckungsfähig sind. Denn es wird keine ‚neue' Regelung in der Sache getroffen, sondern lediglich Druck auf den Schuldner ausgeübt, einer bereits angeordneten Regelung Folge zu leisten.[109] Dies ist auch kein Widerspruch zum europäischen Zivilverfahrensrecht. Denn Art. 49 EuGVVO (Art. 43 EuGVÜ/LugÜ) enthält gegenüber Art. 38 EuGVVO (Art. 31 EuGVÜ/LugÜ) nicht nur zusätzliche Anforderungen, sondern verdeutlicht nach überwiegender Ansicht die auch nach dem Gesagten nicht selbstverständliche Tatsache, dass eine Zwangsgeldfestsetzung überhaupt eine anzuerkennende Entscheidung ist.[110]

Konsequenz dieser Handhabung ist, dass – sofern die EuGVVO bzw. die Übereinkommen nicht einschlägig sind – eine Anerkennung und Vollstreckung von Zwangs- bzw. Ordnungsmitteln im Ausland nicht zu erwirken ist. Führen die Zwangsmittel des Entscheidungsstaates nicht zum Ziel, so muss der Gläubiger die Eilmaßnahme im Ausland anerkennen und vollstrecken lassen und dort per Zwangsmittel durchsetzen.[111]

Innerhalb der Europäischen Union findet dagegen eine Anerkennung und Vollstreckung von Zwangs- bzw. Ordnungsmaßnahmen statt. Dies gilt sogar, wenn das Ordnungsgeld in einem dritten Mitgliedstaat angeordnet wird.[112] Wird zum Beispiel vor einem deutschen Gericht eine einstweilige Verfügung auf Unterlassung einer in einem Zweitstaat begangenen Patentverletzung erwirkt, kann die Zuwiderhandlung mit einem Ordnungsgeld auch in einem dritten Staat geahndet werden.

Die Vollstreckbarkeit einer Vollstreckungsmaßnahme innerhalb Europas sollte auch für ein Ordnungsmittel nach § 890 ZPO gegeben sein, weil ein Gläubiger ansonsten nur deshalb schlechter gestellt wäre, weil er staat einer Handlung eine Unterlassung erwirken möchte.[113] Zudem sollte die dogmatische Einord-

---

[108] *Remien*, Rechtsverwirklichung durch Zwangsgeld (1992), 310; *Jahr*, in: LdR-Internationales Zwangsvollstreckungsrecht, S. 140; jedenfalls für die an den Staat zu zahlenden Strafen *Mann*, FS Kegel (1987), 365 (369).

[109] *Martiny*, Hdb. IZVR III/1, Kap. I, Rn. 473-477; Geimer / Schütze-*Geimer*, Urteilsanerkennung I.2, § 192, S. 1415; *Remien*, Rechtsverwirklichung durch Zwangsgeld (1992), 310.

[110] Rauscher-*Mankowski*, Art. 49 Brüssel I-VO, Rn. 1; *Remien*, Rechtsverwirklichung durch Zwangsgeld (1992), 317 f.; *Stauder*, GRUR Int. 1976, 465 (475); zur herrschenden Meinung vgl. MünchKommZPO-*Gottwald*, Art. 43 EuGVÜ, Rn. 4; *Kropholler*, EZPR, Art. 49 EuGVVO, Rn. 1; Geimer / Schütze-*Geimer*, EZVR, Art. 49 EuGVVO, Rn. 2; *Gärtner*, Probleme der Auslandsvollstreckung (1990), 217 ff.; *Lindacher*, FS Gaul (1997), 400 (406 f.); zum Streitstand *Nagel / Gottwald*, § 17, Rn. 45 ff.

[111] *Schack*, IZVR, Rn. 974.

[112] Zur Vollziehung vgl. auch oben § 7 A I 1 a, bei Fn. 9.

[113] Vgl. Geimer / Schütze-*Geimer*, EZVR, Art. 49 EuGVVO, Rn. 2.

nung der Maßnahme nicht über deren Vollstreckbarkeit entscheiden.[114] Dies gilt erst recht, weil die Abgrenzung von Tun und Unterlassen bei Auslegung des Titels nicht immer leicht fällt.[115]

b. Voraussetzung der Anerkennung bzw. Vollstreckbarerklärung der Eilmaßnahme als Titel

Fraglich ist, ob neben der Zwangs- bzw. Ordnungsmittelentscheidung auch die Eilmaßnahme im Vollstreckungsstaat anerkannt und für vollstreckbar erklärt worden sein muss.[116] Dagegen könnte sprechen, dass Art. 49 EuGVVO (Art. 43 EuGVÜ/LugÜ) nur von ‚Entscheidungen' spricht, die auf Zahlung eines Zwangsgelds lauten, und daher die Zwangs- bzw. Ordnungsmittelentscheidung explizit als eigenständig behandeln will. Auch könnte man meinen, ein Anerkennungs- und Exequaturverfahren sei Zeitvergeudung, zumal der Schuldner bereits durch Zustellung von der einstweiligen Maßnahme erfahren habe. Andererseits ist aber zu bedenken, dass die Eilmaßnahme zunächst nur Wirkung im Entscheidungsstaat entfaltet und nicht im Ausland.[117] Das Vorliegen eines vollstreckbaren Titels ist jedoch Voraussetzung auch für die Zwangsvollstreckung im Ausland. Insofern sollte auf eine Anerkennung und Vollstreckung der Eilmaßnahme nicht verzichtet werden. Eine ‚isolierte' Vollstreckung des Zwangs- bzw. Ordnungsmittels findet also nicht statt. Insofern muss der Gläubiger zunächst die Eilmaßnahme im Ausland anerkennen und vollstrecken lassen, um dann auch hinsichtlich der Zwangsmittelentscheidung Exequatur beantragen zu können.

c. Probleme der Koordination mehrerer Zwangs- bzw. Ordnungsmittel

Problematisch ist auch, wie zu verfahren ist, wenn die Gerichte des Urteils- und des Vollstreckungsstaates zu gleichen Ergebnissen kommen, ob etwa ein Zwangsgeld zu verhängen ist, und daher mehrere Zwangs- bzw. Ordnungsmittel erlassen werden.[118] Dies kann etwa der Fall sein, wenn eine erststaatliche Entscheidung im Erststaat vollstreckt, zugleich aber auch ein Zwangs- bzw. Ordnungsmittel im Ausland beantragt wird. Eine Koordination mehrerer Zwangs-

---

[114] *Nagel / Gottwald*, § 17, Rn. 49.

[115] MünchKommZPO-*Schilken*, § 890 ZPO, Rn. 3; Stein / Jonas-*Brehm*, § 890 ZPO, Rn. 5; *Schuschke*, § 890 ZPO, Rn. 2; *Schwan*, GRUR 1966, 303 (304).

[116] Dafür Geimer / Schütze-*Geimer*, EZVR, Art. 49 EuGVVO, Rn. 3; *Gärtner*, Probleme der Auslandsvollstreckung (1990), 197; *Hölder*, Grenzüberschreitende Durchsetzung (2004), 44; dagegen wohl *Kropholler*, EZPR, Art. 49 EuGVVO, Rn. 3; Rauscher-*Mankowski*, Art. 49 Brüssel I-VO, Rn. 8.

[117] Vgl. dazu schon § 7 A, bei Fn. 4.

[118] Eine ähnliche Problematik ist die, dass ein Zwangsgeld von einem dritten Mitgliedstaat für vollstreckbar erklärt wird, weil dann eine Kumulation der Zwangsgelder des Entscheidungs- und des Drittstaates droht, vgl. Geimer / Schütze-*Geimer*, EZVR, Art. 49 EuGVVO, Rn. 3.

bzw. Ordnungsmittel ist deshalb sinnvoll.[119] Dies gilt trotz der Tatsache, dass jede Vollstreckungsmaßnahme nur auf das Territorium des jeweiligen Gerichtsstaates begrenzte Wirkungen aufweist. Denn die Gefahr einer ‚Druckhäufung' auf den Schuldner durch mehrere Vollstreckungsmaßnahmen besteht gleichwohl, etwa wenn der Schuldner in mehreren Staaten Vermögen besitzt, auf das zugegriffen werden kann.[120]

Zur Lösung könnte man in dem Fall, dass im Entscheidungsstaat bereits eine Zwangsmaßnahme verhängt worden ist, dem Gericht des Vollstreckungsstaates die Befugnis absprechen, noch eine weitere Zwangsmaßnahme zu verhängen.[121]

Eine flexiblere Handhabung würde es dagegen darstellen, wenn das später angegangene Vollstreckungsorgan bei der Ausübung seines Ermessens lediglich darauf zu achten hätte, dass es zu keiner Häufung von Zwangsmitteln kommt, und der Schuldner etwa nicht doppelt zahlen muss.[122] Für die zweite Lösung spricht zum einen, dass aus dem Wortlaut des Art. 49 EuGVVO (Art. 43 EuGVÜ/LugÜ) keine Einschränkung der Befugnis des Vollstreckungsorgans folgt. Zum anderen ist es ein legitimes Interesse des Gläubigers, gegen einen im Ausland ansässigen Schuldner auch nach den Vorschriften des ausländischen Staates vorgehen zu dürfen.[123] Eine Ausübung des Ermessens unter Berücksichtigung eines ausländischen Zwangsmittels sichert eine effektive Rechtsverfolgung, verhindert aber gleichzeitig eine unzumutbare Belastung des Vollstreckungsschuldners.

3. Zustellungsprobleme im Rahmen der Zwangsvollstreckung

Zu fragen ist, ob bereits die Zustellung eines Vollstreckungsmittels als Voraussetzung der Zwangsvollstreckung ohne weiteres möglich ist. Probleme können hier bei einer Auslandsvollstreckung auftreten, die in der Situation einer ‚Torpedoklage' nicht selten sein dürfte.

a. Unzulässige Zustellung einer Androhung?

Problematisch könnte es sein, eine Unterlassungsverfügung mit Vollstreckungsandrohung im Ausland bzw. einen selbstständigen Androhungsbeschluss zustellen zu lassen. Die herkömmliche Auffassung wertet einen solchen Hoheitsakt

---

[119] Eine Koordination kann auch im deutschen Recht notwendig sein, wenn sich der Gläubiger mehrere Vollstreckungstitel verschafft hat; vgl. dazu *Hillebrand*, Forum shopping des Gläubigers (2001), 99.

[120] Anders Rauscher-*Mankowski*, der im Hinblick auf die Territorialität von Vollstreckungsmaßnahmen annimmt, dass keine Druckhäufung entstehen könnte.

[121] *Remien*, Rechtsverwirklichung durch Zwangsgeld (1992), 330; *v. Falck*, Implementierung (1998), 186 f.

[122] *Kropholler*, EZPR, Art. 49, Rn. 3; *Schlosser*, Art. 49 EuGVVO, Rn. 3a; *Kurtz*, Grenzüberschreitender einstweiliger Rechtsschutz (2004), 119 f.

[123] Rauscher-*Mankowski*, Art. 49 Brüssel I-VO, Rn. 9.

nämlich als ein völkerrechtlich unzulässiges Verhalten.[124] Auch § 33 Abs. 3 Hs. 2 ZRHO[125] ordnet an, dass Strafen bei Auslandszustellungen nicht angedroht werden dürfen.

Zwar sind die Gerichte befugt, gegen einen Ausländer, der sich im Inland befindet, ein Zwangsgeld anzudrohen bzw. festzusetzen, selbst wenn sich die in Rede stehende Handlung im Ausland vollzieht.[126] Bei Sitz des Schuldners im Ausland jedoch sind mittelbare Auswirkungen auf fremdes Territorium anzunehmen, weil das Ordnungsmittel gegebenenfalls darauf gerichtet ist, Handlungen im Ausland zu verbieten: Beugt sich die ausländische Partei, so erzwingt der Staat Unterlassungen, die er selbst nicht unmittelbar durchsetzen könnte, ohne fremde Souveränitätsrechte zu verletzen.[127]

Die Frage der Zulässigkeit einer Zustellung von gerichtlichen Entscheidungen, die eine Vollstreckungshandlung androhen, taucht auch bei der Vollstreckung einer einstweiligen Verfügung auf, die auf die Vornahme einer unvertretbaren Handlung gerichtet ist. Zwar ist hier keine Androhung notwendig (vgl. § 888 Abs. 2 ZPO).[128] Allerdings besteht gleichfalls ein Beugezwang, indem durch die Festsetzung des Zwangsmittels der Schuldner angehalten wird, die in Rede stehende Handlung vorzunehmen.[129] Wird eine im Ausland vorzunehmende Handlung verlangt, wird mittelbarer Druck auf den Schuldner ausgeübt, auch wenn das Zwangsgeld im Inland beigetrieben werden soll und kann.

b. Diskussion und Stellungnahme

Hinsichtlich der Zulässigkeit der Androhung eines Ordnungsmittels lassen sich verschiedene Argumente diskutieren. Zum einen könnte man eine Zulässigkeit wegen Art. 49 EuGVVO (Art. 43 EuGVÜ/LugÜ) bejahen, der von einer grundsätzlichen Vollstreckbarkeit ausländischer Entscheidungen, die auf Zahlung ei-

---

124 *Stadler*, Der Schutz des Unternehmensgeheimnisses (1989), 301 f.; vgl. dazu *Schack*, IZVR, Rn. 980; *Schütze*, DIZPR, 187 f.; *Lindacher*, FS Gaul (1997), 400 (404).

125 Rechtshilfeordnung in Zivilsachen, abzurufen im Internet unter http://www.justiz.nrw.de /RB/justizverwaltungsv/ir_online/index.html.

126 *Remien*, Rechtsverwirklichung durch Zwangsgeld (1991), 304; *Stadler*, IPRax 2003, 430 (432); *Geimer*, IZPR, Rn. 401; eine Vollstreckung auf fremdem Hoheitsgebiet durch den Ursprungsstaat ist dagegen unzulässig, vgl. BVerfGE 64, 1 (19 f.); OLG Stuttgart ZZP 97 (1984), 487 (488); *Gottwald*, FS Habscheid (1989), 119 (120); *Hess*, Staatenimmunität und Distanzdelikte (1992), 377, 389; *Schlosser*, FS Lorenz (1991), 497 (505); *Mühlhausen*, WM 1986, 985 (988).

127 *Stadler*, Der Schutz des Unternehmensgeheimnisses (1989), 290.

128 *Schuschke*, § 888 ZPO, Rn. 14; Baumbach / Lauterbach-*Hartmann*, § 888 ZPO, Rn. 12; Musielak-*Lackmann*, § 888 ZPO, Rn. 2; *Gottwald*, Zwangsvollstreckung, § 888 ZPO, Rn. 14; *Bruns / Peters*, ZVR, 291.

129 *Schuschke*, § 888 ZPO, Rn. 14; *Bruns / Peters*, ZVR, 292; *Jauernig*, ZVR, 117.

nes Zwangsgeldes lauten, ausgeht.[130] Dies könnte dafür sprechen, im Hinblick auf Art. 53, 54 EuGVVO (Art. 47 EuGVÜ/LugÜ) auch deren grenzüberschreitende Zustellung zuzulassen, insbesondere weil für die Beantragung der Vollstreckbarerklärung zum Teil noch der Nachweis einer Zustellung erforderlich ist (vgl. Art. 54 EuGVVO in Verbindung mit Anhang V der Verordnung, Ziffer 4.4).[131]

Dagegen ließe sich anführen, dass das Modell für die Regelung in Art. 49 EuGVVO (Art. 43 EuGVÜ/LugÜ) die Zwangsgelder in Frankreich und in den Benelux-Staaten (*astreinte* bzw. *dwangsom*) waren, die ursprünglich als kompensatorische Privatstrafen gedacht waren und daher dem Gläubiger zufließen, während die Zwangs- und Ordnungsgelder des deutschen, österreichischen oder englischen Rechts dem Fiskus zustehen[132] und somit als öffentlich-rechtlich zu qualifizieren sind.[133] Diese würden danach nicht von Art. 49 EuGVVO (Art. 43 EuGVÜ/LugÜ) erfasst und könnten deshalb nicht grenzüberschreitend vollstreckt werden, womit auch eine Zustellung entbehrlich wäre. Zuweilen wird allerdings vorgeschlagen, eine grenzüberschreitende Vollstreckung zuzulassen, wobei der Exequaturrichter aber die inländische Entscheidung in eine Privatstrafe umzuformulieren habe.[134]

Würde man die Vollstreckung und die Zustellung von Zwangs- bzw. Ordnungsmittelentscheidungen im Ausland ganz ablehnen, wäre indes der Gläubiger benachteiligt.[135] Er könnte ein auf eine Handlungs- bzw. Unterlassungsverfügung folgendes Zwangs- oder Ordnungsmittel nur deshalb nicht vollstrecken lassen, weil der Schuldner seinen Sitz im Ausland hat oder sich dorthin abgesetzt hat. Fordert man eine ‚Anpassung' als Privatstrafe, so bestehen ebenfalls Probleme: Es ist etwa unklar, wie vorzugehen ist, wenn ein Staat (wie etwa Por-

---

[130] Musielak-*Lackmann*, Art. 49 Verordnung (EG) Nr. 44/2001, Rn. 2; Rauscher-*Mankowski*, Art. 49 Brüssel I-VO, Rn. 3; Thomas / Putzo-*Hüßtege*, Art. 49 EuGVVO, Rn. 3; *Gottwald*, IPRax 1991. 285 (291); *Kurtz*, Grenzüberschreitender einstweiliger Rechtssschutz (2004), 114 f.

[131] Bei der Geltendmachung einer Anerkennung zur Erlangung der Bescheinigung nach Art. 54 EuGVVO muss das Datum der Zustellung des verfahrenseinleitenden Schriftstückes angegeben werden, allerdings nur, wenn sich der Beklagte nicht auf das Verfahren eingelassen hat, vgl. dazu Geimer / Schütze-*Geimer*, EZVR, Art. 53 EuGVVO, Rn. 8 ff.

[132] Für das deutsche Recht *Schuschke*, § 890 ZPO, Rn. 44.

[133] *Geimer / Schütze*, Urteilsanerkennung 1.1, 128, 1169, Fn. 3; *Schack*, IZVR, Rn. 977; *Treibmann*, Die Vollstreckung von Handlungen (1994), 156 ff., 165; *Stutz*, Die internationale Handlungs- und Unterlassungsvollstreckung (1992), 22; zum rechtsvergleichenden Hintergrund *Schlosser*, EUZ, Art. 49 EuGVVO, Rn 1 ff.

[134] *Schack*, IZVR, Rn. 977; *Koch*, Liber amicorum Siehr (2000), 341 (358); *Gärtner*, Probleme der Auslandsvollstreckung, 251 f., 261 f.; *Lindacher*, FS Gaul, 399 (407 f.).

[135] Rauscher-*Mankowski*, Art. 49 Brüssel I-VO, Rn. 3; *Stadler*, IPRax 2003, 430 (431).

tugal) eine hälftige Teilung des Zwangsgeldes zwischen Staat und Gläubiger geregelt hat.[136]

Für die Zulässigkeit der Androhung auch von Zwangs- oder Ordnungsgeldern, die dem Staat zufließen, spricht indes folgendes: Erstens verdeutlicht die Vorschrift des Art. 49 EuGVVO (Art. 43 EuGVÜ/LugÜ), dass nur die Festsetzung eines bestimmten Betrages sichergestellt, nicht aber bestimmte Zwangs- bzw. Ordnungsgelder aus dem Anwendungsbereich ausgenommen werden sollten.[137] Auch wegen Art. 1 Abs. 1 EuGVVO (EuGVÜ/LugÜ) lassen sich solche Vollstreckungsmittel nicht ausschließen, weil lediglich die erststaatliche Entscheidung vom Anwendungsbereich der Verordnung bzw. der Übereinkommen erfasst sein muss.[138] Zweitens wären die Folgen für den Gläubiger – würde der Zwangs- oder Ordnungsmittelbeschluss nicht zugestellt – unter Umständen verheerend. Er hätte dann zwar einen Titel erwirkt, könnte jedoch mangels Zustellung keine Auslandsvollstreckung betreiben.

Ein drittes Argument folgt aus der Tendenz, ein strenges Souveränitätsverständnis im Kontext der Europäischen Union aufzuweichen. So erlaubt etwa die EuZVO[139] postalische Direktzustellungen, und die EuBVO[140] das unmittelbare Tätigwerden der Gerichte für Beweiserhebungen im mitgliedstaatlichen Ausland.[141] Insofern sollte erst recht eine mittelbare Berührung fremden Staatsgebiets nicht mehr als souveränitätsverletzend angesehen werden.

Auch außerhalb der EU sollte dieses Verständnis Raum greifen. Denn auch hier nimmt das Bedürfnis nach grenzüberschreitender Zusammenarbeit im Zuge des Ausbaus internationaler Handelsbeziehungen zu.[142] Dafür sprechen im außereuropäischen Rahmen Regelungen wie Art. 10 lit. a HZÜ,[143] welcher eine postalische Direktzustellung vorsieht.[144]

---

[136] Rauscher-*Mankowski*, Art. 49 Brüssel I-VO, Rn. 3; *Remien*, Rechtsverwirklichung durch Zwangsgeld (1992), 319.

[137] Geimer / Schütze-*Tschauner*, Int. Rechtsverkehr, Art. 49 EuGVVO, Rn. 4; *Stadler*, IPRax 2003, 430 (431 f.).

[138] Rauscher-*Mankowski*, Art. 49 Brüssel I-VO, Rn. 4; *Remien*, WRP 1994, 25 (28).

[139] VO (EG) Nr. 1348/2000 vom 29.5.2000, Abl. EG 2000, Nr. L 160/37.

[140] VO (EG) Nr. 1206/2001 des Rates über die Zusammenarbeit der Mitgliedstaaten auf dem Gebiet der Beweisaufnahme in Zivil- oder Handelssachen vom 28.5.2001, ABl.EG 2001 Nr. L 174, S. 1.

[141] *Stadler*, FS Geimer (2002), 1281 (1284 f.); *Lindacher*, ZZP 114 (2001), 179 ff.; *Hess*, NJW 2002, 2417 ff.

[142] Ein Beispiel für diese grenzüberschreitende prozessuale Zusammenarbeit wurde schon oben genannt, nämlich mit der zunehmenden Berücksichtigung entgegenstehender ausländischer Rechtshängigkeit, vgl. § 3 A I 1, bei Fn. 19.

[143] Haager Übereinkommen über die Zustellung gerichtlicher und außergerichtlicher Schriftstücke im Ausland in Zivil- oder Handelssachen, vom 15. November 1965 (BGBl. 1977 II, 1453).

[144] Die Bundesrepublik hatte zwar von der Vorbehaltsmöglichkeit des Art. 21 Abs. 2 HZÜ Gebrauch gemacht, allerdings ist die Direktzustellung aus Deutschland ins Ausland gemäß §

Der Vollzug einer einstweiligen Handlungs- oder Unterlassungsverfügung scheitert mithin nicht an einer Unzulässigkeit der Zustellung wegen Verletzung fremder Hoheitsrechte.

II. Probleme wegen vom Gegner eingeleiteter Eilverfahren

Art. 31 EuGVVO (Art. 24 EuGVÜ/LugÜ) öffnet den Anwendungsbereich des europäischen Systems des einstweiligen Rechtsschutzes für die autonom-nationalen Eilzuständigkeiten. Dabei enthält die Vorschrift selbst keine Einschränkungen. Es drängt sich aber die Frage auf, ob sich eine Einschränkung für die Zuständigkeit aufgrund entgegenstehender ‚Rechtshängigkeit' ergibt – ob also eine einstweilige Maßnahme eine später beantragte einstweilige Maßnahme sperrt.[145] Dieses Problem könnte sich dann stellen, wenn der ‚Torpedokläger' seinerseits ein einstweiliges Rechtsschutzverfahren einleitet und damit die Anspruchsdurchsetzung behindert. Die Gefahr einer solchen Vorgehensweise des ‚Torpedoklägers' ist nicht nur theoretischer Natur: Zwar kann der ‚Torpedokläger' seinem Gläubiger nicht verbieten, überhaupt eine einstweilige Maßnahme zu beantragen.[146] Und auch eine auf bloße negative Feststellung gerichtete Eilmaßnahme ist problematisch.[147] Der ‚Torpedokläger' könnte jedoch beantragen, dass ein Gericht dem Gläubiger zum Beispiel aufgibt, eine patentrechtlich relevante Handlung seinerseits zu dulden. Da sich die einstweilige Verfügung lediglich in den Grenzen der Zwangsvollstreckung halten muss,[148] ist auch solch eine Anordnung zulässig (vgl. § 890 Abs. 1 ZPO).[149]

Dabei sind allerdings zwei Situationen zu unterscheiden: Erstens die (wegen der kürzeren Zeitperioden wohl häufigere), dass im Zeitpunkt des Eilantrages des ‚Torpedoklägers' das früher begonnene Eilverfahren bereits abgeschlossen ist. Zweitens die, dass das erste Eilverfahren noch rechtshängig ist, wenn der ‚Torpedokläger' ein weiteres Verfahren einleitet.

1. Entgegenstehende Rechtskraft einer bereits ergangenen Eilentscheidung

Ist bereits im zuerst eingeleiteten Eilverfahren eine Maßnahme ergangen, so kommt dieser nach überwiegender Ansicht beschränkt materielle Rechtskraft

---

183 Abs. 1 Nr. 1 ZPO bereits möglich, vgl. *Kurtz*, Grenzüberschreitender einstweiliger Rechtsschutz (2004), 106; krit. *Hess*, NJW 2002, 2417 (2424); *Schack*, IZVR, Rn. 608.

[145] Dagegen wurde die Frage, ob eine einstweilige Maßnahme das Hauptsacheverfahren sperren kann, bereits negativ beantwortet; vgl. oben § 6 B I 2, bei Fn. 194.

[146] Vgl. dazu oben § 4 A II 2, bei Fn. 84.

[147] Vgl. dazu unten § 11 A II 2, bei Fn. 20 ff.

[148] *Brox / Walker*, ZVR, Rn. 1620; HdBVR-*Dunkl*, Rn. A 472; s. auch Schuschke / Walker-*Schuschke*, Vorbemerkung zu § 935 ZPO, Rn. 16.

[149] Vgl. etwa Musielak-*Huber*, § 940 ZPO, Rn. 13; *Baur*, Studien zum einstweiligen Rechtsschutz (1967), 60.

zu.[150] Die Eilentscheidung hat zum einen nur Rechtskraftwirkung gegenüber anderen Eilentscheidungen. Zum anderen ist ein späterer, gleichlautender Eilantrag möglich, sofern dieser auf neue Mittel der Glaubhaftmachung bzw. auf neue Tatsachen gestützt wird.[151] Allerdings ist dies meist auf die Situation bezogen worden, dass *dieselbe* Partei mehrere Eilverfahren nacheinander anstrengt. Danach hätte jedenfalls der Betroffene einer ‚Torpedoklage' Probleme, eine zweite Eilmaßnahme zu erwirken, wenn er keine neuen Mittel der Glaubhaftmachung präsentieren könnte. Auch der EuGH hat im Fall *Italian Leather / WECO* aus dem Jahr 2002 entschieden, dass die Anerkennung und Vollstreckung einer Eilentscheidung gemäß Art. 34 Nr. 3 EuGVVO (Art. 27 Nr. 3 EuGVÜ/LugÜ) ausscheidet, wenn sie mit einer entgegenstehenden Eilentscheidung im Anerkennungsstaat kollidiert.[152]

Nicht beantwortet ist damit aber die Frage, ob die materielle Rechtskraft einer Eilentscheidung, welche der ‚Torpedokläger' erwirkt hat, einer Eilmaßnahme, welche der Betroffene der ‚Torpedoklage' später beantragt, entgegensteht.

Stellen beide Parteien ihre Anträge in Deutschland, so steht die Rechtskraft des früheren Antrags nur dann entgegen, wenn im späteren Antrag das kontradiktorische Gegenteil gefordert wird.[153] Mangels Zulässigkeit einer feststellenden Eilmaßnahme[154] lassen sich dafür kaum Fälle denken.

Stellen die Parteien allerdings ihre Eilanträge in verschiedenen europäischen Staaten, so ist zu fragen, ob man den weiten europäischen Streitgegenstandsbegriff[155] zugrunde legen sollte, so dass im Verhältnis zwischen zwei Eilmaßnahmen im gleichen Umfang Streitgegenstandsidentität bestehen könnte wie zwischen zwei Hauptsacheentscheidungen. Der EuGH geht in der *Italian Leather*-Entscheidung offenbar von einem solch weiten Verständnis aus, da er lediglich in den Vordergrund stellt, dass widersprechende Entscheidungen aus Gründen der Rechtssicherheit vermieden werden sollten.[156] Den Parteien wäre nicht damit gedient, wenn sie sich mit konfligierenden Eilmaßnahmen gegenüberstünden. Zudem erscheint nicht einsichtig, warum man den europäischen Streitgegens-

[150] Stein / Jonas-*Grunsky*, vor § 935 ZPO, Rn. 15, vor § 916 ZPO, Rn. 14; Thomas / Putzo-*Reichold*, § 922 ZPO, Rn. 8; Zöller-*Vollkommer*, § 916 ZPO, Rn. 13; Schuschke / Walker-*Walker*, § 922 ZPO, Rn. 24; Baumbach / Lauterbach-*Hartmann*, § 322 ZPO, Rn. 29; *Brox / Walker*, ZVR, Rn. 1522; *Rosenberg / Gaul / Schilken*, ZVR, § 74 IV 1 a; *Minnerop*, Materielles Recht und einstweiliger Rechtsschutz (1973), 38; *Ostler*, MDR 1968, 713 (716).

[151] Musielak-*Huber*, § 922 ZPO, Rn. 11; MünchKommZPO-*Heinze*, vor § 916 ZPO, Rn. 53; Stein / Jonas-*Grunsky*, vor § 916 ZPO, Rn. 16; *Brox / Walker*, ZVR, Rn. 1520 f.

[152] EuGH Slg. 2002 I, 4995 (5026 f.), Rn. 47, 52; mit leichter Kritik *Dietze / Schnichels*, EuZW 2003, 581 (587); s. auch die Anmerkung von *Fritzsche*, ZZP Int. 7 (2002), 250 ff.

[153] *Rosenberg / Schwab / Gottwald*, § 151 III 1 (S. 917); *Lüke*, ZPR, Rn. 353.

[154] Vgl. unten § 11 B.

[155] Vgl. dazu oben § 3 A I a bb, bei Fn. 46 ff.

[156] EuGH IPRax 2005, 33 (36), Rn. 48 – *Italian Leather / WECO.*

tandsbegriff bei identischer Parteirollenverteilung eingreifen lassen sollte,[157] nicht aber bei umgekehrter Parteirollenverteilung. Eine Rechtskrafterstreckung ist möglich, weil mit der *ipso iure* eintretenden Anerkennung auch materielle Rechtskraftwirkungen einer ausländischen Entscheidung vom später angerufenen Gericht zu beachten sind.[158]

Zu fragen ist danach also, ob die verschiedenen Antragsteller ,im Kern' denselben Zweck verfolgen und sich dazu auf einen im wesentlichen identischen Sachverhalt stützen. Dies ist etwa in oben angesprochenem Beispiel der Fall, wenn der Gläubiger dem vermeintlichen Verletzer seines gewerblichen Schutzrechts per Eilmaßnahme die Unterlassung aufgeben will, der Verletzer jedoch zuvor eine Eilmaßnahme erwirkt hat, die dem Gläubiger die Benutzung des schutzrechtsrelevanten Produkts zu dulden aufgibt. Verfolgen die Parteien solche gegenläufige Rechtsschutzziele, steht einem späteren Verfahren die materielle Rechtskraft der ersten Entscheidung entgegen. Auch im Eilverfahren lassen sich somit ,Torpedos' annehmen.

2. Entgegenstehende Rechtshängigkeit eines früher begonnenen Eilverfahrens

Für das deutsche Recht ist anerkannt, dass auch einstweilige Maßnahmen eine Rechtshängigkeitssperre entfalten, freilich nur für konkurrierende einstweilige Maßnahmen und nicht für das Hauptsacheverfahren.[159] Zumindest die Partei, die mehrfach Eilanträge stellt, kann daher nicht mehrere Eilmaßnahmen erlangen. Legt man – wie befürwortet[160] – den weiten europäischen Streitgegenstandsbegriff auch für Eilmaßnahmen zugrunde, so könnte eine Rechtshängigkeitssperre auch im Verhältnis von zwei gleichzeitigen Eilverfahren unterschiedlicher Parteien (etwa des ,Torpedoklägers' und dessen Prozessgegners) eingreifen.

a. Meinungsstand in der Literatur

Die Lösung des Problems ist davon abhängig, ob man den Anwendungsbereich des Art. 27 EuGVVO (Art. 21 EuGVÜ/LugÜ) auch auf einstweilige Maßnahmen erstrecken will. Zum Teil wird die Anwendung des Art. 27 EuGVVO (Art.

---

[157] So etwa *Wolf / Lange*, RIW 2003, 55 (61), die sich für eine Rechtshängigkeitssperre nach Art. 27 EuGVVO (Art. 21 EuGVÜ/LugÜ) im Verhältnis mehrere Eilverfahren aussprechen; andere gehen sogar von Art. 28 EuGVVO (Art. 22 EuGVÜ/LugÜ) aus, bejahen also eine noch weitergehende Sperrwirkung, vgl. Geimer / Schütze-*Geimer*, Art. 27 EuGVVO, Rn. 47; *Schlosser*, EUZ, Art. 27 EuGVVO, Rn. 5.

[158] *Kropholler*, EZPR, vor Art. 33 EuGVVO, Rn. 14; Rauscher-*Leible*, Art. 33 Brüssel I-VO, Rn. 4; *Nagel / Gottwald*, § 11, Rn. 20; zur Wirkungserstreckung auch *Hay*, IPR, 89.

[159] Stein / Jonas-*Grunsky*, vor § 935 ZPO, Rn. 12 ff.; MünchKommZPO-*Lüke*, § 261 ZPO, Rn. 14; Baumbach / Lauterbach-*Hartmann*, § 261 ZPO, Rn. 6, 16; Thomas / Putzo-*Reichold*, § 261 ZPO, Rn. 2; Musielak-*Foerste*, § 261 ZPO, Rn. 3; Zöller-*Greger*, § 261 ZPO, Rn. 2; *Kofmehl Ehrenzeller*, Der vorläufige Rechtsschutz (2005), 119.

[160] Vgl. soeben § 7 B II 1, bei Fn. 155 ff.

21 EuGVÜ/LugÜ) für den Bereich des einstweiligen Rechtsschutzes verneint.[161] Die Begründung lautet beispielsweise, dass die von Art. 31 EuGVVO (Art. 24 EuGVÜ/LugÜ) beabsichtigte Vollstreckungsnähe des Eilgerichts bei Eingreifen einer Rechtshängigkeitssperre vereitelt würde.[162] Außerdem spreche Art. 27 EuGVVO (Art. 21 EuGVÜ/LugÜ) nur von ‚Klagen', sei also auf das Hauptsacheverfahren zugeschnitten.[163]

Andere wollen eine Rechtshängigkeitssperre allenfalls dann eingreifen lassen, wenn es sich um Leistungs- bzw. Befriedigungsverfügungen handelt, die faktisch das Hauptsacheverfahren vorwegnehmen.[164] Auch eine ‚hierarchische' Lösung danach, ob die Eilmaßnahme bei einem potenziellen Hauptsachegericht beantragt wird, wird vorgeschlagen, um ein ‚Austesten' verschiedener Gerichte im einstweiligen Rechtsschutzverfahren zu verhindern.[165] Zum Teil wird angenommen, eine Sperrwirkung sei nur anzunehmen, wenn die Eilmaßnahmen extraterritorial wirkten und nicht auf das Gebiet des Ursprungsstaates beschränkt seien.[166]

Eine andere Ansicht plädiert dafür, eine Koordination gemäß Art. 28 EuGVVO (Art. 22 EuGVÜ/LugÜ) vorzunehmen, damit das Gericht die einstweilige Maßnahme zu erlassen hätte, das besser geeignet sei.[167]

b. Diskussion und Stellungnahme

aa. Koordination nach Art. 27, 28 EuGVVO (Art. 21, 22 EuGVÜ/LugÜ)

Gegen die oben genannte Ansicht, extraterritorial wirkende Eilmaßnahmen dem (potenziellen) Hauptsachegericht vorzubehalten oder diesen Priorität einzuräumen, spricht der Wortlaut des Art. 31 EuGVVO (Art. 24 EuGVÜ/LugÜ), wonach gerade auch Eilmaßnahmen von Gerichten zulässig sein sollen, die nicht

---

[161] Geimer / Schütze-*Geimer*, EZVR, Art. 27 EuGVVO, Rn. 47 a. E., der aber für eine Koordination nach Art. 28 EuGVVO plädiert; *Schlosser*, EUZ, Art. 27 EuGVVO, Rn. 5; *Kropholler*, EZPR, Art. 27 EuGVVO, Rn. 14 a. E., Art. 31 EuGVVO, Rn. 19; *Wolf*, EWS 2000, 11 (14, 18).

[162] *Wolf*, EWS 2000, 11 (14).

[163] Rauscher-*Leible*, Art. 27 Brüssel I-VO, Rn. 13 a. E.; Geimer / Schütze-*Geimer*, EZVR, Art. 31 EuGVVO, Rn. 8, Fn. 11; *Grothe*, IPRax 2004, 83 (88).

[164] *Albrecht*, Das EuGVÜ und der einstweilige Rechtsschutz (1991), 177 f.; *Hausmann*, IPRax 1981, 79 (82), jedenfalls bei nicht anerkennungsfähigen Maßnahmen; *Matscher*, ZZP 95 (1982), 170 (224); nach anerkennungsfähigen und nicht anerkennungsfähigen Eilentscheidungen differenzierend *Pansch*, Die einstweilige Verfügung (2003), 71 f.

[165] So *Wolf / Lange*, RIW 2003, 55 (61), die von einer ‚Vorverlagerung' der Anwendung des Art. 27 EuGVVO (Art. 21 EuGVÜ/LugÜ) sprechen; *Wolf*, EWS 2000, 11 (17).

[166] *Gronstedt*, Grenzüberschreitender einstweiliger Rechtsschutz (1993), 311.

[167] Geimer / Schütze-*Geimer*, Art. 27 EuGVVO, Rn. 47; *Schlosser*, EUZ, Art. 27 EuGVVO, Rn. 5; a. A. *Wolf*, EWS 2000, 11 (18), der meint, diejenige einstweilige Maßnahme müsse sich durchsetzen, die von dem Gericht erlassen worden sei, welches das Hauptverfahren zuerst eröffne.

für die Hauptsache zuständig sind. Auch der Wortlaut des Art. 27 EuGVVO (Art. 21 EuGVÜ/LugÜ), der nur ‚Klagen' erwähnt, ist gegen eine direkte Koordination nach dieser Vorschrift ins Feld zu führen. Aus diesem Grund erscheint eine Koordination der Eilverfahren nach Art. 28 EuGVVO (Art. 22 EuGVÜ/LugÜ) ebenso zweifelhaft.

bb. Koordination in analoger Anwendung der Art. 27, 28 EuGVVO (Art. 21, 22 EuGVÜ/LugÜ)

Zu fragen ist aber, ob eine analoge Anwendung der Art. 27 oder 28 EuGVVO (Art. 21 oder 22 EuGVÜ/LugÜ) in Betracht zu ziehen ist. Dafür spricht, dass ein Bedürfnis bestehen kann, verschiedene Eilverfahren zu koordinieren. Zum Beispiel spielt der Schutz der gegnerischen Partei eine Rolle, die ein Interesse daran hat, vom Antragssteller nicht mit einer Vielzahl von Eilmaßnahmen überzogen zu werden, gegen die sie sich verteidigen muss. Auch drohen widersprechende Entscheidungen, wenn gegnerische Parteien beiderseits Eilverfahren einleiten, insbesondere wenn diese zu einer faktischen Befriedigung führen.[168] Zudem ist auch im deutschen Recht, wo § 261 Abs. 1 3 Nr. 1 ZPO ebenfalls nur von ‚Klagen' spricht, anerkannt, dass eine Koordination von einstweiligen Maßnahmen nach dem Zweck dieser Vorschrift stattzufinden hat.[169] Nicht anders sollte im Rahmen des europäischen Zivilverfahrensrechts vorgegangen werden: Hier ist die Gefahr vieler konkurrierender Eilmaßnahmen noch größer, weil die betroffene Partei sich möglicherweise mit größeren Umständen im Ausland verteidigen müsste. Eine analoge Anwendung der Rechtshängigkeitsregeln ist also zu befürworten.

Als Alternativlösung könnte man erwägen, den Verfügungsgrund für eine einstweilige Rechtsschutzmaßnahme nach autonomem Recht zu verneinen, wenn bereits eine gegenläufige Eilmaßnahme gegeben ist.[170] Dies würde jedoch keine einheitliche Handhabung gewährleisten und wäre mit ähnlichen Schwierigkeiten belastet wie eine Prüfung nach Art. 27 oder 28 EuGVVO (Art. 21 oder 22 EuGVÜ/LugÜ).

cc. Primäre Koordination nach Art. 27 EuGVVO (Art. 21 EuGVÜ/LugÜ) analog

Klärungsbedürftig bleibt nach dem Gesagten, ob sich für eine Koordination eher Art. 27 EuGVVO (Art. 21 EuGVÜ/LugÜ) *oder* aber Art. 28 EuGVVO (Art. 22 EuGVÜ/LugÜ) analog anbietet. Für eine entsprechende Anwendung des Art. 27

---

168 Vgl. *Wolf / Lange*, RIW 2003, 55 (61).

169 Zöller-*Vollkommer*, vor § 916 ZPO, Rn. 5; Schuschke / Walker-*Walker*, vor § 916 ZPO, Rn. 22; MünchKommZPO-*Heinze*, vor § 916 ZPO, Rn. 37; *Walker*, Der einstweilige Rechtsschutz im Zivilprozess (1993), Rn. 197.

170 Vgl. *Matscher*, ZZP 95 (1982), 170 (224 f.), der vom Sicherungsbedürfnis spricht.

EuGVVO (Art. 21 EuGVÜ/LugÜ) spricht zwar, dass Art. 28 EuGVVO (Art. 22 EuGVÜ/LugÜ) die Aussetzung des Verfahrens nur in das Ermessen des Zweitgerichts stellt, während die Rechtsfolge des Art. 27 EuGVVO (Art. 21 EuGVÜ/LugÜ) gebunden ist. Allerdings ist folgendes zu beachten: Ob man im internationalen Kontext eine Anspruchsidentität von mehreren Eilverfahren im Sinne der – für konkurrierende Hauptsacheverfahren entwickelten – ‚Kernpunkttheorie' des EuGH definieren kann, ist zweifelhaft. Denn zum einen besteht die praktische Schwierigkeit, wie man bei der Vielfalt der unterschiedlichen Eilmaßnahmen der nationalen Rechte ermitteln soll, ob die Parteien ‚im Kern' den gleichen Zweck verfolgen bzw. die gleiche Rechtsfrage klären lassen wollen. Hinzu kommt die möglicherweise unterschiedliche Reichweite der Eilmaßnahmen. Bereits im deutschen Recht gibt es etwa verschiedene Arten der einstweiligen Verfügung, welche nach nationalem Recht nicht einmal untereinander Rechtshängigkeit entfalten, auch wenn es um denselben materiellen Anspruch geht.[171] So ist zum Beispiel eine einstweilige Verfügung neben einem Arrest zulässig, wenn eine Befriedigung des Leistungsinteresses neben der Sicherung begehrt wird.[172] Die Maßstäbe des Klageverfahrens an den einstweiligen Rechtsschutz anzulegen, erscheint deshalb nicht unproblematisch. Zum anderen würde das Erkenntnisverfahren der Hauptsache in das Eilverfahren überführt: Beim einstweiligen Rechtsschutz geht es nicht um den materiellen Anspruch selbst, sondern nur um dessen Sicherung. Eine Anlegung der ‚Kernpunktrechtsprechung' würde jedoch bereits eine unter Umständen zeitaufwändige Anspruchsprüfung verlangen.

Zu entgegnen ist allerdings, dass auch eine Prüfung, ob die verschiedenen Eilanträge ‚im Zusammenhang' stehen und deshalb Art. 28 EuGVVO (Art. 22 EuGVÜ/LugÜ) analog anzuwenden ist, Aufwand bedeuten kann.[173] Denn die Frage, ob die Gefahr einander widersprechender Entscheidungen besteht, selbst wenn die Entscheidungen getrennt vollstreckt werden können und sich ihre Rechtsfolgen nicht gegenseitig ausschließen – so die Definition des EuGH[174] – kann schwierig zu beantworten sein. Es kann sich zum Beispiel die Frage stellen, ob eine ausländische Eilmaßnahme bereits auf Befriedigung gerichtet ist, während eine inländische der Sicherung dient. Zudem ist die Gefahr widersprechender Eilmaßnahmen bei Art. 28 EuGVVO (Art. 22 EuGVÜ/LugÜ) tendenziell größer als bei Art. 27 EuGVVO (Art. 21 EuGVÜ/LugÜ), weil die Ausset-

---

[171] Vgl. Schuschke / Walker-*Walker*, vor § 916 ZPO, Rn. 23; *Walker*, Der einstweilige Rechtsschutz im Zivilprozess (1993), Rn. 160 ff.; dies gilt zum Beispiel für das Verhältnis von dinglichem und persönlichem Arrest, vgl. Stein / Jonas-*Grunsky*, § 918 ZPO, Rn. 6.

[172] Stein / Jonas-*Grunsky*, vor § 916 ZPO, Rn. 52; Musielak-*Huber*, § 916 ZPO, Rn. 5; *Gottwald*, Einstweiliger Rechtsschutz, Vorbemerkung, Rn. 40; HdBVR-*Dunkl*, Rn. A 6.

[173] Rauscher-*Leible*, Art. 28 Brüssel I-VO, Rn. 3 zur Definition des ‚Zusammenhangs'; *Kropholler*, Art. 28 EuGVVO, Rn. 3; Zöller-*Geimer*, Art. 28 EuGVVO, Rn. 4.

[174] Vgl. bereits oben § 3 A I 2 a, Fn. 113.

zung lediglich ins Ermessen des Gerichts gestellt ist. Auch mit Blick auf die EheGVO, welche eine dem Art. 28 EuGVVO (Art. 22 EuGVÜ/LugÜ) entsprechende Vorschrift nicht vorsieht und damit keine solche Lösung anbietet, erscheint deshalb eine Koordination nach dieser Vorschrift nicht sinnvoll.[175]

Vorzuschlagen ist stattdessen in erster Linie die eindeutigere Koordination nach Art. 27 EuGVVO (Art. 21 EuGVÜ/LugÜ) analog. Dem Gericht sollte dabei ein weiterer Auslegungsspielraum zukommen: Es sollte – entsprechend der Behandlung ausländischer Rechtskraft[176] – prüfen, ob die gegnerischen Parteien ein identisches Rechtsschutzziel verfolgen, und sich die Eilverfahren daher zweckmäßig widersprechen.[177] Beantragt zum Beispiel eine Partei eine Eilmaßnahme auf Unterlassung einer Schutzrechtsverletzung, und die andere Partei eine Maßnahme, durch die dem Gegner eine Abmahnung wegen eben dieser Schutzrechtsverletzung untersagt wird, so greift die Rechtshängigkeitssperre ein. Gleiches gilt übrigens für mehrere Eilverfahren ein und derselben Partei. Eine Aussetzung des später eingeleiteten Verfahrens sollte aufgrund der Natur des einstweiligen Rechtsschutzes jedoch nicht stattfinden. Vielmehr ist der Antrag als unzulässig abzuweisen.

Eine Koordination von Eilmaßnahmen nach Art. 28 EuGVVO (Art. 22 EuGVÜ/LugÜ) analog ist wird dadurch nicht ausgeschlossen. Die Vorschrift sollte dann zur Anwendung kommen, wenn sich zwar keine Anspruchsidentität ergibt, weil die unterschiedlichen Eilmaßnahmen nicht auf das gleiche Rechtsschutzziel gerichtet sind, aber dennoch ein Sachzusammenhang gegeben ist, weil widersprechende Entscheidungen drohen.

Dessen ungeachtet kann eine Mehrfacheinleitung von Eilverfahren häufig als rechtsmissbräuchlich einzustufen sein.[178] Drängt sich dies dem vom ‚Torpedokläger' angerufenen Gericht auf, so kann es den Antrag schon aus dem Gesichtspunkt des Rechtsmissbrauchs zurückweisen und braucht nicht die Prüfung entgegenstehender Rechtshängigkeit anzustellen.

Festzustellen bleibt, dass eine Koordination von Eilverfahren nach Art. 27 EuGVVO (Art. 21 EuGVÜ/LugÜ) nur in den Fällen in Betracht kommen sollte, wo die Eilentscheidung anerkennungsfähig ist. Denn es würde Rechtsverweigerung bedeuten, wenn ein Gläubiger nur in einem Staat eine Eilmaßnahme – die eine ‚Entscheidung im Sinne von Art. 32 EuGVVO (Art. 25 EuGVÜ/LugÜ)

---

[175] Vgl. zu Art. 19 EheGVO noch unten § 10 B II 1, ab Fn. 48.

[176] Vgl. dazu soeben § 7 B II 1, bei Fn. 158.

[177] Eine ähnliche Auslegung gibt es im deutschen Familienrecht, wo im Rahmen von Eilverfahren keine präzisen Anträge gestellt werden müssen: Hier ist zu prüfen, ob das spätere Gesuch im Rahmen dessen liegt, was das Gericht bereits aufgrund des ersten anordnen konnte – dann ist Streitgegenstandsidentität gegeben; vgl. unten § 10 B II 1 b, bei Fn. 61.

[178] Schuschke / Walker-*Walker*, vor § 916 ZPO, Rn. 22 m. w. N.

darstellt[179] – erwirken könnte, diese aber nicht grenzüberschreitend anerkennen und vollstrecken lassen könnte.[180]

dd. Ergebnis

Im Ergebnis sollte bei mehreren Eilverfahren eine Rechtshängigkeitssperre wie im Klageverfahren gelten. Sinnvoll ist es, primär nach Art. 27 EuGVVO (Art. 21 EuGVÜ/LugÜ) zu koordinieren. Daneben kommt eine Koordination nach Art. 28 EuGVVO (Art. 22 EuGVÜ/LugÜ) in Betracht, wenn keine Anspruchsidentität gegeben ist. Zudem können freilich die Voraussetzungen für die jeweilige Eilmaßnahme nach den nationalen Rechten fehlen.

Vorteil dieser Lösung ist, dass möglichst effektiv widersprechende Entscheidungen im einstweiligen Rechtsschutz vermieden werden. Allerdings kann der ‚Torpedokläger' möglicherweise auch ein Eilverfahren des Prozessgegners vereiteln, indem er eine gegenläufige Eilmaßnahme erwirkt. Zudem ist eine Prüfung entgegenstehender Rechtshängigkeit bei Eilverfahren wegen der Vielfalt nationaler Eilmaßnahmen und unterschiedlicher Rechtsschutzziele aufwändiger.

II. Probleme wegen der Einlegung von Rechtsbehelfen durch den Antragsgegner

Probleme können auch auftauchen, wenn der ‚Torpedokläger' gegen die einstweilige Verfügung selbst vorgeht und einen Rechtsbehelf einlegt. Man kann hier danach differenzieren, ob der Antragsgegner einen Rechtsbehelf im Entscheidungsstaat (Deutschland) oder – sofern die einstweilige Verfügung im Ausland vollzogen werden soll – im Vollziehungsstaat eingelegt hat.

1. Rechtsbehelfe im Entscheidungsstaat (Deutschland)

Gegen die einstweilige Verfügung kann der Antragsgegner bereits in Deutschland vorgehen und Rechtsbehelfe einlegen. Ist die einstweilige Verfügung im Beschlussverfahren ergangen, kann der Antragsgegner dagegen Widerspruch (§§ 924 Abs. 1, 936 ZPO) erheben.[181] Zudem besteht die Möglichkeit, einen Antrag auf Aufhebung der Eilmaßnahme wegen veränderter Umstände gemäß §§ 927, 936 ZPO zu stellen, wenn etwa Verfügungsgrund oder -anspruch nicht be-

---

[179] Geimer / Schütze-*Geimer*, EZVR, Art. 32 EuGVVO, Rn. 34; Thomas / Putzo-*Hüßtege*, Art. 32 EuGVVO, Rn. 4; Burgstaller / Neumayr-*Burgstaller / Neumayr*, Art. 32 EuGVVO, Rn. 10.

[180] So auch *Pansch*, Die einstweilige Verfügung (2003), 71.

[181] Überblick über die möglichen Rechtsbehelfe etwa bei Thomas / Putzo-*Reichold*, § 924 ZPO, Rn. 6; *Gottwald*, Einstweiliger Rechtsschutz (1998), Vorbemerkung, Rn. 96 ff.; Schuschke / Walker-*Walker*, § 924 ZPO, Rn. 3; *Brox / Walker*, ZVR, Rn. 1645 ff.; *Pansch*, Die einstweilige Verfügung (2003), 185 ff.

stehen.[182] Ergeht die einstweilige Verfügung per Urteil, so kann der vermeintliche Schuldner nach den allgemeinen Grundsätzen der §§ 511 ff. ZPO in Berufung gehen.[183]

Zuständig ist bei §§ 924, 936 ZPO das Gericht, welches die Eilmaßnahme erlassen hat, bei §§ 927, 936 ZPO das Gericht der Hauptsache. Bei ausländischer Hauptsacheanhängigkeit sollte wiederum[184] ein potenzielles deutsches Hauptsachegericht zuständig sein, weil § 927 ZPO nur auf deutsche Hauptsachegerichte verweist.[185]

Denken könnte man daneben an die Möglichkeit, dass der Antragsgegner seinerseits entweder beantragt, dem Anspruchsteller aufzuerlegen, Klage in der Hauptssache zu erheben, oder im Falle fehlender Klageerhebung die Eilmaßnahme aufzuheben (§ 926 ZPO). Allerdings ist in der Situation einer negativen Feststellungsklage als ‚Torpedoklage' die Hauptsache bereits – nämlich durch die negative Feststellungsklage – anhängig, so dass der Antragsteller nicht noch eine eigene Klage erheben muss.[186] Anders ist es nur, wenn die Entscheidung in Deutschland nicht anerkannt würde.[187]

Greift der Rechtsbehelf durch und wird die einstweilige Verfügung im Entscheidungsstaat aufgehoben, so ist zu differenzieren: Bevor die Eilmaßnahme (unanfechtbar) für vollstreckbar erklärt worden ist, kann sie (nach Aufhebung) mangels Existenz auch nicht im Zweitstaat vollzogen werden.[188] Wird die einstweilige Verfügung dagegen erst nach ihrer Anerkennung und Vollstreckbarerklärung im Vollziehungsstaat vom Gericht aufgehoben, so entfiele die Wirksamkeit der Verfügung im Zweitstaat (im Anwendungsbereich der EuGVVO bzw. des EuGVÜ/LugÜ) nur dann, wenn man annehmen würde, sowohl die im Erststaat erlassene Eilentscheidung als auch die Erteilung der Vollstreckungsklausel bildeten zusammen den Vollstreckungstitel.[189] Dem ist aber entgegenzu-

---

[182] Musielak-*Huber*, § 927 ZPO, Rn. 7; Thomas / Putzo-*Reichold*, § 927 ZPO, Rn. 12 f.; *Walker*, Der einstweilige Rechtsschutz im Zivilprozess (1993), Rn. 547; *Clemenz*, NZA 2005, 129 (134); *Jacobs*, NJW 1988, 1365 (1365).

[183] *Gottwald*, Der einstweilige Rechtsschutz (1998), Vorbemerkung, Rn. 98; *Brox / Walker*, ZVR, Rn. 1643; *Ganslmeyer*, Die einstweilige Verfügung im Zivilverfahren (1991), 103; *Maurer*, GRUR 2003, 208 (210).

[184] Zum Problem, ob es bei ausländischer Hauptsacheanhängigkeit noch eine deutsche Hauptsachezuständigkeit gibt vgl. § 6 A II 3 b aa, ab Fn. 117.

[185] Stein / Jonas-*Grunsky*, § 927 ZPO, Rn. 12; HdBVR-*Dunkl*, Rn. A 354.

[186] Auch eine negative Feststellungsklage im Ausland ist als Hauptsache anerkannt, vgl. Musielak-*Huber*, § 926 ZPO, Rn. 3, 7; Baumbach / Lauterbach-*Hartmann*, § 926 ZPO, Rn. 1, 3; Stein / Jonas-*Grunsky*, § 926 ZPO, Rn. 11.

[187] Stein / Jonas-*Grunsky*, § 926 ZPO, Rn. 11.

[188] *Gronstedt*, Grenzüberschreitender Rechtsschutz (1994), 154; *Matscher*, ZZP 95 (1982), 170 (230).

[189] Vgl. zu dieser Ansicht Geimer / Schütze-*Geimer*, EZVR, Art. 38 EuGVVO, Rn. 6.

halten, dass bereits das deutsche Recht in § 27 Abs. 1 AVAG[190] zur Aufhebung des Vollstreckungstitels ein besonderes Verfahren mit einer neuen richterlichen Entscheidung verlangt.[191] Es bildet also richtigerweise nur die Entscheidung zur Erteilung der Vollstreckungsklausel die rechtliche Grundlage der Vollziehung, die durch den Wegfall des erststaatlichen Titels nicht beseitigt wird.

Konsequenz ist, dass nach der Vollstreckbarerklärung ein Rechtsbehelfsverfahren gegen die Entscheidung des Erststaates allein nicht ausreicht. Der Schuldner muss aber nicht zwingend auch die Entscheidung aus dem Erststaat angreifen, sofern es nicht um Gründe geht, die vor Erlass der erststaatlichen Entscheidung entstanden sind.[192]

2. Rechtsbehelfe im Vollziehungsstaat

Da ein Rechtsbehelfsverfahren allein gegen die einstweilige Verfügung im Erlassstaat nicht ausreicht, ist für den Antragsgegner in jedem Falle die Einlegung eines Rechtsbehelfs im Vollziehungsstaat relevant, sofern ein exterritorialer Vollzug notwendig ist. In Betracht kommen Rechtsbehelfe gegen die Entscheidung der Vollstreckbarerklärung selbst sowie möglicherweise gegen den Erlass der Eilmaßnahme im Ursprungsstaat.

a. Rechtsbehelfe gegen die Vollstreckbarerklärung

aa. Rechtsbehelfe vor Unanfechtbarkeit der Vollstreckbarerklärung

Der Antragsgegner kann gegen die Vollstreckbarerklärung selbst vorgehen. Ist die ausländische Entscheidung aus den in Art. 34, 35 EuGVVO (Art. 27, 28 EuGVÜ/LugÜ) aufgeführten Gründen nicht anerkennungsfähig, so steht ihm der in Art. 43 EuGVVO (vgl. Art. 36 - 40 EuGVÜ/LugÜ) vorgesehene Rechtsbehelf zu.[193]

Streitig ist, ob der Schuldner auch Gründe gegen den Anspruch selbst vorbringen kann, die nach Erlass der ausländischen Entscheidung entstanden sind, wie dies in Deutschland § 12 Abs. 1 AVAG regelt, und die sich zudem nicht ausschließlich auf die Versagungs- bzw. Aufhebungsgründe der Art. 34 und 35

---

[190] Gesetz zur Ausführung zwischenstaatlicher Verträge und zur Durchführung von Verordnungen der Europäischen Gemeinschaft auf dem Gebiet der Anerkennung ujnd Vollstreckung in Zivil- und Handelssachen vom 19.2.2001, BGBl. I, S. 288.

[191] *Kropholler*, EZPR, Art. 38 EuGVVO, Rn. 14; dem Ergebnis beipflichtend Rauscher-*Mankowski*, Art. 38 Brüssel I-VO, Rn. 3; *Geimer*, IZVR, Rn. 3155 m. w. N.; *Geimer / Schütze*, Urteilsanerkennung I.1, § 160 II.

[192] Vgl. dazu sogleich unten § 7 B III 2 a aa, bei Fn. 196.

[193] Art. 43 EuGVVO fasst Art. 36-40 EuGVÜ/LugÜ zusammen, bringt aber sachlich keine Abweichungen, vgl. Rauscher-*Mankowski*, Art. 43 Brüssel I-VO, Rn. 1; *Kropholler*, Art. 43 EuGVVO, Rn. 1.

EuGVVO (Art. 27 und 28 EuGVÜ/LugÜ) beziehen.[194] Der Wortlaut des Art. 45 Abs. 1 EuGVVO (Art. 34 Abs. 2 EuGVÜ/LugÜ) und auch der Zweck der Vorschrift, den Verkehr gerichtlicher Entscheidungen innerhalb Europas zu beschleunigen, lässt daran zumindest zweifeln. Allerdings ist zu bedenken, dass der Schuldner dann möglicherweise zur Doppelprozessführung genötigt wäre: Um Einwendungen im Sinne der Art. 34, 35 EuGVVO (Art. 27, 28 EuGVÜ/LugÜ) vorzubringen, müsste er ein Rechtsbehelfsverfahren nach Art. 43 EuGVVO (Art. 36 - 40 EuGVÜ/LugÜ) in die Wege leiten. Um sonstige Einwendungen vorzubringen, ist er auf ein Verfahren nach dem jeweiligen nationalen Recht angewiesen, etwa in Deutschland auf eine Vollstreckungsgegenklage nach § 767 ZPO. Dass der europäische Gesetzgeber eine solche Doppelung erstrebt hat, ist nicht anzunehmen.[195] Insofern sollten auch sonstige Einwendungen im Rechtsbehelfsverfahren nach Art. 43 EuGVVO (Art. 36 - 40 EuGVÜ/LugÜ) zulässig sein.

Unstreitig kann der Antragsgegner allerdings solche Einwendungen nicht geltend machen, die vor der Entscheidung im Ursprungsstaat entstanden sind. Er muss diese vielmehr durch Rechtsmittel gegen die Entscheidung im Ursprungsstaat zur Geltung bringen.[196] Zwei verschiedene Rechtsmittelverfahren muss der Schuldner also in der Situation anstrengen, dass es sowohl um eine Einwendung gegen die Vollstreckbarerklärung als auch um eine Einwendung geht, die vor Erlass der einstweiligen Verfügung im Ursprungsstaat entstanden ist, wenn der Eilmaßnahme bereits Exequatur erteilt worden ist. Hinsichtlich der Exequaturentscheidung ist eine Monatsfrist zu beachten, sofern der Antragsgegner seinen Wohnsitz im Vollziehungsstaat hat, ansonsten zwei Monate (Art. 43 Abs. 5 EuGVVO, Art. 36 Abs. 1 EuGVÜ/LugÜ).

Hat der Antragsgegner sowohl im Entscheidungsstaat als auch im Vollziehungsstaat einen Rechtsbehelf eingelegt, so kann das mit dem Rechtsbehelf befasste Gericht im Vollziehungsstaat auf Antrag das Verfahren aussetzen (vgl. Art. 46 Abs. 1 EuGVVO, Art. 38 Abs. 1 EuGVÜ/LugÜ) bzw. die Zwangsvollstreckung von der Leistung einer Sicherheit abhängig machen (Art. 46 Abs. 3 EuGVVO, Art. 38 Abs. 3 EuGVÜ/LugÜ). Bei der Aussetzungsentscheidung darf das Gericht nach Ansicht des EuGH allerdings nur solche Gründe berücksichtigen, die der Schuldner vor dem Gericht des Entscheidungsstaates nicht gel-

---

[194] Dafür *Kropholler*, EZPR, Art. 45 EuGVVO, Rn. 6; *Schack*, IZVR, Rn. 955; *Roth*, RabelsZ 68 (2004), 379 (383); dagegen Rauscher-*Mankowski*, Art. 45 Brüssel I-VO, Rn. 6; MünchKommZPO-*Gottwald*, Art. 36 EuGVÜ, Rn. 4; Geimer / Schütze-*Geimer*, Art. 45 EuGVVO, Rn. 11; *Nelle*, Anspruch, Titel und Vollstreckung (2000), 435, 443; *Münzberg*, FS Geimer (2002), 745 (749); *Hess*, IPRax 2004, 493 (493).

[195] *Roth*, RabelsZ 68 (2004), 379 (384), der im übrigen eine Zuständigkeit des Exequaturgerichts nach Art. 22 Nr. 5 EuGVVO annehmen will.

[196] BGH IPRspr. 1991, Nr. 204; OLG Hamburg IPRspr. 1993, Nr. 175 (S. 397); *Kropholler*, EZPR, Art. 43 EuGVVO, Rn. 26.

tend gemacht hat.[197] Denn wenn der Schuldner diese Gründe dort schon vorgebracht hat, könnte das Verbot der *révision au fond* (Art. 45 Abs. 2 EuGVVO, Art. 34 Abs. 3 EuGVÜ/LugÜ) verletzt sein, würde das zweitstaatliche Gericht diese überprüfen. Zudem soll der Schuldner auch mit solchen Einwänden ausgeschlossen sein, die er vor dem Erstgericht nicht vorzubringen imstande war, denn die beabsichtigte grenzüberschreitende Urteilsvollstreckung würde nach Meinung des EuGH sonst zu stark eingeschränkt.[198]

Auch diese Auffassung ist umstritten und wird vielfach mit dem Argument kritisiert, eine Überprüfung des Rechtsbehelfs dürfe nicht davon abhängen, ob die gerichtliche Entscheidung im In- oder im Ausland vollstreckt werden solle. Deshalb dürfe es – wie im Inland – nicht auf das (mögliche) Vorbringen von Gründen vor dem Erstgericht ankommen, sondern nur darauf, ob das im Ursprungsstaat eingelegte Rechtsmittel voraussichtlich erfolgreich sein werde.[199] Mit einer solchen Prognose werde auch nicht in die Kompetenz des Erstgerichts eingegriffen, weil es nicht um die Aufhebung der Entscheidung gehe.[200] Folgt man jedoch der Rechtsprechung des EuGH und der entsprechenden Rechtsprechung der Gerichte in Europa,[201] so muss der Schuldner bereits im Ursprungsstaat seine Einwendungen äußern, um eine Aussetzung zu erwirken.

bb. Rechtsbehelfe nach Unanfechtbarkeit der Vollstreckbarerklärung

Nachdem die Exequaturentscheidung unanfechtbar geworden ist, weil der Schuldner die Frist des Art. 43 Abs. 5 S. 1 EuGVVO (Art. 36 Abs. 1 EuGVÜ/LugÜ) hat verstreichen lassen, kann diese nur noch nach dem im innerstaatlichen Recht vorgesehenen Verfahren aufgehoben werden; dies ist zum Beispiel in Deutschland ein gesondertes Verfahren nach §§ 27, 55 Abs. 1 AVAG.[202] Dieses setzt aber voraus, dass die Eilmaßnahme im Ursprungsstaat aufgehoben oder geändert worden ist. Auch hier muss der Schuldner also zwei verschiedene Rechtsmittelverfahren durchführen.

---

[197] EuGH Slg. 1991 I, 4743 (4775), Rn. 32. – *van Dalfsen / van Loon*; zustimmend *Kropholler*, EZPR, Art. 46 EuGVVO, Rn. 5; Musielak-*Lackmann*, Art. 46 Verordnung (EG) Nr. 44/2001, Rn. 4; differenzierend *Stadler*, IPRax 1995, 220 (222 f.); ohne Stellungnahme *Schlosser*, EUZ, Art. 46 EuGVVO, Rn. 3.

[198] EuGH aaO, Slg. 1991 I, 4743 (4776 f.), Rn. 34 ff. – *van Dalfsen / van Loon.*

[199] *Grunsky*, IPRax 1995, 218 (220); dem folgend Geimer / Schütze-*Geimer*, EZVR, Art. 46 EuGVVO, Rn. 9; Rauscher-*Mankowski*, Art. 46 Brüssel I-VO, Rn. 13; Burgstaller / Neumayr-*Burgstaller / Neumayr*, Art. 46 EuGVVO, Rn. 9; *Nelle*, Anspruch, Titel und Vollstreckung (2000), 528.

[200] Deutlich Rauscher-*Mankowski*, Art. 46 Brüssel I-VO, Rn. 13.

[201] Vgl. *Kropholler*, EZPR, Art. 46, Rn. 5, Fn. 10 f. m. N.

[202] Geimer / Schütze-*Geimer*, Art. 41 EuGVVO, Rn. 45.

b. Rechtsbehelfe gegen die Durchführung der Zwangsvollstreckung

Auch gegen die Durchführung der Zwangsvollstreckung kann der Schuldner vorgehen. Da sich die EuGVVO bzw. die Übereinkommen nicht mit Rechtsbehelfen im eigentlichen Zwangsvollstreckungsverfahren befasst, richten sich diese wie das gesamte Zwangsvollstreckungsverfahren nach dem zweitstaatlichen Recht.[203] Allerdings ist der Schuldner später im Zwangsvollstreckungsverfahren mit solchen Einwendungen präkludiert, die er im Rahmen der Beschwerde nach Art. 43 EuGVVO hätte vorbringen können.[204] Ansonsten wäre die Frist des Art. 43 Abs. 5 S. 1 EuGVVO (Art. 36 Abs. 1 EuGVÜ/LugÜ) entwertet. Mit später entstandenen bzw. zuvor nicht bestehenden Einwendungen kann der Schuldner allerdings aufwarten: In Deutschland könnte er zum Beispiel eine Vollstreckungsgegenklage gemäß § 767 ZPO erheben.[205]

Der Antragsgegner hat insgesamt einen dreifachen Rechtsschutz: Er kann sowohl gegen die einstweilige Verfügung im Entscheidungsstaat (Deutschland) vorgehen, als auch die Exequaturentscheidung anfechten, als auch Einwendungen im Rahmen der Zwangsvollstreckung im Vollziehungsstaat geltend machen. Er muss jedoch jeweils bereits die ihm möglichen Einwendungen geltend machen, um nicht damit präkludiert zu sein.

c. Rechtsbehelfe gegen die ursprüngliche Eilmaßnahme

Fraglich ist, ob der Antragsgegner nicht nur gegen die Vollstreckbarerklärung vorgehen, sondern im Vollstreckungsstaat auch noch die ursprüngliche Eilmaßnahme angreifen kann. Ein solches Bedürfnis könnte etwa deshalb bestehen, weil nach dem Recht des Entscheidungsstaates eine Aufhebung oder Abänderung der Eilmaßnahme nicht vorgesehen ist.[206] Auch könnte man damit den Schuldner schützen und ihn so stellen, wie er bei einem reinen Inlandsfall stünde.

[203] EuGH Slg. 1988, 645 (670), Rn. 28 – *Hoffmann / Krieg*; Rauscher-*Mankowski*, Art. 43 Brüssel I-VO, Rn. 5; *Haas*, IPRax 1995, 223 (223); im deutschen Recht können Rechtsbehelfe als Rechtsbehelfe gegen den Vollzug einer einstweiligen Verfügung eingelegt werden etwa eine Erinnerung gemäß § 766 ZPO oder ein Antrag auf Aufhebung des Vollzuges nach § 934 Abs. 2 ZPO, vgl. *Brox / Walker*, ZVR, Rn. 1556 f., 1659 f.; HdBVR-*Dunkl*, Rn. A 617, 619.

[204] Rauscher-*Mankowski*, Art. 43 Brüssel I-VO, Rn. 5; *Kropholler*, EZPR, Art. 43 EuGVVO, Rn. 4; MünchKommZPO-*Gottwald*, Art. 36 EuGVÜ, Rn. 6; Burgstaller / Neumayr-*Burgstaller / Neumayr*, Art. 43 EuGVVO, Rn. 3.

[205] Geimer / Schütze-*Geimer*, EZVR, Art. 45 EuGVVO, Rn. 18.

[206] *Gronstedt*, Grenzüberschreitender einstweiliger Rechtsschutz (1993), 158; *Linke*, Anm. zu EuGH, Urt. v. 27.11.1984, RIW 1985, 237, Fn. 10 zum italienischen Arrest.

aa. Zulässigkeit einer Abänderung bzw. Aufhebung der Eilmaßnahme

Zu fragen ist, ob die Abänderung oder Aufhebung einer ausländischen Eilentscheidung im Vollziehungsstaat zulässig ist.[207] Die ganz herrschende Meinung bejaht dies für ausländische Urteile in der Hauptsache, weil die Abänderung nur für das Inland erfolge und somit keine Verletzung fremder Herrschaftsrechte beinhalte.[208] Zum Teil wird die Abänderung eines ausländischen Urteils dabei davon abhängig gemacht, dass das Recht des Urteilsstaates diese zulässt.[209] Die Frage hat aber wenig praktische Bedeutung, da durchweg alle Rechtssysteme eine nachträgliche Abänderung zulassen.[210] Auch das Verbot der *révision au fond* (Art. 45 Abs. 2 EuGVVO, Art. 34 Abs. 3 EuGVÜ/LugÜ)[211] ist nicht berührt, weil das Gericht im Vollziehungsstaat nicht das Erstgericht überprüft, sondern die Entscheidung aufgrund nachträglicher Tatsachen abändert. Die für Hauptsacheentscheidungen gültige Lösung einer Abänderung bzw. Aufhebung lässt sich auch auf Eilmaßnahmen übertragen.[212] Auch hier sollte es dem Antragsgegner möglich sein, eine Aufhebung oder Abänderung von Eilmaßnahmen zu erreichen. Er sollte also so gestellt werden, wie er bei einem reinen Inlandsfall stünde. Im deutschen Recht lässt etwa § 927 ZPO die Abänderung eines Arrests zu.

Voraussetzung für eine Abänderung bzw. Aufhebung ist, dass nachträglich Tatsachen eingetreten sind, die gegen den Erlass der Eilmaßnahme sprechen. Der Schuldner kann dazu ein im nationalen Recht vorgesehenes Verfahren in Anspruch nehmen, etwa nach §§ 927, 936 ZPO. Im Vollstreckbarerklärungsverfahren können dagegen Einwendungen, die auf eine Abänderung der Entscheidung hinauslaufen, nicht vorgebracht werden, weil dies eine unzulässige Überprüfung der erststaatlichen Entscheidung darstellen würde.[213]

bb. Auf die Abänderung bzw. Aufhebung anwendbares Recht

Nach welchem Recht sich die Voraussetzungen der Aufhebung oder Abänderung einer ausländischen Eilmaßnahme richten, bestimmt sich danach, ob man

---

207 Relevant wird die Abänderung einer ausländischen Entscheidung insbesondere im Unterhaltsrecht, aber auch in Sorgerechtsstreitigkeiten, vgl. *Schack*, IZVR, Rn. 1005 f.

208 BGH NJW 1983, 1976 (1977); Stein / Jonas-*Leipold*, § 323 ZPO, Rn. 17; MünchKommZPO-*Gottwald*, § 323 ZPO, Rn. 110 ff.; Musielak-*Musielak*, § 323 ZPO, Rn. 4; *Nagel / Gottwald*, § 13, Rn. 56; *Siehr*, FS Bosch (1976), 927 (938); *Henrich*, IPRax 1982, 140 (141); *Matscher*, ZZP 86 (1973), 404 (408); *Baumann*, IPRax 1990, 28 (31).

209 Thomas / Putzo-*Reichold*, § 323 ZPO, Rn. 12; *Georgiades*, FS Zepos (1973), 189 (206).

210 Stein / Jonas-*Leipold*, § 323 ZPO, Rn. 17, Fn. 42; *Baumann*, IPRax 1990, 28 (30 f.).

211 Dazu Musielak-*Foerste*, § 328 ZPO, Rn. 23; Thomas / Putzo-*Hüßtege*, § 328 ZPO, Rn. 15; Zöller-*Geimer*, § 328 ZPO, Rn. 151; *Geimer*, IPRax 1998, 175 (176).

212 *Gronstedt*, Grenzüberschreitender einstweiliger Rechtsschutz (1993), 159 f.

213 Geimer / Schütze-*Geimer*, EZVR, Art. 46 EuGVVO, Rn. 22 f.; *Kropholler*, Art. 43 EuGVVO, Rn. 28 a. E.

die Aufhebung bzw. Abänderung materiell oder prozessual qualifiziert.[214] Bei materieller Qualifikation entscheidet das auf die jeweilige Rechtsfrage anwendbare Recht über die Voraussetzungen der Abänderung, bei prozessualer Qualifikation unterliegt die Abänderung bzw. Aufhebung der *lex fori*.

Für das Hauptsacheverfahren ist diese Frage umstritten. Die Ansicht, die sich für eine materiell-rechtliche Qualifikation und damit eine Anwendung der *lex causae* ausspricht, kann für sich ins Feld führen, dass die Abänderung in zahlreichen Rechtsordnungen im materiellen Recht geregelt ist.[215] Sie kann zudem darauf verweisen, dass durch das Auseinanderfallen von Sachstatut und der für die Abänderbarkeit maßgeblichen Rechtsordnung die sachliche Regelung oftmals verfälscht würde.[216] Die Gegenansicht macht etwa geltend, dass zum Beispiel § 323 ZPO eine Regelung des Prozessrechts ist und somit die Frage der Qualifikation auch prozessual bestimmt werden sollte, nicht dagegen von einer übergeordneten Rechtsordnung.[217]

Bei Eilmaßnahmen ist anders als bei Hauptsacheverfahren indes zu beachten, dass es nicht um die Gestaltung der endgültigen materiellen Rechtslage zwischen den Parteien geht, sondern um die Frage, ob die prozessualen Voraussetzungen der Eilmaßnahme vorliegen und die einstweilige Verfügung deshalb vollstreckbar sein sollte. Ein Abänderungs- oder Aufhebungsurteil gestaltet die Rechtsbeziehungen zwischen den Parteien nicht neu, sondern beseitigt nur die Vollstreckbarkeit der Eilmaßnahme, wobei der Verfügungsanspruch bereits kraft Gesetzes erlischt.[218] Es bietet sich deshalb eine prozessuale Qualifikation an, so dass das auf die Abänderung bzw. Aufhebung anwendbare Recht nach der *lex fori* bestimmt wird. Sieht das Recht des Ursprungsstaates unterschiedliche Aufhebungs- oder Abänderungsvoraussetzungen vor, sind diese als prozessuale Regelungen nicht zu berücksichtigen.

cc. Zuständigkeit für die Abänderung bzw. Aufhebung

Fraglich ist, welches Gericht für die Abänderung bzw. Aufhebung der ausländischen Eilmaßnahme zuständig ist. Im deutschen Recht besteht etwa eine Zuständigkeit des Gerichts, welches die Maßnahme angeordnet hat, vgl. §§ 924,

---

[214] Zum Meinungsstand zu § 323 ZPO überblicksartig *Baumann*, IPRax 1990, 28 (31); s. auch *Schack*, IZVR, Rn. 1010; *Nelle*, Anspruch, Titel und Vollstreckung (2000), 267 ff.; schon *Kropholler*, ZfJ 1977, 105 (109); der BGH hat eine klare Stellungnahme bisher vermieden, vgl. *Nagel / Gottwald*, § 13, Rn. 58 m. w. N.

[215] *Henrich*, IPRax 1982, 140 (141); *Baumann*, IPRax 1990, 28 (31); Rahm / Künkel-*Breuer*, VIII, Rn. 247.

[216] *Kropholler*, ZfJ 1977, 105 (110); *Henrich*, IPRax 1982, 140 (141); *Hohloch*, FPR 2004, 315 (324).

[217] Rahm / Künkel-*Breuer*, VIII, Rn. 428; Stein / Jonas-*Leipold*, § 323 ZPO, Rn. 17; *Baumann*, IPRax 1994, 435 (438 f.).

[218] *Gronstedt*, Grenzüberschreitender einstweiliger Rechtsschutz (1993), 160; *Kienle*, Arreste im internationalen Rechtsverkehr (1991), 229 f.

926, 927, 936 ZPO. Nach der hier vertretenen Meinung können auch bei ausländischer Hauptsacheanhängigkeit für die Beantragung der Eilmaßnahme weiterhin die potenziellen Hauptsachegerichtsstände des deutschen Rechts ausgenutzt werden.[219] Insofern wäre, wenn der Gläubiger eine einstweilige Verfügung vor einem deutschen Gericht erwirkt hätte, dieses Gericht auch zur Aufhebung oder Abänderung der Verfügung zuständig. Fraglich ist aber, ob der Antragsgegner daneben noch ein ausländisches Gericht für die Aufhebung bzw. Abänderung anrufen kann. Für das deutsche Recht wird vorgeschlagen, dass das Gericht die Aufhebung bzw. Abänderung vorzunehmen habe, welches das Exequaturverfahren durchgeführt habe.[220] Eine solche Handhabung scheint auch sinnvoll, weil das Exequaturgericht der Eilmaßnahme für das Inland Geltung verschafft hat und deshalb folgerichtig auch über die Aufhebung oder Abänderung entscheiden sollte.

d. Konkurrenz mehrerer Rechtsbehelfsverfahren

Wie gesehen hat der Antragsgegner und ‚Torpedokläger' die Wahl, ob er nur im Vollziehungsstaat gegen die einstweilige Maßnahme vorgeht oder diese auch im Entscheidungsstaat anficht. Wählt er die zweite Möglichkeit, stellt sich die Frage, wie mit konkurrierenden Rechtsbehelfsverfahren in verschiedenen Staaten umzugehen ist. Eine Regelung trifft lediglich Art. 46 Abs. 1 EuGVVO (Art. 38 Abs. 1 EuGVÜ/LugÜ), wonach ein Gericht des Zweitstaates das Verfahren aussetzen kann, wenn ein Rechtsbehelf im Erststaat eingelegt ist oder eingelegt werden könnte. Dies verdeutlicht, dass die Entscheidung über ein erststaatliches Rechtsbehelfsverfahren jedenfalls nicht ohne Einfluss auf ein zweitstaatliches Rechtsbehelfsverfahren bleibt.[221] Allerdings zeigt gerade eine Bestimmung wie § 27 Abs. 1 AVAG, wonach bei Wegfall der erststaatlichen Entscheidung eine Aufhebung der Exequaturentscheidung *beantragt* werden kann, dass die Gerichte des Vollzugsstaates jedenfalls nicht von Amts wegen prüfen, ob die erststaatliche Entscheidung noch wirksam ist.

Aus Art. 46 Abs. 1 EuGVVO (Art. 38 Abs. 1 EuGVÜ/LugÜ) lässt sich der Schluss ziehen, dass mehrere Rechtsbehelfsverfahren im Ursprungs- und im Vollziehungsstaat zulässig sein sollen. Es wäre auch unbillig, wollte man den Antragsgegner darauf verweisen, erst im Erst- und dann im Zweitstaat gegen die Eilmaßnahme vorzugehen, während der Antragssteller selbst die Vorteile eines grenzüberschreitenden schnellen Rechtsschutzes genießen kann.[222] Einschrän-

---

[219] Vgl. zu der hier vorgenommenen Auslegung § 6 A II 3 b aa (5).

[220] *Gronstedt*, Grenzüberschreitender einstweiliger Rechtsschutz (1993), 162; *Kienle*, Arreste im internationalen Rechtsverkehr (1991), 233.

[221] *Kropholler*, EZPR, Art. 43 EuGVVO, Rn. 30; vgl. auch BGH FamRZ 1980, 672 (673), wonach eine Abänderung des ausländischen Titels bereits während des Anerkennungsverfahrens zu berücksichtigen ist.

[222] Vgl. *Gronstedt*, Grenzüberschreitender einstweiliger Rechtsschutz (1993), 163.

kungen ergeben sich aber daraus, dass der Antragsgegner im jeweiligen Rechtsbehelfsverfahren immer nur diejenigen Einwendungen vorbringen kann, die er nicht bereits in einem früher begonnenen Verfahren vorbringen konnte.[223] So darf der Antragsgegner sich bei seinem Antrag auf Aussetzung des Verfahrens nach Art. 46 Abs. 1 EuGVVO (Art. 38 Abs. 1 EuGVÜ/LugÜ) nur auf solche Gründe berufen, die er vor dem Gericht des Ursprungsstaates noch nicht vorgebracht hat oder hätte vorbringen können.[224]

3. Einreichung einer Schutzschrift

Der Antragsgegner könnte auch ein vorbeugendes Verteidigungsmittel für sich geltend machen und eine Schutzschrift einreichen. Diese Möglichkeit ist gesetzlich nicht geregelt, wird aber von der Rechtsprechung anerkannt.[225] Mit der Schutzschrift kann der Antragsteller gegen einen erwarteten Antrag auf Erlass einer Eilmaßnahme vorgehen, um zu erreichen, dass das Gericht bereits den Antrag auf Erlass einer einstweiligen Verfügung zurückweist.[226]

Bei grenzüberschreitendem einstweiligen Rechtsschutz wäre es dem Antragsteller auch möglich, vorsorglich eine Schutzschrift beim Gericht der Vollstreckbarerklärung einzureichen.[227] Allerdings wäre der praktische Nutzen gering:[228] Denn die Versagungsgründe der Art. 34 und 35 EuGVVO (Art. 27 und 28 EuGVÜ/LugÜ) dürfen nach der EuGVVO im Exequaturverfahren nicht überprüft werden (vgl. Art. 41 EuGVVO). Anders ist es nur im Anwendungsbereich des EuGVÜ/LugÜ.[229]

---

[223] Vgl. dazu oben § 7 B III 2 a aa, bei Fn. 197.

[224] EuGH Slg. 1991 I, 4743 (4775), Rn. 32. – *van Dalfsen / van Loon*; zustimmend *Kropholler*, EZPR, Art. 46 EuGVVO, Rn. 5; Musielak-*Lackmann*, Art. 46 Verordnung (EG) Nr. 44/2001, Rn. 4; zum innerstaatlichen Verhältnis der Rechtsbehelfe vgl. *Mädrich*, Das Verhältnis der Rechtsbehelfe (1980), 147 ff. (160).

[225] OLG Hamburg MDR 1978, 151; OLG Düsseldorf WRP 1981, 652; OLG München WRP 1983, 358; vgl. HdBVR-*Dunkl*, Rn. A 549 m. w. N.

[226] Thomas / Putzo-*Reichold*, § 935 ZPO, Rn. 3; HdBVR-*Dunkl*, A 549, 556; *Gottwald*, Einstweiliger Rechtsschutz, Vorbemerkung, Rn. 103; ausführlich zum Zweck *Walker*, Der einstweilige Rechtsschutz im Zivilprozess (1993), Rn. 609.
Dass sich die Schutzschrift gegen die Zulässigkeit und Begründetheit eines Verfügungsanspruchs richten kann, ist heute anerkannt, vgl. OLG Nürnberg MDR 1977, 936; Zöller-*Vollkommer*, § 937 ZPO, Rn. 4; *Teplitzky*, NJW 1980, 1667 (1667); HdBVR-*Dunkl*, Rn. A 549.

[227] Vgl. *Mennicke*, IPRax 2000, 294 (300).

[228] *Kropholler*, EZPR, Art. 41 EuGVVO, Rn. 10; Rauscher-*Mankowski*, Art. 41 Brüssel I-VO, Rn. 9; Czernich / Tiefenthaler / Kodek-*Kodek*, Art. 41 EuGVVO, Rn. 1; Geimer / Schütze-*Geimer*, EZVR, Art. 41 EuGVVO, Rn. 7; *Micklitz / Rott*, EuZW 2002, 15 (21).

[229] Geimer / Schütze-*Geimer*, EZVR, Art. 41 EuGVVO, Rn. 28; Burgstaller / Neumayr-*Burgstaller / Neumayr*, Art. 41 EuGVVO, Rn. 1; Czernich / Tiefenthaler / Kodek-*Kodek*, Art. 41 EuGVVO, Rn. 3.

C. Ergebnis

Geht es – wie häufig bei ‚Torpedoklagen' – um einen grenzüberschreitenden Sachverhalt, stellen sich beinahe zwangsläufig Fragen, wie eine Eilmaßnahme, mit der der ‚blockierte' Anspruch verwirklicht werden soll, im Ausland durchgesetzt werden kann. So ist eine Anerkennung und Vollstreckung von Unterlassungs- bzw. Leistungsverfügungen im Ausland nach der *Denilauler*-Rechtsprechung des EuGH nur möglich, wenn rechtliches Gehör gewährt wurde. Diese Rechtsprechung ist auch auf die EuGVVO zu übertragen. Rechtliches Gehör kann aber in der Regel gewährt werden, zumal für den Betroffenen einer ‚Torpedoklage' oft keine Dringlichkeit vorliegt, die einen Überraschungseffekt gebieten würde.

Auch die vielfach verneinte Möglichkeit einer Anerkennung und Vollstreckung von solchen Eilmaßnahmen, die von den Gerichten der über Art. 31 EuGVVO (Art. 24 EuGVÜ/LugÜ) eröffneten nationalen Zuständigkeitsordnung erlassen worden sind, ist richtigerweise möglich. Insbesondere wenn man das Erfordernis der ‚realen Verknüpfung' nicht primär vollstreckungsbezogen interpretiert, kann eine grenzüberschreitende Wirkung etwa in Leistungsfällen wichtig werden, wenn der Schuldner nach Erlass der Maßnahme Vermögen ins Ausland verlagert. Da die Erfordernisse der Belegenheit von Schuldnervermögen und einer Sicherheitsleistung nur für Leistungs- bzw. Befriedigungsverfügungen gelten, die eine Geldzahlung anordnen, ist eine grenzüberschreitende Anerkennung und Vollstreckung auch nicht nur im Ausnahmefall möglich. Bei Zahlungsverfügungen ist sie jedoch stark eingeschränkt, weil stets in die in der Eilmaßnahme bezeichneten Vermögensgegenstände zu vollstrecken ist.

Außerhalb Europas ist die Anerkennung und Vollstreckung von einstweiligen Maßnahmen hingegen häufig nicht möglich, weil diese keine endgültigen Sachentscheidungen darstellen. Hier ist der Antragsteller also darauf verwiesen, im Vollstreckungsstaat Eilrechtsschutz zu suchen.

Auch die Vollziehung einer einstweiligen Verfügung kann Probleme bereiten. So kann es gerade im Ausland schwierig sein, eine Unterlassungsverfügung binnen eines Monats (vgl. §§ 929 Abs. 2, 936 ZPO) zuzustellen. Allerdings reicht bereits die Stellung eines Antrags durch den Gläubiger. Schwieriger kann sich die Zwangsvollstreckung im Ausland gestalten, wenn sich der Schuldner der Eilmaßnahme nicht unterwirft. Denn außerhalb der EU ist eine Vollstreckbarkeit von inländischen Zwangs- oder Ordnungsmitteln meist nicht anerkannt. Und auch innerhalb Europas kann die Koordination mehrerer Vollstreckungsmaßnahmen problematisch sein. Diese sollte so geleistet werden, dass das später angegangene Vollstreckungsorgan eine bereits erlassene Vollstreckungsmaßnahme im Rahmen seines Ermessens zu berücksichtigen hat. Die Zustellung der Androhung einer Vollstreckungsmaßnahme sollte wegen der verstärkten prozessualen Kooperation zwischen den Staaten nicht mehr als Souveränitätseingriff gewertet werden.

Ist eine Eilmaßnahme gegen den ,Torpedokläger' erst einmal erwirkt, kann auch der Antragsgegner noch zum Gegenangriff übergehen und eine gegenläufige Eilmaßnahme beantragen. Mehrere Eilmaßnahmen sind richtigerweise vorrangig nach Art. 27 EuGVVO (Art. 21 EuGVÜ/LugÜ) zu koordinieren, wobei darauf zu achten ist, welches Rechtsschutzziel die Parteien mit ihren Eilmaßnahmen verfolgen. Bei Zugrundelegung dieser Lösung bleibt dem ,Torpedokläger' ein gewisser Spielraum wie im Rahmen des Hauptsacheverfahrens, um die andere Partei zu behindern.

Auch mit einem Rechtsbehelf könnte der ,Torpedokläger' noch entgegensteuern. Zur Verfügung stehen Rechtsbehelfe im Ursprungsstaat der Eilmaßnahme sowie (gegebenenfalls) im Vollzugsstaat, wobei auch mehrere Rechtsbehelfsverfahren nebeneinander zulässig sind. Der Antragsgegner kann dabei jedoch stets nur die Einwendungen geltend machen, die er nicht bereits in einem früheren Verfahrensstadium vorbringen konnte. Daneben ist auch eine Abänderung der Eilmaßnahme im Ausland möglich. Hingegen ist der Nutzen einer Schutzschrift – zumindest bei grenzüberschreitendem einstweiligen Rechtsschutz – für den Antragsgegner gering, da eine *révision au fond* nicht zulässig ist.

Teil III:
Einstweiliger Rechtsschutz bei ‚Torpedoklagen' zur Durchsetzung von Gestaltungs- und Feststellungsbegehren

Teil III: Einstweiliger Rechtsschutz bei ‚Torpedoklagen' zur Durchsetzung von Gestaltungs- und Feststellungsbegehren

‚Torpedoklagen' können wie gezeigt auch ein Problem in den Fällen sein, in denen jemand ein Begehren auf Gestaltung oder Feststellung durchsetzen möchte.[1] Es besteht also auch hier ein Bedürfnis, einstweiligen Rechtsschutz zu erlangen, um nicht der überlangen Verfahrensdauer vor dem ausländischen ‚Torpedogericht' ausgesetzt zu sein. Im folgenden Teil soll hinsichtlich der ‚Torpedoklagen' bei Gestaltungsbegehren untersucht werden, welche Möglichkeiten des einstweiligen Rechtsschutzes dem Betroffenen einer ‚Torpedoklage' in verschiedenen Staaten zustehen,[2] welche Gerichte in dieser Fallgruppe zuständig sind[3] und welche Probleme der Durchsetzung es gibt.[4] Hinsichtlich der Durchsetzung von Feststellungsbegehren ist zu beleuchten, ob ein einstweiliger Rechtsschutz überhaupt zulässig ist.[5]

§ 8. Die möglichen Eilmaßnahmen zur Durchsetzung von Gestaltungsbegehren

In der Vergangenheit betrafen ‚Torpedoklagen', die in Bezug auf ein geltend zu machendes Gestaltungsgehren erhoben wurden, insbesondere Scheidungsverfahren.[6] Deshalb soll der Schwerpunkt der Darstellung im folgenden Abschnitt der Arbeit auf familienrechtlichen Fallgestaltungen liegen. Allerdings sind auch Fälle denkbar, in denen eine ‚Torpedoklage' erhoben wird, die ein Gestaltungsbegehren aus einem anderen rechtlichen Bereich betrifft.[7] Auch auf Möglichkeiten des einstweiligen Rechtsschutzes in diesen Fällen ist deshalb einzugehen.

Auch bei Gestaltungsbegehren ergeben sich die möglichen einstweiligen Maßnahmen grundsätzlich aus dem nationalen Recht, denn Art. 31 EuGVVO (Art. 24 EuGVÜ/LugÜ) lässt auch bei ausländischer Hauptsacheanhängigkeit den nationalen einstweiligen Rechtsschutz unberührt.

---

[1] Vgl. dazu bereits oben § 2 B II, ab Fn. 188.
[2] Vgl. § 8.
[3] Vgl. § 9.
[4] Vgl. § 10.
[5] Vgl. § 11.
[6] Vgl. oben § 2 B II 2, bei Fn. 198 ff.; dabei ist freilich zu beachten, dass der Begriff ‚Torpedoklage' für diese Fallgestaltungen bisher noch nicht geprägt worden ist.
[7] Vgl. dazu schon oben § 2 B II 1, bei Fn. 190 ff.

A. Die möglichen Eilmaßnahmen bei Fallgestaltungen innerhalb und außerhalb des Familienrechts

I. Die möglichen Eilmaßnahmen bei nicht-familienrechtlichen Fallgestaltungen

Wird – außerhalb der für ‚Torpedoklagen' besonders relevanten familienrechtlichen Streitigkeiten – eine richterliche Gestaltung der Rechtslage per Eilmaßnahme begehrt, so ist zu fragen, welche Arten von Maßnahmen in Betracht kommen. Bei einigen Gestaltungsklagerechten sieht das deutsche Recht Eilmaßnahmen ausdrücklich vor, etwa einstweilige Anordnungen nach § 769 ZPO bei den Klagen aus §§ 767, 768, 805 ZPO.[8] Diese verdrängen als spezielle Regelungen andere Formen des einstweiligen Rechtsschutzes.[9] Dies gilt auch für Streitigkeiten aus dem Familienrecht, wo insbesondere die §§ 620 ff. ZPO vorgehen.[10]

Besteht eine spezielle Regelung nicht, so wird Eilrechtsschutz durch einstweilige Verfügungen nach § 940 ZPO für zulässig gehalten.[11] Das Gericht kann danach ein streitiges Rechtsverhältnis im Wege des Eilrechtsschutzes regeln. Solche Rechtsverhältnisse entstammen namentlich dem Handels- bzw. Gesellschaftsrecht.[12] Die einstweilige Verfügung kann dann beispielsweise darauf gerichtet sein, dass der Geschäftsführer einer Gesellschaft zeitweilig keine Vertretungsbefugnis mehr hat.[13]

II. Die möglichen Eilmaßnahmen bei familienrechtlichen Fallgestaltungen

Der Betroffene einer ‚Torpedoklage' die ein Gestaltungsbegehren, also zum Beispiel eine Scheidungsklage, betraf, hat nur wenige Möglichkeiten, sein Begehren im einstweiligen Rechtsschutz durchzusetzen. Denn Statusänderungen – zum Beispiel Scheidung oder Auflösung einer Ehe – können im deutschen Recht nicht per Eilmaßnahme herbeigeführt werden.[14] Dies ergibt sich zum einen beispielsweise aus der Regelung des § 620 ZPO, der abschließend die Verfahren

---

[8] *Schlosser*, Gestaltungsklagen (1966), 234.

[9] Musielak-*Huber*, § 940 ZPO, Rn. 8; Zöller-*Vollkommer*, vor § 916 ZPO, Rn. 1b.

[10] Thomas / Putzo-*Hüßtege*, § 620 ZPO, Rn. 6; *Gottwald*, Einstweiliger Rechtsschutz (1998), Vorbemerkung, Rn. 15.

[11] BGHZ 33, 105 (112); Musielak-*Huber*, § 940 ZPO, Rn. 9 *Brox / Walker*, ZVR, Rn. 1589, 1601; *Baur / Stürner*, ZVR I, Rn. 913; *Baumann / Brehm*, Zwangsvollstreckung, § 16 I 2 c; *Walker*, Der einstweilige Rechtsschutz im Zivilprozess (1993), Rn. 118; *Schlosser*, Gestaltungsklagen (1966), 235; *Schmidt-Diemitz*, Einstweiliger Rechtsschutz gegen rechtswidrige Gesellschafterbeschlüsse (1993), 29; *Semler*, BB 1979, 1533 (1533).

[12] Vgl. dazu oben § 2 B II 1, bei Fn. 192.

[13] BGHZ 86, 177 (183); OLG Frankfurt/Main NJW-RR 1999, 257 (258); Zöller-*Vollkommer*, § 940 ZPO, Rn. 8, ‚Gesellschaftsrecht'.

[14] Vgl. oben § 8 A II, bei Fn. 14.

auf Erlass einer einstweiligen Anordnung regelt.[15] Zum anderen stellt eine Ehescheidung eine endgültige gestaltende Regelung dar, die nicht einer vorläufigen Entscheidung zugänglich ist. Hier stellt der einstweilige Rechtsschutz für den Betroffenen einer ‚Torpedoklage' also von vornherein keinen Ausweg dar. Allerdings kann es andere mögliche Anwendungsfälle geben, die hier vorab beleuchtet werden sollen.

1. Mögliche Anwendungsfälle für den einstweiligen Rechtsschutz

Für eine auf Gestaltung gerichtete Eilmaßnahme ist erstens der Fall relevant, dass der Antragsteller begehrt, ihm solle das Sorgerecht für das gemeinsame Kind übertragen werden. Dafür kommt etwa eine einstweilige Anordnung gemäß § 620 Nr. 1 ZPO in Betracht. Die bloße Übertragung des Sorgerechts hat rechtsgestaltenden Charakter.[16] Rechtsgestaltend ist auch die dahinter zurückbleibende Übertragung des Aufenthaltsbestimmungsrechts.[17] Diese Maßnahmen haben keinen vollstreckungsfähigen Inhalt. Erst, wenn die Sorgerechtsanordnung etwa eine eigenständige materiell-rechtliche Herausgabeanordnung gemäß § 1632 BGB enthält, kommt eine Vollstreckung in Betracht.[18]

Dagegen ist die Übertragung des Umgangsrechts (vgl. § 1684 BGB), welche in § 620 Nr. 2 ZPO erwähnt wird, kein Anwendungsfall für rein rechtsgestaltende Eilmaßnahmen. Denn hier werden konkrete Verpflichtungen zum Tun oder Unterlassen ausgesprochen, die bei hinreichender Bestimmtheit auch vollstreckbar sind.[19]

Obwohl es also einige wenige Fälle gibt, in denen der einstweilige Rechtsschutz für die Durchsetzung eines familienrechtlichen Gestaltungsbegehrens in Betracht kommt, wird die isolierte Anordnung einer rechtsgestaltenden Maßnahme selten sein: Auch bei einer Sorgerechtsregelung wird meist zusätzlich ein Tun oder Unterlassen des Antragsgegners gewollt sein, etwa die Herausgabe des gemeinsamen Kindes (vgl. § 620 Nr. 3 ZPO).

---

[15] Thomas / Putzo-*Hüßtege*, § 620 ZPO, Rn. 1; Musielak-*Borth*, § 620 ZPO, Rn. 4; Baumbach / Lauterbach-*Albers*, § 620 ZPO, Rn. 1.

[16] MünchKomm-*Hinz*, § 1632 BGB, Rn. 32; *Kraeft*, FuR 2000, 357 (357); vgl. auch Keidel / Kuntze / Winkler-*Zimmermann*, Freiwillige Gerichtsbarkeit, § 33 FGG, Rn. 11; *Bumiller / Winkler*, Freiwillige Gerichtsbarkeit, § 33 FGG, Rn. 2.

[17] Vgl. dazu OLG Köln FamRZ 2000, 1240 (1240); MünchKomm-*Hinz*³, § 1632 BGB, Rn. 32.

[18] Keidel / Kuntze / Winkler-*Zimmermann*, Freiwillige Gerichtsbarkeit, § 33 FGG, Rn. 11; *Bumiller / Winkler*, Freiwillige Gerichtsbarkeit, § 33 FGG, Rn. 2; allgemein dazu *Wieser*, ProzRKomm BGB, 42; *Rosenberg / Schwab / Gottwald*, § 94 I 1; *Lüke*, ZPR, Rn. 135.

[19] OLG Brandenburg FamRZ 1995, 484 (484); OLG Düsseldorf FamRZ 1998, 838 (838); Palandt-*Diederichsen*, § 1684 BGB, Rn. 40; grundsätzlich *Kraeft*, FuR 2000, 357 (357, 359 f.).

2. Rechtsquellen

a. Vorrangige Regelungen im deutschen Recht: MSA

Als dem autonomen Recht vorrangig ist das Haager Minderjährigenschutzabkommen[20] (MSA) zu beachten. Im Zusammenhang mit dem einstweiligen Rechtsschutz bei ‚Torpedoklagen' gewinnt das MSA etwa für Sorgerechtsanordnungen Bedeutung.[21] Während die EheGVO sich auf die Regelung der internationalen Zuständigkeit der Gerichte beschränkt und darin das MSA innerhalb Europas weitgehend verdrängt, enthält das MSA zudem Bestimmungen über das anwendbare Sachrecht und die zu treffenden Maßnahmen.[22]

Sachlich anwendbar ist das MSA, wenn es sich um Maßnahmen zum Schutze der Person und des Vermögens von Minderjährigen handelt (vgl. Art. 1 MSA a. E.).[23] In räumlich-persönlicher Hinsicht ist notwendig, dass es sich um Minderjährige im Sinne von Art. 12 MSA handelt, welche ihren gewöhnlichen Aufenthalt in einem Vertragsstaat des MSA haben (Art. 13 MSA).[24]

Das MSA sagt nichts darüber, was unter einer ‚Maßnahme' im Sinne von Art. 1 MSA zu verstehen ist.[25] Der Begriff ist abkommensautonom zu entwickeln und erfasst alle Maßnahmen, die im Interesse des Kindes erforderlich sind.[26] Hinsichtlich der Eilmaßnahmen kann auf das autonome Recht zurückgegriffen werden: Notwendige Schutzmaßnahmen sind etwa einstweilige Anordnungen zur Verteilung des Sorgerechts oder des Aufenthaltsbestimmungsrechts nach § 620 ZPO.[27] Insofern kann hier auf die nach deutschem Recht zulässigen Maßnahmen verwiesen werden.[28] Zu beachten ist aber, dass die Eilmaßnahmen grundsätzlich provisorischen Charakter tragen und nur im Ausnahmefall endgültige Wirkungen haben dürfen.[29]

---

[20] Vom 5. Oktober 1961, BGBl. 1971 II, 217.

[21] *Finger*, FPR 2002, 621 (621).

[22] Staudinger-*Spellenberg*, Vorbem zu Art. 1 EheGVO, Rn. 11; Weinreich / Klein-*Rausch*, vor Art. 21 EGBGB, Rn. 1; primär regelt das MSA freilich die internationale Zuständigkeit, vgl. MünchKomm-*Siehr*, Art. 19 EGBGB Anh I, Rn. 20.

[23] MünchKomm-*Siehr*, Art. 19 EGBGB Anh I, Rn. 11; Weinreich / Klein-*Rausch*, vor Art. 21 EGBGB, Rn. 2; *Finger*, FPR 2002, 621 (622).

[24] Weinreich / Klein-*Rausch*, vor Art. 21 EGBGB, Rn. 2 f.; *Rausch*, NJW 1994, 2120 (2124); *Mansel*, DTZ 1990, 225 (228).

[25] MünchKomm-*Siehr*, Art. 19 EGBGB Anh I, Rn. 41.

[26] Soergel-*Kegel*, vor Art. 19 EGBGB, Rn. 18; Weinreich / Klein-*Rausch*, vor Art. 21 EGBGB, Rn. 5.

[27] BayObLG IPRspr. 1976, Nr. 74 (S. 217); zum Aufenthaltsbestimmungsrecht BayObLG IPRspr. 1982, Nr. 79 (S. 193); MünchKomm-*Siehr*, Art. 19 EGBGB Anh I, Rn. 85; Staudinger-*Kropholler*, Vorbem zu Art. 19 EGBGB, Rn. 65, 76.

[28] Vgl. sogleich unten § 8 A II 2 b, bei Fn. 30 ff.

[29] Staudinger-*Kropholler*, Vorbem zu Art. 19 EGBGB, Rn. 497 ff.; MünchKomm-*Siehr*, Art. 19 EGBGB Anh I, Rn. 329.

b. Regelungen im autonomen deutschen Recht

Der einstweilige Rechtsschutz in Familiensachen ist im deutschen Recht nicht einheitlich geregelt. In Betracht kommen einstweilige Anordnungen nach §§ 620 ff. ZPO sowie Arrest und einstweilige Verfügung nach §§ 916 ff. ZPO.[30] In familienrechtlichen Streitigkeiten spielen einstweilige Maßnahmen insgesamt eine große Rolle, weil bereits die faktische Zerstörung einer Ehe Fragen nach der elterlichen Verantwortung, den Unterhaltspflichten oder der Wohnungsbenutzung entstehen lässt.[31] In Deutschland sind einstweilige Anordnungen quantitativ die wichtigsten Eilmaßnahmen nach Arrest und einstweiliger Verfügung.[32]

3. Mögliche Eilmaßnahmen

Die einstweiligen Maßnahmen bei einer anhängigen ‚Torpedoklage' lassen sich danach unterteilen, ob eine Ehesache anhängig ist, also gemäß § 606 Abs. 1 S. 1 ZPO ein Verfahren auf Scheidung oder Aufhebung der Ehe, auf Feststellung des Bestehens oder Nichtbestehens der Ehe zwischen den Parteien oder auf Herstellung des ehelichen Lebens.

a. Maßnahmen bei anhängiger Ehesache

Geht es bei der ‚Torpedoklage' um eine Ehesache, so kann eine einstweilige Anordnung nach §§ 620 ff. ZPO ergehen.[33] Es können die im abschließenden[34] Katalog des § 620 ZPO aufgezählten Gegenstände per einstweiliger Anordnung geregelt werden. Rechtsgestaltende Maßnahme ist die Übertragung des Sorgerechts nach § 620 Nr. 1 ZPO.[35] Ist also als ‚Torpedoklage' eine Scheidungsklage anhängig, so kann eine einstweilige Anordnung ergehen, die das Sorgerecht einem Elternteil zuspricht.

b. Maßnahmen bei anhängiger anderer Familiensache

Ist Gegenstand der Erstklage vor dem langsamen Forum keine Ehesache im Sinne des § 606 Abs. 1 S. 1 ZPO, sondern ein Verfahren im Sinne von § 621 Nr. 1 -

---

[30] Musielak-*Borth*, § 620 ZPO, Rn. 2; Baumbach / Lauterbach-*Albers*, Einf §§ 620-620g ZPO, Rn. 3; HdBVR-*Feldmeier*, Rn. D 2; *Gießler / Soyka*, Vorläufiger Rechtsschutz (2005), Rn. 6; zum Verhältnis der einzelnen Verfahren s. Thomas / Putzo-*Hüßtege*, § 620 ZPO, Rn. 4.

[31] Staudinger-*Spellenberg*, Art. 20 EheGVO, Rn. 1; vgl. auch *Nagel / Gottwald*, § 15, Rn. 58.

[32] *Nagel / Gottwald*, § 15, Rn. 56.

[33] Zöller-*Philippi*, § 620 ZPO, Rn. 1; Thomas / Putzo-*Hüßtege*, § 620 ZPO, Rn. 8; HdBVR-*Feldmeier*, Rn. D 4.

[34] Weinreich / Klein-*Bäumel*, § 620 ZPO, Rn. 19; Musielak-*Borth*, § 620 ZPO, Rn. 4; Zöller-*Philippi*, § 620 ZPO, Rn. 36.

[35] Vgl. oben § 8 A II 1, bei Fn. 16.

3 bzw. 7 ZPO, kann eine einstweilige Anordnung nach § 621g ZPO ergehen.[36] Die früher für zulässig erachteten vorläufigen Anordnungen nach dem FGG sind wegen der Vorschrift des § 621g ZPO obsolet.[37] Handelt es sich um keine FGG-Familiensache nach § 621 Nr. 1-3 und 7 ZPO, kommen grundsätzlich zudem Arrest und einstweilige Verfügung in Betracht,[38] die auch Gestaltungsansprüche sichern können.[39] Ein Anwendungsbereich für Gestaltungsbegehren, die nicht zugleich FGG-Sachen sind, dürfte für diese jedoch kaum bestehen.[40]

B. Inhalt der Eilmaßnahme und damit einhergehende Befriedigung des Antragstellers

Wie beim einstweiligen Rechtsschutz zur Durchsetzung von Unterlassungs- oder Leistungsansprüchen ist auch bei Gestaltungsbegehren fraglich, ob Eilmaßnahmen eine Befriedigungswirkung erzielen: Erhält beispielsweise der Antragsteller, der eine einstweilige Anordnung auf Übertragung des Sorgerechts für ein gemeinsames Kind erwirkt, dadurch eine der Hauptsache vergleichbare Regelung? Um diese Frage beantworten zu können, ist der Inhalt einer einstweiligen Maßnahme in Gestaltungsfällen zu klären.

I. Inhalt der Eilmaßname bei nicht-familienrechtlichen Streitigkeiten

Die für die Situationen von ‚Torpedoklagen' in nicht-familienrechtlichen Gestaltungsfällen besonders relevanten Regelungsverfügungen nach § 940 ZPO könnten nur dann die Verschleppung des Hauptsacheverfahrens wettmachen, wenn sie die Hauptsache vorweg nehmen dürften. Ob dies möglich ist, wird unterschiedlich beurteilt. Zumeist werden Maßnahmen für unzulässig gehalten, die den Antragsteller befriedigen und einen endgültigen, irreversiblen Zustand schaffen.[41] So wird es zwar als zulässig angesehen, etwa einem Gesellschafter

---

[36] Zur Verfahrenskonkurrenz vgl. Zöller-*Philippi*, § 620 ZPO, Rn. 10 ff.; Musielak-*Borth*, § 620 ZPO, Rn. 11 ff.; Weinreich / Klein-*Bäumel*, § 620 ZPO, Rn. 60 ff.

[37] Vgl. Musielak-*Borth*, § 621g ZPO, Rn. 1; *Gießler / Soyka* Vorläufiger Rechtsschutz (2005), Rn. 261; zum früheren Verhältnis noch OLG Zweibrücken, FamRZ 2000, 963 (963 f.); Baumbach / Lauterbach-*Albers*, Einf §§ 620-620g ZPO, Rn. 6; HdBVR-*Feldmeier*, Rn. D 67; *Bernreuther*, FamRZ 1999, 69 (70); *Weber*, NJW 2005, 3043 (3047); aber str.

[38] Thomas / Putzo-*Hüßtege*, § 620 ZPO, Rn. 6; Musielak-*Borth*, § 620 ZPO, Rn. 16; HdBVR-*Feldmeier*, Rn. D 94; bei Anhängigkeit einer Ehesache stellen die §§ 620 ff. ZPO nach h. M. abschließende Sonderregelungen dar, die die §§ 916 ff. ZPO verdrängen, vgl. *Hassold*, FamRZ 1981, 1036 (1037).

[39] Vgl. MünchKommZPO-*Heinze*, § 935 ZPO, Rn. 7, 9.

[40] Anders im Bereich der güterrechtlichen Streitigkeiten und bei Störungen im räumlich-gegenständlichen Bereich der Ehe, vgl. *Bernreuther*, FamRZ 1999, 69 (70); ferner *Gaul*, FamRZ 2003, 1137 (1151 f.).

[41] OLG Frankfurt/Main BB 1982, 274, für die Abberufung einer Gesellschafterin: dies schaffe einen endgültigen Zustand; Zöller-*Vollkommer*, § 940 ZPO, Rn. 8, etwa für das Gesellschafts-

die Geschäftsführungsbefugnis zu entziehen (§ 117 HGB), weil er diese bei Aufhebung der Verfügung wieder erlange.[42] Nicht zulässig soll aber zum Beispiel die Ausschließung eines Gesellschafters aus der Gesellschaft (§ 140 HGB) sein, weil hier ein endgültiger Zustand eintrete.[43]

Vereinzelt wird dem entgegengehalten, der durch die Regelung geschaffene Zustand könne für den zurückliegenden Zeitraum ohnehin nicht wiederhergestellt werden. Deshalb könne man die Regelungsverfügung auch als Leistungs- bzw. Befriedigungsverfügung ansehen.[44] Diese Ansicht ist deshalb einleuchtend, weil es nicht auf die Reversibilität der Verfügung ankommt, sondern darauf, ob bereits – wenn auch nur für eine bestimmte Zeit – bereits eine Befriedigung eingetreten ist.[45] Auch bei Leistungs- bzw. Befriedigungsverfügungen zur Durchsetzung von Unterlassungs- oder Leistungsansprüchen ist eine Befriedigung nämlich nur vorläufiger Art, zumal bei ungerechtfertigter Eilmaßnahme eine Schadensersatzpflicht des Antragstellers besteht (vgl. § 945 ZPO).

Insofern kann durch eine Regelungsverfügung nach § 940 ZPO durchaus eine – wenn auch nur zeitweise – Befriedigung des Antragstellers eintreten.

II. Inhalt der Eilmaßnahme bei familienrechtlichen Streitigkeiten

Soweit es um die Übertragung des Sorgerechts als gestaltender Maßnahme des Familienrechts geht, ist eine Gestaltung durch das Gericht möglich, allerdings nur eine vorläufige.[46] Die gänzliche Sorgerechtsübertragung kommt wegen des zugrunde liegenden summarischen Verfahrens nur in Ausnahmefällen in Betracht, zum Beispiel wenn ein Elternteil völlig ungeeignet erscheint oder wenn die vorläufig gemachten Ermittlungen eindeutige Hinweise darauf zulassen, wem das Sorgerecht zu übertragen sein wird.[47] Möglich ist auch die Übertra-

---

recht; Musielak-*Huber*, § 940 ZPO, Rn. 9; Schuschke / Walker-*Schuschke*, § 940 ZPO, Rn. 12; Stein / Jonas-*Grunsky*, vor § 935 ZPO, Rn. 31; *Lackmann*, ZVR, Rn. 694, der eine endgültige Wirkung für unzulässig hält; *Baur / Stürner*, ZVR I, Rn. 53.23, die meinen, eine Regelungsverfügung verwirkliche das Recht des Anspruchstellers nicht; *Jauernig*, ZZP 79 (1966), 321 (332 f.), der der Meinung ist, bei Wegfall der Regelungsverfügung trete automatisch wieder der status quo ein; *Kininger*, Einstweilige Verfügungen (1991), 14.

[42] BGHZ 33, 105 (111 f.); OLG Frankfurt/Main DB 1998, 2213; Zöller-*Vollkommer*, § 940 ZPO, Rn. 8, ‚Gesellschaftsrecht'.

[43] Musielak-*Huber*, § 940 ZPO, Rn. 9; Zöller-*Vollkommer*, § 940 ZPO, Rn. 8, ‚Gesellschaftsrecht'.

[44] *Brox / Walker*, ZVR, Rn. 1601.

[45] *Brox / Walker*, ZVR, Rn. 1613.

[46] HdBVR-*Feldmeier*, Rn. D 104; *Gießler / Soyka*, Vorläufiger Rechtsschutz (2005), Rn. 1051 ff.

[47] *Gießler / Soyka*, Vorläufiger Rechtsschutz (2005), Rn. 1054; HdBVR-*Feldmeier*, Rn. D 104; vorsichtig Weinreich / Klein-*Bäumel*, § 620 ZPO, Rn. 25, der sich am Übermaßverbot orientieren will; anders Zöller-*Philippi*, § 620 ZPO, Rn. 41, der es aufgrund des Übermaßge-

gung des Aufenthaltsbestimmungsrechts,[48] oder zum Beispiel die teilweise Übertragung der Vermögenssorge oder Vermögensverwaltung für das Kind.[49] Es gilt das Prinzip, dass der Eingriff möglichst gering gehalten werden soll. Nicht zulässig sind deshalb grundsätzlich Anordnungen, die einen irreversiblen Zustand schaffen.[50] Auch im Rahmen des vorrangigen MSA gilt dies, etwa bei einer Maßnahme, die von einem nach Art. 9 MSA zuständigen Gericht getroffen wird.[51] Insofern wird im Regelfall eine einstweilige Anordnung die Hauptsache nicht ersetzen können. Es besteht ein Minus gegenüber dem Hauptverfahren, wenn auch zum Teil eine Befriedigung eingetreten ist.[52]

Der einstweilige Rechtsschutz kann also regelmäßig nicht den Zustand schaffen, der ohne ‚Torpedoklage' in angemessener Zeit herbeizuführen wäre.

C. Probleme im Erkenntnisverfahren bei Eilmaßnahmen zur Durchsetzung eines Gestaltungsbegehrens

I. Probleme bei nicht-familienrechtlichen Fallgestaltungen

Möchte der Gläubiger ein Begehren, dessen Durchsetzung eine ‚Torpedoklage' entgegensteht, per einstweiliger Verfügung verwirklichen, so stellen sich im Erkenntnisverfahren ähnliche Fragen wie beim einstweiligen Rechtsschutz zur Durchsetzung von Unterlassungs- bzw. Leistungsansprüchen. Die Regelungs-

---

botes nicht für erforderlich hält, die gänzliche Übertragung des Sorgerechts zur Ausnahme zu machen.

[48] OLG Köln FamRZ 2000, 1240 (1240).

[49] Zöller-*Philippi*, § 620 ZPO, Rn. 41; Musielak-*Borth*, § 620 ZPO, Rn. 39; *Gießler / Soyka*, Vorläufiger Rechtsschutz (2005), Rn. 1056, mit Beispielen.

[50] *Dose*, Einstweiliger Rechtsschutz in Familiensachen (2005), Rn. 201; *Ritter*, Vorläufige Anordnungen (1989), 104; *v. Els*, Anm. zu OLG Hamm, Beschl. v. 16.4.2002, FamRZ 2003, 174 (174); weniger einschränkend *Weller*, Vorläufiger Rechtsschutz in Ehe- und Familiensachen (1987), 49.

[51] Staudinger-*Kropholler*, Vorbem zu Art. 19 EGBGB, Rn. 497; MünchKomm-*Siehr*, Art. 19 EGBGB Anh I, Rn. 326.

[52] Dies wird auch deutlich bei der einstweiligen Anordnung, die auf Regelung des Umgangsrechts der Eltern geht (vgl. § 620 Nr. 2 ZPO): Auch hier gilt das Prinzip des geringst möglichen Eingriffs, das heißt das Gericht soll nur das regeln, was nach den Umständen notwendig ist; vgl. HdBVR-*Feldmeier*, Rn. D 122; *Gießler / Soyka*, Vorläufiger Rechtsschutz (2005), Rn. 1089.
Die Frage, ob ein gänzlicher Ausschluss des Umgangsrechts möglich ist, ist streitig, vgl. dafür Zöller-*Philippi*, § 620 ZPO, Rn. 46; HdBVR-*Feldmeier*, Rn. D 122; *Gießler / Soyka*, Vorläufiger Rechtsschutz (2005), Rn. 1092; aber str., a. A. Stein / Jonas-*Schlosser*, § 620 ZPO, Rn. 4, der aber ebenfalls das Prinzip des geringst möglichen Eingriffs anführt; auch MünchKommZPO-*Klauser*, § 620 ZPO, Rn. 17.

verfügung nach § 940 ZPO setzt wie jede einstweilige Verfügung einen Verfügungsanspruch[53] und einen Verfügungsgrund[54] voraus.

Der Verfügungsanspruch erfordert nicht wie § 935 ZPO einen Individualanspruch, vielmehr muss der Antragsteller Tatsachen vortragen, aus denen sich ein konkretes Rechtsverhältnis ergibt, das wiederum einen Anspruch für den Antragsteller begründet.[55] Ein solches Rechtsverhältnis kann etwa die Geschäftsführungsbefugnis eines Gesellschafters sein: Aus Bestehen oder Nichtbestehen dieser Befugnis können bestimmte Ansprüche auf Wahrnehmung der sich daraus ergebenden Gesellschafterrechte folgen.[56]

Ein Verfügungsgrund erfordert nach § 940 2. Halbsatz ZPO, dass die Regelung zur Abwendung wesentlicher Nachteile oder zur Verhinderung drohender Gewalt oder aus anderen Gründen nötig erscheint. Der Verfügungsgrund ist also nur gegeben bei einer akuten Gefährdung des konkreten Rechtsverhältnisses und der sich aus diesem ergebenden Ansprüche des Gläubigers.[57] Wie bei der Leistungs- bzw. Befriedigungsverfügung[58] sind auch bei der Regelungsverfügung die Interessen des Antragstellers und des Antraggegners gegeneinander abzuwägen.[59] Dies folgt daraus, dass auch bei Regelung – bzw. sogar Gestaltung – eines Rechtsverhältnisses zu Lasten des Antragsgegners irreparable Zustände hergestellt werden können, zum Beispiel durch die Abwicklung einer Gesellschaft.[60]

Wie bei der Befriedigungsverfügung[61] ist auch bei der Regelungsverfügung fraglich, ob die für ‚Torpedoklagen' typische Situation einer überlangen Verfahrensdauer für sich allein einen Verfügungsgrund begründet. Dann müsste das konkrete Rechtsverhältnis bzw. die sich aus diesem ergebenden Ansprüche des

---

[53] HdBVR-*Dunkl*, Rn. A 495a; *Brox / Walker*, ZVR, Rn. 1591; *Kluth / Grün*, NZM 2001, 1013 (1015); *Heinze*, DB 1985, 111 (126); *Vogg*, NJW 1993, 1357 (1361).

[54] Musielak-*Huber*, § 940 ZPO, Rn. 4; *Gottwald*, Einstweiliger Rechtsschutz (1998), § 940 ZPO, Rn. 5; Thomas / Putzo-*Reichold*, § 940 ZPO, Rn. 5; *Kiethe*, NZG 2004, 114 (116); *Schaub*, NJW 1981, 1807 (1812); *Bengelsdorf*, BB 1991, 613 (615).

[55] Zöller-*Vollkommer*, § 940 ZPO, Rn. 2, 3; Schuschke / Walker-*Schuschke*, § 940 ZPO, Rn. 6; *Brox / Walker*, ZVR, Rn. 1591 (‚bessere Rechtsposition'); *Baur / Stürner*, ZVR I, Rn. 53.17; *Baumgärtel*, AcP 168, 401 (402 f.); *Olderog*, NZA 1985, 753 (759).

[56] Vgl. *Kiethe*, NZG 2004, 114 (116 f.).

[57] Schuschke / Walker-*Schuschke*, § 940 ZPO, Rn. 8; Baumbach / Lauterbach-*Hartmann*, § 940 ZPO, Rn. 6; *Gottwald*, Einstweiliger Rechtsschutz (1998), § 940 ZPO, Rn. 5; zum arbeitsrechtlichen Weiterbeschäftigungsanspruch *Denck*, NJW 1983, 255 (259).

[58] Vgl. dazu oben § 5 A II 2, bei Fn. 51.

[59] Stein / Jonas-*Grunsky*, § 940 ZPO, Rn. 12; Zöller-*Vollkommer*, § 940 ZPO, Rn. 4; Thomas / Putzo-*Reichold*, § 940 ZPO, Rn. 5; Schuschke / Walker-*Schuschke*, § 940 ZPO, Rn. 8; *Brox / Walker*, ZVR, Rn. 1592; *Rosenberg / Gaul / Schilken*, ZVR, § 76 II 2 b; *Seidel*, NVwZ 2004, 139 (144).

[60] *Brox / Walker*, ZVR, Rn. 1592; *Eisemann / Le Friant / Liddington / Numhauser-Henning / Roseberry / Schinz / Waas*, RdA 2004, 139 f.

[61] Vgl. oben § 5 A II 2 a, ab Fn. 55.

Gläubigers gefährdet sein. Dies wird man – wie bei der Leistungs- bzw. Befriedigungsverfügung[62] – verneinen müssen. Denn die durch die ‚Torpedoklage' verursachte überlange Verfahrensdauer indiziert an sich noch keine Anspruchsgefährdung. Vielmehr müssten die äußeren Umstände so gelagert sein, dass auf eine Gefährdung zu schließen ist. Zum Beispiel müsste dargelegt werden, dass ohne die Entziehung der Geschäftsführungsbefugnis der betreffende Gesellschafter der Gesellschaft Schaden zufügen würde. Die lange Verfahrensdauer hat hingegen keinen Einfluss darauf, ob er dies tatsächlich tut.

Allerdings kann der Umstand der langen Wartezeit auf eine Hauptsacheentscheidung einen Faktor bei der vorzunehmenden Abwägung darstellen und bei dieser durchaus den Ausschlag geben. Denn für diese Abwägung ist im allgemeinen etwa zu berücksichtigen, wie eindeutig sich der Ausgang des Hauptsacheverfahrens vorhersehen lässt und wie schutzbedürftig die Parteien sind.[63] Dem Faktor Zeit kommt allerdings bei der Regelung von Rechtsverhältnissen zumeist kein so großes Gewicht zu wie bei Unterlassungsansprüchen, weil oft nicht allein durch den Zeitablauf endgültige Verhältnisse geschaffen werden.[64]

Insofern ergibt sich auch bei der Regelungsverfügung ein Verfügungsgrund nicht allein aus der überlangen Verfahrensdauer vor dem ‚Torpedogericht'.

II. Probleme bei familienrechtlichen Fallgestaltungen

1. Besondere übergreifende Voraussetzung für einstweilige Anordnungen: Regelungsbedürfnis bzw. Dringlichkeit

Voraussetzung für den Erlass einer einstweiligen Anordnung ist stets ein Regelungsbedürfnis. Zur Annahme eines solchen Regelungsbedürfnisses ist es ausreichend, dass die Regelung - unter Berücksichtigung der Interessen aller Beteiligten – den Umständen nach notwendig ist.[65] Danach sind je nach der Schwere des Eingriffs in die Rechte der Beteiligten strengere oder mildere Maßstäbe anzulegen.[66]

Streitig ist, ob darüber hinaus eine Eilbedürftigkeit der einstweiligen Entscheidung vorliegen muss.[67] Oft wird für ein Regelungsbedürfnis allgemein angenommen, dass dieses nur vorliege, wenn ein dringendes Bedürfnis für ein Einschreiten bestehe, das ein Abwarten bis zur endgültigen Entscheidung nicht er-

---

[62] Vgl. dazu oben § 5 A II 2 b, bei Fn. 98 ff.

[63] Zu diesen Kriterien *Walker*, Der einstweilige Rechtsschutz (1993), Rn. 261 ff.

[64] Vgl. HdBVR-*Dunkl*, Rn. A 507.

[65] OLG Naumburg FamRZ 2004, 1045 (1045); Baumbach / Lauterbach-*Albers*, Einf. §§ 620-620g ZPO, Rn. 8; Zöller-*Philippi*, § 620 ZPO, Rn. 5; MünchKommZPO-*Finger*, § 620 ZPO, Rn. 8; *Gießler / Soyka*, Vorläufiger Rechtsschutz (2005), Rn. 122; ausführlich *Dose*, Einstweiliger Rechtsschutz in Familiensachen (2005), Rn. 16.

[66] HdBVR-*Feldmeier*, Rn. D 75; *Gießler / Soyka*, Vorläufiger Rechtsschutz (2005), Rn. 122.

[67] Vgl. zum Streitstand Staudinger-*Spellenberg*, Art. 20 EheGVO, Rn. 29.

laube.[68] Insbesondere in Sorgerechtsfragen spricht man davon, dass ein Regelungsbedürfnis gegeben sei, wenn das Kindeswohl den Aufschub bis zu einer Entscheidung im Hauptsacheverfahren nicht gestatte.[69] Andere leugnen dagegen ein Eilbedürfnis.[70] Dies dürfte jedoch nicht zutreffen: Denn es ist die dienende Funktion des einstweiligen Rechtsschutzes, nur dann zum Zuge zu kommen, wenn die Hauptsacheentscheidung nicht abgewartet werden kann.[71] Sonst wäre eine Regelung im Wege des Eilrechtsschutzes gerade nicht ‚notwendig'.[72] Eine besondere Eilbedürftigkeit verlangt im übrigen auch § 620a Abs. 3 S. 2 ZPO.

Die Voraussetzungen einer einstweiligen Anordnung müssen glaubhaft gemacht werden.[73] Nach heute herrschender Meinung besteht kein Handlungsermessen des Gerichts, sondern dieses muss prüfen, ob neben allgemeinem Rechtsschutzinteresse und Anordnungsgrund ein Regelungsbedürfnis gegeben ist.[74] Die Maßnahme muss dann mit der Schwere des Eingriffs ins Verhältnis gesetzt werden.[75]

Ähnliche Voraussetzungen enthält der vorrangige Art. 9 MSA, der eine Eilzuständigkeit der Behörden bzw. Gerichte im Aufenthaltsstaat des Minderjährigen vorsieht: Hier ist ein dringender Fall erforderlich. Dringlichkeit liegt vor, wenn nicht auf Maßnahmen der nach Art. 1 und 4 Abs. 1 MSA zuständigen Behörden

---

[68] Vgl. OLG Brandenburg FamRZ 2001, 636 (637); OLG Karlsruhe FamRZ 1998, 501 (501 f.); OLG Bamberg FamRZ 1996, 1224 (1225); OLG Düsseldorf FamRZ 1994, 1541 (1541); Zöller-*Philippi*, § 620 ZPO, Rn. 5; Wieczorek / Schütze-*Klicka*, § 620 ZPO, Rn. 29; Weinreich / Klein-*Bäumel*, § 620 ZPO, Rn. 15.

[69] OLG Düsseldorf FamRZ 1978, 604 (604 f.); AG Duisburg FamRZ 2001, 1635 (1635); Zöller-*Philippi*, § 620 ZPO, Rn. 38; Keidel / Kuntze / Winkler-*Kahl*, § 19 FGG, Rn. 30; Staudinger-*Peschel-Gutzeit*, Vorbem zu §§ 1626 ff. BGB und RKEG, Rn. 72; *Herberger / Martinek / Rüßmann / Weth*, § 1626 BGB, Rn. 33; *Gießler / Soyka*, Vorläufiger Rechtsschutz (2005), Rn. 1042; ähnlich die Formulierung, die allgemein für das Regelungsbedürfnis in Familiensachen gebraucht wird: Die Regelung müsse dringlich sein, das heißt ein Abwarten bis zur endgültigen Entscheidung müsste unzumutbar sein, weil diese zu spät kommen und die Interessen nicht mehr genügend wahren würde, vgl. HdBVR-*Feldmeier*, Rn. D 75.

[70] OLG Zweibrücken FamRZ 1986, 1229 (1230); OLG Stuttgart NJWE-FER 2000, 20 (20); Stein / Jonas-*Schlosser*, § 620 ZPO, Rn. 14; *Gießler / Soyka*, Vorläufiger Rechtsschutz (2005), Rn. 122, Fn. 67.

[71] Dazu ausführlich *Walker*, Der einstweilige Rechtsschutz im Zivilprozess (1993), Rn. 65 ff.

[72] So zutreffend Wieczorek / Schütze-*Klicka*, § 620 ZPO, Rn. 29; ähnlich Weinreich / Klein-*Bäumel*, § 620 ZPO, Rn. 15; die Gegenansicht verwickelt sich zudem in Widersprüche: So etwa MünchKommZPO-*Finger*, § 620 ZPO, Rn. 9, der generell keine Eilbedürftigkeit fordert, aber meint, dass dann kein Regelungsbedürfnis bestehe, wenn ‚eine Entscheidung im Hauptsacheverfahren alsbald zu erwarten' sei und zudem eine Eilbedürftigkeit fehle.

[73] Stein / Jonas-*Schlosser*, § 620 ZPO, Rn. 14; MünchKommZPO-*Finger*, § 620 ZPO, Rn. 42 (für Unterhalt); Keidel / Kuntze / Winkler-*Kahl*, § 19 FGG, Rn. 30; HdBVR-*Feldmeier*, Rn. D 77.

[74] Baumbach / Lauterbach-*Albers*, Einf §§ 620-620g ZPO, Rn. 8; Zöller-*Philippi*, § 620 ZPO, Rn. 4; Schwab-*Maurer*, I Rn. 896; Johannsen / Henrich-*Sedemund-Treiber*, § 620, Rn. 4.

[75] Keidel / Kuntze / Winkler-*Kahl*, § 19 FGG, Rn. 31; HdBVR-*Feldmeier*, Rn. D 75.

gewartet werden kann, ohne den Schutz des Minderjährigen zu vernachlässigen.[76]

2. Überlange Verfahrensdauer als Regelungsbedürfnis

Im Rahmen der Prüfung des Regelungsbedürfnisses stellt sich – genau wie bei einer einstweiligen Verfügung[77] – die Frage, ob eine überlange Verfahrensdauer vor dem mit der ‚Torpedoklage' befassten Gericht ein Regelungsbedürfnis annehmen lässt. Die Voraussetzung der ‚Notwendigkeit' einer vorläufigen Regelung stellt geringere Anforderungen als der Verfügungsgrund bei der einstweiligen Verfügung,[78] der erhebliche Gefahren für die Verwirklichung eines Rechts (§ 935 ZPO) bzw. andere wesentliche Nachteile (§ 940 ZPO) verlangt. Ein Regelungsbedürfnis dürfte deshalb häufiger anzuerkennen sein.[79] Dies gilt gerade in Sorgerechtsverfahren, wo es auf eine möglichst schnelle Klärung der Rechtslage zum Wohl des Kindes ankommt. Ein Regelungsbedürfnis wird nur bei offensichtlichem Fehlen zu verneinen sein, etwa wenn bereits ein anderes Gericht eine Regelung getroffen hat.[80]

Auch das Erfordernis der Eilbedürftigkeit, von dem die Notwendigkeit einer einstweiligen Anordnung zusätzlich abhängt,[81] ändert daran wenig. Denn die Prüfung der Eilbedürftigkeit stellt nicht derart hohe Anforderungen wie etwa das Bestehen eines wesentlichen Nachteils beim Verfügungsgrund der einstweiligen Verfügung. Das Abwarten einer Hauptsacheentscheidung wird in vielen Fällen, wo eine schnelle Entscheidung geboten ist, nicht mehr in Betracht kommen.

Allerdings ersetzt der bloße Umstand einer langen Verfahrensdauer nicht das Bedürfnis nach einstweiliger Regelung – hinzukommen muss, dass wegen der späten Entscheidung in der Hauptsache die Interessen nicht mehr genügend gewahrt würden. Denn trotz überlanger Verfahrensdauer wäre eine einstweilige Anordnung freilich dann sinnlos, wenn sich etwa die Eltern über die Frage des Sorgerechts einig sind.[82] Eine lange Verfahrensdauer kann somit nur ein Faktor bei der Frage des Regelungsbedürfnisses sein. Gleichwohl wird die Notwendigkeit einer vorläufigen Regelung etwa und gerade in Fragen des Sorgerechts häu-

---

[76] MünchKomm-*Siehr*, Art. 19 EGBGB Anh I, Rn. 326 f., mit Beispielen; *Oberloskamp*, Haager Minderjährigenschutzabkommen (1983), Art. 9 MSA, Rn. 12.

[77] Vgl. dazu oben § 5 A II 2 a, ab Fn. 55.

[78] *Gießler / Soyka*, Vorläufiger Rechtsschutz (2005), Rn. 122; vgl. zu den Voraussetzungen oben § 8 A II 1, bei Fn. 68.

[79] Vgl. HdBVR-*Feldmeier*, Rn. D 22, der meint, während der Anhängigkeit einer Ehesache werde zumeist auch ein Regelungsbedürfnis vorliegen.

[80] Baumbach / Lauterbach-*Albers*, § 620 ZPO, Rn. 6; Zöller-*Philippi*, § 620 ZPO, Rn. 5; HdBVR-*Feldmeier*, Rn. D 76; vgl. auch *Dose*, Einstweiliger Rechtsschutz in Familiensachen (2005), Rn. 16.

[81] Vgl. dazu soeben oben § 8 C II 1, bei Fn. 71.

[82] Vgl. MünchKommZPO-*Finger*, § 620 ZPO, Rn. 18.

fig bestehen, bei denen die zu erwartende lange Verfahrensdauer besonders ins Gewicht fällt. Ein Regelungsbedürfnis wird somit zumeist anzunehmen sein. Auf diese Weise lässt sich das Gestaltungsbegehren immerhin teilweise erreichen: Eine vollständige Befriedigung des Begehrens ist wiederum an erhöhte Voraussetzungen gebunden, etwa dass ein Elternteil völlig ungeeignet erscheint, für das Kind zu sorgen.

D. Ergebnis

Will der Betroffene einer ‚Torpedoklage' ein Gestaltungsbegehren im Wege des einstweiligen Rechtsschutzes durchsetzen, kommt für ihn allgemein eine Regelungsverfügung nach § 940 ZPO in Betracht. Im familienrechtlichen Bereich – der für ‚Torpedoklagen' besonders relevant ist – kann der Betroffene eine einstweilige Anordnung nach den §§ 620 ff. ZPO beantragen. Gestaltungsbegehren, die im Wege des einstweiligen Rechtsschutzes in Betracht kommen, sind im familienrechtlichen Bereich die vorläufige Bestimmung des Sorgerechts (§ 620 Nr. 1 ZPO) sowie des Aufenthaltsbestimmungsrechts. Auch das vorrangige MSA lässt solche Eilmaßnahmen zu.

Der Antragsteller kann im Wege des einstweiligen Rechtsschutzes grundsätzlich erreichen, dass sich sein Begehren verwirklicht. Denn sowohl eine Regelungsverfügung als auch eine einstweilige Anordnung kann auf (zumindest teilweise) Befriedigung des Begehrens gerichtet sein. Probleme tauchen jedoch wie bei der Durchsetzung von Unterlassungs- bzw. Leistungsansprüchen im Erkenntnisverfahren auf. Denn eine überlange Verfahrensdauer kann weder einen Verfügungsgrund noch – bei der einstweiligen Anordnung – ein Regelungsbedürfnis ersetzen. Weitere Umstände müssen insofern hinzutreten, die eine vorläufige Regelung notwendig erscheinen lassen. Auch für eine einstweilige Anordnung entfällt nämlich richtigerweise ein Eilbedürfnis nicht. Allerdings ist bei einstweiligen Anordnungen nach §§ 620 ff. ZPO ein Regelungsbedürfnis immerhin hinsichtlich einer teilweisen Regelung häufig anzunehmen, besonders wenn eine schnelle Klärung der Verhältnisse – etwa des Sorgerechts – vonnöten ist und im ausländischen Prozess eine überlange Wartezeit droht.

§ 9. Die Zuständigkeiten für Eilmaßnahmen zur Durchsetzung von Gestaltungsbegehren

Der von der ,Torpedoklage' betroffene Antragsteller hat die gerichtlichen Zuständigkeiten zu klären, die sich für den einstweiligen Rechtsschutz ergeben. Bei Gestaltungsbegehren, die keine familienrechtlichen Sachverhalte betreffen, ergeben sich Zuständigkeiten nach der EuGVVO bzw. dem EuGVÜ/LugÜ, wobei jedoch die Frage im Raum steht, ob die ,reale Verknüpfung', die der EuGH für die autonom-nationalen Gerichtsstände postuliert hat, von Bedeutung ist.[1] Besonders relevant sind – wie auch hinsichtlich der möglichen Eilmaßnahmen[2] – die familienrechtlichen Zuständigkeiten aufgrund ihrer Bedeutung für ,Torpedo-Situationen'.

Im Rahmen der Untersuchung der familienrechtlichen Sachverhalte sind zwei Situationen zu beachten: Erstens die, dass einstweiliger Rechtsschutz bei anhängiger ,Torpedoklage' im Anwendungsbereich der EuGVVO (EuGVÜ/LugÜ) bzw. der EheGVO begehrt wird,[3] zweitens, dass mangels europäischen Bezugs die Zuständigkeiten des nationalen Rechts zu beanspruchen sind.[4]

A. Die Vorgaben für die internationale Zuständigkeit bei nicht-familienrechtlichen Sachverhalten

I. Eröffnung des europäischen Zuständigkeitssystems

Geht es um den Fall einer ,Torpedoklage' außerhalb des Familienrechts, die die Durchsetzung eines auf Rechtsgestaltung gerichteten Begehrens verzögert, so ergeben sich im europäischen Kontext die Zuständigkeiten aus der EuGVVO bzw. aus dem EuGVÜ/LugÜ. Zum Beispiel ist eine Zuständigkeit nach Art. 22 Nr. 2 EuGVVO (Art. 16 Nr. 2 EuGVÜ/LugÜ) eröffnet, wenn es um die Auflösung einer Gesellschaft geht.[5]

Hinsichtlich der Zuständigkeiten bestehen zunächst nur wenige Besonderheiten gegenüber den bereits für Unterlassungs- bzw. Leistungsbegehren angesprochenen Eilzuständigkeiten:[6] Neben den Gerichten der EuGVVO bzw. des EuGVÜ/LugÜ bleiben die autonom-nationalen Zuständigkeiten des deutschen Rechts erhalten (vgl. Art. 31 EuGVVO bzw. Art. 24 EuGVÜ/LugÜ). Nach der hier vertretenen Ansicht können außer am ausländischen Hauptsachegericht

---

[1] Vgl. dazu § 9 A II 1, bei Fn. 11 ff.
[2] Vgl. dazu schon § 8.
[3] Vgl. 9 B I; zur Behandlung der entgegenstehenden Rechtshängigkeit nach der EheGVO s. bereits oben § 3 A I 3, ab Fn. 146.
[4] Vgl. dazu § 9 B II.
[5] Vgl. schon oben § 2 B II 1, bei Fn. 192.
[6] Vgl. oben § 6 A .

auch Eilmaßnahmen bei potenziell für die Hauptsache zuständigen deutschen Gerichten beantragt werden.[7]

Die vom EuGH aufgestellten Erfordernisse für die autonom-nationalen Zuständigkeiten hinsichtlich des Erlasses von Leistungs- bzw. Befriedigungsverfügungen erlangen richtigerweise keine Geltung für rechtsgestaltende Regelungsverfügungen des § 940 ZPO. Denn der EuGH hat die Erfordernisse einer Belegenheit von Schuldnervermögen im Zuständigkeitsbereich des Gerichts sowie einer Sicherheitsleistung[8] nur für Eilmaßnahmen ausgesprochen, die auf die vorläufige Erbringung einer vertraglichen Hauptleistung, und zwar einer Zahlung, abzielen.[9]

II. Besonderes Erfordernis der ‚realen Verknüpfung' bei Maßnahmen der autonom-nationalen Gerichte

Es stellt sich aber die Frage, ob das allgemeine Erfordernis der ‚realen Verknüpfung', das der EuGH für Eilmaßnahmen der Gerichte der nationalen Zuständigkeitsordnung aufgestellt hat,[10] auch für rechtsgestaltende Maßnahmen bestehen muss, und wie dieses auszusehen hat.

1. Bedeutung der ‚realen Verknüpfung' für rechtsgestaltende Eilmaßnahmen

Eine Bedeutung des Erfordernisses der ‚realen Verknüpfung' für Eilmaßnahmen, die auf eine Gestaltung gerichtet sind, ließe sich deshalb annehmen, weil der EuGH in der Entscheidung *van Uden / Deco-Line* dieses Erfordernis allgemein – und nicht nur für Leistungs- bzw. Befriedigungsverfügungen – aufgestellt hat, nämlich für die Anordnung ‚einstweiliger oder sichernder Maßnahmen nach Art. 31 EuGVVO (Art. 24 EuGVÜ/LugÜ)'.[11] Versteht man die ‚reale Verknüpfung' – wie hier vertreten[12] – in der Weise, dass auf den Inhalt bzw. den Gegenstand der Eilmaßnahme abzustellen ist, so ergibt sich, dass bei Leistungs- oder Unterlassungsverfügungen die Gerichte desjenigen Vertragsstaates zuständig sind, in dem sich die betroffenen Vermögensgegenstände befinden – dies gilt bei Zahlungsanordnungen – oder aber in dem die zu untersagende Handlung vorgenommen wird.

Auch für rechtsgestaltende Verfügungen kann sich eine Relevanz des Erfordernisses der ‚realen Verknüpfung' ergeben.[13] Je nachdem, welchen Inhalt die

---

[7] Vgl. schon oben § 6 A II 3 b aa (3), bei Fn. 147, und (5).

[8] Vgl. oben § 6 A II 3 a bb (1) und (2).

[9] EuGH Slg. 1998 I, 7091 (7137), Rn. 47 – *van Uden / Deco-Line*; Slg. 1999 I, 2277 (2314), Rn. 42 – *Mietz / Intership Yachting*.

[10] Vgl. dazu bereits oben § 6 A II 3 a aa, bei Fn. 51.

[11] EuGH Slg. 1998 I, 7098 (7135), Rn. 40 – *van Uden / Deco-Line*.

[12] Vgl. oben § 6 A II 3 a aa (4).

[13] Verstünde man das Erfordernis der ‚realen Verknüpfung' hingegen so, dass eine Vollstreckungsnähe sichergestellt werden soll, wäre das Erfordernis bei rechtsgestaltenden Eilmaß-

einstweilige Maßnahme hat, lässt sich bestimmen, welches Gericht der nationalen Zuständigkeitsordnung angerufen werden kann. Für eine solche Auslegung spricht insbesondere auch der Wortlaut des parallelen Art. 20 Abs. 1 EheGVO: Dieser fordert für einstweilige Maßnahmen im Familienrecht, dass sich die betroffenen Personen oder Vermögensgegenstände im Gerichtsstaat befinden. Art. 20 EheGVO differenziert nicht nach der Art der einstweiligen Maßnahmen und schließt damit auch rechtsgestaltende Maßnahmen ein. Die Vorschrift konkretisiert damit die ‚reale Verknüpfung' hinsichtlich der vom Anwendungsbereich der EheGVO erfassten Maßnahmen, welche sich entweder auf Vermögensgegenstände oder auf Personen beziehen.

Es soll dasjenige Gericht der nationalen Zuständigkeitsordnung für die Eilmaßnahme angerufen werden können, welches am besten die für den einstweiligen Rechtsschutz maßgeblichen Umstände beurteilen und daher den vorläufigen Charakter der Maßnahme sicherstellen kann.[14] Es müssen sich also die entscheidungserheblichen Gegebenheiten im Gerichtsstaat befinden.

2. Folgen des Erfordernisses der ‚realen Verknüpfung' für rechtsgestaltende Maßnahmen

Zu fragen ist, welche Konsequenzen sich aus dem Erfordernis der ‚realen Verknüpfung' für Eilmaßnahmen, die auf eine Gestaltung gerichtet sind, ergeben.

Es muss dafür im Einzelfall festgestellt werden, wo sich die betroffenen Gegenstände oder Personen befinden, um eine möglichst große Sachnähe des erkennenden Gerichts zu gewährleisten. Geht es zum Beispiel darum, einem Gesellschafter die Vertretungsmacht zu entziehen (vgl. § 127 HGB),[15] so sollte etwa das Gericht am Sitz der Gesellschaft (§ 22 ZPO) zuständig sein, weil der Entzug der Vertretungsmacht ins Handelsregister einzutragen ist (§ 107 HGB),[16] und das Gericht am Sitzort zum Beispiel unter dem Gesichtspunkt der Einbeziehung von Registern und Akten sachnah erscheint.[17] Auch eine allgemeine Zuständigkeit am Sitz des Antragsgegners, der von der Eilmaßnahme betroffen

---

nahmen fraglich, weil diese keinen vollstreckungsfähigen Inhalt haben. In diesem Sinne aber Geimer / Schütze-*Geimer*, EZVR, Art. 31 EuGVVO, Rn. 14; Rauscher-*Leible*, Art. 31 Brüssel I-VO, Rn. 24; *Kropholler*, EZPR, Art. 31 EuGVVO, Rn. 15; Czernich / Tiefenthaler / Kodek-*Czernich*, Art. 31 EuGVVO, Rn. 6; *Schlosser*, EUZ, Art. 31 EuGVVO, Rn. 20; *Schack*, IZVR, Rn. 425; *Nagel / Gottwald*, § 15, Rn. 14; *Stadler*, JZ 1999, 1089 (1093); *Hess / Vollkommer*, IPRax 1999, 220 (224 f.); *Wolf / Lange*, RIW 2003, 55 (57).

[14] Vgl. EuGH Slg. 1998 I, 7091 (7135), Rn. 39 – *van Uden / Deco-Line*.

[15] Zur Entziehung der Vertretungsmacht durch einstweilige Verfügung vgl. etwa Heymann-*Emmerich*, § 127 HGB, Rn. 8; *Stuhlfelner* in HK-HGB, § 127 HGB, Rn. 6.

[16] Koller / Roth / Morck-*Koller*, § 127 HGB, Rn. 3 a. E.; Baumbach / Hopt-*Hopt*, § 127 HGB, Rn. 10; Ebenroth / Boujong / Joost-*Hillmann*, § 127 HGB, Rn. 16.

[17] Zur Sachnähe vgl. besonders Musielak-*Heinrich*, § 22 ZPO, Rn. 1; MünchKommZPO-*Patzina*, § 22 ZPO, Rn. 22.

wird, ist gegeben.[18] Ähnlich ist es etwa bei der Entziehung der Geschäftsführungsbefugnis (vgl. § 117 HGB).[19]

Eine ‚reale Verknüpfung' wird sich zumeist bereits aus den Zuständigkeitsregelungen des nationalen Rechts ergeben. Dabei können durchaus mehrere Anknüpfungspunkte gegeben sein. Hinsichtlich der Frage der Anerkennung der rechtsgestaltenden Eilmaßnahme kann man – ebenso wie bei Leistungsverfügungen – verlangen, dass das (ausschließlich durch die nationale Zuständigkeitsordnung berufene) Gericht des Ursprungsstaates die Umstände begründet, aus denen sich eine ‚reale Verknüpfung' ergibt.[20]

B. Die Vorgaben für die internationale Zuständigkeit bei familienrechtlichen Sachverhalten

Die Zulässigkeit von Maßnahmen des einstweiligen Rechtsschutzes für familienrechtliche Sachverhalte kann sich für den Betroffenen eines prozessualen ‚Torpedos' in Deutschland zunächst aus Art. 20 EheGVO ergeben. Dazu müssen die Anwendungsvoraussetzungen der Vorschrift im einzelnen erfüllt sein. Mehrere Punkte sind problematisch: Es ist zum einen zu fragen, welche Anforderungen die einstweiligen Maßnahmen erfüllen müssen. Zum anderen ist zu klären, wie weit der Anwendungsbereich für Eilmaßnahmen reicht, und ob auch Gegenstände geregelt werden dürfen, die nicht von der EheGVO umfasst sind. Diese Problemfelder sollen hier vorab beleuchtet werden.

I. Die Vorgaben für die internationale Zuständigkeit nach Art. 20 EheGVO

1. Begriffliche Voraussetzungen für einstweilige Maßnahmen

Die EheGVO sagt nichts darüber aus, welche einstweiligen Maßnahmen im einzelnen zulässig sind, sondern verweist für die Art der jeweiligen Maßnahme auf das nationale Recht des Eilforums, also auf die *lex fori.*[21] Eine Definition der einstweiligen Maßnahme enthält die Verordnung nicht.[22] Es wird jedoch vielfach eine Übertragung der Auslegung des Art. 31 EuGVVO (Art. 24 EuG-

---

[18] Vgl. Schlegelberger-*Karsten Schmidt*, Bd. III/1, § 127 HGB, Rn. 22; für das EuGVÜ kritisch auch *Wolf*, EWS 2000, 11 (16).

[19] *Stuhlfelner* in HK-HGB, § 117 HGB, Rn. 2; eine Handelsregistereintragung ist hier allerdings nicht nötig, vgl. MünchKommHGB-*Enzinger*, § 117 HGB, Rn. 65.

[20] Vgl. zu diesem Erfordernis EuGH Slg. 1999 I, 2277 (2316), Rn. 50 – *Mietz / Intership Yachting*.

[21] Baumbach / Lauterbach-*Albers*, Art. 12 EheGVVO a. F., Rn. 3; Rauscher-*Rauscher*, Art. 12 Brüssel II-VO, Rn. 5; Musielak-*Borth*, Art. 20 Verordnung (EG) Nr. 2001/2003, Rn. 1; *Kropholler*, EZPR, Einl, Rn. 117; *Hau*, FPR 2002, 616 (620).

[22] *Dilger*, Die Regelungen zur internationalen Zuständigkeit (2004), Rn. 295; *Fuchs / Tölg*, ZfRV 2002, 95 (97).

VÜ/LugÜ) befürwortet.[23] Diese Handhabung ist auch sinnvoll, weil sich die EuEheVO und damit (in den unveränderten Regelungen) auch ihr Nachfolger, die EheGVO, laut dem *Borrás*-Bericht am EuGVÜ ausrichten sollen.[24] Der erläuternde Bericht hält fest, dass davon Abstand genommen wurde, bezüglich der durch Art. 24 EuGVÜ (nunmehr Art. 31 EuGVVO) aufgeworfenen Probleme zu innovieren oder einige der anlässlich der Revisionsverhandlungen zum EuGVÜ gemachten Anregungen aufzugreifen.[25] Der *Borrás*-Bericht ist zwar nur Auslegungshilfe, welcher wegen der im Vergleich zum deutschsprachigen Rechtskreis geringeren Bedeutung der subjektiv-historischen Auslegung der Materialien weniger Relevanz zukommt.[26] Allerdings hat der Bericht gleichwohl starke Indizwirkung, weil auf ihn im Rahmen der EuEheVO ausdrücklich verwiesen wird.[27] Unter einer einstweiligen Maßnahme ist infolgedessen wie bei EuGVVO bzw. EuGVÜ/LugÜ eine Maßnahme zu verstehen, die eine Veränderung der Sach- oder Rechtslage verhindern soll, um Rechte zu sichern, deren Anerkennung im übrigen bei dem in der Hauptsache zuständigen Gericht beantragt wurde.[28]

Sowohl Art. 31 EuGVVO (Art. 24 EuGVÜ/LugÜ) als auch Art. 12 EuEheVO sprechen von Maßnahmen, ‚die auf eine Sicherung gerichtet sind' bzw. von ‚Sicherungsmaßnahmen'. Art. 20 EheGVO übernimmt dies, nennt in sprachlich leicht veränderter Form ‚Schutzmaßnahmen'. Damit ist die Zulässigkeit von selbstständigen Sorgerechtsverfahren unter der EheGVO angedeutet: Nunmehr können wie im deutschen Recht[29] auch Verfahren über die elterliche Verantwortung unabhängig von einer Ehesache durchgeführt werden. Außerdem wird ausgesagt, dass Sicherungsverfügungen erfasst sein sollen, die sich dadurch auszeichnen, dass sie die spätere Vollstreckung eines Urteils in der Hauptsache si-

[23] Rauscher-*Rauscher*, Art. 12 Brüssel II-VO, Rn. 4; Thomas / Putzo-*Hüßtege*, Art. 12 EheVO, Rn. 1; Zöller-*Geimer*, Anh II, Art. 12 EG-VO Ehesachen, Rn. 1; Geimer / Schütze-*Geimer*, EZVR, Art. 12 VO (EG) Nr. 1347/2000, Rn. 1; Baumbach / Lauterbach-*Albers*, Art. 12 EheGVVO, Rn. 1; *Schlosser*, EUZ, Art. 12 EuEheVO, Rn. 1; Staudinger-*Spellenberg*, Art. 20 EheGVO, Rn. 23 ff.; *ders.*, FS Beys (2003), 1583 (1587 f.); *Dilger*, Regelungen zur internationalen Zuständigkeit (2004), Rn. 295; *Fuchs / Tölg*, ZfRV 2002, 95 (97); *Watté / Boularbar*, Rev. trim. dr. fam. 2000, 539 (579).

[24] *Borrás*-Bericht, ABl.EG 1998, Nr. C 221/27 ff., Rn. 12.

[25] *Borrás*-Bericht, ABl.EG 1998, Nr. C 221/27 (30), Rn. 6.

[26] *Kropholler*, EZPR, Einl, Rn. 45; *Hakenberg / Stix-Hackl*, Handbuch zum Verfahren vor dem EuGH, 28; *Neisser / Verschraegen*, Die Europäische Union, Rn. 14.056; *Boele-Woelki*, ZfRV 2001, 121 (128).

[27] Fn. 6 zum 6 Erwägungsgrund der EuEheVO, abgedruckt bei *Jayme / Hausmann*, Internationales Privat- und Verfahrensrecht, Nr. 161.

[28] EuGH Slg. 1992 I, 2149 (2184), Rn. 34 – *Reichert / Dresdner Bank*, Slg. 1998 I, 7091 (7134), Rn. 37 – *van Uden / Deco-Line*; jüngst EuZW 2005, 401 (401), Rn. 13 – *St. Paul Dairy Industries / Unibel Exser*.

[29] So hindert etwa die Anhängigkeit einer Ehesache nicht ein selbstständiges Verfahren der freiwilligen Gerichtsbarkeit, vgl. *Spellenberg*, FS Beys (2003), 1583 (1589), Fn. 26.

cherstellen bzw. der Erhaltung oder der Herstellung des Rechtsfriedens dienen.[30] Nach der Rechtsprechung des EuGH zur EuGVVO bzw. zum EuGVÜ/LugÜ sollen auch Leistungs- bzw. Befriedigungsverfügungen eingeschlossen sein.[31]

a. Problem: Bezug zu einer Ehesache

Fraglich ist, ob unter der neuen Fassung der EheGVO noch ein Bezug der jeweiligen einstweiligen Maßnahme zu einer anhängigen Ehesache notwendig ist.[32] Dafür sprach der Wortlaut des früheren Art. 1 Abs. 1 lit. b EuEheVO, wonach Sorgerechtsverfahren nur dann unter die Verordnung fielen, wenn sie aus Anlass eines Statusverfahrens anhängig waren.[33] Auch der Wortlaut des Art. 20 Abs. 1 EheGVO, wonach gegebenenfalls ‚für die Hauptsache' ein Gericht eines anderen Mitgliedstaates zuständig ist, ließe sich so interpretieren, dass die Anhängigkeit einer Ehesache als Hauptsache Voraussetzung für Eilmaßnahmen ist. Daran ist richtig, dass das nationale Recht, auf das Art. 20 EheGVO verweist, durchaus eine Anhängigkeit einer Ehesache fordern kann, wie zum Beispiel §§ 620a Abs. 2 S. 1 ZPO. Allerdings ist dies nicht zwingend so, denn es gibt auch verfahrensselbstständige Eilmaßnahmen wie etwa Arrest und einstweilige Verfügung, die auch ohne Hauptsacheanhängigkeit zulässig sind. Es ist nicht anzunehmen, dass der europäische Verordnungsgeber eine Einschränkung der nach den nationalen Rechten zulässigen einstweiligen Maßnahmen festschreiben wollte, genauso wenig wie er es im Rahmen der EuGVVO bzw. des EuGVÜ/LugÜ getan hat.[34]

---

[30] Staudinger-*Spellenberg*, Art. 20 EheGVO, Rn. 25; *Fuchs / Tölg*, ZfRV 2002, 95 (97); zur Definition HdBVR-*Dunkl*, Rn. A 467; *Walker*, Der einstweilige Rechtsschutz (1993), Rn. 83; *Brox / Walker*, ZVR, Rn. 1580; *Ganslmeyer*, Die einstweilige Verfügung im Zivilverfahren (1991), 21; *Gottwald*, Einstweiliger Rechtsschutz (1998), Rn. 13; *Gießler / Soyka*, Vorläufiger Rechtsschutz (2005), Rn. 401.
Zum Teil wird (auch hinsichtlich der EheGVO) von der Sicherungs- bzw. Leistungsverfügung die Regelungsverfügung (vgl. § 940 ZPO) unterschieden, die der Erhaltung oder Sicherung des Rechtsfriedens dient. Der Unterschied dürfte nicht ins Gewicht fallen, zumal ohnehin Abgrenzungsschwierigkeiten bestehen, vgl. Stein / Jonas-*Grunsky*, vor § 935 ZPO, Rn. 30; *Brox / Walker*, ZVR, Rn. 1590; Art. 31 EuGVVO (Art. 24 EuGVÜ/LugÜ) ist jedenfalls auch auf Regelungsverfügungen anwendbar, vgl. Rauscher-*Leible*, Art. 31 Brüssel II-VO, Rn. 8; *König*, Einstweilige Verfügungen, Rn. 3/11.

[31] EuGH Slg. 1998, 7091 (7136), Rn. 45 – *van Uden / Deco-Line*; Slg. 1999, 2277 (2314), Rn. 43 – *Mietz / Intership Yachting*.

[32] Dafür Staudinger-*Spellenberg*, Art. 20 EheGVO, Rn. 20, 39, der darunter einen zeitlichen und sachlichen Zusammenhang versteht und außerdem nur ein anhängiges *Ehe*verfahren genügen lassen will; MünchKommZPO-*Gottwald*, Art. 12 EheGVO a. F., Rn. 4; dagegen Musielak-*Borth*, Art. 20 Verordnung (EG) Nr. 2001/2003, Rn. 2 mit Hinweis auf die Möglichkeit einer entgegenstehenden Rechtshängigkeit; Rauscher-*Rauscher*, Art. 12 Brüssel II-VO, Rn. 6.

[33] *Spellenberg*, FS Beys (2003), 1583 (1589).

[34] Dafür spricht im übrigen auch die weite Definition der einstweiligen Maßnahmen sowohl unter der EuGVVO als auch unter der EheGVO, vgl. dazu oben § 6 A I, bei Fn. 7; der EuGH wollte damit nicht die zulässigen einstweiligen Maßnahmen an sich eingrenzen, sondern er

Einstweilige Maßnahmen können somit auch ohne Anhängigkeit eines Hauptsacheverfahrens notwendig werden. Deshalb ist ein Bezug zu einer anhängigen Ehesache nicht ein notwendiges Erfordernis.[35]

b. Problem: Einstweilige Maßnahmen außerhalb des Anwendungsbereichs der EheGVO

Der sachliche Anwendungsbereich für einstweilige Maßnahmen ist in der EheGVO nicht ausdrücklich geregelt. Allerdings ist eindeutig, dass Maßnahmen erfasst werden, die aus Anlass eines in den Anwendungsbereich der Verordnung fallenden Verfahrens getroffen werden können, also Maßnahmen im Zusammenhang mit Ehe- und Kindschaftssachen.[36] Darüber hinaus ist indes umstritten, ob Art. 20 EheGVO auch Eilmaßnahmen erfasst, die *ihrem* Gegenstand nach nicht in den in Art. 1 EheGVO genannten Anwendungsbereich der Verordnung fallen.[37]

Der erläuternde Bericht zur EheGVO trifft die Aussage, dass die Eilmaßnahmen selbst auch Gebiete betreffen können, die nicht in den Anwendungsbereich der Verordnung fallen.[38] Die überwiegende Meinung im Schrifttum folgt dieser Auslegung.[39] Sie beruft sich in erster Linie auf das Erfordernis des Art. 20 Abs. 1 EheGVO, dass sich *Vermögensgegenstände* im Gerichtsstaat befinden müssen. Dies wird dahingehend gedeutet, dass inhaltlich auch andere als Statusfragen oder Aspekte der elterlichen Verantwortung betroffen sein können, weil erstere nichts und letztere nur manchmal – nämlich bei der Vermögenssorge – mit Gütern zu tun hätten und die Aufführung der ‚Vermögensgegenstände' in der Vorschrift somit weitgehend leer laufen würde.[40]

---

stellte stattdessen spezifische Anforderungen an die Zulässigkeit der Maßnahmen wie etwa die ‚besondere Dringlichkeit', vgl. dazu § 9 B I 1 c, bei Fn. 43.

[35] Auch ein anhängiges Sorgerechtsverfahren sollte deshalb nicht gefordert werden: Diese Frage stellt sich jedoch nicht bei einer ‚Torpedo-Situation', weil diese immer eine bereits anhängige Hauptsache beinhaltet; vgl. schon oben § 2 A I 1 a, bei Fn. 28 ff.

[36] *Borrás*-Bericht, ABl.EG 1998, Nr. C 221/27 (47), Rn. 59; dazu Rauscher-*Rauscher*, Art. 12 Brüssel II-VO, Rn. 6.

[37] S. zum Streitstand ausführlich *Dilger*, Die Regelungen zur internationalen Zuständigkeit (2004), Rn. 298 ff.; *Boele-Woelki*, ZfRV 2001, 121 (126).

[38] *Borrás*-Bericht aaO, ABl.EG 1998, Nr. C 221/27 (47 f.), Rn. 59.

[39] MünchKommZPO-*Gottwald*, Art. 12 EheGVO a. F., Rn. 3; Thomas / Putzo-*Hüßtege*, Art. 12 EheVO, Rn. 5; Zöller-*Geimer*, Anh II, Art. 12 EG-VO Ehesachen, Rn. 1; Geimer / Schütze-*Geimer*, EZVR, Art. 12 VO (EG) Nr. 1347/2000, Rn. 1; Staudinger-*Spellenberg*, Art. 20 EheGVO, Rn. 7; *Schlosser*, EUZ, Art. 12 EuEheVO, Rn. 2; *Fuchs / Tölg*, ZfRV 2002, 95 (99).

[40] *Schlosser*, EUZ, Art. 12 EuEheVO, Rn. 2; Staudinger-*Spellenberg*, Art. 20 EheGVO, Rn. 7; *Fuchs / Tölg*, ZfRV 2002, 95 (99); *Carlier / Francq / van Boxstael*, J. Trib. dr. eur. 9 (2001), 73 (76), Rn. 11.

Die Gegenansicht führt an, dass dadurch der Anwendungsbereich der EheGVO erweitert würde, ohne dass dies in der Sache begründet werden könne.[41] Dabei stützt sie sich insbesondere auf den Wortlaut des Art. 20 EheGVO, der eine solche Ausweitung nicht vorsehe. In systematischer Hinsicht kritisiert sie, dass eine Ausdehnung des Anerkennungssystems der EheGVO drohe, und zeigt Kollisionen mit den Regelungsbereichen anderer Staatsverträge auf.[42]

Für die in Bezug auf ‚Torpedoklagen' bei Gestaltungsansprüchen in erster Linie relevanten Sorgerechtsverfahren ist der Streit allerdings ohne Belang und kann deshalb an dieser Stelle dahinstehen, da diese jedenfalls vom Anwendungsbereich der EheGVO umfasst sind (vgl. Art. 1 Abs. 1 lit. b, Abs. 2 lit. a EheGVO). Gleiches gilt für Eilmaßnahmen betreffend das Aufenthaltsbestimmungsrecht.

c. Problem: Die besondere Voraussetzung der Dringlichkeit

Gemäß Art. 20 Abs. 1 EheGVO ist für einstweilige Maßnahmen eine besondere Dringlichkeit erforderlich.[43] Der Wortlaut der Vorschrift lässt vermuten, dass das Erfordernis nur für die Gerichte der nationalen Zuständigkeitsordnung gilt, nicht aber für die Gerichte der europäischen Zuständigkeitsordnung.[44] Dafür spricht auch, dass die nationalen Rechte zum Teil auf die besondere Dringlichkeit verzichten.[45]

Problematisch ist aber, wann eine Dringlichkeit anzunehmen ist.[46] Die nationalen Rechte stellen bei ihren einstweiligen Maßnahmen unterschiedliche An-

---

[41] Rauscher-*Rauscher*, Art. 12 Brüssel II-VO, Rn. 7 ff.; *Sumampouw*, Liber amicorum Siehr (2000), 729 (739 f.); *dies.*, NIPR 2002, 1 (7); *Dilger*, Die Regelungen zur internationalen Zuständigkeit (2004), Rn. 301 ff.; *Polyzogopoulos*, in: Gottwald, Aktuelle Entwicklungen (2002), 133 (152); *van der Felden*, WPNR 131 (2000), 753 (758); *Helms*, FamRZ 2001, 257 (260).

[42] Rauscher-*Rauscher*, Art. 12 Brüssel II-VO, Rn. 8, 9; *Dilger*, Die Regelungen zur internationalen Zuständigkeit (2004), Rn. 301 ff.; eher auf den Wortlaut abstellend *Sumampouw*, Liber amicorum Kurt Siehr (2000), 729 (739 f.).

[43] Die Vorschrift ähnelt darin Art. 11 Abs. 1 KSÜ bzw. Art. 9 Abs. 1 MSA.

[44] Dafür wohl MünchKommZPO-*Gottwald*, Art. 12 EheGVO a. F.,Rn. 2; Staudinger-*Spellenberg*, Art. 20 EheGVO, Rn. 30; a. A. *Dilger*, Die Regelungen zur internationalen Zuständigkeit (2004), Rn. 293.

[45] Staudinger-*Spellenberg*, Art. 20 EheGVO, Rn. 29, insbesondere zum französischen Recht.

[46] *Fuchs / Tölg*, ZfRV 2002, 95 (99) wollen Dringlichkeit jedenfalls dann annehmen, wenn ohne Erlass der Eilmaßnahme ein nicht wieder gutzumachender Schaden entstehen würde; *Spellenberg*, FS Beys (2003), 1583 (1602), meint, erforderlich sei, dass selbst eine ausländische vorläufige Maßnahme (im Staat der Hauptsache) zu spät kommen würde; so auch Weinreich / Klein-*Rausch*, vor § 606a ZPO, VO (EG) Nr. 1347/2000, Rn. 42; *Meyer-Götz*, FPR 2004, 296 (297); zur Einordnung des Kriteriums auch Rauscher-*Rauscher*, Art. 12 Brüssel II-VO, Rn. 12 f.; *Dilger*, Die Regelungen zur internationalen Zuständigkeit (2004), Rn. 293.

forderungen, geben also keine eindeutige Antwort.[47] Auch ein Blick auf die Rechtsprechung des EuGH zu Art. 31 EuGVVO (Art. 24 EuGVÜ/LugÜ) hilft nicht viel weiter, weil der EuGH sich nur zum niederländischen *kort geding* geäußert hat[48] – das gemäß Art. 291 WBRv. den Nachweis besonderer Eilbedürftigkeit voraussetzt –, sich aber nicht aber zur Eilbedürftigkeit selbst eingelassen hat. Dass im Rahmen der EuGVVO bzw. des EuGVÜ/LugÜ eine besondere Eilbedürftigkeit notwendig ist, ist auch nicht wahrscheinlich, weil der EuGH dies erstens bereits bei der Definition einer einstweiligen Maßnahme hätte klarstellen können. Zweitens wollte er wohl auch nicht die Ausgestaltung der nationalen Rechtsschutzsysteme beeinflussen. Und drittens würden bestimmte autonom-nationale Maßnahmen nicht mehr unter den Begriff der Eilmaßnahme fallen und wären damit ausgeschlossen.[49]

Der Wortlaut des Art. 20 Abs. 1 EheGVO, der ausdrücklich eine Dringlichkeit fordert und diese in einem Atemzug mit dem Kriterium des Aufenthalts von Personen bzw. der Belegenheit von Sachen im Gerichtsstaat nennt, lässt vermuten, dass für die Dringlichkeit strengere Voraussetzungen gelten sollen als bei EuGVVO bzw. dem EuGVÜ/LugÜ. Fraglich ist daher, wie die ‚erhöhten Anforderungen' für Gerichte der nationalen Zuständigkeitsordnung auszusehen haben. Da diese Anforderungen zumindest höher sein müssen als diejenigen, die an Maßnahmen der EheGVO-Gerichte gestellt werden, könnte man folgern, dass nur dann Dringlichkeit vorliege, wenn eine Maßnahme des ausländischen Hauptsachegerichts der europäischen Zuständigkeitsordnung nicht mehr rechtzeitig käme.[50] Dagegen spricht aber, dass aus den alternativ zur Verfügung stehenden autonom-nationalen Zuständigkeiten praktisch subsidiäre würden.[51] Zudem würde man die Eröffnung der nationalen Gerichtsstände wieder zurücknehmen.

Wenig überzeugend erscheint es zudem, der EheGVO eine ablehnende Haltung gegenüber den autonom-nationalen Gerichtsständen zu bescheinigen, etwa gegenüber einer internationalen Zuständigkeit aufgrund der Staatsangehörigkeit nur einer Partei.[52] Denn dann wäre eine Eröffnung der nationalen Zuständigkei-

---

[47] Staudinger-*Spellenberg*, Art. 20 EheGVO, Rn. 29; zu französischen *mesures provisoires* auch *Eilers*, Maßnahmen des einstweiligen Rechtsschutzes (1991), 89 f.

[48] So in Slg. 1998 , 7091 – *van Uden / Deco-Line*; Slg. 1999 I, 2277 – *Mietz / Intership Yachting*.

[49] *Spellenberg / Leible*, Anm. zu EuGH, Urt. v. 17.11.1998, ZZP Int. 4 (1998), 220 (225), die jedoch im Ergebnis eine besondere Dringlichkeit fordern, damit das europäische Zuständigkeitssystem nicht unterlaufen würde; betroffen wären etwa die *provision* des französischen *juge des référés* oder das *interim payment* des englischen Rechts.

[50] Weinreich / Klein-*Rausch*, vor § 606a ZPO, VO (EG) Nr. 1347/2000, Rn. 42; Staudinger-*Spellenberg*, Art. 20 EheGVO, Rn. 31; *ders.*, FS Beys (2003), 1583 (1602).

[51] Für Alternativität etwa Staudinger-*Spellenberg*, Art. 20 EheGVO, Rn. 40; *ders.*, FS Beys (2003) 1583 (1600); *Finger*, Das gesamte Familienrecht, Bd. 4, 8.2.2/Anhang, Rn. 50.

[52] So aber Staudinger-*Spellenberg*, Art. 20 EheGVO, Rn. 31.

ten gerade nicht akzeptabel. Auch der Blick auf die EuGVVO bzw. das EuGVÜ/LugÜ bestätigt dies: Zwar lehnen die EuGVVO bzw. das EuGVÜ/LugÜ exorbitante Gerichtsstände für das Hauptsacheverfahren ab, für Eilmaßnahmen werden diese jedoch zugelassen.[53]

Vorzuziehen ist deshalb eine Auslegung, wonach nicht eine *besondere*, sondern nur eine *typisierte* Eilbedürftigkeit für die Eröffnung der autonom-nationalen Zuständigkeiten zu fordern ist. Auszuscheiden sind danach nationale Maßnahmen des einstweiligen Rechtsschutzes, die überhaupt keine Eilbedürftigkeit voraussetzen. Es reicht dafür aus, wenn die Hauptsacheentscheidung nicht mehr rechtzeitig käme, so dass einstweiliger Rechtsschutz nötig ist. Dies hängt von einer Beurteilung im Einzelfall ab.[54] Mit dieser Lösung würde man dem angerufenen Richter nicht die unter Umständen schwierig zu treffende Entscheidung aufbürden, ob die Entscheidung eines Gerichts der europäischen Zuständigkeitsordnung zu spät kommen würde.

d. Problem: Zusätzliche Erfordernisse

Der EuGH hat für Leistungsverfügungen auf Geldzahlung im Anwendungsbereich der EuGVVO bzw. des EuGVÜ/LugÜ zusätzliche Erfordernisse aufgestellt. Danach liegt nur dann eine einstweilige Maßnahme vor, wenn die Rückzahlung im Falle eines Unterliegens in der Hauptsache gewährleistet ist, und die beantragte Maßnahme nur bestimmte Vermögensgegenstände des Antragsgegners betrifft, die sich im örtlichen Zuständigkeitsbereich des angerufenen Gerichts befinden müssten.[55] Die EheGVO erwähnt das Kriterium der Vermögensbelegenheit ausdrücklich in Art. 20 Abs. 1 und übernimmt dieses somit.[56]

Das Erfordernis einer Sicherheitsleistung hat der EuGH von vornherein nur für Leistungsverfügungen – betreffend Zahlungsansprüche – aufgestellt. Damit ist zwar nicht gesagt, dass dieses Erfordernis für familienrechtliche Ansprüche generell keine Bedeutung besitze. Allerdings wird es für die Fallgruppe der ‚Torpedoklagen' bei Gestaltungsbegehren nicht relevant, da diese keine Zahlungsansprüche betrifft.[57]

---

[53] Vgl. zur EuGH-Rechtsprechung oben § 6 A II 3, bei Fn. 48.

[54] Dafür auch *Fuchs / Tölg*, ZfRV 2002, 95 (99); ähnlich für die einstweilige Anordnung nach deutschem Recht *Gießler / Soyka*, Vorläufiger Rechtsschutz (2005), Rn. 122.

[55] EuGH Slg. 1998 I, 7091 (7137), Rn. 47 – *van Uden / Deco-Line*; EuGH Slg. 1999, 2277 (2314), Rn. 42 – *Mietz / Intership Yachting*; vgl. dazu bereits ausführlich oben § 6 A II 3 a bb (1) und (2).

[56] Dazu Staudinger-*Spellenberg*, Art. 20 EheGVO, Rn. 4; *ders.*, FS Beys (2003) 1583 (1585); *Dilger*, Die Regelungen zur internationalen Zuständigkeit (2003), Rn. 294; *Fuchs / Tölg*, ZfRV 2002, 95 (99).

[57] Anders ist es bei der häufiger vorkommenden Konstellation, dass während eines Scheidungsverfahrens eine Verfügung auf Leistung einstweiligen Unterhalts begehrt wird. Dann müsste die Rückzahlung gewährleistet sein, vgl. *Fuchs / Tölg*, ZfRV 2002, 95 (98); s. auch Staudinger-*Spellenberg*, Art. 20 EheGVO, Rn. 26.

2. Zuständigkeiten im Rechtsschutzsystem des Art. 20 EheGVO

Im Anwendungsbereich der EheGVO können einstweilige Maßnahmen gemäß Art. 20 Abs. 1 EheGVO vor den Gerichten der Mitgliedstaaten beantragt werden, selbst wenn in der Hauptsache das Gericht eines anderen Mitgliedstaates zuständig ist. Art. 20 EheGVO entspricht in seiner Funktion Art. 31 EuGVVO (Art. 24 EuGVÜ/LugÜ).[58] Zu dieser Parallelvorschrift finden sich dementsprechend viele Bezüge, etwa was das Vorliegen einer einstweiligen Maßnahme anbelangt.[59] Wie Art. 31 EuGVVO (Art. 24 EuGVÜ/LugÜ) sieht Art. 20 EheGVO ein mehrspuriges System der Zuständigkeiten vor. Neben den Gerichten der EheGVO können auch die nationalen Gerichte einstweilige Maßnahmen erlassen.[60] Es gilt dabei ein Vorrang der EheGVO: Bei deren Eingreifen ist ein Rückgriff auf das autonome Zuständigkeitsrecht der Mitgliedstaaten ausgeschlossen.[61]

Möchte der Betroffene einer ‚Torpedoklage' zum Beispiel die (teilweise) Übertragung des Sorgerechts im Wege des einstweiligen Rechtsschutzes erreichen, so bestimmt sich die internationale Zuständigkeit der Gerichte für einstweilige Anordnungen allein nach der EheGVO, sofern das Kind seinen gewöhnlichen Aufenthalt in einem Mitgliedstaat hat und das Verfahren nach dem 1.5.2005 eingeleitet wird (vgl. Art. 64 Abs. 1 EheGVO).[62]

a. Gericht der Hauptsache

Gericht der Hauptsache im Sinne von Art. 20 EheGVO ist zum einen dasjenige, welches mit der Eheauflösung betraut ist.[63] Zum anderen kann auch ein Verfahren über die elterliche Verantwortung nach der EheGVO selbstständige Hauptsache sein (Art. 8 EheGVO).[64] Berufen sind also die Gerichte, welche gemäß Art. 3 und 5 EheGVO für Regelungen des Getrenntlebens bzw. gemäß 8 und 12 EheGVO für Regelungen über die elterliche Verantwortung als Gegenstand der

---

[58] Rauscher-*Rauscher*, Art. 12 Brüssel II-VO, Rn. 1; Geimer / Schütze-*Geimer*, Art. 12 VO (EG) Nr. 1347/2000, Rn. 1; *Schlosser*, EUZ, Art. 13 EuEheVO, Rn. 1.

[59] Vgl. dazu oben § 9 B I 1, bei Fn. 23.

[60] Thomas / Putzo-*Hüßtege*, Art. 12 EheVO, Rn. 4; Staudinger-*Spellenberg*, Art. 20 EheGVO, Rn. 33; *Dilger*, Die Regelungen zur internationalen Zuständigkeit (2004), Rn. 291.

[61] Burgstaller / Neumayr- *Neumayr*, vor Art. 1 EheGVVO, Rn. 13; *Breuer*, FPR 2005, 74 (78).

[62] Staudinger-*Spellenberg*, Art. 64 EheGVO, Rn. 7 f. m. w. N.; Musielak-*Borth*, Art. 64 Verordnung (EG) Nr. 2001/2003.

[63] Staudinger-*Spellenberg*, Art. 20 EheGVO, Rn. 35; streitig ist aber, ob auch die Folgesache, wenn sie als selbstständiger Anspruch verfolgt wird, ebenfalls Hauptsache sein kann; dagegen *Spellenberg*, FS Beys (2003), 1583 (1597 f.); *Nagel / Gottwald*, § 15, Rn. 57; dafür *Lipp*, in: Gottwald, Perspektiven der justiziellen Zusammenarbeit (2004), 21 (34) bei Fn. 81.

[64] Staudinger-*Spellenberg*, Art. 20 EheGVO, Rn. 35; *ders.*, FS Beys (2003), 1583 (1600); *Weber*, NJW 2005, 3043 (3047); zur alten Rechtslage *Boele-Woelki*, ZfRV 2001, 121 (124); *Helms*, FamRZ 2002, 1593 (1596 f.).

anhängigen ‚Torpedoklage' zuständig sind.[65] Art. 12 EheGVO sieht in Bezug auf Verfahren über die elterliche Verantwortung eine Annexzuständigkeit vor, wenn die Hauptsache ein Scheidungsverfahren ist. Dies entspricht der früheren Rechtslage, bei dem das Verfahren über die elterliche Verantwortung stets an das Scheidungsverfahren gekoppelt war.[66]

b. Sonstige Gerichte der EheGVO

aa. Zuständigkeit bei anhängiger ‚Torpedoklage'

Fraglich ist, ob bei anhängiger Hauptsache noch eine internationale Zuständigkeit für den Erlass von Eilmaßnahmen nach der EheGVO besteht. Wie bei der EuGVVO bzw. EuGVÜ/LugÜ sollte dies nach richtiger Ansicht auch hier möglich sein.[67] In der Situation einer anhängigen ‚Torpedoklage' sollten also *neben* dem mit der Sache befassten Gericht die nach der EheGVO berufenen Gerichte zuständig sein. Dafür spricht, dass einstweilige Maßnahmen außerhalb des Staates, in dem das Hauptsacheverfahren anhängig ist, oft sinnvoll bleiben. Die EheGVO hält bewusst konkurrierende Zuständigkeiten bereit, will also keine Konzentration der Gerichtsstände herbeiführen. Bei ihr soll es eine Gleichwertigkeit der unterschiedlichen Zuständigkeiten, keine Subsidiarität, geben.[68] Auch der Umstand, dass die Zuständigkeitsvielfalt der Verordnung wechselnden Lebenssituationen eines Antragstellers gerecht werden will,[69] spricht dafür, auch nach Rechtshängigkeit andere Gerichtsstände zu erhalten. Dies gilt umso mehr für Verfahren über die elterliche Verantwortung, weil die Zuständigkeitsvorschriften nach dem Kriterium der räumlichen Nähe ausgestaltet wurden und nicht durch eine Rechtshängigkeit der Hauptsache fixiert werden sollten.[70]

Das Hauptsachegericht – ob nun mit der ‚Torpedoklage' betraut oder nur potenzielles Hauptsachegericht – muss also jeweils prüfen, ob eine Zuständigkeit nach der EheGVO eröffnet ist. Ist dies nicht der Fall, so bestimmt sich die internationale Zuständigkeit in jedem Mitgliedstaat – sofern keine Übereinkommen

[65] Thomas / Putzo-*Hüßtege*, Art. 12 EheVO, Rn. 4; Staudinger-*Spellenberg*, Art. 20 EheGVO, Rn. 36, 38; näher *Hau*, FamRZ 2000, 1333 (1334 ff.); *Wagner*, FamRZ 2003, 803 (805 ff.); zum Verhältnis zum Haager Kindesentführungsübereinkommen *Schulz*, FamRZ 2003, 1351 ff.

[66] Vgl. dazu Staudinger-*Spellenberg*, Art. 20 EheGVO, Rn. 38; Rauscher-*Rauscher*, Art. 3 Brüssel II-VO, Rn. 11 ff.; Burgstaller / Neumayr- *Neumayr*, Art. 3 EheGVVO a. F., Rn. 2; *Meyer-Götz / Noltemeier*, FPR 2004, 296 (297).

[67] Staudinger-*Spellenberg*, Art. 20 EheGVO, Rn. 34, 37; vgl. zur Rechtslage nach der EuGVVO bzw. dem EuGVÜ/LugÜ oben § 6 A II 2 a bb, bei Fn. 32 ff.

[68] Rauscher-*Rauscher*, Art. 2 Brüssel II-VO, Rn. 6; *Spellenberg*, FS Geimer (2002), 1257 (1278 ff.); *Rausch*, FuR 2001, 151 (152); *Kohler*, NJW 2001, 10 (11); *Hausmann*, EuLF 2000/2001, 271 (276); *Boele-Woelki*, ZfRV 2001, 121 (123).

[69] *Borrás*-Bericht, ABl.EG 1998, Nr. C 221/27 (37), Rn. 28.

[70] Vgl. Erwägungsgrund Nr. 11 zur EheGVO.

vorgehen – nach dessen autonomem Recht, einschließlich der exorbitanten Gerichtsstände.[71] Trotz der Vielzahl der möglichen Hauptsachegerichtsstände, welche wegen des dadurch möglichen *forum shoppings* kritisiert worden ist,[72] sind im Vergleich zum deutschen Recht die Zuständigkeitsgründe nach der EheGVO reduziert. So besteht insbesondere im Unterschied zu § 606a Abs. 1 S. 1 Nr. 4 ZPO kein ständiger inländischer Antragstellergerichtsstand am Ort des gewöhnlichen Aufenthalts, sondern es muss dafür eine Mindestfrist eingehalten werden (Art. 3 Abs. 1 lit. a Str. 5 und 6 EheGVO), die der Antragsteller gegebenenfalls erst abzuwarten hat.[73] Auch entfällt die europaweit durchaus verbreitete exorbitante Anknüpfung an die Staatsangehörigkeit nur eines Partners.[74]

bb. Zuständigkeiten bei einem sorgerechtlichen ‚Torpedo-Fall'

Geht es etwa um einen ‚Torpedo-Fall', der das Sorgerecht betrifft, so gibt es mehrere Zuständigkeiten der EheGVO für den Antragsteller. Die internationale Zuständigkeit bei einem Verfahren über die elterliche Sorge ergibt sich in erster Linie aus Art. 8 Abs. 1 EheGVO. Danach sind die Gerichte des Mitgliedstaats zuständig, in dem das Kind zum Zeitpunkt der Antragstellung seinen gewöhnlichen Aufenthalt hat. Weitere besondere Zuständigkeiten ergeben sich aus Art. 9, 10 und 12 der Verordnung. Kann der gewöhnliche Aufenthalt des Kindes nicht festgestellt werden, so sind die Gerichte des Mitgliedstaates zuständig, in dem sich das Kind befindet (Art. 13 Abs. 1 EheGVO). Zuständig können also sein das mit der Hauptsache befasste Gericht, welches das Verfahren langsam betreibt, sofern sich das Kind im Gerichtsstaat (gewöhnlich) aufhält, oder aber jedes andere mitgliedstaatliche Gericht am (gewöhnlichen) Aufenthaltsort des Kindes. Diese bleiben zuständig, auch wenn sich im Nachhinein der Aufenthalt des Kindes verändert.[75]

Die Zuständigkeit nach Art. 8 bzw. 13 EheGVO besteht unabhängig davon, ob es bei der ‚Torpedoklage' um eine Ehesache oder eine Sorgerechtssache geht. Ist Gegenstand der ‚Torpedoklage' eine Ehesache, so kann auch Art. 12 EheGVO eingreifen. Danach besteht eine Annexzuständigkeit, so dass in dem Staat, wo die ‚Torpedoklage' anhängig ist, trotz fehlenden Kindesaufenthalts eine einstweilige Maßnahme betreffend das Sorgerechts beantragt werden kann. Voraussetzung ist gemäß Art. 12 Abs. 1 EheGVO, dass zumindest einer der Ehegatten die elterliche Verantwortung für das Kind hat, die Inhaber der elterlichen

---

[71] *V. Hoffmann / Thorn*, IPR, § 8, Rn. 64; *Boele-Woelki*, ZfRV 2001, 121 (125 f.); *Hau*, FamRZ 2000, 1333 (1340 f.); *Meyer-Götz*, FF 2001, 17 (18).

[72] Staudinger-*Spellenberg*, Art. 3 EheGVO, Rn. 5; *Wagner*, NJW 2004, 1835 (1836); *Becker-Eberhard*, FS Beys (2003), 93 (117); zu den nationalen Rechtsordnungen *Hohloch*, FF 2001, 45 ff.

[73] Staudinger-*Spellenberg*, Art. 3 EheGVO, Rn. 20.

[74] *Helms*, FamRZ 2002, 1593 (1596); *Bergerfurth*, FF 2001, 15 (16).

[75] Vgl. dazu oben § 3 A I 3 b, bei Fn. 179.

Verantwortung zugestimmt haben und die Anrufung des Gerichts im Einklang mit dem Kindeswohl steht. Nicht notwendig ist nach der hier vertretenen Auffassung ein besonderer Bezug zur anhängigen Hauptsache.[76]

c. Gerichte der nationalen Zuständigkeitsordnung

aa. Voraussetzungen der Zuständigkeit

Neben den Zuständigkeiten der EheGVO stehen gemäß Art. 20 EheGVO auch Zuständigkeiten nach nationalem Recht zur Verfügung. Diese kann der Betroffene einer ‚Torpedoklage' also für sich nutzen, um einstweilige Maßnahmen zu beantragen. Dabei ist allerdings Voraussetzung, dass sich die betreffenden Personen (etwa der andere Ehegatte oder das gemeinsame Kind) oder Vermögensgegenstände im Zeitpunkt der Anordnung der jeweiligen Eilmaßnahme im Gerichtsstaat befinden. Dieses Erfordernis korrespondiert mit der Rechtsprechung des EuGH zu Art. 31 EuGVVO (Art. 24 EuGVÜ/LugÜ), der bei Zahlungsverfügungen eine Vermögensbelegenheit verlangt.[77] Dabei regelt Art. 20 EheGVO im Unterschied zur EuGVVO bzw. zum EuGVÜ/LugÜ positiv, dass sich die Vermögensgegenstände oder Personen im Gerichts*staat* – nicht etwa im örtlichen Zuständigkeitsbereich des Gerichts – befinden müssen.[78]

Hinsichtlich der internationalen Zuständigkeit geht dem nationalen deutschen Recht das MSA vor, auf welches Art. 20 EheGVO mit dem pauschalen Hinweis auf die nationalen Rechtsordnungen ebenfalls verweist:[79] Der Anwendungsbereich des MSA ist eröffnet, wenn der Minderjährige seinen gewöhnlichen Aufenthalt[80] in einem Vertragsstaat des MSA hat (vgl. Art. 1 MSA).

Eine *perpetuatio fori* gibt es im Anwendungsbereich des MSA nicht.[81] Damit besteht eine parallele Handhabung zur EheGVO: Ändern sich die zuständigkeitsbegründenden Umstände und verlagert das Kind seinen Aufenthaltsort in

---

76 Vgl. dazu bereits oben § 9 B I 1 a, bei Fn. 35.

77 EuGH Slg. 1998 I, 7091 (7137), Rn. 47 – *van Uden / Deco-Line*; EuGH Slg. 1999, 2277 (2314), Rn. 42 – *Mietz / Intership Yachting*; vgl. dazu näher schon oben § 6 A II 3 a bb, bei Fn. 81 ff.

78 *V. Hoffmann / Thorn*, IPR, § 8, Rn. 65a; zur streitigen Auslegung des Begriffs des ‚örtlichen Zuständigkeitsbereichs' im Anwendungsbereich der EuGVVO bzw. des EuGVÜ/LugÜ vgl. oben § 6 A II 3 a bb (c), bei Fn. 95 ff.

79 Rauscher-*Rauscher*, Art. 12 Brüssel II-VO, Rn. 15.

80 Zum Begriff des gewöhnlichen Aufenthalt ausführlich *Kropholler*, EZPR, Einl, Rn. 96; Staudinger-*Spellenberg*, Art. 8 EheGVO, Rn. 3 ff.; *Breuer*, FPR 2005, 74 (76); *Meyer-Götz / Noltemeier*, FPR 2004, 282 (284 f.); *Rieck*, FPR 2001, 183 (186 f.); *Jorzik*, Das neue zivilrechtliche Kindesentführungsrecht (1995), 144 f.; ein faktischer Aufenthalt in einem EheG-VO-Staat reicht aus, um diese vorrangig eingreifen zu lassen, vgl. Art. 13 Abs. 1 EheGVO.

81 BGH FamRZ 2002, 1182 (1184); *Henrich*, FamRZ 2002, 1184 (1185); Staudinger-*Spellenberg*, Art. 12 EheGVO, Rn. 68; zum Streit, ob eine *perpetuatio fori* zu gelten hat, wenn das Kind seinen Aufenthalt in einen Nichtvertragsstaat verlegt, Staudinger-*Henrich*, Art. 21 EGBGB, Rn. 163 f.

einen anderen Vertragsstaat, so entfällt auch die Eilzuständigkeit. Dies indiziert der Wortlaut des Art. 5 Abs. 1 MSA, wonach die Behörden eines neuen Aufenthaltsstaates die Maßnahmen der Behörden des vorherigen Aufenthaltsstaates aufheben können.

bb. Glaubhaftmachung der Voraussetzungen

Fraglich ist, ob auch im Anwendungsbereich der EheGVO – wie bei einstweiligen Maßnahmen nach der EuGVVO bzw. EuGVÜ/LugÜ – die Glaubhaftmachung genügt, dass sich die Personen oder Vermögensgegenstände im Gerichtsstaat befinden *müssten*, oder ob Beweis angetreten werden muss.[82] Der Wortlaut des Art. 20 EheGVO lässt dies nicht vermuten. Man wird die Glaubhaftmachung jedoch mit dem Hinweis darauf ausreichen lassen müssen, dass der Richter in Zweifelsfällen eine aufwändige Feststellung über Aufenthalt bzw. Belegenheit zu treffen hätte.[83] Um die Effektivität des Eilverfahrens zu sichern, sollte eine solche Prüfung nicht verlangt werden.

II. Die Vorgaben für die internationale Zuständigkeit nach autonomem Zivilprozessrecht

‚Torpedoklagen' bei Gestaltungsbegehren sind wie gesehen kein Phänomen des europäischen Zivilprozessrechts allein.[84] Sie können auch bedingt durch die Rechtshängigkeitsregeln des deutschen nationalen Prozessrechts auftreten. Eine später erhobene Gestaltungsklage beraubt nämlich zum Beispiel eine vorherige negative Feststellungsklage nicht ihrer Zulässigkeit, weil sie nicht über deren Streitgegenstand hinausgeht. Insofern stellt sich für den Betroffenen einer ‚Torpedoklage' die Frage, welche Gerichte des autonomen deutschen Zivilprozessrechts für ihn in Betracht kommen, sofern der Anwendungsbereich der EheGVO nicht eröffnet ist, bzw. wenn sich eine Restzuständigkeit nach Art. 7, 14 EheGVO ergibt. Diese Frage taucht übrigens auch dann auf, wenn die autonom-nationalen Zuständigkeiten über Art. 20 EheGVO zum Zuge kommen.

Die Zuständigkeit der deutschen Gerichte richtet sich danach, ob ein verfahrensunselbstständiges Verfahren der einstweiligen Anordnung eingeleitet werden soll, die Teil des Hauptverfahrens ist – nämlich ein Verfahren der einstweiligen Anordnung (§§ 620 ff. ZPO)[85] – oder ein verfahrensselbstständiges Eilverfahren – nämlich Arrest oder einstweilige Verfügung (§§ 916 ff. ZPO).[86] Letzte-

[82] Vgl. zu diesem Erfordernis schon oben § 6 A II 3 a bb (1) (a), bei Fn. 90.
[83] Staudinger-*Spellenberg*, Art. 20 EheGVO, Rn. 42.
[84] Vgl. oben § 3 B I 1, ab Fn. 303.
[85] Vgl. zur Abgrenzung und Einteilung auch oben § 8 A II 2 b, bei Fn. 30.
[86] Vgl. zu den Voraussetzungen bereits oben § 5 A II 1 und 2.

re sind hier allerdings wegen ihres geringen Anwendungsbereichs bei familienrechtlichen Gestaltungsansprüchen zu vernachlässigen.[87]

Für die Fallgruppe der ‚Torpedoklagen' bei Gestaltungsansprüchen ist die Einteilung weiterhin davon abhängig, ob die ‚Torpedoklage' eine Scheidungsklage vor langsamem Forum darstellt, und der Betroffene nun eine Eilmaßnahme beantragen will, um etwa die Frage des Sorgerechts für die gemeinsamen Kinder im Eilverfahren klären zu lassen, oder ob die Erstklage bereits dasjenige Begehren betrifft, das der Betroffene nun im Wege des einstweiligen Rechtsschutzes durchzusetzen sucht. Ein Beispiel für letzteres wäre die Situation einer Erstklage, mit der der ‚Torpedokläger' das Sorgerecht beantragt, und eines darauf folgenden Eilverfahrens des Betroffenen, mit der dieser nun dasselbe Ziel verfolgt. Dabei soll hier aus Gründen der Übersichtlichkeit nur auf die Frage der Zuständigkeit bei Anhängigkeit der Klage im ersten Rechtszug eingegangen werden.

1. Zuständigkeiten für das Eilverfahren bei einer Ehesache als Gegenstand der Erstklage

Ist eine Ehesache als Erstklage anhängig, so ist zuständig zur Entscheidung über den Antrag auf Erlass einer einstweiligen Anordnung im Sinne des § 620 ZPO das Gericht der Hauptsache, welches mit der ‚Torpedoklage' befasst ist (vgl. § 620a Abs. 4 S. 1 ZPO).[88] Für die internationale Zuständigkeit bezüglich der einstweiligen Anordnung gilt nach allgemeiner Ansicht, dass sich auch diese aus der internationalen Zuständigkeit für das Hauptverfahren ableitet.[89]

a. Vorrangige Zuständigkeiten

Für die Zuständigkeit sind gegebenenfalls vorrangige staatsvertragliche Normen oder europäisches Sekundärrecht zu beachten.[90] So enthält etwa das MSA Zuständigkeiten für einstweilige Sorgerechtsanordnungen, wenn das Kind sich in einem MSA-Vertragsstaat befindet:[91] Nach Art. 1 MSA sind die Behörden am Ort des gewöhnlichen Aufenthalts für Schutzmaßnahmen international zuständig. Weitere Zuständigkeiten bestehen gemäß Art. 4, 8 und 9 MSA. Letzterer greift etwa ein, wenn Maßnahmen der nach Art. 1 und 4 Abs. 1 MSA zuständi-

---

[87] Vgl. oben § 8 A II 3 b, bei Fn. 40.

[88] Thomas / Putzo-*Hüßtege*, § 620a ZPO, Rn. 6 ff.; HdBVR-*Feldmeier*, Rn. D 15; zu dieser Annexkompetenz vgl. auch Zöller-*Geimer*, § 606a ZPO, Rn. 20.

[89] OLG Düsseldorf FamRZ 1984, 194 (194 f.); OLG Bamberg FamRZ 1996, 1224 (1224); Johannsen / Henrich-*Sedemund-Treiber*, § 620a ZPO, Rn. 10; Baumbach / Lauterbach-*Albers*, § 620a ZPO, Rn. 4; Weinreich / Klein-*Bäumel*, § 620a ZPO, Rn. 18; Schwab-*Maurer*, I Rn. 1080.

[90] Vgl. Weinreich / Klein-*Bäumel*, § 620a ZPO, Rn. 18; *Gießler / Soyka*, Vorläufiger Rechtsschutz (2005), Rn. 120.

[91] Vgl. zum Anwendungsbereich des MSA schon oben § 8 A II 2 a, bei Fn. 23.

gen Behörden zu spät kämen.[92] Grundsätzlich können bei allen vom MSA vorgesehenen Gerichtsständen Eilmaßnahmen ergehen, weil der Maßnahmebegriff des Art. 1 MSA auch einstweilige Anordnungen mit umfasst.[93] Da nicht an einen Hauptsachegerichtsstand angeknüpft wird, können bei ausländischer anhängiger Ehesache gleichwohl Schutzmaßnahmen im Inland erlassen werden.

Ist das MSA nicht anwendbar, richtet sich die internationale Zuständigkeit für das Hauptsacheverfahren der Ehesache in Deutschland nach § 606a ZPO.[94]

b. Zuständigkeit bei anhängiger ‚Torpedoklage'

Wegen der Zuständigkeit des Gerichts der Hauptsache (hier also der Ehesache)[95] für einstweilige Maßnahmen (§ 620a Abs. 4 S. 1 ZPO) besteht ein ähnliches Problem wie im Anwendungsbereich der EuGVVO bzw. des EuGVÜ/LugÜ:[96] § 620a ZPO setzt eine Anhängigkeit der Ehesache im Inland voraus. Ist die Ehesache im Ausland anhängig, so können an sich keine Anordnungen nach § 620 ZPO erlassen werden.[97] Deutsche Gerichte haben sich in der Vergangenheit nicht als ‚Torpedogerichte' ausgewiesen, so dass ein ausländisches Hauptsacheverfahren in den ‚Torpedofällen' anzunehmen ist.[98] Daraus würde grundsätzlich folgen, dass der von der ‚Torpedoklage' Betroffene in dieser Konstellation keine einstweiligen Maßnahmen in Deutschland erwirken könnte, weil Voraussetzung für eine einstweilige Anordnung ein inländisches Hauptsacheverfahren ist.

aa. Inländische Zuständigkeit trotz ausländischer Anhängigkeit

Ein Rechtsschutzbedürfnis für eine einstweilige Anordnung bei ausländischer Hauptsachezuständigkeit ließe sich freilich dennoch annehmen, weil möglicherweise eine Unsicherheit darüber besteht, ob und in welcher Zeit eine ausländische Anordnung ergehen wird.[99] Problematisch ist nur, mit welcher Kon-

---

[92] MünchKomm-*Siehr*, Art. 19 EGBGB Anh I, Rn. 326 f., mit Beispielen; *Oberloskamp*, Haager Minderjährigenschutzabkommen (1983), Art. 9 MSA, Rn. 12.

[93] Staudinger-*Kropholler*, Vorbem zu Art. 19 EGBGB, Rn. 65; MünchKomm-*Siehr*, Art. 19 EGBGB Anh I, Rn. 85.

[94] OLG Düsseldorf FamRZ 1981, 1005 (1006); *Gießler / Soyka*, Vorläufiger Rechtsschutz (2005), Rn. 1041.

[95] Wiezorek / Schütze-*Klicka*, § 620a ZPO, Rn. 9; MünchKommZPO-*Finger*, § 620a ZPO, Rn. 15.

[96] Vgl. dazu bereits oben § 6 A II 3 b aa, ab Fn. 117.

[97] OLG Karlsruhe IPRax 1985, 106 (107); Zöller-*Philippi*, § 620a ZPO, Rn. 10; Stein / Jonas-*Schlosser*, § 620a ZPO, Rn. 6; Staudinger-*Spellenberg*, Anh zu § 606a ZPO, Rn. 197; Rahm / Künkel-*Niepmann*, Teil VI, Rn. 9; *Henrich*, IPRax 1985, 88 (89).

[98] Vgl. oben § 2 A II 3 b, bei Fn. 144 ff.

[99] OLG Karlsruhe IPRax 1985, 106 (106); Zöller-*Philippi*, § 620 ZPO, Rn. 1; *Henrich*, IPRax 1985, 89.

struktion man diesem Rechtsschutzbedürfnis Rechnung tragen und eine inländische Eilzuständigkeit bejahen könnte.

Die Parallelproblematik bei der EuGVVO bzw. dem EuGVÜ/LugÜ soll nach der hier vertretenen Ansicht so gelöst werden, dass der Antragsteller sowohl beim ausländischen Hauptsachegericht als auch bei den potenziellen Hauptsachegerichten des deutschen Rechts Eilmaßnahmen beantragen kann.[100] Man könnte daran denken, diese Lösung auf die EheGVO zu übertragen. Eine Begründung könnte folgendermaßen aussehen: § 623 Abs. 2 S. 2 ZPO erlaubt die Abtrennung der wichtigsten Folgesachen im Sinne von § 623 Abs. 1 S. 1 ZPO. Dann sollte es auch möglich sein, bei Anhängigkeit der Ehesache im Ausland die internationale Zuständigkeit für die betreffende Folgesache als Zuständigkeit für die einstweilige Anordnung im Inland zugrunde zu legen.[101] Die Regelung des Art. 20 Abs. 1 EheGVO, wonach auch bei ausländischem Hauptsacheverfahren inländischer einstweiliger Rechtsschutz möglich ist, stützt dieses Ergebnis.[102]

Für dieses Ergebnis spricht auch eine andere Argumentation: § 621 Abs. 2 S. 1 ZPO beschränkt sich darauf, die ausschließliche *örtliche* Zuständigkeit des mit der Ehesache befassten *deutschen* Gerichts für andere Familiensachen zu begründen.[103] Ist die Ehesache jedoch im Ausland anhängig, können deshalb jederzeit andere Familiensachen im Inland betrieben werden, sofern nach allgemeinen Zuständigkeitsregeln deutsche Gerichte zuständig sind.[104]

Danach bleibt bei ausländischer Hauptsachezuständigkeit eine inländische Eilzuständigkeit erhalten. Allerdings könnten die Konsequenzen dennoch anders ausfallen als bei der Parallelproblematik der EuGVVO bzw. der Übereinkommen.

bb. Konsequenzen für den Antragsteller

Ein Unterschied zur Situation unter der EuGVVO bzw. dem EuGVÜ/LugÜ besteht darin, dass einstweilige Anordnungen im Gegensatz zur einstweiligen Verfügung eine anhängige Ehesache voraussetzen (vgl. § 620a Abs. 2 S. 1 ZPO). Auch eine abgetrennte Folgesache – wie eben erwähnt – müsste im Inland an-

---

[100] Vgl. oben § 6 A II 3 b aa (5).

[101] Staudinger-*Spellenberg*, Anh zu § 606a ZPO, Rn. 192, 197; zur Abtrennung allgemein Hagelstein, FamRZ 2001, 533 (533 ff.).

[102] Auch in Hausratsverteilungssachen ist ein isoliertes Verfahren mit der Möglichkeit von Eilrechtsschutz nach überwiegender Meinung möglich, vgl. OLG Köln FamRZ 1994, 632 (632); *Brudermüller*, FamRZ 1999, 193 (200 f.).

[103] OLG Hamm FamRZ 1994, 774 (774); Zöller-*Philippi*, § 621 ZPO, Rn. 76; Baumbach / Lauterbach-*Albers*, § 621 ZPO, Rn. 33; *Gottwald*, FS Nakamura (1996), 195.

[104] OLG Frankfurt/Main NJW-RR 1990, 647 (647); OLG Köln FamRZ 2003, 544 (544); Musielak-*Borth*, § 621 ZPO, Rn. 91; Weinreich / Klein-*Bäumel*, § 621 ZPO, Rn. 81; Wieczorek-*Kemper*, § 621a ZPO, Rn. 147; *Jayme*, Anm. zu OLG Düsseldorf, Beschl. v. 6.9.1982, IPRax 1983, 129 (129 f.).

hängig sein, denn diese wird dann gemäß § 623 Abs. 2 S. 4 Hs. 1 ZPO als selbstständige Familiensache fortgeführt, für die § 621g S. 1 ZPO ebenfalls eine Anhängigkeit der Hauptsache voraussetzt.[105] Daraus folgt, dass im Unterschied zur Situation unter der EuGVVO bzw. dem EuGVÜ/LugÜ keine ‚isolierte' Eilmaßnahmezuständigkeit besteht. Der Betroffene einer ‚Torpedoklage' muss also erst die Folgesache im Inland als Hauptsache anhängig machen, um eine einstweilige Anordnung erlangen zu können.

Fraglich ist indes, ob dies in einer ‚Torpedo-Situation' gelingen kann. Wenn eine andere Familiensache – also keine Ehesache – bereits im Ausland rechtshängig wäre, stünde einem Verfahren in Deutschland die Einrede anderweitiger Rechtshängigkeit entgegen.[106] Bei Anhängigkeit einer Ehesache im Ausland aber scheitert die Einleitung eines Hauptsacheverfahrens, in dem es um eine andere Familiensache geht, nicht an anderweitiger Rechtshängigkeit, sofern sich die Zuständigkeit eines inländischen Gerichts bejahen lässt. Auch § 621 Abs. 2 S. 1 ZPO begründet bei ausländischer Ehesache keine Akzessorietät für Eilmaßnahmen. Insofern kann der Betroffene einer ‚Torpedoklagen' noch inländischen einstweiligen Rechtsschutz erlangen, wenn auch mit dem Aufwand eines eigenständigen Hauptsacheverfahrens über die andere Familiensache.

c. Zuständigkeit bei isolierten Folgesachen

Geht es um eine andere Familiensache, die als Folgesache im Sinne von § 623 Abs. 1 S. 1 ZPO im Verbund mit einer Ehesache geltend gemacht wird, so erstreckt sich die internationale Zuständigkeit eines deutschen Familiengerichts für die Ehesache nach überwiegender Meinung auch auf diese (§ 621 Abs. 2 S. 1 ZPO).[107] Auch Sorgerechtsentscheidungen können im Verbund geltend gemacht werden (vgl. § 623 Abs. 2 S. 1 Nr. 1 ZPO).

Ist ein Scheidungsverfahren aufgrund einer ‚Torpedoklage' im Ausland anhängig, so sind wegen der Möglichkeit einer Abtrennung gemäß § 623 Abs. 2 S. 2 ZPO isolierte Folgesachen im Inland zulässig. Die örtliche Zuständigkeit dafür ergibt sich gemäß § 621 Abs. 2 S. 2 ZPO nach den allgemeinen Vorschrif-

[105] Auf eine Anhängigkeit der Folgesache im Inland kann nicht verzichtet werden, wohl aber auf einen Abtrennungsbeschluss im Ausland, zumal dort evtl. schon kein Verbund vorgesehen ist, vgl. Staudinger-*Spellenberg*, Anh zu § 606a ZPO, Rn. 195, 192.

[106] OLG München FamRZ 1993, 349 (349); Staudinger-*Spellenberg*, Anh zu § 606a ZPO, Rn. 195.

[107] OLG Düsseldorf NJW-RR 1994, 453 (453); Zöller-*Geimer*, § 606a ZPO, Rn. 19; Baumbach / Lauterbach-*Albers*, § 621 ZPO, Rn. 33; Thomas / Putzo-*Hüßtege*, § 621 ZPO, Rn. 4; *Schack*, IZVR, Rn. 376; *v. Hoffmann / Thorn*, IPR, § 8, Rn. 67; Schwab-*Maurer*, Rn. I, 1122 f.; *Gottwald*, FS Nakamura (1996), 194 f.; *v. Hoffmann*, IPRax 1982, (217) 221; einschränkend Staudinger-*Spellenberg*, § 606a ZPO, Rn. 249, 243, 269.

ten, also insbesondere §§ 12, 23a ZPO.[108] Zwar hat die Rechtsprechung zuweilen eine internationale Zuständigkeit für isolierte Scheidungsfolgesachen aus § 623 ZPO angenommen, wenn die Ehe im Ausland geschieden wurde, sofern nur eine (hypothetische) internationale Zuständigkeit für die Scheidung in Deutschland bestanden hätte.[109] Diese Handhabung dürfte jedoch nicht sachgerecht sein: Der Verbundszweck liegt in der Arbeitsentlastung der Gerichte und der Parteien. Weil aber die Verbundszuständigkeit nur bezüglich Scheidung und Versorgungsausgleich zwingend ist, kann sie in der Regel aufgelöst werden, wenn die Folgesache abgetrennt wird.[110] Deshalb bestimmt § 621 Abs. 2 S. 2 ZPO auch folgerichtig, dass sich die Zuständigkeit bei isolierten Folgesachen aus den allgemeinen Regeln ergibt, die auch bei Anhängigkeit einer Familiensache, die keine Ehesache ist, gelten.[111]

2. *Zuständigkeiten für das Eilverfahren bei einer Familiensache, die keine Ehesache ist, als Gegenstand der Erstklage*

a. *Überblick über die Zuständigkeiten*

Ist Gegenstand der ‚Torpedoklage' eine Familiensache, die keine Ehesache (§ 606 Abs. 1 S. 1 ZPO) ist, so besteht ebenfalls eine Zuständigkeit des Hauptsachegerichts zum Erlass einstweiliger Anordnungen nach autonom-nationalen Recht.[112] Für sonstige Familiensachen im Sinne von § 621 Abs. 1 Nr. 1-3 oder 7 ZPO bestimmt dies § 621g ZPO. Es kommt also zunächst darauf an, welchen Anspruch der Antragsteller verfolgt.[113] Ist etwa ein sorgerechtliches Hauptsacheverfahren anhängig, so verweist § 621 Abs. 2 S. 2 ZPO hinsichtlich der örtlichen Zuständigkeit auf die Vorschriften des FGG;[114] die internationale Zustän-

---

[108] OLG Karlsruhe FamRZ 2001, 1012 (1012); Staudinger-*Spellenberg*, § 606a ZPO, Rn. 277; Johannsen / Henrich-*Sedemund-Treiber*, § 621 ZPO, Rn. 23; *Graf*, Die internationale Verbundszuständigkeit (1984), 194; *Schack*, IZVR, Rn. 378; *Henrich*, IPRax 1993, 189.

[109] BGH FamRZ 1980, 29 (30); FamRZ 1993, 176 (177); vgl. auch Baumbach / Lauterbach-*Albers*, § 621 ZPO, Rn. 33; Johannsen / Henrich-*Sedemund-Treiber*, § 621 ZPO, Rn. 23.

[110] Staudinger-*Spellenberg*, § 606a ZPO, Rn. 277; krit. auch *Schack*, IZVR, Rn. 377 mit anderer Begründung.

[111] Dazu sogleich unten § 9 B II 2 a, bei Fn. 114.

[112] Baumbach / Lauterbach-*Albers*, § 621g ZPO, Rn. 3; *Gießler / Soyka*, Vorläufiger Rechtsschutz (2005), Rn. 110; *Dose*, Einstweiliger Rechtsschutz in Familiensachen (2005), Rn. 192a; vgl. ferner Johannsen / Henrich-*Sedemund-Treiber*, § 621g ZPO, Rn. 2; Hoppenz-*Zimmermann*, § 621g ZPO, Rn. 1; zum abgestuften System bei mehreren Instanzen etwa Thomas / Putzo-*Hüßtege*, § 620a ZPO, Rn. 13 ff.

[113] Vgl. als Überblick Zöller-*Philippi*, § 621 ZPO, Rn. 83 ff., 89 ff.; Musielak-*Borth*, § 621 ZPO, Rn. 16 ff.

[114] Vgl. zur Zuständigkeit bei isolierten Folgesachen bei anhängiger Ehesachen schon oben § 9 B II 1 c, bei Fn. 111.

digkeit wird dann durch die örtliche indiziert.[115] Die Zuständigkeit eines deutschen Gerichts ist gegeben, wenn das Kind, welches seinen gewöhnlichen Aufenthalt nicht in einem Mitgliedstaat oder MSA-Vertragsstaat hat, entweder Deutscher ist (§§ 43 Abs. 1, 35b Abs. 1 Nr. 1; 36 Abs. 2, 64 Abs. 3 FGG, § 621 Abs. 2 ZPO), auch wenn es daneben noch eine andere Staatsangehörigkeit besitzt,[116] oder der Fürsorge durch ein deutsches Gericht bedarf (§§ 43 Abs. 1, 35b Abs. 2, 36 Abs. 3, 64 Abs. 3 FGG, § 621 Abs. 2 ZPO).[117]

Wie bei Ehesachen wird die internationale Zuständigkeit deutscher Gerichte durch § 621 Abs. 2 S. 1 ZPO nicht ausgeschlossen, sodass eine ausländische Anhängigkeit einer anderen Familiensache ohne Einfluss auf die Zuständigkeitsprüfung bleibt.[118] Das deutsche Zivilprozessrecht kann eingreifen, wenn das Kind seinen Aufenthalt nicht einem Mitgliedstaat der EheGVO oder einem Vertragsstaat des MSA hat, die als Regelungen vorgehen.[119]

b. Zuständigkeit bei anhängiger ,Torpedoklage'

Ist eine ,Torpedoklage' rechtshängig und läuft damit ein Hauptsacheverfahren über eine andere Familiensache im Ausland, so ist problematisch, ob ein deutschen Gerichts für einstweilige Maßnahmen noch zuständig ist. Weil § 621g ZPO[120] die inländische Anhängigkeit eines Hauptsacheverfahrens voraussetzt,[121] müsste der Antragsteller zunächst ein inländisches Hauptsacheverfahren einleiten.[122] Allerdings könnte diesem die ausländische Rechtshängigkeit entgegen-

---

[115] BGH NJW 1987, 2161 (2161); Zöller-*Philippi*, § 621 ZPO, Rn. 83; Musielak-*Borth*, § 621 ZPO, Rn. 90, 94.

[116] BGH FamRZ 1997, 1070 (1070).

[117] OLG Hamm FamRZ 1988, 864 (865); FamRZ 1992, 208 (209).

[118] Vgl. bereits oben § 9 B II 1 b aa, bei Fn. 100; vgl. zum Verhältnis zwischen Verfahren innerhalb Deutschlands *Gießler / Soyka*, Vorläufiger Rechtsschutz (2005), Rn. 1067.

[119] Zu den vorrangigen Regelungen bereits oben § 8 A II 2 a, bei Fn. 20 ff.

[120] Die Vorschrift wurde erst 2002 eingefügt; die vorher ungeregelten, von der herrschenden Meinung jedoch anerkannten vorläufigen Anordnungen in FGG-Familiensachen sind daher überflüssig geworden, vgl. Weinreich / Klein-*Bäumel*, § 621g ZPO, Rn. 1; *Gießler / Soyka*, Vorläufiger Rechtsschutz (2005), Rn. 261; *Gießler*, FamRZ 2004, 419 (421); a. A. *Dose*, Einstweiliger Rechtsschutz in Familiensachen (2005), Rn. 192g. Zum Teil werden auch amtswegige einstweilige Anordnungen unter § 621g für zulässig gehalten, so Weinreich / Klein-*Bäumel*, § 621g ZPO, Rn. 4; anders Hoppenz-*Zimmermann*, § 621g ZPO, Rn. 2.

[121] Vgl. dazu schon oben § 9 A II 1 b bb, bei Fn. 105.

[122] Zu beachten ist jedoch ein Referentenentwurf des Bundesministeriums der Justiz für das FGG-Reformgesetz aus dem Juni 2005, der das bisherige FGG zum 1.7.2007 ablösen soll: Darin wird auf eine Hauptsacheanhängigkeit zum Erlass einer Eilmaßnahme verzichtet. Die Situation entspricht dann also dem Arrest und der einstweiligen Verfügung, vgl. dazu *Kuntze*, FGPrax 2005, 185 (187).

stehen, weil bereits ein ausländisches Verfahren über denselben Anspruch schwebt. Zum Teil wird dies auch gefolgert.[123]

Dieses Ergebnis wäre dann richtig, wenn – wie bei § 261 Abs. 3 Nr. 1 ZPO im Verhältnis zwischen zwei inländischen Verfahren – die spätere Klage als unzulässig abzuweisen wäre.[124] Da das Verfahren aber im Rahmen der Art. 19 Abs. 1 EheGVO und § 261 ZPO im Verhältnis zu einer ausländischen Erstklage nach § 148 ZPO analog[125] lediglich ausgesetzt wird, erscheint dies fraglich. Denn dann ist noch nicht endgültig entschieden, dass die Zweitklage als unzulässig verworfen wird. Die Erfolgsaussichten des Hauptverfahrens sind im Rahmen des Eilrechtsschutzes grundsätzlich auch nicht zu prüfen.[126] Eine Ausnahme ist lediglich dann zu machen, wenn ein späteres Hauptsacheverfahren offensichtlich unzulässig oder unbegründet wäre.[127] Dem Antragsteller sollte es also grundsätzlich möglich sein, Eilmaßnahmen in Deutschland zu beantragen, wenn er zugleich ein inländisches Hauptsacheverfahren anstrengt.[128]

Diese Lösung kann man auch damit begründen, dass der Grundsatz der *perpetuatio fori* für die internationale Zuständigkeit in Sorgerechtsstreitigkeiten im

---

[123] Vgl. OLG München FamRZ 1992, 73 (74), zu einem Fall, in dem die Rechtshängigkeit damit begründet wurde, dass der betreffende (Unterhalts-) Anspruch bereits im ausländischen Verfahren geltend gemacht worden war. Vgl. auch Zöller-*Philippi*, § 621 ZPO, Rn. 76; Staudinger-*Spellenberg*, Anh zu § 606a ZPO, Rn. 195.

[124] Zu den Rechtsfolgen bei § 261 ZPO vgl. BGH NJW 1986, 2195; OLG München FamRZ 1993, 349 (349 f.); Staudinger-*Spellenberg*, § 606a ZPO, Rn. 195; Thomas / Putzo-*Reichold*, § 261 ZPO, Rn. 15.

[125] Musielak-*Foerste*, § 261 ZPO, Rn. 5; Thomas / Putzo-*Reichold*, § 261 ZPO, Rn. 15; *Geimer*, NJW 1984, 527 (528); *Dohm*, Die Einrede ausländischer Rechtshängigkeit (1996), 272 ff.

[126] Johannsen / Henrich-*Sedemund-Treiber*, § 620 ZPO, Rn. 4; Musielak-*Borth*, § 620 ZPO, Rn. 5; Weinreich / Klein-*Bäumel*, § 620 ZPO, Rn. 14.

[127] OLG Bamberg FamRZ 1983, 82 (83); OLG Karlsruhe FamRZ 1989, 79 (80); Musielak-*Borth*, § 620 ZPO, Rn. 4; Johannsen / Henrich-*Sedemund-Treiber*, § 620 ZPO, Rn. 4; Weinreich / Klein-*Bäumel*, § 620 ZPO, Rn. 14; HdBVR-*Feldmeier*, Rn. D 7; weitergehend Stein / Jonas-*Schlosser*, § 620 ZPO, Rn. 15, der selbst bei offensichtlicher Unzuständigkeit des Gerichts eine einstweilige Anordnung zulassen will, wenn sie dringend geboten ist.

[128] So auch OLG Hamm FamRZ 1988, 864 (865), das die Befugnis zum Erlass von Eilmaßnahmen bei anhängigem ausländischen Hauptsacheverfahren sogar allgemein annimmt; bestätigend OLG München FamRZ 1993, 349 (349); ebenso OLG Hamm FamRZ 1970, 95 (95); Keidel / Kuntze / Winkler-*Engelhardt*, § 35b FGG, Rn. 14; Soergel[11]-*Kegel*, Art. 19 EGBGB, Rn. 59; Stein / Jonas-*Schlosser*, § 620 ZPO, Rn. 15; einschränkend *Gießler / Soyka*, Vorläufiger Rechtsschutz (2005), Rn. 1070, die Eilmaßnahmen bei einer möglicherweise ungeklärten Anerkennungsfähigkeit oder einem ungeklärten Verfahrensgegenstand des ausländischen Verfahrens zulassen wollen; ferner *Kegel / Schurig*, IPR, § 22 VII; ablehnend Staudinger-*Spellenberg*, Anh zu § 606a ZPO, Rn. 195, der meint, eine neue Klage sei bei entgegenstehender Rechtshängigkeit im Ausland wegen § 261 Abs. 3 ZPO *unzulässig*.

Bereich des autonomen Zivilverfahrensrechts[129] nicht schlechthin gilt.[130] Eine Abwägung der für und wider eine *perpetuatio fori* sprechenden Gesichtspunkte muss vielmehr über eine Fortdauer der Zuständigkeit entscheiden.[131] Für diese Abwägung muss – neben der Notwendigkeit der Vermeidung widersprechender Entscheidungen und der Sachnähe des Gerichts – besonders maßgebend der Gedanke des Kindeswohls sein. Ist etwa ein inländisches Fürsorgebedürfnis weggefallen und besitzt das Kind noch nicht einmal die deutsche Staatsangehörigkeit, so ist eine Fortdauer der Zuständigkeit zu verneinen.[132] Insofern kommt es auf die Umstände des Einzelfalls an. Fällt die Zuständigkeit infolge dessen nachträglich weg, so wäre eine später ergehende Entscheidung des Hauptsachegerichts nicht anzuerkennen,[133] so dass die Rechtshängigkeit unbeachtlich und sowohl ein inländisches Hauptsacheverfahren als auch ein Eilverfahren zulässig wären.

Dem Antragsteller ist also auch bei anhängiger ausländischer Familiensache als ‚Torpedoklage' inländischer Eilrechtsschutz nicht verwehrt.

III. Mögliche Begrenzungen der Eilzuständigkeit

1. Sperrwirkung einer Gerichtsstandsvereinbarung

Fraglich ist, ob in familienrechtlichen Streitigkeiten eine Gerichtsstandsvereinbarung getroffen werden kann, die auch die gerichtliche Zuständigkeit für einstweilige Maßnahmen festlegt. Soweit der Antragsgegner in einer Ehesache

---

[129] Im Anwendungsberich des MSA gilt die *perpetuatio fori* nicht, vgl. Zöller-*Philippi*, § 621a ZPO, Rn. 24a.

[130] So die überwiegende Ansicht, vgl. OLG Hamburg IPRax 1987, 319 (320); OLG Frankfurt/Main IPRax 1983, 294 (295); BayObLG IPRspr. 1982, Nr. 194 (S. 477); nicht differenzierend Zöller-*Philippi*, § 621a ZPO, Rn. 24a; *Habscheid*, Freiwillige Gerichtsbarkeit, 73; *v. Hoffmann / Thorn*, IPR, § 3, Rn. 71; *Schack*, IZVR, Rn. 394; gegen eine *perpetuatio fori* etwa OLG Hamm FamRZ 1989, 1109 (1110); grundsätzliche Ablehnung des *perpetuatio fori*-Grundsatzes im allgemeinen auch bei *Damrau*, FS Bosch (1976), 103 (118); Differenzierung nach Zuständigkeitsvoraussetzungen bei: *Beitzke*, JZ 1961, 649 (652); *Kralik*, ZZP 74 (1961), 2 (45); *Matthies*, Anm. zu OGH, Entsch. v. 18.10.1950, RabelsZ 18 (1953), 703 (707); *Pagenstecher*, RabelsZ 11 (1937), 449 ff., 460 ff.; zum ganzen Staudinger-*Henrich*, Art. 21 EGBGB, Rn. 163.
Andere befürworten eine *perpetuatio fori* nur dann, wenn sie zwar nicht auf den gewöhnlichen Aufenthalt des Minderjährigen, aber auf andere Tatsachen gestützt wird, etwa auf den Scheidungsverbund, solange ein Scheidungsverfahren der Eltern vor einem deutschen Gericht noch anhängig ist, vgl. OLG Stuttgart IPRspr. 1979, Nr. 101 (S. 340 f.); OLG Düsseldorf IPRspr. 1981, Nr. 97 (S. 219); dagegen Staudinger-*Spellenberg*, § 606a ZPO, Rn. 306.

[131] OLG Düsseldorf IPRspr. 1981, Nr. 97 (S. 218); Staudinger-*Henrich*, Art. 21 EGBGB, Rn. 164; Keidel / Kuntze / Winkler-*Engelhardt*, § 35b FGG, Rn. 13.

[132] OLG Hamburg IPRspr. 1986, Nr. 154 (S. 360); Staudinger-*Spellenberg*, § 606a ZPO, Rn. 305; Staudinger-*Henrich*, Art. 21 EGBGB, Rn. 164.

[133] OLG München FamRZ 1993, 349 (350); Zöller-*Philippi*, § 621a ZPO, Rn. 24a.

in einem EG-Mitgliedstaat verklagt werden kann, sind Prorogationen wie Derogationen ausgeschlossen, weil Art. 6 EheGVO eine ausschließliche Zuständigkeit der durch Art. 3 bis 5 EheGVO berufenen Gerichte anordnet.[134] Zwar schließt Art. 6 EheGVO Gerichtsstandsvereinbarungen nicht per se, sondern nur beim Sitz des Antragsgegners in einem Mitgliedstaat, aus. Eine solche wäre jedoch nur wirksam, wenn auch das Heimatrecht des Antragsgegners eine Prorogation zulassen würde.[135] Beim deutschen Recht etwa ist dies gemäß § 40 Abs. 2 ZPO nicht der Fall.[136] Die Prozessparteien können sich also nicht auf eine Gerichtsstandsvereinbarung für die Hauptsache berufen.

Eine Vereinbarung der Zuständigkeit in Bezug auf Eilmaßnahmen in Ehesachen allein dürfte ebenfalls ausgeschlossen sein – denn durch die Zuständigkeitsvereinbarung könnten die Parteien sonst die Kriterien des Art. 20 EheGVO für die Zuständigkeit der autonom-nationalen Gerichte umgehen.[137] Zudem differenziert Art. 6 EheGVO nicht, sondern spricht lediglich von ‚Verfahren'.

Auch bei Verfahren über die elterliche Verantwortung dürfte es nicht anders sein: Nach autonomem Recht ist eine Zuständigkeitsvereinbarung im Bereich der freiwilligen Gerichtsbarkeit unzulässig.[138] Bei der EheGVO sieht nur Art. 12 Abs. 3 eine Zuständigkeitsvereinbarung vor. Allerdings ist diese Möglichkeit gesetzlich begrenzt auf andere Verfahren als die in Art. 12 Abs. 1 EheGVO genannten,[139] und zudem wird eine besondere Inlandsbeziehung gefordert (Art. 12 Abs. 1 lit. a EheGVO). Die Vorschrift dürfte deshalb so zu verstehen sein, dass die Parteien bei Verfahrenseinleitung mit der Zuständigkeit einverstanden sein müssen,[140] dagegen nicht so, dass eine vorherige Prorogation möglich wäre.

Die Sperrwirkung einer Gerichtsstandsvereinbarung gegenüber einer an sich gegebenen Zuständigkeit kann somit nicht eintreten.

---

[134] Rauscher-*Rauscher*, Art. 7 Brüssel II-VO, Rn. 1; Musielak-*Borth*, Art. 6 Verordnung (EG) Nr. 2001/2003; MünchKommZPO-*Gottwald*, Art. 7 EheGVO a. F., Rn. 1 m. w. N.; skeptisch *Boele-Woelki*, ZfRV 2001, 121 (123).

[135] Staudinger-*Spellenberg*, Art. 6 EheGVO, Rn. 22.

[136] MünchKommZPO-*Bernreuther*, § 606a ZPO, Rn. 127; Stein / Jonas-*Schlosser*, § 606a ZPO, Rn. 7; Zöller-*Geimer*, § 606a ZPO, Rn. 86; *ders.*, IZPR, Rn. 1751, 1773; *Riezler*, IZPR, 307; *Beitzke*, FamRZ 1967, 593 (597); eine Ausnahme will nur Zöller-*Geimer*, § 606a ZPO, Rn. 86 a. E., für die Derogation der deutschen internationalen Zuständigkeit zulassen.

[137] Vgl. zu diesen Kriterien oben § 9 B I 1 c und d.

[138] OLG Düsseldorf FamRZ 1978, 621 (622); Keidel / Kuntze / Winkler-*Sedemund-Treiber*, § 3-5 FGG, Rn. 6; *Mitzkus*, Internationale Zuständigkeit (1982), 196; *Geimer*, IZVR, Rn. 1789; *Adam*, Internationaler Versorgungsausgleich (1985), 97, Fn. 37; *Pagenstecher*, RabelsZ 11 (1937), 37 (411).

[139] In Betracht kommen etwa Vaterschaftsfeststellungen oder Adoptionsverfahren.

[140] Vgl. Musielak-*Borth*, Art. 12 Verordnung (EG) Nr. 2001/2003, Rn. 4; Staudinger-*Spellenberg*, Art. 12 EheGVO, Rn. 63.

2. Begrenzung der Kognitionsbefugnis des erkennenden Gerichts

Was die Kognitionsbefugnis des erkennenden Gerichts betrifft, ist zu fragen, ob auch rechtsgestaltende einstweilige Maßnahmen erlassen werden können, die einen Auslandsbezug aufweisen. Dabei kann nichts anderes gelten als bei der Fallgruppe der Unterlassungs- bzw. der Leistungsansprüche:[141] Auch hier folgt aus der internationalen Zuständigkeit des Gerichts, dass die Kognitionsbefugnis nicht auf das Inland beschränkt ist. Wenn sich also etwa eine Partei im Ausland befindet, so ist das Gericht nicht gehindert, eine einstweilige Anordnung zu erlassen. Zu beachten ist freilich, dass die Entscheidung nur dann Wirkungen im Ausland entfaltet, wenn ihr diese durch Anerkennung verliehen werden.

C. Ergebnis

Hinsichtlich der für einstweiligen Rechtsschutz zur Durchsetzung eines Gestaltungsbegehrens gegebenen Zuständigkeiten tauchen für den Betroffenen einer einstweiligen Verfügung mehrere Probleme auf. Bei nicht-familienrechtlichen Gestaltungsbegehren fehlt es zunächst an einer genaueren Bestimmung des Terminus der ‚realen Verknüpfung'. Diese war bisher nur für Eilmaßnahmen versucht worden, die Leistungsansprüche bzw. auf Unterlassungsansprüche zum Gegenstand hatten. Die ‚reale Verknüpfung' sollte bei rechtsgestaltenden einstweiligen Maßnahmen der über Art. 31 EuGVVO (Art. 24 EuGVÜ/LugÜ) zugelassenen autonom-nationalen Gerichte ebenso bestimmt werden wie bei Leistungs- und Unterlassungsansprüchen. Danach besteht eine derartige Verknüpfung, wenn die einstweilige Verfügung ihrem Inhalt nach auf den Gerichtsstaat bezogen ist – sich also etwa die natürliche oder juristische Person, deren Rechtsverhältnisse durch die Eilmaßnahme geregelt werden, im Gerichtsstaat befindet.

Bei familienrechtlichen Sachverhalten bestimmt sich die internationale Zuständigkeit der Gerichte innerhalb Europas vorrangig nach der EheGVO. Danach sind einstweilige Anordnungen des deutschen Rechts möglich, ohne dass ein Bezug zu einer Ehesache nötig ist. Eine besondere Eilbedürftigkeit ist entgegen zuweilen geäußerten Annahmen für eine Eilzuständigkeit der autonom-nationalen Gerichte nicht notwendig. Es scheiden nur nationale Eilmaßnahmen aus, die überhaupt keine Eilbedürftigkeit voraussetzen. Die Erfordernisse, die der EuGH für Leistungs- bzw. Befriedigungsverfügungen aufgestellt hat, spielen bei gestaltenden Eilmaßnahmen keine Rolle.

Die EheGVO eröffnet wie EuGVVO bzw. EuGVÜ/LugÜ ein dreispuriges Zuständigkeitssystem. Sowohl das mit der ‚Torpedoklage' betraute europäische Hauptsachegericht als auch die sonstigen Gerichte der EheGVO können für Eilrechtsschutz angerufen werden. Daneben sind die autonom-nationalen Gerichte

---

[141] Vgl. schon oben § 6 B III, bei Fn. 217.

zuständig, wenn glaubhaft gemacht wird, dass sich die betroffenen Personen oder Vermögensgegenstände im Gerichtsstaat befinden.

‚Torpedoklagen' spielen auch im autonomen deutschen Zivilprozessrecht eine Rolle, weil bei familienrechtlichen Sachverhalten Erstklage meist eine Gestaltungsklage ist. Eine ausländische Anhängigkeit der Hauptsache sperrt auch im autonomen Verfahrensrecht nicht eine Eilzuständigkeit deutscher Gerichte. Allerdings setzt eine einstweilige Anordnung voraus, dass ein inländisches Hauptsacheverfahren anhängig ist. Deshalb besteht für den Antragsteller die missliche Konsequenz, dass er zunächst ein Hauptsacheverfahren im Inland anhängig machen muss, selbst wenn dieses wegen der ausländischen ‚Torpedoklage' auszusetzen ist. Dies gilt auch bei isolierten Folgesachen im Sinne von § 623 Abs. 1 S. 1 ZPO. Eine ausländische Rechtshängigkeit ändert nichts daran, dass der Antragsteller ein weiteres Hauptsacheverfahren in Deutschland anstrengen kann. Dies lässt sich auch so begründen, dass eine *perpetuatio fori* nicht besteht, so dass eine beim Erstgericht ergehende Entscheidung im Falle des nachträglichen Wegfalls dessen Zuständigkeit nicht anzuerkennen wäre.

Anders als bei nicht-familienrechtlichen Streitigkeiten ist eine Gerichtsstandsvereinbarung im Familienrecht nicht möglich. Eine Begrenzung der Zuständigkeiten kann so also nicht entstehen. Das Gericht besitzt darüber hinaus umfassende Kognitionsbefugnis.

§ 10. Probleme der Durchsetzung einer Eilmaßnahme bei Gestaltungsbegehren

A. Probleme der Durchsetzung einer Eilmaßnahme bei nichtfamilienrechtlichen Streitigkeiten

Probleme der Durchsetzung einer Eilmaßnahme tauchen nicht nur auf, wenn es dem Antragsteller um Leistung oder Unterlassung geht, sondern auch bei rechtsgestaltenden Maßnahmen. Dabei stellt sich zunächst die Frage, welche Reichweite solche Eilmaßnahmen haben.[1] Außerdem ist klärungsbedürftig, ob es im Rahmen der Vollziehung zu Schwierigkeiten kommen kann.[2]

I. Grundsätzliches zur territorialen Reichweite von rechtsgestaltenden Maßnahmen

Bei einstweiligen Maßnahmen, die auf eine Rechtsgestaltung gerichtet sind – relevant für ‚Torpedo-Situationen' sind die vorläufige Regelung des Sorgerechts bzw. als Minus des Aufenthaltsbestimmungsrechts – ist die grundsätzliche Zulässigkeit ihrer Anerkennung und Vollstreckung fraglich. Hinsichtlich der Vollstreckung ist das Ergebnis relativ klar: Bei gestaltenden Eilmaßnahmen fehlt es an der Voraussetzung eines vollstreckbaren Inhalts der erststaatlichen Entscheidung.[3] Für das europäische Zivilverfahrensrecht folgt diese Voraussetzung schon aus Art. 38 Abs. 1 EuGVVO (Art. 31 Abs. 1 EuGVÜ/LugÜ).[4] Lediglich die Verurteilung zur Kostentragung ist vollstreckbar.[5] Bei familienrechtlichen Eilmaßnahmen lässt sich das Erfordernis eines vollstreckbaren Inhalts daraus ableiten, dass sich die Vollstreckung einer einstweiligen Anordnung im Sinne

[1] Vgl. dazu § 10 A I, B I.

[2] Vgl. dazu § 10 A II, B II.

[3] Zöller-*Geimer*, § 722 ZPO, Rn. 4; Musielak-*Lackmann*, § 722 ZPO, Rn. 2, 5; *Schuschke*, § 722 ZPO, Rn. 5; *Geimer*, IZVR, Rn. 3115; *Schack*, IZVR, Rn. 933; so ist etwa die Vollstreckungsabwehrklage (§ 767 ZPO) nicht vollstreckbar, vgl. MünchKommZPO-*Gottwald*, § 722 ZPO, Rn. 38; für familienrechtliche Entscheidungen vgl. Keidel / Kuntze / Winkler-*Zimmermann*, § 33 FGG, Rn. 11; *Bumiller / Winkler*, § 33 FGG, Rn. 2; MünchKomm-*Huber*, § 1632 BGB, Rn. 18; *Winkel*, Grenzüberschreitendes Sorge- und Umgangsrecht (2001), 100; *Kraeft*, FPR 2002, 611 (611); *Dörr*, NJW 1989, 690 (694); *Hub*, NJW 2001, 3145 (3147).

[4] *Kropholler*, EZPR, Art. 38 EuGVVO, Rn. 7; Burgstaller / Neumayr-*Burgstaller / Neumayr*, Art. 38 EuGVVO, Rn. 2; *Schlosser*, EUZ, Art. 38 EuGVVO, Rn. 2, 3; Geimer / Schütze-*Geimer*, EZVR, Art. 38 EuGVVO, Rn. 3; Rauscher-*Mankowski*, Art. 38 Brüssel I-VO, Rn. 14.

[5] Geimer / Schütze-*Geimer*, EZVR, Art. 38 EuGVVO, Rn. 3, Fn. 9; Geimer / Schütze-*Geimer*, Internationale Urteilsanerkennung I.1, 1133.

von § 620 ZPO nach § 33 FGG richtet, der wiederum eine Vollstreckung nur für Handlungen, Duldungen und Unterlassungen vorsieht.[6]

Die Anerkennung einer ausschließlich gestaltenden einstweiligen Maßnahme ist hingegen möglich. Allgemeine Meinung ist, dass im Grundsatz jede zivilrechtliche Sachentscheidung eines ausländischen Gerichts anerkennungsfähig ist, also auch rechtsgestaltende.[7] Nach autonomem deutschen Recht sind jedoch einstweilige Maßnahmen ausgenommen, weil sie keine endgültige Entscheidung in der Sache treffen.[8] Anders ist es im Anwendungsbereich der EuGVVO bzw. des EuGVÜ/LugÜ.[9] Die EuGVVO geht vom Grundsatz einer *ipso iure*, also automatisch eintretenden Anerkennung aus.[10] Die Anerkennung ist notwendig, um der Eilmaßnahme Geltung für den Herrschaftsbereich eines anderen Staates zu verleihen.[11]

Hinsichtlich der Anerkennung von rechtsgestaltenden Maßnahmen außerhalb des Familienrechts ist im wesentlichen auf die oben[12] gemachten Ausführungen zu verweisen. Eine Anerkennung ist nur dann zulässig, wenn dem Antragsteller rechtliches Gehör gewährt worden ist.[13] Dies ergibt sich daraus, dass ansonsten bei Zugrundelegung der *Denilauler*-Rechtsprechung bereits keine ‚Entscheidungen' im Sinne von Art. 32 EuGVVO (Art. 25 EuGVÜ/LugÜ) vorliegen.[14] Das fehlende rechtliche Gehör wird wegen der *ipso iure*-Anerkennung (vgl. Art. 33 Abs. 1 EuGVVO, Art. 26 Abs. 1 EuGVÜ/LugÜ) zwar nicht geprüft, kann allerdings möglicherweise[15] in einem eigenständigen Feststellungsverfahren über die

---

[6] *Bassenge / Herbst*, § 33 FGG, Rn. 3; *Gießler / Soyka*, Vorläufiger Rechtsschutz (2005), Rn. 244 ff.; zu den Voraussetzungen etwa Keidel / Kuntze / Winkler-*Zimmermann*, § 33 FGG, Rn. 1; bei anderen Entscheidungen im Familienrecht ist eine Vollstreckung dagegen möglich, zum Beispiel bei Entscheidungen über die Herausgabe des Kindes (§ 1632 BGB) oder einer Umgangsregelung (§ 1684 BGB), vgl. *Dörr*, NJW 1989, 690 (694); *Kraeft*, FPR 2002, 611 (611); *Dickmeis*, NJW 1992, 537 (537).

[7] Musielak-*Musielak*, § 328 ZPO, Rn. 5; Baumbach / Lauterbach-*Hartmann*, § 328 ZPO, Rn. 8; deutlich Zöller-*Geimer*, § 328 ZPO, Rn. 67a; *Kropholler*, IPR, § 60 III 1 (S. 644); *Gottwald*, ZZP 103 (1990), 257 (263 f.).

[8] Vgl. schon oben § 7 A I 1 b, bei Fn. 24.

[9] Baumbach / Lauterbach-*Hartmann*, § 328 ZPO, Rn. 9; Zöller-*Geimer*, § 328 ZPO, Rn. 67a; *Gottwald*, FamRZ 1987, 780 (780); notwendig ist aber die Beachtung rechtlichen Gehörs, vgl. dazu schon § 7 A I 1 b, bei Fn. 16.

[10] Rauscher-*Leible*, Art. 33 EuGVVO, Rn. 2; *Kropholler*, EZPR, Art. 33 EuGVVO, Rn. 1.

[11] Burgstaller / Neumayr-*Burgstaller / Neumayr*, Art. 33 EuGVVO, Rn. 14; Geimer / Schütze-*Geimer*, EZVR, Art. 33 EuGVVO, Rn. 45; *Schlosser*, EUZ, Art. 33 EuGVVO, Rn. 3; *Kropholler*, EZPR, vor Art. 33 EuGVVO, Rn. 15.

[12] Vgl. oben § 7 A I, ab Fn. 6.

[13] Vgl. dazu oben § 7 A I 1 b, bei Fn. 16.

[14] So die Interpretation bei *Kropholler*, EZPR, Art. 32 EuGVVO, Rn. 22; Rauscher-*Leible*, Art. 31 Brüssel I-VO, Rn. 36.

[15] Zu der strittigen Frage eines negativen Feststellungsverfahrens sogleich unten § 10 A II, bei Fn. 17.

Anerkennungsfähigkeit (Art. 33 Abs. 2 EuGVVO, Art. 26 Abs. 2 EuGVÜ/LugÜ) oder bei einem Folgerechtsstreit zwischen den Parteien (Art. 33 Abs. 3 EuGVVO, Art. 26 Abs. 3 EuGVÜ/LugÜ) überprüft werden.

II. Probleme der Durchsetzung aufgrund von Reaktionen des ‚Torpedoklägers'

Für den Antragsteller können Schwierigkeiten auftauchen, wenn der Antragsgegner seinerseits Eilmaßnahmen einleitet oder Rechtsbehelfe einlegt. Letzterer könnte bei einem grenzüberschreitenden Sachverhalt etwa die mangelnde Anerkennungsfähigkeit nach Art. 33 Abs. 2 EuGVVO (Art. 26 Abs. 2 EuGVÜ/LugÜ) feststellen lassen. Dieses Verfahren dient als Ersatz dafür, dass bei rechtsgestaltenden Entscheidungen kein Rechtsbehelfsverfahren im Rahmen des Exequaturverfahrens stattfindet.[16] Ob es im Rahmen der EuGVVO bzw. der Übereinkommen ein Verfahren auf negative – nicht nur auf positive – Feststellung der Anerkennungsfähigkeit gibt, ist allerdings umstritten.[17]

Die Befürworter eines negativen Feststellungsverfahrens verweisen auf die prozessuale Waffengleichheit der Parteien, die es erfordere, dass beiden Parteien dieselben Rechtsbehelfe zustünden.[18] Mehrere Argumente sind indes entgegenzuhalten. So will etwa der *Jenard*-Bericht zum EuGVÜ nur positive Feststellungsverfahren zulassen.[19] Ein Wortlautargument folgt aus Art. 33 Abs. 2 EuGVVO (Art. 26 Abs. 2 EuGVÜ/LugÜ) entgegen einiger Annahmen[20] zwar nicht, weil dort nur die Frage angesprochen wird, *ob* eine Entscheidung anzuerkennen ist, was auch eine negative Feststellung umfassen kann. Allerdings spricht die Parallelvorschrift des Art. 21 Abs. 3 EheGVO im Gegensatz zu Art. 33 Abs. 2 EuGVVO (Art. 26 Abs. 2 EuGVÜ/LugÜ) von ‚Anerkennung oder Nichtanerkennung', und macht damit den Unterschied zur EuGVVO (bzw. zum EuGVÜ/LugÜ) deutlich. Die Indizien gegen negative Feststellungsverfahren im Rahmen von Art. 33 Abs. 2 EuGVVO (Art. 26 Abs. 2 EuGVÜ/LugÜ) überwiegen somit.

---

[16] Vgl. Burgstaller / Neumayr-*Burgstaller / Neumayr*, Art. 33 EuGVVO, Rn. 4, 5.

[17] Dafür Rauscher-*Leible*, Art. 33 Brüssel I-VO, Rn. 13; MünchKommZPO-*Gottwald*, Art. 26 EuGVÜ, Rn. 8; *Kropholler*, EZPR, Art. 33 EuGVVO, Rn. 7; Thomas / Putzo-*Hüßtege*, Art. 33 EuGVVO, Rn. 5; Musielak-*Weth*, Art. 33 Verordnung (EG) Nr. 44/2001, Rn. 3 a. E.; Czernich / Tiefenthaler / Kodek-*Kodek*, Art. 33 EuGVVO, Rn. 9; *Micklitz / Rott*, EuZW 2002, 15 (16); dagegen Geimer / Schütze-*Geimer*, EZVR, Art. 33 EuGVVO, Rn. 85; Burgstaller / Neumayr-*Burgstaller / Neumayr*, Art. 33 EuGVVO, Rn. 5; *Schlosser*, EUZ, Art. 33 EuGVVO, Rn. 4.

[18] So etwa Geimer / Schütze-*Geimer*, EZVR, Art. 33 EuGVVO, Rn. 85, wonach der einen Partei das gleiche vereinfachte Verfahren zur Verfügung gestellt werden müsse wie der anderen.

[19] *Jenard*-Bericht, ABl.EG 1979 Nr. C 59/1 (43).

[20] *Kropholler*, EZPR, Art. 33 EuGVVO, Rn. 7; Rauscher-*Leible*, Art. 33 Brüssel I-VO, Rn. 13, der vom ‚eindeutigen Wortlaut der Vorschrift' spricht.

Der Antragsgegner kann mithin nur die Rechtsbehelfe des nationalen Rechts in Anspruch nehmen, etwa auf negative Feststellung klagen. Dabei kann weitgehend auf oben gemachte Ausführungen verwiesen werden.[21] Möglich sind im deutschen Recht insbesondere ein Widerspruch (§ 924 ZPO) oder ein Antrag auf Aufhebung der einstweiligen Verfügung (§ 927 ZPO).

B. Probleme der Durchsetzung einer Eilmaßnahme bei familienrechtlichen Streitigkeiten

I. Probleme der Anerkennung (Reichweite der Maßnahmen)

Problematisch kann auch die Anerkennung von rechtsgestaltenden Maßnahmen im Bereich des Familienrechts sein. Dabei ist zu bedenken, ob sich Unterschiede bei der *ipso iure* eintretenden Anerkennung (Art. 21 EheGVO)[22] abhängig davon ergeben, ob die Eilmaßnahme von einem Gericht der europäischen oder einem Gericht der durch Art. 20 EheGVO berufenen nationalen Zuständigkeitsordnung erlassen worden ist. Daneben stellt sich die Frage der Anerkennung von Eilmaßnahmen, die Gerichte erlassen haben, die ihre Zuständigkeit auf das MSA stützen. Nicht problematisiert werden sollen autonomen Zuständigkeiten, auch nicht die des autonomen deutschen Rechts, weil die hier behandelte Situation die eines Gläubigers ist, der eine einstweilige Maßnahme im Ausland anerkennen und vollstrecken lassen will.

1. Einstweilige Maßnahmen durch das Gericht der Hauptsache

Bei einstweiligen Maßnahmen im Geltungsbereich der EuGVVO bzw. des EuGVÜ/LugÜ ist anerkannt, dass diese grenzüberschreitend anerkannt (und – bei nicht bloß rechtsgestaltenden Regelungen – vollstreckt) werden können, sofern dem Gegner rechtliches Gehör gewährt worden ist.[23] Einschränkungen gelten nach der Rechtsprechung des EuGH nur für die Gerichte der nach Art. 31 EuGVVO (Art. 24 EuGVÜ/LugÜ) berufenen nationalen Zuständigkeitsordnung.[24] Zu fragen ist, ob im Rahmen der EheGVO ähnlich zu differenzieren ist. Dies ist umstritten.

---

[21] Vgl. bereits oben § 7 B III 1, bei Fn. 181.

[22] Baumbach / Lauterbach-*Albers*, Art. 14 EheGVVO a. F., Rn. 4; Rauscher-*Leible*, Art. 14 Brüssel II-VO, Rn. 3; *Dornblüth*, Die europäische Regelung (2003), 71; *Andrae / Heidrich*, FPR 2004, 292 (292).

[23] Vgl. dazu schon oben § 7 A I 1 b, bei Fn. 16; zum Erfordernis des rechtlichen Gehörs vgl. EuGH Slg. 1980, 1553 (1571), Rn. 18 – *Denilauler / Couchet Frères*; aus der Literatur Burgstaller / Neumayr-*Burgstaller / Neumayr*, Art. 31 EuGVVO, Rn. 23; Rauscher-*Leible*, Art. 31 Brüssel I-VO, Rn. 37; *Kropholler*, EZPR, Art. 31 EuGVVO, Rn. 21.

[24] Vgl. dazu schon oben § 9 B I 1 c, bei Fn. 43 ff.; EuGH Slg. 1999 I, 2277 (2316), Rn. 50 – *Mietz / Intership Yachting*; Rauscher-*Leible*, Art. 31 Brüssel I-VO, Rn. 37; *Kropholler*, EZPR, Art. 31 EuGVVO, Rn. 22.

a. Meinungsstand zur grenzüberschreitenden Wirkung von Eilmaßnahmen des Hauptsachegerichts

Die überwiegende Meinung geht nur bei Eilmaßnahmen, die von Gerichten der nationalen Zuständigkeitsordnung erlassen werden, davon aus, dass diese territorial beschränkt seien. Im Umkehrschluss ist zu folgern, dass bei Eilmaßnahmen der nach der EheGVO berufenen Gerichte eine grenzüberschreitende Anerkennung (und Vollstreckung) von Eilmaßnahmen zulässig sein soll.[25] Daneben gibt es Stimmen, die die Anerkennung (und Vollstreckung) von einstweiligen Maßnahmen ganz verneinen wollen, insbesondere weil diese nicht von der Definition der ‚Entscheidung' in Art. 2 Nr. 4 EheGVO (vormals Art. 13 Abs. 1 EuEheVO) erfasst seien.[26]

Die Gegenmeinung geht davon aus, einstweiligen Maßnahmen komme unabhängig davon, von welchen Gerichten sie erlassen würden, grenzüberschreitende Wirkung zu.[27] Dies wird zum Teil aus einer Gegenüberstellung von Art. 23 lit. b EheGVO (vormals Art. 15 Abs. 2 lit. b EuEheVO), der bei Entscheidungen ‚in dringenden Fällen' auf ein Anerkennungshindernis verzichtet, und Art. 21 Abs. 1 EheGVO (früher Art. 14 Abs. 1 EuEheVO), der generell von der Anerkennung von ‚Entscheidungen' ausgeht, hergeleitet.[28]

b. Diskussion und Stellungnahme

Ein Ausschluss einer grenzüberschreitenden Reichweite von Eilmaßnahmen der Gerichte der europäischen Zuständigkeitsordnung ist zweifelhaft. Ein Wortlautargument für den Ausschluss extraterritorialer Wirkungserstreckung lässt sich Art. 20 EheGVO nicht entnehmen.[29] Die Vorschrift trifft keine Bestimmung hinsichtlich der Anerkennung und Vollstreckung von einstweiligen Maßnahmen. Sofern auf den Terminus der ‚Entscheidung' in Art. 2 Nr. 4 EheGVO (vormals Art. 13 Abs. 1 EuEheVO) Bezug genommen und behauptet wird, dieser erfasse

---

[25] Mit dieser Folgerung auch *Dilger*, Die Regelungen zur internationalen Zuständigkeit (2004), Rn. 309, Fn. 370; dafür ausdrücklich Burgstaller / Neumayr-*Burgstaller / Neumayr*, Art. 13 EheGVVO a. F., Rn. 3 a. E. und Art. 12 EheGVVO a. F., Rn. 5; Thomas / Putzo-*Hüßtege*, Art. 13 EheVO, Rn. 3; *Helms*, FamRZ 2001, 257 (260).

[26] Baumbach / Lauterbach-*Albers*, Art. 13 EheGVVO a. F., Rn. 4; *Dilger*, Die Regelungen zur internationalen Zuständigkeit (2004), Rn. 314 f.; *Fuchs / Tölg*, ZfRV 2002, 95 (101 f.)

[27] Rauscher-*Rauscher*, Art. 12 Brüssel II-VO, Rn. 18; Staudinger-*Spellenberg*, Art. 21 EheG-VO, Rn. 32 f.; *ders.*, FS Beys (2003), 1583 (1606); *Sumampouw*, Liber amicorum Kurt Siehr (2000), 729 (740); *dies.*, NIPR 2002, 1 (7); *van der Felden*, WPNR 2000, 753 (758); *Kramer*, NIPR 2003, 240 (242); wohl auch *Schlosser*, EUZ, Art. 12 EuEheVO, Rn. 2.

[28] *Sumampouw*, Liber amicorum Kurt Siehr (2000), 729 (740).

[29] So auch Rauscher-*Rauscher*, Art. 12 Brüssel II-VO, Rn. 18.

nur Entscheidungen in der Hauptsache,[30] ist diese Auslegung nicht zwingend: Ein ausdrücklicher Hinweis findet sich auch in Art. 2 Nr. 4 EheGVO nicht. Vielmehr verweist die Vorschrift nur beispielhaft auf ‚Urteil oder Beschluss' und erfasst im Gegenteil explizit jede von dem Gericht eines Mitgliedstaates erlassene Entscheidung. Zudem orientiert sich die EheGVO an der EuGVVO bzw. am EuGVÜ/LugÜ,[31] so dass anzunehmen ist, dass sie auch deren (weite) Definition der Entscheidung aufgreift.

Aus den Erwägungsgründen oder dem erläuternden Bericht zur EheGVO ergibt sich ebenfalls kein klares Bild hinsichtlich der Frage der Wirkungserstreckung. Der *Borrás*-Bericht trifft lediglich eine Aussage für die Gerichte der nationalen Zuständigkeitsordnung.[32]

Eine teleologische Auslegung spricht dagegen eher für eine extraterritoriale Reichweite der von Gerichten der europäischen Zuständigkeitsordnung getroffenen Eilmaßnahmen. Denn es ist durchaus möglich, dass die Entscheidung Vermögenswerte oder Personen betrifft, die nach dem Zeitpunkt der Entscheidung ihren Belegenheits- bzw. Aufenthaltsort wechseln und den Entscheidungsstaat verlassen.[33] Würde man die einstweiligen Maßnahmen nicht dem Kapitel III der Verordnung unterstellen, so wäre deren Effizienz verringert.[34] Sofern die Gegenansicht geltend macht, die nationalen Eilmaßnahmen unterschieden sich in den einzelnen Mitgliedstaaten erheblich,[35] so ist darauf hinzuweisen, dass dies auch beim einstweiligen Rechtsschutz in Zivil- und Handelssachen, die von EuGVVO bzw. EuGVÜ/LugÜ erfasst werden, der Fall ist.[36]

Danach ist es überzeugender, davon auszugehen, dass die von der EheGVO berufenen Gerichte Eilmaßnahmen erlassen können, die im Ausland anerkannt (und vollstreckt) werden können. Es ergibt sich also keine Wirkungsbeschränkung für Eilmaßnahmen des mit der ‚Torpedoklage' befassten Hauptsachegerichts sowie anderer Gerichte der EheGVO.

---

[30] Baumbach / Lauterbach-*Albers*, Art. 13 EheGVVO a. F., Rn. 4; *Dilger*, Die Regelungen zur internationalen Zuständigkeit (2004), Rn. 314; *Fuchs / Tölg*, ZfRV 2002, 95 (101); *Carlier / Francq / van Boxstael*, J. Trib. dr. eur. 9 (2001), 73 (77, 80), Rn. 11, 24.

[31] *Borrás*-Bericht, ABl.EG 1998, Nr. C 221/27 (48), Rn. 60; *Schlosser*, EUZ, Art. 12 EuEheVO, Rn. 1; Thomas / Putzo-*Hüßtege*, Art. 12 EheVO, Rn. 1 und Art. 13 EheVO, Rn. 3; Rauscher-*Rauscher*, Art. 13 Brüssel II-VO, Rn. 7.

[32] *Borrás*-Bericht, ABl.EG 1998, Nr. C 221/27 (47 f.), Rn. 59; vgl. dazu sogleich unten § 10 B I 2 a, bei Fn. 38.

[33] Staudinger-*Spellenberg*, Art. 20 EheGVO, Rn. 50; Rauscher-*Rauscher*, Art. 12 Brüssel II-VO, Rn. 18.

[34] *Francq*, ERA-Forum 01/2003, 54.

[35] So insbesondere *Fuchs / Tölg*, ZfRV 2002, 95 (102).

[36] Vgl. etwa den rechtsvergleichenden Überblick bei *Eilers*, Maßnahmen des einstweiligen Rechtsschutzes (1991).

2. Einstweilige Maßnahmen durch die Gerichte der nationalen Zuständigkeitsordnung

Es stellt sich die Frage, ob auch einstweilige Maßnahmen durch die Gerichte der durch Art. 20 EheGVO berufenen nationalen Zuständigkeitsordnung grenzüberschreitend anerkannt werden können.

a. Meinungsstand zur grenzüberschreitenden Wirkung von Eilmaßnahmen der autonom-nationalen Gerichte

Für Eilmaßnahmen der Gerichte der von Art. 20 EheGVO berufenen nationalen Zuständigkeitsordnung vertritt die überwiegende Meinung im Schrifttum, dass diese nicht grenzüberschreitend anerkannt (und vollstreckt) werden könnten.[37] Sie stützt sich dabei auf eine Äußerung im *Borrás*-Bericht, wonach erstens erhebliche Unterschiede zu Art. 24 EuGVÜ (nunmehr Art. 31 EuGVVO) bestünden, welcher eine extraterritoriale Wirkung von Eilmaßnahmen vorsehe, und zweitens Art. 20 EheGVO (bzw. früher Art. 12 EuEheVO) lediglich auf territoriale Wirkungen im Erlassstaat der Eilmaßnahme abstelle.[38]

Die Gegenansicht zitiert die Parallelvorschrift des Art. 31 EuGVVO, bei dem ebenfalls eine extraterritoriale Wirkung anerkannt sei.[39]

b. Diskussion und Stellungnahme

Nimmt man eine Wortlaut- und eine teleologische Auslegung vor, ergibt sich auch bei der Frage einer Wirkungserstreckung der Eilmaßnahmen der autonom-nationalen Gerichte nichts anderes als bei den Gerichten der europäischen Zuständigkeitsverordnung.[40] Der Wortlaut des Art. 20 bzw. des Art. 2 Nr. 4 EheGVO differenziert nicht weiter, ob es sich um eine Eilentscheidung oder um eine Hauptsacheentscheidung handelt. Eine Anerkennung (und Vollstreckung) kann auch zweckmäßig sein, falls sich der Aufenthalt einer Person bzw. die Belegenheit einer Sache verändert. Wie bei Art. 31 EuGVVO (Art. 24 EuGVÜ/LugÜ) soll nur vermieden werden, dass sachferne Gerichte einstweilige Maßnahmen

---

[37] Baumbach / Lauterbach-*Albers*, Art. 12 EheGVVO a. F., Rn. 4; *Dilger*, Die Regelungen zur internationalen Zuständigkeit (2004), Rn. 314 f.; *Watté / Boularbah*, Rev. trim. dr. fam. 2000, 539 (582 f.); *Fuchs / Tölg*, ZfRV 2002, 95 (101 f.); *Polyzogopoulos*, in: Gottwald, Aktuelle Entwicklungen, 133 (152 f.); *Pereira*, RMUE 1999, 484 (487); danach differenzierend, ob die Eilmaßnahmen zu einer Leistung verpflichten, Thomas / Putzo-*Hüßtege*, Art. 12 EheVO, Rn. 6 und Art. 13 EheVO, Rn. 3.

[38] *Borrás*-Bericht, ABl.EG 1998, Nr. C 221/27 (47, 48), Rn. 59.

[39] Rauscher-*Rauscher*, Art. 12 Brüssel II-VO, Rn. 18; Staudinger-*Spellenberg*, Art. 20 EheGVO, Rn. 50 f.; *ders.*, FS Beys (2003), 1583 (1599 f.); wohl auch MünchKommZPO-*Gottwald*, Art. 12 EheGVO a. F., Rn. 2.

[40] Vgl. dazu soeben § 9 B I 1 b, bei Fn. 29 ff.

erlassen, die dann grenzüberschreitend vollstreckt werden könnten.[41] Dies schließt aber nicht eine grenzüberschreitende Reichweite per se aus.[42]

Zieht man bei historischer Auslegung den *Borrás*-Bericht heran, so spricht die dort[43] getroffene Aussage ebenfalls nicht zwingend gegen eine extraterritoriale Wirkungserstreckung. Der Bericht zitiert zwar ausdrücklich die ‚lediglich territorialen Wirkungen' von Eilmaßnahmen, will damit aber anscheinend nur den Unterschied zu Art. 31 EuGVVO (Art. 24 EuGVÜ/LugÜ) verdeutlichen, in dessen Wortlaut der Territorialbezug nicht zum Ausdruck kommt. Der Inlandsbezug ist somit nur Zuständigkeits-, nicht Vollstreckungsvoraussetzung.

Es sprechen mithin die besseren Gründe dafür, auch den einstweiligen Maßnahmen von Gerichten der nationalen Zuständigkeitsordnung eine Anerkennung (und Vollstreckung) nicht zu versagen.

3. Einstweilige Maßnahmen durch Gerichte, die durch das MSA berufen sind

Geht es um eine vorläufige Regelung des Sorgerechts oder des Aufenthaltsbestimmungsrechts, und befindet sich der Minderjährige in einem Vertragsstaat des MSA, so können die Gerichte ihre internationale Eilzuständigkeit auf die Zuständigkeiten des MSA stützen.[44] Zumeist wird die Anerkennungspflicht der Gerichte anderer Vertragsstaaten gemäß Art. 7 S. 1 MSA auch auf nichtvollstreckungsfähige Eilmaßnahmen (vgl. Art. 7 S. 2 MSA) bezogen.[45] Dies ist auch überzeugend, um aus Gründen des Kindeswohls größtmögliche Effektivität der Schutzmaßnahmen zu gewährleisten.

Zu beachten ist speziell für die Anerkennung von Sorgerechtssachen das ESÜ,[46] welches allerdings von der EheGVO verdrängt wird. Auch im einseitigen Verfahren ergangene Entscheidungen fallen unter das Übereinkommen (Art. 13 Abs. 1 lit. c ESÜ), so dass auch vorläufige Anordnungen erfasst sind.[47]

---

[41] Rauscher-*Leible*, Art. 31 Brüssel I-VO, Rn. 23; *Schack*, IZVR, Rn. 425; *Treichel*, GRUR Int. 2001, 690 (702); auch schon EuGH Slg. 1980, 1553 (1570), Rn. 16 – *Denilauler / Couchet Frères.*

[42] Vgl. zum Parallelproblem bei Leistungs- bzw. Unterlassungsansprüchen § 7 A I 2 a, bei Fn. 48.

[43] *Borrás*-Bericht, ABl.EG 1998, Nr. C 221/27 (47 f.), Rn. 59.

[44] Vgl. dazu bereits oben § 8 A II 2 a, bei Fn. 24.

[45] Staudinger-*Kropholler*, Vorbem zu Art. 19 EGBGB, Rn. 501; MünchKomm-*Siehr*, Art. 19 EGBGB Anh I, Rn. 334.

[46] Luxemburger Europäisches Übereinkommen über die Anerkennung und Vollstreckung von Entscheidungen über das Sorgerecht für Kinder und die Wiederherstellung des Sorgeverhältnisses vom 20.5.1980, BGBl. 1990 II, S. 220.

[47] *Gießler / Soyka*, Vorläufiger Rechtsschutz (2005), Rn. 1152.

II. Probleme der Durchsetzung aufgrund von Reaktionen des ,Torpedoklägers'

Probleme der Durchsetzung einer rechtsgestaltenden Eilmaßnahme können weiter deshalb auftreten, weil der ,Torpedokläger' seinerseits ein Eilverfahren einleitet, oder weil es zur Einlegung von Rechtsbehelfen kommt.

1. Probleme wegen vom Gegner eingeleiteter Eilverfahren

Ein Hauptsacheverfahren entfaltet auch bei familienrechtlichen Streitigkeiten keine Rechtshängigkeitssperre für ein später eingeleitetes Eilverfahren.[48] Problematisch ist aber, ob der Schuldner seinerseits ein Eilverfahren anstrengen kann, oder ob einem solchen die Rechtshängigkeit des ersten Eilantrages entgegensteht. Praktisch wichtig kann dies in einem Fall werden, in dem der ausländische Erstkläger im Ausland per Eilverfahren das Sorgerecht für die gemeinsamen Kinder beantragt und der Zweitkläger dies später im Inland ebenfalls tut. Hier ist eine Rechtshängigkeitssperre nach europäischem sowie nach nationalem Recht zu untersuchen.

a. Konkurrierende Eilverfahren unter der EheGVO

Unter der EheGVO werden konkurrierende Eilverfahren durch Art. 19 koordiniert. Art. 19 Abs. 2 EheGVO scheint Eilverfahren nicht auszuschließen, denn die Norm spricht lediglich von ,Verfahren' bezüglich der elterlichen Verantwortung, nicht etwa von Klagen.[49] Es besteht auch ein Bedürfnis für die Koordination konkurrierender Eilverfahren in Familiensachen, denn es kann zu der Situation kommen, dass die Eheleute entgegenstehende Anträge zum Beispiel bezüglich der Übertragung des Sorgerechts stellen.[50]

Mangels einer dem Art. 28 EuGVVO (Art. 22 EuGVÜ/LugÜ) entsprechenden Vorschrift im Anwendungsbereich der EheGVO kommt eine Alternative zur Verfahrenskoordination nach Art. 19 EheGVO nicht in Betracht. Wie bei Art. 27 EuGVVO (Art. 21 EuGVÜ/LugÜ) ist eine Anspruchsidentität gegeben, wenn die Parteien ein identisches Rechtsschutzziel verfolgen.[51] Dies sichert eine flexible Handhabung der Rechtshängigkeitssperre und verhindert, dass widersprechende Entscheidungen in verschiedenen europäischen Staaten ergehen. Das

---

[48] Baumbach / Lauterbach-*Albers*, Art. 11 EheGVVO a. F., Rn. 8; Rauscher-*Rauscher*, Art. 11 Brüssel II-VO, Rn. 18; Staudinger-*Spellenberg*, Art. 19 EheGVO, Rn. 7; Anh zu § 606a ZPO, Rn. 32; *Gießler / Soyka*, Vorläufiger Rechtsschutz (2005), Rn. 40; *Gruber*, FamRZ 2000, 1129 (1134).

[49] A. A. Staudinger-*Spellenberg*, Art. 19 EheGVO, Rn. 7, unter Hinweis auf die EuEheVO.

[50] Anders Staudinger-*Spellenberg*, Art. 19 EheGVO, Rn. 7, der meint, unter zwei Anträgen auf einstweilige Maßnahmen werde kaum eine Anspruchsidentität vorliegen.

[51] Vgl. zu Art. 27 EuGVVO (Art. 21 EuGVÜ/LugÜ) schon oben § 7 B II 2 a, bei Fn. 161 ff.

später eingeleitete Eilverfahren ist sinnvollerweise nicht auszusetzen, sondern als unzulässig abzuweisen.[52]

Eine einstweilige Maßnahme kann freilich zudem an den Voraussetzungen des nationalen Rechts scheitern, etwa an einem Rechtsschutzbedürfnis, wenn bereits eine bestimmte Rechtsfolge durch ein anderes Gericht ausgesprochen wurde.

Ist eine Eilmaßnahme bereits ergangen, so steht deren Rechtskraft ebenfalls einer späteren Maßnahme entgegen. Auch hier ist auf das identische Rechtsschutzziel abzustellen.[53]

b. Konkurrierende Eilverfahren unter dem autonom-nationalen Verfahrensrecht

Im autonom-nationalen Verfahrensrecht gilt, dass die Rechtshängigkeit eines Eilverfahrens vor einem ausländischen Gericht zu beachten ist, sofern die dort ergehende Entscheidung anerkennungs- und vollstreckungsfähig wäre.[54] Auch im deutschen Recht ist eine Rechtshängigkeitssperre von familienrechtlichen Eilmaßnahmen nicht ausgeschlossen. Bei den dem FGG unterliegenden Rechtsfürsorgeangelegenheiten wie etwa – den hier relevanten – Sorgerechts- oder Umgangsrechtsstreitigkeiten will die überwiegende Meinung § 261 Abs. 3 Nr. 1 ZPO sinngemäß anwenden, weil § 621a Abs. 1 S. 2 ZPO die Rechtshängigkeitsregelung des § 4 FGG von der Anwendung ausschließt.[55] Bei der Beachtung ausländischer Rechtshängigkeit ist man jedoch vorsichtiger: Die Anwendung des § 261 Abs. 3 Nr. 1 ZPO dürfe nicht zu einer unzumutbaren Beeinträchtigung des Antragstellers führen, etwa wenn er beim Abwarten der ausländischen Entscheidung in eine Notlage geriete.[56]

Eine Rechtshängigkeit sollte danach also auch bei Rechtsfürsorgeangelegenheiten respektiert werden, sofern nicht die Zuständigkeit des Gerichts aufgrund einer Änderung der zuständigkeitsbegründenden Umstände entfällt.[57] Strengt der Antragsteller mehrere Eilverfahren in Deutschland an, ist das zweite Verfahren

---

[52] Vgl. dazu bereits oben § 7 B II 2 b cc, nach Fn. 176.

[53] Vgl. zur Parallelproblematik schon oben § 7 B II 1, bei Fn. 150 ff.

[54] Die Frage, ob Rechtshängigkeit eingetreten ist, beurteilt sich nach der *lex fori* des ausländischen Gerichts, vgl. BGH NJW 1986, 662 (663); FamRZ 1992, 1058 (1059); *Gießler / Soyka*, Vorläufiger Rechtsschutz (2005), Rn. 46.

[55] Zöller-*Philippi*, § 621a ZPO, Rn. 9; Johannsen / Henrich-*Sedemund-Treiber*, § 621a ZPO, Rn. 3; Stein / Jonas-*Schlosser*, § 621a ZPO, Rn. 6; Musielak-*Borth*, § 621a ZPO, Rn. 4; a. A. Keidel / Kuntze / Winkler-*Sternal*, § 4 FGG, Rn. 6; *Gießler / Soyka*, Vorläufiger Rechtsschutz (2005), Rn. 45, die meinen, eine Anwendung des § 261 ZPO komme nicht in Betracht, weil in der ZPO eine dem § 4 FGG entsprechende Vorschrift fehle.

[56] OLG Köln FamRZ 1992, 75 (76), für Unterhalt; *Gießler / Soyka*, Vorläufiger Rechtsschutz (2005), Rn. 46.

[57] Vgl. zur *perpetuatio fori* schon § 3 A I 3 b, bei Fn. 176 ff.

als unzulässig abzuweisen (§ 261 Abs. 3 Nr. 1 ZPO), eine Aussetzung nach § 148 ZPO findet im summarischen Verfahren nicht statt.[58]

Notwendig ist zur Begründung der Rechtshängigkeit, dass ein erstes summarisches Verfahren mit demselben Rechtsschutzziel zwischen identischen Parteien eingeleitet wurde.[59] Sollten die Anträge und zur Begründung vorgetragenen Lebenssachverhalte nicht übereinstimmen, so kann dennoch der Regelungsgegenstand derselbe sein, sofern das zweite Gesuch im Rahmen dessen liegt, was das Gericht bereits aufgrund des ersten anordnen kann.[60] Diese Erweiterung gegenüber dem Hauptsacheverfahren ergibt sich daraus, dass im Eilverfahren keine präzisen Anträge gestellt werden müssen.[61] Einstweilige Maßnahmen des ‚Torpedoklägers' im Ausland können also im Rahmen des nationalen Verfahrensrechts durchaus dazu führen, dass wiederum eine Rechtshängigkeitssperre eingreift, wobei jedoch das Zeitmoment des prozessualen ‚Torpedos' hier nicht gegeben sein dürfte.

Ist die ausländische Eilmaßnahme bereits ergangen, so ist bei identischem Rechtsschutzziel deren Rechtskraft zu beachten, sofern die Eilmaßnahme anerkennungsfähig ist.

2. Probleme wegen der Einlegung von Rechtsbehelfen durch den Antragsgegner

Bei einstweiligen Maßnahmen, mit denen der Antragsteller versucht, ein Gestaltungsbegehren durchzusetzen, könnte der Antragsgegner Rechtsbehelfe einlegen und damit die Anspruchsverwirklichung vereiteln. In Betracht kommen Rechtsbehelfe des nationalen Rechts als auch Maßnahmen, die in der EheGVO vorgesehen sind.

a. Rechtsbehelfe des nationalen Rechts

Geht es um eine sorgerechtliche Streitigkeit, stehen dem Antragsgegner nach deutschem Recht eine Reihe von Rechtsbehelfen zur Verfügung. Diese gliedern sich in die echten Rechtsbehelfe, die nur während eines noch anhängigen Hauptsacheverfahrens zulässig sind und ihre Rechtsgrundlage in den §§ 620b bis e ZPO finden, und die unechten Rechtsbehelfe, bei denen es sich um Hauptsache-

---

[58] Thomas / Putzo-*Reichold*, § 148 ZPO, Rn. 6; Baumbach / Lauterbach-*Hartmann*, § 148 ZPO, Rn. 14.

[59] HdBVR-*Dunkl*, Rn. A 10 a ff.; *Gießler / Soyka*, Vorläufiger Rechtsschutz (2005), Rn. 42 ff.

[60] Stein / Jonas-*Grunsky*, vor § 935 ZPO, Rn. 14; *Baur*, Studien zum einstweiligen Rechtsschutz (1967), 84; *Walker*, Der einstweilige Rechtsschutz (1993), Rn. 162; *Ostler*, MDR 1968, 715.

[61] Der Antragssteller muss lediglich sein Rechtsschutzziel darlegen (ob etwa die Eilmaßnahme auf Erfüllung oder auf Sicherung gehen soll usw.), vgl. Stein / Jonas-*Grunsky*, vor § 935 ZPO, Rn. 10; MünchKommZPO-*Heinze*, § 938 ZPO, Rn. 2; Schuschke / Walker-*Schuschke*, § 938 ZPO, Rn. 3; Zöller-*Vollkommer*, § 935 ZPO, Rn. 2; *Teplitzky*, JuS 1981, 122 (124); *Ostler*, MDR 1968, 713 (715).

verfahren handelt, die mittelbar zum Außerkrafttreten des kongruenten vorläufigen Titels (§ 620f Abs. 1 S. 1 ZPO), zur Beseitigung seiner Vollstreckbarkeit (§ 767 ZPO) oder zur Rückgewähr auf Grund eines vorläufigen Titels erbrachter Leistungen (§ 812 BGB) führen.[62] Zu den echten Rechtsbehelfen gehört etwa die Beschwerde nach § 620c ZPO oder das Abänderungsverfahren nach § 620b Abs. 1 ZPO.[63]

b. Rechtsbehelfe bei Anerkennung der Eilentscheidung in einem anderen Mitgliedstaat

Geht es um einen grenzüberschreitenden Sachverhalt und wird die Eilmaßnahme im Ausland anerkannt, steht dem Antragsgegner mangels vollstreckbaren Inhalts der Maßnahme die sonst gegen eine Exequaturentscheidung mögliche Beschwerde[64] gemäß Art. 33 EheGVO in Verbindung mit §§ 11 ff. AVAG nicht zu. Möglich ist gemäß Art. 21 Abs. 3 EheGVO allerdings, bei einem Gericht des Anerkennungsstaates eine Entscheidung über die Nichtanerkennung zu beantragen, und zwar in der Form des Verfahrens für die Vollstreckung von Entscheidungen über die elterliche Verantwortung (Art. 28 ff., 21 ff. EheGVO). Dieses Feststellungsverfahren ist für nicht der Vollstreckung zugängliche Entscheidungen geschaffen worden, was bei statusändernden Entscheidungen stets der Fall ist:[65] Deren Wirkung ist nämlich, dass die Statusänderung automatisch überall in der EU gilt.[66] Anders als Art. 33 Abs. 2 EuGVVO (Art. 26 Abs. 2 EuGVÜ/LugÜ) lässt Art. 21 Abs. 3 EheGVO nicht nur die positive Feststellung der Anerkennung, sondern auch die negative Feststellung der Nichtanerkennung zu.[67]

Notwendig für die Zulässigkeit des Feststellungsantrages ist ein besonderes Interesse an der Feststellung der Anerkennungsunfähigkeit.[68] Dieses Interesse ist bei den beteiligten Eltern regelmäßig gegeben und daher großzügig zu beurtei-

---

[62] Überblick bei *Gießler / Soyka*, Vorläufiger Rechtsschutz (2005), Rn. 146 f.

[63] Vgl. HdBVR-*Feldmeier*, Rn. D 33 ff. m. w. N.; *Gießler / Soyka*, Vorläufiger Rechtsschutz (2005), Rn. 161 ff., 180 ff.

[64] Rauscher-*Rauscher*, Art. 26 Brüssel II-VO, Rn. 1; Thomas / Putzo-*Hüßtege*, Art. 26 EheVO, Rn. 1.

[65] Baumbach / Lauterbach-*Albers*, Art. 14 EheGVVO a. F., Rn. 6; Rauscher-*Rauscher*, Art. 14 Brüssel II-VO, Rn. 15.

[66] Staudinger-*Spellenberg*, Art. 21 EheGVO, Rn. 47.

[67] Burgstaller / Neumayr-*Neumayr*, Art. 14 EheGVVO a. F., Rn. 6; Geimer / Schütze-*Geimer*, EZVR, Art. 14 VO (EG) Nr. 1347/2000, Rn. 4; Rauscher-*Rauscher*, Art. 14 Brüssel II-VO, Rn. 14; *Schack*, IZVR, Rn. 886; um negative Feststellung im Rahmen der EuGVVO zu erlangen, muss der Kläger auf die nationalen Rechtsbehelfe zurückgreifen.

[68] Staudinger-*Spellenberg*, Art. 21 EheGVO, Rn. 85; Rauscher-*Rauscher*, Art. 14 Brüssel II-VO, Rn. 16; *Sturm*, StAZ 2002, 193 (200); *Helms*, FamRZ 2001, 257 (261).

len.[69] Es lässt sich schon bejahen, wenn zwischen den Elternteilen die Frage der Anerkennungsfähigkeit streitig ist.[70] Ausgelöst wird das Feststellungsverfahren durch einen Antrag an das zuständige Gericht im Anerkennungsstaat. Die örtliche und sachliche Zuständigkeit richtet sich nach den nationalen Vorschriften.[71]

In Betracht kommt für den ‚Torpedokläger' auch eine normale Feststellungsklage dahingehend, dass die Eilentscheidung nicht anerkannt werden dürfe. Allerdings dürfte das Feststellungsinteresse zu verneinen sein, weil das Verfahren nach Art. 21 Abs. 3 EheGVO insofern ein einfacherer Weg ist, die gleiche Feststellung zu erlangen.[72]

Gegen die Entscheidung des Gerichts stehen dem Antragsgegner weitere Rechtsbehelfe zur Verfügung. Für möglich gehalten wird etwa eine Beschwerde gemäß Art. 33 EuGVVO (Art. 26 EuGVÜ/LugÜ).[73] Auch ein Antrag auf Aussetzung des Verfahrens gemäß Art. 35 Abs. 1 EuGVVO (Art. 28 Abs. 1 EuGVÜ/LugÜ) soll zulässig sein, wenn bereits im Ursprungsstaat ein Rechtsbehelf eingelegt ist oder noch eingelegt werden könnte.[74]

C. Ergebnis

Rechtsgestaltende einstweilige Maßnahmen können im Ausland anerkannt werden. Eine Vollstreckung scheidet mangels vollstreckungsfähigen Inhalts aus. Im Bereich der EuGVVO bzw. des EuGVÜ/LugÜ ist zu beachten, dass dem Antragsgegner rechtliches Gehör gewährt worden sein muss, damit die Entscheidung anerkannt werden kann. Der Antragsgegner kann dagegen auf der Grundlage des Art. 33 Abs. 2 EuGVVO (Art. 26 Abs. 2 EuGVÜ/LugÜ) kein negatives Feststellungsverfahren betreiben, sondern nur im Ursprungs- oder Anerkennungsstaat auf negative Feststellung klagen bzw. Rechtsbehelfe einlegen.

Bei familienrechtlichen Streitigkeiten sollte im Anwendungsbereich der EheGVO richtigerweise ebenfalls eine Anerkennung und Vollstreckung von Eilmaßnahmen im Ausland zugelassen werden. Dies gilt für die Gerichte der europäischen gleich wie der nationalen Zuständigkeitsordnung im Sinne von Art. 20

---

[69] *Schlosser*, EUZ, Art. 14 EuEheVO, Rn. 2; Rauscher-*Rauscher*, Art. 14 Brüssel II-VO, Rn. 16; Burgstaller / Neumayr-*Neumayr*, Art. 14 EheGVVO a. F., Rn. 9; *Gördes*, Internationale Zuständigkeit (2004), 78; *Dornblüth*, Die europäische Regelung (2003), 80 ff., mit einem Beispielsfall aus dem Sorgerecht.

[70] Thomas / Putzo-*Hüßtege*, Art. 14 EheVO, Rn. 7; Rauscher-*Rauscher*, Art. 14 Brüssel II-VO, Rn. 16.

[71] In Deutschland enthält § 51 AVAG eine Regelung hinsichtlich der örtlichen Zuständigkeit. Sachlich zuständig ist das in Art. 29 EheGVO bezeichnete Gericht, das durch die nationalen Vorschriften konkretisiert wird.

[72] Staudinger-*Spellenberg*, Art. 21 EheGVO, Rn. 91.

[73] *Dornblüth*, Die europäische Regelung (2003), 85.

[74] *Dornblüth*, Die europäische Regelung (2003), 87.

EheGVO. Gleiches ist für Eilmaßnahmen anzunehmen, die von nach dem MSA zuständigen Gerichten erlassen wurden.

Leitet der Antragsgegner seinerseits Eilverfahren ein, so stellt sich das Problem der Koordination. Diese richtet sich nach Art. 19 EheGVO, zumal eine dem Art. 28 EuGVVO (Art. 22 EuGVÜ/LugÜ) vergleichbare Vorschrift in der EheGVO fehlt. Zu fragen ist also, ob die Parteien ein identisches Rechtsschutzziel verfolgen. Im autonomen Zivilprozessrecht wird ebenso verfahren, nämlich § 261 Abs. 3 Nr. 1 ZPO angewendet.

Der Antragsgegner und ‚Torpedokläger' kann daneben versuchen, Rechtsbehelfe des nationalen Rechts anzustrengen oder – falls die Eilmaßnahme im Ausland anerkannt worden ist – ein Verfahren über die mangelnde Anerkennungsfähigkeit durchzuführen, das die EheGVO im Gegensatz zur EuGVVO bzw. zum EuGVÜ/LugÜ zulässt.

§ 11. Einstweiliger Rechtsschutz bei Feststellungsbegehren

Es könnte die Situation eintreten, dass ein Gläubiger einen Anspruch gerichtlich feststellen lassen will, ihm aber sein Anspruchsgegner mit einer ‚Torpedoklage' zuvor kommt.[1] Dann stellt sich die Frage, ob der Gläubiger das Bestehen seines Anspruchs im Wege des einstweiligen Rechtsschutzes feststellen lassen kann. Dabei ist bereits problematisch, ob einstweiliger Rechtsschutz zur Durchsetzung eines Feststellungsbegehrens im Zivilrecht[2] überhaupt zulässig bzw. denkbar ist.

A. Zulässigkeit einstweiligen Rechtsschutzes bei Feststellungsbegehren

I. Meinungsstand in Literatur und Rechtsprechung

Die Zulässigkeit von Eilmaßnahmen zur Durchsetzung eines Feststellungsbegehrens ist umstritten.[3] So vertritt die wohl überwiegende Ansicht, dass eine feststellende einstweilige Verfügung im deutschen Recht nicht möglich sei. Bestritten wird zum einen, dass eine Feststellung mit nur vorläufiger Wirkung geeignet sei, materielle Rechte vor Gefahren bis zum Rechtsschutz in der Hauptsache zu bewahren;[4] zum anderen wird argumentiert, eine Feststellungsverfügung könne ein Rechtsverhältnis nicht verlässlich regeln, weil sie nicht vollstreckbar sei.[5] Eine solche Verfügung verstoße zudem gegen die gesetzlich vorgesehene Risikoverteilung zwischen den Parteien, denen mit einer einstweiligen Feststellungsverfügung das Risiko einer Rechtsausübung genommen werde.[6] Auch die Rechtsprechung lehnt die Möglichkeit einer Feststellungsverfügung zumeist ab.[7]

Andere bejahen die Möglichkeit einer einstweiligen Feststellungsverfügung. Angeführt wird dazu beispielsweise das Argument, feststellende einstweilige Verfügungen könnten im Einzelfall geeignet sein, Auseinandersetzungen zwischen den Beteiligten zu verhindern und eine Grundlage für Schadensersatz zu

---

[1] Vgl. schon oben § 2 B III, bei Fn. 206.

[2] Im öffentlichen Recht ist der Erlass einer feststellenden einstweiligen Anordnung dagegen anerkannt, etwa bei § 123 Abs. 1 S. 2 VwGO.

[3] Zum Meinungsstand sehr ausführlich *Vogg*, NJW 1993, 1357 (1358); vgl. auch *Jacobs*, Der Gegenstand des Feststellungsverfahrens (2005), 93 ff.

[4] *Dütz*, BB 1980, 533 (534); *Jauernig*, ZZP 79 (1966), 321 (325).

[5] Wieczorek-Schütze-*Thümmel*, § 940 ZPO, Rn. 18; *Brox / Walker*, ZVR, Rn. 1595; *Dütz*, BB 1980, 533 (534); *Leipold*, Grundlagen des einstweiligen Rechtsschutzes (1971), 150; *Berger*, ZZP 110 (1997), 287 (296).

[6] *Dütz*, BB 1980, 533 (534); ablehnend im übrigen ohne Begründung *Ahrens*, Der Wettbewerbsprozess, Kap. 56, Rn. 9.

[7] Vgl. etwa OLG Celle ZIP 1989, 1552 (1553); ArbG Herne BB 1965, 1398; LAG Rheinland-Pfalz BB 1997, 1643; OVG Koblenz NVwZ 1987, 145.

bilden.[8] Zudem könnten einstweilige Verfügungen in den Fällen ergehen, in denen statt Leistungs- auch Feststellungsklage möglich sei,[9] bzw. wenn ein Abwarten auf die Hauptsache für den Antragsteller schlechthin unzumutbar sei.[10] Zuweilen wird jedoch der Anwendungsbereich der einstweiligen Feststellungsverfügung nur noch sehr eng gezogen.[11] Problematisch ist auch die Wirkung einer solchen Verfügung: Während einige Autoren einer Feststellungsverfügung endgültige Wirkung zumessen wollen,[12] gehen andere von einer nur vorläufigen Regelung aus.[13]

Fälle, für die eine einstweilige Feststellungsverfügung bejaht wurde, kommen aus dem Arbeitsrecht, dem Mietrecht, dem Wettbewerbsrecht und dem Gesellschaftsrecht. So wurde es für zulässig erachtet, wenn ein Gesellschafter-Geschäftsführer, dem per Gesellschafterbeschluss die Geschäftsführungs- oder Vertretungsbefugnis entzogen wurde, die Unwirksamkeit eines solchen Beschlusses per einstweiliger Verfügung feststellen lassen konnte.[14]

II. Diskussion und Stellungnahme

Eine Stellungnahme zu dem oben geschilderten Streitstand ist nur mit Blick auf den Sinn und Zweck einstweiligen Rechtsschutzes möglich.

1. Zweck des einstweiligen Rechtsschutzes

Der einstweilige Rechtsschutz hat eine Ergänzungsfunktion: Weil sich bis zur Entscheidung in der Hauptsache die gegenwärtigen Umstände ändern können, sollen die Rechte des Antragstellers durch einstweilige Maßnahmen gesichert

---

[8] *Kohler*, ZZP 103 (1990), 184 (202 ff., 208); vgl. auch *Semler*, BB 1979, 1533 (1535), der meint, eine Feststellungsverfügung sei dann zulässig, wenn sich die Parteien wohl fügen würden; ferner Stein / Jonas-*Grunsky*, vor § 935 ZPO, Rn. 60; *Zeuner*, FS Schumann (2001), 595 (604, 608).

[9] *Jauernig*, ZZP 79 (1966), 321 (325); *Rosenberg / Gaul / Schilken*, ZVR, 785; für ein weites Verständnis des Rechtsverhältnisses im Sinne des § 940 ZPO vgl. Musielak-*Huber*, § 940 ZPO, Rn. 3.

[10] Stein / Jonas-*Grunsky*, vor § 935 ZPO, Rn. 60; *ders.*, JuS 1976, 277 (284 f.); HdBVR-*Dunkl*, Rn. A 465a; *Morbach*, Einstweiliger Rechtsschutz in Zivilsachen (1988), 107.

[11] LAG Berlin NZA 2001, 53 (55); Germelmann / Matthes / Prütting, § 62 ArbGG, Rn. 78; Schuschke / Walker-*Schuschke*, Vorbemerkung zu § 935 ZPO, Rn. 65, der von ‚besonderer Eilbedürftigkeit' spricht; MünchKommZPO-*Heinze*, vor § 916 ZPO, Rn. 89; Stein / Jonas-*Grunsky*, vor § 935 ZPO, Rn. 60; *ders.*, JuS 1976, 277 (285); *Kohler*, ZZP 103 (1990), 184 (208).

[12] Stein / Jonas-*Grunsky*, vor § 935 ZPO, Rn. 60; *ders.*, JuS 1976, 277 (284 f.).

[13] *Jauernig*, ZZP 79 (1966), 321 (325); wohl auch *Dütz*, BB 1980, 533 (534).

[14] Vgl. zu den Fallgruppen *Vogg*, NJW 1993, 1357 (1359); *Berger*, ZZP 110 (1997), 287 (287 ff.) m. w. N.

werden.[15] Bis zur Entscheidung in der Hauptsache muss der einstweilige Rechtsschutz also die Funktion erfüllen, eine Regelung für die Zwischenzeit zu schaffen, so dass keine irreparable Veränderung der Umstände eintritt. Zwar soll er die Hauptsache nicht vorwegnehmen, es gibt jedoch Fälle, wo bereits eine vorläufige Regelung aufgrund ihres Charakters vollendete Tatsachen schafft.[16] Folgerichtig ergibt sich aus der vorläufigen Funktion des einstweiligen Rechtsschutzes, dass Regelungen wie §§ 928, 929 ZPO eigene Regelungen zur Vollziehung der Eilmaßnahmen enthalten.[17] Selbst eine Regelungsverfügung nach § 940 ZPO dient der Sicherung des Gläubigers, weil aus dem Rechtsverhältnis seinerseits vollstreckbare Einzelansprüche hervorgehen können.[18]

Unmittelbare Folgerung aus der Sicherungsfunktion des einstweiligen Rechtsschutzes ist, dass die Möglichkeit der Durchsetzung einer Eilmaßnahme notwendig ist. Ansonsten liefe der Zweck des einstweiligen Rechtsschutzes ins Leere.

2. Schlussfolgerungen für feststellenden einstweiligen Rechtsschutz

Ausgehend vom Zweck des einstweiligen Rechtsschutzes ist zu fragen, ob feststellende Eilmaßnahmen eine Sicherungsfunktion wahrnehmen, also Rechte des Antragstellers bis zum Abschluss des Hauptsacheverfahrens verlässlich sichern können. Wenn gar keine Rechte des Antragstellers gesichert werden können, müsste etwa eine feststellende einstweilige Verfügung versagt werden. Ähnlich wie bei der Regelungsverfügung (§ 940 ZPO) muss dazu im Rahmen des Verfügungsgrundes abgewogen werden, ob dem Antragsteller im Falle des Nichtergehens der einstweiligen Verfügung wesentliche Nachteile entstünden.[19] Dies ist nicht der Fall, wenn der Antragsteller einfach selbst das tun kann, was er durch die einstweilige Verfügung klären lassen will.

Ausschlaggebend gegen die Möglichkeit einer feststellenden einstweiligen Verfügung sprechen jedoch mehrere Gesichtspunkte. Erstens kann eine Feststellungsverfügung mangels vollstreckungsfähigen Inhalts nicht vollstreckt werden, so dass der Antragsgegner theoretisch ‚nach freiem Belieben' einer solchen Ver-

---

[15] *Walker*, Der einstweilige Rechtsschutz im Zivilprozess (1993), Rn. 65: ‚Sicherungsfunktion'; HdBVR-*Dunkl*, Rn. A 1; *Brox / Walker*, ZVR, Rn. 1580 (zur Sicherungsverfügung); ähnlich *Jacobs*, Der Gegenstand des Feststellungsverfahrens (2005), 503; *Vogg*, NJW 1993, 1357 (1360): ‚Offenhaltefunktion'; *Berger*, ZZP 110 (1997), 287 (292).

[16] *Walker*, Der einstweilige Rechtsschutz im Zivilprozess (1993), Rn. 66; vgl. *Brox / Walker*, ZVR, Rn. 1596 f., zur Vorwegnahme der Hauptsache bei Regelungsverfügungen; vgl. auch schon oben zur Befriedigungsverfügung § 5 A I 1, bei Fn. 27.

[17] *Jacobs*, Der Gegenstand des Feststellungsverfahrens (2005), 504.

[18] Stein / Jonas-*Grunsky*, § 940 ZPO, Rn. 1; Schuschke / Walker-*Schuschke*, § 940 ZPO, Rn. 6; Thomas / Putzo-*Reichold*, § 940 ZPO, Rn. 2; *Zimmermann*, § 940 ZPO, Rn. 2; MünchKommZPO-*Heinze*, § 940 ZPO, Rn. 3; *Walker*, Der einstweilige Rechtsschutz im Zivilprozess (1993), Rn. 115; *Brox /Walker*, ZVR, Rn. 1591.

[19] Ähnlich HdBVR-*Dunkl*, Rn. A 465a.

fügung zuwiderhandeln kann.[20] Eine verlässliche Sicherung der Rechte kann so also nicht eintreten. Vielmehr erreicht der Antragsteller nur die Klärung bestimmter Rechtsfragen durch das Gericht.[21]

Zweitens präjudiziert eine einstweilige Verfügung ein späteres Hauptsacheverfahren nicht: Wegen der fehlenden lediglich auf das Eilverfahren beschränkten materiellen Rechtskraft[22] ist es etwa in Kauf zu nehmen, dass nur Glaubhaftmachung notwendig ist. Rein faktischer, also nicht durch drohende Zwangsvollstreckung erzeugter Druck auf den Antragsgegner ist kaum greifbar.[23] Dem Zweck des einstweiligen Rechtsschutzes wird damit ebenfalls nicht genügt.

Eine einstweilige Feststellungsverfügung mangels Vollstreckungsmöglichkeit dann anzuerkennen, wenn der Antragsgegner seine Bereitschaft zur Anerkennung der gerichtlichen Entscheidung signalisiert habe,[24] macht ebenso wenig Sinn. Denn zum einen ist es nicht sicher, ob der Antragsgegner nicht zuwider handeln wird; zwingen dazu kann man ihn jedenfalls nicht. Zum anderen – was noch wichtiger ist – besteht in einem solchen Fall schon gar keine Notwendigkeit zum Erlass einer einstweiligen Verfügung. Es wird ein bloß faktischer Druck erzeugt, der nicht ausreichen kann. Ein solcher Druck erfüllt nämlich keinesfalls die Sicherungsfunktion des einstweiligen Rechtsschutzes, was auch gilt, wenn dem Antragsteller ‚unverhältnismäßig große Nachteile' drohen.[25]

Nach alledem ist die Möglichkeit einer feststellenden einstweiligen Verfügung abzulehnen. Dieses Ergebnis lässt sich auch auf andere Arten des einstweiligen Rechtsschutzes übertragen. So verfolgt eine einstweilige Anordnung im Familienrecht den Zweck, die Rechte des Antragstellers zu sichern. Für eine feststellende einstweilige Anordnung besteht kein Rechtsschutzbedürfnis, weil diese keine Rechtskraftwirkung für das Hauptsacheverfahren besitzt.[26]

---

[20] Darauf weist *Berger*, ZZP 110 (1997), 287 (292), hin; auch *Brox / Walker*, ZVR, Rn. 1595; *Vogg*, NJW 1993, 1357 (1364).

[21] ArbG Herne BB 1965, 1398; Wieczorek / Schütze-*Thümmel*, § 940 ZPO, Rn. 18; *Ganslmeyer*, Die einstweilige Verfügung im Zivilverfahren, 32; *Corts*, NZA 1998, 357 (358), der meinte, die einstweilige Verfügung liefe ‚auf ein bloßes Rechtsgutachten hinaus'; *Walker*, RdA 2000, 59.

[22] Die Feststellungsverfügung ist prinzipiell der materiellen Rechtskraft fähig, wenn ihr ein Rechtsverhältnis im Sinne des § 256 ZPO zugrunde liegt, vgl. *Jacobs*, Der Gegenstand des Feststellungsverfahrens (2005), 506; zur überwiegenden Ansicht, die von einer beschränkten materiellen Rechtskraftwirkung ausgeht, schon oben § 7 B II 1, bei Fn. 150.

[23] *Starek*, Die Zulässigkeit (2000), 98; *Berger*, ZZP 110 (1997), 287 (297 ff.); *Gerhardt*, ZZP 109 (1996), 534 (542).

[24] So *Vogg*, NJW 1993, 1357 (1365); *Semler*, BB 1979, 1533 (1535); dem folgend HdBVR-*Dunkl*, Rn. A 465a; s. auch *Rosenberg / Gaul / Schilken*, ZVR, § 76 II 2 d (S. 1015).

[25] So die Formulierung bei HdBVR-*Dunkl*, Rn. A 465a a. E.

[26] AG Ludwigshafen / OLG Zweibrücken FamRZ 1983, 939 (939 f.); Stein / Jonas-*Schlosser*, § 620 ZPO, Rn. 8 a a. E.; *Gießler / Soyka*, Vorläufiger Rechtsschutz (2005), Rn. 104; a. A. *Bölling*, Konkurrenz einstweiliger Anordnungen (1981), 92.

B. Ergebnis zur Zulässigkeit einstweiligen Rechtsschutzes bei Feststellungsbegehren

Feststellungsbegehren sind damit die einzige Fallgruppe, bei der dem Betroffenen einer ,Torpedoklage' mit der Möglichkeit einstweiligen Rechtsschutzes nicht gedient ist. Zwar wird eine auf Feststellung gerichtete einstweilige Verfügung in der Literatur immer wieder für möglich gehalten. Richtigerweise scheitert sie jedoch daran, dass sie mangels Vollstreckungsmöglichkeit den Zwecke des einstweiligen Rechtsschutzes nicht erfüllt.

§ 12. Schlussbetrachtung

A. Zusammenfassung der wesentlichen Ergebnisse

An Vorschlägen, dem Phänomen der ,Torpedoklagen' insbesondere auf europäischer Ebene Herr zu werden, mangelt es nicht. Der einstweilige Rechtsschutz ist nur eine der Lösungsmöglichkeiten, und er ist – wie gesehen – gerade im grenzüberschreitenden Verkehr nicht ohne rechtliche Schwierigkeiten. Die Möglichkeit, dass der Betroffene einer ,Torpedoklage' im Wege des einstweiligen Rechtsschutzes sein ursprüngliches Begehren durchsetzen kann, hängt von einer Reihe von Faktoren ab, die vom Inhalt der jeweiligen Eilmaßnahme bis zur Vollziehung reichen. Die im Rahmen der diesbezüglichen Untersuchung gewonnenen Ergebnisse lassen sich wie folgt zusammenfassen.

(1) Das Problem der ,Torpedoklagen' ist bisher in Rechtsprechung und Literatur nur uneinheitlich beschrieben worden. Aufgefallen sind ,Torpedos' insbesondere im Patentrecht, und zwar als negative Feststellungsklagen, mit denen ein potenzieller Patentverletzer innerhalb Europas die Durchsetzung eines Unterlassungsanspruchs auf Jahre verzögert. Diese Sichtweise ist jedoch zu eng. ,Torpedoklagen' lassen sich vielmehr als ein allgemeines zivilprozessuales Problem verstehen, welches weder auf ein bestimmtes Rechtsgebiet noch auf das europäische Zivilprozessrecht beschränkt ist. Definieren lassen sie sich als (Erst-) Klagen der gegnerischen Partei vor einem langsamen Forum, durch welche über die Rechtshängigkeitsregeln ein weiteres Verfahren während der Dauer des (Erst-) Prozesses verhindert wird, und zwar so lange, dass der Gläubiger seinen Anspruch bzw. sein Rechtsschutzbegehren nicht mehr in angemessener Zeit durchsetzen kann, oder aber dieser bzw. dieses vereitelt wird.

(2) ,Torpedoklagen', die in erster Linie in Italien und Belgien zu beobachten waren, sind in verschiedenen prozessualen Konstellationen denkbar und als solche zum Teil in der Rechtsprechung in Erscheinung getreten. Als allgemeines prozessuales Phänomen können sie die Durchsetzung von Unterlassungs-, Leistungs-, Gestaltungs- und Feststellungsbegehren behindern. ,Torpedos' sind nicht notwendig negative Feststellungsklagen, obwohl diese in der Praxis bisher die größte Rolle gespielt haben. Auch Gestaltungs-, Leistungs- und Unterlassungsklagen können ,Torpedoklagen' darstellen.

(3) Bedingt werden ,Torpedoklagen' insbesondere durch die Rechtshängigkeitsregelungen des europäischen Zivilprozessrechts. Wegbereiter ist namentlich Art. 27 EuGVVO (Art. 21 EuGVÜ/LugÜ). Die weite Auslegung des Begriffs der Anspruchsidentität im Sinne der ,Kernpunktrechtsprechung' des EuGH ermöglicht selbst eine Rechtshängigkeitssperre durch eine negative Feststellungs-

klage. Über Art. 28 EuGVVO (Art. 22 EuGVÜ/LugÜ) ist sogar noch eine weitere Sperrwirkung möglich, allerdings kann die zu erwartende überlange Verfahrensdauer die Ermessensentscheidung des Gerichts insofern beeinflussen, als dass es von einer Aussetzung des Verfahrens absieht. In familienrechtlichen Streitigkeiten entsteht eine Rechtshängigkeitssperre innerhalb Europas vor allem durch Art. 19 EheGVO. Auch das autonome deutsche Recht ermöglicht durch § 261 Abs. 3 Nr. 1 ZPO eine ‚Blockade' für spätere Prozesse. Allerdings sind ‚Torpedoklagen' wegen des engeren Streitgegenstandsbegriffs im autonom-nationalen Recht nur in geringerem Umfange möglich, etwa durch eine Gestaltungs- oder Leistungsklage als Erstklage, oder wenn Erst- und Zweitklage jeweils Feststellungsklagen darstellen.

(4) Außerhalb des allgemeinen Zivilprozessrechts können sich ‚torpedo-ähnliche' Situationen ergeben. Die CMR lässt zwar keine Sperrwirkung einer negativen Feststellungsklage, wohl aber anderer (Erst-) Klagen zu und ermöglicht so eine Prozessverschleppung vor langsamem Forum. Im europäischen Insolvenzrecht kann der Schuldner durch frühe Einleitung eines Hauptinsolvenzverfahrens vor einem langsamen Gericht eine ‚torpedo-ähnliche' Wirkung erzielen, indem er andere Hauptinsolvenzverfahren sperrt.

(5) Gegenstand in der Literatur ist seit geraumer Zeit die Frage, wie ‚Torpedoklagen' zurückgedrängt oder vermieden werden können. Reaktionen des Betroffenen auf eine drohende ‚Torpedoklage' beschränken sich jedoch auf eine frühzeitige Klageerhebung. Eine Klage im falschen Rechtsweg bietet wegen Art. 30 EuGVVO und des darin vereinheitlichen Rechtshängigkeitsbeginns keinen zeitlichen Vorteil mehr. Ist eine ‚Torpedoklage' rechtshängig, ist der Betroffene auf einen unsicheren Schadensersatzanspruch wegen ungerechtfertigter Klageerhebung verwiesen.

(6) Eine Missachtung ausländischer Rechtshängigkeit durch ein später angerufenes Gericht kommt als Ausweg gegen ‚Torpedoklagen' nur im Ausnahmefall in Betracht. Eine solche Möglichkeit ist nur dann zulässig, wenn das zuerst angestrengte Verfahren bereits überlang dauert und andernfalls der Justizgewährungsanspruch des Gläubigers aus Art. 6 EMRK beeinträchtigt würde. Eine Überprüfung der Zuständigkeit des Erstgerichts durch das Zweitgericht scheidet in jedem Fall aus, selbst bei ausschließlicher Zweitgerichtszuständigkeit. Insofern sind die Ansätze, das Problem bei der Wurzel zu packen und ‚Torpedos' einzudämmen, wenig effektiv. Vorzuschlagen ist deshalb die Einführung einer europäischen, gesetzlichen Regelung, mit der dem zuerst angerufenen Gericht eine fristgebundene, vorgezogene Prüfung seiner Zuständigkeit auferlegt wird.

(7) Auch der einstweilige Rechtsschutz ist als Möglichkeit, die Wirkungen einer ‚Torpedoklage' zu überwinden, nur in beschränktem Umfange geeignet. Dem Gläubiger, der in Deutschland Eilrechtsschutz zur Durchsetzung eines Unterlassungs- bzw. Leistungsanspruchs sucht, ist allein mit einer einstweiligen (Leistungs- bzw. Befriedigungs- oder Regelungs-) Verfügung (§ 940 ZPO) gedient, weil nur diese zur vorläufigen Befriedigung seines Anspruchsbegehrens führt. Bei auf Gestaltung gerichteten Begehren im Bereich des Familienrechts können einstweilige Anordnungen ergehen, die jedoch regelmäßig keine vollständige Befriedigung des Begehrens vorsehen.

(8) Das zentrale Problem des einstweiligen Rechtsschutzes in Bezug auf ‚Torpedoklagen' liegt im Erkenntnisverfahren: Die für eine die Hauptsache vorwegnehmende Unterlassungs- bzw. Leistungsverfügung notwendige Glaubhaftmachung eines Verfügungsgrundes lässt sich nicht allein auf die überlange ausländische Verfahrensdauer stützen. Dies lässt sich auch für ausländische Eilmaßnahmen sagen. Der überlangen Verfahrensdauer kann jedoch ein Gewicht zukommen, wenn dem Antragsteller infolge der Prozessdauer ein unverhältnismäßiger Schaden droht. Entsprechend ist die Problematik bei einer Regelungsverfügung nach § 940 ZPO, die der Gläubiger beantragen kann, um ein Gestaltungsbegehren durchzusetzen. Auch bei einstweiligen Anordnungen nach §§ 620 ff. ZPO tritt das Problem auf, wobei allerdings die Anforderungen an ein Regelungsbedürfnis geringer sind. Zwar ist auch hier Dringlichkeit Voraussetzung, allerdings kann zumindest bei drohender überlanger Dauer des Hauptsacheverfahrens eine teilweise Regelung notwendig erscheinen. Dies gilt insbesondere in Sorgerechtssachen, wo es auf eine schnelle Entscheidung im Sinne des Kindeswohls ankommt.

(9) Probleme tauchen auch bei der Frage auf, welche deutschen Gerichte der Antragsteller anrufen kann: Grundsätzlich kann eine internationale Zuständigkeit der inländischen Gerichte auch bei rechtshängiger ‚Torpedoklage' im Ausland bestehen. Denn neben dem ausländischen Hauptsachegericht, welches mit der ‚Torpedoklage' befasst ist, kann der Gläubiger auch bei den sonstigen nach Art. 2 ff. EuGVVO (EuGVÜ/LugÜ) zuständigen Gerichten Eilmaßnahmen beantragen. Art. 31 EuGVVO (Art. 24 EuGVÜ/LugÜ) öffnet zudem die Zuständigkeiten des autonom-nationalen Zivilprozessrechts. Voraussetzung ist zum einen, dass ein deutsches Gericht potenziell in der Hauptsache zuständig ist. Notwendig ist zum anderen laut EuGH eine ‚reale Verknüpfung', die sich so verstehen lässt, dass sich die einstweilige Maßnahme ihrem Inhalt nach auf den Zuständigkeitsbereich des Gerichts bezieht. Für Leistungs- bzw. Befriedigungsverfügungen gelten zusätzlich die Erfordernisse einer Belegenheit von Schuldnervermögen im internationalen Zuständigkeitsbereich des Gerichts sowie der Erbringung einer Sicherheitsleistung. Ähnliche Erfordernisse regelt Art. 20 E-

heGVO für einstweilige Maßnahmen des Familienrechts. Beschränkungen für Eilmaßnahmen ergeben sich indes nicht aus einer Gerichtsstandsvereinbarung für die Hauptsache. Allerdings kann die Kognitionsbefugnis des Gerichts in bestimmten Fällen beschränkt sein, zum Beispiel beim Deliktsgerichtsstand des Art. 5 Nr. 3 EuGVVO (EuGVÜ/LugÜ).

(10) Hat der Antragsteller eine Eilmaßnahme vor deutschen Gerichten erwirkt, so können auch Schwierigkeiten der Durchsetzung bestehen. Zum einen ist nach der *Denilauler*-Rechtsprechung des EuGH stets rechtliches Gehör zu gewähren, welches allerdings selbst bei einer Beschlussverfügung dadurch geschehen kann, dass dem Gegner vor der Beschlussfassung Gelegenheit zur schriftlichen Stellungnahme gegeben wird. Zum anderen stellt sich die Frage einer grenzüberschreitenden Anerkennung und Vollstreckung von Eilmaßnahmen der durch die nationale Zuständigkeitsordnung berufenen Gerichte. Bei dem hier zugrunde gelegten Verständnis des Erfordernisses der ‚realen Verknüpfung' ist eine Anerkennung und Vollstreckung in der Regel möglich, bei Leistungs- bzw. Befriedigungsverfügungen auf Zahlung allerdings nur, wenn der Antragsgegner nach Erlass der Maßnahme Vermögen ins Ausland verbringt.

(11) Der Antragsgegner kann die Durchsetzung einer Eilmaßnahme dadurch behindern, dass er zuwiderhandelt: Eine grenzüberschreitende Zwangsvollstreckung sollte indes als möglich, die Zustellung einer Androhung nicht mehr als Souveränitätsverletzung angesehen werden. Oder der Antragsteller könnte ein eigenes Eilverfahren anstrengen: Die entgegenstehende beschränkte Rechtskraft oder Rechtshängigkeit einer Eilmaßnahme hat ein deutsches Gericht zu beachten, so dass gegenläufiger Eilrechtsschutz in einigen Situationen ein tatsächliches Hindernis darstellen kann. Vorzuschlagen ist eine Koordination von verschiedenen Eilverfahren nach Art. 27 EuGVVO (Art. 21 EuGVÜ/LugÜ) bzw. Art. 19 EheGVO. Schließlich bleibt die Möglichkeit von Rechtsbehelfen gegen die Entscheidung im Ursprungsstaat oder die Vollstreckbarkeitserklärung, wobei der Antragsgegner aber jeweils nur diejenigen Einwendungen vorbringen kann, die er nicht schon in einem früheren Verfahrensstadium vorbringen konnte.

(12) Der Betroffene einer ‚Torpedoklage' kann sowohl zur Durchsetzung von Unterlassungs- und Leistungs- als auch Gestaltungsbegehren Eilrechtsschutz in Anspruch nehmen. Keinen einstweiligen Rechtsschutz kann der Betroffene dagegen erlangen, wenn es um die Durchsetzung eines Feststellungsbegehrens geht. Denn eine einstweilige Feststellungsverfügung ist nicht als zulässig zu erachten, weil sie den dienenden Zweck des einstweiligen Rechtsschutzes nicht verwirklichen kann.

B. Rechtliche Würdigung und Ausblick

Die Ergebnisse dieser Arbeit haben deutlich gemacht, dass das Instrument des einstweiligen Rechtsschutzes für den Betroffenen einer ‚Torpedoklage' nicht ganz unproblematisch ist, um seinen Anspruch in Deutschland noch durchzusetzen. Im Schwerpunkt besteht die Schwierigkeit, die Voraussetzungen für eine Eilmaßnahme darzulegen, die faktisch zur (vorläufigen) Befriedigung des Gläubigerbegehrens führt. Insbesondere betrifft dies bei einer einstweiligen Verfügung die Glaubhaftmachung des Verfügungsgrundes, bei einer einstweiligen Anordnung im Familienrecht die Darlegung eines Regelungsbedürfnisses. Denn hier ist im deutschen Recht notwendig, dass ohne die Gewährung einstweiligen Rechtsschutzes ein unverhältnismäßig großer Schaden eintreten würde, bzw. – beim Regelungsbedürfnis[1] – dass zumindest die Entscheidung in der Hauptsache nicht mehr abgewartet werden kann.[2]

Selbst wenn durch Abwarten einer Hauptsacheentscheidung faktisch ein Schaden eintritt, weil der vermeintliche Schuldner einer Unterlassungspflicht zuwiderhandelt und somit fortlaufend oder wiederholt Rechtsgüter des Gläubigers verletzt, ist – das macht die überwiegend restriktive Haltung der deutschen Gerichte klar[3] – ein Verfügungsgrund nicht leicht darzulegen. Dies gilt insbesondere in Europa, wo der Grundsatz der Gleichwertigkeit der Gerichte die Annahme eines Verfügungsgrundes aufgrund überlanger Verfahrensdauer in Frage stellt.[4] Auch in anderen Staaten ist das Erfordernis der Dringlichkeit anzutreffen.[5]

Dagegen erscheinen die Probleme, die der Antragsteller bei der Anrufung eines Gerichts oder bei der Vollziehung der einstweiligen Maßnahmen hat, weniger schwerwiegend. Insbesondere wenn man auch bei Anhängigkeit der Hauptsache im Ausland eine internationale Zuständigkeit der inländischen Gerichte nach den Art. 2 ff. EuGVVO (EuGVÜ/LugÜ) für zulässig hält,[6] ist der Betroffene einer ‚Torpedoklage' nicht darauf verwiesen, vor dem ‚Torpedogericht' Eilrechtsschutz zu suchen, sondern kann auch einstweilige Maßnahmen vor einem anderen, international zuständigen Gericht erwirken, die zudem – wenigstens innerhalb Europas – grenzüberschreitend anerkannt und vollstreckt werden können. Auch die Anforderungen an die Gerichte der nach Art. 31 EuGVVO (Art. 24 EuGVÜ/LugÜ) eröffneten autonom-nationalen Zuständigkeitsordnung erscheinen weniger gewichtig, wenn man das Erfordernis der ‚realen Verknüpfung' am jeweiligen Inhalt der Eilmaßnahme ausrichtet und die Erfordernisse für

[1] Vgl. § 8 C II 1.
[2] Vgl. § 5 A II 2; § 5 B II 2.
[3] Vgl. dazu § 5 A II 2 a aa (1).
[4] Vgl. § 5 A II 2 a bb, bei Fn. 67 ff.
[5] Vgl. § 5 C.
[6] Vgl. § 6 A II 2 bb, bei Fn. 32 ff.

Leistungs- bzw. Befriedigungsverfügungen auf vertragliche Zahlungspflichten reduziert.[7]

Eine Vollziehung der einstweiligen Maßnahme bringt im grenzüberschreitenden Verkehr richtigerweise kaum mehr Probleme mit sich als im innerstaatlichen Bereich. Dies gilt wenigstens innerhalb Europas, will doch das europäische Zivilprozessrecht den Verkehr gerichtlicher Entscheidungen erleichtern. Auch die Hindernisse, die durch gegenläufige Eilmaßnahmen des ‚Torpedoklägers' entstehen können, sind im Inland ebenso möglich.

Um die Rechtsschutzmöglichkeiten für den Betroffenen einer ‚Torpedoklage' zu verbessern, müsste insofern bereits im Erkenntnisverfahren angesetzt werden, und zwar beim Verfügungsgrund bzw. Regelungsbedürfnis. Die Entscheidung des Landgerichts Hamburg, das einen Verfügungsgrund aufgrund voraussichtlich überlanger Verfahrensdauer annahm, deutet in die richtige Richtung. Allerdings macht die drohende Verfahrenslänge eine Einzelfallprüfung nicht entbehrlich, weil der bloße Zeitablauf nicht per se die Gefährdung eines Rechtsschutzbegehrens indiziert. Eine gesetzliche Regelung, mit der das Vorliegen eines Verfügungsgrundes wegen Anhängigkeit der Hauptsache in Italien oder Belgien vermutet wird, scheidet deshalb – und nicht nur wegen ihrer Europarechtswidrigkeit – aus.[8] Weichen die deutschen Gerichte ihre restriktive Handhabung hinsichtlich der Annahme eines Verfügungsgrundes auf, so kann der einstweilige Rechtsschutz für den Betroffenen einer ‚Torpedoklage' eine Möglichkeit zur Umgehung einer überlangen Wartezeit auf die Hauptsacheentscheidung sein. Die Wahrscheinlichkeit, dass ein Gericht die Überlänge italienischer oder belgischer Prozesse bei seiner amtlichen Tätigkeit in Erfahrung gebracht hat und diese deshalb als gerichtsbekannte Tatsachen einstufen kann, ist durchaus gegeben. Jedenfalls bei Unterlassungsbegehren, aber auch – für Teilregelungen – bei Gestaltungsbegehren ist deshalb einstweiliger Rechtsschutz eine zunehmend bedeutsame Alternative.

Dagegen haben sich andere Möglichkeiten gegen ‚Torpedoklagen' als wenig effektiv erwiesen. Eine spätere Schadensersatzklage des Betroffenen steht auf unsicherem Grund, und eine Weiterführung des Zweitprozesses sollte nicht in Betracht kommen, sofern die überlange Verfahrensdauer im konkreten Einzelfall noch nicht nachgewiesen ist. Solange sich die Justizsystem der europäischen Staaten nicht angeglichen haben, wird das ‚Torpedo-Problem' daher kaum zu lösen sein. Eine gesetzliche Regelung, wonach ein europäisches Gericht eine befristete, vorgezogene Zuständigkeitsprüfung durchzuführen hat,[9] kann nur o-

[7] Vgl. § 6 A II 3 a bb (1) (a), bei Fn. 91.
[8] Vgl. § 5 A II d.
[9] Vgl. dazu § 4 VI 2 b.

berflächlich Abhilfe schaffen und immerhin rechtsmissbräuchliche ‚Torpedos' vor unzuständigen Gerichten innerhalb Europas eindämmen. Der einstweilige Rechtsschutz wird insofern eine Notlösung bleiben.

Literaturverzeichnis

Adam, Wolfgang, Internationaler Versorgungsausgleich, Regensburg, 1985.

Addicks, Jörg, Welche Anforderungen gibt es bei der Zustellung und Vollziehung von einstweiligen Verfügungen?, MDR 1994, S. 225-230.

Adolphsen, Jens, Europäisches und internationales Zivilprozessrecht in Patentsachen, Köln / Berlin / München, 2005 (zitiert: *Adolphsen*, Europäisches und internationales Zivilprozessrecht).

Ahrens, Hans-Jürgen, Wettbewerbsverfahrensrecht, Köln / Berlin / Bonn / München, 1983.

ders. (Hrsg.), Der Wettbewerbsprozess, begr. von Wilhelm L. Pastor, 5. Aufl., Köln / Berlin / München, 2005.

Albrecht, Achim, Der ERA-Kongress zum Europäischen Insolvenzrecht, ZInsO 2004, S. 436-440.

Albrecht, Christian, Das EuGVÜ und der einstweilige Rechtsschutz in England und in der Bundesrepublik Deutschland, Heidelberg, 1991 (zitiert: *Albrecht*, Das EuGVÜ und der einstweilige Rechtsschutz).

Alder, Daniel, Der einstweilige Rechtsschutz im Immaterialgüterrecht, Zürich, 1993.

Alff, Richard, Fracht-, Lager- und Speditionsrecht, Kommentar zu den §§ 407-460 HGB und weiteren fracht- und speditionsrechtlichen Bestimmungen (GüKG, KVO, ADSp u.a.), 2. Aufl., Neuwied / Kriftel / Berlin, 1991.

Altmeppen, Holger, Die Bindung des Schuldners an Unterlassungsurteile in ihrer Abhängigkeit von der Sicherheitsleistung und der Veranlasserhaftung des Gläubigers, WM 1989, S. 1157-1164.

Andolina, Augusto, New perspectives for provisional measures, ZZP Int. 9 (2004), S. 87-93.

Andrae, Marianne / Heidrich, Thomas, Anerkennung ausländischer Entscheidungen in Ehe- und Lebenspartnerschaftssachen, FPR 2004, S. 292-296.

Arens, Peter, Arrest und einstweilige Verfügung, in: Lexikon des Rechts, Zivilverfahrensrecht, hrsg. von Gerhard Lüke und Hanns Prütting, Neuwied 1989, S. 5-15 (zitiert: *Arens*, in: LdR-Zivilverfahrensrecht).

Assmann, Heinz-Dieter / Bungert, Hartwin, Handbuch des US-amerikanischen Handels-, Gesellschafts- und Wirtschaftsrechts, Band 1, München, 2001 (zitiert: Assmann / Bungert-*Bearbeiter*).

Atik, Zeycan, Aktuelle Entwicklungen im Europäischen Zivilverfahrensrecht – Bericht über eine Tagung der Europäischen Rechtsakademie Trier, EuZW 2004, S. 686-688.

Baatz, Yvonne, Who decides on jurisdiction clauses?, (2004) Lloyd's MCLQ, S. 25-29.

Bäumer, Annette, Die ausländische Rechtshängigkeit und ihre Auswirkungen auf das internationale Zivilverfahrensrecht, Köln, 1999 (zitiert: *Bäumer*, Die ausländische Rechtshängigkeit).

Bajons, Ena-Marlis, Das Luganer Parallelübereinkommen zum EuGVÜ: Der europäische Jurisdiktionsbereich in österreichischer Perspektive, ZfRV 1993, S. 45-61.

Baltzer, Johannes, Die negative Feststellungsklage aus § 256 I ZPO, Köln / Berlin / Bonn / München, 1980.

Balz, Manfred, Das neue Europäische Insolvenzübereinkommen, ZIP 1996, S. 948-955.

Bar, Christian von / Mankowski, Peter, Internationales Privatrecht, Band I, Allgemeine Lehren, 2. Aufl., München, 2003 (zitiert: *v. Bar / Mankowski*, IPR I).

Basedow, Jürgen, Europäisches Zivilprozessrecht, in: Handbuch des Internationalen Zivilverfahrensrechts, Band I, Tübingen, 1982 (zitiert: *Basedow*, Hdb. IZVR I).

ders., Die Anerkennung von Auslandsscheidungen, Frankfurt/Main, 1980 (zitiert: *Basedow*, Die Anerkennung von Auslandsscheidungen).

ders., Parallele Scheidungsverfahren im In- und Ausland, IPRax 1983, S. 278-281.

Bassenge, Peter / Herbst, Gerhard, Gesetz über die Angelegenheiten der freiwilligen Gerichtsbarkeit, Rechtspflegergesetz, Kommentar, 10. Aufl., Heidelberg, 2004.

Bastian, Eva-Marina / Knaak, Roland, Der Markenverletzungsprozess in Ländern der Europäischen Gemeinschaft – Ergebnisse einer rechtstatsächlich-rechtsvergleichenden Untersuchung, GRUR Int. 1993, S. 515-526.

Bauer, Frank, Wechsel des gewöhnlichen Aufenthalts und perpetuatio fori in Sorgerechtsverfahren, IPRax 2003, S. 135-140.

Bauer, Hellmuth, Das EWG-Gerichtsstands-Übereinkommen, DB 1973, S. 2333-2338.

Bauer, Max / Eccher, Bernhard / König, Bernhard / Kreuzer, Josef / Zanon, Heinz, Italienische Zivilprozessordnung, Codice di Procedura Civile, zweisprachige Ausgabe, 2. Aufl., Bozen, 1996 (zitiert: *Bauer*, Italienische Zivilprozessordnung).

Baumann, Peter, Aktuelles zum internationalen Unterhaltsverfahrensrecht, IPRax 1994, S. 435-439.

ders., Leistungs- und Abänderungsklage bei früherem Auslandsurteil, IPRax 1990, S. 28-32.

Baum, Harald, Inländische Abwehrklagen gegen US-amerikanische Produkthaftungsklagen, in: Herausforderungen des Internationalen Zivilverfahrensrechts, hrsg. von Andreas Heldrich und Toshiyuki Kono, Tübingen, 1994, S. 185-207 (zitiert: *Baum*, Herausforderungen).

Baumann, Hans, Vortrag von Roland Knaak, „Die Durchsetzung der Rechte aus der Gemeinschaftsmarke“ (Mitteilungen der Bezirksgruppe Südwest), GRUR 2001, S. 41.

Baumann, Jürgen / Brehm, Wolfgang, Zwangsvollstreckung, 2. Aufl., Bielefeld, 1982.

Baumbach, Adolf (Begr.) / Hefermehl, Wolfgang / Köhler, Helmut / Bornkamm, Joachim, Wettbewerbsrecht, Kommentar, 23. Aufl., München, 2004 (zitiert: Baumbach / Hefermehr-*Bearbeiter*).

Baumbach, Adolf (Begr.) / Hopt, Klaus J. / Merkt, Hanno, Handelsgesetzbuch, 32. Aufl., München, 2006 (zitiert: Baumbach / Hopt-*Bearbeiter*).

Baumbach, Adolf (Begr.) / Lauterbach, Wolfgang / Albers, Jan / Hartmann, Peter, Zivilprozessordnung mit Gerichtsverfassungsgesetz und Nebengesetzen, Kommentar, 64. Aufl., München, 2006 (zitiert: Baumbach / Lauterbach-*Bearbeiter*).

Baumgärtel, Gottfried, Treu und Glauben im Zivilprozess, ZZP 86 (1973), S. 353-372.

ders., Treu und Glauben, gute Sitten und Schikaneverbot im Erkenntnisverfahren, ZZP 69 (1956), S. 89-131.

ders., Die Verwirkung prozessualer Befugnisse im Bereich der ZPO und des FGG, ZZP 67 (1954), S. 423-451.

ders., Rezension zu Baur, Fritz: Studien zum einstweiligen Rechtsschutz, Tübingen, 1967, AcP 168 (1968), S. 401-407.

Baur, Fritz, Studien zum einstweiligen Rechtsschutz, Tübingen, 1967.

Baur, Fritz / Stürner, Rolf, Zwangsvollstreckungs-, Konkurs- und Vergleichsrecht, Band I, Einzelvollstreckungsrecht, begr. von Adolf Schönke, 12. Aufl., Heidelberg, 1995 (zitiert: *Baur / Stürner*, ZVR I).

Becker, Christoph, Insolvenz in der Europäischen Union – Zur Verordnung des Rates über Insolvenzverfahren, ZEuP 2002, S. 287-315.

Becker-Eberhard, Ekkehard, Die Sinnhaftigkeit der Zuständigkeitsordnung der EG-VO Nr. 1347/2000 („Brüssel II“), in: Festschrift für Kostas E. Beys, dem Rechtsdenker in attischer Dialektik, zum 70. Geburtstag am 25. November 2003, hrsg. von Hideo Nakamura, Hans W. Fasching, Hans Friedhelm Gaul, Apostolos Georgiades, Athen, 2003, S. 93-118 (zitiert: *Becker-Eberhard*, FS Beys).

Behr, Volker, Internationale Tatortszuständigkeit für vorbeugende Unterlassungsklagen bei Wettbewerbsverstößen, GRUR Int. 1992, S. 604-608.

Beitzke, Günther, Die deutsche internationale Zuständigkeit in Familiensachen, FamRZ 1967, S. 593-605.

ders., Ehescheidung zwischen Ost und West, JZ 1961, S. 649-655.

Benecke, Lars, Die teleologische Reduktion des räumlich-persönlichen Anwendungsbereichs von Art. 2 ff. und Art. 17 EuGVÜ, Köln, 1993 (zitiert: *Benecke,* Die teleologische Reduktion).

Bengelsdorf, Peter, Rechtliche Möglichkeiten zur Beschleunigung des erzwingbaren Einigungsstellenverfahrens, BB 1991, S. 613-621.

Benkard, Georg (Begr.), Patentgesetz, Gebrauchsmustergesetz, Kurz-Kommentar, 10. Aufl., München, 2005 (zitiert: Benkard-*Bearbeiter*).

Berger, Christian, Die internationale Zuständigkeit bei Urheberrechtsverletzungen in Internet-Websites aufgrund des Gerichtsstands der unerlaubten Handlung nach Art. 5 Nr. 3 EuGVO, GRUR Int. 2005, S. 465-469.

ders., Zur Statthaftigkeit der auf Feststellung gerichteten einstweiligen Verfügung, ZZP 110 (1997), S. 287-303.

Bergerfurth, Bruno, Die internationale Scheidungszuständigkeit im EU-Bereich, FF 2001, S. 15-17.

Bergmann, Alexander (Begr.) / Ferid, Murad / Henrich, Dieter (Hrsg.), Internationales Ehe- und Kindschaftsrecht mit Staatsangehörigkeitsrecht, Loseblatt-Slg., Frankfurt/Main / Berlin, Stand: Oktober 2005 (zitiert: *Bergmann / Ferid).*

Berneke, Wilhelm, Die einstweilige Verfügung in Wettbewerbssachen, München, 1995 (zitiert: *Berneke,* Die einstweilige Verfügung).

Bernheim, Marc, Rechtshängigkeit und im Zusammenhang stehende Verfahren nach dem Lugano-Übereinkommen, SJZ 90 (1994), S. 133-144.

Bernreuther, Jörn, Das System des vorläufigen Rechtsschutzes in Familiensachen, FamRZ 1999, S. 69-74.

Bertrams, Heleen, Das grenzüberschreitende Verletzungsverbot im niederländischen Patentrecht, GRUR Int. 1995, S. 193-201.

Bettermann, Karl August, Rechtshängigkeit und Rechtsschutzreform, Detmold / Frankfurt/Main / Berlin, 1949.

Bettinger, Torsten, Der lange Arm amerikanischer Gerichte: Personal Jurisdiction im Cyberspace – Bericht über die neuere Rechtsprechung amerikanischer Gerichte zur interlokalen und internationalen Zuständigkeit bei Kennzeichenkonflikten im Internet, GRUR Int. 1998, S. 660-666.

Bettinger, Torsten / Thum, Dorothee, Territoriales Markenrecht im Global Village, GRUR Int. 1999, S. 659-681.

Bird, William E., Die „saisie contrefaçon" nach französischem (bzw. belgischem) Recht in Patentstreitigkeiten, MittdtschPatAnw. 2002, S. 404-406.

Blankenburg, Erhard, Das Kort Geding im niederländischen Zivilprozessrecht, in: Erhard Blankenburg, Dieter Leipold, Christian Wollschläger (Hrsg.), Neue Methoden im Zivilverfahren, Köln, 1991, S. 125-142 (zitiert: *Blankenburg,* in: Blankenburg / Leipold / Wollschläger, Neue Methoden in Zivilverfahren).

Blaurock, Uwe, Die Schutzrechtsverwarnung, Freiburg i. Br., 1970 (zitiert: *Blaurock,* Schutzrechtsverwarnung).

Blomeyer, Karl, Arrest und einstweilige Verfügung, ZZP 65 (1952), S. 52-66.

Böckstiegel, Karl-Heinz / Krämer, Paul Michael / Polley, Isabel, Kann der Betrieb von Satelliten im Weltraum patentrechtlich geschützt werden?, GRUR 1999, S. 1-11.

Bodewig, Theo, Das Recht des unlauteren Wettbewerbs in Großbritannien: Ein Dreiklang von Fallrecht, Gesetzesrecht und Selbstkontrolle, GRUR Int. 2004, S. 543-558.

Böhm, Karl, Die Verwertung mittelbarer Beweismittel im Verwaltungsprozess, NVwZ 1996, S. 427-433.

Boele-Woelki, Katharina, Brüssel II: Die Verordnung über die Zuständigkeit und die Anerkennung von Entscheidungen in Ehesachen, ZfRV 2001, S. 121-130.

Bölling, Hein, Konkurrenz einstweiliger Anordnungen mit einstweiligen Verfügungen in Unterhaltssachen, Göttingen, 1981 (zitiert: *Bölling*, Konkurrenz einstweiliger Anordnungen).

Bötticher, Eduard, Gleichbehandlung und Waffengleichheit: Überlegungen zum Gleichheitssatz, Heidelberg / Hamburg / Karlsruhe, 1979.

ders., Besinnung auf das Gestaltungsrecht und das Gestaltungsklagerecht, in: Vom deutschem zum europäischen Recht, Festschrift für Hans Dölle, Band I, Deutsches Privat- und Zivilprozessrecht, Rechtsvergleichung, hrsg. von Ernst von Caemmerer, Arthur Nikisch, Konrad Zweigert, 1963, S. 41-77 (zitiert: *Bötticher*, FS Dölle I).

Bopp, Thomas, Die einstweilige Verfügung in Patentsachen, in: Recht und Wettbewerb, Festschrift für Horst Helm zum 65. Geburtstag, hrsg. von Thomas Bopp, Winfried Tilmann, München, 2002, S. 275-286 (zitiert: *Bopp*, FS Helm).

Borck, Hans-Günther, Grenzen richterlicher Formulierungshilfe bei Unterlassungsverfügungen, WRP 1977, S. 457-460.

ders., „Vollziehung": Zustellung oder Zwangsvollstreckung?, MDR 1983, S. 180-183.

ders., Zuständigkeitserschleichung qua negativer Feststellungsklage?, WRP 1997, S. 265-268.

Born, Gary B. / Westin, David, International Civil Litigation in United States Courts, Commentary and Materials, Deventer / Boston, 1990 (zitiert: *Born / Westin*, International Civil Litigation).

Bornkamm, Joachim, Grenzüberschreitende Unterlassungsklagen im Urheberrecht, in: Jürgen Schwarze (Hrsg.), Rechtsschutz gegen Urheberrechtsverletzungen und Wettbewerbsverstöße in grenzüberschreitenden Medien, Baden-Baden, 2000, S. 126-140 (zitiert: *Bornkamm*, in: Schwarze, Rechtsschutz).

Borrás, Alegría, Erläuternder Bericht zu dem Übereinkommen aufgrund von Artikel K.3 des Vertrages über die Europäische Union über die Zuständigkeit und die Anerkennung und Vollstreckung von Entscheidungen in Ehesachen, Abl.EG 1998, Nr. C 221/27-64 (zitiert: *Borrás*-Bericht).

Bossung, Otto, Unionspatent statt Gemeinschaftspatent – Entwicklung des europäischen Patents zu einem Patent der Europäischen Union, GRUR Int. 2002, S. 463-475.

ders., A Union Patent Instead of the Community Patent – Developing the European Patent into a EU Patent, IIC 2003, S. 1-30.

Bothe, Andreas, Vortrag von Thomas Hoeren, „Aktuelle Entwicklungen im Domain-Recht – Literaturen, Joop & Co." (Mitteilungen der Bezirksgruppe Nord), GRUR 2002, S. 596-597.

Boval, Bruno, Sicherungs- und eisntweilige Maßnahmen im Zusammenhang mit Patentverletzungsklagen in Frankreich, GRUR Int. 1993, S. 377-381.

Braun, Eberhard (Hrsg.), Insolvenzordnung (InsO), Kommentar, 2. Aufl., München, 2004 (zitiert: Braun-*Bearbeiter*).

Brenn, Christoph, Europäischer Zivilprozess, Wien, 2005.

Breuer, Kai, Gemeinsame elterliche Sorge – Geltung für ausländische Staatsangehörige in Deutschland, FPR 2005, S. 74-79.

Briggs, Adrian, Anti-european teeth for choice of court releases, (1994) Lloyd's MCLQ, S. 158-163.

Brinkhof, Jan J., The Enforcement of Patent Rights in the Netherlands, IIC 2000, S. 706-722.

ders., Geht das grenzüberschreitende Verletzungsverbot im niederländischen einstweiligen Verfügungsverfahren zu weit?, GRUR Int. 1997, S. 489-497.

ders., Prozessieren aus Europäischen Patenten – Einige prozessuale Aspekte der Internationalisierung des Patentrechts, GRUR 1993, S. 177-185.

ders., Summary Proceedings and Other Provisional Measures in Connection With Patent Infringements, IIC 1993, S. 762-777.

ders., Das einstweilige Verfügungsverfahren und andere vorläufige Maßnahmen im Zusammenhang mit Patentverletzungen, GRUR Int. 1993, S. 387-394.

Brinks, Henry L. / Fritze, Ulrich, Einstweilige Verfügungen in Patentverletzungssachen in den USA und in Deutschland, GRUR Int. 1987, S. 133-140.

Brox, Hans / Rüthers, Bernd / Schlüter, Wilfried / Jülicher, Friedrich, Arbeitskampfrecht, Stuttgart / Berlin / Köln / Mainz, 1982 (zitiert: *Brox / Rüthers*, Arbeitskampfrecht).

Brox, Hans / Walker, Wolf-Dietrich, Zwangsvollstreckungsrecht, 7. Aufl., Köln / Berlin / Bonn / München, 2003 (zitiert: *Brox / Walker*, ZVR).

Brudermüller, Gerd, Regelungen der Nutzung und Rechtsverhältnisse an Ehewohnung und Hausrat, FamRZ 1999, S. 193-205.

Brüggemann, Dieter, Unausgebildete Gegnerschaftsverhältnisse, ZZP 81 (1968), S. 458-477.

Bruns, Rudolf / Peters, Egbert, Zwangsvollstreckungsrecht, 3. Aufl., München, 1987 (zitiert: *Bruns / Peters,* ZVR).

Buciek, Klaus, Gläubigerkonkurrenz als Arrestgrund, NJW 1987, S. 1063-1064.

Bürgle, Helmut, Zur Konkurrenz von inländischen Scheidungsverfahren mit ausländischen Scheidungsverfahren und -urteilen, IPRax 1983, S. 281-284.

Bukow, Johannes, Verletzungsklagen aus gewerblichen Schutzrechten: Die internationale Zuständigkeit nach dem EuGVÜ bzw. der EuGVVO, Mannheim, 2003 (zitiert: *Bukow,* Verletzungsklagen).

Bumiller, Ursula / Winkler, Karl, Freiwillige Gerichtsbarkeit, Kommentar, 7. Aufl., München, 1999.

Burgstaller, Alfred / Neumayr, Matthias (Hrsg.), Internationales Zivilverfahrensrecht, Band I, Loseblatt-Slg., Wien 2004 (zitiert: Burgstaller / Neumayr-*Bearbeiter*).

dies., Die grenzüberschreitende Überweisung in der Europäischen Union, öRiZ 2003, S. 242-245.

Busch, Michael, Schutzmaßnahmen für Kinder und der Begriff der „elterlichen Verantwortung" im internationalen und europäischen Recht – Anmerkungen zur Ausweitung der Brüssel II-Verordnung, IPRax 2003, S. 218-222.

Buschmann, Andreas, Rechtshängigkeit im Ausland als Verfahrenshindernis, unter besonderer Berücksichtigung der Klageerhebung im französischen Zivilprozess, München, 1995 (zitiert: *Buschmann,* Rechtshängigkeit).

Carlier, Jean-Yves / Francq, Stéphanie / Boxstael, Jean-Louis van, Le règlement de Bruxelles II – Competence, reconnaissance et exécution en matière matrimoniale et en matière de responsabilité parentale, J. Trib. dr. eur. 9 (2001), S. 73-90.

Carstens, Nils, Die internationale Zuständigkeit im europäischen Insolvenzrecht, Kiel, 2005 (zitiert: *Carstens,* Die internationale Zuständigkeit).

Casucci, Giovanni, The Enforcement of Patent Rights in Italy, IIC 2000, S. 692-706.

Clemenz, Susanne, Das einstweilige Verfügungsverfahren im Arbeitsrecht, NZA 2005, S. 129-135.

Coester-Waltjen, Dagmar, Multa non multum im internationalen Familienverfahrensrecht, in: Einheit und Vielfalt des Rechts, in: Festschrift für Reinhold Geimer zum 65. Geburtstag, hrsg. von Rolf A. Schütze, München, 2002, S. 139-157 (zitiert: *Coester-Waltjen,* FS Geimer).

Compensis, Ulrike, Die einstweilige Verfügung auf Unterhaltsleistung, Erlangen-Nürnberg, 1991.

Cornish, William / Llewelyn, David, The Enforcement of Patents in the United Kingdom, IIC 2000, S. 627-646.

Corts, Jochen, Einstweilige Verfügung auf Urlaubsgewährung, NZA 1998, S. 357-359.

Council of Europe, Yearbook of the European Convention on Human Rights, 2004, Volume 47, Leiden / Boston, 2005.

Cuonzo, Gabriel / Trevisan, Luca, Der vorläufige Rechtsschutz zur Verteidigung des Markenrechts in Italien – Strategien und Verfahrenstechniken im Lichte der kürzlich reformierten Gesetzesbestimmungen, GRUR Int. 1995, S. 7-15.

Czernich, Dietmar, Internationale Streitanhängigkeit: Hoffnungsträger zahlungsunwilliger Schuldner, wbl 2001, S. 516-519.

Czernich, Dietmar / Tiefenthaler, Stefan / Kodek, Georg E., Kurzkommentar Europäisches Gerichtsstands- und Vollstreckungsrecht, 2. Aufl., Wien, 2003 (zitiert: Czernich / Tiefenthaler / Kodek-*Bearbeiter*).

Däubler, Wolfgang, Arbeitskampfrecht, 2. Aufl., Baden-Baden, 1987.

Damrau, Jürgen, Fortdauer der internationalen Zuständigkeit trotz Wegfalls ihrer Voraussetzungen?, in: Festschrift für Friedrich Wilhelm Bosch zum 65. Geburtstag am 2. Dezember 1976, hrsg. von Walther J. Habscheid, Hans Friedhelm Gaul und Paul Mikat, Bielefeld, 1976, S. 103-118 (zitiert: *Damrau*, FS Bosch).

Dasser, Felix, Der Kampf ums Gericht, ZSR N.F. 119/1 (2000), S. 253-272.

Dauses, Manfred A. (Hrsg.), Handbuch des EU-Wirtschaftsrechts, Loseblatt-Slg., Stand: Dezember 2004, München, 2005 (zitiert: Dauses-*Bearbeiter*).

Dedek, Helge, Art. 24 EuGVÜ und provisorische Anordnungen zur Leistungserbringung, EWS 2000, S. 246-252.

Deipenbrock, Gudala, Das neue europäische Internationale Insolvenzrecht – von der „quantité négligeable" zu einer „quantité indispensable", EWS 2001, S. 113-119.

Denck, Johannes, Das vorläufige Weiterbeschäftigungsangebot des Arbeitgebers im Kündigungsrechtsstreit, NJW 1983, S. 255-260.

Denys, Martin / Schöfer, Bettina, Handbuch des belgischen Zivil-, Verwaltungs- und Verfassungsprozessrechts, Basel / Frankfurt am Main, 1994.

Dicey, Albert Venn / Morris, John Humphrey, Dicey and Morris on the Conflict of Laws, Hrsg.: Lawrence Collins, 13. Aufl., Vol. 1, London, 2000 (zitiert: *Dicey / Morris* I).

Dichtl, Andreas, Der Prozess der negativen Feststellungsklage, Hamburg, 2004.

Dickmeis, Franz, Verfehlt § 33 II FGG seinen Zweck, kindeswohlorientierte Entscheidungen des Familiengerichts und ihr Vollzug, NJW 1992, S. 537-540.

Diederichsen, Uwe, Entwicklung und Funktion des Familien-, insbesondere des Eheprozessrechts in der Bundesrepublik Deutschland, ZZP 91 (1978), S. 397-449.

Dietze, Jan / Schnichels, Dominik, Die aktuelle Rechtsprechung des EuGH zum EuGVÜ, EuZW 1999, S. 549-553.

dieslb., Die aktuelle Rechtsprechung des EuGH zum EuGVÜ – Übersicht über das Jahr 2002, EuZW 2003, S. 581-587.

Dilger, Jörg, Die Regelungen zur internationalen Zuständigkeit in Ehesachen in der Verordnung (EG) Nr. 2201/2003, Köln, 2004 (zitiert: *Dilger*, Die Regelungen zur internationalen Zuständigkeit).

Dittmar, Rolf, Der Arrestgrund der Auslandsvollstreckung, NJW 1978, S. 1720-1723.

Dörr, Claus, Elterliche Sorge, Umgangsbefugnis und Kindesherausgabe in der Entwicklung seit dem 1. EheRG, NJW 1989, S. 690-696.

Dohm, Christian, Die Einrede ausländischer Rechtshängigkeit im deutschen internationalen Zivilprozessrecht, Dissertation, Münster, 1996 (zitiert: *Dohm*, Die Einrede ausländischer Rechtshängigkeit).

Donzallaz, Yves, La Convention de Lugano du 16 septembre 1988 concernant la compétence judiciaire et l'exécution des décisions en matière civile et commerciale, Volume I : § 1-1736, Bern, 1996 (zitiert : *Donzallaz*, La Convention de Lugano).

Dornblüth, Susanne, Die europäische Regelung der Anerkennung und Vollstreckbarerklärung von Ehe- und Kindschaftsentscheidungen, Hamburg, 2003 (zitiert: *Dornblüth*, Die europäische Regelung).

Dorsel, Christoph, Forum non conveniens, Berlin, 1996 (zitiert: *Dorsel*, Forum non conveniens).

Dose, Hans-Joachim, Einstweiliger Rechtsschutz in Familiensachen, 2. Aufl., Berlin, 2005.

Dreier, Thomas, Ausgleich, Abschreckung und andere Rechtsfolgen von Urheberrechtsverletzungen – Erste Gedanken zur EU-Richtlinie über die Maßnahmen und Verfahren zum Schutz der Rechte an geistigem Eigentum, GRUR Int. 2004, S. 706-712.

Dreiss, Uwe / Keussen, Christof, Zur Streitregelung beim Gemeinschaftspatent, GRUR 2001, S. 891-897.

Dütz, Wilhelm, Vorläufiger Rechtsschutz im Arbeitskampf, BB 1980, S. 533-543.

Dunkl, Hans / Moeller, Dieter / Baur, Hansjörg / Feldmeier, Georg, Handbuch des vorläufigen Rechtsschutzes, 3. Aufl., München, 1999 (zitiert: HdBVR-*Bearbeiter).*

Duursma, Dieter / Duursma-Kepplinger, Henriette-Christine, Gegensteuerungsmaßnahmen bei ungerechtfertigter Inanspruchnahme der internationalen Zuständigkeit gemäß Art. 3 Abs. 1 EuInsVO, DZWIR 2003, S. 447-452.

Duursma-Kepplinger, Henriette-Christine, Checkliste zur Eröffnung eines Insolvenzverfahrens nach der Europäischen Insolvenzverordnung und zum anwendbaren Recht, NZI 2003, S. 87-91.

Ebenroth, Thomas / Boujong, Karlheinz / Joost, Detlev, Handelsgesetzbuch, Bd. 1, §§ 1-342a, München, 2001 (zitiert: Ebenroth / Boujong / Joost-*Bearbeiter*).

Ebmeier, Marie-Theres / Schöne, Sigrid, Der einstweilige Rechtsschutz, Düsseldorf, 1997.

Ebner, Martin, Markenschutz im internationalen Privat- und Zivilprozessrecht, München, 2004 (zitiert: *Ebner*, Markenschutz).

Ehricke, Ulrich, Art. 12 I (ex 6 I) EG-Vertrag und das nationale Zivilprozessrecht – Bilanz und Perspektiven, IPRax 1999, S. 311-323.

ders., Verfahrenskoordination bei grenzüberschreitenden Unternehmensinsolvenzen, in: Aufbruch nach Europa, 75 Jahre Max-Planck-Institut für Privatrecht, hrsg. von Jürgen Basedow, Ulrich Drobnig, Reinhard Ellger, Klaus J. Hopt, Hein Kötz, Rainer Kulms, Ernst-Joachim Mestmäcker, Tübingen, 2001, S. 337-361 (zitiert: *Ehricke*, FS 75 Jahre MPI).

ders., Die neue Europäische Insolvenzverordnung und grenzüberschreitende Konzerninsolvenzen, EWS 2002, S. 101-107.

ders., Zur teleologischen Reduktion des § 917 II ZPO, NJW 1991, S. 2189-2192.

Ehricke, Ulrich / Ries, Julian, Die neue Europäische Insolvenzverordnung, JuS 2003, S. 313-320.

Eichmann, Helmut, Patent- und Gebrauchsmusterverletzungsverfahren in der Bundesrepublik Deutschland, Großbritannien, Frankreich und Italien, GRUR Int. 1989, S. 510-512.

Eidenmüller, Horst, Der Markt für internationale Konzerninsolvenzen: Zuständigkeitskonflikte unter der EuInsVO, NJW 2004, S. 3455-3459.

Eilers, Anke, Maßnahmen des einstweiligen Rechtsschutzes im europäischen Zivilrechtsverkehr, Bonn, 1991 (zitiert: *Eilers*, Maßnahmen des einstweiligen Rechtsschutzes).

Eisemann, Hans Friedrich / Le Friant, Martine / Liddington, Jane / Numhauser-Henning, Ann / Roseberry, Lynn / Schinz, Reinhard / Waas, Bernd, Der Anspruch auf Teilzeitarbeit und seine gerichtliche Durchsetzung in den Niederlanden, Frankreich, Großbritannien, Schweden, Dänemark und der Bundesrepublik Deutschland, RdA 2004, S. 129-141.

Ekey, Friedrich L. / Klippel, Diethelm (Hrsg.), Heidelberger Kommentar zum Markenrecht, MarkenG, GMV und Markenrecht ausgewählter ausländischer Staaten, Heidelberg, 2003 (zitiert: HK-Markenrecht-*Bearbeiter*).

Els, Hans van, Anmerkung zu OLG Hamm, Beschl. vom 16.4.2002, FamRZ 2003, S. 174-175.

Emmerich, Volker, Das Recht des unlauteren Wettbewerbs, 4. Aufl., München, 1995.

Ernst, René, Die vorsorglichen Massnahmen im Wettbewerbs- und Immaterialgüterrecht, Zürich, 1992 (zitiert: *Ernst*, Die vorsorglichen Massnahmen).

Eyermann, Erich / Fröhler, Ludwig (Begr.), Verwaltungsgerichtsordnung, Kommentar, 11. Aufl., München, 2000 (zitiert: Eyermann-*Bearbeiter*).

Fähndrich, Martin / Ibbeken, Arne, Gerichtszuständigkeit und anwendbares Recht im Falle grenzüberschreitender Verletzungen (Verletzungshandlungen) der Rechte des geistigen Eigentums (Q 174) – Bericht für die deutsche Landesgruppe, GRUR Int. 2003, S. 616-626.

Falck, Andreas von, Einstweilige Verfügung in Patent- und Gebrauchsmustersachen, MittdtschPatAnw 2002, S. 429-438.

ders., Implementierung offener ausländischer Vollstreckungstitel, Freiburg, 1998 (zitiert: *v. Falck*, Implementierung).

Ferid, Murad (Begr.) / Sonnenberger, Hans Jürgen, Das Französische Zivilrecht, Band 1/1, Erster Teil: Allgemeine Lehren des Französischen Zivilrechts: Einführung und Allgemeiner Teil des Zivilrechts, 2. Aufl., Heidelberg, 1994 (zitiert: *Ferid / Sonnenberger*, Das Französische Zivilrecht 1/1).

Finger, Peter (Hrsg.), Das gesamte Familienrecht, Kommentar, Loseblatt-Slg., Neuwied / Kriftel, Stand: 37. Ergänzungslieferung, Januar 2004.

ders., Zuständigkeiten nach dem MSA und anderen kindschaftsrechtlichen Übereinkommen, FPR 2002, S. 621-628.

Fischer, Franz, Die CMR auf dem Vormarsch in Europa, TranspR 1994, S. 365-375.

Fischer, Klaus, Anmerkung zu BGH, Urt. vom 2.7.1991, RIW 1992, S. 57-59.

Fletcher, Ian F., The Instanbul Convention and the Draft EEC Convention, in: Festschrift für Hans Hanisch, hrsg. von Eltje Aderhold, Kurt Lipstein, Christoph Schücking, Rolf Stürner, im Auftrage der Genf-Gesellschaft, Köln / Berlin / Bonn / München, 1994, S. 89-107 (zitiert: *Fletcher*, FS Hanisch).

Foerste, Ulrich, Vollstreckungsvorsprung durch einstweiligen Rechtsschutz, ZZP 106 (1993), S. 142-157.

Francq, Stéphanie, Parental Responsability under "Brussels II", ERA-Forum 01/2003, S. 54-72.

Franzosi, Mario, Weltweite Patentstreitigkeit und ein italienisches „Torpedo", MittdtschPatAnw. 1998, S. 300-301.

ders., Worldwide Patent Litigation and the Italian Torpedo, EIPR 1997, S. 382-385.

ders., Torpedoes are here to stay, IIC 2002, S. 154-163.

ders., A Community Patent: Three Suggestions for two Difficulties, IIC 2004, S. 416-419.

Fremuth, Fritz, Gerichtsstände im grenzüberschreitenden Speditions- und Landfrachtrecht, TranspR 1983, S. 35-44.

Fricke, Martin, Neues vom Vermögensgerichtsstand?, NJW 1992, S. 3066-3069.

Fritz, Daniel Friedemann / Bähr, Rainer M., Die Europäische Verordnung über Insolvenzverfahren – Herausforderung an Gerichte und Insolvenzverwalter, DZWIR 2001, S. 221-235.

Fritze, Ulrich, Doppelte Rechtshängigkeit in USA und Deutschland, in: Festschrift für Ralf Vieregge zum 70. Geburtstag am 6. November 1995, hrsg. von Jürgen F. Baur, Rainer Jacobs, Manfred Lieb, Peter-Christian Müller-Graff, Berlin / New York, 1995, S. 241-252 (zitiert: *Fritze*, FS Vieregge).

ders., Gut gemeint – Ziel verfehlt: Negative Feststellungsklage als Hauptsache im Sinne des § 937 Abs. 1 ZPO, GRUR 1996, S. 571-574.

ders., Bemerkungen zur einstweiligen Verfügung im Bereich der gewerblichen Schutzrechte und im Wettbewerbsrecht, GRUR 1979, S. 290-294.

Fritzsche, Jörg, Anmerkung zu EuGH, Urt. vom 6.6.2002 *(Italian Leather / WECO)*, ZZP Int. 7 (2002), S. 250-263.

Frowein, Jochen Abr. / Peukert, Wolfgang, Europäische Menschenrechtskonvention, EMRK-Kommentar, 2. Aufl., Kehl / Straßburg / Arlington, 1996 (zitiert: Frowein / Peukert-*Bearbeiter*).

Fuchs, Lydia / Tölg, Irene, Die einstweiligen Maßnahmen nach der EheVO (EuGVVO II), ZfRV 2002, S. 95-103.

Füllkrug, Dieter, Bayer ./. Winter, ein Fall der Markenpiraterie (Baygon), WRP 1987, S. 713-718.

Gaedke, Gudrun, Konkurrenz inländischer und ausländischer Verfahren – Tatbestand und Rechtsfolgen der internationalen Streitanhängigkeit nach dem LGVÜ, ÖJZ 1997, S. 286-294.

Gärtner, Joachim, Probleme der Auslandsvollstreckung von Nichtgeldleistungen im Bereich der Europäischen Gemeinschaft, München, 1990 (zitiert: *Gärtner*, Probleme der Auslandsvollstreckung).

Gamm, Otto-Friedrich Freiherr von, Neuere Rechtsprechung zum Wettbewerbs- und Markenrecht, GRUR 1991, S. 405-417.

Ganslmeyer, Anton, Die einstweilige Verfügung im Zivilverfahren, Stuttgart / München / Hannover / Berlin, 1991.

Gaudemet-Tallon, Hélène, Le Règlement n° 1347/2000 du Conseil du 29 mai 2000: « Compétence, reconnaissance et exécution des décisions en matière matrimoniale et en matière de responsabilité parentale des enfants communs » (1), JDI (Clunet) 2001, S. 381-445.

dies., Anmerkung zu EuGH, Urt. vom 17.11.1998 *(van Uden / Deco-Line)*, Revue de l'arbitrage 1999, S. 152-166.

Gaul, Hans Friedhelm, Die Entwicklung des einstweiligen Rechtsschutzes in Familien- und insbesondere in Unterhaltssachen, FamRZ 2003, S. 1136-1153.

Geiger, Rudolf, Der Arrestgrund der Auslandsvollstreckung (§ 917 Abs. 2 ZPO) und das gemeinschaftsrechtliche Diskriminierungsverbot (Art. 6 EG-Vertrag), IPRax 1994, S. 415-416.

Geimer, Reinhold, Anerkennung ausländischer Entscheidungen in Deutschland, München, 1995 (zitiert: *Geimer*, Anerkennung ausländischer Entscheidungen).

ders., Beachtung ausländischer Rechtshängigkeit und Justizgewährungsanspruch, NJW 1984, S. 527-530.

ders., Internationales Zivilprozessrecht, 5. Aufl., Köln, 2005 (zitiert: *Geimer*, IZPR).

ders., „Windhunde" und „Torpedos" unterwegs in Europa – ist Art. 27 EuGVVO bzw. Art. 21 EuGVÜ/LugÜ anwendbar trotz Parteienverschiedenheit?, IPRax 2004, S. 505-507.

ders., Anmerkung zu BayObLG, Beschl. vom 21.01.1975, NJW 1975, S. 1079-1081.

ders., EuGVÜ und Aufrechnung: Keine Erweiterung der internationalen Entscheidungszuständigkeit – Aufrechnungsverbot bei Abweisung der Klage wegen internationaler Unzuständigkeit, IPRax 1986, S. 208-216.

ders., Lis pendens in der Europäischen Union, in: Privatrecht in Europa: Vielfalt, Kollision, Kooperation, Festschrift für Hans Jürgen Sonnenberger zum 70. Geburtstag, hrsg. von Michael Coester, Dieter Martiny, Karl August Prinz von Sachsen Gessaphe, München, 2004, S. 357-367 (zitiert: *Geimer*, FS Sonnenberger).

ders., Entscheidungsharmonie in Europa per Entscheidungsstop, IPRax 2001, S. 191-193.

ders., Fora connexitas: Der Sachzusammenhang als Grundlage der internationalen Zuständigkeit, WM 1979, S. 350-361.

ders., Das Nebeneinander und Miteinander von europäischem und nationalem Zivilprozessrecht, NJW 1986, S. 2991-2994.

ders., Einige Zweifelsfragen zur Abgrenzung nach dem EWG-Übereinkommen vom 27.9.1968, RIW 1975, S. 81-87.

ders., Härtetest für deutsche Dienstleister im Ausland, IPRax 1998, S. 175-177.

Geimer, Reinhold / Schütze, Rolf A., Europäisches Zivilverfahrensrecht, Kommentar zur EuGVVO, EuEheVO, EuZustellungsVO, zum Lugano-Übereinkommen und zum internationalen Kompetenz- und Anerkennungsrecht, 2. Aufl., München, 2004 (zitiert: *Geimer / Schütze* EZVR-*Bearbeiter*).

dieslb., Internationaler Rechtsverkehr in Zivil- und Handelssachen, Loseblatt-Handbuch mit Texten, Kommentierungen und Länderberichten, München, 29. Ergänzungslieferung, Stand: August 2005 (zitiert: Geimer / Schütze-Bearbeiter, Int. Rechtsverkehr).

dieslb., Internationale Urteilsanerkennung, Band I, 1. Halbband: Das EWG-Übereinkommen über die gerichtliche Zuständigkeit und die Vollstreckung gerichtlicher Entscheidungen in Zivil- und Handelssachen, Systematischer Kommentar, München, 1983 (zitiert: Geimer / Schütze-Bearbeiter, Urteilsanerkennung 1.1).

dieslb., Internationale Urteilsanerkennung, Band I, 2. Halbband: Allgemeine Grundsätze und autonomes deutsches Recht. Systematischer Kommentar, München, 1984 (zitiert: Geimer / Schütze-Bearbeiter, Urteilsanerkennung 1.2).

Georgiades, Apostolos, Die Abänderung ausländischer Urteile im Inland, in: Xenion, Festschrift für Panagiōtēs J. Zepos anlässlich seines 65. Geburtstages am 1. Dezember 1973, hrsg. von E. von Caemmerer, J. H. Kaiser, G. Kegel, W. Müller-Freienfels, H. J. Wolff, II. Band, Athen / Freiburg i. Br. / Köln, 1973, S. 189-208 (zitiert : Georgiades, FS Zepos).

Gerhard, Frank, La compétence du juge d'appui pour prononcer des mesures provisoires extraterritoriales, SZIER 1999, S. 97-141.

Gerhardt, Walter, Rezension zu Stein / Jonas: Kommentar zur Zivilprozessordnung, Bd. 6, 21. Aufl., Tübingen, 1994, ZZP 109 (1996), S. 534-544.

Germelmann, Claas-Hinrich / Matthes, Hans-Christoph / Prütting, Hanns, Arbeitsgerichtsgesetz, Kommentar, 5. Aufl., München, 2004.

Gernhuber, Joachim / Coester-Waltjen, Dagmar, Lehrbuch des Familienrechts, 4. Aufl., München, 1994.

Geschke, Eva, Vom EuGVÜ zur EuGVVO – ein Überblick, MittdtschPatAnw. 2003, S. 249-252.

Giemulla, Elmar / Schmid, Ronald / Müller-Rostin, Wolf / Ehlers, Nikolai, Warschauer Abkommen und Zusatzabkommen von Guadalajara, Internationales Lufttransportrecht, Frankfurter Kommentar zum Luftverkehrsrecht, Band 3, Loseblatt-Slg., einschl. 7. Ergänzungslieferung, Stand: Juni 2004 (zitiert: Giemulla / Schmid-Bearbeiter).

Giudicelli, Marco Alberto, Cross Border Injunctions für Europäische Patente, Dresden / Berlin, 2001 (zitiert: Giudicelli, Cross Border Injunctions).

Giesecke, Horst, Neue Entwicklungen zum Arrestgrund der Auslandsvollstreckung im Europarecht, EWS 1994, S. 149-154.

Gießler, Hans, Vorläufige Anordnungen in FGG-Familiensachen: noch oder nicht mehr statthaft?, FamRZ 2004, S. 419-421.

Gießler, Hans / Soyka, Jürgen, Vorläufiger Rechtsschutz in Ehe-, Familien und Kindschaftssachen, 4. Aufl., München, 2005 (zitiert: Gießler / Soyka, Vorläufiger Rechtsschutz).

Glöckner, Herbert, Leitfaden zur CMR, Übereinkommen über den Beförderungsvertrag im internationalen Straßengüterverkehr, begr. von Wolfgang Muth, 7. Aufl., Berlin, 1991.

Gördes, Anna Christina, Internationale Zuständigkeit, Anerkennung und Vollstreckung von Entscheidungen über die elterliche Verantwortung, Köln, 2004 (zitiert: *Gördes*, Internationale Zuständigkeit).

Götting, Horst-Peter, Die Entwicklung neuer Methoden der Beweisbeschaffung zur Bekämpfung von Schutzrechtsverletzungen – Die Anton-Piller-Order – Ein Modell für das deutsche Recht?, GRUR Int. 1988, S. 729-744.

Gottwald, Peter, Internationale Gerichtsstandsvereinbarungen: Verträge zwischen Prozessrecht und materiellem Recht, in: Festschrift für Wolfram Henckel zum 70. Geburtstag am 21. April 1995, hrsg. von Walter Gerhardt, Uwe Diederichsen, Bruno Rimmelspacher, Jürgen Costede, Berlin / New York, 1995, S. 295-309 (zitiert: *Gottwald*, FS Henckel).

ders. (Hrsg.), Insolvenzrechtshandbuch, 2. Aufl., München, 2001 (zitiert: *Bearbeiter* in Insolvenzrechtshdb.).

ders., Sicherheit vor Effizienz? – Auslandszustellungen in der Europäischen Union in Zivil- und Handelssachen, in: Wege zur Globalisierung des Rechts, Festschrift für Rolf A. Schütze zum 65. Geburtstag, hrsg. von Reinhold Geimer, München, 1999, S. 225-235 (zitiert: *Gottwald*, FS Schütze).

ders., Streitgegenstandslehre und Sinnzusammenhänge, in: Dogmatische Grundfragen des Zivilprozesses im geeinten Europa, Akademisches Symposium zu Ehren von Karl Heinz Schwab aus Anlass seines 80. Geburtstages, hrsg. von Peter Gottwald, Reinhard Greger, Hanns Prütting, Bielefeld, 2000, S. 85-100 (zitiert: *Gottwald,* in: Dogmatische Grundfragen).

ders., Grenzen zivilgerichtlicher Maßnahmen mit Auslandswirkung, in: Festschrift für Walther J. Habscheid zum 65. Geburtstag, 6. April 1989, hrsg. von Walter F. Lindacher, Dieter Pfaff u. a., Bielefeld, 1989, S. 119-130 (zitiert: *Gottwald*, FS Habscheid).

ders., Die internationale Zwangsvollstreckung, IPRax 1991, S. 285-292.

ders., Grundfragen der Anerkennung und Vollstreckung ausländischer Entscheidungen, ZZP 103 (1990), S. 257-293.

ders., Rezension zu: *Baumbach, Adolf (Begr.) / Lauterbach, Wolfgang / Albers, Jan / Hartmann, Peter,* Zivilprozessordnung mit Gerichtsverfassungsgesetz und Nebengesetzen, FamRZ 1987, S. 780-781.

ders., Europäische Gerichtspflichtigkeit kraft Sachzusammenhangs, IPRax 1989, S. 272-274.

ders., Deutsche Probleme Internationaler Familienverfahren, in: Festschrift für Hideo Nakamura zum 70. Geburtstag am 2. März 1996, hrsg. von Andreas Heldrich, Takeyoshi Uchida, Tokyo, 1996, S. 187-201 (zitiert: *Gottwald*, FS Nakamura).

Gottwald, Uwe, Einstweiliger Rechtsschutz in Verfahren nach der ZPO, Kommentierung der §§ 916-945 ZPO mit Antragsmustern für die Rechtspraxis,

Freiburg / Berlin / München, 1998 (zitiert: *Gottwald*, Einstweiliger Rechtsschutz).

ders., Zwangsvollstreckung, Kommentierung der §§ 704-915h ZPO mit Antrags- und Klagemustern für die Rechtspraxis, 2. Aufl., Freiburg / Berlin / München, 1997.

Grabinski, Klaus, Zur Bedeutung des Europäischen Gerichtsstands- und Vollstreckungsübereinkommens (Brüsseler Übereinkommens) und des Lugano-Übereinkommens in Rechtsstreitigkeiten über Patentverletzungen, GRUR Int. 2001, S. 199-213.

ders., Angst vor dem Zitterrochen? – Zur Verfahrensaussetzung nach Art. 27, 28 VO (EG) Nr. 44/2001 in Patentverletzungsstreitigkeiten vor deutschen Gerichten, in: Festschrift für Winfried Tilmann zum 65. Geburtstag, hrsg. von Erhard Keller, Clemens Plassmann, Andreas von Falck, Köln / Berlin / Bonn / München, 2003, S. 461-473 (zitiert: *Grabinski*, FS Tilmann).

ders., Kann und darf die Bestimmung des Schutzbereichs eines europäischen Patents in verschiedenen Ländern zu unterschiedlichen Ergebnissen führen?, GRUR 1998, S. 857-865.

Graf, Georg, Die internationale Verbundszuständigkeit, München, 1984.

Grigolli, Stephan, Die übermäßige Dauer der Zivilprozesse in Italien und entsprechende Gegenmaßnahmen, BRAK-Mitteilungen 2003, S. 8-9.

Gronstedt, Sebastian, Grenzüberschreitender einstweiliger Rechtsschutz, Regensburg, 1994.

Grosheide, Willem, Durchsetzung von Urheberrechten im Wege einstweiliger Maßnahmen, GRUR Int. 2000, S. 310-324.

Grothe, Helmut, Rechtswegverweisung und Rechtshängigkeitserschleichung im Anwendungsbereich von Art. 21 EuGVÜ/LugÜ und Art. 27 EuGVO, IPRax 2004, S. 83-89.

ders., Zwei Einschränkungen des Priotätsprinzips im europäischen Zuständigkeitsrecht: ausschließliche Gerichtsstände und Prozessverschleppung, IPRax 2004, S. 205-212.

Gruber, Urs Peter, Die neue „europäische Rechtshängigkeit“ bei Scheidungsverfahren, FamRZ 2000, S. 1129-1135.

ders., Zur Konkurrenz zwischen einem selbstständigen Sorgerechtsverfahren und einem Verbundverfahren nach der EheVO, IPRax 2004, S. 507-510.

Grundmann, Stefan, Anerkennung und Vollstreckung ausländischer einstweiliger Maßnahmen nach IPRG und Lugano-Übereinkommen, Basel / Frankfurt/Main, 1996 (zitiert: *Grundmann*, Anerkennung und Vollstreckung).

Grunert, Jens, Die „world-wide“ Mareva Injunction, Hannover, 1997.

Grunewald, Barbara, Numerus clausus der Gestaltungsklagen und Vertragsfreiheit, ZZP 101 (1988), S. 152-165.

Grunsky, Wolfgang, Zivilprozessrecht, begr. von Fritz Baur, 12. Aufl., München, 2005 (zitiert: *Grunsky*, ZPR).

ders., Grundlagen des Verfahrensrechts, 2. Aufl., Bielefeld, 1974.
ders., EWG-Übereinkommen über die gerichtliche Zuständigkeit und die Vollstreckung gerichtlicher Entscheidungen in Zivil- und Handelssachen im deutsch-italienischen Rechtsverkehr, RIW 1977, S. 1-9.
ders., Grundlagen des einstweiligen Rechtsschutzes, JuS 1976, S. 277-287.
ders., Rechtsfolgen des Fehlens der internationalen Zuständigkeit nach dem EuGVÜ, in: Festschrift für Hilmar Fenge zm 65. Geburtstag am 28.10.1996, hrsg. von Pelayia Yessiou-Faltsi / Fritz Jost / Athanassios Kaissis / Charoula Apalagaki, Hamburg, 1996, S. 63-72 (zitiert: *Grunsky*, FS Fenge).
ders., Probleme des EWG-Übereinkommens über die gerichtliche Zuständigkeit und die Vollstreckung gerichtlicher Entscheidungen in Zivil- und Handelssachen, JZ 1973, S. 641-647.
ders., Voraussetzungen für die Anordnung von Maßnahmen des Beschwerdegerichts nach Art. 38 EuGVÜ, IPRax 1995, S. 218-220.

Haas, Ulrich, Rechtshängigkeitssperre und Sachzusammenhang, in: Festschrift für Akira Ishikawa zum 70. Geburtstag am 27. November 2001, hrsg. von Gerhard Lüke, Takehiko Mikami, Hanns Prütting, Berlin / New York, 2001, S. 165-188 (zitiert: *Haas*, FS Ishikawa).
ders., Beginn der Sicherungs(zwangs)vollstreckung nach Art. 39 Abs. 1 EuGVÜ, IPRax 1995, S. 223-226.
Habscheid, Walther J., Zur Berücksichtigung der Rechtshängigkeit eines ausländischen Verfahrens, RabelsZ 31 (1967), S. 254-274.
ders., Bemerkungen zur Rechtshängigkeitsproblematik im Verhältnis der Bundesrepublik Deutschland und der Schweiz einerseits und den USA andererseits, in: Festschrift für Konrad Zweigert zum 70. Geburtstag, hrsg. von Herbert Bernstein, Ulrich Drobnig, Hein Kötz, Tübingen, 1981, S. 109-125 (zitiert: *Habscheid*, FS Zweigert).
ders., Die Lehre vom Streitgegenstand im Zivilprozess, in: Festschrift für Karl Heinz Schwab zum 70. Geburtstag, hrsg. von Peter Gottwald, Hanns Prütting, München, 1990, S. 181-195 (zitiert: *Habscheid*, FS Schwab).
ders., Freiwillige Gerichtsbarkeit, 7. Aufl. des von Friedrich Lent begr. Werkes, München, 1983.
Haedicke, Maximilian, Rezension zu Ebner, Martin: Markenschutz im internationalen Privat- und Zivilprozessrecht, Köln / Berlin / Bonn / München, 2004, ZZP 118 (2005), S. 499-504.
Hagelstein, Ferdinand, Die Abtrennung gemäß § 623 II ZPO, FamRZ 2001, S. 533-535.
Hajnczyk, Christian, Die Zuständigkeit für Entscheidungen in Ehesachen und in anderen Familiensachen aus Anlass von Ehesachen sowie deren Anerken-

nung und Vollstreckung in der EG und in der Schweiz, Bochum, 2003 (zitiert: *Hajnczyk*, Die Zuständigkeit für Entscheidungen).

Hakenberg, Waltraud / Stix-Hackl, Christine, Handbuch zum Verfahren vor dem Europäischen Gerichtshof, 2. Aufl., Wien, 2000 (zitiert: *Hakenberg / Stix-Hackl*, Handbuch zum Verfahren vor dem EuGH).

Hanisch, Hans, Stellungnahme zu der Frage, ob und gegebenenfalls in welcher Weise ein in seiner Wirkung territorial beschränktes Sonderinsolvenzverfahren über das Inlandsvermögen eines Schuldners vorzusehen ist, wenn dieser den Mittelpunkt seiner hauptsächlichen Interessen im Ausland hat, in: Vorschläge und Gutachten zur Umsetzung des EU-Übereinkommens über Insolvenzverfahren im deutschen Recht, vorgelegt von Hans Stoll, Tübingen, 1997, S. 202-218 (zitiert: *Hanisch*, in Stoll, Vorschläge).

ders., Internationale Arrestzuständigkeit und EuGVÜ, IPRax 1991, S. 215-218.

Harte-Bavendamm, Henning / Bomhard, Verena von, Abgrenzungsvereinbarungen und Gemeinschaftsmarken, GRUR 1998, S. 530-542.

Hartley, Trevor C., Comity and the Use of Antisuit Injunctions in International Litigation, AmJCompL 35 (1987), S. 487-511.

Hasselblatt, Gordian N. (Hrsg.), Münchener Anwaltshandbuch Gewerblicher Rechtsschutz, 2. Aufl., München, 2005 (zitiert: Hasselblatt-*Bearbeiter*).

Hassold, Gerhard, Die Abänderung einstweiliger Anordnungen in Ehesachen, FamRZ 1981, S. 1036-1039.

Hau, Wolfgang Jakob, Zur Entwicklung des Internationalen Zivilverfahrensrechts in der Europäischen Union im Jahre 2003, GPR 2003-2004, S. 94-100.

ders., Positive Kompetenzkonflikte im Internationalen Zivilprozessrecht: Überlegungen zur Bewältigung von *multi-fora disputes*, Trier, 1996 (zitiert: *Hau*, Positive Kompetenzkonflikte).

ders., Durchsetzung von Zuständigkeits- und Schiedsvereinbarungen mittels Prozessführungsverboten im EuGVÜ: Neuere Rechtsprechung des Court of Appeal zu obligation-based antisuit injunctions, IPRax 1996, S. 44-48.

ders., Zum Verhältnis von Art. 21 zu Art. 22 EuGVÜ, IPRax 1996, S. 177-179.

ders., Das System der internationalen Entscheidungszuständigkeit im europäischen Eheverfahrensrecht, FamRZ 2000, S. 1333-1341.

ders., Europäische und autonome Zuständigkeitsgründe in Ehesachen mit Auslandsbezug, FPR 2002, S. 616-620.

Haubold, Jens, Internationale Zuständigkeit nach CMR und EuGVÜ/LugÜ, IPRax 2000, S. 91-96.

Hausmann, Rainer, Zur Prüfung der Gerichtsbarkeit der New Yorker Gerichte über ein iranisches Staatsunternehmen im inländischen Arrestverfahren, IPRax 1982, S. 51-56.

ders., Zur Anerkennung und Vollstreckung von Maßnahmen des einstweiligen Rechtschutzes im Rahmen des EG-Gerichtsstands- und Vollstreckungsübereinkommens, IPRax 1981, S. 79-82.

ders., Neues internationales Eheverfahrensrecht in der Europäischen Union, EuLF 2000/2001, S. 271-279.

Hay, Peter, Internationales Privatrecht: einschließlich der Grundzüge des Internationalen Zivilverfahrensrechtes, 2. Aufl., München, 2002 (zitiert: *Hay*, IPR).

ders., US-Amerikanisches Recht, 3. Aufl., München, 2005.

Heath, Christopher, Anhängigkeit nationaler Gerichtsverfahren und das EPÜ, GRUR Int. 2004, S. 736-738.

Heckelmann, Dieter, Die einstweilige Verfügung im Arbeitskampf, AuR 1970, S. 166-178.

Heeder, Oliver, Fraus legis, Regensburg, 1997.

Heidelberger Kommentar zum Handelsgesetzbuch, Bearbeitet von Peter Glanegger, Georg Güroff, Stefan Kusterer, Monika Peuker, Werner Ruß, Johannes Selder, Ulrich Stuhlfelner, 5. Aufl., Heidelberg, 1999 (zitiert: *Bearbeiter* in HK-HGB).

Heiderhoff, Bettina, Die Berücksichtigung ausländischer Rechtshängigkeit in Ehescheidungsverfahren, Leipzig, 1998 (zitiert: *Heiderhoff*, Die Berücksichtigung ausländischer Rechtshängigkeit).

Heinze, Christian A., Internationaler einstweiliger Rechtsschutz, RIW 2003, S. 922-929.

Heinze, Meinhard, Der einstweilige Rechtsschutz im Zahlungsverkehr der Banken, Frankfurt/Main, 1984 (zitiert: *Heinze*, Der einstweilige Rechtsschutz).

ders., Die Leistungsverfügung, in: 50 Jahre Bundesgerichtshof, Festgabe aus der Wissenschaft, hrsg. von Claus-Wilhelm Canaris, Andreas Heldrich, Klaus J. Hopt, Claus Roxin, Karsten Schmidt, Gunter Widmaier, Band III, Zivilprozess, Insolvenz, Öffentliches Recht, hrsg. von Karsten Schmidt, München, 2000, S. 569-591 (zitiert: *Heinze*, in FG 50 Jahre Bundesgerichtshof III).

ders., Bestandsschutz durch Beschäftigung trotz Kündigung?, DB 1985, S. 111-129.

Heiss, Berhard-Rudolf, Einstweiliger Rechtsschutz im europäischen Zivilrechtsverkehr (Art. 24 EuGVÜ), München, 1987 (zitiert: *Heiss*, Einstweiliger Rechtsschutz).

Heldrich, Andreas, Internationale Zuständigkeit und anwendbares Recht, München, 1969.

Hellwig, Konrad, System des Deutschen Zivilprozessrechts, Erster Teil, Ordentliches Verfahren, ausschließlich besondere Prozessarten und Zwangsvollstreckung, Leipzig, 1912 (zitiert: *Hellwig*, System des Deutschen Zivilprozessrechts).

Hellstadius, Åsa / Meier-Ewert, Wolf, Jurisdiction and Choice of Law in Intellectual Property Matters – Perspectives for the Future (EU and World-Wide), IIC 2005, S. 313-335.

Helms, Tobias, Die Anerkennung ausländischer Entscheidungen im Europäischen Eheverfahrensrecht, FamRZ 2001, S. 257-266.

ders., Internationales Verfahrensrecht für Familiensachen in der Europäischen Union, FamRZ 2002, S. 1593-1602.

Henning-Bodewig, Franke, Das neue (alte) Recht des unlauteren Wettbewerbs der Niederlande, GRUR Int. 1993, S. 126-133.

Henrich, Dieter, Anmerkung zu BGH, Beschl. vom 5.6.2002, FamRZ 2002, S. 1184-1185.

ders., Anmerkung zu BGH, Beschl. vom 30.9.1992, IPRax 1993, S. 189.

ders., Die einstweilige Zuweisung der Ehewohnung, wenn zwischen ausländischen Ehegatten ein Scheidungsverfahren in ihrem Heimatstaat anhängig ist, IPRax 1985, S. 88-90.

ders., Die Abänderungsklage gegen ausländische Unterhaltsurteile, IPRax 1982, S. 140-141.

Herber, Rolf, Anmerkung zu EuGH, Urt. vom 13.07.1994, *(Tatry / Maciej Rataj),* TranspR 1996, S. 196-198.

ders., Probleme um Art. 31 CMR – endlich ein Ende des Missbrauchs durch negative Feststellungsklage des Frachtführers?, TranspR 2003, S. 19-21.

Herber, Rolf / Piper, Henning, CMR, Internationales Straßentransportrecht, Kommentar mit Anhang Innerstaatliches Straßentransportrecht europäischer Staaten, München, 1996.

Herberger, Maximilian / Martinek, Michael / Rüßmann, Helmut / Weth, Stephan, Juris Praxiskommentar, BGB, Bd. 4, Familienrecht, hrsg. von Wolfram Viefhues, 2. Aufl., Saarbrücken, 2005.

Herchen, Axel, International-insolvenzrechtliche Kompetenzkonflikte in der Europäischen Gemeinschaft, ZInsO 2004, S. 61-66.

Herrmann, David, Die Anerkennung US-amerikanischer Urteile in Deutschland unter Berücksichtigung des ordre public: Eine rechtsvergleichende Untersuchung zum „Justizkonflikt“ zwischen Deutschland und den USA, Frankfurt/Main, 2000 (zitiert: *Herrmann*, Die Anerkennung US-amerikanischer Urteile).

Herrmann, Ulrich, Die Grundstruktur der Rechtshängigkeit, Bonn, 1988 (zitiert: *Herrmann*, Grundstruktur).

Herweg, Christian / Tschauner, Heiko, Anmerkung zu AG Düsseldorf, Beschl. vom 12.03.2004, EWiR 2004, S. 495-496.

dieslb., Anmerkung zu High Court Dublin (Justice Kelly), Beschl. vom 23.03.2004, EWiR 2004, S. 599-600.

Herzog, Peter E., Brussels and Lugano, Should You Race to the Courthouse or Race for a Judgment?, The American Journal of Comparative Law, Vol. 43 (1995), S. 379-399.

Hess, Burkhard, Die begrenzte Freizügigkeit einstweiliger Maßnahmen im Binnenmarkt II – weitere Klarstellungen des Europäischen Gerichtshofs, IPRax 2000, S. 370-374.

ders., Konkurrierende Unterlassungsverfügungen im Europäischen Justizraum, IPRax 2005, S. 23-25.

ders., Aktuelle Perspektiven der europäischen Prozessrechtsangleichung, JZ 2001, S. 573-583.

ders., Der Binnenmarktprozess, JZ 1998, S. 1021-1032.

ders., Staatenimmunität bei Distanzdelikten, München, 1992.

ders., Neues deutsches und europäisches Zustellungsrecht, NJW 2002, S. 2417-2426.

ders., Europäischer Vollstreckungstitel und nationale Vollstreckungsgegenklage, IPRax 2004, S. 493-494.

ders., Die „Europäisierung" des internationalen Zivilverfahrensrechts durch den Amsterdamer Vertrag – Chancen und Gefahren, NJW 2000, S. 23-32.

Hess, Burkhard / Vollkommer, Gregor, Die begrenzte Freizügigkeit einstweiliger Maßnahmen nach Art. 24 EuGVÜ, IPRax 1999, S. 220-225.

dieslb., Anmerkung zu BGH, Urt. vom 11.12.1996, WuB VII B, Art. 21 EuGVÜ, 1.97.

Heuer, Klaus, CMR und EuGVÜ: Nochmals zur Frage der internationalen Zuständigkeit (Art. 31 Abs. 1 CMR / Art. 20 EuGVÜ) und zur Einrede der Rechtshängigkeit bei negativer Feststellungsklage (Art. 31 Abs. 2 CMR / Art. 21 EuGVÜ), TranspR 2002, S. 221-225.

Heymann, Handelsgesetzbuch (ohne Seerecht), hrsg. von Norbert Horn, Band 2, Zweites Buch, §§ 105-237, 2. Aufl., Berlin / New York, 1996 (zitiert: Heymann-*Bearbeiter).*

Hillebrand, Stefan, Forum shopping des Gläubigers im Rahmen der Zwangsvollstreckung: Missbräuchliches Verhalten oder zu billigende Interessenwahrnehmung?, Berlin, 2001 (zitiert: *Hillebrand*, Forum shopping des Gläubigers).

Hök, Götz-Sebastian, Discovery-proceedings als Anerkennungshindernis, Göttingen, 1993.

Hölder, Niels, Grenzüberschreitende Durchsetzung Europäischer Patente, Dresden, 2004 (zitiert: *Hölder*, Grenzüberschreitende Durchsetzung).

Hoffmann, Bernd von, Gegenwartsprobleme internationaler Zuständigkeit, IPRax 1982, S. 217-222.

Hoffmann, Bernd von / Thorn, Karsten, Internationales Privatrecht, einschließlich der Grundzüge des Internationalen Zivilverfahrensrechts, 8. Aufl. des von Karl Firsching begründeten Werkes, München, 2005 (zitiert: *v. Hoffmann / Thorn*, IPR).

Hohloch, Gerhard, Internationales Verfahrensrecht in Ehe- und Familiensachen, FF 2001, S. 45-53.

ders., Grenzüberschreitende Unterhaltsvollstreckung, FPR 2004, S. 315-324.

ders., Bericht zu OLG Karlsruhe, Beschl. vom 16.8.2003, JuS 2004, S. 1104-1106.

Holzapfel, Henrik, Zum einstweiligen Rechtsschutz im Wettbewerbs- und Patentrecht, GRUR 2003, S. 287-294.

Hootz, Carolin Nina, Durchsetzung von Persönlichkeits- und Immaterialgüterrechten bei grenzüberschreitenden Verletzungen in Europa, München, 2004 (zitiert: *Hootz*, Durchsetzung).

Hoppenz, Rainer (Hrsg.), Familiensachen, 8. Aufl., Heidelberg, 2005 (zitiert: Hoppenz-*Bearbeiter*).

Hopt, Klaus J., Schadensersatz aus unberechtigter Verfahrenseinleitung, München, 1968.

Hoyer, Hans, Zur Streitanhängigkeit im österreichischen internationalen Zivilprozessrecht, ZfRV 10 (1969), S. 241-261.

Hub, Torsten, Die Neuregelung der Anerkennung und Vollstreckung in Zivil- und Handelssachen und das familienrechtliche Anerkennungs- und Vollstreckungsverfahren, NJW 2001, S. 3145-3151.

Huber, Peter, Fragen zur Rechtshängigkeit im Rahmen des EuGVÜ – Deutliche Worte des EuGH, JZ 1995, S. 603-611.

ders., Die englische forum-non-conveniens-Doktrin und ihre Anwendung im Rahmen des Europäischen Gerichtsstands- und Vollstreckungsübereinkommens, Regensburg, 1994 (zitiert: *Huber*, forum-non-conveniens-Doktrin).

ders., Internationales Insolvenzrecht in Europa, ZZP 114 (2001), S. 133-166.

ders., Persönlichkeitsschutz gegenüber Massenmedien im Rahmen des Europäischen Zivilprozessrechts, ZEuP 1996, S. 295-313.

ders., Der deutsch-englische Justizkonflikt – Kompetenzkonflikte im Internationalen Insolvenzrecht, in: Festschrift für Andreas Heldrich zum 70. Geburtstag, hrsg. von Stephan Lorenz, Alexander Trunk, Horst Eidenmüller, Christiane Wendehorst, Johannes Adolff, München, 2005, S. 679-693 (zitiert: *Huber*, FS Heldrich).

Hubmann, Heinrich / Götting, Horst-Peter, Gewerblicher Rechtsschutz, 7. Aufl., München, 2002.

Hümmerich, Klaus, Von der Verantwortung der Arbeitsrechtsprechung für die Volkswirtschaft, NZA 1996, S. 1289-1304.

Huet, André, Anmerkung zu Cour de justice Communautés européennes, Urt. vom 8.12.1987, JDI (Clunet) 1988, S. 537-544.

Hufen, Friedhelm, Verwaltungsprozessrecht, 6. Aufl., München, 2005 (zitiert: *Hufen*, VwProzR).

Hye-Knudsen, Rebekka, Marken-, Patent- und Urheberrechtsverletzungen im europäischen Internationalen Zivilprozessrecht, Hamburg, 2005 (zitiert: *Hye-Knudsen*, Marken-, Patent- und Urheberrechtsverletzungen).

Ibbeken, Arne, Das TRIPs-Übereinkommen und die vorgerichtliche Beweishilfe im gewerblichen Rechtsschutz, Heidelberg, 2004 (zitiert: *Ibbeken*, Das TRIPs-Übereinkommen).

Iliakopoulos, Ilias N., Die Grenzen der Befriedigungsverfügung im deutschen und griechischen Recht, Freiburg i. Br., 1983 (zitiert: *Iliakopoulos*, Die Grenzen der Befriedigungsverfügung).

Ingenhoven, Thomas, Grenzüberschreitender Rechtsschutz durch englische Gerichte, Tübingen, 2001.

Ingerl, Reinhard / Rohnke, Christian, Markengesetz, 2. Aufl., 2003.

Ipsen, Jörn, Allgemeines Verwaltungsrecht, 3. Aufl., Köln, 2003.

Ipsen, Knut, Völkerrecht, 4. Aufl., München, 2005 (zitiert: *Ipsen*, Völkerrecht).

Isenburg-Epple, Sabine, Die Berücksichtigung ausländischer Rechtshängigkeit nach dem Europäischen Gerichtsstands- und Vollstreckungsübereinkommen vom 27.9.1968, Dissertation, Heidelberg, 1992 (zitiert: *Isenburg-Epple*, Die Berücksichtigung).

dies., Grenzen des Ermessens in Art. 21 II des Europäischen Gerichtsstands- und Vollstreckungsübereinkommens vom 27.9.1968 (EuGVÜ), IPRax 1992, S. 69-71.

Isensee, Josef / Kirchhof, Paul (Hrsg.), Handbuch des Staatsrechts der Bundesrepublik Deutschland, Band 6, Freiheitsrechte, 2. Aufl., Heidelberg, 2001 (zitiert: HStR-*Bearbeiter*).

Jacobs, Rainer / Lindacher, Walter F. / Teplitzky, Otto (Hrsg.), UWG Großkommentar, Berlin / New York, 2001 (zitiert: Großkomm-*Bearbeiter*).

Jacobs, Uwe Kai, Probleme des Rechtfertigungsverfahrens nach § 942 ZPO, NJW 1988, S. 1365-1366.

Jacobs, Matthias, Der Gegenstand des Feststellungsverfahrens, Mainz, 2005.

Jacoby, Sidney B., Das Erforschungsverfahren im Amerikanischen Zivilprozess: Vorschläge für eine Reform der ZPO, ZZP 74 (1961), S. 145-165.

Jagusch, Heinrich, Rechtsnorm und Normsituation, SJZ 1947, Sp. 295-301.

Jahr, Günther, Internationales Zwangsvollstreckungsrecht, in: Lexikon des Rechts, Zivilverfahrensrecht, hrsg. von Gerhard Lüke und Hanns Prütting, 2. Aufl., Neuwied 1995, S. 5-15 (zitiert: *Jahr*, in: LdR-Zivilverfahrensrecht).

Jandoli, Vincenzo, The “Italian Torpedo“, IIC 2000, S. 783-796.

Jauernig, Othmar, Zivilprozessrecht, 28. Aufl., München, 2003 (zitiert: *Jauernig*, ZPR).
ders., Das fehlerhafte Zivilurteil, Frankfurt/Main, 1958.
ders., Schmerzensgeldklage und Rechtshängigkeit, NJW 1986, S. 34-35.
ders., Der zulässige Inhalt einstweiliger Verfügungen, ZZP 79 (1966), S. 321-347.
ders., Zwangsvollstreckungs- und Insolvenzrecht, 21. Aufl., München, 1999 (zitiert: *Jauernig*, ZVR).
Jayme, Erik, Zum Jahrtausendwechsel: Das Kolllisionsrecht zwischen Postmoderne und Futurismus, IPRax 2000, S. 165-171.
ders., Anmerkung zu OLG Düsseldorf, Beschl. vom 6.9.1982, IPRax 1983, S. 129-130.
Jayme, Erik / Hausmann, Rainer, Internationales Privat- und Verfahrensrecht, Textausgabe, 12. Aufl., Stand: 1. Juli 2004, München, 2004.
Jayme, Erik / Kohler, Christian, Europäisches Kollisionsrecht 2002: Zur Wiederkehr des Internationalen Privatrechts, IPRax 2002, S. 461-471.
dieslb., Europäisches Kollisionsrecht 2004: Territoriale Erweiterung und methodische Rückgriffe, IPRax 2004, S. 481-493.
dieslb., Europäisches Kollisionsrecht 1998: Kulturelle Unterschiede und Parallelaktionen, IPRax 1998, S. 417-429.
dieslb., Europäisches Kollisionsrecht 1994: Quellenpluralismus und offene Kontraste, IPRax 1994, S. 405-415.
dieslb., Europäisches Kollisionsrecht 1999 – Die Abendstunde der Staatsverträge, IPRax 1999, S. 401-413.
Jegher, Gion, Abwehrmassnahmen gegen ausländische Prozesse im Internationalen Zivilverfahrensrecht der Schweiz, Zürich, 2003 (zitiert: *Jegher*, Abwehrmassnahmen).
Jenard, Paul, Bericht zu dem Übereinkommen über die gerichtliche Zuständigkeit und die Vollstreckung gerichtlicher Entscheidungen in Zivil- und Handelssachen (unterzeichnet in Brüssel am 27. September 1968), ABl.EG 1979 Nr. C 59/1 ff.
Johannsen, Kurt, Rechtfertigung und Begrenzung der Wiederaufnahme des Verfahrens nach § 580 ZPO, in: Festschrift für den 45. Deutschen Juristentag, überreicht von der Juristischen Studiengesellschaft Karlsruhe, Karlsruhe, 1964, S. 81-122 (zitiert: *Johannsen*, FS 45. DJT).
Johannsen, Kurt / Henrich, Dieter (Hrsg.), Eherecht – Trennung, Scheidung, Folgen, 4. Aufl., München, 2003 (zitiert: Johannsen / Henrich-*Bearbeiter*).
Jorzik, Manuela, Das neue zivilrechtliche Kindesentführungsrecht, Heidelberg, 1995.

Juenger, Friedrich K. / Samtleben, Jürgen, Der Kampf ums Forum, Beiträge: Forum shopping (*Juenger*), Forum fixing (*Samtleben*), RabelsZ 46 (1982), S. 708-727.

Kandzia, Stefanie, Geistiges Eigentum im Zivilprozess, GRUR Int. 2002, S. 459-461.

Kanzler, Hans-Joachim, Der einstweilige Rechtsschutz durch die interlocutory injunction im englischen Zivilprozess, Mainz, 1979 (zitiert: *Kanzler*, Der einstweilige Rechtsschutz).

Karl, Wolfram (Hrsg.), Internationaler Kommentar zur Europäischen Menschenrechtskonvention, Loseblatt-Ausg., Köln / Berlin / München, Stand: Juni 2004 (zitiert: IntKomm EMRK-*Bearbeiter*).

Kaufmann, Martin Otmar, Einstweiliger Rechtsschutz: Die Rechtskraft im einstweiligen Verfahren und das Verhältnis zum definitiven Rechtsschutz, Bern, 1993 (zitiert: *Kaufmann*, Einstweiliger Rechtsschutz).

Kaye, Peter, Civil Jurisdiction and enforcement of foreign judgments, Abingdon, 1987 (zitiert: *Kaye*, Civil Jurisdiction).

Kegel, Gerhard / Schurig, Klaus, Internationales Privatrecht, 9. Aufl., München, 2004 (zitiert: *Kegel / Schurig*, IPR).

Kehl, Dieter, Wettbewerbsrecht, Köln / Berlin / Bonn / München, 1990.

Keidel, Theodor / Kuntze, Joachim / Winkler, Karl / Engelhardt, Helmut / Kayser, Godehard / Kahl, Irmgard / Schmidt, Karldieter / Zimmermann, Walter, Freiwillige Gerichtsbarkeit, Kommentar zum Gesetz über die Angelegenheiten der freiwilligen Gerichtsbarkeit, 15. Aufl., München, 2003 (zitiert: Keidel / Kuntze / Winkler-*Bearbeiter*).

Kemper, Jutta, Die Verordnung (EG) Nr. 1346/2000 über Insolvenzverfahren, ZIP 2002, S. 1609-1621.

ders., Rechtsvergleichende Bemerkungen zur internationalen Rechtshängigkeit, in: Festschrift für Karl Heinz Schwab zum 70. Geburtstag, hrsg. von *Peter Gottwald* und *Hanns Prütting*, München 1990, S. 257-268 (zitiert: *Kerameus,* FS Schwab).

Kerameus, Konstantinos D. / Prütting, Hanns, Die Revision des EuGVÜ – Bericht über ein Grotius-Projekt, ZZP Int. 3 (1998), S. 265-271.

Kessel, Christian, Grundsätze des vorläufigen Rechtsschutzes in England und Wales, RIW 1993, S. 988-992.

Kieninger, Eva-Maria, Internationale Zuständigkeit bei der Verletzung ausländischer Immaterialgüterrechte: Common Law auf dem Prüfstand des EuGVÜ, GRUR Int. 1998, S. 280-290.

Kienle, Julian, Arreste im internationalen Rechtsverkehr, Tübingen, 1991.

Kiethe, Kurt, Ausschluss aus der Personengesellschaft und Einstweilige Verfügung, NZG 2004, S. 114-117.

Kilger, Joachim / Schmidt, Karsten, Insolvenzgesetze, KO/VglO/GesO, begr. von Alois Böhle-Stamschräder, 17. Aufl., München 1997 (zitiert: *Kilger / Schmidt*, Insolvenzgesetze).

Kindler, Peter / Haneke, Katharina, Gerichtsstandsvereinbarungen in Rahmenverträgen, IPRax 1999, S. 435-437.

Kininger, Ewald, Einstweilige Verfügungen zur Sicherung von Rechtsverhältnissen, Wien, 1991 (zitiert: *Kininger*, Einstweilige Verfügungen).

Kirchhof, Hans Peter / Lwowski, Hans-Jürgen / Stürner, Rolf (Hrsg.), Münchener Kommentar zur Insolvenzordnung (zitiert: MünchKommInsO-*Bearbeiter*).

- Band 1, §§ 1-102 InsO, InsVV, München, 2001.
- Band 3, §§ 270-335, Internationales Insolvenzrecht, Insolvenzsteuerrecht, Sachverzeichnis für die Bände 1-3, München, 2003.

Klaka, Rainer, Die einstweilige Verfügung in der Praxis, GRUR 1979, S. 593-602.

Kluth, Peter / Grün, Anselm, Die Räumungsverfügung nach § 940 ZPO bei gewerblicher Miete, NZM 2001, S. 1013-1017.

Knaak, Roland, Kennzeichenrechte in der deutschen Einigung, GRUR Int. 1993, S. 18-32.

ders., Die Durchsetzung der Rechte aus der Gemeinschaftsmarke, GRUR 2001, S. 21-29.

ders., Die EG-Richtlinie zur Durchsetzung der Rechte des geistigen Eigentums und ihr Umsetzungsbedarf im deutschen Recht, GRUR Int. 2004, S. 745-750.

Knieper, Judith, Die Vollziehung von Unterlassungsverfügungen, WRP 1997, S. 815-817.

Koch, Harald / Magnus, Ulrich / Winkler von Mohrenfels, Peter, IPR und Rechtsvergleichung, 3. Aufl., München 2004.

Koch, Harald, Grenzüberschreitender einstweiliger Rechtsschutz, in: Herausforderungen des Internationalen Zivilverfahrensrechts, hrsg. von Andreas Heldrich und Toshiyuki Kono, Tübingen, 1994, S. 85-102 (zitiert: *Koch*, Herausforderungen).

ders., Einführung in das europäische Zivilprozessrecht, JuS 2003, S. 105-111.

ders., Internationaler Unterlassungsrechtsschutz zwischen materiellem Recht und Prozessrecht, in: Private Law in the International Arena, Liber Amicorum Kurt Siehr, edited by Jürgen Basedow, Isaak Meier, Anton K. Schnyder, Talia Einhorn, Daniel Girsberger, The Hague, 2000, S. 341-360 (zitiert: *Koch*, Liber amicorum Siehr).

ders., Neuere Probleme der internationalen Zwangsvollstreckung einschließlich des einstweiligen Rechtsschutzes, in: Materielles Recht und Prozessrecht und die Auswirkungen der Unterscheidung im Recht der internationalen

Zwangsvollstreckung, hrsg. von Peter F. Schlosser, Bielefeld, 1992, S. 171-207 (zitiert: *Koch*, in: Schlosser, Materielles Recht und Prozessrecht).

Koch, Matthias, Unvereinbare Entscheidungen i. S. d. Art. 27 Nr. 3 und 5 EuGVÜ und ihre Vermeidung, Frankfurt a. M. / Berlin / Bern / New York / Paris / Wien, 1993 (zitiert: *Koch*, Unvereinbare Entscheidungen).

König, Bernhard, Einstweilige Verfügungen im Zivilverfahren, 2. Aufl., Wien, 2000 (zitiert: *König*, Einstweilige Verfügungen).

Körner, E., Vortrag von Wolf Graf v. Schwerin, „Reichweite des internationalen Gerichtsstandes der unerlaubten Handlung für einstweilige Verfügungen und Hauptsacheklagen bei grenzüberschreitender Patentverletzung" (Mitteilungen der Bezirksgruppe Südwest), GRUR 2001, S. 724-725.

Kötz, Hein / Wagner, Gerhard, Deliktsrecht, 10. Aufl., Neuwied / Kriftel, 2006.

Kofmehl Ehrenzeller, Sabine, Der vorläufige Rechtsschutz im internationalen Verhältnis, Bern, 2005 (zitiert: *Kofmehl Ehrenzeller*, Der vorläufige Rechtsschutz).

Kohler, Jürgen, Feststellende einstweilige Verfügungen?, ZZP 103 (1990), S. 184-208.

Kohler, Christian, Der europäische Justizraum für Zivilsachen und das Gemeinschaftskollisionsrecht, IPRax 2003, S. 401-412.

ders., Systemwechsel im europäischen Anerkennungsrecht: Von der EuGVVO zur Abschaffung des Exequaturs, in: Systemwechsel im europäischen Kollisionsrecht, Fachtagung der Bayer-Stiftung für deutsches und internationales Arbeits- und Wirtschaftsrecht am 17. und 18. Mai 2001. Wissenschaftliche Leitung: Jürgen F. Baur und Heinz-Peter Mansel, München, 2002, S. 148-163 (zitiert: *Kohler*, Systemwechsel).

ders., Die Revision des Brüsseler und des Luganer Übereinkommens über die gerichtliche Zuständigkeit und die Vollstreckung gerichtlicher Entscheidungen in Zivil- und Handelssachen – Generalia und Gerichtsstandsproblematik, in: Revision des EuGVÜ, Neues Schiedsverfahrensrecht, hrsg. von Peter Gottwald, Bielefeld, 2000, S. 1-35 (zitiert: *Kohler*, in: Revision des EuGVÜ).

ders., Internationales Verfahrensrecht für Ehesachen in der Europäischen Union: Die Verordnung „Brüssel II", NJW 2001, S. 10-15.

ders., Kollisionsrechtliche Anmerkungen zur Verordnung über die Gemeinschaftsmarke, in: Festschrift für Ulrich Everling, Band I, hrsg. von Ole Due, Marcus Lutter, Jürgen Schwarze, Baden-Baden, 1995, S. 651-667 (zitiert: *Kohler*, FS Everling I).

ders., Auf dem Weg zu einem europäischen Justizraum für das Familien- und Erbrecht, FamRZ 2002, S. 709-714.

ders., Status als Ware: Bemerkungen zur europäischen Verordnung über das internationale Verfahrensrecht für Ehesachen, in: Vergemeinschaftung des Europäischen Kollisionsrechts, Vorträge aus Anlass des fünfzigjährigen

Bestehens des Instituts für internationales und ausländisches Privatrecht der Universität zu Köln, hrsg. von Heinz-Peter Mansel, Köln / Berlin / Bonn / München, 2001, S. 41-53 (zitiert: *Kohler*, in: Mansel, Vergemeinschaftung).

Koller, Ingo, Transportrecht, Kommentar zu Spedition und Gütertransport, 5. Aufl., München, 2004.

Koller, Ingo / Roth, Wulf-Henning / Morck, Winfried, Handelsgesetzbuch, Kommentar, 5. Aufl., München, 2005 (zitiert: Koller / Roth / Morck-*Bearbeiter).*

Kopp, Ferdinand (Begr.) / Schenke, Wolf-Rüdiger, Verwaltungsgerichtsordnung, Kommentar, 14. Aufl., München, 2005.

Kraeft, Cindy, Vollstreckungsmaßnahmen nach § 33 FGG, FuR 2000, S. 357-360.

dies., Vollstreckungsprobleme bei § 33 FGG, FPR 2002, S. 611-616.

Kralik, Winfried, Die internationale Zuständigkeit, ZZP 74 (1961), S. 2-48.

Kramer, Xandra E., Voorlopige en bewarende maatregelen in internationaal perspectief – nieuwe ontwikkelingen (2001-2003), NIPR 2003, S. 240-251.

Kraßer, Rudolf, Patentrecht, 5. Aufl., München, 2004.

Krause-Ablass, Wolf-D. / Bastuck, Burkhard, Deutsche Klagen zur Abwehr amerikanischer Prozesse? – Zu den Wirkungen ausländischer Rechtshängigkeit und Rechtskraft nach deutschem und amerikanischem Recht, in: Festschrift für Ernst C. Stiefel zum 80. Geburtstag, hrsg. von Marcus Lutter, Walter Oppenhoff, Otto Sandrock, Hanns Winkhaus, München 1987, S. 445-470 (zitiert: *Krause-Ablass / Bastuck*, FS Stiefel).

Kropholler, Jan, Europäisches Zivilprozessrecht, Kommentar zu EuGVO und Lugano-Übereinkommen, 8. Aufl., Frankfurt/Main, 2005 (zitiert: *Kropholler*, EZPR).

ders., Internationales Privatrecht, 5. Aufl., Tübingen, 2004 (zitiert: *Kropholler*, IPR).

ders., Das Unbehagen am forum shopping, in: Festschrift für Karl Firsching zum 70. Geburtstag, hsrg. von Dieter Henrich, Bernd von Hoffmann, München, 1985, S. 165-173 (zitiert: *Kropholler*, FS Firsching).

ders., Internationale Zuständigkeit, in: Handbuch des Internationalen Zivilverfahrensrechts, Band I, Tübingen, 1983 (zitiert: *Kropholler*, Hdb. IZVR I).

ders., Internationales Einheitsrecht, Allgemeine Lehren, Tübingen, 1975.

ders., Die Abänderung von Unterhaltstiteln in Fällen mit Auslandsberührung, ZfJ 1977, S. 105-112.

Krüger, Wolfgang, Die Leistung zur Abwendung der Zwangsvollstreckung im Spannungsfeld zwischen materiellem und formellem Recht, NJW 1990, S. 1208-1213.

Krusche, Matthias, Entgegenstehende ausländische Rechtshängigkeit – Prozessuale Nachteile für deutsche Kläger, MDR 2000, S. 677-682.

Kubis, Sebastian, Internationale Zuständigkeit bei Persönlichkeits- und Immaterialgüterrechten, Bielefeld, 1999 (zitiert: *Kubis*, Internationale Zuständigkeit).

Kucsko, Guido, Geistiges Eigentum, Wien, 2003.

Kühnen, Thomas / Geschke, Eva, Die Durchsetzung von Patenten in der Praxis, 2. Aufl., Köln / Berlin / München, 2005.

Künkel, Bernd (Hrsg.), Rahm / Künkel, Handbuch des Familiengerichtsverfahrens, Loseblatt-Slg., Köln, Stand: Sept. 2004 (zitiert: Rahm / Künkel-*Bearbeiter*).

Kunath, Detlef, Zur Auslegung des Begriffs „dringender Fall" i. S. d. § 942 Abs. 1 ZPO, WRP 1991, S. 65-68.

Kuntze, Joachim, Referentenentwurf eines FGG-Reformgesetzes, FGPrax 2005, S. 185-190.

Kur, Annette, Immaterialgüterrechte in einem weltweiten Vollstreckungs- und Gerichtsstandsübereinkommen – Auf der Suche nach einem Ausweg aus der Sackgasse, GRUR Int. 2001, S. 908-915.

dies., Territorialität versus Globalität – Kennzeichenkonflikte im Internet, WRP 2000, S. 935-940.

Kurth, Jürgen, Inländischer Rechtsschutz gegen Verfahren vor ausländischen Gerichten, Bonn, 1989 (zitiert: *Kurth*, Inländischer Rechtsschutz).

Kurtz, Constantin, Grenzüberschreitender einstweiliger Rechtsschutz im Immaterialgüterrecht, Kiel, 2004 (zitiert: *Kurtz*, Grenzüberschreitender einstweiliger Rechtsschutz).

Lackmann, Rolf, Zwangsvollstreckungsrecht mit Grundzügen des Insolvenzrechts, 7. Aufl., München, 2005 (zitiert: *Lackmann*, ZVR).

Landfermann, Hans-Georg, Die Entwicklung der europäischen Gerichtsbarkeit in Patentsachen, MittdtschPatAnw. 2003, S. 341-348.

Lange, Sandra, Het Nederlandse ‚incassokortgeding' EEXit?, NJB 1999, S. 157-162.

Langner, Dirk, Eheschließung und Ehescheidung nach spanischem Recht, Frankfurt/Main, 1984.

Lau, Emil, Zur Änderung der Rechtsprechung des Bundesgerichtshofs über die Wirkung des Auslandskonkurses im Inland, BB 1986, S. 1450-1453.

Laukemann, Björn, Rechtshängigkeit im europäischen Insolvenzrecht, RIW 2005, S. 104-112.

Leible, Stefan / Staudinger, Ansgar, Die europäische Verordnung über Insolvenzverfahren, KTS 2000, S. 533-575.

Leipold, Dieter, Miniatur oder Bagatelle: das internationale Insolvenzrecht im deutschen Reformwerk 1994, in: Festschrift für Wolfram Henckel zum

70. Geburtstag am 21. April 1995, hrsg. von Walter Gerhard, Uwe Diederichsen, Bruno Rimmelspacher, Jürgen Costede, Berlin / New York, 1995, S. 533-548 (zitiert: *Leipold*, FS Henckel).

ders., Internationale Rechtshängigkeit, Streitgegenstand und Rechtsschutzinteresse – Europäisches und Deutsches Zivilprozessrecht im Vergleich, in: Gedächtnisschrift für Peter Arens, hrsg. von Dieter Leipold, Wolfgang Lüke, Shozaburo Yoshino, München, 1993, S. 227-249 (zitiert: *Leipold*, GS Arens).

ders., Wege zur Konzentration von Zivilprozessen, Berlin / New York, 1999 (zitiert: *Leipold*, Wege zur Konzentration).

ders., Grundlagen des einstweiligen Rechtsschutzes, München, 1971.

Leithaus, Rolf, Veranstaltung zu grenzüberschreitenden Insolvenzen in der Insolvenzpraxis in Köln (Mitteilungen), NZI 2004, S. 194-195.

Leitzen, Mario, Comeback des „Torpedo“?, GRUR Int. 2004, S. 1010-1015.

Lement, Cornelis, Zur Haftung von Internet-Auktionshäusern – Anmerkung zum Urteil des BGH „Internet-Versteigerung“, GRUR 2005, S. 210-214.

Lenenbach, Markus, Die Behandlung von Unvereinbarkeiten zwischen rechtskräftigen Zivilurteilen nach deutschem und europäischen Zivilprozessrecht, Freiburg i. Br., 1997 (zitiert: *Lenenbach*, Die Behandlung von Unvereinbarkeiten).

ders., Gerichtsstand des Sachzusammenhangs nach Art. 21 EuGVÜ?, EWS 1995, S. 361-367.

Liersch, Oliver, Anmerkung zu AG Düsseldorf, Beschl. vom 02.03.2004, NZI 2004, S. 271-272.

ders., Anmerkung zu BGH, Beschl. vom 27.11.2003, NZI 2004, S. 141-142.

Liesecke, Rudolf, Die neuere internationale Rechtsprechung zum Luftfrachtrecht des Warschauer Abkommens von 1929 nebst Haager Protokoll von 1955 (II), MDR 1968, S. 93-99.

Lind van Wijngaarden-Maack, Martina de, Vorlage an den EuGH zur Vereinbarkeit von antisuit injunctions mit dem EuGVÜ, IPRax 2003, S. 153-158.

Lindacher, Walter F., Gesicherte Unterlassungserklärung, Wiederholungsgefahr und Rechtsschutzbedürfnis, GRUR 1975, S. 413-421.

ders., Internationale Unterlassungsvollstreckung, in: Festschrift für Hans Friedhelm Gaul zum 70. Geburtstag, 19. November 1997, hrsg. von Eberhard Schilken, Ekkehard Becker-Eberhard, Walter Gerhardt, Bielefeld, 1997, S. 400-409 (zitiert: *Lindacher*, FS Gaul).

ders., Europäisches Zustellungsrecht, ZZP 114 (2001), S. 179-194.

Linke, Hartmut, Internationales Zivilprozessrecht, Leitfaden für Verfahren mit Auslandsbezug, 3. Aufl., Köln, 2001 (zitiert: *Linke*, IZPR).

ders., Anmerkung zu EuGH, Urt. vom 8.12.1987 und Urteil vom 4.2.1988, RIW 1988, S. 822-826.

ders., Ausgewählte Probleme der der Rechtshängigkeit und der Urteilsanerkennung, in: Internationale Zuständigkeit und Urteilsanerkennung in Europa, Berichte und Dokumente des Kolloquiums „Die Auslegung des Brüsseler Übereinkommens durch den Europäischen Gerichtshof und der Rechtsschutz im europäischen Raum", Luxemburg, 11. und 12. März 1991, hrsg. vom Gerichtshof der Europäischen Gemeinschaften, Köln / Berlin / Bonn / München, S. 157-168 (zitiert: *Linke,* in: Internationale Zuständigkeit).

ders., Anmerkung zu EuGH, Urt. vom 27.11.1984, RIW 1985, S. 237-238.

Lipp, Volker, Europäische Justizreform, NJW 2001, S. 2657-2663.

ders., Inhalte und Probleme einer „Brüssel III-Verordnung" im Familienvermögensrecht, in: Peter Gottwald (Hrsg.), Perspektiven der justiziellen Zusammenarbeit in Zivilsachen in der Europäischen Union, Bielefeld, 2004 (zitiert: *Lipp*, in: Gottwald, Perspektiven der justiziellen Zusammenarbeit).

Loewe, Roland, Die Bestimmungen der CMR über Reklamationen und Klagen, TranspR 1988, S. 307-320.

Looschelders, Dirk, Internationales Privatrecht – Art. 3-46 EGBGB, Berlin / Heidelberg / New York / Hongkong / London / Mailand / Paris / Tokio, 2004 (zitiert: *Looschelders*, IPR).

Lousanoff, Oleg de, Besprechung zu Jürgen Kurth, Inländischer Rechtsschutz gegen Verfahren vor ausländischen Gerichten, Schriften zum internationalen Recht, Bd. 44, Berlin, 1989, in: ZZP 105 (1992), S. 111-118.

Lüke, Gerhard, Zum Streitgegenstand im arbeitsgerichtlichen Kündigungsschutzprozess, JZ 1960, S. 203-209.

ders., Die Bindungswirkung im Zivilprozess, JuS 2000, S. 1042-1046.

Lüke, Gerhard / Walchshöfer, Alfred (Hrsg.), Münchener Kommentar zur Zivilprozessordnung mit Gerichtsverfassungsgesetz und Nebengesetzen (zitiert: MünchKommZPO-*Bearbeiter*).

- Band 1, §§ 1-354 ZPO, hrsg. von Gerhard Lüke, Peter Wax, 2. Aufl., München 2000.
- Band 2, §§ 355-802 ZPO, hrsg. von Gerhard Lüke, Peter Wax, 2. Aufl., München, 2000.
- Band 3, §§ 803-1048 ZPO, EGZPO, GVG, EGGVG, Internationales Zivilprozessrecht, hrsg. von Gerhard Lüke, Peter Wax, 2. Aufl., München, 2001.
- Aktualisierungsband ZPO-Reform 2002 und weitere Reformgesetze, hrsg. von Gerhard Lüke, Peter Wax, 2. Aufl., München, 2002.

Lüke, Wolfgang, Das europäische internationale Insolvenzrecht, ZZP 111 (1998), S. 275-314.

ders., Zivilprozessrecht, 8. Aufl., München, 2003 (zitiert: *Lüke*, ZPR).

ders., Die Zuständigkeitsprüfung nach dem EuGVÜ, in: Gedächtnisschrift für Peter Arens, hrsg. von Dieter Leipold, Wolfgang Lüke, Shozaburo Yoshino, München, 1993, S. 273-288 (zitiert: *Lüke*, GS Arens).

ders., Anmerkung zu BGH, Urt. vom 2.7.1991, ZZP 105 (1992), S. 321-329.

Lüpfert, Johanna Adelheid, Konnexität im EuGVÜ, Freiburg i. Br., 1997 (zitiert: *Lüpfert*, Konnexität).

Lundstedt, Lydia, Gerichtliche Zuständigkeit und Territorialitätsprinzip im Immaterialgüterrecht – Geht der Pendelschlag zu weit?, GRUR Int. 2001, S. 103-111.

Luther, Gerhard, Die Grenzen der Sperrwirkung einer ausländischen Rechtshängigkeit, IPRax 1984, S. 141-143.

Lynden, Carel J.H. Baron van (Hrsg.), Forum shopping, London, Hong Kong, 1998.

Maack, Martina, Englische antisuit injunctions im europäischen Zivilrechtsverkehr, Heidelberg, 1999 (zitiert: *Maack*, Englische antisuit injunctions).

Macke, Peter, Aufeinandertreffen von negativer und positiver Feststellungsklage im Schadensersatzprozess, NJW 1990, S. 1651.

Mackenroth, Geert, Plädoyer für eine Große Justizreform, NJ 2005, S. 481-485.

Mäder, Simon A., Die Anwendung des Lugano-Übereinkommens im gewerblichen Rechtsschutz, Bern, 1999 (zitiert: *Mäder*, Die Anwendung des Lugano-Übereinkommens).

Mädrich, Joachim, Das Verhältnis der Rechtsbehelfe des Antragsgegners im einstweiligen Rechtsschutzverfahren, Köln / Berlin / Bonn / München, 1980 (zitiert: *Mädrich*, Das Verhältnis der Rechtsbehelfe).

Magnus, Ulrich, Konventionsübergreifende Interpretation internationaler Staatsverträge privatrechtlichen Inhalts, in: Aufbruch nach Europa, 75 Jahre Max-Planck-Institut für Privatrecht, hrsg. von Jürgen Basedow, Ulrich Drobnig, Reinhard Ellger, Klaus J. Hopt, Hein Kötz, Rainer Kulms, Ernst-Joachim Mestmäcker, Tübingen, 2001, S. 571-582 (zitiert: *Magnus*, FS 75 Jahre MPI).

Mankowski, Peter, Entwicklungen im Internationalen Privat- und Prozessrecht 2003/2004 (Teil 1), RIW 2004, S. 481-497.

ders., Entwicklungen im Internationalen Privat- und Prozessrecht 2003/2004 (Teil 2), RIW 2004, S. 587-602.

ders., Anmerkung zu BGH, Beschl. vom 11.12.1996, WiB 1997, 329.

ders., Fiscus non conveniens – oder: Einzug der Lehre vom forum non conveniens in das deutsche Recht der Prozesskostenhilfe?, IPRax 1999, S. 155-158.

ders., Anmerkung zu AG Düsseldorf, Beschl. vom 6.6.2003, EWiR 2003, S. 767-768.

ders., Anmerkung zu OLG München, Beschl. vom 2.6.1998, EWiR 1998, S. 977-978.
ders., Anmerkung zu OLG Hamburg, Urt. vom 28.2.1997, EWiR 1997, S. 791-792.
ders., Entwicklungen im Internationalen Privat- und Prozessrecht 2004/2005, RIW 2005, S. 561-579.
Mann, Frederick A., Zu den öffentlichrechtlichen Ansprüchen ausländischer Staaten. Ein Rückblick nach 30 Jahren, in: Festschrift für Gerhard Kegel zum 75. Geburtstag, 26. Juni 1987, hrsg. von Hans-Joachim Musielak, Klaus Schurig, Stuttgart / Berlin / Köln / Mainz, 1987, S. 365-388 (*Mann*, FS Kegel).
Mansel, Heinz-Peter, Grenzüberschreitende Prozessführungsverbote (antisuit injunctions) und Zustellungsverweigerung, EuZW 1996, S. 335-340.
ders., Innerdeutsche Rechtsanwendung: (Noch) geltendes Kollisionsrecht, DTZ 1990, S. 225-232.
Mark, Jürgen / Ziegenhain, Hans-Jörg, Der Gerichtsstand des Vermögens im Spannungsfeld zwischen Völkerrecht und deutschem internationalen Privatrecht, NJW 1992, S. 3062-3066.
Marshall, Hans, The Enforcement of Patent Rights in Germany, IIC 2000, S. 646-669.
Martiny, Dieter, Anerkennung ausländischer Entscheidungen nach autonomem Recht, in: Handbuch des Internationalen Zivilverfahrensrechts, Band III/1, Tübingen, 1984 (zitiert: *Martiny*, Hdb. IZVR III/1).
ders., Anerkennung nach multilateralen Staatsverträgen, Handbuch des Internationalen Zivilverfahrensrechts, Band III/2, Tübingen, 1984 (zitiert: *Martiny*, Hdb. IZVR III/2).
Matscher, Franz, Vollstreckung im Auslandsverkehr von vorläufig vollstreckbaren Entscheidung und von Maßnahmen des provisorischen Rechtsschutzes, ZZP 95 (1982), S. 170-235.
ders., Einige Probleme der internationalen Urteilsanerkennung und -vollstreckung, ZZP 86 (1973), S. 404-440.
Matthies, Heinrich, Anmerkung zu OGH, Entsch. vom 18.10.1950, RabelsZ 18 (1953), S. 703-707.
Mauch, Christian, Die Sicherungsvollstreckung gemäß Art. 47 EuGVVO, Art. 39 EuGVÜ und Art. 39 Luganer Übereinkommen, Freiburg i. Br., 2003 (zitiert: *Mauch*, Die Sicherungsvollstreckung).
Maunz, Theodor / Dürig, Günther, Grundgesetz, Kommentar, Art. 12a-37 GG, Loseblatt-Ausg., München, Stand: August 2005 (zitiert: MD-*Bearbeiter).*
Maurer, Jörg, Verjährungshemmung durch vorläufigen Rechtsschutz, GRUR 2003, S. 208-212.

McGuire, Mary-Rose, Verfahrenskoordination und Verjährungsunterbrechung im Europäischen Prozessrecht, Göttingen, 2004 (zitiert: *McGuire*, Verfahrenskoordination).

dies., Forum Shopping und Verweisung, ZfRV 2005, S. 83-93.

dies., Beweismittelvorlage und Auskunftsanspruch nach der Richtlinie 2004/48/EG zur Durchsetzung der Rechte des geistigen Eigentums – über den Umsetzungsbedarf im deutschen und österreichischen Prozessrecht, GRUR Int. 2005, S. 15-22.

McLachlan, C. A., Declining & Referring Jurisdiction in International Litigation, in: International Law Association, Report of the Sixty-ninth Conference, held in London, 25.-29. July 2000, S. 137-171 (zitiert: *McLachlan*, ILA, Report of the 69. conference).

Meibom, Wolfgang von / Pitz, Johann, Die europäische „Transborderrechtsprechung" stößt an ihre Grenzen, GRUR Int. 1998, S. 765-771.

dieslb., Grenzüberschreitende Verfügungen im internationalen Patentverletzungsverfahren, MittdtschPatAnw. 1996, S. 181-190.

Meier-Beck, Peter, Aktuelle Fragen des Patentverletzungsverfahrens, GRUR 2000, S. 355-361.

ders., Die einstweilige Verfügung wegen Verletzung von Patent- und Gebrauchsmusterrechten, GRUR 1988, S. 861-867.

ders., Aktuelle Fragen des Patentverletzungsverfahrens, GRUR 1999, S. 379-384.

Melullis, Gustav-Adolf, Handbuch des Wettbewerbsprozesses, 3. Aufl., Köln, 2000.

Mennicke, Petra, Berücksichtigung einer Schutzschrift des Antragsgegners bei der Entscheidung über die Vollstreckbarerklärung nach EuGVÜ, IPRax 2000, S. 294-300.

Mentz, Alexander, Das „Pre-Trial Discovery" Verfahren im US-amerikanischen Zivilprozessrecht, RIW 1981, S. 73-79.

Mes, Peter, Patentgesetz, Gebrauchsmustergesetz, Kommentar, 2. Aufl., München, 2005.

Meyer-Götz, Karin, Verordnung (EG) Nr. 1347/2000 des Rates vom 25.5.2000 über die Zuständigkeit und die Anerkennung und Vollstreckung von Entscheidungen in Ehesachen und in Verfahren betreffend die elterliche Verantwortung für die gemeinsamen Kinder (Abl. EG 2000 L 160/19), FF 2001, S. 17-18.

dies., Internationales Verfahrensrecht für Familiensachen in der Europäischen Union, FPR 2004, S. 296-299.

Meyer-Götz, Karin / Noltemeier, Katja, Internationale Scheidungszuständigkeit im europäischen Eheverfahrensrecht, FPR 2004, S. 282-285.

dieslb., Internationales Verfahrensrecht für Familiensachen in der Europäischen Union, FPR 2004, S. 296-299.

Meyer-Ladewig, Jens, Konvention zum Schutz der Menschenrechte und Grundfreiheiten, Handkommentar, Baden-Baden, 2003 (zitiert: *Meyer-Ladewig,* Hk-EMRK).

Meyer-Mews, Hans, Fallstudie: Der erkennende Richter als Zeuge, JuS 2002, S. 376-380.

Michaelis, Wolfgang, Vortrag von Dieter Stauder, „Patentverletzungsurteile mit grenzüberschreitender Wirkung" (Mitteilungen der Bezirksgruppe Südwest – Arbeitskreis Mannheim), GRUR 1999, S. 690.

ders., Vortrag von Graf Wolf v. Schwerin, „Grenzüberschreitende Patentstreitigkeiten" (Mitteilungen der Bezirksgruppe Südwest – Arbeitskreis Mannheim), GRUR 2002, S. 686.

Micklitz, Hans-Wolfgang / Rott, Peter, Vergemeinschaftung des EuGVÜ in der Verordnung (EG) Nr. 44/2001, EuZW 2002, S. 15-24.

Minnerop, Manfred, Materielles Recht und einstweiliger Rechtsschutz, Würzburg, 1973.

Mitzkus, Franz, Internationale Zuständigkeit im Vormundschafts-, Pflegschafts- und Sorgerecht, Bayreuth, 1982 (zitiert: *Mitzkus,* Internationale Zuständigkeit).

Mössle, Klaus P., Extraterritoriale Beweisbeschaffung im internationalen Wirtschaftsrecht, Konstanz, 1990.

Molitoris, Michael, Tabakprozesse in den USA, Deutschland und anderen europäischen Ländern, NJW 2004, S. 3662-3670.

Morbach, Bertram, Einstweiliger Rechtsschutz in Zivilsachen, Regensburg, 1988.

Mossler, Sven F., Beschleunigter Rechtsschutz für Zahlungsgläubiger in Europa, Freiburg i. Br., 2004 (zitiert: *Mossler,* Beschleunigter Rechtsschutz).

Mühlhausen, Dieter, Zwangsvollstreckungsmaßnahmen deutscher Gerichte in Bankguthaben von Inländern bei Auslandsfilialen, WM 1986, S. 985-991.

Mülbert, Peter O., Missbrauch von Bankgarantien und einstweiliger Rechtsschutz, Tübingen, 1985 (zitiert: *Mülbert,* Missbrauch von Bankgarantien).

Müller, Birgitta, Die worldwide Mareva injunction, Münster, 2002.

Müller-Feldhammer, Ralf, Der Deliktsgerichtsstand des Art. 5 Nr. 3 EuGVÜ im internationalen Wettbewerbsrecht, EWS 1998, S. 162-170.

Münch, Ingo von (Begr.) / Kunig, Philip (Hrsg.), Grundgesetz-Kommentar (zitiert: v. Münch / Kunig-*Bearbeiter).*

- Band 3, Artikel 70 bis Artikel 146 und Gesamtregister, 4./5. Aufl., München, 2003.
- Band 1, Präambel bis Art. 17, 5. Aufl., München, 2000.

Münzberg, Wolfgang, Berücksichtigung oder Präklusion sachlicher Einwendungen im Exequaturverfahren trotz Art. 45 Abs. 1 VO (EG) Nr. 44/2001, in: Einheit und Vielfalt des Rechts, Festschrift für Reinhold Geimer zum 65.

Geburtstag, hrsg. von Rolf A. Schütze, München, 2002, S. 745-759 (zitiert: *Münzberg*, FS Geimer).

Musger, Gottfried, Das Übereinkommen von Lugano: Internationales Zivilverfahrensrecht für den Europäischen Wirtschaftsraum, öRiZ 1993, S. 192-208.

Musielak, Hans-Joachim (Hrsg.), Kommentar zur Zivilprozessordnung mit Gerichtsverfassungsgesetz, Kommentar, 4. Aufl., München, 2005 (zitiert: *Musielak-Bearbeiter).*

Musmann, Thomas / Osten, Horst von der, Patentverletzungsklage beim Verwaltungsgericht? – Zum Hintergrund und Umfeld einer Entscheidung des Bundesverwaltungsgerichts –, MittdtschPatAnw 2001, S. 99-101.

Nagel, Heinrich (Begr.) / Gottwald, Peter, Internationales Zivilprozessrecht, 5. Aufl., Münster, 2002 (zitiert: *Nagel /Gottwald*, IZPR).

Neisser, Heinrich / Verschraegen, Bea, Die Europäische Union – Anspruch und Wirklichkeit, Wien / New York, 2001.

Nelle, Andreas, Anspruch, Titel und Vollstreckung im internationalen Rechtsverkehr, München, 2000 (zitiert: *Nelle*, Anspruch, Titel und Vollstreckung).

Neuhaus, Paul Heinrich / Kropholler, Jan, Entwurf eines Gesetzes über internationales Privat- und Verfahrensrecht (IPR-Gesetz), RabelsZ 44 (1980), S. 326-343.

Neuhaus, Wilfried, Das Übereinkommen über die gerichtliche Zuständigkeit und die Vollstreckung gerichtlicher Entscheidungen in Zivil- und Handelssachen vom 27.9.1968 (EuGVÜ) und das Luganer Übereinkommen vom 16.9.1988 (LugÜ), soweit hiervon Streitigkeiten des gewerblichen Rechtsschutzes betroffen werden, MittdtschPatAnw. 1996, S. 257-269.

Nieder, Michael, Die Patentverletzung, München, 2004.

Niklas, Isabella Maria, Die europäische Zuständigkeitsordnung in Ehe- und Kindschaftssachen, Hamburg, 2003 (zitiert: *Niklas*, Die europäische Zuständigkeitsordnung).

Nirk, Rudolf / Kurtze, Helmut, Wettbewerbsstreitigkeiten, 2. Aufl., München, 1992.

North, Peter / Fawcett J. J., Cheshire and North's Private International Law, 13. Aufl., London / Edinburgh / Dublin, 1999 (zitiert: *North / Fawcett*, PIL).

O'Malley, Stephen / Layton, Alexander, European Civil Practice, London, 1989.

Oberhammer, Paul, Europäisches Insolvenzrecht in praxi – „Was bisher geschah", ZInsO 2004, S. 761-773.

Oberloskam, Helga, Haager Minderjährigenschutzabkommen, Köln / Berlin / Bonn / München, 1983.

Obermayer, Klaus (Begr.), Kommentar zum Verwaltungsverfahrensgesetz, hrsg. von Roland Fritz, 3. Aufl., Neuwied / Kriftel, 1999 (zitiert: Obermayer-*Bearbeiter*).

Oetker, Hartmut, Die Zustellung von Unterlassungsverfügungen innerhalb der Vollziehungsfrist des § 929 II ZPO, GRUR 2003, S. 119-125.

Olderog, Hans-Hermann, Probleme des einstweiligen Rechtsschutzes im Bereich der sozialen Mitbestimmung, NZA 1985, S. 753-761.

Oppermann, Bernd, Unterlassungsantrag und zukünftige Verletzungshandlung – gleichzeitig eine Anmerkung zu OLG Hamm, WRP 1989, 260, WRP 1989, S. 713-716.

Oppermann, Thomas, Europarecht, 2. Aufl., München, 1999 (zitiert: *Oppermann*, EuR).

Osthaus, Wolf, Informationszugang für den internationalen Prozess zwischen lex fori und lex causae, Osnabrück, 2005 (zitiert: *Osthaus*, Informationszugang).

Ostler, Fritz, Wichtige prozessuale Fragen des Eilverfahrens der ZPO, MDR 1968, S. 713-717.

Otte, Karsten, Umfassende Streitentscheidung durch Beachtung von Sachzusammenhängen - Gerechtigkeit durch Verfahrensabstimmung?, Köln, 1998 (zitiert: *Otte*, Umfassende Streitentscheidung).

ders., Zur Einrede der Rechtshängigkeit bei negativer Feststellungsklage (Art. 31 Abs. 2 CMR, Art. 21 EuGVÜ bzw. Art. 27 EuGVVO, TranspR 2004, S. 347-350.

ders., Verfahrenskoordination und einstweiliger Rechtsschutz bei der Verletzung eines europäischen Patents, IPRax 1999, S. 440-443.

ders., Verfahrenskoordination im EuGVÜ: Zur angemessenen Gewichtung von Feststellungs- und Leistungsklage, in: Wege zur Globalisierung des Rechts, Festschrift für Rolf A. Schütze zum 65. Geburtstag, hrsg. von Reinhold Geimer, München 1999, S. 619-641 (zitiert: *Otte*, FS Schütze).

ders., Anmerkung zu EuGH, Urt. vom 6.12.1994, EWiR1995, S. 463-464.

ders., Internationale Zuständigkeit und Territorialitätsprinzip – Wo liegen die Grenzen der Deliktszuständigkeit bei Verletzung eines europäischen Patents?, IPRax 2001, S. 315-320.

ders., Beschränkte Nachprüfbarkeit internationaler Zuständigkeit im Arrestverfahren, ZIP 1991, S. 1048-1053.

ders., Internationale Zuständigkeit und Territorialitätsprinzip – Wo liegen die Grenzen der Deliktszuständigkeit bei Verletzung eines europäischen Patents?, IPRax 2001, S. 315-320.

Otte, Karsten / Prütting, Hanns / Dedek, Helge, The GROTIUS Program: Proposals for Amending Article 21 and 22 of the Brussels Convention, EPRL 2000, S. 257-279.

Otto, Mathias, Der prozessuale Durchgriff, Augsburg, 1993 (zitiert: *Otto*, Der prozessuale Durchgriff).

Pache, Eckhard, Das europäische Grundrecht auf ein faires Verfahren, NVwZ 2001, S. 1342-1347.

Pagenberg, Joachim, The First Instance European Patent Court – A Tribunal without Judges and Attorneys?, IIC 2000, S. 481-499.

Pagenstecher, Max, Gerichtsbarkeit und internationale Zuständigkeit als selbständige Prozessvoraussetzungen, RabelsZ 11 (1937), S. 337-483.

Palandt, Otto (Begr.), Bürgerliches Gesetzbuch, Kommentar, 65. Aufl., 2006 (zitiert: Palandt-*Bearbeiter*).

Pålsson, Lennart, The institute of *lis pendens* in international civil procedure, Sc.St.L. 1970, S. 59-108.

Pannen, Klaus / Riedemann, Susanne, Der Begriff des „centre of main interests" i. S. des Art. 3 I 1 EuInsVO im Spiegel aktueller Fälle aus der Rechtsprechung, NZI 2004, S. 646-651.

Pannen, Klaus / Kühnle, Tina / Riedemann, Susanne, Die Stellung des deutschen Insolvenzverwalters in einem Insolvenzverfahren mit europäischem Auslandsbezug, NZI 2003, S. 72-78.

Pansch, Rüdiger, Die einstweilige Verfügung zum Schutze des geistigen Eigentums im grenzüberschreitenden Verkehr, Konstanz, 2003 (zitiert: *Pansch*, Die einstweilige Verfügung).

ders., Der Gerichtsstand der unerlaubten Handlung bei der grenzüberschreitenden Verletzung gewerblicher Schutzrechte, EuLF 2000/2001, S. 353-362.

Park, William (Consulting Editor) / Cromie, Stephen, International Commercial Litigation, London, 1990.

Pastor, Wilhelm L., Die Schutzschrift gegen wettbewerbliche einstweilige Verfügungen, WRP 1972, S. 229-237.

Patnaik, Daniel, Enthält das deutsche Recht effektive Mittel zur Bekämpfung von Nachahmungen und Produktpiraterie?, GRUR 2004, S. 191-198.

Pattloch, Thomas, Symposium on Enforcement of Intellectual Property and Patent Litigation vom 10. bis zum 14. September 2001 in München, GRUR Int. 2002, S. 30-41.

Paulus, Christoph G., Die europäische Insolvenzverordnung und der deutsche Insolvenzverwalter, NZI 2001, S. 505-516.

ders., Änderungen des deutschen Insolvenzrechts durch die Europäische Insolvenzverordnung, ZIP 2002, S. 729-737.

ders., Anmerkung zu High Court of Justice in Leeds (Companies Court), Beschl. vom 16.5.2003, EWiR 2003, S. 709-710.

ders., Grundlagen des neuen Insolvenzrechts, DStR 2005, S. 334-339.

ders., Zivilprozessrecht, 3. Aufl., Berlin / Heidelberg / New York / Barcelona / Hongkong / London / Mailand / Paris / Singapur / Tokio, 2004 (zitiert: *Paulus*, ZPR).

Peinze, Alexander, Internationales Urheberrecht in Deutschland und England, Hannover, 2002 (zitiert: *Peinze*, Internationales Urheberrecht).

Pellens, Hartmut / Peitsch, Philipp Ch., Anmerkung zu LG Hamburg, Urt. vom 3.8.2001 *(Hotel Maritime)*, GRUR Int. 2002, S. 165-166.

Pereira, Paulino, La reconnaissance mutuelle des décisions de divorce et de responsabilité parentale dans l'Union Européenne, RMUE 1999, S. 484-489.

Perles, F. S., Zur rechtlichen Qualifikation der Eheauflösung nach den Rechtsordnungen religiöser Gemeinschaften, FamRZ 1980, S. 978-979.

Peters, Anne, Einführung in die Europäische Menschenrechtskonvention, München 2003 (zitiert: *Peters*, Einführung EMRK).

Petit, Laurence, The Enforcement of Patent Rights in France, IIC 2000, S. 669-691.

Pfeiffer, Thomas, Internationale Zuständigkeit und prozessuale Gerechtigkeit, Frankfurt/Main, 1995 (zitiert: *Pfeiffer*, Internationale Zuständigkeit).

ders., Grundlagen und Grenzen der autonomen Auslegung des EuGVÜ, in: Jahrbuch Junger Zivilrechtswissenschaftler 1991, Europäisches Privatrecht, Unternehmensrecht, Informationspflichten im Zivilrecht, Tübinger Tagung 11.-14. September 1991, Stuttgart / München / Hannover / Berlin / Weimar, 1991, S. 71-87 (zitiert: *Pfeiffer*, JbJ. ZivRWiss.).

Piehler, Klaus, Einstweiliger Rechtsschutz und materielles Recht, Freiburg, 1980.

Pirrung, Jörg, Europäische justitielle Zusammenarbeit in Zivilsachen – insbesondere das neue Scheidungsübereinkommen, ZEuP 1999, S. 834-848.

Pitz, Johann, Torpedos unter Beschuss, GRUR Int. 2001, S. 32-37.

ders., Die Sanktionen der Patentverletzung und ihre gerichtliche Durchsetzung im deutschen und französischen Recht, IIC 2002, S. 907-908.

ders., Die Entwicklung der Nichtigkeitsklage vom patentamtlichen Verwaltungsverfahren zum zivilprozessualen Folgeverfahren gegen europäische Patente, GRUR 1995, S. 231-241.

Pohlmann, Petra, Die Wahrung der Vollziehungsfrist des § 929 II ZPO bei Arrest und einstweiliger Verfügung, KTS 1994, S. 49-69.

Polyzogopoulos, Konstantin, Internationale Zuständigkeit und Anerkennung von Entscheidungen in Ehesachen in der Europäischen Union, in: Aktuelle Entwicklungen des europäischen und internationalen Zivilverfahrensrechts, hrsg. von Peter Gottwald, Bielefeld, 2002, S. 133-161 (zitiert: *Polyzogopoulos*, in: Gottwald, Aktuelle Entwicklungen).

Preu, Albert, Probleme der Nichtigerklärung europäischer Patente, GRUR Int. 1981, S. 63-70.

Prütting, Hanns, Die Entwicklung eines europäischen Zivilprozessrechts, in: Universität des Saarlandes, Vorträge, Reden und Berichte aus dem Europa-Institut, Sektion Rechtswissenschaft, hsrg. von Georg Ress und Torsten Stein, Nr. 271, Saarbrücken, 1992 (zitiert: *Prütting*, Entwicklungen).

ders., Aktuelle Entwicklungen des internationalen Insolvenzrechts, ZIP 1996, S. 1277-1284.

ders., Die Rechtshängigkeit im internationalen Zivilprozessrecht und der Begriff des Streitgegenstandes nach Art. 21 EuGVÜ, in: Gedächtnisschrift für Alexander Lüderitz, hrsg. von Haimo Schack, München, 2000, S. 623-633 (zitiert: *Prütting,* GS Lüderitz).

Puhr, Johanna, Die internationale Zuständigkeit deutscher Gerichte bei unlauterem Wettbewerb im Internet, Düsseldorf, 2004 (zitiert: *Puhr*, Die internationale Zuständigkeit).

Puttfarken, Hans-Jürgen, Anmerkung zu OLG Koblenz, Urt. vom 2.5.1975, RIW 1977, S. 360-364.

Ranieri, Filippo, Anmerkung zu EuGH, Ensch. vom 12.5.1998, ZEuP 2001, S. 169-177.

Rausch, Hans, Neue internationale Zuständigkeiten in Familiensachen, FuR 2001, S. 151-154.

ders., Internationales Privatrecht in der familiengerichtlichen Praxis, NJW 1994, S. 2120-2128.

Rauscher, Thomas (Hrsg.), Europäisches Zivilprozessrecht, Kommentar, München, 2004 (zitiert: Rauscher-*Bearbeiter*).

ders., Internationales Privatrecht, 2. Aufl., Heidelberg, 2002 (zitiert: *Rauscher*, IPR).

ders., Rechtshängigkeitseinwand bei belgischem Parallelverfahren, IPRax 1994, S. 188-191.

ders., Ausländische Rechtshängigkeit und Rechtsschutzeinwand, IPRax 1986, S. 274-277.

ders., Intertemporale Anwendung des Art. 21 EuGVÜ, IPRax 1999, S. 80-82.

ders., Anmerkung zu EuGH, Urt. vom 7.3.1995 – *Fiona Shevill / Presse Alliance S.A.*, ZZP Int. 1 (1996), S. 151-166.

Rauscher, Thomas / Gutknecht, Uta, Teleologische Grenzen des Art. 21 EuGVÜ?, IPRax 1993, S. 21-24.

Rebmann, Kurt / Säcker, Franz Jürgen / Rixecker, Roland (Hrsg.), Münchener Kommentar zum Bürgerlichen Gesetzbuch (zitiert: MünchKomm-*Bearbeiter*).

- Band 7, Familienrecht I, §§ 1297-1588 BGB, VAHRG, VAÜG, HausratsV, Redakteur: Kurt Rebmann, 4. Aufl., München, 2000.
- Band 8, Familienrecht II, §§ 1589-1921 BGB, SGB VIII, Redakteur: Dieter Schwab, 4. Aufl., München, 2002.

- Band 8, Familienrecht II, §§ 1589-1921 BGB, KJHG, Redakteur: Kurt Rebmann, 3. Aufl., München, 1992 (zitiert: Münch-Komm-*Bearbeiter*[3]).
- Band 10, Einführungsgesetz zum Bürgerlichen Gesetzbuche (Art. 1-46), Internationales Privatrecht, Redakteur: Hans-Jürgen Sonnenberger, 4. Aufl., München, 2006.

Rechberger, Walter H. / Oberhammer, Paul, Exekutionsrecht, 4. Aufl., Wien, 2005.

Rein, Andreas, „Fünf Jahre Insolvenzverordnung“: Veranstaltung der insolvenzrechtlichen Arbeitskreise vom 13./14.2.2004 (Mitteilungen), NZI 2004, S. 310-311.

Reischl, Klaus, Verfahrenskonzentration durch Aufrechnungseinrede im europäischen Zivilprozess, IPRax 2003, S. 426-430.

Reithmann, Christoph / Martiny, Dieter (Hrsg.), Internationales Vertragsrecht, 6. Aufl., Köln, 2004 (zitiert: Reithmann / Martiny-*Bearbeiter*).

Remien, Oliver, Einseitige Unterlassungsverfügungen im europäischen Binnenmarkt und das EuGVÜ – Zur Sache Modern Music ./. EMI Records, WRP 1994, S. 25-28.

ders., Rechtsverwirklichung durch Zwangsgeld, Hamburg, 1992.

Rengeling, Hans-Werner / Middeke, Andreas / Gellermann, Martin, Rechtsschutz in der Europäischen Union, München, 1994 (zitiert: *Rengeling / Middeke / Gellermann*, Rechtsschutz).

Ress, Hans-Konrad, Der Arrestgrund der Auslandsvollstreckung nach § 917 II ZPO und das gemeinschaftsrechtliche Diskriminierungsverbot – EuGH EuZW 1994, 216, JuS 1995, S. 967-971.

RGRK, Das Bürgerliche Gesetzbuch, mit besonderer Berücksichtigung der Rechtsprechung des Reichsgerichts und des Bundesgerichtshofes, Kommentar, hrsg. von den Mitgliedern des Bundesgerichtshofes, 12. Aufl., Berlin / New York, 1989 (zitiert: RGRK-*Bearbeiter*).
- Band II, 5. Teil, §§ 812-831 (Anhang nach § 823: I. Verletzung des Persönlichkeitsrechts, II. Arzthaftungsrechts.

Rieck, Jürgen, Kindesentführung – Rechtsregeln und Normenkonkurrenz – , FPR 2001, S. 183-189.

Riezler, Erwin, Internationales Zivilprozessrecht und prozessuales Fremdenrecht, Tübingen, 1949 (zitiert: *Riezler*, IZPR).

Ritter, Uwe, Vorläufige Anordnungen in Angelegenheiten der freiwilligen Gerichtsbarkeit, Göttingen, 1989 (zitiert: *Ritter*, Vorläufige Anordnungen).

Rizor, Stefan, Anmerkung zu OLG Köln, Beschl. vom 13.12.1990, RIW 1991, S. 330-331.

Rönn, Kirsten von, Die Anwendung des Europäischen Gerichtsstands- und Vollstreckungsübereinkommens im Vereinigten Königreich, Hamburg, 1996 (zitiert: *v. Rönn*, Die Anwendung).

Rolland, Walter (Hrsg.), Familienrecht, Kommentar, Loseblatt-Slg., Neuwied / Kriftel / Berlin, Stand: 11.7.1996 (zitiert: Rolland-*Bearbeiter*).

Rosenberg, Leo (Begr.) / Gaul, Friedhelm / Schilken, Eberhard, Zwangsvollstreckungsrecht, 11. Aufl., München, 1997 (zitiert: *Rosenberg / Gaul / Schilken,* ZVR).

Rosenberg, Leo (Begr.) / Schwab, Karl Heinz / Gottwald, Peter, Zivilprozessrecht, 16. Aufl., München, 2004.

Rosengarten, Joachim, Der Präventionsgedanke im deutschen Zivilrecht – Höheres Schmerzensgeld, aber keine Anerkennung und Vollstreckung US-amerikanischer punitive damages?, NJW 1996, S. 1935-1938.

Rospatt, Peter von, Grenzüberschreitender Rechtsschutz für europäische Patente, II. Teil: Entscheidungen deutscher Gerichte in Patentverletzungsprozessen mit grenzüberschreitender Wirkung, GRUR Int. 1997, S. 861-863.

Roth, Herbert, Rezension zu: Nelle, Andreas, Anspruch, Titel und Vollstreckung im internationalen Rechtsverkehr, Tübingen, 2000, RabelsZ 68 (2004), S. 379-385.

ders., Vollziehung von Arrestbefehlen gegen ausländische Schuldner, IPRax 1990, S. 161-162.

Roxin, Imme, Anmerkung zu EGMR, Urt. vom 31.05.2001, StV 21 (2001), S. 490-492.

Rüßmann, Helmut, Negative Feststellungsklage sowie der Zeitpunkt der endgültigen Rechtshängigkeit im Rahmen des EuGVÜ – Entscheidungs- und Klärungsbedarf durch den EuGH, IPRax 1995, S. 76-80.

ders., Die Streitgegenstandslehre und die Rechtsprechung des EuGH – nationales Recht unter europäischem Einfluss?, ZZP 111 (1998), S. 399-427.

ders., Die Verweisung nach § 281 ZPO und das EuGVÜ, IPRax 1996, S. 402-405.

Sabel, Oliver, Hauptsitz als Niederlassung im Sinne der EuInsVO?, NZI 2004, S. 126-128.

Sack, Rolf, Das internationale Wettbewerbs- und Immaterialgüterrecht nach der EGBGB-Novelle, WRP 2000, S. 269-289.

Saenger, Ingo (Hrsg.), Zivilprozessordnung, Handkommentar, 1. Aufl., Baden-Baden, 2006 (zitiert: Hk-ZPO/*Bearbeiter*).

ders., Internationale Gerichtsstandsvereinbarungen nach EuGVÜ und LugÜ, ZZP 110 (1997), S. 477-498.

Safferling, Kathrin, Rechtshängigkeit in deutsch-französischen Scheidungsverfahren, Erlangen / Nürnberg, 1996.

Samwer, Sigmar-Jürgen, Auswirkungen der Territorialität des Patentrechts im EWG-Bereich, GRUR Int. 1969, S. 1-14.

Schack, Haimo, Internationales Zivilverfahrensrecht, 3. Aufl., München, 2002 (zitiert: *Schack,* IZVR).

ders., Widersprechende Urteile: Vorbeugen ist besser als Heilen, IPRax 1989, S. 139-142.
ders., Die Versagung der deutschen internationalen Zuständigkeit wegen forum non conveniens und lis alibi pendens, RabelsZ 58 (1994), S. 40-58.
ders., Die EG-Kommission auf dem Holzweg von Amsterdam, ZEuP 1999, S. 805-808.
ders., Einführung in das US-amerikanische Zivilprozessrecht, 3. Aufl., München, 2003.
ders., Das neue Internationale Eheverfahrensrecht in Europa, RabelsZ 65 (2001), S. 615-633.
ders., Gerechtigkeit durch weniger Verfahren, IPRax 1996, S. 80-83.
ders., Wechselwirkungen zwischen europäischem und nationalem Zivilprozessrecht, ZZP 107 (1994), S. 279-300.
ders., Rechtshängigkeit in England und Art. 21 EuGVÜ, IPRax 1991, S. 270-274.
ders., Entscheidungszuständigkeiten in einem weltweiten Gerichtsstands- und Vollstreckungsübereinkommen, ZEuP 1998, S. 931-956.
ders., Internationale Urheber-, Marken- und Wettbewerbsverletzungen im Internet, MMR 2000, S. 135-140.
Schade, Jürgen, Gerichtliche Regelung der Patentstreitsachen in Europa, GRUR 2000, S. 101-111.
Schaub, Günter, Vorläufiger Rechtsschutz bei der Kündigung von Arbeitsverhältnissen, NJW 1981, S. 1807-1813.
Schellhammer, Kurt, Zivilprozess: Gesetz – Praxis – Folgen, 11. Aufl., Heidelberg, 2004 (zitiert: *Schellhammer*, Zivilprozess).
Scherer, Inge, Das Beweismaß bei der Glaubhaftmachung, Köln / Berlin / Bonn / München, 1996.
Schilken, Eberhard, Zivilprozessrecht, 4. Aufl., Köln / Berlin / Bonn / München, 2002 (zitiert: *Schilken*, ZPR).
ders., Die Befriedigungsverfügung, Bonn, 1976.
Schilling, Theodor, Internationale Rechtshängigkeit vs. Entscheidung binnen angemessener Frist, IPRax 2004, S. 294-298.
Schlafen, Dieter, Anmerkung zu OLG Hamm, Beschl. vom 14.4.1976, NJW 1976, S. 2082-2083.
Schlegelberger, Franz (Begr.), Handelsgesetzbuch, Band III / 1. Halbband, §§ 105-160, 5. Aufl., München, 1992 (zitiert: Schlegelberger-*Bearbeiter*, Bd. III/1).
Schlosser, Peter F., EU-Zivilprozessrecht, Kommentar, 2. Aufl., München, 2003 (zitiert: *Schlosser*, EUZ).
ders., Europarecht und Ziviprozessrecht, Jura 1998, S. 65-70.
ders., Der Justizkonflikt zwischen den USA und Europa, 1985 (zitiert: *Schlosser*, Der Justizkonflikt).

ders., Die europäische justizielle Infrastruktur ohne Diskriminierungen, Anmerkung zu EuGH, Entsch. vom 10.2.1994 *(Mundt & Fester / Hatrex)*, ZEuP 1995, S. 255.
ders., Gestaltungsklagen und Gestaltungsurteile, Würzburg, 1966 (zitiert: *Schlosser*, Gestaltungsklagen).
ders., Auf dem Wege zu neuen Dimensionen des Einstweiligen Rechtsschutzes, in: Festschrift für Walter Odersky zum 65. Geburtstag am 17. Juli 1996, hrsg. von Reinhard Böttcher, Götz Hueck, Burkhard Jähnke, Berlin / New York, S. 669-683 (zitiert: *Schlosser*, FS Odersky).
ders., Extraterritoriale Rechtsdurchsetzung im Zivilprozess, in: Festschrift für Werner Lorenz zum siebzigsten Geburtstag, hrsg. von Bernhard Pfister, Michael R. Will, Tübingen, 1991, S. 497-512 (zitiert: *Schlosser*, FS Lorenz).
ders., Neue Dimensionen der grenzüberschreitenden Zusammenarbeit in der Ziviljustiz, in: Festschrift für Werner Lorenz zum 80. Geburtstag, hrsg. von Thomas Rauscher, Heinz-Peter Mansel, München, 2001, S. 409-421 (zitiert: *Schlosser*, FS Lorenz).
ders., Einschränkung des Vermögensgerichtsstandes, IPRax 1992, S. 140-143.
Schmid, Stefan, Deutsches und Europäisches Internationales Insolvenzrecht, Kommentar, Stuttgart / Berlin / Köln, 2004.
Schmidt, Eike / Brüggemeier, Gert, Zivilrechtlicher Grundkurs, 6. Aufl., Neuwied / Kriftel, 2002.
Schmidt, Karsten, Grundfälle zum Gestaltungsprozess, JuS 1986, S. 35-41.
Schmidt, Karsten (Hrsg.) / Basedow, Jürgen (Redakteur), Münchener Kommentar zum Handelsgesetzbuch (zitiert: MünchKommHGB-*Bearbeiter).*
- Band 2, Zweites Buch, Handelsgesellschaften und stille Gesellschaft, Erster Abschnitt, Offene Handelsgesellschaft, §§ 105-160, hrsg. von Karsten Schmidt, München, 2004.
- Band 7, Viertes Buch, Handelsgeschäfte, §§ 407-457, Transportrecht, Redakteur: Jürgen Basedow, München, 1997.

Schmidt, Kristina, Die normative Tarifgeltung am Beispiel des allgemeinen koalitionsrechtlichen Unterlassungsanspruchs, RdA 2004, S. 152-160.
Schmidt-Diemitz, Rolf, Einstweiliger Rechtsschutz gegen rechtswidrige Gesellschafterbeschlüsse, Tübingen, 1993.
Schmidt-Jortzig, Ezard, Effektiver Rechtsschutz als Kernstück des Rechtsstaatsprinzips nach dem GG, NJW 1994, S. 2569-2573.
Schneider, Egon, Problemfälle aus der Prozesspraxis – Die Wahrung der Arrestvollziehungsfrist, MDR 1985, S. 112-114.
Schneider, Michael, Die Patentgerichtsbarkeit in Europa – Status quo und Reform, München, 2005 (zitiert: *Schneider*, Die Patentgerichtsbarkeit).
Schockenhoff, Martin, Die gerichtliche Durchsetzung von Belieferungsansprüchen aus § 26 II GWB, NJW 1990, S. 152-158.

Schollmeyer, Eberhard, Europäisches Mahnverfahren, IPRax 2002, S. 478-484.

Schramm, Carl (Begr.), Der Patentverletzungsprozess, 5. Aufl., Köln / Berlin / München, 2005.

Schroeder, Hans-Patrick, Mareva Injunctions and Freezing Orders in International Commercial Arbitration, SchiedsVZ 2004, S. 26-31.

Schröder, Jochen, The Right not to be Sued Abroad, in: Festschrift für Gerhard Kegel zum 75. Geburtstag, 26. Juni 1987, hrsg. von Hans-Joachim Musielak, Klaus Schurig, Stuttgart / Berlin / Köln / Mainz, 1987, S. 523-548 (zitiert: *Schröder*, FS Kegel).

ders., Internationale Zuständigkeit, Köln, 1971.

Schütz, Hans-Joachim / Bruha, Thomas / König, Doris / Nowak, Carsten, Casebook Europarecht, München, 2004 (zitiert: *Schütz / Bruha / König*, Casebook Europarecht).

Schütze, Rolf A., Die Wirkungen ausländischer Rechtshängigkeit in inländischen Verfahren, ZZP 104 (1991), S. 136-149.

ders., Deutsches Internationales Zivilprozessrecht, 2. Aufl., Berlin / New York, 2005 (zitiert: *Schütze*, DIZPR).

ders., Die Berücksichtigung eines ausländischen Verfahrens, RabelsZ 31 (1967), S. 233-274.

ders., Konzeptionelle Unterschiede der Prozessführung vor US-amerikanischen und deutschen Gerichten, WM 1983, S. 1078-1083.

ders., Die Berücksichtigung der Rechtshängigkeit eines ausländischen Verfahrens nach dem EWG-Übereinkommen über die gerichtliche Zuständigkeit und die Vollstreckung gerichtlicher Entscheidungen, RIW 1975, S. 78-80.

ders., Die Berücksichtigung der Konnexität nach dem EWG-Übereinkommen über die gerichtliche Zuständigkeit und die Vollstreckung gerichtlicher Entscheidungen, RIW 1975, S. 543-545.

ders., Internationales Notarverfahrensrecht, DNotZ 1992, S. 66-84.

Schütze, Rolf A. / Kratzsch, Susanne, Aussetzung des Verfahrens wegen konnexer Verfahren nach Art. 22 EuGVÜ, RIW 2000, S. 939-942.

Schulte, Heinrich, Eine Untersuchung über das Erkenntnisverfahren bei Arrest und einstweiliger Verfügung, Mannheim, 1930 (zitiert: *Schulte*, Eine Untersuchung über das Erkenntnisverfahren).

Schultz, Detlef von (Hrsg.), Kommentar zum Markenrecht, Heidelberg, 2002 (zitiert: v. Schultz-*Bearbeiter*).

Schulz, Andrea, Einstweilige Maßnahmen nach dem Brüsseler Gerichtsstands- und Vollstreckungsübereinkommen in der Rechtsprechung des Gerichtshofs der Europäischen Gemeinschaften (EuGH), ZEuP 2001, S. 805-836.

dies., Die Zeichnung des Haager Kinderschutz-Übereinkommens von 1996 und der Kompromiss zur Brüssel IIa-Verordnung, FamRZ 2003, S. 1351-1354.

Schumann, Ekkehard, Internationale Rechtshängigkeit (Streitanhängigkeit), in: Festschrift für Winfried Kralik zum 65. Geburtstag, Verfahrensrecht – Privatrecht, hrsg. von Walter H. Rechberger, Rudolf Welser, Wien, 1986, S. 301-316 (zitiert: *Schumann*, FS Kralik).
ders., Der Einwand internationaler Rechtshängigkeit am Beispiel deutsch-türkischer Ehescheidungsverfahren, IPRax 1986, S. 14-15.
ders., Der Vermögensgerichtsstand (§ 23 ZPO) und der Einwand internationaler Rechtshängigkeit, IPRax 1988, S. 13-15.
Schuschke, Winfried, Vollstreckung und Vorläufiger Rechtsschutz, Kommentar zum Achten Buch der Zivilprozessordnung, Band I, Zwangsvollstreckung, §§ 704-915 ZPO, 3. Aufl., Köln / Berlin / Bonn / München, 2002.
Schuschke, Winfried / Walker, Wolf-Dietrich, Vollstreckung und Vorläufiger Rechtsschutz, Kommentar zum Achten Buch der Zivilprozessordnung, Band II, Arrest und Einstweilige Verfügung, §§ 916-945 ZPO, 3. Aufl., Köln / Berlin / Bonn / München, 2005 (zitiert: Schuschke / Walker-*Bearbeiter*).
Schwab, Dieter (Hrsg.), Handbuch des Scheidungsrechts, 5. Aufl., München, 2004 (zitiert: Schwab-*Bearbeiter*, Hdb. des Scheidungsrechts).
ders., Einführung in das Zivilrecht, einschließlich BGB – Allgemeiner Teil, 16. Aufl., Heidelberg 2005 (zitiert: *Schwab*, Einführung).
Schwan, Eggert, Bestrafung nach § 890 ZPO bei bloßer Untätigkeit, GRUR 1966, S. 303-307.
Schwander, Ivo, Ausländische Rechtshängigkeit nach IPR-Gesetz und Lugano-Übereinkommen, in: Beiträge zum schweizerischen und internationalen Zivilprozessrecht, Feschrift für Oscar Vogel, hrsg. von Ivo Schwander und Walter A. Stoffel, Freiburg Schweiz, 1991, S. 395-418 (zitiert: *Schwander*, FS Vogel).
Schweikert, Klaus D., Die Berücksichtigung der Rechtshängigkeit im Ausland, NJW 1964, S. 336-337.
Seidel, Achim, Bauordnungsrechtliche Verfahrensprivatisierung und Rechtsschutz des Nachbarn – Öffentlich-rechtlicher Schutzanspruch und quasinegatorischer Abwehranspruch im Vergleich, NVwZ 2004, S. 139-146.
Semler, Franz-Jörg, Einstweilige Verfügungen bei Gesellschafterauseinandersetzungen, BB 1979, S. 1533-1536.
Sessler, Anke, Die Anwendbarkeit des § 917 Abs. 2 Satz 1 ZPO auf Urteile aus EuGVÜ-Staaten, WM 2001, S. 497-502.
Sichel, Ricardo Luiz, Das Gemeinschaftspatentübereinkommen und TRIPS, Münster, 2003.
Siehr, Kurt, Internationales Privatrecht, Heidelberg, 2001 (zitiert: *Siehr*, IPR).
ders., „Forum Shopping“ im internationalen Rechtsverkehr, ZfRV 25 (1984), S. 124-144.

ders., Ausländische Unterhaltsentscheidungen und ihre Abänderung im Inland wegen veränderter Verhältnisse, in: Festschrift für Friedrich Wilhelm Bosch zum 65. Geburtstag, 2. Dezember 1976, hrsg. von Walther J. Habscheid, Hans Friedhelm Gaul und Paul Mikat, Bielefeld, 1976, S. 927-962 (zitiert: *Siehr*, FS Bosch).

ders., Die Rechtshängigkeit im Europäischen Zivilprozessrecht – Auswirkungen für die Schweiz und Vorschläge zur Reform, ZZZ 2004, S. 473-490.

Simons, Thomas, Grenzüberschreitende „Torpedoklagen“, EuLF 2003, S. 289-291.

Simotta, Daphne-Ariane, Die internationale Zuständigkeit für Verfahren betreffend die elterliche Verantwortung für die gemeinsamen Kinder der Ehegatten (Art. 3 f EheVO), in: Der Zivilprozess zu Beginn des 21. Jahrhunderts – Vergangenheit, Gegenwart und Perspektiven, Festschrift für Wolfgang Jelinek zum 60. Geburtstag, hrsg. von Daphne-Ariane Simotta, Wien, 2002, S. 291-323 (zitiert: *Simotta,* FS Jelinek).

Smid, Stefan, Vier Entscheidungen englischer und deutscher Gerichte zur europäischen internationalen Zuständigkeit zur Eröffnung von Hauptinsolvenzverfahren, DZWIR 2003, S. 397-404.

Soergel, Hans Theodor, Bürgerliches Gesetzbuch mit Einführungsgesetz und Nebengesetzen.

- Band 8, Einführungsgesetz, Stuttgart / Berlin / Köln / Mainz, 11. Aufl., Stand: 1983 (zitiert: Soergel[11]-*Bearbeiter*).
- Band 10, Einführungsgesetz, wissenschaftliche Redaktion Gerhard Kegel, Stand: Anfang 1996, Stuttgart / Berlin / Köln (zitiert: Soergel-*Bearbeiter*).

Sonnenberger, Hans Jürgen / Autexier, Christian, Einführung in das französische Recht, 3. Aufl., Heidelberg, 2000.

Spellenberg, Ulrich, Die Zuständigkeiten für Eheklagen nach der EheGVO, in: Einheit und Vielfalt des Rechts, Festschrift für Reinhold Geimer zum 65. Geburtstag, hrsg. von Rolf A. Schütze, München, 2002, S. 1257-1280 (zitiert: *Spellenberg*, FS Geimer).

ders., Einstweilige Maßnahmen nach Art. 12 EheGVO, in: Festschrift für Kostas E. Beys, dem Rechtsdenker in attischer Dialektik, zum 70. Geburtstag am 25. November 2003, hrsg. von Hideo Nakamura, Hans W. Fasching, Hans Friedhelm Gaul, Apostolos Georgiades, Athen, 2003, S. 1583-1608 (zitiert: *Spellenberg*, FS Beys).

Spellenberg, Ulrich / Leible, Stefan, Anmerkung zu EuGH, Urt. vom 17.11.1998 *(van Uden / Deco-Line)*, ZZP Int. 4 (1998), S. 221-233.

dieslb., Die Notwendigkeit vorläufigen Rechtsschutzes bei transnationalen Streitigkeiten, in: Gilles, Peter (Hrsg.), Transnationales Prozessrecht, Baden-Baden, 1995, S. 293-331.

Spickhoff, Andreas, Die Klage im Ausland als Delikt im Inland, in: Festschrift für Erwin Deutsch zum 70. Geburtstag, hrsg. von Hans-Jürgen Ahrens, Christian von Bar, Gerfried Fischer, Andreas Spickhoff, Jochen Taupitz, Köln / Berlin / Bonn / München, 1999, S. 327-348 (zitiert: *Spickhoff*, FS Deutsch).

Staab, Helmut, Gestaltungsklage und Gestaltungsklagerecht im Zivilprozess, Saarbrücken, 1967.

Staak, Kai S., Mögliche Probleme im Rahmen der Koordination von Haupt- und Sekundärinsolvenzverfahren nach der Europäischen Insolvenzverordnung (EuInsVO), NZI 2004, S. 480-486.

Stadler, Astrid, Die Europäisierung des Zivilrechts, in: 50 Jahre Bundesgerichtshof, Festgabe aus der Wissenschaft, Band III. Zivilprozess, Insolvenz, Öffentliches Recht, hrsg. von Karsten Schmidt, München 2000, S. 645-675 (zitiert: *Stadler*, FG Bundesgerichtshof).

dies., Erlass und Freizügigkeit einstweiliger Maßnahmen im Anwendungsbereich des EuGVÜ, JZ 1999, S. 1089-1099.

dies., Das Europäische Zivilprozessrecht – Wie viel Beschleunigung verträgt Europa?, IPRax 2004, S. 2-11.

dies., Die Reform des deutschen Zustellungsrechts und ihre Auswirkungen auf die internationale Zustellung, IPRax 2002, S. 471-478.

dies., Inländisches Zwangsgeld bei grenzüberschreitender Handlungsvollstreckung, IPRax 2003, S. 430-433.

dies., Grenzüberschreitende Beweisaufnahmen in der Europäischen Union – die Zukunft der Rechtshilfe in Beweissachen, in: Festschrift für Reinhold Geimer zum 65. Geburtstag, hrsg. von Rolf A. Schütze, München, 2002, S. 1281-1306 (zitiert: *Stadler*, FS Geimer).

dies., Der Schutz des Unternehmensgeheimnisses im deutschen und U.S.-amerikanischen Zivilprozess und im Rechtshilfeverfahren, Konstanz, 1989 (zitiert: *Stadler*, Der Schutz des Unternehmensgeheimnisses).

dies., Schuldnerschutz nach Artt. 38, 39 EuGVÜ und seine Voraussetzungen, IPRax 1995, S. 220-223.

Stafyla, Athena, Die Rechtshängigkeit des EuGVÜ nach der Rechtsprechung des EuGH und der englischen, französischen und deutschen Gerichte, Freiburg i. Br., 1997 (zitiert: *Stafyla*, Die Rechtshängigkeit).

Starek, Lutz, Die Zulässigkeit der einstweiligen Verfügung auf Feststellung, Berlin, 2000 (zitiert: *Starek*, Die Zulässigkeit).

Staub, Hermann (Begr.), Handelsgesetzbuch, Großkommentar, hrsg. von Claus-Wilhelm Canaris, Wolfgang Schilling, Peter Ulmer, 4. Aufl., Berlin / New York, 2002 (zitiert: *Bearbeiter* in Großkomm. HGB).

- 7. Band, 2. Teilband, Anhang VI nach § 452: CMR.

Stauder, Dieter, Protokoll der Sitzung des GRUR-Fachausschusses für Patent- und Gebrauchsmusterrecht vom 27.9.2000 in Frankfurt a. M., GRUR 2001, S. 491-493.

ders., Protokoll der Sitzung des Fachausschusses für Patent- und Gebrauchsmusterrecht am 12. Juli 2000 in Düsseldorf, GRUR 2000, S. 997-1000.

ders., Anmerkung zu Tribunale di Bologna, Urt. vom 16.09.1998 – *Verpackungsmaschine*, GRUR Int. 2000, S. 1022-1023.

ders., Anmerkung zu Schweizerisches Bundesgericht, Urt. vom 21.08.1996, GRUR Int. 1998, S. 190-191.

ders., Die Anwendung des EWG-Gerichtsstands- und Vollstreckungsübereinkommens auf Klagen im gewerblichen Rechtsschutz und Urheberrecht – Zweiter Teil, GRUR Int. 1976, S. 510-520.

ders., Grenzüberschreitende Verletzungsverbote im gewerblichen Rechtsschutz und das EuGVÜ, IPRax 1998, S. 317-322.

ders., Die Anwendung des EWG-Gerichtsstands- und Vollstreckungsübereinkommens auf Klagen im gewerblichen Rechtsschutz und Urheberrecht, GRUR Int. 1976, S. 465-477.

ders., Cross-Border Protection of European Patents, Part One: A Stocktaking, IIC 1998, S. 497-504.

ders., Die tatsächliche Bedeutung von Verletzung und Nichtigkeitsverfahren in der Bundesrepublik Deutschland, Frankreich, Großbritannien und Italien – Ergebnisse einer statistisch-empirischen Untersuchung, GRUR Int. 1983, S. 234-242.

ders., Überlegungen zur Schaffung eines besonderen Beweisverfahrens im europäischen Patentverletzungsrecht – Saisie-contrefaçon oder actio ad exhibendum als Beispiele?, GRUR Int. 1978, S. 230-238.

ders., Rezension zu Kropholler, Jan, Europäisches Zivilprozessrecht, Heidelberg, 1982, GRUR Int. 1983, S. 893-894.

Stauder, Dieter / Kur, Annette, Extraterritoriale Jurisdiktion und Streitbeilegung, in: Geistiges Eigentum im Dienst der Innovation, hrsg. von Gerhard Schricker, Thomas Dreier, Annette Kur, Baden-Baden, 2001 (zitiert: *Stauder / Kur*, Geistiges Eigentum im Dienst der Innovation).

Staudinger, Julius von (Begr.), Kommentar zum Bürgerlichen Gesetzbuch mit Einführungsgesetz und Nebengesetzen (zitiert: Staudinger-*Bearbeiter*).

- Viertes Buch, Familienrecht, §§ 1363-1563 BGB, Neubearbeitung 2000 von Burkhard Thiele, Eckhard Rehme, Redaktor: Christian von Bar, Berlin, 2000.
- Buch 4, Familienrecht, §§ 1626-1631 BGB, Anhang zu § 1631: RKEG; §§ 1631a-1633 BGB, Dreizehnte Bearbeitung 2002 von Michael Coester, Lore Maria Peschel-Gutzeit, Ludwig Salgo, Redaktor: Helmut Engler, Berlin, 2002.

- Viertes Buch, Familienrecht, §§ 1564-1568 BGB; §§ 1-27 HausratsVO, 13. Bearbeitung 1999 von Thomas Rauscher, Gerd Weinreich, Redaktor: Christian von Bar, Berlin, 1999.
- Einführungsgesetz zum Bürgerlichen Gesetzbuche/IPR, Art. 18 EGBGB, Anhang I zu Art. 18 EGBGB: Haager Unterhaltsübereinkommen 1973; Anhang II zu Art. 18 EGBGB: Haager Kinderunterhaltsübereinkommen 1956; Anhang III zu Art. 18 EGBGB: Internationales Unterhaltsverfahrensrecht; Vorbem zu Art. 19 EGBGB: Das Internationale Kindschaftsrecht der Übereinkommen und EG-Verordnungen (Internationales Unterhaltsrecht, Internationales Kindschaftsrecht 1), Neubearbeitung 2003 von Jan Kropholler, Peter Mankowski, Redaktor: Dieter Henrich, Berlin, 2003.
- Einführungsgesetz zum Bürgerlichen Gesetzbuche/IPR, IntVerfREhe (Internationales Verfahrensrecht in Ehesachen), Neubearbeitung 2005 von Ulrich Spellenberg, Redaktor: Dietrich Henrich, Berlin, 2005.
- Einführungsgesetz zum Bürgerlichen Gesetzbuche/IPR, Art. 19-24 EGBGB, Neubearbeitung 2002 von Dieter Henrich, Jan Kropholler, Redaktor: Dieter Henrich, Berlin 2002.

Stiefel, Ernst C. / Petzinger, Walter F., Deutsche Parallelprozesse zur Abwehr amerikanischer Beweiserhebungsverfahren?, RIW 1983, S. 242-249.

Stein, Friedrich, Kommentar zur Zivilprozessordnung (zitiert: Stein / Jonas-*Bearbeiter*).
- Band 1, Einleitung, §§ 1-40 ZPO, 22. Aufl., Tübingen, 2003.
- Band 3, §§ 253-299a ZPO, 21. Aufl., Tübingen, 1997.
- Band 4, Teilband 1, §§ 300-347 ZPO, 21. Aufl., Tübingen, 1998.
- Band 5, Teilband 2, §§ 592-703d ZPO, 21. Aufl., Tübingen, 1993.

Stickler, Susanne, Das Zusammenwirken von Art. 24 EuGVÜ und §§ 916 ff. ZPO, Regensburg, 1992 (zitiert: *Stickler*, Das Zusammenwirken).

Stürner, Rolf, Das grenzübergreifende Vollstreckungsverfahren in der Europäischen Union, in: Festschrift für Wolfram Henckel zum 70. Geburtstag am 21. April 1995, hrsg. von Walter Gerhardt, Uwe Diederichsen, Bruno Rimmelspacher, Jürgen Costede, Berlin / New York, 1995, S. 863-875 (zitiert: *Stürner*, FS Henckel).

Stürner, Rolf, Zur Struktur eines europäischen Zivilprozesses, in: Festschrift für Ekkehard Schumann, hrsg. von Peter Gottwald und Herbert Roth, Tübingen, 2001, S. 490-505 (zitiert: *Stürner*, FS Schumann).

Stummel, Dieter, Konkurs und Integration, Frankfurt/Main / Bern / New York / Paris, 1991.

Sturm, Fritz, Brüssel II und der europäische Standesbeamte, StAZ 2002, S. 193-201.

Stutz, Andrea, Die internationale Handlungs- und Unterlassungsvollstreckung unter dem EuGVÜ, Konstanz, 1992 (zitiert: *Stutz,* Die internationale Handlungs- und Unterlassungsvollstreckung).

Sumampouw, Mathilde, Parental Responsibility under Brussels II, in: Private Law in the International Arena, Liber Amicorum Kurt Siehr, edited by Jürgen Basedow, Isaak Meier, Anton K. Schnyder, Talia Einhorn, Daniel Girsberger, The Hague, 2000, S. 729-745 (zitiert: *Sumampouw,* Liber amicorum Siehr).

dies., Ouderlijke verantwoordelijkheid onder de verordening Brussel II, NIPR 2002, S. 1-8.

Szászy, István, Recognition of the Legal Effects of Foreign Civil Procedure, in: Festschrift zum 70. Geburtstag von Max Guldener, hrsg. von Max Kummer, Hans Ulrich Walder, Zürich, 1973, 309-327 (zitiert: *Szászy,* FS Guldener).

Tait, Nikki, Winners and losers in 'race to courthouse', Financial Times vom 9.12.2005, S. 8.

Taschner, Martin, Ausnahmen von der Rechtshängigkeitssperre nach Art. 27 Abs. 1 EuGVO?, EWS 2004, S. 494-500.

Teplitzky, Otto, Streitfragen beim Arrest und bei der einstweiligen Verfügung, DRiZ 1982, S. 41-47.

ders., Die jüngste Rechtsprechung des Bundesgerichtshofes zum wettbewerblichen Anspruchs- und Verfahrensrecht IX, GRUR 1999, S. 1050-1058.

ders., Wettbewerbsrechtliche Ansprüche, 8. Aufl., Köln / Berlin / Bonn / München, 2002.

ders., Die „Schutzschrift“ als vorbeugendes Verteidigungsmittel gegen einstweilige Verfügungen, NJW 1980, S. 1667-1668.

ders., Die prozessualen Folgen der Entscheidung des Großen Senats für Zivilsachen zur unberechtigten Schutzrechtsverwarnung, WRP 2005, S. 1433-1436.

ders., Arrest und einstweilige Verfügung, JuS 1981, S. 122-125.

Thiele, Christian, Anderweitige Rechtshängigkeit im Europäischen Zivilprozessrecht – Rechtssicherheit vor Einzelfallgerechtigkeit, RIW 2004, S. 285-289.

Thomas, Heinz / Putzo, Hans / Reichold, Klaus / Hüßtege, Rainer, Zivilprozessordnungen, Kommentar, 27. Aufl., München, 2005 (zitiert: Thomas / Putzo-*Bearbeiter*).

Thümmel, Roderich C., Einstweiliger Rechtsschutz im Auslandsrechtsverkehr, NJW 1996, S. 1930-1935.

ders., Der Arrestgrund der Auslandsvollstreckung im Fadenkreuz des Europäischen Rechts, EuZW 1994, S. 242-245.

Thum, Dorothee, Internationalprivatrechtliche Aspekte der Verwertung urheberrechtlich geschützter Werke im Internet – Zugleich Bericht über eine WIPO-Expertensitzung in Genf, GRUR Int. 2001, S. 9-28.

Thume, Karl-Heinz (Hrsg.), Kommentar zur CMR, Übereinkommen über den Beförderungsvertrag im internationalen Straßengüterverkehr, Heidelberg, 1994 (zitiert: Thume-*Bearbeiter*).

ders., Die Streitanhängigkeit nach Art. 21 Lugano-Übereinkommen, ZfRV 1997, S. 67-76.

Tilmann, Winfried, Die Zukunft der Patent-Streitregelung in Europa, GRUR 2001, S. 1079-1083.

Tilmann, Winfried / Falck, Andreas von, EU-Patentrechtsharmonisierung II: Forum-Shopping und Torpedo, GRUR 2000, S. 579-586.

Tilmann, Winfried / Schreibauer, Marcus, Beweissicherung vor und im Patentverletzungsprozess, in: Festschrift für Willi Erdmann zum 65. Geburtstag, hrsg. von Hans-Jürgen Ahrens, Joachim Bornkamm, Wolfgang Gloy, Joachim Starck, Joachim von Ungern-Sternberg, Köln / Berlin / Bonn / München, 2002, S. 901-926 (zitiert: *Tilmann / Schreibauer*, FS Erdmann).

Timm, Wolfram, Mehrseitige Gestaltungsprozesse bei Personengesellschaften, NJW 1994, S. 119-120.

Tortorici, Filippo, Anmerkung zu BGH, Urt. vom 26.1.1983, Dir. fam. 1983, S. 527-535.

Treibmann, Beate, Die Vollstreckung von Handlungen und Unterlassungen im europäischen Zivilrechtsverkehr, Bielefeld, 1994 (zitiert: *Treibmann*, Die Vollstreckung von Handlungen).

Treichel, Pierre, Anmerkung zu TGI, Urt. vom 28.04.2000 *(General Hospital u.a. / Bracco u.a.)*, GRUR Int. 2001, S. 175-178.

ders., Die französische Saisie-contrefaçon im europäischen Patentverletzungsprozess. Zur Problematik der Beweisbeschaffung im Ausland nach Art. 24 EuGVÜ, GRUR Int. 2001, S. 690-703.

Trunk, Alexander, Internationales Insolvenzrecht – Systematische Darstellung des deutschen Rechts mit rechsvergleichenden Bezügen, München, 1998.

ders., Die Erweiterung des EuGVÜ-Systems am Vorabend des Europäischen Binnenmarktes, München, 1991 (zitiert: *Trunk*, Die Erweiterung).

Ubber, Thomas, Markenrecht im Internet, Heidelberg, 2002.

Ullmann, Eike, Die Verwarnung aus Schutzrechten – mehr als eine Meinungsäußerung?, GRUR 2001, S. 1027-1032.

Ulrich, Gustav-Adolf, Anmerkung zu OLG Stuttgart, Urt. vom 14.3.1994, EWiR 1994, S. 407-408.

ders., Die „Erledigung" der einstweiligen Verfügungsverfahren durch nachlässige Prozessführung, WRP 1990, S. 651-658.
ders., Die Befolgung und Vollziehung einstweiliger Unterlassungsverfügungen sowie der Schadensersatzanspruch gemäß § 945 ZPO, WRP 1991, S. 361-368.

Valori, Valerio, Der Europäische Menschengerichtshof verurteilt Italien, EuLF 2000/2001, S. 175-177.
Van der Felden, F.J.A., Een Europese verordening betreffende bevoegdheid, erkenning en tenuitvoerlegging in familierechtelijke zaken, WPNR 2000, S. 753-759.
Véron, Pierre, ECJ Restores Torpedo Power, IIC 2004, S. 638-642.
ders., Der Patentverletzungsprozess in Frankreich, MittdtschPatAnw. 2002, S. 386-403.
Vièl, Christof, Kosten eines Patentverletzungsprozesses und Berechnung des Schadensersatzes in Frankreich, MittdtschPatAnw. 2002, S. 412-414.
Virgos, Miguel / Schmit, Etienne, Erläuternder Bericht zu dem EU-Übereinkommen über Insolvenzverfahren, in: Vorschläge und Gutachten zur Umsetzung des EU-Übereinkommens über Insolvenzverfahren im deutschen Recht, vorgelegt von Hans Stoll, Tübingen, 1997, S. 32-134 (zitiert: *Virgos / Schmit,* in Stoll, Vorschläge).
Vischer, Frank / Huber, Lucius / Oser, David, Internationales Vertragsrecht, 2. Aufl., Bern, 2000.
Vogel, Oscar, Grundriss des Zivilprozessrechts, Bern, 1999 (zitiert: *Vogel,* Grundriss).
ders., Rechtshängigkeit und materielle Rechtskraft im internationalen Verhältnis, SJZ 86 (1990), S. 77-85.
Vogg, Stefan, Einstweilige Feststellungsverfügung?, NJW 1993, S. 1357-1365.
Volken, Paul, Anmerkung zu EuGH, Urt. vom 6.12.1994, SZIER 1995, S. 332-334.
Vormann, Thorsten / Schönbohm, Julia, Rezension zu ‚Die Durchsetzung von Patenten in der Praxis', von Thomas Kühnen und Eva Geschke, Köln / Berlin / München, 2. Aufl., GRUR 2005, S. 491.
Vossen, Reinhard, Die auf Zahlung der Arbeitsvergütung gerichtete einstweilige Verfügung, RdA 1991, S. 216-229.

Wagner, Rolf, Zur Vereinheitlichung des internationalen Zivilverfahrensrechts vier Jahre nach In-Kraft-Treten des Amsterdamer Vertrags, NJW 2003, S. 2344-2348.
ders., Die Bemühungen der Haager Konferenz für Internationales Privatrecht um ein Übereinkommen über die gerichtliche Zuständigkeit und ausländi-

sche Entscheidungen in Zivil- und Handelssachen: Ein Sachstandsbericht nach dem 1. Teil der Diplomatischen Konferenz, IPRax 2001, S. 533-547.

ders., Zur Vereinheitlichung des Internationalen Privat- und Zivilverfahrensrechts fünf Jahre nach In-Kraft-Treten des Amsterdamer Vertrages, NJW 2004, S. 1835-1838.

ders., Ausländische Rechtshängigkeit in Ehesachen unter besonderer Berücksichtigung der EG-Verordnungen Brüssel II und Brüssel II a, FPR 2004, S. 286-291.

ders., Scheidung von EU-Auslandsdeutschen nach Inlandsrecht – europarechtswidrig?, IPRax 2000, S. 512-520.

ders., Überlegungen zur Vereinheitlichung des Internationalen Privatrechts in Ehesachen in der Europäischen Union, FamRZ 2003, S. 803-808.

Wahl, Ulrich, Die verfehlte internationale Zuständigkeit, Bonn, 1974.

Waldeck und Pyrmont, Wolrad Prinz zu, Patent Infringement in Europe (Bericht), GRUR Int. 2005, S. 32-39.

Walter, Gerhard, Reform des internationalen Zivilprozessrechts in Italien, ZZP 109 (1996), S. 3-28.

ders., Lis alibi pendens und forum non conveniens: Von der Konfrontation über die Koordination zur Kooperation, in: Festschrift für Ekkehard Schumann zum 70. Geburtstag, hrsg. von Peter Gottwald und Herbert Roth, Tübingen, 2001, S. 559-577 (zitiert: *Walter*, FS Schumann).

ders., Internationales Zivilprozessrecht der Schweiz, 3. Aufl., Bern / Stuttgart / Wien, 2002 (zitiert: *Walter*, IZPR der Schweiz).

Walter, Hans-Peter, Die objektive Rechtskraft des Urteils im Patentnichtigkeitsprozess, GRUR 2001, S. 1032-1035.

Walter, Gerhard / Baumgartner, Samuel P., Recognition and Enforcement of Foreign Judgments Outside the Scope of the Brussels and Lugano Conventions, The Hague / London / Boston, 2000 (zitiert: *Walter / Baumgartner*, Recognition).

Walker, Wolf-Dietrich, Die Streitgegenstandslehre und die Rechtsprechung des EuGH – nationales Recht unter europäischem Einfluss, ZZP 111 (1998), S. 429-454.

ders., Der einstweilige Rechtsschutz im Zivilprozess und im arbeitsgerichtlichen Verfahren, Münster, 1993 (zitiert: *Walker*, Der einstweilige Rechtsschutz im Zivilprozess).

ders., Die einstweilige Verfügung des Arbeitgebers in Mitbestimmungsangelegenheiten im Rechtsschutzsystem der Betriebsverfassung, RdA 2000, S. 59.

Wassermann, Rudolf (Hrsg.), Kommentar zur Zivilprozessordnung, Reihe Alternativkommentare, Neuwied / Darmstadt, 1987 (zitiert: AK-ZPO-*Bearbeiter*).

Wastl, Ulrich, Die Vollstreckung deutscher Titel auf der Grundlage des EuGVÜ in Italien, Dissertation, München, 1990.

Watté, Nadine / Boularbah, Hakim, Le règlement communautaire en matière matrimoniale et de responsabilité parentale (Règlement dit « Bruxelles II »), Rev. trim. dr. fam. 2000, S. 539-604.

Weber, Albrecht, Die Entwicklung des Familienrechts seit Mitte 2004 – Ehe- und Lebenspartnerschaftsrecht, Kindschaftsrecht, Ehewohnung, Hausrat, Gewaltschutz und vermögensrechtliche Beziehungen, NJW 2005, S. 3043-3050.

Weber, Gordon, Die Verdrängung des Hauptsacheverfahrens durch den einstweiligen Rechtsschutz in Deutschland und Frankreich, Freiburg i. Br., 1991 (zitiert: *Weber*, Die Verdrängung).

ders., Das Référé-Verfahren in Frankreich, in: Erhard Blankenburg / Dieter Leipold / Christian Wollschläger (Hrsg.), Neue Methoden im Zivilverfahren, Köln, 1991, S. 143-180. (zitiert: *Weber*, in: Blankenburg / Leipold / Wollschläger, Neue Methoden in Zivilverfahren).

Weber, Karl-Heinz, Die Vollziehung einstweiliger Verfügungen auf Unterlassung, DB 1981, S. 877-879.

Weigel, Arnulf, Gerichtsbarkeit, internationale Zuständigkeit und Territorialitätsprinzip im deutschen gewerblichen Rechtsschutz, Bielefeld, 1973 (zitiert: *Weigel*, Gerichtsbarkeit).

Weinreich, Gerd / Klein, Michael, Kompaktkommentar Familienrecht, 2. Aufl., Neuwied / Kriftel, 2005 (zitiert: Weinreich / Klein-*Bearbeiter*).

Weller, Klaus, Vorläufiger Rechtsschutz in Ehe- und Familiensachen, Regensburg, 1987.

Weller, Matthias, Ordre-public-Kontrolle internationaler Gerichtsstandsvereinbarungen im autonomen Zuständigkeitsrecht, Heidelberg, 2005 (zitiert: *Weller*, Ordre-public-Kontrolle).

Wenzel, Leonhard, Risiken des schnellen Rechtsschutzes – Zur einstweiligen Verfügung im Arbeitskampf/, Vertrags/ und Betriebsverfassungsrecht, NZA 1984, S. 112-116.

Wernecke, Frauke, Die Einheitlichkeit des europäischen und nationalen Begriffs vom Streitgegenstand, Hamburg, 2003 (zitiert: *Wernecke*, Die Einheitlichkeit).

Wieczorek, Bernhard / Schütze, Rolf A., Zivilprozessordnung und Nebengesetze, auf Grund der Rechtsprechung kommentiert (zitiert: Wieczorek / Schütze-*Bearbeiter* bzw. *Wieczorek / Schütze*).

- Erster Band, 1. Teilband, Einleitung, §§ 1 bis 49 ZPO, 3. Aufl., Berlin / New York, 1994.
- Zweiter Band, §§ 253-510c ZPO, 2. Aufl., Berlin / New York, 1976.

- Dritter Band, 2. Teilband, §§ 592-703d, 3. Aufl., Berlin / New York, 1998.
- Fünfter Band, §§ 916-1048 ZPO; §§ 1-24 EGZPO; §§ 1-102 GVG; §§ 1-30 EGGVG, 3. Aufl., Berlin / New York, 1995.

Wieser, Eberhard, Prozessrechts-Kommentar zum BGB, 2. Aufl., Köln, 2002 (zitiert: *Wieser*, ProzRKomm BGB).

Willcock, John, How Europe became the capital of Forum Shopping (And how London hopes to become the Delaware of Europe), INSOL World, 3rd Quarter 2003, S. 8-9.

Willeitner, Volker, Vermögensgerichtsstand und einstweiliger Rechtsschutz im deutschen, niederländischen und europäischen Internationalen Zivilverfahrensrecht, Heidelberg, 2003 (zitiert: *Willeitner*, Vermögensgerichtsstand und einstweiliger Rechtsschutz).

Willems, Jan, Bericht über die neuere niederländische Rechtsprechung, GRUR Int. 1998, S. 221-222.

Wimmer, Klaus (Hrsg.), Frankfurter Kommentar zur Insolvenzordnung, 3. Aufl., Neuwied / Kriftel, 2002 (zitiert: FK-*Bearbeiter*).

ders., Die Besonderheiten von Sekundärinsolvenzverfahren unter besonderer Berücksichtigung des Europäischen Insolvenzübereinkommens, ZIP 1998, S. 982-989.

ders., Die Verordnung (EG) Nr. 1346/2000 über Insolvenzverfahren, ZInsO 2001, S. 97-103.

Winkel, Georg, Grenzüberschreitendes Sorge- und Umgangsrecht und dessen Vollstreckung, Regensburg, 2001 (zitiert: *Winkel*, Grenzüberschreitendes Sorge- und Umgangsrecht).

Winkler, Rolf M. / von der Recke, Kai Graf, US-amerikanischer Gerichtsstand für Klagen gegen ausländische Unternehmen – Aktuelle Entwicklungen in der amerikanischen Rechtsprechung, NZG 2005, S. 241-248.

Wit, Severin de, Die Anwendungspraxis des EuGVÜ/LugÜ in Patent- und Markensachen mit internationalem Bezug durch die Gerichte in den Niederlanden, MittdtschPatAnw. 1996, S. 225-232.

Wittibschlager, Martina, Rechtshängigkeit in internationalen Verhältnissen, Basel, 1994 (zitiert: *Wittibschlager*, Rechtshängigkeit).

Wittwer, Alexander, Die EuGH-Rechtsprechung zum Europäischen Zivilprozessrecht aus den Jahren 2003 und 2004, ZEuP 2005, S. 868-894.

Wolf, Christian, Konturen eines europäischen Systems des einstweiligen Rechtsschutzes, EWS 2000, S. 11-18.

ders., Rechtshängigkeit und Verfahrenskonnexität nach EuGVÜ, EuZW 1995, S. 365-367.

ders., Die Anerkennungsfähigkeit von Entscheidungen im Rahmen eines niederländischen kort geding-Verfahrens nach dem EuGVÜ, EuZW 2000, S. 11-14.

Wolf, Christian / Lange, Sonja, Das Europäische System des einstweiligen Rechtsschutzes – doch noch kein System?, RIW 2003, S. 55-63.

Wolf, Manfred, Abbau prozessualer Schranken im europäischen Binnenmarkt, in: Wege zu einem europäischen Zivilprozessrecht, Tübinger Symposium zum 80. Geburtstag von Fritz Baur, in Zusammenarbeit mit der Juristischen Fakultät der Universität Tübingen, hrsg. von Wolfgang Grunsky, Rolf Stürner, Gerhard Walter, Manfred Wolf, Tübingen, 1992, S. 35-68 (zitiert: *Wolf,* Wege zu einem europäischen Zivilprozessrecht).

ders., Einheitliche Urteilsgeltung im EuGVÜ, in: Festschrift für Karl Heinz Schwab zum 70. Geburtstag, hrsg. von Peter Gottwald, Hanns Prütting, München, 1990, S. 561-574 (zitiert: *Wolf,* FS Schwab).

Wolff, Martin, Internationales Privatrecht, Berlin, 1933 (zitiert: *Wolff,* IPR).

Wollenschläger, Peter, Zum Merkmal des hinreichenden Inlandsbezugs in § 23 ZPO – Auslegungsdifferenzen in den verschiedenen Verfahrensarten der Zivilprozessordnung?, IPRax 2002, S. 96-100.

Wurmnest, Wolfgang, Anmerkung zu Corte di Cassazione, Entsch. vom 19.12.2003, GRUR Int. 2005, S. 265-268.

Zeiler, Gerold, Europäische Sicherungsverfahren: Die Regelungen der Europäischen Gerichtsstands- und Vollstreckungsübereinkommen über einstweilige Maßnahmen, JBl 1996, S. 635-643.

Zeiss, Walter / Schreiber, Klaus, Zivilprozessrecht, 10. Aufl., Tübingen, 2003 (zitiert: *Zeiss / Schreiber*).

Zeuner, Albrecht, Zum Verhältnis zwischen internationaler Rechtshängigkeit nach Art. 21 EuGVÜ und Rechtshängigkeit nach den Regeln der ZPO, in: Verfahrensrecht am Ausgang des 20. Jahrhunderts, Festschrift für Gerhard Lüke zum 70. Geburtstag, hrsg. von Hanns Prütting, Helmut Rüßmann, München, 1997, S. 1003-1021 (zitiert: *Zeuner,* FS Lüke).

ders., Überlegungen zum Begriff des Rechtsverhältnisses i. S. von § 256 ZPO, in: Festschrift für Ekkehard Schumann zum 70. Geburtstag, hrsg. von Peter Gottwald, Herbert Roth, Tübingen, 2001, S. 595-611 (zitiert: *Zeuner,* FS Schumann).

Zigann, Matthias, Anmerkung zu Court of Appeal, Urt. vom 21.1.1999, GRUR Int. 1999, S. 791-793.

ders., Entscheidungen inländischer Gerichte über ausländische gewerbliche Schutzrechte und Urheberrechte, München, 2001 (zitiert: *Zigann,* Entscheidungen inländischer Gerichte).

Zimmermann, Walter, Zivilprozessordnung mit Gerichtsverfassungsgesetz und Nebengesetzen, Kommentar anhand der höchstrichterlichen Rechtsprechung, 7. Aufl., Recklinghausen, 2006.

Zöller, Richard (Begr.), Zivilprozessordnung, Kommentar, 25. Aufl., München, 2005 (zitiert: Zöller-*Bearbeiter*).

Zonderland, Pieter, Einstweilige Verfügungen in den Niederlanden, ZZP 90 (1977), S. 225-244.

Zourek, Jaroslav, Quelques observations sur les difficultés rencontrées lors du règlement judiciaire des différends nés du commerce entre les pays à structures économiques et sociales différentes, JDI (Clunet) 86, S. 638-685.

Entscheidungssammlung

EuGH

14.10.1976	EuGH Slg. 1976, 1541 *(LTU / Eurocontrol)*
30.11.1976	EuGH Slg. 1976, 1759 *(de Wolf / Cox)*
30.11.1976	EuGH Slg. 1976, 1735 = NJW 1977, 493 *(Bier / Mines de Potasse d'Alsace)*
27.03.1979	EuGH Slg. 1979, 1055 *(De Cavel / De Cavel I)*
06.03.1980	EuGH Slg. 1980, 731 *(De Cavel / De Cavel II)*
21.05.1980	EuGH Slg. 1980, 1553 *(Denilauler / Couchet Frères)*
31.03.1982	EuGH Slg. 1982, 1189 *(W / H.)*
15.11.1983	EuGH Slg. 1983, 3663 *(Duijnstee / Goderbauer)*
07.06.1984	EuGH Slg. 1984, 2397 = RIW 1984, 737 *(Zelger / Salinitri)*
27.11.1984	EuGH Slg. 1984, 3971 *(Brennero / Wendel)*
15.05.1986	EuGH Slg. 1986, 1651 *(Johnston / Chief constable of the Royal Ulster Constabulary)*
08.12.1987	RIW 1988, 818 = EuGH Slg. 1987, 4861 *(Gubisch Maschinenfabrik / Palumbo)*
04.02.1988	EuGH Slg. 1988, 645 *(Hoffmann / Krieg)*
27.09.1988	EuGH Slg. 1988, 5565 *(Kalfelis / Schröder)*
11.01.1990	EuGH Slg. 1990 I, 49 *(Dumez France / Hessische Landesbank)*
27.06.1991	EuGH Slg. 1991 I, 3317 *(Overseas Union Insurance / New Hampshire Insurance)* = IPRax 1993, 34
04.10.1991	EuGH Slg. 1991 I, 4743 *(Van Dalfsen / van Loon)*
26.03.1992	EuGH Slg. 1992 I, 2149 *(Reichert / Dresdner Bank)*
17.06.1992	RIW 1994, 680 – *Handte / TMCS*
12.11.1992	EuGH Slg. 1992 I, 5661 *(Minalmet / Brandeis)*
10.02.1994	EuGH Slg. 1994 I, 467 = EuZW 1994, 216 *(Mund & Fester / Hatrex)*
06.12.1994	EuZW 1995, 309 = EuGH Slg. 1994 I, 5439 *(Tatry / Maciej Rataj)*
07.03.1995	EuGH Slg. 1995 I, 415 *(Fiona Shevill / Presse Alliance S.A.)*
19.09.1995	EuGH Slg. 1995 I, 2719 *(Marinari / Lloyd's Bank)*
09.11.1995	EuGH Slg. 1995 I, 3799 *(Atlanta Fruchthandelsgesellschaft mbH u. a. / Bundesamt für Ernährung und Forstwirtschaft)*

03.07.1997	EuGH Slg. 1997 I, 3767 *(Francesco Benincasa / Dentalkit)*
02.04.1998	EuGH Slg. 1998 I, 1719 – *Kommission / Sytraval und Brink's France*
12.05.1998	EuGH Slg. 1998 I, 2843 *(Kefalas)*
19.05.1998	EuGH Slg. 1998 I, 3075 *(Drouot / CMI)*
17.11.1998	EuGH Slg. 1998 I, 7091 *(Van Uden / Deco-Line)*
17.12.1998	EuGH Slg. 1998 I, 8417 *(Baustahlgewerbe / Kommission)*
09.03.1999	EuGH Slg. 1999 I, 1459 *(Centros)*
27.04.1999	EuGH Slg. 1999 I, 2277 *(Mietz / Intership Yachting)*
12.02.2002	EuGH Slg. 2002 I, 11991 – *(Belgien / Kommission)*
21.03.2002	EuGH Slg. 2002 I, 6677 *(Unión de Pequenos Agricultores / Rat)*
06.06.2002	EuGH RIW 2002, 708 = Slg. 2002 I, 4995*(Italian Leather / WECO)*
09.12. 2003	RIW 2004, 289 = IPRax 2004, 243 *(Gasser / Misat)*
05.02.2004	RIW 2004, 543 *(Danmarks Rederiforening / LO Landesorganisationen i Sverige)*
27.04.2004	IPRax 2004, 425 *(Turner / Grovit)*
10.06.2004	NJW 2004, 2441 *(Kronhofer / Maier)*
28.04.2005	EuZW 2005, 401 = RIW 2005, 538 *(St. Paul Dairy Industries / Unibel Exser)*

EGMR

17.01.1970	Series A 11 (1970) = Yearbook of the European Convention on Human Rights, Vol. 13 (1970), 1100 – *Delcourt / Belgien*
20.05.1999	NJW 2001, 1991 *(Oğur / Türkei)*
26.10.2000	NJW 2001, 2694 *(Kudła / Polen)*
13.02.2001	NJW 2001, 2387 *(Krombach / Frankreich)*
18.10.2001	EuGRZ 2001, 585
26.09.2002	EuGRZ 2003, 26

BGH

15.06.1951	BGHZ 2, 387
17.01.1952	NJW 1952, 705 = BGHZ 4, 322
22.02.1952	BGHZ 5, 189
10.03.1956	BGHZ 20, 198

02.10.1956	BGHZ 22, 1
15.01.1957	GRUR 1957, 231 *(Taeschner / Pertussin I)*
15.01.1957	GRUR 1957, 352 *(Taeschner / Pertussin II)*
11.07.1957	BGHZ 25, 134
24.07.1957	GRUR 1958, 189 *(Zeiß)*
02.10.1957	NJW 1958, 103
09.12.1958	BGHZ 29, 65
11.07.1960	BGHZ 33, 105
26.10.1960	NJW 1961, 124
03.10.1961	BGHZ 36, 18
28.11.1961	GRUR 1962, 360
04.02.1964	BGHZ 41, 123
19.04.1964	FamRZ 1964, 496
14.04.1965	BGHZ 43, 359
21.06.1966	BGHZ 45, 296
08.03.1967	JuS 1967, 525
20.06.1973	NJW 1973, 1500
22.06.1976	GRUR 1976, 715
04.04.1977	BGHZ 68, 289
08.06.1978	BGHZ 72, 23 = NJW 1978, 1975
29.09.1978	NJW 1979, 217
19.01.1979	GRUR 1979, 332
13.03.1979	BGHZ 74, 9
07.11.1979	FamRZ 1980, 29
30.04.1980	FamRZ 1980, 672
06.02.1981	BGHZ 79, 332
16.06.1982	FamRZ 1982, 917
13.10.1982	FamRZ 1983, 38
20.12.1982	BGHZ 86, 177
15.11.1982	BGHZ 86, 152
26.01.1983	NJW 1983, 1269 = IPRax 1984, 527 = FamRZ 1983, 366
20.12.1983	BGHZ 89, 198
08.01.1985	GRUR 1985, 512 *(Druckbalken)*
23.05.1985	BGHZ 95, 10
09.10.1985	NJW 1986, 662
10.10.1985	NJW 1986, 2195
28.11.1985	RIW 1986, 217 = IPRax 1986, 293
09.04.1986	FamRZ 1986, 655
10.07.1986	IPRax 1987, 236
24.09.1986	BGHZ 98, 263
22.01.1987	NJW 1987, 2680

28.01.1987	NJW 1987, 2161
18.03.1987	NJW 1987, 3083 = FamRZ 1987, 580
20.01.1989	NJW 1989, 2064
13.04.1989	WM 1989, 927 = WRP 1989, 514
29.03.1990	GRUR 1990, 607 *(Meister-Kaffee)*
31.03.1990	IPRax 1992, 33
25.10.1990	NJW 1991, 496
16.05.1991	IPRspr. 1991, Nr. 204
02.07.1991	BGHZ 115, 90 = NJW 1991, 3092
12.02.1992	NJW-RR 1992, 642 = FamRZ 1992, 1058
29.04.1992	NJW-RR 1993, 5
04.06.1992	BGHZ 118, 312
23.09.1992	NJW 1993, 333
30.09.1992	FamRZ 1993, 176
22.10.1992	BGHZ 120, 73
24.03.1993	NJW-RR 1993, 898
02.02.1994	FamRZ 1994, 434
07.07.1994	NJW 1994, 3107
18.01.1995	NJW-RR 1995, 513
08.02.1995	RIW 1995, 413 = NJW 1995, 1758 = WM 1995, 1124
19.10.1995	NJW 1996, 321
28.02.1996	BGHZ 132, 105
20.03.1996	BGHZ 132, 195
24.04.1996	NJW 1996, 2096
22.10.1996	NJW 1997, 324
11.12.1996	BGHZ 134, 203 = RIW 1997, 421 = WiB 1997, 329 = IPRspr. 1996, Nr. 171
18.06.1997	FamRZ 1997, 1070
06.02.1998	NJW 1998, 1870
21.04.1998	IPRspr. 1998, Nr. 185
02.03.1999	NJW 1999, 2516
17.05.2001	NJW 2001, 3713
06.02.2002	RIW 2002, 393 = NJW 2002, 2795 = JZ 2002, 949
02.03.2002	GRUR 2002, 1046 *(Faxkarte)*
05.06.2002	FamRZ 2002, 1182
23.10.2003	BGHReport 2004, 375
13.11.2003	GRUR 2004, 420
20.11.2003	TranspR 2004, 74 = IPRspr. 2003, Nr. 167
27.11.2003	TranspR 2004, 77
27.11.2003	NZI 2004, 139
11.03.2004	GRUR 2004, 860

15.07.2005	GRUR 2005, 882
13.10.2005	JZ 2005, 736 *(Hotel Maritime)*

BVerfG

20.12.1962	BVerfGE 15, 245
24.03.1982	BVerfGE 60, 175
12.04.1983	BVerfGE 64, 1
27.04.1988	NJW 1988, 3141
22.10.1995	NJW 1996, 512
27.10.1997	NJW 1999, 1020
20.07.2000	NJW 2001, 214
26.03.2001	NJW 2001, 2161

BAG

29.06.1978	NJW 1979, 1119

BVerwG

22.02.1998	AP ArbGG 1979 § 2a Nr. 14
05.02.2001	IPRax 2004, 112

RG

26.01.1892	Seuffert's Archiv Bd. 47, Nr. 296 (S. 465)
13.04.1901	RGZ 49, 341
25.08.1938	RGZ 158, 145

OLGe

OLG Köln	15.10.1937	IPRspr. 1935-1944, Nr. 90a
OLG München	18.09.1959	MDR 1960, 146
KG	08.06.1960	NJW 1961, 33
OLG Düsseldorf	25.03.1966	GRUR Int. 1968, 100
OLG Hamm	29.11.1979	FamRZ 1970, 95
OLG Düsseldorf	19.11.1971	IPRspr. 1972, Nr. 30
OLG Köln	04.04.1973	VersR 1973, 1065
OLG Koblenz	02.05.1975	NJW 1976, 2081 = IPRspr. 1975, Nr. 187
OLG München	15.05.1975	VersR 1975, 1157
OLG Hamm	14.04.1976	NJW 1976, 2079

BayObLG	03.12.1976	IPRspr. 1976, Nr. 74
OLG Düsseldorf	18.05.1977	NJW 1977, 2034
OLG Frankfurt/Main	01.06.1977	MDR 1977, 849
OLG Nürnberg	08.07.1977	MDR 1977, 936
OLG Karlsruhe	25.08.1977	GRUR 1978, 116
OLG Hamburg	28.09.1977	MDR 1978, 151
OLG Saarbrücken	30.09.1977	FamRZ 1978, 522
OLG Düsseldorf	23.03.1978	FamRZ 1978, 621
OLG Düsseldorf	03.05.1978	FamRZ 1978, 604
OLG Düsseldorf	04.12..1978	FamRZ 1979, 154
OLG Bremen	27.09.1979	WRP 1979, 791
OLG Stuttgart	20.12.1979	IPRspr. 1979, Nr. 101
OLG Hamm	18.01.1980	FamRZ 1980, 391
OLG Frankfurt/Main	07.07.1980	Rpfleger 1980, 396
OLG Nürnberg	16.09.1980	IPRspr. 1980, Nr. 144
OLG Hamburg	06.11.1980	MDR 1981, 1027
OLG Schleswig	20.12.1980	FamRZ 1981, 456
OLG Düsseldorf	11.05.1981	IPRspr. 1981, Nr. 97 = FamRZ 1981, 1005
OLG Düsseldorf	22.09.1981	WRP 1981, 652
OLG Frankfurt/Main	15.12.1981	BB 1982, 274
BayObLG	11.02.1982	IPRspr. 1982, Nr. 194
OLG Bamberg	12.03.1982	FamRZ 1983, 82
BayObLG	03.06.1982	IPRspr. 1982, Nr. 79
OLG Düsseldorf	21.10.1982	GRUR 1983, 79
OLG Frankfurt/Main	15.11.1982	IPRax 1983, 294
BayObLG	28.01.1983	FamRZ 1983, 501
OLG München	28.02.1983	WRP 1983, 358
OLG Zweibrücken	07.07.1983	FamRZ 1983, 940
OLG Köln	27.07.1983	JMBlNRW 1984, 9
OLG Stuttgart	26.09.1983	ZZP 97 (1984), 487
OLG Hamburg	29.09.1983	GRUR 1984, 105
OLG Düsseldorf	16.12.1983	FamRZ 1984, 194
OLG Karlsruhe	06.03.1984	IPRax 1985, 106
OLG Celle	02.08.1984	FamRZ 1984, 1248
OLG Bamberg	29.01.1985	FamRZ 1985, 509
OLG Düsseldorf	20.03.1985	IPRax 1986, 29
OLG Hamm	25.09.1985	IPRax 1986, 233
OLG Hamburg	07.05.1986	IPRax 1987, 319
OLG Zweibrücken	05.05.1986	GRUR 1986, 839
OLG Hamm	15.05.1986	NJW 1987, 138
OLG Zweibrücken	06.10.1986	FamRZ 1986, 1229

OLG Frankfurt/Main	08.12.1986	IPRax 1988, 24 = NJW-RR 1988, 572
OLG Hamm	15.05.1986	NJW 1987, 138
OLG Saarbrücken	03.08.1987	IPRax 1989, 36
OLG Hamm	29.01.1988	FamRZ 1988, 864
OLG Celle	02.02.1988	FamRZ 1988, 524
OLG Köln	16.03.1988	NJW 1988, 2182
OLG Karlsruhe	11.08.1988	FamRZ 1989, 79
OLG Köln	21.09.1988	WRP 1989, 334
OLG München	25.01.1989	WM 1989, 1282
OLG Hamm	13.06.1989	FamRZ 1989, 1109
OLG Frankfurt/Main	15.06.1989	IPRspr 1989 Nr. 210 b, S. 476
OLG Celle	13.10.1989	ZIP 1989, 1552
OLG Frankfurt/Main	13.12.1989	NJW-RR 1990, 647
OLG München	15.02.1990	NJW 1990, 3097
OLG Koblenz	23.02.1990	ZIP 1991, 1098
OLG Köln	13.12.1990	RIW 1991, 328
OLG München	26.06.1991	IPRax 1992, 174 = FamRZ 1992, 73
OLG München	02.07.1991	NJW-RR 1993, 701
OLG Köln	19.08.1991	FamRZ 1992, 75
OLG Frankfurt/Main	23.08.1991	IPRax 1992, 389
OLG Hamm	19.09.1991	FamRZ 1992, 208
OLG Karlsruhe	08.01.1992	WRP 1992, 339
OLG Zweibrücken	07.04.1992	MDR 1992, 998
OLG München	16.09.1992	IPRax 1994, 42 = FamRZ 1993, 349
OLG Celle	21.10.1992	IPRax 1994, 209
OLG Köln	14.12.1993	FamRZ 1994, 632
OLG Hamburg	18.06.1993	IPRspr. 1993, Nr. 175
OLG Düsseldorf	18.06.1993	NJW-RR 1994, 453
OLG Hamm	06.10.1993	FamRZ 1994, 774
KG	21.12.1993	IPRspr. 1994, Nr. 157, S. 356
OLG Düsseldorf	22.12.1993	GRUR 1994, 508
OLG München	22.12.1993	RIW 1994, 511
OLG Brandenburg	06.12.1994	FamRZ 1995, 484
OLG Stuttgart	14.03.1994	EWiR 1994, 407
OLG Düsseldorf	22.04.1994	FamRZ 1994, 1541
OLG Köln	11.01.1995	NJW-RR 1995, 1088
OLG Frankfurt/Main	11.04.1995	RPfleger 1995, 468
OLG Frankfurt/Main	12.09.1995	WRP 1996, 27
OLG Düsseldorf	18.09.1995	ZIP 1995, 1667

OLG Düsseldorf	10.01.1996	IPRax 1997, 260
OLG Bamberg	28.03.1996	FamRZ 1996, 1224
OLG Hamburg	26.09.1996	WRP 1997, 106
OLG Stuttgart	27.09.1996	WRP 1997, 118
OLG Karlsruhe	09.10.1996	MDR 1997, 292
OLG Karlsruhe	17.10.1996	FamRZ 1997, 622
OLG Karlsruhe	22.11.1996	FamRZ 1998, 501
OLG Hamburg	28.02.1997	IPRspr. 1997, Nr. 176
OLG Frankfurt/Main	06.03.1997	GRUR 1997, 485
OLG Düsseldorf	10.10.1997	FamRZ 1998, 838
KG	28.11.1997	RIW 1998, 630
OLG München	02.06.1998	IPRspr. 1998 Nr. 177, S. 349 = RIW 1998, 631
OLG Frankfurt/Main	18.09.1998	NJW-RR 1999, 257 = DB 1998, 2213
OLG Düsseldorf	28.01.1999	RIW 1999, 873
OLG Hamburg	25.03.1999	GRUR 1999, 739
OLG Düsseldorf	17.06.1999	TranspR 2002, 237
OLG Brandenburg	07.07.1999	NJW-RR 2000, 1735
OLG Düsseldorf	22.07.1999	IPRax 2001, 336
OLG Köln	13.08.1999	FamRZ 2000, 1240
OLG Stuttgart	14.09.1999	NJWE-FER 2000, 20
OLG Hamburg	29.09.1999	IPRax 2000, 530
OLG Düsseldorf	30.09.1999	GRUR Int. 2000, 776 = IPRspr. 1999, Nr. 147 = Mittdtsch-PatAnw. 2000, 419 *(Impfstoff III)*
OLG Zweibrücken	09.11.1999	FamRZ 2000, 963
OLG Stuttgart	24.11.1999	RIW 2000, 954
OLG Brandenburg	25.11.1999	FamRZ 2001, 636
OLG Karlsruhe	30.05.2000	FamRZ 2001, 1012
OLG Frankfurt/Main	19.06.2000	RIW 2001, 65 = IPRax 2001, 227
OLG Düsseldorf	29.06.2000	IPRspr. 2000, Nr. 128
KG	07.11.2000	GRUR Int. 2002, 327
OLG Stuttgart	19.12.2000	RIW 2001, 228
OLG Stuttgart	11.04.2001	IPRspr. 2002, Nr. 175a = IPRax 2002, 125
OLG Frankfurt/Main	09.04.2001	IPRax 2002, 515
OLG Rostock	03.05.2001	OLG-NL 2001, 279
OLG Karlsruhe	02.10.2001	RIW 2002, 151
OLG München	25.10.2001	OLGR 2002, 147

OLG Frankfurt/Main	31.01.2002	IPRax 2002, 523
OLG Nürnberg	06.03.2002	TranspR 2002, 402
OLG Köln	08.03.2002	TranspR 2002, 239
OLG Köln	17.10.2002	FamRZ 2003, 544
OLG Karlsruhe	18.10.2002	IPRspr. 2002, Nr. 181
OLG Hamburg	07.11.2002	TranspR 2003, 25
OLG Düsseldorf	05.12.2002	GRUR Int. 2003, 1030
OLG Naumburg	19.06.2003	FamRZ 2004, 1045
OLG Stuttgart	24.11.2003	IPRspr. 2003, Nr. 174
OLG Köln	17.03.2004	RIW 2004, 868
OLG Köln	31.03.2004	RIW 2004, 627

LGe

LG Hamburg	12.12.1946	SJZ 1947, Sp. 271
LG Deggendorf	30.01.1957	FamRZ 1957, 178
LG Frankfurt/Main	24.01.1977	IPRspr. 1977, Nr. 165 = RIW 1977, 234
LG Frankfurt/Main	22.02.1988	IPRspr. 1989, Nr. 210a = IPRax 1990, 234
LG Frankfurt/Main	12.04.1989	IPRax 1990, 177
LG Berlin	13.06.1989	RIW 1989, 988
LG Bremen	28.03.1991	RIW 1991, 416
LG Frankfurt/Main	23.08.1991	IPRax 1992, 389 = IPRspr. 1991, Nr. 197
LG München	21.08.1996	WRP 1997, 123
LG Düsseldorf	27.01.1998	GRUR Int. 1998, 803 = IPRspr. 1998, Nr. 174 *(Kondensatorspeicherzellen)*
LG Düsseldorf	27.02.1998	GRUR Int. 1998, 804 *(Impfstoff)*
LG Düsseldorf	25.08.1998	GRUR Int. 1999, 455 *(Schussfadengreifer)*
LG Düsseldorf	20.04.1999	GRUR 2000, 611 *(UNDERGROUND)*
LG Düsseldorf	17.06.1999	TranspR 2002, 237
LG Düsseldorf	08.07.1999	GRUR 2000, 692 = IPRspr. 1999, Nr. 145 *(NMR-Kontrastmittel)*
LG Köln	13.07.1999	IPRspr. 1999, Nr. 144
LG Hamburg	22.04.2001	GRUR Int. 2002, 1025 *(Seifenverpackung)*

LG Düsseldorf	24.09.2001	GRUR Int. 2002, 157 = IPRspr. 2001, Nr. 173 *(HIV-Immunoassay)*
LG Nürnberg	06.03.2002	TranspR 2002, 402
LG Düsseldorf	19.12.2002	InstGE 3, 8 *(Cholesterin-Test)*
LG München I	15.01.2003	EuLF 2003, 46

AGe

AG Ludwigshafen	25.05.1983	FamRZ 983, 939
AG Landstuhl	17.02.1994	IPRax 1995, 108
AG Mölln	14.04.2000	FamRZ 2001, 291
AG Duisburg	11.10.2000	FamRZ 2001, 1635
AG Leverkusen	10.01.2002	IPRspr. 2002, Nr. 75, S. 163
AG Düsseldorf	06.06.2003	ZIP 2003, 1363
AG Köln	23.01.2004	ZIP 2004, 471
AG Düsseldorf	12.03.2004	NZI 2004, 269 = ZIP 2004, 623
AG Celle	18.04.2005	NZI 2005, 410

Arbeitsgerichte

Arbeitsgericht Herne	19.03.1965	BB 1965, 1398
LAG Rheinland-Pfalz	18.11.1996	BB 1997, 1643
LAG Berlin	31.08.2000	NZA 2001, 53

Verwaltungsgerichte

OVG Koblenz	10.09.1986	NVwZ 1987, 145

Ausländische Gerichte

Court of Appeal London	09./10.11.1993	(1994) 2 All ER, 540
Tribunal de Grande Instance de Paris	28.04.2000	GRUR Int. 2001, 173 *(General Hospital u.a. / Bracco u.a.)*
Rechtbank van eerste aanleg te Brussel	12.05.2000	GRUR Int. 2001, 170 *(Röhm Enzyme)*
OLG Wien	03.04.1984	TranspR 1984, 152
Hoge Raad	29.03.1985	N.J. 1986, Nr. 84

Queen's Bench Division (Commercial Court)	31.07.1989	(1990) 1 Lloyd's Rep. 177
Queen's Bench Division (Commercial Court)	29.10.1993	(1994) 1 Lloyd's Rep. 320
Court d'Appel Versailles	19.01.1995	EWS 1996, 366
High Court of Justice, Chancery Division	5./6./11./26.3.1997	(1997) 3 All ER 45 *(Coin Controls Ltd / Suzo International (UK) Ltd)*
Court of Appeal	27.10.1997	(1998) ILPr 732 *(Fort Dodge Animal Health Ltd / Akzo Nobel Ltd)*
Pres. Rechtbank 's Gravenhage	29.10.1997	NIPR 1998, Nr. 236 (S. 279)
Gerechtshof Den Haag	23.12.1997	IER 1998, Nr. 10 *(Akzo Nobel / Webster)*
Hof 's Gravenhage	22.01.1998	N.J. 1999, Nr. 163
Gerechtshof Den Haag	23.04.1998	(1999) FSR 352 *(Expandable Grafts / Boston Scientific)*
Tribunale di Bologna	16.09.1998	GRUR Int. 2000, 1021
High Court of Justice, Chancery Division, Patents Court	14.01.1999	GRUR Int. 1999, 784 *(Sepracor Inc. / Hoechst Marion Roussel Ltd. (‚Telfast'))*
Rechtbank 's Gravenhage	29.09.1999	IER 2000, Nr. 8, S. 39 *(DSM / Novo Nordisk)*
Högsta Domstolen	14.06.2000	GRUR Int. 2001, 178
Tribunal de Grande Instance de Paris	09.03.2001	IIC 2002, 225 *(Schaerer Schweiter / Fadis)*
Schweizer Bundesgericht	21.02.2003	BGE 129 III, 295
High Court of Justice Leeds (Companies Court)	16.05.2003	ZIP 2003, 1362 = (2003) All ER 312 – *ISA I*
Corte di Cassazione	19.12.2003	GRUR Int. 2005, 264
Tribunale di Parma	19.02.2004	ZIP 2004, 1220
High Court Dublin (Justice Kelly)	23.03.2004	ZIP 2004, 1223
OGH	02.02.2005	EuLF 2005 (II)-108

INTERNATIONALRECHTLICHE STUDIEN
Beiträge zum Internationalen Privatrecht,
zum Einheitsrecht und zur Rechtsvergleichung

Herausgegeben von Ulrich Magnus und Peter Mankowski

Band 1 Birgit Reimers-Zocher: Beweislastfragen im Haager und Wiener Kaufrecht. 1995.

Band 2 Lenja Vespermann: Schadensersatz bei Beeinträchtigung rechts- oder sittenwidriger Interessen im deutschen und französischen Recht. 1996.

Band 3 Peter Cypra: Die Rechtsbehelfe im Verfahren der Vollstreckbarerklärung nach dem EuGVÜ unter besonderer Berücksichtigung der Ausgestaltung in Deutschland und Frankreich. 1996.

Band 4 Brigitta Lurger: Regulierung und Deregulierung im europäischen Privatrecht. 1997.

Band 5 Uta Gutknecht: Das Nacherfüllungsrecht des Verkäufers bei Kauf- und Werklieferungsverträgen. Rechtsvergleichende Untersuchung zum CISG, zum US-amerikanischen Uniform Commercial Code, zum deutschen Recht und zu dem Vorschlag der Kommission zur Überarbeitung des deutschen Schuldrechts. 1996.

Band 6 Stefan Abel: Die Qualifikation der Schenkung. Zur Methode der Qualifikation im Internationalen Schuldvertragsrecht. 1997.

Band 7 Daniel Kötz: Verkäuferpflichten und Rechtsbehelfe des Käufers im neuen norwegischen Kaufrecht vom 13. Mai 1988 Nr. 27 im Vergleich zum UN-Kaufrecht vom 11. April 1980 (CISG). 1997.

Band 8 Olaf Beier: Grundsätze eines europäischen transportmittelübergreifenden Schadensrechts für den Gütertransport. Eine rechtsvergleichende Untersuchung unter besonderer Berücksichtigung der CMR, der ER/CIM 1990, des WA/HP und der HVR. 1999.

Band 9 Ulrich Krüger: Modifizierte Erfolgshaftung im UN-Kaufrecht. Die Haftungsbefreiung bei Lieferung vertragswidriger Ware gemäß Art. 79 CISG. 1999.

Band 10 Wolf-Henning Hammer: Das Zurückhaltungsrecht gemäß Art. 71 CISG im Vergleich zu den Kaufgesetzen der nordischen Staaten unter Einbeziehung transportrechtlicher Aspekte. Eine rechtsvergleichende Studie. 1999.

Band 11 Ulrich Quay: Der Consulting-Vertrag im Internationalen Privatrecht. 2000.

Band 12 Axel Halfmeier: Die Veröffentlichung privater Tatsachen als unerlaubte Handlung. Eine rechtsvergleichende Untersuchung. 2000.

Band 13 Stephanie Scholz: Lohngleichheit durch Verfahren. Eine Studie zur Förderung der Lohngleichheit durch verfahrensrechtliche Ansätze. 2000.

Band 14 Tarik Cebecioglu: Stellung des Ausländers im Zivilprozeß. Eine rechtsvergleichende Untersuchung des türkischen und deutschen Rechts. 2000.

Band 15 Gunnar Straube: Sozialrechtliche Eingriffsnormen im Internationalen Privatrecht. 2001.

Band 16 Daniela de Lukowicz: Divergenzen in der Rechtsprechung zum CISG. Auf dem Weg zu einer einheitlichen Auslegung und Anwendung? 2001.

Band 17 Mohamed Hassan Fadlalla Ali: Das islamische Ehe- und Kindschaftsrecht im Sudan. Mit Hinweisen zu den Lehren der Islamischen Rechtsschule, der anwendbaren Familienrechtsvorschriften für Nichtmuslime im Sudan und im deutschen Familienrecht. 2001.

Band 18 Ole Lando / Ulrich Magnus / Monika Novak-Stief (Hrsg./eds.): Angleichung des materiellen und des internationalen Privatrechts in der EU. Harmonisation of Substantive and International Private Law. 2003.

Band 19 Florian Schulz: Der Ersatzlieferungs- und Nachbesserungsanspruch des Käufers im internen deutschen Recht, im UCC und im CISG. Eine rechtsvergleichende Untersuchung unter Berücksichtigung der Schuldrechtskommission, der EG-Richtlinie 1999/44/EG und des Diskussionsentwurfs eines Schuldrechtsmodernisierungsgesetzes. 2002.

Band 20 Ingo Janert: Die Aufrechnung im internationalen Vertragsrecht. 2002.

Band 21 Armin Jentsch: Die Erhaltungspflichten des Verkäufers und des Käufers im UN-Kaufrecht im Vergleich zum US-amerikanischen Uniform Commercial Code und zum deutschen Recht. 2002.

Band 22 Martin Taschner: Arbeitsvertragsstatut und zwingende Bestimmungen nach dem Europäischen Schuldvertragsübereinkommen. Einheitliche Auslegung. 2003.

Band 23 Klaus Bitterich: Die Neuregelung des Internationalen Verbrauchervertragsrechts in Art. 29a EGBGB. 2003.

Band 24 Sascha J. Morgenroth: Umsetzung der Verbrauchsgüterkaufrichtlinie in Spanien und Deutschland. Umsetzung der Richtlinie 1999/44/EG des Europäischen Parlaments und des Rates vom 25. Mai 1999 zu bestimmten Aspekten des Verbrauchsgüterkaufs und der Garantien für Verbrauchsgüter in Spanien und Deutschland. 2003.

Band 25 Markus Renfert: Über die Europäisierung der ordre public Klausel. 2003.

Band 26 Henning Mordhorst: Die Behandlung vertraglicher Mobiliarsicherheiten im US-amerikanischen und deutschen Insolvenzrecht. 2003.

Band 27 Hans Markus Wulf: UN-Kaufrecht und eCommerce. Problembereiche bei der Anwendung des Wiener Übereinkommens auf Internet-Verträge. 2003.

Band 28 Julia Kaiser: Freiheit oder Schutz? Die Scheidungsfolgenvereinbarung im deutschen und im englischen Recht. 2003.

Band 29 Astrid Hillebrenner: Die private Zustimmung zu Rechtsgeschäften Dritter im englischen, dänischen und deutschen Recht. 2004.

Band 30 Irene von der Heyde: Das deutsche und italienische internationale Kindschaftsrecht im Rechtsvergleich. Favor filii oder favor filiationis? 2004.

Band 31 Sven-Michael Werner: Recht im Systemwandel. *Ein Land, zwei Systeme* und das Kontinuitätsproblem in Hongkong. 2004.

Band 32 Holger Ellenberger: Wirtschaftsrelevante Kollisionsnormen im japanischen internationalen Privatrecht. 2004.

Band 33 Sebastian Kaufmann: Parol Evidence Rule und Merger Clauses im internationalen Einheitsrecht. 2004.

Band 34 Britta Christina Weber: Eigentumsübertragung und gutgläubiger Erwerb beim Kauf von beweglichen Sachen im vietnamesischen Zivilgesetzbuch von 1995. Eine rechtsvergleichende Analyse unter Berücksichtigung des Eigentumsbegriffs im vietnamesischen Recht. 2004.

Band 35 Alexander von Saucken: Die Reform des österreichischen Schiedsverfahrensrechts auf der Basis des UNCITRAL-Modellgesetzes über die internationale Handelsschiedsgerichtsbarkeit. Ein Diskussionsbeitrag. 2004.

Band 36 Jasnica Garašić: Anerkennung ausländischer Insolvenzverfahren. Teil 1 und Teil 2. Ein Vergleich des kroatischen, des deutschen und des schweizerischen Rechts sowie der Europäischen Verordnung über Insolvenzverfahren, des Istanbuler Übereinkommens und des UNCITRAL-Modellgesetzes. 2005.

Band 37 Eugenia Kurzynsky-Singer: Anknüpfung und Reichweite des Vollmachtsstatuts. 2005.

Band 38 Timo Utermark: Rechtsgeschichte und Rechtsvergleichung bei Ernst Rabel. 2005.

Band 39 Mohamed Lakmes: Die IPR-Anknüpfung der Schuldverträge. Ein Vergleich zwischen dem deutschen und dem syrischen Recht. 2005.

Band 40 Christian Haas: Vertragsstrukturen privatfinanzierter Infrastrukturprojekte. Nationale und internationale Perspektiven. 2005.

Band 41 Tanja Herzog-Engels: Gesellschaftsrechtliche Formvorschriften und Internationales Privatrecht. 2005.

Band 42 Hassan Siahpoosh: Das Familien- und Erbrecht im Iran. 2006.

Band 43 Carola Reifenrath: Das Vertragsrecht Hongkongs und dessen zukünftige Entwicklung. Unter besonderer Berücksichtigung des englischen Common Law. 2006.

Band 44 Arkadiusz Wudarski: Der Pfandbrief und sein Treuhänder. Eine rechtsvergleichende Untersuchung zum polnischen und deutschen Recht. 2006.

Band 45 Ulla Liukkunen: Cross-Border Services and Choice of Law. A Comparative Study of the European Approach. 2006.

Band 46 Claire Anna Reifner: Die Umsetzung der Verbrauchsgüterkaufrichtlinie in Italien und Deutschland. 2007.

Band 47 Shahriar Rabbanifar: Vergleich des Rechts der öffentlichen Unternehmen in Deutschland, Iran und Polen. 2007.

Band 48 Judith Farokhmanesh: Der Schutz des Urhebers im internationalen Vertragsrecht. Funktion, Reichweite und Effektivität zwingender Bestimmungen im deutschen, französischen und englischen Recht. 2007.

Band 49 Christoph Hellriegel: Schuldnerschutz in Polen. Rechtsvergleichende Untersuchung eines universalen Regelungsproblems. 2007.

Band 50 Ingemar Carl: Einstweiliger Rechtsschutz bei *Torpedoklagen*. 2007.

www.peterlang.de

FSC
www.fsc.org
MIX
Papier | Fördert gute Waldnutzung
FSC® C083411

Kolibri 360 GmbH
Ferdinand-Jühlke-Straße 7
99095 Erfurt, Deutschland
produktsicherheit@kolibri360.de

Druck:
CPI Druckdienstleistungen GmbH
im Auftrag der
Kolibri 360 GmbH
Ferdinand-Jühlke-Str. 7
99095 Erfurt